国家社科基金重点项目最终成果

破解“资源诅咒”：矿业收益、要素配置与社会福利

张复明等 著

商务印书馆
创于1897 The Commercial Press
2016年·北京

图书在版编目(CIP)数据

破解"资源诅咒":矿业收益、要素配置与社会福利/张复明等著.—北京:商务印书馆,2016
ISBN 978-7-100-11836-1

Ⅰ.①破… Ⅱ.①张… Ⅲ.①矿产资源—研究—世界
Ⅳ.F416.1

中国版本图书馆CIP数据核字(2015)第291148号

破解"资源诅咒":矿业收益、要素配置与社会福利

张复明等 著

商 务 印 书 馆 出 版
(北京王府井大街36号 邮政编码100710)
商 务 印 书 馆 发 行
北 京 冠 中 印 刷 厂 印 刷
ISBN 978-7-100-11836-1

2016年4月第1版 开本787×1092 1/16
2016年4月北京第1次印刷 印张28¼

定价:78.00元

目录

导论

第一节　问题的提出

伴随矿业的大规模开发，资源型国家/地区凸显出诸多问题。20 世纪上半叶，资源低价格引发了资源损耗与环境破坏问题。20 世纪 50～60 年代，发达国家中依赖矿产开发起家的老工业基地，由于资源枯竭、资源替代引起区域发展衰退。70～80 年代之后，资源新发现、矿产品价格升高引起资源部门繁荣，进而引发贸易条件恶化、反工业化、长期经济增长滞缓等“荷兰病”以及“资源诅咒”现象。进入 21 世纪以来，资源价格波动、再生能源对化石能源的逐步替代，加剧并激发了资源型经济体的危机和矛盾。

针对每一个阶段的突出问题，学术界基于不同学科视角进行阐释并提出解决思路。关于资源损耗与生态环境破坏问题，学者们从可耗竭资源经济学、外部性理论、可持续发展理论等，研究可耗竭资源价值及其最优开采路径，矿产开发中的外部负效应及解决措施，资源开发的代内/代际公平。老工业基地衰退问题，多是将其作为问题区域进行研究，其中产业转型是重点，从学科归属来看，地理学、区域经济学、产业经济学研究者居多，研究重点集中在区域整治、老工业基地振兴、产业转型等。“荷兰病”现象研究，主要置于主流经济学分析框架，研究要素在部门间的流动如何引致实际汇率变化，进而挤出制造业。“资源诅咒”的研究较为广泛，经济学、社会学、政治学等均有所涉及。

资源型经济体为什么会产生诸多问题？是资源型经济体本身存在一些无法克服的缺陷吗？从经验观察来看，也不尽然。虽然多数资源丰裕国家/地区不幸遭遇了“资源诅咒”，但也有一些成功的案例，如美国、加拿大、挪威、芬兰等发达国家，以及智利、博茨瓦纳、迪拜等发展中国家或地区。从遭遇“资源诅咒”的国家/地区来看，多是源于矿产品价格冲击或是资源新发现而国内/地区相关制度缺乏尚未能适应这种变化，或是对资源开发获取的额外利益的追逐引致寻租、腐败、收入差距扩大以及派系斗争等。从规避“资源诅咒”的国家/地区来看，普遍采取了应对价格或资源开发冲击的有效策略，构建资源基金以调解价格波动和财政收支平衡，并将其用于基础设施、社会服务等。这些似乎都与矿产开发带来的收益相关联。这些问题之间是否存在关联性？资源型经济难题涉及资源生态环境、经济增长和结构变化，也有收入分配差距、寻租等社会问题。针对每一类问题、从不同学科入手，都有相关理论阐释，但这些问题的产生是否源于资源型经济体本身的特征？这些问题之间是否会相互作用、相互制约？如何将多个阶段的问题贯穿起来，从资源型经济体本身找原因，寻求突破，这依然是一个理论难题。

如果说资源型经济体本身存在一些特殊性，易于引发“资源诅咒”等资源型经济难题，那么这一特殊性主要表现在矿产开发不同于一般产品生产。矿产资源不仅具有稀缺性，还具有可耗竭性，资源开发的同时，其所有权在其过程中逐步消失。矿产开发资产专用性强，易于形成沉没成本，将要素锁定在资源部门。开发过程中伴有负外部性和高风险性，引致了生态环境破坏和安全事故频发。矿产品价格波动性较强，对经济和政府财政收入会产生冲击。矿产品属于上游产品，在国家工业化进程中具有重要的战略地位，政府管制成为某些发展阶段和特殊时期的必要措施。资源本身埋藏的特征，决定了矿产开发具有一定自然垄断性。

矿产开发的特殊性，产生了对矿产开发相关制度，尤其是矿业收益分配与使用制度的特殊需求。矿业收益分配与使用制度缺失，会误导要素在部门间的非合理配置，进而可能引发环境、经济、社会发展难题。如生态环境难题的出现，是因为矿产开发中产生的负外部性，给资源型国家/地区带来生态破坏、资源损耗。这些问题若不能得到相应的补偿，必然会使资源配置出现偏差。资源耗竭、产业结构单一、社会发展难题，有一个共同的原因，就是忽视了矿产资源的可耗竭性。其所有权权益价值，即矿产资源作为大自然赋予的自然财富所具有的价值，在实际生产中往往难以得到体现，而是转化为要素收入等新增加价值、超额利润以及政府税收。各类经济主体推动了资源部门的发展，加快了资源耗竭、自然财富流失。矿产品价格的波动性，容易引起部门间贸易比价发生变化，进而引起“反工业化”等产业结构难题，以及为争夺巨额收益产生寻租、腐败等社会问题。

可见，资源型经济体诸多难题的产生，是资源型经济本身的特殊性所决定的。基于矿产开发特殊性，从矿业收益分配与使用入手，阐释并破解资源型经济体诸多发展难题，将是研究“资源诅咒”的一个新视角。基于矿业特殊性改变经济假设条件，建立适用于矿业市场与资源型经济体的理论分析框架，研究诸多难题产生的原因及其相互关系，阐释并破解“资源诅咒”，以丰富资源型经济、区域可持续发展理论，对发展经济学、区域经济学、资源经济学的发展与完善具有重要的理论价值。

改革开放 30 多年来，中国经济发展迅速，但工业化进程的加速也加剧了资源开发与经济发展之间的矛盾，曾经在世界范围内出现的资源型经济体的三类问题，在中国均已出现：生态环境恶化、资源枯竭带来的区域发展衰退、资源繁荣引发的“资源诅咒”等。这些问题交织在一起，加剧了解决资源型经济难题、破解“资源诅咒”的难度。借鉴国外成功规避“资源诅咒”、成功实现资源型经济转型的国家/区域的经验，建立适合于中国国情的矿业收益分配、使用与管理制度，破解资源型区域经济发展难题，对于推进中国资源型区域的可持续发展与区域协调发展，具有重要的现实意义。

第二节　研究的思路与方法

一、基本思路

基于矿产开发的特殊性，从矿业收益分配与使用入手，分析矿业收益偏差引致的资源型经济难题：矿产开发的特殊性，要求特殊的矿业收益分配、使用与管理制度；制度缺失产生了可能获取的额外利益，经济主体对额外利益的追逐，导致要素配置效率下降；要素在资源部门内部、经济部门之间、环境部门以及社会生产部门等的配置失衡，带来要素配置结构初级化、产业结构逆向演进、经济增长波动、生态环境恶化以及寻租、腐败、收入分配差距扩大等诸多发展难题；无论是要素配置效率还是资源型经济体显现的发展难题，均表现出社会福利损失。

破解资源型经济难题，首先是如何构建体现矿产开发特殊性的矿业收益分配机制。遵循新古典经济分析框架，融合可持续发展理论，实施基于效率的首次分配与基于资源财富共享的二次分配机制。其中，首次分配中，针对矿产开发的可耗竭性、负外部性、矿产品价格波动性等，采取经济补偿，在保证常规性要素收入的同时，合理分配体现特殊性的资源收益，实现矿业收益在当地居民、企业家（采矿权人或使用权人）、政府（所有权人）之间的有效分配，避免矿业收益成为经济主体追逐的额外收益。其次是矿业收益的使用，如何有利于矿业收益向物质资本、人力资本的转化，使得矿业收益既能起到优化要素配置的作用，有利于要素禀赋结构升级和产业多元化发展，还能转化成为经济发展的动力，从资源财富形态向人力资本、物质资本财富形态转化。最后是矿业收益管理，杜绝矿业收益流失将更多的生产要素集中于社会非生产部门，避免租金耗散；对矿产开发中的生态环境破坏进行补偿，提升社会福利水平。总体来看，是通过矿业收益的合理分配、使用、管理，优化资源型经济体生产要素配置结构和方式，提升要素配置效率和社会福利水平。

研究的逻辑思路如图 0-1 所示。矿产开发的特殊性，要求资源型经济体建立与之匹配的矿业收益分配、使用与管理制度，如果制度合理，即实施资源财富共享的矿业收益分配机制与制度，则走向了社会福利水平提升的道路：基于效率的首次分配与基于财富共享的二次分配，有利于要素优化配置与矿业收益转化，推动要素禀赋结构升级与产业多元化，实现资源型经济体可持续发展。但多数资源型经济体出现因制度缺失导致矿业收益偏差，进入社会福利损失的道路：资源租金、外部成本、价格波动收益进入逐利空间，要素在资源部门内部、资源与非资源部门之间、经济与生态环境部门、社会生产部门之间等配置失衡，效率损失引起要素禀赋结构退化与产业结构逆向演进，资源型经济体面临经济增长、产业结构、科技创新、资源生态环境以及社会等诸多发展难题。破解资源型经济难题，重点是围绕矿业收益这一主线，运用社会福利分析框架，完善矿业分配、使用与管理，调节要素配置结构与效率，推进要素禀赋与产业结构升级。

从技术路线来看，先总体分析“资源诅咒”的形成与破解思路，再针对“资源诅咒”的具体表现即经济增长、产业结构、科技创新、资源生态环境及其寻租、腐败等难题，分析其具体的作用机制与突破路径。难题的分析先理论、后实证，从理论上阐释难题的作用机制与突破路径，再运用全国或山西省数据进行验证。在理论分析、国内实证基础上，提出针对中国资源型区域、破解“资源诅咒”、完善矿业收益分配与

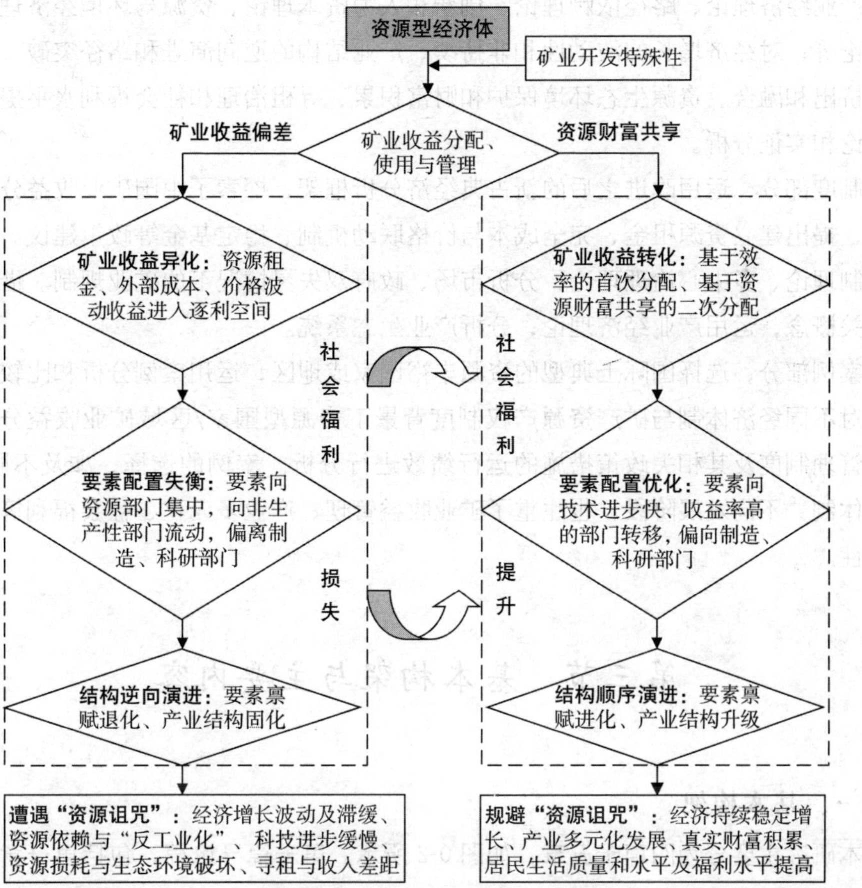

图 0-1　研究的逻辑思路

管理制度的建议。附录部分是国际上典型的成功规避“资源诅咒”的案例以及遭遇“资源诅咒”的失败案例，以探索矿业收益管理与绩效的关系，资源型经济可持续发展的制度保障，为中国破解“资源诅咒”提供借鉴。

二、研究方法

总论部分，结合矿业特殊性假设，运用社会福利函数，尝试构建适用于资源型经济体的理论分析框架。从要素配置角度，对矿业收益引起的要素配置效率损失进行分析，包括生产部门和消费部门。破解“资源诅咒”，也是遵循社会福利最大化，进行帕累托改进，以矿业收益分配与使用机制的改善，调整要素的配置结构和效率，促进要素禀赋结构升级和产业结构演进；强化矿业收益透明化管理，实施生态环境补偿，优化要素配置效率，增强真实财富积累能力，提升社会福利水平。具体还使用了外部性理论、可持续发展理论、产业结构理论、资源价值理论等。其中矿业收益分配理论，主要使用新古典经济分配理论框架，结合可持续发展、外部性理论等，建立了资源型经济体的矿业收益分配制度体系。

专题分析部分，每一章节都使用了实证分析和计量分析。具体涉及经济增长理论、产业经济理论、路径依赖理论、创新和人力资本理论、资源与环境经济理论、寻租理论等，对经济增长的波动性和非持续、产业结构的逆向演进和路径突破、科技创新的挤出和融合、资源生态环境保护和财富积累、寻租治理和社会福利水平提升等进行理论和实证分析。

制度部分，运用改进之后的新古典经济分析框架，探索了中国矿业收益分配制度改革，提出建立资源租金、完全成本与价格联动机制、稳定基金等政策建议。运用产业规制理论、多中心治理理论，分析市场、政府双失灵情况下的矿业规制。借鉴生态学相关概念，运用产业经济理论，分析产业生态系统。

案例部分，选择国际上典型的资源丰裕国家或地区，运用案例分析和比较分析方法，对不同经济体制与矿产资源产权制度背景下资源型国家/区域矿业收益分配、使用与管理制度及其相关政策措施的运行绩效进行分析。案例的选择，涉及不同地域、不同体制、不同发展阶段，也注重了矿业收益管理、产业多元化、社会福利等方面的典型性。

第三节　基本构架与主要内容

一、基本构架

本研究主要分为四篇十五章，如图 0-2 所示。第一篇导论篇，包括第一章“资源诅咒”研究述评、第二章阐释“资源诅咒”：矿业收益偏差与社会福利损失、第三章破解“资源诅咒”：矿业收益管理与要素配置优化，从矿业收益的角度，对“资源诅咒”的表现、形成机制及其破解思路进行理论分析。第二篇为专题篇，从第四章到第八章，主要针对“资源诅咒”的具体表现，也是“资源诅咒”五个方面的表现，即经济增长的波动性与长期停滞特征、产业结构逆向演进的路径依赖与突破、科技创新的挤出与驱动、资源损耗与生态环境破坏、矿业寻租与租值耗散等，分别进行深入的理论和实证分析。第三篇为制度篇，包括第九章资源型产业规制与产业生态治理、第十章矿业收益分配与使用制度创新，从制度层面提出破解“资源诅咒”、实现区域可持续发展的具体建议。最后是附录即案例篇，共五章内容，选择国际上比较经典的资源型国家/地区案例，具体为挪威、博茨瓦纳、迪拜与阿布扎比、智利以及撒哈拉以南非洲地区，进行矿业收益管理制度及其绩效的案例分析。

二、主要研究内容

第一章，“资源诅咒”研究述评。从“资源诅咒”的表现及验证、不同学科视角下的理论阐释以及相应的规避或治理措施几个方面，对“资源诅咒”文献进行了梳理，在评价及反思的基础上，引出了本书基于矿业收益分析的视角。“资源诅咒”最初是指资源丰裕与经济增长之间反向变化的关系，后来扩展为资源丰裕给区域发展带

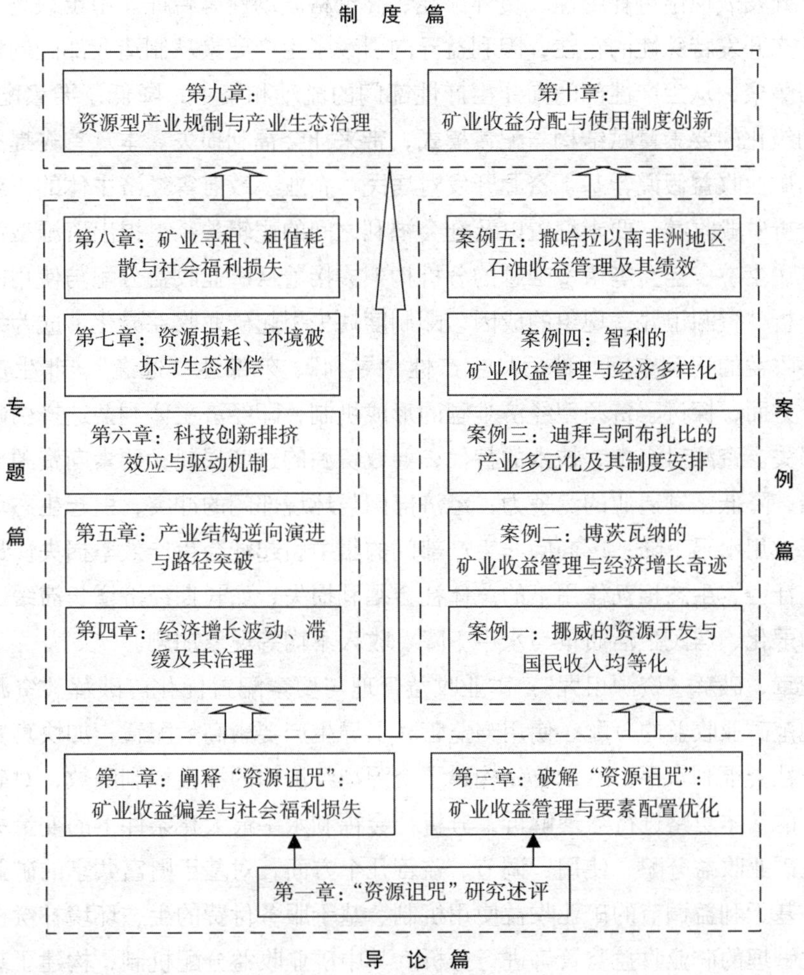

图 0-2 本书的基本构架

来的各类负面影响。本书沿用了这一扩展性概念，对资源开发给区域带来的经济增长、产业结构、创新、生态环境以及社会发展等诸多方面的问题进行研究。不同学科对“资源诅咒”现象有着完全迥异的理论阐释：经济学视角下有结构逆向演进说（反工业化）、资本挤出说、矿产品价格波动冲击下的财政制度说；政治学和社会学视角下有租金说、寻租说和制度说；可持续发展视角下有资源价值说和真实财富说。治理策略大致也可以分为三类：价格波动管理和产业多样化措施，政治稳定、制度创新与资源透明化管理措施，资源收益使用、资本积累与社会福利提升措施。近期相关文献对“资源诅咒”提出了质疑，研究工作更多地集中到资源管理和矿业收益的分配及使用、合理的财政政策、如何降低资源依赖等。文献研究发现，无论是资源丰裕国家/地区的发展实践，还是不同的理论阐释，似乎都与矿业收益问题相关联，矿业收益是将资源型经济体诸多难题贯穿起来进行研究的重要视角。

第二章，阐释“资源诅咒”：矿业收益偏差与社会福利损失。不同于一般产品生产，矿产开发表现出可耗竭性、负外部性、高价格波动性等特征。由于缺乏合理制度安排，矿产开发特殊性的存在，因利益导向引致了生产要素从制造业部门向资源部门的流动与集聚，从生产性部门向非生产性部门的流动和集中，降低了要素配置效率，形成了初级化的要素禀赋结构与配置模式，带来社会福利损失。本章首先提出“资源诅咒”的矿业收益假说，基于资源开发对居民、企业、政府等经济主体的正效应和负效应，分析矿业收益、要素配置以及社会福利之间的逻辑关系，提出资源型经济体面临的经济、生态、社会等诸多难题的分析构架。接着从矿业收益分配与使用的偏离及后果，分析“资源诅咒”现象的成因，即制度缺失引起矿业收益异化，成为经济主体获取额外收益的逐利空间。然后从生产性“寻利”、外部性“逃逸”、非生产性“寻租”三个方面，探讨了资源型经济难题的形成机制，即经济主体利益选择引起资源配置效率损失。资源对资本、技术的替代，导致资源的过度损耗；要素向资源部门的流动与集聚，降低了制造业的竞争力；经济部门与环境部门的冲突，引起生态环境破坏与消费者效用水平下降；厂商向非生产部门的集中引起社会生产效率损失。最后分析了经济、社会、生态相互作用下的总体社会福利损失，如长期经济增长滞缓、可持续发展能力弱化、居民生活质量与水平下降、收入不均等现象加剧。

第三章，破解“资源诅咒”：矿业收益管理与要素配置优化。破解“资源诅咒”，重点是规范矿业收益的分配、使用与监管，引导生产要素高效配置，加快真实财富积累，提升社会福利水平。本章首先构建了资源型经济体的社会福利函数，对破解“资源诅咒”的基本思路进行数理解析，分析社会福利水平最大化条件下的变量关系。然后分别从矿业收益分配、使用、调节、监管几个方面，对基于财富共享的矿业收益分配机制、基于利益调节的矿业收益使用机制、基于服务付费的生态环境补偿机制、基于透明化管理的矿业收益监管等进行分析。其中矿业收益分配机制，构建了基于效率的首次分配与基于资源财富共享的二次分配框架，首次分配体现出对特殊性的经济补偿，二次分配重在资源财富的转化和共享。矿业收益使用机制强调了矿业收益对要素配置的引导和调节作用，促进人力资本积累和产业多元化，推进要素禀赋升级，优化经济结构。采取征税、进入规制以及政府监管等方式，从“事后补偿”性征税和“事前防范”性监管入手，完善矿产开发的生态环境补偿机制。矿业收益透明化管理，既避免了生产者的寻租行为，也有利于避免资源财富的过度集中，促进资源型国家/区域收入均等化，提升居民社会福利。

第四章，经济增长波动、滞缓及其治理。经济增长能够提高人均收入，是影响社会福利水平的主要因素。如何实现经济稳定持续增长是资源型经济体要解决的首要问题。资源型经济增长难题突出地表现为矿业收益波动所带来的经济增长波动问题，以及矿业收益偏差导致物质资本、人力资本挤出，进而导致长期经济增长缓慢甚至停滞问题，也即所谓的资源诅咒问题。本章首先使用世代交叠模型，加入矿产品价格因素，分析矿产品价格波动对资源型经济增长波动的影响，并分析稳定基金对经济波动的平抑作用。然后，从资本形成不足角度分析资源型经济增长的长期滞缓问题。在资源依赖的背景下，矿业收益分配与使用的不合理导致矿业收益无法正常地、顺畅地、有效地转变为经济发展的资本投入，资源依赖对资本形成能力产生了挤出，表现在资本形态递进、资本结构升级困难，进而真实储蓄不足，制约了长期经济增长。短期波动、长期滞缓是相互影响的，二者都与矿业收益偏差有关，治理资源型经济增长问题，需要建立收益纠偏机制，平抑经济增长波动。最后是实证分析，通过山西与全国的比较，检验资源型区域经济增长的短期波动；利用全国分省域截面、面板数据，对"资源诅咒"进行再检验。

第五章，产业结构逆向演进与路径突破。对资源开发的过度依赖，造成资源型区域产业结构单一且逆向演进，既阻滞了区域的工业化进程，又强化了经济增长的风险性。本章首先分析资源型区域要素向资源部门、资源型产业集中的现象，以及挤出效应导致的区域经济结构失衡、经济增长短期波动或长期停滞等。然后通过反思资源依赖形成的多种理论阐述，区分不同发展阶段资源依赖的表现及其与矿业收益的关系，遵循矿业收益冲击→要素配置失衡→资源依赖形成→产业生态恶化→产业结构逆向演进的分析脉络，阐释资源依赖与产业结构逆向演进机制。矿产开发特殊性决定了矿业收益往往异化为资源部门的超额利润和要素报酬，引起要素向资源部门的流动和积聚，并挤出人力资本和技术、中小企业（家）、制造业和服务业等。挤出效应恶化了产业生态，阻滞了制造业等非资源产业的发育和成长，加上矿业本身属于沉没成本较高的部门，要素被锁定在资源部门，且趋于强化。接着分析产业结构演进中可能存在的多种路径选择，以及如何突破资源依赖和产业结构逆向演进路径，并从矿业收益调控、产业退出机制以及产业生态优化等角度提出了制度创新建议：完善矿业收益分配与使用制度、建立资源产业退出机制，优化产业生态，促进产业多样化，以突破资源依赖的路径锁定。最后以山西为例，实证检验矿业收益与资源依赖的关系。

第六章，科技创新排挤效应与驱动机制。资源依赖对科技创新产生排挤效应，形成科技创新难题，具体表现在科技创新投入产出效率低；人才流失现象严重，人力资本积累缓慢；创新理念、创新文化缺失导致创新环境劣化等。资源依赖对科技创新的排斥和挤出，导致生产要素向资源部门集中，创新部门要素投入不足，资源型经济体要素配置失当，经济增长缺乏动力。挤出效应源于两个方面：区域中观层面，资源型经济体对科技创新供给和需求的双重缺乏，导致区域创新能力下降；企业微观层面，资源企业普遍缺乏创新需求动力与能力是科技创新挤出的重要原因。破解科技创新难题就是要消解资源型经济对科技创新的排挤效应，构建面向转型的科技创新驱动机制。首先是从增加科技创新的供给和需求着手，提升科技创新水平，在区域层面就是要提升区域创新能力，微观企业层面则是培养企业创新主体地位，促进科技创新内生化；其次是强化"驱动"，要让科技创新与产业转型结合，使之成为经济增长驱动力，通过科技创新驱动资源型经济转型。实证分析中，利用全国省域的面板数据，对中观区域层面和微观企业层面的科技创新排挤效应进行计量检验。

第七章，资源损耗、环境破坏与生态补偿。矿产开发不可避免地带来资源损耗和生态环境破坏等问题，如果缺乏合理的补偿机制以反映资源损耗价值和负外部性成本，则不仅会加剧资源损耗和生态环境破坏，而且会扭曲要素配置，降低社会福利。本章首先分析资源损耗、生态环境破坏的表现及其带来的社会影响。资源损耗，侵蚀了后代居民的利益；生态环境破坏，恶化了当代和后代居民的生存环境；而区域生态承载力的下降，弱化了区域可持续发展能力，损害了当代居民和后代居民的福利水平。然后采用使用者成本法度量资源价值耗减，界定资源补偿，基于价值补偿缺失和价值补偿完全两种情况下的企业行为分析，探讨其可能带来的社会影响。接着分析矿产开发中的生态环境破坏，从数理的角度推导环境可持续下的补偿需求，并探讨环境补偿的主体、客体、标准及方式。最后以山西为例，基于改进后的使用者成本方法，估算煤炭资源价值损耗，并对其补偿实践进行评价。

第八章，矿业寻租、租值耗散与社会福利损失。资源产权市场中，均衡租金高于矿业权人向资源所有权人缴纳的租金，产生超额租金收益；资源产品市场中，成本的不完全以及政府对产量的控制，导致产品市场长期存在超额利润的可能。超额的租金收益与利润，成为经济主体寻求额外收益的租金源，引发普遍的寻租行为。经济主体之间对租金的争夺，导致租值耗散与社会福利损失。在资源的出让和转让中，权力寻租与行政垄断、价格管制等行为常常相伴而生。在资源开发过程中，公地悲剧、外部性问题是租值耗散的重要方式。寻租治理，须从租金源入手，合理确定资源所有权价格，完善资源成本，加强政府监管，调控资源收益。针对矿业领域存在的寻租和租值耗散问题，重点研究矿产资源开发中租金的来源、租值耗散的形成机制和路径，并以山西煤炭开发为案例粗略测算矿产开发中的社会福利损失。

第九章，资源型产业规制与产业生态治理。研究资源型产业规制与产业生态治理，旨在解决资源型经济体要素配置不均衡与产业结构失衡问题。资源开发负外部性、自然垄断以及矿业市场的信息不对称，导致市场失灵。矿业规制涉及矿业企业的进入、退出、价格、服务以及安全生产、生态环境保护等，以维持市场经济秩序、提高资源配置效率。但政府规制也可能出现“失灵”。本章引入“多中心治理”理论，将治理理念与产业规制改革相结合，探索资源型产业规制重构的路径和模式，提升资源型产业发展的质量和效率。针对资源型经济对制造业、服务业以及科技创新的挤出，重点是治理产业生态，优化产业发展的环境，促进要素结构升级。开辟“林窗”，促进产业新陈代谢，发展多样性产业群落，提升产业生态价值。构建产业集聚平台、加强产业链整合，提升产业关联能力和配套能力；建设综合服务平台，提升产业协同发展能力；建设技术创新联盟生态系统，提升产业自主创新能力。加强基础设施建设，完善政策体系，改善产业生态环境。

第十章，矿业收益分配与使用制度创新。改革开放以来，矿业税费体系逐步走向市场化，但还存在着重复征收、企业总体税负重、有偿使用税费低、生态环境补偿不足等问题。矿业收益分配制度改革，重点是构建由基本租金和浮动租金构成的资源租金制度，具备调控、储蓄、再分配三重功能的稳定基金制度，以生态环境补偿为主的完全成本制度，推行产权与产品市场价格联动机制。构建矿业收益合理使用的制度框架，通过将矿业收益转化为物质资本、人力资本与社会资本，增强居民实际享有的财富以及区域的可持续发展能力，在提升当代居民利益的同时，也保证了后代居民享有的财富不减少。

附录包含了五个案例，分别对资源丰裕国家或地区的矿业收益管理与经济绩效进行了分析，有成功的经验，也有失败的教训。

案例一，挪威的资源开发与国民收入均等化。挪威作为典型的资源丰裕国家，石油和天然气开发推动了挪威经济的快速增长，在几十年的发展进程中，它超过周边国家，成功规避了"资源诅咒"。其采取的措施主要有：构建石油基金，保证财富的储蓄和积累，保持政府预算的稳定性；以工会制度约束劳动力在部门之间的过度流动，普遍提升劳动者收入水平，激励劳动者更多地就业，提高工作参与率，强化人力资本积累；石油开发收益由国家掌控，其收益用于技术方面投入推动了关联产业发展，用于教育投入和雇员收入实现了收入的公平分配和资源财富共享。挪威资源财富共享、关联产业发展的做法等具有重要的借鉴意义。

案例二，博茨瓦纳的矿业收益管理与经济增长奇迹。撒哈拉以南非洲地区的资源丰裕国家，普遍遭遇"资源诅咒"，唯有博茨瓦纳走出一条不同的道路，在经济增长、结构演进以及社会进步方面取得成效，被誉为"增长奇迹"。博茨瓦纳对矿业收益的管理，实现了经济持续增长：采取财政预算控制和外汇储备管理，调控资源收益的流向；采取可持续预算指数和国民财富账户，监控资源收益的转化；建立国家公信体系，加强产权保护和收益管理过程中的透明度，提升了制度执行力。博茨瓦纳的分配方式、矿产开发完全成本和稳定基金制度、矿业收益转化途径、矿业收益透明化监管制度等，具有重要的借鉴意义。

案例三，迪拜与阿布扎比的产业多元化及其制度安排。经济多元化是资源丰裕国家打破"资源诅咒"的主要途径之一。阿布扎比和迪拜作为资源丰富的阿联酋酋长国，相继选择了多元化经济战略，但因收益分配制度、制度环境的差异，经济多元化的绩效大异其趣。迪拜的领导者未雨绸缪，将"石油美元"用于基础设施和公共服务的改善，实施"1＋6"战略，推动了服务业多元化发展；而阿布扎比将石油收益搁置起来，并未用于基础设施投资，以工业为主的多元化战略因技术约束、保守的发展理念而降低了投资效率，绩效远低于迪拜。合理的战略、激励性制度、开放包容的环境是经济多元化的保障。

案例四，智利的矿业收益管理与经济多样化。智利是世界上主要的铜矿出口国，近 30 年来，通过矿业收益管理和经济多样化，实现了经济的持续稳定增长。究其原因：谨慎的财政政策，对铜矿价格的波动具有"减震性"效果；基于社会共享性的收益分配和透明化管理，促进了主权财富基金的保值和增值；以产权保护和环境规制为支撑，推动了矿业生产率水平提升与可持续发展；产业政策引导与创新基金支持下的出口多样化，增强了产业的国际竞争力和抗风险能力。对中国资源型区域发展至少有三个方面的启示：矿业收益波动调控与透明化管理是经济稳定增长的前提，生产效率提升是资源依赖向创新驱动转变的重要环节，产业政策引导下的经济多样化是资源型区域演进的必然趋势。

案例五，撒哈拉以南非洲地区石油收益管理及其绩效。撒哈拉以南非洲地区的主要石油生产国，其丰裕的自然资源开发不仅未能提升当地经济发展水平和居民生活质量，反而使这些国家陷入腐败和专制，大量存在经济发展缓慢、派系冲突与战争频发现象。是“资源诅咒”，还是制度缺失？通过分析撒哈拉以南非洲地区主要石油生产国的石油收益状况发现：资源收益分配主要集中于统治者及其家族、寻租腐败导致资源租金的耗散、军费开支与无效投资制约了资源收益的转化，其结果加剧了资源丰裕国政府的腐败与专权，造成派系冲突以及战争频发，资源依赖进一步加强，当地居民生活状况进一步恶化。政府是否廉洁高效、制度是否完善合理，是决定资源是“诅咒”还是“祝福”的关键因素。

第一章 『资源诅咒』研究述评

一般认为，资源丰裕是大自然赋予人类的财富，有助于欠发达国家的工业化资本积累，推动经济起飞。然而，20 世纪 60 年代以来，自然资源丰裕的国家/区域，与资源贫乏的国家/区域相比，经济增长反而相对缓慢甚至停滞，出现所谓的“资源诅咒”现象。典型案例如“荷兰病”“尼日利亚病”等。对这一现象的验证、阐释及其破解的探索，成为经济学、政治学、社会学等关注的主要话题之一。随着研究的深入，对“资源诅咒”的质疑与反思引发新的思考：资源丰裕其本身不是问题，关键是资源开发获取的租金如何分配与使用，以及相应的制度设计及其执行力。如果能促进资源财富转化为其他资本形态的财富，则可以破解“资源诅咒”。

第一节 “资源诅咒”现象及其验证

“资源诅咒”的提出，主要是针对资源丰裕与经济增长之间反方向变化的现象；后来这一概念得以拓展，凡是资源型区域的问题如资源损耗与生态环境破坏、“反工业化”、收入不均等、寻租与腐败、派系斗争等，均认为是“资源诅咒”现象。学术界对“资源诅咒”进行了多个层次的验证，是否遭遇“资源诅咒”，与资源丰裕、经济增长等相关指标的遴选以及“点资源”“散资源”等样本范围的厘定密切相关。

一、资源开发与“资源诅咒”现象

自工业革命以来，资源开发成为推动经济增长的重要力量。伴随矿产开发，资源丰裕国家/区域出现资源枯竭、发展衰退、“荷兰病”及“尼日利亚病”等问题。20 世纪 90 年代，学术界开始关注资源丰裕与区域经济增长之间的关系，经过观察和实证检验，发现二者之间呈现反方向变化，故将其称为“资源诅咒”。后来这一概念得到拓展，类似于资源财富如国外援助、外出务工人员汇款所产生的负面影响，也被归入“资源诅咒”的研究范畴。

（一）资源损害与生态环境破坏

20 世纪初期，矿产开发引发的资源损耗与浪费、生态环境破坏与恶化等现象是比较严重的。这些现实问题激发了学术界对资源开发路径、生态环境治理等问题的关注和研究。

普遍认为：矿产资源大规模、无节制开采且造成严重的浪费现象等问题，是资源价格过低造成的。解决资源快速耗竭问题的关键，是确定合理的价格，而价格的确定取决于市场结构，不同市场结构下，资源消耗路径与生产效率是有差异的。Hotelling 的研究开创了可耗竭资源经济学的先河[①]。他在假定矿产资源的所有者追求所有未来收益的现值最大化的基础上，分析了资源价格与资源消耗之间的量化关系，以及税收对资源耗竭的影响，提出了重要的豪泰林准则（Hotelling rule）：即在完全

---

① H. Hotelling. “The Economics of Exhaustible Resources”, *Journal of Political Economy*, 1931, 39, 2: 137～175.

竞争条件下，以开采成本不变为前提，资源租金增长率等于市场利息率条件下的资源消耗路径是最优的。Ise[①] 阐述了资源定价与资源耗竭之间的关系，指出垄断市场结构下的资源价格虽然高于竞争市场条件下的均衡价格，但能延缓资源的耗竭。之后，Hason 将豪泰林准则扩展到开采成本可变的情况，即随着单位开采成本的上升，价格增长将放慢，资源租金的绝对量将下降[②]。

生态环境破坏是负外部效应的表现，由于缺乏社会成本约束和生态环境补偿机制，矿产开发中不可避免地对生态环境产生负面影响。日本北九州、德国鲁尔等老工业基地，曾经面临严重的生态环境难题[③]；近年来澳大利亚的矿业发展中存在生态环境破坏[④]；其他遭遇"资源诅咒"的国家生态环境也不同程度出现退化[⑤]。中国在新中国成立以来的大规模矿产开发中，由于补偿机制的缺失，在东北老工业基地、山西、内蒙古等地也形成了生态环境恶化问题，表现在土地塌陷、水污染、大气污染、土壤退化、矸石山堆积、历史欠账多等方面[⑥]。针对矿产开发中的生态环境破坏问题，Pigou[⑦] 提出了外部性理论的解释构架，主张通过政府参与下的税收政策来解决环境污染难题。Coase[⑧] 进一步拓展了外部性理论，基于制度经济学提出了解决外部性的新的政策途径，即产权清晰界定前提下的市场交易机制。生态环境一旦遭受破坏，则不可能完全恢复，需要采取相应的措施加以制约。Krutilla[⑨] 指出，技术进步虽然能够弥补丰富的矿藏，缓解资源的可耗竭性，但是技术进步不可能达到恢复地理环境、使濒临灭绝的生物再生的目的。因此，必须科学地保护生态环境，避免环境对人类福利产生反向的不利影响。需要制定政策与构建机制，确保自然环境的循环使用，保证生物的多样性，为人类提供更广泛的消费选择。

（二）"荷兰病"与"反工业化"

20 世纪 60 年代，荷兰北海发现了储量丰富的天然气资源。随着天然气资源的开发，荷兰的天然气出口量快速增长，天然气的出口扭转了荷兰的贸易结构，也对国民经济结构产生了不利影响，滚滚而来的天然气出口收入上扬了荷兰货币汇率，降低了荷兰制造业的国际竞争力。这种现象被称为"荷兰病"，最早由 1977 年《经济学家》

---

① J. Ise. "The Theory of Value as Applied to Natural Resources", *American Economic Review*, 1925, 15, 2: 284～291.

② 汪丁丁：《资源经济学若干前沿问题》，载汤敏、茅于轼主编：《现代经济学前沿专题》（第二集），商务印书馆 1993 年版，第 70～71 页。

③ 宋冬林等：《东北老工业基地资源型城市发展接续产业问题研究》，经济科学出版社 2009 年版，第 168～171 页。

④ J. Goodman & D. Worth. "The Minerals Boom and Australia's Resource Curse", *Journal of Australian Political Economy*, 2008, 61, 6: 201～219.

⑤ G. Atkinson & K. Hamilton. "Savings, Growth and the Resource Curse Hypothesis", *World Development*, 2003, 31, 11: 1793～1807.

⑥ 张复明、景普秋等：《矿产开发的资源生态环境补偿机制研究》，经济科学出版社 2010 年版。

⑦ A. C. Pigou. *The Economics of Welfare*, London: Macmillan, 1920.

⑧ R. H. Coase. "The Problem of Social Cost", *Journal of Law and Economics*, 1960, 3: 1～44.

⑨ J. V. Krutilla. "Conservation Reconsidered", *The American Economic Review*, 1967, 57, 4: 777～786.

杂志提出[①]，在此之前，澳大利亚的学者曾针对该国的矿业繁荣，提出了“格里高利效应”（Gregory Effect），被认为是“荷兰病”模型的前身。Gregory[②]指出，20世纪60年代末澳大利亚矿业繁荣对农村经济部门和制造业部门产生了一定的负面影响。Snape[③]对Gregory的分析进行了扩展，得出三个结论：矿业繁荣带来贸易产品增加，非贸易产品价格上涨，而非贸易产品的数量既有可能增加也有可能减少。他们从需求、供给的角度研究了贸易产品、非贸易产品的均衡价格与数量变动，试图对这一“格里高利效应”进行解释，为其后关于“荷兰病”的研究奠定了基础。1982年，Corden和Neary[④]对“荷兰病”进行了经济解释，标志着“荷兰病”理论基本形成。就荷兰而言，矿产资源的开发短期内是推动经济增长的重要因素，但是在短期内资源产业部门的繁荣往往会带来“荷兰病”现象，改变了资源丰裕国家/区域正常工业化的趋势，出现了“反工业化”现象，对经济结构产生不利影响。

“荷兰病”虽然较早发生在荷兰，但是后来在许多资源丰裕国家的经济发展中都出现过类似病症，如尼日利亚[⑤]、巴布亚新几内亚[⑥]、俄罗斯[⑦]、哈萨克斯坦、加拿大、哥伦比亚等。哥伦比亚是拉丁美洲的一个发展中国家，经济发展中也遭受着“荷兰病”的困扰[⑧⑨]。不同的是，引发“荷兰病”现象的资源产业是农业而非矿业。20世纪50年代之前哥伦比亚的香蕉出口居主导地位且所占比重持续上升。到了20世纪60～70年代，哥伦比亚咖啡产业的兴起，逐渐对香蕉出口产生了挤压，咖啡出口占到总出口的75%左右，引发了“荷兰病”现象。政府为了减少对咖啡的依赖，试图通过产业多样化推动经济转型，1974年咖啡的出口占出口总收入的比重下降到44%，但是随后几年其他产业出口的不景气使得咖啡出口比重再次回升到60%[⑩]。新世纪以来，能源价格的高涨使得哥伦比亚加强了对矿产、能源资源的勘察开发，随着外商投资的不断增加，哥伦比亚有望成为拉丁美洲石

① “The Dutch Disease”，*The Economist*，1977，28：82～83.

② R. G. Gregory. “Some Implications of the Growth of the Mineral Sector”，*Australian Journal of Agricultural Economics*，1976，20，2：71～91.

③ R. H. Snape. “Effects of Mineral Development on the Economy”，*Australian Journal of Agricultural Economics*，1977，21，3：147～156.

④ W. M. Corden & J. R. Neary. “Booming Sector and De-industrialization in a Small Economy”，*The Economic Journal*，1982，92，368：825～848.

⑤ F. Ezeala-Harrison. “Structural Re-adjustment in Nigeria：Diagnosis of Severe Dutch Disease Syndrome”，*American Journal of Economics and Sociology*，1993，52，2：193～208.

⑥ S. Chand & T. Levantis. “Dutch Disease and the Crime Epidemic：An Investigation of the Mineral Boom in Papua New Guinea”，*Australian Journal of Agricultural and Resource Economics*，2000，44，1：129～146.

⑦ B. Algieri. “The Dutch Disease：Evidence from Russia”，*Economic Change Restructure*，2011，44，3：243～277.

⑧ L. Kamas. “Dutch Disease Economics and the Colombian Export Boom”，*World Development*，1986，14，9：1177～1198.

⑨ R. M. Suescún. “Commodity Booms，Dutch Disease，and Real Business Cycles in a Small Economy：The Case of Coffe in Colombia”，*Borradores de Economia 73*，Banco de la Republica de Colombia，1997.

⑩ L. Kamas. “Dutch Disease Economics and the Colombian Export Boom”，*World Development*，1986，14，9：1177～1198.

油巨头。外商直接投资85%集中在矿业、能源产业，尽管石油开发贡献了80%的出口增长，但仅仅直接带来了20万个就业岗位，新的“荷兰病”症状在哥伦比亚再次出现[①]。

(三)“尼日利亚病”与社会问题

“荷兰病”模型主要集中在初级商品部门引起的资源再配置，引起制造业的挤出，影响国内经济，也影响其他部门，汇率升值引起制造业出口缺乏竞争力[②]。许多罹患“荷兰病”的国家，同时还存在其他因资源开发或者资源价格上涨带来的社会问题，如寻租、腐败、收入不平等等。这一类病状以尼日利亚为代表，被称之为“尼日利亚病”[③] (Nigerian Disease)。主要是由于资源开发带来的“横财”(Windfall Revenue)，因为缺乏制度约束与使用效率，造成严重浪费，同时也会引起寻租与腐败。其结果，资源丰裕国家不仅不能利用资源促进国家发展，反而为资源所累。

国际货币基金组织调查显示[④]：撒哈拉以南非洲大多数石油生产国，其生活状况接近甚至低于所有撒哈拉以南非洲国家的平均水平。石油繁荣，能够促进短期经济增长，但其后遗症却深深影响了长期经济增长。对石油等能源、矿业资源的依赖，不仅带来经济增长滞缓，而且常常伴随着暴力冲突、不平等化加剧、民主意识匮乏以及腐败滋生等现象[⑤]。非洲资源丰裕国家/区域社会问题普遍比较突出[⑥]：赤道几内亚，在世界177个国家排名中，其人均GDP和人类发展指数相差90名。该国1990年发现石油并开始开发，到2005年每天产量大约35万桶，期间每千名新生儿在年满5岁之前死亡的概率上升到20%。安哥拉，2007年预算超过310亿美元，然而其新生儿死亡率是世界第二。尼日利亚，从1970年开始石油开发，到2000年共获得石油收入3500亿美元，但其人均收入却在下跌，收入差距进一步扩大，贫穷人口比例从1970年的36%上升到2000年的70%。这三个国家，资源出口占总出口的95%～99%，其中安哥拉尤为突出，钻石出口占总出口的99.5%。

(四)经济增长滞缓与“资源诅咒”

Auty[⑦]较早关注了资源型地区工业化问题，并在1993年首次提出了“资源诅咒”

① S. Manker. “There are Symptoms of Dutch Disease in Colombia”, Central Bank, http://colombiareports.com/there-are-Symptoms-of-dutch-Disease-in-colombia-central-bank/, 2011.

② S. van Wijnbergen. “The ‘Dutch Disease’: A Disease After All?”, *Economic Journal*, 1984, 94, 373: 41～55.

③ A. Williams. “Shining a Light on the Resource Curse: An Empirical Analysis of the Relationship Between Natural Resources, Transparency, and Economic Growth”, *World Development*, 2011, 39, 4: 490～505.

④ Jan-Peter Olters. “Old Curses, New Approaches? Fiscal Benchmarks for Oil-producing Countries in Sub-Saharan Africa”, IMF Working Paper 07/107, 2007.

⑤ C. Leite & J. Weidmann. “Does Mother Nature Corrupt? Natural Resources, Corruption and Economic Growth”, IMF Working Paper 99/85, 1999.

⑥ N. Shanson. “Oil, Corruption and the Resource Curse”, *International Affairs*, 2007, 83, 6: 1123～1140.

⑦ R. M. Auty. *Resource-based Industrialization: Sowing the Oil in Eight Developing Countries*, New York: Oxford University Press, 1990.

假说[①]，认为矿产资源开发并不必然带来经济增长，从长期看资源丰裕区域的经济增长率反而较低。随后 Sachs 和 Warner[②] 连续发表多篇文章对资源丰裕与经济增长的关系进行了开创性的研究，验证了“资源诅咒”的存在。资源丰裕与经济增长显著负相关，资源产品出口占 GNP 的比重每提高 16%，经济增速下降 1%。Gylfason[③] 通过对全球 65 个资源丰裕国家的研究发现，资源丰裕与经济增长呈现负相关，资源产品在社会总产出中所占比重每提高 10%，增速下降 1%。

二、“资源诅咒”的拓展与深化

“资源诅咒”的提出，是针对资源丰裕国家而言的。最早是指丰裕的自然资源开发与长期经济增长之间的反方向变化关系，是实证分析的结果。后来，也泛指资源丰裕国家/区域存在的寻租、腐败、两极分化等现象，并向以下两个方向拓展。

第一方面的拓展：凡是资源开发带来的负面作用，或者经济、社会、政治以及生态环境不良绩效，也被认为是“资源诅咒”现象，而不再局限于经济增长缓慢或停滞。Goodman 和 Worth[④] 将“资源诅咒”概括为三对矛盾：一是从社会的角度，表现为资本和劳动的矛盾，由于“反工业化”现象，拥有资本的企业主在资源开发中获益，而资源部门对制造业部门的挤出，导致一部分人失业；二是从空间的角度，表现为不同空间层面资本之间的矛盾，资源开发区域、其他区域以及国家之间因资源开发而引致的利益冲突；三是从生态退化和资源耗竭的角度，表现为资本和自然的矛盾。经济方面的负面影响，除经济增长缓慢之外，“反工业化”、人力资本挤出等，也被看作是“资源诅咒”的表现。政治与社会方面的负面影响比较严峻，如就业与收入分配差距问题、寻租与腐败以及频繁的派系斗争。Gylfason 和 Zoega[⑤] 指出资源依赖会导致收入不平等和经济增长停滞。McMahon[⑥] 认为，由于资源租金集中在公共部门或者私营公司的少部分掌权者手中，资源丰裕国家更容易遭遇寻租活动。

第二方面的拓展：不仅仅局限于本地所拥有的自然资源，通过劳务输出，其汇款返回本国对经济带来的负面影响，以及国际援助对经济、财政以及政治方面的冲击，也被视为“资源诅咒”。汇款，被定义为移民寄回家乡的财政资源，被视作一个新的

---

① R. M. Auty. *Sustaining Development in Mineral Economies: The Resource Curse Thesis*, London: Routledge, 1993.

② J. D. Sachs & A. M. Warner. “Natural Resource Abundance and Economic Growth”, NBER Working Paper NO. 5398, 1995; J. D. Sachs & A. M. Warner. “The Big Push, Natural Resource Booms and Growth”, *Journal of Development Economics*, 1999, 59, 1: 43～76; J. D. Sachs & A. M. Warner. “Natural Resources and Economic Development: The Curse of Natural Resources”, *European Economic Review*, 2001, 45: 827～838.

③ T. Gylfason. “Natural Resources, Education, and Economic Development”, *European Economic Review*, 2001, 45, 4～6: 847～859.

④ J. Goodman & D. Worth. “The Minerals Boom and Australia's Resource Curse”, *Journal of Australian Political Economy*, 2008, 61, 6: 201～219.

⑤ T. Gylfason & G. Zoega. *Inequality and Economic Growth: Do Natural Resources Matter?* Munich: CESifo, 2002.

⑥ G. McMahon. *The Natural Resource Curse: Myth or Reality?* World Bank Institute, Available at: http://econ.worldbank.org, 1997.

发展机会而备受关注[①②]，2007 年，移民者从发达国家转移到发展中国家的汇款额为 2400 亿美元，超过了官方的发展援助资金和外国直接投资金额[③]。包括墨西哥、中国、印度和菲律宾等在内的接收汇款国家一直在探索如何使用移民者的收入来促进经济增长，但是汇款利用所激发的腐败问题却抑制了经济发展[④]。Tyburski[⑤] 认为，汇款是一个外生变量，可以通过改革如政府问责、经济激励等来逆转"资源诅咒"，从而减少腐败。外国援助对于接收国而言，类似于一个资源"横财"，可能导致寻租行为。Djankov 等[⑥]使用 1960～1999 年期间 108 个接收国的面板数据进行分析，结果发现外国援助对制度具有负面影响，其作用甚至大于石油导致的诅咒现象。

无论是本国资源开发，还是劳务输出到资源丰裕国家带来汇款，都可能对经济社会产生冲击，导致寻租、腐败、失业、收入差距、派系斗争甚至军事冲突等现象频繁发生。

（一）寻租与腐败

资源繁荣带来的资源收益给企业家寻租、官员腐败提供了"沃土"，企业家为了能够获得资源开采权而向区域政府行贿，政府官员可能将矿业收益转化为个人收益，进而产生了腐败现象。许多遭遇"资源诅咒"的国家，腐败问题都比较突出，比如"透明国际"（TI）发布的结果表明，撒哈拉以南的非洲国家腐败现象都较为严重，安哥拉、乍得等国家的"清廉指数"都排在最后几位。但是成功规避"资源诅咒"的国家，腐败程度都较低，博茨瓦纳是非洲腐败程度最低的国家。其他像挪威、美国阿拉斯加、澳大利亚等资源丰裕国家/区域的腐败问题并不突出。Busse 和 Gröning[⑦] 验证了资源丰裕与腐败之间的相关性：以发展中国家或者所有国家分别为样本，得到自然资源出口将导致腐败上升的结论。但如果样本仅仅是发达国家，则这一结论并不存在。说明资源丰裕的发展中国家，更容易遭受腐败。

资源丰裕国家腐败问题的发生与政治制度密切相关，独裁统治更容易诱发腐败。Hammond[⑧] 以安哥拉和委内瑞拉为例进行了分析。前者自 1975 年独立以来经历了独

---

① D. Kapur. "Remittances：The New Development Mantra?"，G-24 Working Paper No. 29，2004.

② D. Ratha. "Remittances：A Lifeline for Development"，*Finance and Development*，2005，42，4.

③ World Bank. "Development Prospects Group"，Available at：http：//siteresources. worldbank. org/INTPROSPECTS/Resources/，2008. 334934-1110315015165/Remittances Data _ Jul08（Release）. xls.（Accessed May 15，2010.）

④ M. T. Gapen，A. Barajas，R. Chami，P. Montiel & C. Fullenkamp. "Do Workers' Remittances Promote Economic Growth?"，IMF Working Paper 09/153，Washington D. C.：International Monetary Fund，2009.

⑤ M. D. Tyburski. "The Resource Curse Reversed? Remittances and Corruption in Mexico"，*International Studies*，2012，56，2：339～350.

⑥ S. Djankov，J. G. Montalvo & M. Reynal-Querol. "The Curse of Aid"，*Journal of Economic Growth*，2008，13，3：169～194.

⑦ M. Busse & S. Gröning. "The Resource Curse Revisited：Governance and Natural Resources"，*Public Choice*，2013，154，1：1～20.

⑧ J. Hammond. "The Resource Curse and Oil Revenues in Angola and Venezuela"，*Science & Society*，2011，75，3：348～378.

裁统治，腐败现象严重，遭遇了典型的“资源诅咒”。后者在雨果·查韦斯（Hugo Chávez）总统任职时期，对资源经济进行了合理管理，开展了政治和社会革命，国家统治者为广大人民谋福利，成功避免了“资源诅咒”。

（二）失业与收入不平等

资源丰裕国家/区域，失业、收入不平等现象较为严重。在亚洲自然资源丰富的国家中，最富的20%的人与最穷的20%的人的收入比值为9.9，资源丰富的马来西亚，这一比值为16，而资源贫乏的其他国家和地区只有6.5。在非洲，资源丰富的国家比值达到10.7，而资源贫乏的国家为8.1[①]。在巨大资源利益冲击下，一些政府高官利用手中的权力从中牟利，侵吞国家财产，而广大民众却没有从资源开发中受益，资源收入分配不公问题尤为突出。国际货币基金组织工作人员调查发现，1997～2002年间，安哥拉石油收入总额约为178亿美元，但其中约有42.2亿美元没有入账，它相当于政府每年用于社会支出的总额[②]。

矿业本身是资本密集型产业，能够吸纳的劳动力有限，矿业收益主要是归经营矿业的资本所有者拥有，大部分的劳动力被排斥在矿业部门之外。其结果，矿业部门获益者与其他人群收入差距拉大。“荷兰病”效应的形成过程中，矿业与制造业、农业的部门间要素收益比价发生变化，进而导致了行业间的收入差距拉大。Ross[③]认为，资源丰裕会影响劳动者就业并加大个人收入差异和行业或区域收入差异：劳动者从可贸易的资源部门、制造业部门，进入不可贸易的服务业部门将面临技能约束；部门间的职业转换，可能会影响一定群体如妇女、低收入工人、乡村工人和年长工人的就业以及收入。Berry[④]认为，矿业依赖会对就业和收入分配产生不利影响，因为许多矿业部门直接产生的就业机会很少，间接地减少了就业机会，这样资源丰裕国家不大可能步入可持续的和公平的发展路径。印度尼西亚、智利、委内瑞拉和尼日利亚的实证结果显示，以矿业等资本密集型产业为主的劳动力过剩国家，就业和收入分配的挑战是严峻的。

资源丰裕如何影响收入不均等，二者之间沿着什么样的路径变化？Lannerberth[⑤]的实证检验发现：与其他国家相比，资源丰裕国家的收入不均等程度更高，收益集中于少部分人手中，这是因为资源吸引了一部分人专门从事非生产性活动并获取大量资源收益；资源繁荣加剧了一个国家的收入不均等，这是因为资源开发降低了其他可贸易部门的竞争性，扩大了资源与非资源部门之间的收入差距；“点资源”可能导致更

---

① N. Birdsall, T. Pinckney & R. Sabot. “Natural Resource, Human Capital, and Growth”, in R. M. Auty (ed.), *Resource Abundance, and Economic Development*. Oxford: Oxford University Press, 2001.

② http://www.mmegi.bw/2004/January/7'hursdayl5/6734200841776.html, 15 January 2004.

③ M. L. Ross. “How Mineral-rich States Can Reduce Inequality”, in M. Humphreys, J. Sachs & J. Stiglitz (eds.), *Escaping the Resource Curse*, Columbia University Press and Revenue Watch Institute, 2007.

④ A. Berry. “Growth, Employment and Distribution Impacts of Minerals Dependency: Four Case Studies”, *South African Journal of Economics*, 2008, 76, S2: S148～S172.

⑤ C. Lannerberth, *Natural Resource: A Curse on Income Equality*? LAP Lambert Academic Publishing, 2010.

高的收入不均等，这是因为“点资源”是更容易控制的资源。Goderis 和 Malone[①] 研究了收入不均等的时间路径，结果发现：收入不均等在资源繁荣之后短期内快速下降，然而，伴随经济增长，不均等却随着时间而稳定上升。

（三）派系斗争与军事冲突

资源丰裕是否能带来战争，有两种观点：一种认为，资源丰裕为冲突和战争提供了动力和机会，间接制造了非稳定的政治和经济因素。Collier 和 Hoeffler[②] 关于贪婪和不满的观点，启发了随后的研究。Collier 和 Hoeffler[③] 认为，因为自然资源财富为反叛者活动提供了机会和贪婪引致的激励，增加了内战发生的可能性。Humphreys[④] 总结了六种可能的内战发生机制：一是“贪婪反叛”（greedy rebel）机制，即自然资源具有战利品的特征，激发了反叛者拿起武器继续战斗；二是“贪婪局外人”（greedy outsider）效应，可能直接干预军事行动，或者寻求内战派系的支持，以赢得对获利资源的控制；三是“不满情绪”（grievance）传输渠道，因为“荷兰病”、价格冲击或者收益的不公平分配带来经济负增长，引起不满情绪蔓延，触发了资源开发区域激烈的分离主义；四是可能性机制（feasibility mechanism），是指自然资源为反叛经费提供支持；五是“弱政府”（weak state）机制，资源丰裕对国家制度质量的不利影响，增加了内部冲突的可能性；六是“松散网络机制”（sparse network mechanism），食利者经济在世界经济中属于单边贸易，难以通过多边条件推动和平与稳定。

另外一种观点，以食利者国家理论为代表。所谓食利者国家，是指中东石油生产国，如伊朗和海湾君主国[⑤]，其主要功能是租金分配。租金给统治精英提供重要的资源，可以抵消一些负面影响以保持国家稳定[⑥]。不同于第一种观点，他们认为：政权使用来自资源丰裕的收益，通过大规模分配或者镇压反对者，可以有助于“买通”和平，其结果是食利者国家政治上倾向于更稳定。

两种理论揭示了资源丰裕关于冲突倾向的两面效应。Basedau 和 Lay[⑦] 通过多元截面回归表明资源依赖和内战发生率之间存在倒“U”型关系：初期人均拥有资源财富数量与内战发生率先是同方向变化，当人均拥有资源财富数量超过一定比例，则其

---

① B. Goderis & S. W. Malone. “Natural Resource Booms and Inequality: Theory and Evidence”, *Scandinavian Journal of Economics*, 2011, 113, 2: 388～417.

② P. Collier & A. Hoeffler. *Greed and Grievance in Civil War*, Washington D. C.: World Bank, 2001.

③ P. Collier & A. Hoeffler. “Greed and Grievance in Civil War”, *Oxford Economic Papers*, 2004, 56, 4: 563～595.

④ M. Humphreys. “Natural Resources, Conflict and Conflict Resolution”, *Journal of Conflict Resolution*, 2005, 49, 4: 508～537.

⑤ B. Smith. “Oil Wealth and Regime Survival in the Developing World, 1960～1999”, *American Journal of Political Science*, 2004, 48, 2: 232～246.

⑥ T. L. Karl. *The Paradox of Plenty: Oil Booms and Petro-States*, Berkeley, CA: University of California Press, 1997, pp. 21～22.

⑦ M. Basedau & J. Lay. “Resource Curse or Rentier Peace? The Ambiguous Effects of Oil Wealth and Oil Dependence on Violent Conflict”, *Journal of Peace Research*, 2009, 46, 6: 757～776.

与内战之间呈现反方向变化，尤其是达到一定高度，基本能够保持和平与稳定。结果说明，石油财富国家通过收益分配、增加安全设施、提高保护性支出等，可以保持政治稳定。而 Lujala 等人[①]的研究发现，钻石，尤其是二手钻石（secondary diamonds）和内战发生之间存在双重关系，二手钻石增加了种族战争的风险；而原钻（初级钻）（primary diamonds）导致种族战争发生的可能性相对要小。在塞拉利昂，钻石在 20 世纪 90 年代的内战中起着重要的作用，也导致"血钻"研究的出现，但也有研究认为，钻石能够为战后重建提供动力[②]。

三、"资源诅咒"的实证检验

"资源诅咒"的验证主要是从资源丰裕与经济增长之间的正向或反向变化，来判断是遭受了"诅咒"还是获得了"祝福"。事实上，对资源丰裕、经济增长的指标选择不同，或者资源选择的种类差异，如"点资源""散资源"，得出的结论则可能不同。

（一）国家截面与面板数据检验

自然资源丰裕的国家，经济增长相对缓慢，遭受了所谓的"资源诅咒"。实证检验主要使用 20 世纪后半期多个国家的经济增长绩效进行分析。Auty[③]、Gelb[④]、Sachs 和 Warner[⑤]、Gylfason 等[⑥]，以及其他研究者，在跨国研究中较多使用了面板数据模型和截面数据模型。Sachs 和 Warner 开创性地使用截面数据模型检验了资源依赖与长期经济增长率之间的关系，这一方法后来得到广泛使用。之后，两人[⑦]利用横截面模型进一步分析了此前忽略的其他变量（地理和气候变量），发现这些变量并未动摇"资源诅咒"的结论。20 世纪后半期，资源密集程度较高的国家，尤其是矿业密集度较高的国家，几乎无一例外普遍经历了经济增长停滞，导致了"资源诅咒"。进入 21 世纪，对"资源诅咒"的研究已经成为一个全球热点，学者们利用国家层面

---

① P. Lujala, N. P. Gleditsch & E. Gilmore. "A Diamond Curse? Civil War and a Lootable Resource", *The Journal of Conflict Resolution*, 2005, 49, 4: 538～562.

② R. Maconachie & T. Binns. "Beyond the Resource Curse? Diamond Mining, Development and Post-conflict Reconstruction in Sierra Leone", *Resources Policy*, 2007, 32, 3: 104～115.

③ R. M. Auty. *Resource-based Industrialization: Sowing the Oil in Eight Developing Countries*, New York: Oxford University Press, 1990.

④ A. H. Gelb. *Windfall Gains: Blessing or Curse?* New York: Oxford University Press, 1988; H. J. Habakkuk. *American and British Technology in the Nineteenth Century*, Cambridge, MA: Cambridge University Press, 1962.

⑤ J. D. Sachs & A. M. Warner. "Natural Resource Abundance and Economic Growth", NBER Working Paper NO. 5398, 1995; J. D. Sachs & A. M. Warner. "The Big Push, Natural Resource Booms and Growth", *Journal of Development Economics*, 1999, 59, 1: 43～76; J. D. Sachs & A. M. Warner. "Sources of Slow Growth in African Economies", *Journal of African Economies*, 1997, 6, 3: 335～376.

⑥ T. Gylfason, T. T. Herbertsson & G. Zoega. "A Mixed Blessing: Natural Resources and Economic Growth", *Macroeconomic Dynamics*, 1999, 3: 204～225.

⑦ J. D. Sachs & A. M. Warner. "Natural Resources and Economic Development: The Curse of Natural Resources", *European Economic Review*, 2001, 45: 827～838.

的面板和截面数据模型对“资源诅咒”进行了再检验，Stijns[①]、Brunnschweiler 和 Bulte[②]、Murshed 和 Serino[③] 等对跨国层面“资源诅咒”现象展开了深层次研究。

（二）国家个案和国别研究

国家个案研究，是指对某一个国家资源丰裕带来负面影响所进行的分析。Elbra[④] 分析了矿业开采给南非经济社会发展带来的影响。结果发现，南非出现了相对缓慢的 GDP 增长、收入不均等、贫穷以及食利者政府等现象，并未从自然资源财富中获益，因而可以将其划定为遭受“资源诅咒”的国家。Wilson[⑤] 讨论了 1930～2010 年期间塞拉利昂的钻石开发净效应，其中 1968 年之前属于资源“祝福”模式；1968～1992 年期间，钻石开发像一个钟摆，其作用从“祝福”变为“诅咒”；20 世纪 90 年代内战时期，“资源诅咒”加剧；战后对钻石部门的管理得到加强，开始向资源“祝福”转移。Sovacool[⑥] 通过对东南亚五个国家即文莱、印度尼西亚、马来西亚、缅甸和泰国 1987～2007 年石油和天然气出口的检验，结果发现“资源诅咒”并不必然发生。上述理论过于简单，并不能解释一些遭遇了“资源诅咒”而另一些避免了“资源诅咒”的真相。

（三）国家内部区域层面检验

除了国家层面的研究，也有文献开始关注一国内部区域层面是否存在“资源诅咒”。Papyrakis 和 Gerlagh[⑦] 把“资源诅咒”引入国内不同区域，发现美国州际层面存在“资源诅咒”，资源丰裕是阿拉斯加州和路易斯安那州经济增长缓慢的原因。Freeman[⑧]、Gerard[⑨] 同样研究了美国不同地区的截面数据，证实了“资源诅咒”命题[⑩]。

---

① J. C. Stijns. “Natural Resource Abundance and Economic Growth revisited”, *Resources Policy*, 2005, 30, 2: 107～130.

② C. N. Brunnschweiler & E. H. Bulte. “The Resource Curse Revisited and Revised: A Tale of Paradoxes and Red Herrings”, *Journal of Environmental Economics and Management*, 2008, 55, 3: 248～264.

③ S. M. Murshed & L. A. Serino. “The Pattern of Specialization and Economic Growth: The Resource Curse Hypothesis Revisited”, *Structural Change and Economic Dynamics*, 2011, 22, 2: 151～161.

④ A. D. Elbra. “The Forgotten Resource Curse: South Africa's Poor Experience with Mineral Extraction”, *Resources Policy*, 2013, 38, 4: 549～557.

⑤ S. A. Wilson. “Diamond Exploitation in Sierra Leone 1930 to 2010: A Resource Curse?”, *Geo Journal*, 2013, 78, 6: 997～1012.

⑥ B. K. Sovacool. “The Political Economy of Oil and Gas in Southeast Asia: Heading towards the Natural Resource Curse?”, *The Pacific Review*, 2010, 23, 2: 225～259.

⑦ E. Papyrakis & R. Gerlagh. “Natural Resources, Innovation, and Growth”, *Nota Di Lavoro 129*, 2004; E. Papyrakis & R. Gerlagh. “Resource Abundance and Economic Growth in the United States”, *European Economic Review*, 2007, 51, 4: 1011～1039.

⑧ D. Freeman. “The ‘Resource Curse’ and Regional US Development”, *Applied Economics Letters*, 2009, 16, 5: 527～530.

⑨ B. Gerard. “A Natural Resource Curse: Does It Exist Within the United States?”, CMC Senior Theses Paper 158, 2011.

⑩ 赵伟伟、白永秀：《资源诅咒实证研究的文献综述》，《世界经济文汇》2009 年第 6 期。

中国区域层面“资源诅咒”现象的验证研究较为丰富。徐康宁等[①]较早对国内自然资源丰裕与区域经济增长之间的关系进行了实证研究，验证了区域经济增长中的“资源诅咒”问题。张菲菲等[②]通过面板分析证实了中国省级层面“资源诅咒”的存在，自然资源丰裕度与区域经济发展水平呈现负相关关系。众多学者对煤炭资源丰裕的山西进行了研究。武芳梅对改革开放以来山西与全国进行比较研究发现[③]，山西出现了“资源诅咒”现象。景普秋对山西经济研究发现[④]，煤炭资源开发主导了山西的经济发展，但并非完全带来“诅咒”，而是一种“福祸并存”的状况。李强等[⑤]以2000～2010年省级面板数据为样本，在控制初始经济发展水平、投资、人力资本、产业结构、人口密度等因素后，研究了自然资源和地理位置对中国地区经济增长的影响，结论认为“资源诅咒”假说在中国省级层面显著成立，与是否考虑地理因素无关。冯宗宪等[⑥]的实证研究发现，“资源诅咒”问题在中国还不是很突出，导致西部发展跟不上东部的主要原因在于地处内陆、对外贸易中不占优势、缺乏对投资的吸引力、工业化速度较慢，而不是因为富集资源致使各种负面影响危害过甚。

（四）指标与资源种类选择及其质疑

使用不同的指标，尤其是资源丰裕程度的指标，其验证结果是不一样的。Sachs和Warner[⑦]使用的资源丰裕指标主要是GDP中初级出口的份额；Brunnschweiler[⑧]基于一项世界银行构建的指数，测度人均矿石和总自然资源财富，结果发现：地下资源与经济增长存在正向关系；没有证据显示，自然资源会通过制度渠道对经济增长产生间接的负面影响。Rambaldi、Hall和Brown[⑨]使用人均不可再生资源租金作为资源密集度的测量，对“资源诅咒”提出质疑，即自然资源丰裕与经济增长之间是正向变化关系。方颖等以人均概念衡量自然资源丰裕程度时[⑩]，发现其与经济增长之间并无显著的负相关关系，“资源诅咒”假说在中国城市层面不成立。Neumayer[⑪]认为，

---

① 徐康宁、韩剑：《中国区域经济的资源诅咒效应：地区差距的另一种解释》，《经济学家》2005年第6期；徐康宁、王剑：《自然资源丰裕程度与经济发展水平关系的研究》，《经济研究》2006年第1期。

② 张菲菲、刘刚、沈镭：《中国区域经济与资源丰度相关性研究》，《中国人口·资源与环境》2007年第4期。

③ 武芳梅：《资源的诅咒与经济发展：基于山西省的典型分析》，《经济问题》2007年第10期。

④ 景普秋等：《基于可耗竭资源开发的区域经济发展模式研究》，经济科学出版社2011年版，第136～181页。

⑤ 李强、徐康宁、魏巍：《自然资源、地理位置与经济增长：基于2000～2010年省级面板数据的分析》，《东北大学学报》（社会科学版）2013年第3期。

⑥ 冯宗宪、姜昕、王青：《中国省际层面资源诅咒问题的再检验》，《中国人口·资源与环境》2010年第10期。

⑦ J. D. Sachs & A. M. Warner. “Natural Resource Abundance and Economic Growth”, NBER Working Paper NO. 5398, 1995.

⑧ C. N. Brunnschweiler. “Cursing the Blessings? Natural Resource Abundance, Institutions, and Economic Growth”, *World Development*, 2008, 36, 3: 399～419.

⑨ A. N. Rambaldi, G. Hall & R. Brown. “Re-testing the Resource Curse Hypothesis Using Panel Data and an Improved Measure of Resource Intensity”, School of Economics, University of Queensland, Brisbane 4072, 2006.

⑩ 方颖、纪衎、赵扬：《中国是否存在“资源诅咒”》，《世界经济》2011年第4期。

⑪ E. Neumayer. “Does the ‘Resource Curse’ Hold for Growth in Genuine Income as Well?”, *World Development*, 2004, 32, 10: 1627～1640.

现有分析所使用的GDP测度增长，其本身是有问题的，应该加上自然资本以及其他资本的折旧，即通过GDP折旧来得到真实收入（genuine income），结果发现“资源诅咒”依然存在，但与常规GDP相比，这种负作用相对要弱，说明“诅咒”现象源于不可持续的过度消费。可见，“资源诅咒”假设是否存在，关键在于对资源密集度的定义以及经济增长测量和模型的选择。

不同类型的资源可能带来的结果不同，矿业资源丰裕的国家/区域更易于遭遇“资源诅咒”。Pendergast① 通过实证研究发现：不同类型的自然资源影响着资源租金的特征进而影响经济增长，并对不同国家的生活水平有不同的影响。化石燃料资源伴随着寻租与腐败行为的扩张，说明化石燃料资源可能存在“资源诅咒”。林业资源伴随着寻租与腐败行为的减少，被认为是一个“祝福”而不是“诅咒”。Auty② 把自然资源分为“点资源”和“散资源”。前者是指矿产资源，例如煤、石油、天然气等，后者主要是指农产品。在研究了1970年以后很多自然资源丰裕国家的经济崩溃后，Auty认为那些“点资源”丰富的国家，“资源诅咒”更明显，也更严重。

尽管变量、方法、资源种类的选择会影响到实证检验结果，但是无论如何，资源丰裕国家/区域存在经济增长缓慢、“反工业化”现象、寻租腐败问题、收入不均等、派系冲突等现象是不争的事实。

第二节 “资源诅咒”假说及其阐释

“资源诅咒”的表现既涉及经济增长、结构变化，也涉及寻租腐败、收入不均、派系冲突，还有生态环境等问题，学者们分别从经济学视角、政治和社会学视角以及可持续发展视角对“资源诅咒”进行阐释。

一、结构说、资本说与财政制度说

从经济学角度看，“资源诅咒”主要表现为经济增长缓慢和波动、“反工业化”等，对这一现象的理论阐释主要有：一是“荷兰病”机制，外部冲击引起要素流动效应和消费支出效应，导致实际汇率上升，进而挤出具有“干中学”特征的制造业，造成长期经济增长滞缓；二是资源繁荣对人力资本与物质资本的挤出，引致长期经济增长滞缓；三是资源产品价格波动对政府收入和支出的冲击，削弱了财政体系对经济增长的调节能力，使得经济增长的稳定性下降。

（一）“荷兰病”机制与结构说

“荷兰病”机制是指，资源产品价格波动引起部门间贸易比价变化与汇率上升，

① S. M. Pendergast. *Corruption and the Curse of Natural Resources*, 2007, Available at: https://dspace.library.uvic.ca:8443/bitstream/1828/281/1/Resource%20Curse%20Edited%20Draft%20December%2018.pdf.

② R. M. Auty. *Resource Abundance and Economic Development*, Oxford: Oxford University Press, 2001.

进而引起要素的流动与配置失衡，制造业被挤出，生产率下降，带来长期经济增长滞缓。“荷兰病”标准模型由 Corden 和 Neary[①] 提出。在一个小型的开放经济体中包含三个部门：两个可贸易部门即能源和制造业，一个非可贸易部门即服务业。资源的新发现或者能源价格上升引起资源繁荣，出现要素流动作用和消费支出作用：前者是指要素向能源部门的流动，创造一种对服务业的过度需求和相对价格的上涨，实际汇率升值，使制造业部门缺乏竞争力；后者是指来自于资源繁荣的额外收益升高国内收入，也升高了国内对所有商品的需求，由于可贸易产品的价格是基于世界市场的，额外消费促进了非贸易服务相对价格的上升，导致实际汇率的进一步上升，制造业竞争力下降，出现“反工业化”。van Wijnbergen[②]、Matsuyama[③]、Sachs 和 Warner[④]、Gylfason[⑤] 等，假定可贸易的制造业部门具有“干中学”特征而资源部门不具备这样的特征，当要素更多地向资源部门集中而制造业部门萎缩时，生产率增长下降，长期经济增长也必然下降。Torvik[⑥] 提出了不同的观点，他认为部门间存在学习的溢出效应，制造业部门和资源部门的生产率水平可能上升也可能下降。

遭遇“荷兰病”的资源丰裕国家，普遍出现汇率升值、制造业竞争力下降、劳动力减少等现象。Beine 等[⑦]认为，自 2002 年以来加拿大制造业发展的下滑与加元对美元的双边汇率变动相关。在石油价格上涨的情况下，加拿大制造业发展下滑，就业人员减少，其原因并不完全是遭遇了“荷兰病”。汇率升值所导致的“荷兰病”能够解释 42％的制造业就业人员下降，而其余 58％的制造业就业人员下降是因为在加元兑美元双边汇率下美元的疲软所导致的。Dobrynskaya 和 Turkisch[⑧] 研究发现，俄罗斯在 2002 年到 2007 年呈现了“荷兰病”征兆，资源产品出口使得卢布升值，制造业就业减少、服务业就业增加。

也有观点质疑“荷兰病”对资源丰裕区域的解释。Manzano 和 Rigobon[⑨] 认为，在 20 世纪 80 年代后，资源丰裕国家萎靡不振的主要原因在于债务危机。石油丰裕国家在 20 世纪 70 年代已经形成大量的债务，在 20 世纪 80 年代的爆发中变得不可持

---

① W. M. Corden & J. R. Neary. “Booming Sector and De-industrialization in a Small Economy”, *The Economic Journal*, 1982, 92, 368: 825～848; W. M. Corden. “Booming Sector and Dutch Disease Economics: Survey and Consolidation”, *Oxford Economic Papers*, 1984, 36, 3: 359～380.

② S. van Wijnbergen. “The ‘Dutch Disease’: A Disease After All?”, *The Economic Journal*, 1984, 94, 373: 41～55.

③ K. Matsuyama. “Agricultural Productivity, Comparative Advantage and Economic Growth”, *Journal of Economic Theory*, 1992, 58, 2: 317～334.

④ J. D. Sachs & A. M. Warner. “Natural Resource Abundance and Economic Growth”, NBER Working Paper NO. 5398, 1995.

⑤ T. Gylfason, T. T. Herbertsson & G. Zoega. “A Mixed Blessing: Natural Resources and Economic Growth”, *Macroeconomic Dynamics*, 1999, 3: 204～225.

⑥ R. Torvik. “Learning by Doing and the Dutch Disease”, *European Economic Review*, 2001, 45: 285～306.

⑦ M. Beine, C. S. Bos & S. Coulombe. “Does the Canadian Economy Suffer from Dutch Disease”, Tinbergen Institute Discussion Paper, TI 2009-096/4, 2009.

⑧ V. Dobrynskaya & E. Turkisch. “Is Russia Sick with the Dutch Disease?”, CEPII, WP No. 2009-20, 2009.

⑨ O. Manzano & R. Rigobon. “Resource Curse or Debt Overhang?”, NBER Working Paper No. 8390, 2001.

续。Neary 和 Purvis① 揭示了能源部门繁荣并不必然导致实际汇率上升以及相对应的制造业竞争力下降。Beverelli 等②持相同观点：资源产量增加，导致能源密集型产业增长和劳动力密集型产业下降。由劳动力密集型产业释放出来的劳动力，比吸纳到能源密集型产业部门的劳动力多。因而，资源流动作用引起实际汇率的贬值。Martins③发现在资本的大量流入中，埃塞俄比亚并没有出现“荷兰病”，汇率升值与国外援助没有统计意义，只是汇款在非常轻微的程度上受了汇率升值的原因，埃塞俄比亚通过对资本流入的管理避免了宏观经济的不稳定性。

（二）“挤出效应”与资本说

从经济增长模型来看，物质资本、人力资本是构成经济增长的基本要素和持续动力。而在资源丰裕区域，资源开发对物质资本与人力资本具有挤出效应。Sachs 和 Warner④、Gylfason⑤、Atkinson 和 Hamilton⑥、Gylfason 和 Zoega⑦ 等分析了资源的大规模开发可能对物质资本积累产生负面影响。首先，与资源贫乏区域相比，资源丰裕可能导致区域政策制定者目光短浅，将更多的资源用于当前消费，投资不再那么仔细和有效。其次，资源依赖可能导致“荷兰病”，汇率升值使得制造业很少有利可图。假如制造业更多是资本密集型，汇率升值将会导致较少的资本积累。Gylfason⑧也认为自然资本将会挤出物质资本和金融资本，资源租金的大多数被转移到国外，导致国内银行资金缺乏。

资源丰裕对人力资本的挤出也非常显著。Blanco 和 Grie⑨ 通过对 17 个拉丁美洲国家分析发现，石油出口依赖对人力资本有一个直接的负向作用。Gylfason⑩ 对 162 个国家 1965～1998 年的截面数据的分析中发现，初级部门劳动力份额，与投资率和

---

① J. P. Neary & D. D. Purvis. “Sectoral Shocks in a Dependent Economy: Long-run Adjustment and Short-run Accommodation”, *The Scandinavian Journal of Economics*, 1982, 84, 2: 229～253.

② C. Beverelli, S. Dell’Erba & N. Rocha. “Dutch Disease Revisited. Oil Discoveries and Movements of the Real Exchange Rate When Manufacturing is Resource-intensive”, *International Economics and Economic Policy*, 2011, 8: 139～153.

③ P. M. G. Martins. “Do Large Capital Inflows Hinder Competitiveness? The Dutch Disease in Ethiopia”, *Applied Economics*, 2013, 45, 8: 1075～1088.

④ J. D. Sachs & A. M. Warner. “Natural Resource Abundance and Economic Growth”, NBER Working Paper No. 5398, 1995.

⑤ T. Gylfason. “Development and Growth in Mineral-rich Countries”, Center for Economic Policy Research. Discussion Paper No. 7031, 2008.

⑥ G. Atkinson & K. Hamilton. “Savings, Growth and the Resource Curse Hypothesis”, *World Development*, 2003, 31, 11: 1793～1807.

⑦ T. Gylfason & G. Zoega. “Natural Resources and Economic Growth: The Role of Investment”, *World Economy*, 2006, 29, 8, 1091～1115.

⑧ T. Gylfason. “Development and Growth in Mineral-rich Countries”, Center for Economic Policy Research. Discussion Paper No. 7031, 2008.

⑨ L. Blanco & R. Grier. “Natural Resource Dependence and the Accumulation of Physical and Human Capital in Latin America”, *Resources Policy*, 2012, 37: 281～295.

⑩ T. Gylfason. “Nature, Power, and Growth”, *Scottish Journal of Political Economy*, 2001, 48, 5: 558～588.

中等教育之间是负向关系。Gylfason① 发现学校预期受教育年限与资源依赖负相关，但是与资源财富正相关。

也有一些研究认为，资源丰裕与人力资本之间不相关，或者二者关系受到其他因素影响。Sachs 和 Warner② 发现资源财富与储蓄、教育和投资没有统计上显著的关系。Stijns③④ 发现矿业出口与教育水平正相关，而农业财富与教育水平负相关。而 Cabrales 和 Hauk⑤ 认为，人力资本和自然资源之间的关系随着国家制度的不同而有差异，在制度规范较强的国家，丰裕的自然资源对教育有一个正向作用，在制度规范较弱的国家是一个负向作用。

总体上看，资源丰裕国家/区域存在人力资本挤出效应。其原因主要是：资源丰裕带来资源收益，导致当地人过分自信，教育投入不足，民众受教育程度较低；同时，自然资源带来风险，大量的劳动者被锁定在低技能的资源密集型产业，缺乏提升自身及其子女教育的意识；当权者和居民变得过度自信，过于信赖自然资本，忽视对更优化的经济政策和教育的需求，忽视人力资本的积累⑥。资源财富降低了支持增长政策需求敏感度、有先见之明的长期规划和高效率的可利用资源管理⑦。

人力资本可以抵消资源对经济增长的负面影响，而人力资本的缺失则会成为制造业和经济发展的制约。Bravo-Ortega 和 De Gregorio⑧ 发现具有高人力资本水平的国家更容易抵消自然资源对增长的负效应。斯堪的纳维亚国家的历史经历与拉丁美洲国家的对比研究，也支持上述结论。资源产业被认为是低劳动技能需求产业，而制造业的"干中学"、技术溢出效应有利于人力资本积累。资源依赖对制造业的挤出降低了人力资本积累，必然降低所有部门的生产力水平，带来长期经济增长滞缓⑨。

（三）资源价格冲击与财政制度说

资源产品价格易于波动，且变化无常，会对区域经济产生影响。作用渠道主要有两个方面：一是对政府的收入和支出产生影响；二是通过影响政府从资源部门获取的

① T. Gylfason. "Development and Growth in Mineral-rich Countries", Center for Economic Policy Research. Discussion Paper No. 7031，2008.

② J. D. Sachs & A. M. Warner. "Natural Resource Abundance and Economic Growth", NBER Working Paper No. 5398，1995.

③ J. P. Stijns. "Natural Resource Abundance and Human Capital Accumulation", *World Development*，2006，34，6：1060～1083.

④ J. P. Stijns. "Mineral Wealth and Human Capital Accumulation：A Nonparametric Approach", *Applied Economics*，2009，41，22～24：2925～2941.

⑤ A. Cabrales & E. Hauk. "The Quality of Political Institutions and the Curse of Natural Resources", *The Economic Journal*，2011，121，551：58～88.

⑥ T. Gylfason. "Natural Resources，Education，and Economic Development", *European Economic Review*，2001，45，4～6：847～859.

⑦ R. M. Auty. *Resource Abundance and Economic Development*，Oxford：Oxford University Press，2001.

⑧ C. Bravo-Ortega & J. De Gregorio. "The Relative Richness of the Poor? Natural Resources，Human Capital and Economic Growth", World Bank Working Paper series No. 3484，2005.

⑨ S. Van Wijnbergen. "The 'Dutch Disease'：A Disease After All?", *The Economic Journal*，1984，94，373：41～55.

收益，挤出国内非资源部门的政府收益。

资源产品价格波动起伏，已经被国际经验所证实。Ghoshray 和 Johnson[①] 认为未来不可再生的能源价格不会呈现一种明确的变化趋势，能源价格是易变的；Clem[②] 发现在 1973 年石油危机的时候，所有原材料产品的价格波动都变得更为剧烈。到了 20 世纪 70 年代后期，石油价格的波动性持续增强，而其他原材料产品的波动性恢复到 1973 年之前的水平。

资源产品价格波动，利用得好就是“祝福”，利用不好则是“诅咒”。资源价格上涨会推进资源部门的繁荣，可能产生“反工业化”现象[③]。Deaton[④] 以非洲为例说明资源产品价格变动无常是陷入“资源诅咒”的原因之一。Collier 和 Goderis[⑤] 认为短期内资源价格上涨对经济有积极作用，但如果政府治理是脆弱的，那么长期看，价格上涨会对经济产出产生负面的影响。石油价格变化给俄罗斯经济主要带来两种影响[⑥]：一方面，主权财富基金增加、经济较快增长，公共支出与个人支出上升；另一方面，出现了汇率升值，挤出传统产业，经济增长乏力，在油价下跌时表现尤甚。

资源产品价格波动对政府的收入和支出产生影响。价格趋高时，政府支出增加；而价格走低时，政府支出很难减下来，无论是转移支付还是大型工程，只能通过举债来解决，造成外债高筑。Auty[⑦]、Micksell[⑧] 认为，矿产品价格波动性引致了政府收益和出口收入大幅度摆动，使得设计与制定一个谨慎的财政政策变得复杂，加重了投资的不确定性。资源丰裕国家政府会按收入比例加大支出以满足基础设施和社会需求，价格波动性使得财政制度的可持续性受到影响[⑨]。

政府从资源部门更多地获取收益，会降低非资源部门的收益比例，影响其他部门的正常生产活动；伴随价格波动与资源收益波动，资源丰裕国家/区域对矿产开发、矿业收益的依赖性会更强。Moore[⑩] 认为，依赖于资源租金的政府，很可能减少从其

① A. Ghoshray & B. Johnson. “Trends in World Energy Prices”, *Energy Economics*, 2010, 32: 1147～1156.

② A. Clem. “Commodity Price Volatility: Trends during 1975-1984”, *Monthly Labor Review*, 1985, 108: 17～21.

③ J. D. Sachs & A. M. Warner. “The Big Push, Natural Resource Booms and Growth”, *Journal of Development Economics*, 1999, 59, 1: 43～76.

④ A. Deaton. “Commodity Prices and Growth in Africa”, *The Journal of Economic Perspectives*, 1999, 13, 3: 23～40.

⑤ P. Collier & B. Goderis. “Commodity Prices, Growth, and the Natural Resource Curse: Reconciling a Conundrum”, CSAE Working Paper WPS/2007-15, 2007.

⑥ A. Benedictow, D. Fjærtoft & O. Løfsnæs. “Oil Dependency of the Russian Economy: An Econometric Analysis”, *Economic Modelling*, 2013, 32: 400～428.

⑦ R. M. Auty. *Resource Abundance and Economic Development: Improving the Performance of Resource-rich Countries*, The United Nations World Institute for Development Economics, Helsinki, 1998.

⑧ R. F. Micksell. “Explaining the Resource Curse, with Special Reference to Mineral-exporting Countries”, *Resources Policy*, 1997, 23: 191～199.

⑨ E. Crivelli & S. Gupta. “Resource Blessing, Revenue Curse? Domestic Revenue Effort in Resource-rich Countries”, *European Journal of Political Economy*, 2014, 35: 88～101.

⑩ M. Moore. “Death without Taxes: Democracy, State Capacity and Aid Dependence in the Fourth World”, in M. Robinson & G. White (eds.), *The Democratic Development State*, Oxford: Oxford University Press, 1998; M. Moore. “How does Taxation Affect the Quality of Governance”, IDS Working Paper 280, Brighton, UK, 2007.

他途径获取收益。Collier[①]认为资源租金导致国内税收努力降低，减少了对政府公共监督的激励。Crivelli 和 Gupta[②]分析了逐步扩张的资源收益对国内不同类型非资源税收的影响，结果发现：资源收益和国内非资源收益之间负相关，资源收益额外增加1个百分点，非资源收益将减少0.3个百分点。Bornhorst 等[③]认为，政府从碳氢化合物如石油和天然气等中获得的收益，部分抵消了从其他商品生产中获得的收益，碳氢化合物产品税收占GDP比重每上升1个百分点，其他非碳氢化合物产品税收下降0.2个百分点。非资源部门收益减少的原因在于政府对非资源部门的重视程度不够，非资源部门发展缓慢，所能贡献税收的能力受限。

二、租金说、寻租说与制度说

利益冲突问题的根源在于制度弱化所产生的矿业收益分配效应、寻租效应、食利效应、压制效应与贪婪效应。

（一）食利效应、贪婪效应与租金说

易于获得的、规模较大的资源租金，使得资源丰裕国家成为一个食利者国家(rentier state)，减少了政府的税收压力，诱致了领导者低效且频繁的投资行为，同时还可能成为政府镇压反对者的经费来源。Ross[④]将资源富裕与民主程度之间的反向关系归咎于食利效应、压制效应以及现代化效应。通过食利效应，独裁政府使用自然资源收益来减轻社会压力以及民众对更多政府责任的需求，减少税收甚至实行零税收。通过压制效应，政府使用大量的资源财富以发展压制性安全设施来阻止反对派；有的镇压程度过高，对经济增长产生负面影响[⑤]。资源主导型增长无法推动教育水平提升，抑制了居民的民主意识，城镇化、现代化受到抑制，将会挤出生产性活动，导致产出下降[⑥]。

贪婪效应（voracity effect）引起内部冲突。自然资源与内部冲突相联系的解释主要集中在[⑦]：资源收益分配不公等激起了当地居民的不满情绪，增加了内部冲突的风险；较易获得的石油等自然资源财富弱化了政府的工作作风，减弱了政府解决社会冲突的能力；自然资源开采收益为潜在的叛乱群体提供了一种激励，来谋取更大的开采

① P. Collier. "Is Aid Oil? An Analysis of Whether Africa Can Absorb More Aid", *World Development*, 2006, 34: 1482～1497.

② E. Crivelli & S. Gupta. "Resource Blessing, Revenue Curse? Domestic Revenue Effort in Resource-rich Countries", *European Journal of Political Economy*, 2014, 35: 88～101.

③ F. Bornhorst, S. Gupta & J. Thornton. "Natural Resource Endowments and the Domestic Revenue Effort", *European Journal of Political Economy*, 2009, 25: 439～446.

④ M. L. Ross. "Does Oil Hinder Democracy?", *World Politics*, 2001, 53, 3: 325～361.

⑤ K. R. Alkhater. "The Rentier Predatory State Hypothesis: An Empirical Explanation of the Resource Curse", *Journal of Economic Development*, 2012, 37, 4: 29～60.

⑥ F. Caselli & T. Cunninghamy. "Leader Behaviour and the Natural Resource Curse", *Oxford Economic Papers*, 2009, 61: 628～650.

⑦ M. Humphreys. "Natural Resources, Conflict and Conflict Resolution: Uncovering the Mechanism", *Journal of Conflict Resolution*, 2005, 49, 4: 508～537.

权和销售权，以获得更多的资源收益；自然资源发现给资源丰裕国家/区域的居民产生了一种团体分离的动力因素。面对突发的资源繁荣与不断流入的资源租金，各利益团体争相获取这部分额外的收入。产权的不确定性，增加了利益集团之间关于资源租金收益分配的竞争与冲突，各集团为了获得更大的分配份额，产生了一种“贪婪效应”[①]。

（二）非生产性活动与寻租效应说

在资源丰裕国家，企业倾向于开展非生产性活动，通过寻租来获得利益。Torvik[②]发现丰富的自然资源，促使与寻租活动相关的企业数目增多，缩减了生产性企业数目，将可能降低福利和收入。Baland 与 Francois[③] 指出，随着初级要素的增长，进口配额价值比生产性部门生产的价值增长更快，将使资源从生产部门拉向寻租。Barbier[④] 提出，在很多发展中国家，来自于自然资源的经济租金并未投入到生产性投资领域，而是通过腐败、官僚主义、低效政策为特殊利益集团服务。

寻租腐败对经济增长而言是不利的。Everhart[⑤] 利用一个新古典增长模型研究私人投资、资源赋存和腐败之间的关系，发现在资源丰裕国家，腐败通过影响私人投资而对经济增长产生负面影响。加强资源赋存管理、管制私人投资对于消除腐败的影响至关重要，这需要通过改革出台合适的政策。

（三）政治体制、经济政策与制度说

“资源诅咒”还是“制度诅咒”？学者通过加入制度变量，发现自然资源与经济增长之间是同方向变化，而自然资源通过制度进而间接对经济增长产生负面影响[⑥]。Mehlum 等[⑦]、Boschini 等[⑧]指出资源依赖仅仅对那些制度不健全国家的增长绩效具有负面影响（例如立法不健全或者产权保护缺失），在制度健全的国家，资源促进经济增长。Alayli 认为[⑨]，“资源诅咒”不是资源的问题，而是缺乏管理和民主的问题；弥补制度落后需要法律改革和实践，增加资源收益管理的透明度。

---

① P. R. Lane & A. Tornell. “The Voracity Effect”, *American Economic Review*, 1999, 89, 1: 22～46.

② R. Torvik. “Learning by Doing and the Dutch Disease”, *European Economic Review*, 2001, 45: 285～306.

③ J. M. Baland & P. Francois. “Rent-seeking and Resource Booms”, *Journal of Development Economics*, 2000, 61, 2: 527～542.

④ E. B. Barbier. “The Role of Natural Resources in Economic Development”, *Australian Economic Papers*, 2003, 42, 2: 253～272.

⑤ S. S. Everhart. “The Resource Curse and Private Investment: A Theoretical Model of the Impact of Corruption”, *Education, Business and Society: Contemporary Middle Eastern Issues*, 2010, 3, 2: 117～135.

⑥ C. Brunnschweiler. “Cursing the Blessings? Natural Resource Abundance, Institutions, and Economic Growth”, *World Development*, 2008, 36, 3: 399～419.

⑦ H. Mehlum, K. Moene & R. Torvik. “Institutions and the Resource Curse”, *Economic Journal*, 2006, 116, 508: 1～20.

⑧ A. D. Boschini, J. Petterson & J. Roine. “Resource Curse or Not: A Question of Appropriability”, *Scandinavian Journal of Economics*, 2007, 109, 3: 593～617.

⑨ M. A. Alayli. “Resource Rich Countries and Weak Institutions: The Resource Curse Effect”, *Mimeo*, 2005.

资源丰裕国家的制度质量与经济绩效密切相关。Mehlum 等[①]认为，资源丰裕国家可能成功也可能失败，成败取决于制度质量的差异：当制度是掠夺者友好型的（grabber friendly），更多的资源会推动总收入下降；当制度是生产者友好型的（producer friendly），更多的资源会推动收入上升。"血钻石"（Conflict diamonds）[②] 在制度弱化的非洲国家较为常见，Olsson 构建的掠夺者和被掠夺者的博弈模型显示，反叛者在和平生产和掠夺被统治者控制的资源之间选择，因资源开发获取的收益增长，统治者加大了公用事业投资，结果导致劳动力被正式就业部门挤出，使其专门从事掠夺活动成为可能，增加了冲突的风险，抑制了增长。Cabrales 和 Hauk[③] 发现，人力资本与自然资源负相关只在落后的政治制度下存在，对于高制度质量则相反。

资源丰裕国家若要避免"资源诅咒"，则离不开合理的政策选择。Yang[④] 认为，好的制度也可能有坏的政策，如委内瑞拉，因而遭遇到"资源诅咒"；不好的制度也可能有好的政策，如印度尼西亚，因而避免了"资源诅咒"。Arezkia 和 van der Ploeg[⑤] 认为，资源依赖国家的限定性贸易政策容易导致"资源诅咒"；在具有好的制度或者贸易政策较为宽松的资源丰裕国家，往往可以规避"资源诅咒"。Robinson 等[⑥]指出，资源繁荣对经济的影响总体上依赖于制度，因为制度往往决定政策效果，具备良好的问责和竞争制度的国家，倾向于避免"资源诅咒"。

多种族或多派系国家（Fractionalized Countries）更易于遭受"资源诅咒"。这是因为来自自然资源和别的其他渠道（如国外援助）的收益将可能带来不同种族、派系或利益群体之间的收益争夺，产权也被弱化，其结果导致生产性活动减少。派系越多，总产量下降越明显，资源丰裕将可能成为"诅咒"而不是"祝福"。Hodler[⑦] 通过构建模型，分析派系、资源与产权、收入之间的关系，印证了上述结论。其中，挪威的种族分化仅仅为 0.06，97％的人口属于同一个种族，同质性非常高，石油收益不会引起争斗，产权非常有效，因而资源是"祝福"。尼日利亚种族分化程度为 0.85，至少存在七个种族群体，结果引起争斗和寻租，产权弱化，人均收入下降。同为钻石生产国的博茨瓦纳与安哥拉，种族分异程度分别为 0.41 和 0.79，博茨瓦纳拥有良好的产权制度，规避了"资源诅咒"，而安哥拉则是另一种情形。

---

① H. Mehlum，K. Moene & R. Torvik. "Institutions and the Resource Curse"，*The Economic Journal*，2006，116，508：1～20.

② O. Olsson. "Conflict Diamonds"，*Journal of Development Economics*，2007，82，2：267～286.

③ A. Cabrales & E. Hauk. "The Quality of Political Institutions and the Curse of Natural Resources"，*The Economic Journal*，2011，121，551：58～88.

④ B. Yang. "Resource Curse：the Role of Institutions Versus Policies"，*Applied Economics Letters*，2010，17：61～66.

⑤ R. Arezkia & F. Van der Ploeg. "Trade Policies，Institutions and the Natural Resource Curse"，*Applied Economics Letters*，2010，17：1443～1451.

⑥ J. A. Robinson，R. Torvik & T. Verdier. "Political Foundations of the Resource Curse"，*Journal of Development Economics*，2006，79：447～468.

⑦ R. Hodler. "The Curse of Natural Resources in Fractionalized Countries"，*European Economic Review*，2006，50，6：1367～1386.

三、资源价值说、真实财富说

从可持续发展理念来看，资源开采损耗了自然资本，如果自然资本能转化为物质资本、人力资本等其他资本形态，使得资本财富总量即真实财富不减少，则可以实现弱可持续发展。如果减少自然资本并未得到其他资本形态财富的弥补，其结果是社会遭遇“资源诅咒”。原因在于，一方面，资源价值未得到合理体现；另一方面，资源租金未能合理转化。

（一）贴现率与资源价值说

自然资源是有价值的，资源价格影响资源合理开采路径。Fisher 等[①]指出，自然环境资源的稀缺性价值应当能够通过市场反映其服务价格，但是由于技术和制度的原因，反映自然资源环境服务的市场总体缺失，其价值往往被忽略。解决这个问题的方法是，将自然环境资源相对稀缺性的变化作为一个函数纳入相对价值的变化，通过确定合理的贴现率来保护环境与资源。大多数专家认为，贴现率减小将促进更好的保护，贴现率增加将导致更快的损耗。Solow[②] 在 Hotelling 研究的基础上，进一步强调了贴现率在决定跨期均衡生产中的重要性。假设市场利息率超过社会时间偏好率，稀缺租金与市场价格的上升幅度将取决于预期，这样将促使资源开发和耗竭的速度加快。Kay 和 Mirrlees[③] 也认为，经济中偏好现期消费，留给未来一代的财富太少，这一点通过较高的利息率能够反映出来，将导致对资源的更快消耗。Meade[④] 指出，市场利息率的减小将鼓励对地下石油的保护，避免现在的过度消费。

也有学者提出质疑。Farzin[⑤] 通过建立资源替代模型，允许在资源开采与替代品生产中存在资本需求，贴现率变化的配置效果依赖于替代品的开发与生产，依赖于资源开采的资本投入成本，尤其是储量的规模。模型显示，贴现率的降低有两个显著的抵消作用：一是直接的“保护效应”（conservation effect），即将来消费贴现率越低，越可能吸引更多的补偿；二是蚀本效应（disinvestment effect），低贴现率缩减资源开采与替代品生产成本，其结果是鼓励更快的资源开采。后者在文献中被完全忽略。

资源低价引起资源快速耗竭，外部性成本缺失导致生态环境恶化。对资源的持续利用和生态环境的保护补偿，即对自然资源价值的恢复，应从矿业收益入手，完善矿

---

① A. C. Fisher & J. V. Krutilla. “Resource Conservation, Environmental Conservation and the Rate of Discount”, *The Quarterly Journal of Economics*, 1975, 89, 3: 358～370.

② R. M. Solow. “The Economics of Resources or the Resources of Economics”, *The American Economic Review*, 1974, 64, 2: 1～14.

③ J. A. Kay & J. A. Mirrlees. “The Desirability of Natural Resource Depletion”, in D. W. Pearce & J. Rose, *The Economics of Natural Resource Depletion*, London: Macmillan, 1975, p. 103.

④ J. E. Meade. *The Intelligent Radical's Guide to Economic Policy: The Mixed Economy*, London: Allen & Unwin, 1975, p. 117.

⑤ Y. H. Farzin. “The Effect of the Discount Rate on Depletion of Exhaustible Resources”, *The Journal of Political Economy*, 1984, 92, 5: 841～851.

业税费体系及相应的法律规章。Bosquet① 通过分析俄罗斯的自然资源税收体系，发现资源税收对公共收益的贡献非常有限，大量的资源租金被流失和消耗。Consiglieri 等②指出，拉丁美洲的一些资源型国家很关注矿业财富的分配，关注焦点是税收以及权利金的用途，其中权利金是作为对不可再生的、稀缺资源使用的补偿费用，和税收的使用是不同的。Turner 和 Daily③ 认为，生态系统被看作是资本资产，具有支持人类生产生活服务的潜力，但是生态系统服务框架的运行面临着严峻的挑战。Deason 和 Taylor④ 指出，综合性的环境响应、补偿和义务条例、清洁水条例和石油污染条例，使各党派对于石油与有害物质排放造成的自然资源损害负有责任。当前，资源损害评价与恢复变得越来越重要，其责任、规则与程序越来越被联邦机构及环境从业人员所熟悉，相关活动的持续发展是可预期的。

（二）弱可持续发展与真实财富说

矿产开发中的资源生态环境破坏，直接降低了消费者的福利水平，导致自然资本的流失。按照可持续发展理念，尤其是弱可持续发展理论⑤，要求人造物质资本、人力资本储备和自然资本储备的总价值不下降。与强可持续发展理论相比，弱可持续发展是指，其他资本储备的增加可以替代自然资本储备的减少，进而可以维持和增加可供经济个体享用的福利水平。Atkinson 和 Hamilton⑥ 认为，“资源诅咒”现象的产生，是因为资源丰裕国家缺乏资源收益持续使用的管理能力，导致较低的或者负的真实储蓄率。

自然资本向其他形态资本转化是实现弱可持续发展的关键。Stiglitz⑦ 指出，自然资源赋存类似资本品，但是比一般的资本品具有较强的非稳定性，长期经济波动导致对资源的使用或者过快、或者过慢，过快的资源耗竭是影响区域可持续发展的一个重要因素。Hartwick⑧ 在可持续发展与代际公平理念下，提出基于财富补偿的资源环境价值向物质资本价值转换的哈特维克准则（Hartwick rule），即只要将不可再生资源

---

① B. Bosquet. *The Role of Natural Resources in Fundamental Tax Reform in the Russian Federation*, Washington D. C.: World Bank, Europe and Central Asia Region, Poverty Reduction and Economic Management Sector Unit, 2002.

② F. J. Consiglieri, J. Kuyek & R. Pizarro. “Mining Royalties”, *International Development Research Centre*, 2004.

③ R. K. Turner & G. C. Daily. “The Ecosystem Services Framework and Natural Capital Conservation”, *Environmental and Resource Economics*, 2008, 39, 1: 25～35.

④ J. P. Deason & W. R. Taylor. “Natural Resource Damage Assessment and Restoration: The Outlook for Federal Facilities”, *Federal Facilities Environmental Journal*, 1998, 8, 4: 49～61.

⑤ D. Pearce & G. Atkinson. “Measuring Sustainable Development”, in D. W. Bromley, *The Handbook of Environmental Economics*, London: Blackwell Publishers, 1995.

⑥ G. Atkinson & K. Hamilton. “Savings, Growth and the Resource Curse Hypothesis”, *World Development*, 2003, 31, 11: 1793～1807.

⑦ J. E. Stiglitz. “Growth with Exhaustible Natural Resources: The Competitive Economy”, *The Review of Economic Studies*, 1974, 41: 139～152.

⑧ J. Hartwick. “Intergenerational Equity and the Investing of Rents from Exhaustible Resources”, *American Economic Review*, 1977, 67, 5: 972～991.

的豪泰林租金全部用于投资，即生产人造资本和人力资本，就可以保证持续消费的可能。以此为基础，Solow[①]、Dixit[②] 等人对自然资源在代际间的合理分配、资本积累与资源消耗的最优化路径进行了分析、讨论与验证。

维持弱可持续发展需要提高自然资源使用效率。Wellmer 与 Becker-Platen[③] 认为，对于不可再生资源的使用与生产，必须同时考虑历史选择、资源的区域分布、使用与期限、供求周期、再循环和替代。为了满足可持续发展的需求，必须提高资源使用效率。通过财政资助，促进学习过程，引导技术进步，进而提高资源或商品的使用效率。工业化国家必须向发展中国家转移其先进技术，技术的使用必须符合环境指导方针，必须考虑土地污染与水资源破坏，将其造成的环境影响降到最小。

各个资源丰裕国家的弱可持续发展水平不尽相同。Lange[④] 指出，纳米比亚钻石租金的转化利用水平为 42%，而博茨瓦纳为 76%，可持续性的优劣不辨自明。博茨瓦纳明确规定政府矿物收益投资于公共基础设施、人力资本和外国金融资产，纳米比亚则更多地关注矿业对就业和特定区域的经济做出贡献。Kumar[⑤] 按照可持续发展财富观，对 1970～2006 年期间印度的人均综合财富的增长率进行了方法改进与具体估算，发现印度经济是勉强可持续的，人均综合财富增长接近于零。Brewer[⑥] 指出，加拿大可持续发展的成功经验是：制定较优的矿业收益投资方案、保护私人部门的所有权、税收体系必须考虑到公众事业或者社会领域、税收规则尽可能简单和稳定、投资者熟知税制、政府部门对税收达成一致、资本可以自由地跨界流动等。

第三节 “资源诅咒”的规避和治理

资源丰裕国家/区域，资源开发带来的“横财”，将对政府的财政收入与预算支出、出口与汇率、不同部门间要素报酬及比价、国家的政治体系与军事冲突、利益追逐所产生的腐败现象、国家/区域财富积累等，产生重大影响。额外利益的存在以及对未来资源租金的渴求，激励经济主体更多从事非生产性社会活动，造成资源的无效配置和社会福利损失。

---

① R. M. Solow. “On the Intergenerational Allocation of Natural Resources”, *The Scandinavian Journal of Economics*, 1986, 88, 1: 141～149.

② A. Dixit, P. Hammond & M. Hoel. “On Hartwick's Rule for Regular Maximin Paths of Capital Accumulation and Resource Depletion”, *The Review of Economic Studies*, 1980, 47, 3: 551～556.

③ F. W. Wellmer & J. D. Becker-Platen. “Sustainable Development and the Exploitation of Mineral, and Energy Resources: A Review”, *International Journal of Earth Sciences*, 2002, 91, 5: 723～745.

④ G. Lange. “The Contribution of Minerals to Sustainable Economic Development: Mineral Resource Accounts in Namibia”, Dea Research Discussion Paper No. 54, 2003.

⑤ S. Kumar. “Is India on a Sustainable Development Path?”, MPRA Paper No. 10086, 2008.

⑥ K. J. Brewer. “Managing Canada's Mineral Resource Revenues for Sustainable Development”, UNCTAD XII, 2008.

一、资源价格波动管理与产业多样化

针对“荷兰病”的治理，学者普遍认为应当采取两种措施[①]：一是实施财政和货币政策，控制实际汇率的上升；二是推进经济多样化，降低经济风险。

（一）资源基金与价格波动管理

资源产品的价格波动容易诱发资源丰裕国家/区域的经济强烈波动，导致经济的不稳定增长，尤其是资源产品价格上涨伴生的资源繁荣和“荷兰病”问题。为此，资源丰裕国家/区域需要建立资源基金，改革汇率体制，强化资源产品价格波动的管理。

资源基金是资源丰裕国家调节价格波动、稳定经济增长的重要手段。挪威建立平准基金制度，用以调节石油价格波动[②]。该政策规定政府获得的石油收益，包括对石油产业的各项税收以及国有石油企业所得利润，需转入石油基金，而该基金只允许投资于外国资产。这项政策不是简单地将石油财富花费掉，而是确保使其转化为国民财富。政策更为重要的目的是使现期石油收益与这项收益的支出相分离，以保证国内开支不会因油价频繁波动而发生大幅度变动。美国阿拉斯加永久基金也是一个成功经验。1977 年，在美国阿拉斯加州的北部普拉德霍湾发现了北美有史以来最大的油田。为了管理石油收益，阿拉斯加建立了永久基金制度[③]，将一部分石油收益转化为永久的、可持续的金融资产，其主要目的是避免资源过度使用，同时有效防止政客们将资源收益浪费在政府运营和投资项目上。

其他国家也采取资源基金的策略进行资源价格调控。王维然等[④]指出，哈萨克斯坦针对“荷兰病”现象，设立国家基金（NFRK）以有效使用能源开采为国家带来巨额收益。撒哈拉以南非洲国家也试图建立资源基金以加强波动性管理[⑤]，但未能有效实施，因为这些国家缺乏资源基金管理的必要条件，腐败问题严重。基金也面临更多困难：财政大臣必须长期进行政治斗争以存储石油收益而不是支出；随着基金增长，将越发成为政治网络利益的明显目标，诱使财政理念指向减少高利息的债务，而不是形成一个只能获得较低利息率的基金。另外还有一个涉及基金的历史性难题是，若商品价格长时间跌落，将导致基金难以有效运转。

（二）汇率政策与“荷兰病”治理

Benkhodja[⑥] 使用多部门动态随机一般均衡模型研究“荷兰病”现象，其中，可

① F. Van der Ploeg. “Fiscal Policy and Dutch Disease”, *International Economics and Economic Policy*, 2011, 8, 2: 121～138.

② 景普秋、范昊：《挪威规避资源诅咒的经验及其启示》，《经济学动态》2011 年第 1 期。

③ S. Goldsmith. “The Alaska Permanent Fund Dividend: An Experiment in Wealth Distribution”, The 9th Basic Income European Network Congress, September 12th-14th, 2002.

④ 王维然、雷琳、吴唯君：《自然资源是哈萨克斯坦的赐福还是诅咒》，《俄罗斯研究》2012 年第 5 期。

⑤ N. Shaxson. “New Approaches to Volatility: Dealing with the ‘Resource Curse’ in Sub-Saharan Africa”, *International Affairs*, 2005, 81, 2: 311～324.

⑥ M. T. Benkhodja. “Monetary Policy and the Dutch Disease in a Small Open Oil Exporting Economy”, GATE Working Papers 1134, 2011.

贸易商品部门和石油部门是完全竞争的市场结构，而非贸易商品部门则是垄断竞争的市场结构。在此前提下，比较石油价格变动和石油资源增长对相关变量的影响，以及实施怎样的货币政策能够减弱石油价格变动、资源增长对经济的影响，是需要研究的问题。研究发现：在支出作用和资源流动作用下，无论是石油价格变动还是产量变动，只要商品价格与劳动工资是可变的，那么“荷兰病”现象就可能发生；而在工资可变、价格固定的情况下，只有当汇率也是固定的情况下，“荷兰病”才会发生。其他情况下，“荷兰病”是可以避免的：价格固定、工资可变、汇率可变的情况下不会出现“荷兰病”；无论中央银行采取什么样的目标，只要工资和价格都固定，就能够避免“荷兰病”的发生。在有可能出现“荷兰病”的资源丰裕国家/区域，浮动汇率体制比固定汇率更能避免“荷兰病”，而且能够增进整个社会的福利水平。

Lama 和 Medina[①] 指出，通过实施汇率稳定化的政策，可以降低贸易产品部门的非效率损失，同时会带来其他经济部门的资源错误配置问题。整个社会的福利与汇率稳定的干预措施负相关，借助稳定汇率方式防治“荷兰病”是不可行的。

荷兰主要采用的政策为[②]：工资适度、缩减公共开支和减小税收负担、福利瘦身。在俄罗斯设立稳定基金进行“消毒”(sterilisation)，避免实际汇率上升。将纳入稳定基金的资源收益，用于经济多样化，激励那些非资源的、有活力的部门，提高知识型和高技术含量部门的生产率。此外，制度建设与产权保护也是缓解“荷兰病”的有效措施[③]。

(三) 经济风险与产业多样化

资源产品的价格波动使得资源丰裕国家的经济运行充满风险，而产业多样化是规避风险的最佳选择。Mursheda 和 Serinoc[④] 认为，自然资源出口专业化的国家如果不能改善经济和出口结构，将很难实现增长。Shaxson[⑤] 认为，针对波动性问题，最佳解决方案无疑是多样化经济，远离单一的石油依赖。

摆脱资源产业依赖需要促进产业多样化[⑥]，许多资源丰裕的国家/区域通过产业多样化成功规避了“资源诅咒”，比如挪威、智利、迪拜、俄罗斯等。在挪威，20 世

① R. Lama & J. P. Medina. “Is Exchange Rate Stabilization an Appropriate Cure for the Dutch Disease?”, *International Journal of Central Banking*, 2012, 8, 1: 143～189.

② M. P. Hoek. “Does the Dutch Model Really Exist?”, *International Advances in Economic Research*, 2000, 6, 3: 387～403.

③ R. M. Auty. *Resource Abundance and Economic Development*, Oxford: Oxford University Press, 2001.

④ S. M. Mursheda & L. A. Serinoc. “The Pattern of Specialization and Economic Growth: The Resource Curse Hypothesis Revisited”, *Structural Change and Economic Dynamics*, 2011, 22, 2: 151～161.

⑤ N. Shaxson. “New Approaches to Volatility: Dealing with the ‘Resource Curse’ in Sub-Saharan Africa”, *International Affairs*, 2005, 81, 2: 311～324.

⑥ A. Gelb. “Economic Diversification in Resource-rich Countries”, in R. Arezki, A. N. R. Sy & T. Gylfason (eds.), *Beyond the Curse: Policies to Harness the Power of Natural Resources*, International Monetary Fund, 2011.

纪80年代石油部门占GDP的比重超过20%[①]，但是通过发展资源产业部门的前向和后向关联产业进行反工业化调控，制造业迅速发展壮大，实现了产业多样化，规避了“资源诅咒”[②③]。智利则通过在农业领域的产业多样化促进了出口结构的改变，规避了“资源诅咒”。自2007年以来，俄罗斯为了规避“资源诅咒”，也主动采取了经济多样化的策略[④]，然而，在俄罗斯西北部的资源型小城镇，将矿业收益投资于旅游业，试图实现经济多样化的努力并未奏效。调查显示该区域矿业的地位没有被撼动，资源依赖模式依然如故，在经济衰退时还不得不对矿业进行补贴，在一定程度上阻碍了经济多样化[⑤]。

二、政治稳定、制度创新与资源透明化管理

在资源丰裕国家，健全法律政策、开展产权保护有助于规避“资源诅咒”。对于寻租、腐败等问题，需要政府问责，进行资源收益透明化治理。另外，国家主权完整、政治环境良好、领导者英明等，也是规避“资源诅咒”的重要条件。

（一）政治环境与领导者

“资源诅咒”经常发生在民族分裂的资源丰裕国家，避免“资源诅咒”需要建立稳定的政治环境，协调各方利益，建立民主的政府。与尼日利亚、安哥拉、塞拉利昂等遭遇“资源诅咒”的国家相比，博茨瓦纳能够避免“资源诅咒”的重要原因就是，从殖民统治独立之后建立了稳定的政治体制，保障了国家经济的平稳发展，避免了战乱冲突。博茨瓦纳Khama总统时期，建立了较为民主的政治体制基础，并得到后来历任总统的巩固和继承[⑥]，保障了政治体制的稳定。Andersen和Aslaksen[⑦]发现，“资源诅咒”存在于民主总统制国家，而不是民主议会制国家，议会或者总统制国家对资源的管理调控作用比民主或者专制国家更为有效。

领导者的政治生涯与远见卓识是避免“资源诅咒”的另一重要条件。在稳定的政治环境中，领导者可以加强资源收益管理，将资源收益转化为经济发展的资本，进行产业多样化建设等。比如哈萨克斯坦、阿塞拜疆，在领导者选举更迭中，反对派难以

---

① Å. Cappelen & L. Mjøset. “Can Norway Be a Role Model for Natural Resource Abundant Countries?”, UNU World Institute for Development Economics Research Paper No. 23，2009.

② D. Senghaas. *The European Experience*, *A Historical Critique of Development Theory*, Leamington Spa: Berg Publishing，1985.

③ Å. Cappelen & L. Mjøset. “Can Norway Be a Role Model for Natural Resource Abundant Countries?”, UNU World Institute for Development Economics Research Paper No. 23，2009.

④ E. Connolly & D. Orsmond. “The Level and Distribution of Recent Mining Sector Revenue”, *Bulletin*, *Reserve Bank of Australla*，2009，1：7～12.

⑤ T. Suutarinen. “Challenges of Economic Diversification in Resource-Based Single-Industry Towns in the Russian North”, Availbale at: http://www.gwu.edu/~ieresgwu/assets/docs/Suutarinen_ResourceTowns_MurOblFinal.pdf，2013.

⑥ K. Good & I. Taylor. “Unpacking the Model: Presidential Succession in Botswana”, in R. Southall & H. Melber, *Legacies of Power*, Cape Town: HSRC Press，2006，pp. 51～72.

⑦ J. J. Andersen & S. Aslaksen. “Constitutions and the Resource Curse”, *Journal of Development Economics*，2008，87：227～246.

取得任何优势，保持了政治的相对稳定，为避免资源收益分配的矛盾冲突创造了条件[①]。迪拜是阿联酋的一个酋长国，通过稳定持续的石油收益管理促进产业多样化，推动了经济转型。转型制度的制定与实施，与迪拜政治领导者马克吐姆家族的远见卓识、政治稳定是密不可分的[②]。

（二）制度法规与产权保护

完善产权保护的制度法规有助于减缓“资源诅咒”。Weinthal 和 Luong[③] 指出，如果国家对矿业财富拥有所有权，就要求有外部的参与者来约束国家，通过培育一个更能有效约束国家领导者的制度，鼓励他们在制度建设上投资，使他们更成功地应对资源产品的繁荣与萧条周期。Costa 和 Santos[④] 调查了制度怎样在配置碳氢化合物权利金中起作用以便达到“资源诅咒”影响最小化。结果显示，在资源丰裕国家，违反法规和缺乏行使社会经济基本权利的工具，是与“资源诅咒”紧密联系的。强化制度、密切监督石油收益配置和公共参与，有助于减缓“资源诅咒”。Larsen[⑤] 指出，20 世纪 60 年代挪威的人均增加值滞后于斯堪的纳维亚半岛邻国，而到了 20 世纪 90 年代，挪威已经赶上并超过了丹麦和瑞典。挪威成功的关键就在于采取了有目的的宏观经济政策、政治和经济制度安排、强有力的司法体系和社会规范。在其他规避“资源诅咒”的资源丰裕国家，如美国、澳大利亚等，都通过制度法规对资源产权、生态环境产权、土地产权等进行了严格的保护，避免了不合理开采资源导致的收益耗散，也避免了社会冲突等“资源诅咒”诱发因素的产生。

（三）透明化管理与寻租腐败治理

制度弱化所带来的寻租腐败在资源丰裕国家较为频发，治理寻租腐败，需要建立问责机制，对资源收益进行透明化管理。Iimi[⑥] 认为，管理状况决定着资源财富促进经济增长效应的实现程度，尤其是在发展中国家，通过资源透明度和问责制进行反腐，对于有效的自然资源管理和经济增长是非常重要的。Williams[⑦] 也认为，克服“资源诅咒”最常用的政策之一是透明化和问责制，但从实际来看，资源丰裕国家很

---

① A. Kendall-Taylor. “Instability and Oil：How Political Time Horizons Affect Oil Revenue Management”，*Studies in Comparative International Development*，2011，46，3：321～348.

② F. Heard-Bey. *From Trucial States to United Arab Emirates*，Abu Dhabi：Motivate Publishing Ltd.，1996，pp. 220～225.

③ E. Weinthal & P. J. Luong. “Combating the Resource Curse：An Alternative Solution to Managing Mineral Wealth”，*Perspectives on Politics*，2006，4，1：35～53.

④ H. Costa & E. Santos. “Institutional Analysis and the ‘Resource Curse’ in Developing Countries”，*Energy Policy*，2013，63：788～795.

⑤ E. R. Larsen. “Escaping the Resource Curse and the Dutch Disease? When and Why Norway Caught Up with and Forged Ahead of Its Neighbors”，*American Journal of Economics and Sociology*，2006，65，3：605～640.

⑥ A. Iimi. “Escaping from the Resource Curse：Evidence from Botswana and the Rest of the World”，IMF Staff Paper，2007，54，4：663～699.

⑦ A. Williams. “Shining a Light on the Resource Curse：An Empirical Analysis of the Relationship Between Natural Resources，Transparency，and Economic Growth”，*World Development*，2011，39，4：490～505.

少能比其他国家做得更透明。

针对资源型经济体存在的寻租腐败问题，国际社会普遍推行透明化管理。“采掘业透明行动计划”（EITI）是专门针对矿业收益管理透明化的组织，2002 年由英国前首相布莱尔提出，当前许多遭遇“资源诅咒”的国家都加入了这一组织。塞拉利昂 2007 年加入了 EITI，矿业收益管理透明程度得到了提升。乍得 2010 年 3 月向 EITI 提交了材料，2010 年 4 月 16 日正式成为候选国[①]。

针对透明化管理的作用，EITI 主席 Eigen 认为，增加透明度可以增强制定预算的责任、改善租金配置、降低贫困，最终增强政治和社会稳定性[②]。Bac[③] 认为，透明化管理会对调查腐败活动产生比较直接的作用。相关信息的披露虽有助于调查腐败活动，但也促使腐败官员掩盖腐败活动，扭曲了相关信息，使真相难以彰显。Corrigan[④] 研究了 EITI 直到 2009 年的影响，结果显示，资源丰裕对人均 GDP、政府设计和执行合理政策的能力以及法规水平有反作用，凡是加入 EITI 的国家“资源诅咒”现象会有所缓解，然而 EITI 对民主水平、政治稳定和腐败等，作用有限。

一些学者对于透明化管理也提出了批判的意见，认为“资源诅咒”的原因尚不完全清晰，透明化管理有其局限性。在此背景下，过于强调透明化管理可能是比较危险的。Lindestedt 和 Naurin[⑤] 认为，可获取信息的来源对于透明化管理所能实现的效果影响较大。Fox[⑥] 认为，非代理人控制的透明化管理可能降低透明化管理的效果，可能使腐败活动更加复杂，对经济发展带来更大的潜在威胁。

在一些钻石矿区，为了避免血钻、冲突钻，引入了金伯利进程资格程序、钻石区域群体发展基金制度，进行钻石资源的透明化管理[⑦]。

三、资源收益使用、资本积累与社会福利提升

资源收益的用途在很大程度上决定着能否避免“资源诅咒”的厄运。资源丰裕国家的实践显示，资源收益若能实现向其他资本形态财富转化，如用于创新投资、改善居民福利、调节部门间收入、缩小收入差距等，则有利于区域实现可持续发展。

（一）储蓄与资本转化

高储蓄率是避免“资源诅咒”的第一个经济条件，凡是成功摆脱“资源诅咒”的

---

① Extractive Industries Transparency Initiative（EITI），Availble at：http：//eitransparency. org/.

② A. Kardon. “Response：Matthew Genasci/Sarah Pray，Extracting Accountability：Implications of the Resource Curse for CSR Theory and Practice”，*Yale Human Rights & Development Law Journal*，2008，11：59～67.

③ M. Bac. “Corruption，Connections and Transparency：Does a Better Screen Imply a Better Scene?”，*Public Choice*，2001，107，1～2：87～96.

④ C. C. Corrigan. “Breaking the Resource Curse：Transparency in the Natural Resource Sector and the Extractive Industries Transparency Initiative”，*Resources Policy*，2014，40：17～30.

⑤ C. Lindstedt & D. Naurin. “Transparency is not Enough：Making Transparency Effective in Reducing Corruption”，*International Political Science Review*，2010，31，3：301～322.

⑥ J. Fox. “The Uncertain Relationship between Transparency and Accountability”，*Development in Practice*，2007，17，4～5：663～671.

⑦ R. Maconachie. “Diamonds，Governance and ‘Local’ Development in Post-conflict Sierra Leone：Lessons for Artisanal and Small-scale Mining in Sub-Saharan Africa?”，*Resources Policy*，2009，34：71～79.

国家都是储蓄率高的国家[①]。除高储蓄率外，储蓄向投资的高效转化也很重要[②]。在博茨瓦纳，政府将来自于矿业的收益用于有效率的公共投资，推动了经济的增长[③]。

当前的国家收入账户框架并不能提供监测资源资本价值的必要信息，或者形成其他的资本形式。改进环境与经济综合核算体系（SEEA）[④] 可以测度租金对经济增长的贡献。它提供了可持续发展的宏观经济指数，主要是可调整的净储蓄。国家储蓄账户增加了自然资本耗减。Auty[⑤] 指出，SEEA 有助于改善低收入国家资源丰裕的政策和绩效。通过强制执行较优的自然资源管理制度，采用以净储蓄率来衡量的政策可持续性指数，增加租金流动的透明度和严密的额外公共收益评估，能够提高自然资源租金转化为增进性社会福利等其他资本形态的效率。

资本形成对于资源丰裕国家破解"资源诅咒"至关重要。Auty[⑥] 指出，大多数资源丰裕国家往往形成一个多派系、掠夺性的政治体系，政府在追逐可以用于推进工业化的租金中扭曲了经济，陷入发展陷阱，而恢复往往并不容易。因为，各种形式的资本都在减弱，如人力资本、社会资本，也包括物质基础设施。Auty 和 Mikesell 认为[⑦]，被征收的租金如果可以获得有效使用，则利于维持一个较高的投资率和一个较高的资本进口率，有助于资源丰裕国家的现代基础设施建设。把资源收益用于人造性物质资本、人力资本、社会资本建设，有助于幼稚产业的成长，从而避免"资源诅咒"。

（二）创新驱动摆脱资源依赖

在资源丰裕国家，资源依赖在挤出物质资本、人力资本的同时，对科技创新也产生了挤出现象。摆脱资源依赖，从根本上是要向创新驱动转变。在 20 世纪，资源丰裕的拉丁美洲国家之所以不如斯堪的纳维亚国家，其原因就在于缺乏创新[⑧]。芬兰作为成功规避"资源诅咒"的国家，在资源型经济迈向知识型经济的过程中，国家创新体系的作用功不可没[⑨]。美国作为资源大国，却没有发生国家层面的资源型经济问

---

① E. Matsen & R. Torvik. "Optimal Dutch Disease", *Journal of Development Economics*, 2005, 78, 2: 494～515.

② N. Usui. "Dutch Disease and Policy Adjustments to the Oil Boom: A Comparative Study of Indonesia and Mexico", *Resources Policy*, 1997, 23, 4: 151～162.

③ 张复明：《资源型经济：理论阐释、内在机制与应用研究》，中国社会科学出版社 2007 年版。

④ United Nations, European Commission, International Monetary Fund, Organisation for Economic Co-operation and Development, World Bank. *Handbook of National Accounting*, *Studies in Methods*, New York: United Nations, 2003.

⑤ R. M. Auty. "Natural Resources, Capital Accumulation and the Resource Curse", *Ecological Economics*, 2007, 61, 4: 627～634.

⑥ R. M. Auty. "The Political Economy of Resource-driven Growth", *European Economic Review*, 2001, 45, 4: 839～846.

⑦ R. M. Auty & R. F. Mikesell. *Sustainable Development in Mineral Economies*, Oxford: Oxford University Press, 1998.

⑧ W. F. Maloney. *Missed Opportunities: Innovation and Resource-based Growth in Latin America*, Office of the Chief Economist, Latin America and the Caribbean Region, World Bank, 2002.

⑨ 张文霞、李正风：《芬兰从资源型国家到创新型国家的历程》，《科学对社会的影响》2006 年第 1 期。

题，其原因也在于超强的创新能力，包括运用先进技术把采矿业发展成为技术密集型的产业。创新驱动是资源丰裕国家经济转型的方向。Al-Sabah[①]认为，科威特若要实现从资源依赖中转向，不可避免地要发展知识、技能、资本密集的其他产业部门，关键要优先向教育、研发等领域转移，所有部门要支持创新产品和服务的发展，由此，科威特变得更富有创新。

（三）资源收益共享与居民福利改善

资源收益需要通过适当的税费体系实现共享。Boadway 和 Flatters[②]认为，从公平角度看，资源产权应该属于公众，而不是个人。因为租金收益是大自然给予的恩惠，而不是经济发展的结果。资源收益应该共享，将租金份额转移到公共部门有三种方案：一是以现金流的形式对租金抽税；二是要求企业竞标以获取开发资源的资格；三是分享公司的权益。Garnaut 与 Clunies-Ross[③]提出资源租金税（The resource rent tax），是一种较以往的权利金较少变形（相对稳定）矿产租金税收取方法。Fraser 与 Kingwe[④]讨论了政府是否能够改变税收政策，即由从价权利金转换成资源租金税的方式，这样既能保护公司最佳投资水平，也能增加税收收益。

资源收益共享能够改善居民的福利水平。Segal[⑤]提出，自然资源收益不同于政府收益，它们是波动的和可耗竭的，属于所在国家的所有公民。资源开发区域中的一些缺乏技能的工人，很可能因为资源繁荣而失业，从而加剧了不平等现象[⑥⑦]。政府应当利用资源收益，培训和补偿那些工人，促进公共部门就业，提升社会福利水平。社会福利改善也需要加大人力资本投资，提升资源型区域居民的个人劳动能力与技能。Arezki 和 Nabli[⑧]认为，中东和北非资源丰裕国家的经济改革，要面向包容性的增长，提升人的能力。

（四）调节资源收益，缩小收入差距

资源丰裕国家/区域的收入差距，主要表现为行业间收入差距，需要通过调节部

① M. Al-Sabah. *Resource Curse Reduction Through Innovation—A Blessing for All—The Case of Kuwait*, Cambridge：Cambridge Scholars Publishing，2013.

② R. Boadway & F. Flatters. "The Taxation of Natural Resources Principles and Policy Issues", *WPS 1210*, 1993.

③ R. Garnaut & A. Clunies-Ross. "Uncertainty, Risk Aversion and the Taxing of Natural Resource Projects", *Economic Journal*, 1975, 85, 338：272～287.

④ R. Fraser & R. Kingwe. "Can Expected Tax Revenue be Increased by An Investment-preserving Switch from ad Valorem Royalties to a Resource Rent Tax?", *Resources Policy*, 1997, 23, 3：103～108.

⑤ P. Segal. "How to Spend It：Resource Wealth and the Distribution of Resource Rents", *Energy Policy*, 2012, 51, C：340～348.

⑥ M. L. Ross. "How Mineral-rich States Can Reduce Inequality", in M. Humphreys, J. Sachs & J. Stiglitz (eds.), *Escaping the Resource Curse*, New York：Columbia University Press, 2007.

⑦ B. Goderis & S. W. Malone. "Natural Resource Booms and Inequality：Theory and Evidence", *Scandinavian Journal of Economics*, 2011, 113, 2：388～417.

⑧ R. Arezki & M. K. Nabli. "Natural Resources, Volatility, and Inclusive Growth：Perspectives from the Middle East and North Africa", CESifo Working Paper No. 3818, 2012.

门间收入，缩小收入差距[①]。挪威通过工会工资协议缩小了部门收入差距。协议诞生于20世纪上半叶，规定劳工和资本达成一种相互认可，并把工资和企业利润相挂钩。最低行业雇员报酬（ICE）在农业部门，而最高则在供电和矿业部门。1930年矿业部门ICE水平是农业部门的三倍以上，而到了20世纪末前者只比后者高出一半左右。工会协议的确立不仅意味着收入谈判涉及各行业、各阶层民众，同时也允许工会参与到收入政策的制定活动当中，从而将经济各部门的工资联系在一起，在一定意义上促进了资源租金在全社会民众间的分配，使该国成为经合组织中工资分配最平均化的国家。

资源丰裕国家/区域居民参与矿业收益分配，有助于提高居民收入。矿业收益的初次分配难以惠及广大居民，通常采用二次分配的方式促进收益分配的平等。美国阿拉斯加建立了永久基金制度，石油收益通过现金的方式发放给长期居住的本地居民，增加了居民的收入[②]。委内瑞拉是一个依赖石油开发的国家，石油出口带来了大量收益。该国的贫困问题较为突出，政府将石油收益用于减贫工作，取得显著成绩。但是减贫是以直接补贴贫穷人口的消费为基础的，未能改变社会结构性问题。政府的公共支出也未能刺激私人部门投资的增长，因而这种减贫是不可持续的[③]。

通过吸纳本地就业，资源丰裕国家/区域居民也能共享矿业部门获益。为此，国际社会采取了一系列措施。比如：在落后的国家，小矿（small-scale mining）生产是一种低技术而劳动力参与程度相对较高的矿产开发方式，在一定程度上能够促进矿区居民就业，维持农民生计，促进农村社区减贫，这在国际社会得到了较多的关注[④]。博茨瓦纳将钻石切割、擦亮等环节放在国内，进而带动就业，促进国民增收[⑤]。

第四节　“资源诅咒”研究的深化与反思

关于“资源诅咒”的研究，一方面集中于验证、阐释，及其规避和治理措施；另一方面，对命题的质疑也始终存在，由此推动了理论的深化。从总体上看，关于“荷兰病”理论、寻租理论、制度诅咒理论等研究相对成熟。如果“资源诅咒”命题成立的话，其在不同国家的表现及其成因应当既有个性特点，也有共性

---

① E. R. Larsen. “Are Rich Countries Immune to The Resource Curse? Evidence from Norway’s Management of Its Oil Riches”, Statistics Norway Research Department, Discussion Paper No. 362, 2003.

② S. Goldsmith. “The Alaska Permanent Fund Dividend: An Experiment in Wealth Distribution”, The 9th International Congress Geneva, September 12th-14th, 2002.

③ O. Manzano & J. S. Scrofina. “Resource Revenue Management in Venezuela: A Consumption Based Poverty Reduction Strategy”, *Revenue Watch*, 2013.

④ 曹霞：《中外“小矿”法律概念比较研究——写在我国“矿产资源法”修改之际》，《自然资源学报》2010年第8期。

⑤ S. Bryan & B. Hofmann. *Transparency and Accountability in Africa’s Extractive Industries: the Role of the Legislature*, Washington: National Democratic Institute for International Affairs, 2007.

特征。如果资源不是导致诅咒的直接原因，那么是什么因素触发了“资源诅咒”？本部分首先对“资源诅咒”研究的最新动态进行梳理，然后在文献评价基础上，反思“资源诅咒”命题及其特征，最后提出本书的研究视角，即“资源诅咒”的矿业收益假说。

一、“资源诅咒”的质疑与深化

对“资源诅咒”的质疑一直存在。如对资源丰裕、资源依赖、资源租金等指标的选择及其验证；资源本身不是“诅咒”，只是价格的波动导致“诅咒”；加入制度变量之后，资源从“诅咒”变为“祝福”；资源不会对经济产生直接作用，联系二者的桥梁是资源租金等。总之，“资源诅咒”的质疑推动了研究的深化。

（一）资源丰裕、资源依赖及其“门槛效应”

对资源丰裕是否带来“诅咒”的质疑，一方面，促进了资源丰裕、资源依赖、资源租金等概念分化，另一方面推动了资源依赖程度或者“门槛”效应的实证检验。资源本身不会带来“诅咒”，如果经济发展过度依赖资源开发，则可能导致经济增长滞缓，出现“资源诅咒”。

资源丰裕本身不会制约经济增长，甚至起着正向推动作用。Brunnschweiler 和 Bulte[①] 区分了资源丰裕、资源租金、资源依赖三个概念：资源丰裕是基于储量的当前财富测度；资源租金是某一时点上来自于资源储量的收入流；而资源依赖是某一时点上国家利用收入流的程度，而不是资源采掘的程度。在此基础上的多种估计发现：资源丰裕、结构和制度决定了资源依赖，其本身是一个内生变量；资源丰裕对增长和制度质量具有正效应，即“资源诅咒”并不存在，这种提法只是为了吸引公众眼球，转移注意力。Ploeg 和 Poelhekke[②] 在肯定 Brunnschweiler 和 Bulte 贡献的基础上，评价了他们使用的地下资产的评估方法，认为其高估了边际采掘成本、低估了资源租金和储量，且没有考虑到资源市场的垄断力量。而 Norman[③] 使用的燃料和非燃料矿物人均储量标准，是测量资源丰裕的合适指标。Ploeg 和 Poelhekke 使用调整后的变量进行实证分析，结果发现没有证据支持所谓的“资源诅咒”。

资源依赖程度影响经济增长绩效。一般认为，资源收益对经济产出具有正向的推动作用。Spatafora 和 Warner[④]、Yang 和 Lam[⑤] 等认为，石油收益和经济增长为同方

---

① C. Brunnschweiler & E. H. Bulte. “The Resource Curse Revisited and Revised：A Tale of Paradoxes and Red Herrings”, *Journal of Environmental Economics and Management*, 2008，55，3：248～264.

② F. van der Ploeg & S. Poelhekke. “The Pungent Smell of ‘Red Herrings’：Subsoil Assets，Rents，Volatility and the Resource Curse”, *Journal of Environmental Economics and Management*, 2010，60，1：44～55.

③ C. Norman. “Rule of Law and the Resource Curse：Abundance versus Intensity”, *Environmental and Resource Economics*, 2009，43，2：183～207.

④ N. Spatafora & A. M. Warner. “Macroeconomic Effects of Terms-of-trades Shocks：The Case of Oil Exporting Countries”, Policy Research Working Paper 1410，*The World Bank*, 1995.

⑤ B. Yang & Y. Lam. “Resource Booms and Economic Development：The Time Series Dynamics for 17 Oil-rich Countries”, *Applied Economics Letters*, 2007，15，13：1011～1014.

向变化。但也有不同的看法，如果资源收益增长过快，超过某一门槛，则会产生反向作用。如 Mehrara[①] 使用面板数据，研究了石油出口国对石油收益依赖程度与经济增长之间的相互关系，结果发现存在"门槛效应"：石油收入增长率在18%以下，对经济产出起正向推动作用；超过18%，则对产出起反作用。Oskenbayev 等[②]使用哈萨克斯坦14个区域的面板数据，对资源丰裕、制度质量与经济增长的关系进行分析。结果发现，自然资源赋存被认为是制度质量的非线性函数，资源的过度开发引起寻租活动，进而制约了经济增长。

（二）价格波动与财政政策的匹配性及持续性

资源产品价格波动会对政府收入和支出产生影响。如果缺乏合理的财政体系与政策框架以应对外部冲击，那么资源收益的迅速提升会对其他产品的收益产生挤出效应，结果会影响其他产业的发展。如果财政支出更多用于公共福利支出，则有助于区域经济增长。

Crivelli、Gupta[③] 分析了资源收益的扩张对其他税收收益，尤其是增值税产生的影响，结果发现二者之间呈反方向变化。资源收益占 GDP 比重每上升1个百分点，其他税收收益占 GDP 的比重下降0.3个百分点。其中，对间接税如增值税影响较大，对所得税等直接税影响较小。这使得资源丰裕国家更依赖于波动的资源收益，强化了财政政策的周期性，抑制了制度演进。在资源丰裕国家，会按比例加大支出，以满足基础设施和社会需求。若缺乏合理的财政政策框架，财政可持续性将受到影响。James[④] 使用42年的美国州际公共财政资料进行实证分析，结果发现资源收益每增长1个百分点，非资源收益下降0.2个百分点，政府支出增长0.5个百分点，公共储蓄增长0.3个百分点。美国7个州不征收所得税，其中4个州为资源富裕州，如怀俄明州、阿拉斯加、得克萨斯、内华达州。政府支出，尤其是教育和公共设施等公共产品支出，和经济增长之间是正向关系。

van der Ploeg 和 Poelhekkey[⑤] 提出波动是"资源诅咒"的典型特征，经济增长与波动性负相关。资源对增长的直接正向作用，被波动性带来的间接负向作用所抵消。如果有较优的、可匹配的财政制度，则可以避免"资源诅咒"。剧烈的外部冲击，诱致了实际收入波动。政府在获得"横财"式资源收益的同时，支出随之膨胀并扩张，增加了经济增长的波动性。假设国家有一个合理的财政体制，能够有效应对突然的、

① M. Mehrara. "Reconsidering the Resource Curse in Oil-exporting Countries", *Energy Policy*, 2009, 37, 3: 1165～1169.

② Y. Oskenbayev, M. Yilmaz & K. Abdulla. "Resource Concentration, Institutional Quality and the Natural Resource Curse", *Economic Systems*, 2013, 37, 2: 254～270.

③ E. Crivelli & S. Gupta. "Resource Blessing, Revenue Curse? Domestic Revenue Effort in Resource-rich Countries", European Journal of Political Economy, 2014, 35: 88～101.

④ A. James. "U. S. State Fiscal Policy and Natural Resources", OxCarre Research Paper 126, 2014.

⑤ F. van der Ploeg & S. Poelhekke. "Volatility and the Natural Resource Curse", *Oxford Economic Papers*, 2009, 61, 4: 727～760.

大幅度的资源收入波动，波动性影响将可能被减小。如何构建与波动性、风险性相匹配的财政机制，克服短期资源财富的政治诱惑，缓和波动对增长的影响，是值得继续关注的议题。

采取什么样的政策，尤其是合理的财政政策，治理或者防范“资源诅咒”？这类政策措施具有类似的共同性，但依国家发展阶段及其制度背景又有所不同。联合国开发计划署（UNDP）的一份报告①显示，较好地管理石油、天然气和矿业财富的国家，比较关注收益管理战略以及经济政策，并与资源部门演进相匹配。一般在早期投资阶段，重点是构建生产共享制度，权利金和税收体制适应本地的环境和市场条件，吸取一部分收益建立资本基金。当资源部门已有一定基础时，重点是保持中长期预算稳定，资源收益更多投向具有竞争力的其他可贸易部门。当然，产业和经济政策必须能够应对外部环境的变化，调控“横财”，防范“荷兰病”。El Anshasy 和 Katsaiti② 调查了不同制度质量和财政政策之间的相互作用及其经济增长绩效。实证结果发现，良好的管理和民主制度、预算公开，能提高财政绩效，实现较高的增长率。

（三）制度质量与“资源诅咒”的规避

多数文献认为，制度质量决定了资源丰裕国家是否能够规避“资源诅咒”。制度质量和资源租金之间相互作用，资源租金通过弱化制度，影响经济增长绩效。这里的制度既涉及政治体制，也包含经济体制。

资源开发获取的租金收益对政策制定者和管理者产生影响，进而弱化了制度。裙带关系（patronage）和寻租是理解“资源诅咒”政治经济学经典模型的关键所在③，资源租金导致经济社会的正常运行机能失调。Ross④ 从政治经济学角度阐释了“资源诅咒”：资源繁荣促使政策制定者过于关注眼前利益，导致认知局限；资源出口换来外汇收入，允许部门、阶层和利益群体从中获利，进而诱致政府制定注重短期利益、阻碍长期增长的政策；从长期看，资源繁荣倾向于弱化制度。Ramsay⑤ 研究了石油生产国的石油价格波动与政治变化，发现石油价格对民主水平有较大的冲击作用。Siegle⑥ 的分析发现，能源丰裕的国家，超过 70％是独裁统治；而独裁统治国家 40％属于资源丰裕国家，这不是巧合。资源收益借助裙带网络（patronage networks）维持独裁权力，保证军队和种族群体忠诚。而孱弱的国家责任感，加上胁迫，使得不平

---

① UNDP. “Meeting the Challenge of the ‘Resource Curse’ ”, *prepared for Bureau for Resources and Strategic Partnerships United Nations Development Programme*, *Overseas Development Institute*, 2006.

② A. A. El Anshasy & M. Katsaiti. “Natural Resources and Fiscal Performance: Does Good Governance Matter?”, *Journal of Macroeconomics*, 2013, 37, C: 285～298.

③ I. Kolstad & A. Wiig. “It's the Rents, Stupid! The Political Economy of the Resource Curse”, *Energy Policy*, 2009, 37, 12: 5317～5325.

④ M. L. Ross. “The Political Economy of the Resource Curse”, *World Politics*, 1999, 51, 2: 297～322.

⑤ K. W. Ramsay. “Revisiting the Resource Curse: Natural Disasters, the Price of Oil, and Democracy”, *International Organization*, 2011, 65, 3: 507～529.

⑥ J. Siegle. “Governance Strategies to Remedy the Natural Resource Curse”, *International Social Science Journal*, 2005, 57, S1: 45～55.

等现象长期存在。

多数学者认同，制度质量好的情况下资源丰裕与经济增长之间同方向变化，制度质量差时二者之间反方向变化[①]。制度质量差的国家，资源使用效率较低，资本积累能力较弱，更易于遭遇“资源诅咒”。Polterovich 等[②]的分析显示，资源丰裕原本对经济增长具有正向作用；而较弱的制度会降低资源使用效率，放缓经济增长。van der Ploeg[③] 的研究发现：意外的资源收入诱致了汇率升值、反工业化和不乐观的增长前景，这种反向作用在制度不健全、寻租腐败盛行以及财政调控能力不足的国家表现得更为严重。Dietz 和 Neumayer[④] 通过对总储蓄、真实储蓄与制度质量指数（如腐败、官僚和法规）进行回归，结果发现，腐败与真实储蓄之间具有相关性，资源丰裕对真实储蓄的负效应可以通过减少腐败来降低。Wadho[⑤] 的实证分析显示，自然资源导致了腐败，减少了教育投入，阻碍了经济增长。

信息公开和资源基金构建，是可能的治理方式，政府的力量有时可以弥补制度的缺陷。Al-Kasim 等[⑥]指出，石油生产国家的规制制度和政治问责相对较弱，石油生产效率的信息公开，有助于调查腐败和石油生产数量的关系。Tsani[⑦] 分析了资源丰裕国家的资源基金、管理和制度质量之间的相互关系，资源租金是政策制定者的重要掌控工具，能够用于处置资源丰裕引致的管理和制度恶化。Bjorvatn 等[⑧]认为，在欠发达国家，即使制度相对较弱，但是若有一个强有力的政府，资源租金也会促进经济增长，而如果是一个弱的政府，或者由于政治分化，资源租金可能会引起寻租，进而导致“资源诅咒”。

发展背景与条件类似的资源丰裕国家之间，制度差异直接决定着经济绩效的显著差异。如被誉为经济增长奇迹的博茨瓦纳与纳米比亚相比较：租金管理政策、制度质量、寻租和腐败程度、社会冲突的差异，是两国绩效差异的主要原因[⑨]。Weinthal 和

---

① A. Boschini，J. Pettersson & J. Roine. “The Resource Curse and Its Potential Reversal”，*World Development*，2013，43，C：19～41.

② V. Polterovich，V. Popov & A. Tonis. “Mechanisms of Resource Curse，Economic Policy and Growth”，MPRA Paper No. 20570，2008.

③ F. van der Ploeg. “Natural Resources：Curse or Blessing?”，*Journal of Economic Literature*，2011，49，2：366～420.

④ S. Dietz & E. Neumayer. “Corruption，the Resource Curse and Genuine Saving”，*Environment and Development Economics*，2007，12，1：33～53.

⑤ W. A. Wadho. “Education，Rent-seeking and Curse of Natural Resources”，*Economics & Politics*，2014，26，1：128～156.

⑥ F. Al-Kasim，T. Søreide & A. Williams. “Corruption and Reduced Oil Production：An Additional Resource Curse Factor?”，*Energy Policy*，2013，54，C：137～147.

⑦ S. Tsani. “Natural Resources，Governance and Institutional Quality：The Role of Resource Funds”，*Resources Policy*，2013，38，2：181～195.

⑧ K. Bjorvatn，M. R. Farzanegan & F. Schneider. “Resource Curse and Power Balance：Evidence from Oil-rich Countries”，*World Development*，2012，40，7：1308～1316.

⑨ A. Crain. *Resource Curse*：*The Cases of Botswana and Zambia*，UMI Dissertation Publishing，2012.

Luong① 验证并比较了俄罗斯、哈萨克斯坦、乌克兰、土库曼斯坦、阿塞拜疆等国家的经济增长绩效，相对于后三者，前两者避免了"资源诅咒"，其中一个可能的原因是能源部门的私有化，同时伴随一个合理的税收体制。博茨瓦纳与刚果、塞拉利昂相比，在过去的几十年内经历了高速增长，主要得益于良好的制度，如私人所有权、对政治精英的约束和资源租金在基础设施、健康和教育方面的适度投资等②。

（四）资源收益的双重性与资源管理

资源本身并不是诅咒。资源开发带来的租金收益，若利用得好就是"祝福"，否则就会成为"诅咒"。是否能有效规避"资源诅咒"，与政治体制相关，与资源依赖程度相关，与资源财富如何使用相关，与制度及其效力相关。

资源租金若被更多地用于政治竞争，就会减少经济投入。资源收益与经济绩效的因果机制，通常被视为"资源租金的执行偏差"（executive discretion over resource rents）③。按照这个观点，丰裕的租金允许当权者借助任免权和镇压手段来巩固他的权力，通过保持公共服务支出或者提供公共部门就业机会来收买反对者，但这样的政策不可能激励经济增长。Tsui④ 指出，资源财富对资源丰裕国家的政治产生两种影响：既可以提高体制的持久性，又可能引发冲突。在一个竞争性的政治市场，一方面，资源财富能帮助独裁者减少税收，进而获得市民的支持；另一方面，资源财富激励更多潜在的政治进入者，在位者利用资源财富压制反对力量，两种力量的平衡结果，可能是稳定也可能是冲突。按照弱可持续发展理论，资源财富损耗应该以其他资本形式来弥补，但事实上却往往是挤出了其他资本。Bhattacharyya 和 Colliery⑤ 分析了资源收益与公共资产之间的关系，结果与预期相反，资源租金减少了公共资本储量。

资源对经济增长的直接作用属于正效应，主要表现为资源租金的使用与转化，其间接效应，也就是借助其他变量对经济增长产生的影响，属于负效应。如资源繁荣形成了虚假的经济安全感，减弱了对投资以及促进经济增长战略的敏感需求。资源部门的过度扩张，造成人力资本回报下降和教育投资下降。当负效应大于正效应，就会产生"资源诅咒"现象。如果政府能成功地遏制间接效应，这个国家将从资源财富中获

① E. Weinthal & P. J. Luong. "Energy Wealth and Tax Reform in Russia and Kazakhstan", *Resources Policy*, 2001，27，4：215～223.

② D. Acemoglu，S. Johnson & J. A. Robinson. "An African Success：Botswana"，in D. Rodrik（eds.），*Analytic Development Narratives*，Princeton：Princeton University Press，2003，pp. 80～119.

③ N. Jensen & L. Wantchekon. "Resource Wealth and Political Regimes in Africa"，*Comparative Political Studies*，2004，37，7：816～841.

④ K. K. Tsui. "Resource Curse，Political Entry，and Deadweight Costs"，*Economics & Politics*，2010，22，3：471～497 .

⑤ S. Bhattacharyya & P. Colliery. "Public Capital in Resource-rich Economies：Is There a Curse?"，*Oxford Economic Papers*，2014，66，3：1～24.

益。Papyrakis 和 Gerlagh① 实证检验了自然资源对经济增长的直接和间接效应。孤立来看，资源丰裕可能对经济增长是一个正影响；但考虑到其他变量，例如腐败、投资、开放、贸易条件和教育等，则资源是一个负的影响。通过传输渠道，自然资源先作用于其他解释变量，再对经济增长产生负面影响。若负面影响大于正效应，则会出现资源丰裕与经济增长的反向变化关系。

矿业收益的分配、使用与转化制度，会扭转资源丰裕国家的经济发展方向。从“资源诅咒”产生的原因看，“荷兰病”效应、人力资本与创新挤出效应、制度弱化效应、价格波动效应都与资源收益分配及使用不合理密切相关。成功规避了“资源诅咒”的美国阿拉斯加、挪威、博茨瓦纳、澳大利亚等，都较为妥善地处置和利用了资源收益。比如，澳大利亚对矿业收益征收超额利润税，并将其用于政府养老金、企业减税和基础建设支出。美国阿拉斯加建立永久基金，使得居民能够分享石油收益。博茨瓦纳将矿业收益用于基础设施、教育支出，提升了人类发展指数。而遭遇“资源诅咒”的塞拉利昂、尼日利亚等国家，资源收益则没有被合理利用，反而引发了内战。比如，塞拉利昂为了获取钻石收益，非法开采十分猖獗。1991～2002 年间，各个派系将钻石收益用于购买武器弹药，强化自己的装备，政府失去了对钻石收益的监管能力②。尼日利亚在石油繁荣时期获得大量资源收益，但却被挥霍浪费，大量举债为“资源诅咒”埋下了伏笔③。因而，破解“资源诅咒”要从资源收益的分配、使用与转化入手，更多地将资源收益用于促进产业多样化和人力资本投资。

二、“资源诅咒”研究的评价与反思

理论界始终存在对“资源诅咒”的质疑，实践中也有部分国家和区域规避了“资源诅咒”。但无论如何，多数资源丰裕国家/区域出现了“资源诅咒”现象，这是不争的事实。尽管存在个体原因，但资源型经济体还是存在许多共同问题。围绕“资源诅咒”现象的理论与实证研究仍在继续深化，并已取得诸多新进展。那么下一步研究的方向和重点问题是什么？在反思的基础上，本部分提出“资源诅咒”研究的全新视角。

（一）“资源诅咒”的外延：从经济增长扩展到社会发展

“资源诅咒”概念最初主要关注资源丰裕与经济增长之间的反向变化关系。后来，伴随实证检验和理论阐释，“资源诅咒”的外延逐步扩大。凡是资源丰裕与经济增长、社会发展之间的反向变化趋势，均被视为“资源诅咒”。如就业与收入不均等、寻租与腐败、战争频发等。遭遇“资源诅咒”的国家或区域，长期经济增长滞缓是其基本

---

① E. Papyrakis &R. Gerlagh. “The Resource Curse Hypothesis and Its Transmission Channels”, *Journal of Comparative Economics*, 2004, 32, 1: 181～193.

② R. M. Rosen. “Diamonds, Diggers, and Chiefs: The Politics of Fragmentation in a West African Society”, *University of Illinois: PhD. Thesis Department of Anthropology*, 1973, p. 46.

③ J. A. T. Ojo. “Oil Wealth Illusion and Problems For Economic and Financial Management in Nigeria”, *OPEC Review*, 1982, VI, 2: 210～225.

特征，除此之外，还伴随有结构单一与“反工业化”、人力资本挤出、寻租与腐败盛行、收入差距扩大、制度弱化等特征。如果将经济增长滞缓理解为狭义“资源诅咒”，则资源丰裕带来的经济社会发展方面的负面影响，可以理解为广义的“资源诅咒”。“资源诅咒”所表现出来的诸多问题，如经济增长、经济结构、收入分配、制度以及生态环境之间的关联性如何？能否将资源丰裕与它所带来的负面影响联系起来进行系统研究？

（二）“资源诅咒”的验证：从单变量、单一现象到多变量、作用机制

早期对“资源诅咒”的验证，主要是资源丰裕与经济增长之间的关系，常常将资源丰裕混同于资源依赖。之后，对资源丰裕、资源依赖、资源租金进行了区分，对经济增长和真实储蓄进行了界定，研究方法上也趋于多样化。同时，加入开放、教育、创新、腐败、制度等变量，更为深入地探讨资源丰裕或者资源依赖与经济增长的关系，并从同向、反向的简单判定，扩展到主导性因素和传输渠道等更深层次的问题。

“资源诅咒”刚一出现，便广受关注，且质疑不断。即使这一概念的创立者Auty，也承认“资源诅咒”并不必然发生。质疑主要集中在评价指标、判定方法、发生几率、产生原因等方面。大多数资源丰裕区域确实出现经济绩效不佳的现象，其中是否蕴含着一个带有普遍性的根本特征？“荷兰病”、寻租效应、制度诅咒等是“资源诅咒”话题下具有典型意义的探讨，但都局限于某个角度、某个问题，对“资源诅咒”没有整体的阐释力。

（三）“资源诅咒”视域：经济、社会关注更多、生态环境相对较少

“资源诅咒”最具代表性的案例是“荷兰病”和“尼日利亚病”，前者以汇率上升和“反工业化”等经济问题为主，后者更多地从社会问题、政治角度来分析。也有学者从可持续发展的角度，研究自然资源资产耗减与人力资本、社会资本转化的不匹配，但并未将生态环境问题真正纳入“资源诅咒”范畴之中。事实上，资源开发中的生态环境问题，与经济和社会发展密切关联。资源定价问题，不仅涉及资源损耗，还会引起收益分配与使用偏差，诱导要素在部门间的异常流动，降低要素配置效率，进而产生新的经济、社会问题。生态环境破坏，会恶化区域投资环境和居民生存环境，拖累经济增长和社会福利。

如果说，区域资源生态环境与经济、社会相互关联，那么伴随资源开发，这种关联方式、影响效应是什么？真实储蓄理论强调资源资产向物质资本、人力资本、社会资本的转化，那么资源如何定价、生态环境如何规制，才能将生态资本或资源资产的损耗减少到最小？且能够将资源租金收益及时转为其他形式的资本？

（四）“资源诅咒”的治理：制度建设还是政策选择

遭遇“资源诅咒”的国家，多数是发展中国家、转型国家，且以非洲地区最为集中。制度不健全、政治独裁、派系问题，降低了政府经济管理能力，激发了各利益团体对资源租金的争夺，引发寻租腐败、政治斗争乃至战争。由此引起“制度诅咒”还是“资源诅咒”的争执。问题是，遭遇“资源诅咒”的，也有制度健全的发达国家，如荷兰等。规避“资源诅咒”的，也不乏创制中的发展中国家，如博茨瓦纳、智利等。除制度问题之外，近期研究更多集中在能够适应矿产品价格波动冲击、并具有宏观调控功能的财政政策方向。

制度固然重要，与资源租金及其波动相匹配的财政政策是否更重要？制度建设是一个长久的事情，抛开资源开发不说，制度不健全无疑是一些国家发展缓慢的原因。与资源开发相关的财政政策选择，无论制度状况如何，都是治理和规避“资源诅咒”的主要选择。

（五）“资源诅咒”研究：国家层面居多，区域层面较少

从现有文献来看，大多为国家层面的研究。要么是基于截面或者面板数据的国家层面“资源诅咒”的验证，要么是某一个资源丰裕国家长期经济增长变化的分析。在区域层面，有文献进行了美国州际层面和县域层面“资源诅咒”的验证，还有哈萨克斯坦区域层面的研究。国内，对省际层面、中西部地区或者资源型区域的研究相对较多。

国家层面与区域层面的研究，有一些共性，但差别是显著的。从经典的“荷兰病”模型来看，着重解释的是资源产品出口引起汇率上升进而导致制造业竞争力下降。在区域层面，关注点多是资源产品的区际输出，即使有出口也不至于严重影响国家汇率。若是如此，资源型区域是否还会出现“反工业化”呢？如果出现，原因又是什么？就制度学说而言，对国家可能成立，但在区域层面很难成立。仅此一点，区域层面“资源诅咒”便具有特殊的学术价值。

“资源诅咒”区域层面是否存在？其运行机制与国家层面有何异同？“资源诅咒”的主要原因，如汇率上升、多派系国家、政治体制等，有些在区域层面并不存在。那么，区域层面“资源诅咒”是否也必然发生呢？它的一般性特征又如何呢？

（六）“资源诅咒”的触发：外部冲击、制度与财政政策

案例研究发现，“资源诅咒”的发生，多是在矿产品价格冲击，或者资源突然被发现，带来“横财”，在其财政政策、制度安排还未适应的情形下，所产生的要素流动与配置的偏差。问题的根源，在于骤然出现的巨额租金收益，一是降低了税收压力，政策制定者忽略了对宏观经济的有效管理；二是租金收益来得容易，降低了财政支出的谨慎性，财政资金的投资效率大幅降低；三是以资源财富为支撑，外债规模迅速扩张，一旦价格下跌则容易陷入债务危机；四是租金收益改变了部门间要素报酬比价，引起了要素的异常流动和再配置，强化了资源部门的畸形发展，弱化了制造业部门的正常发展。可见，价格波动冲击是引致“资源诅咒”的主要触发因素。有鉴于此，有些国家建立了资源基金，并将其与经常性财政账户相分离，避免额外收入的冲击。

为什么资源产品在遭受外部冲击时会产生如此大的经济影响？构建资源基金是否可以避免“资源诅咒”？其他产品并不会像资源产品那样遭受巨大的外部冲击。其原因在于资源产业的特殊性，它带来源源不断的、具有巨大冲击力的“横财”。可见核心问题就是资源收益的处置。

三、"资源诅咒"研究的新视角

广义的"资源诅咒"，涉及经济、社会、生态环境，资源丰裕国家/区域均为其研究范畴。已有文献的多种假说，从某一角度对"资源诅咒"的某一方面进行了阐释。从哪个角度能将"资源诅咒"的多种表现贯穿起来进行阐释并提出治理措施？多种假说是否存在内在的关联性？虽然多数资源丰裕国家不幸遭遇了"资源诅咒"，但也有一些成功的案例，如美国、加拿大、挪威、芬兰等发达国家，以及智利、博茨瓦纳、迪拜等发展中国家或地区。"资源诅咒"这一命题是否成立？仍然存在质疑。从成功规避"资源诅咒"国家和地区的经验来看，他们普遍采取了构建资源基金、推动产业多样化发展、加强资源财富转化与共享、强化资源收益透明化管理、建立真实财富账户等措施。资源开发带来的租金收益，若管理得当，是否可以规避"资源诅咒"？反思上述三个问题时发现（具体见图 1-1）：矿业收益可能是决定资源丰裕国家/区域遭遇还是规避"资源诅咒"的关键因素。多种理论阐释或多或少与矿业收益相关联：资源"横财"扰动了资源型经济体的运行，经济主体行为偏差引致要素配置失衡，社会福利损失，区域遭遇"资源诅咒"。"资源诅咒"现象并不必然发生，如果矿业收益管理得当，则可以规避"资源诅咒"。基于此，本研究认为，矿业收益可作为研究广义"资源诅咒"的新视角。

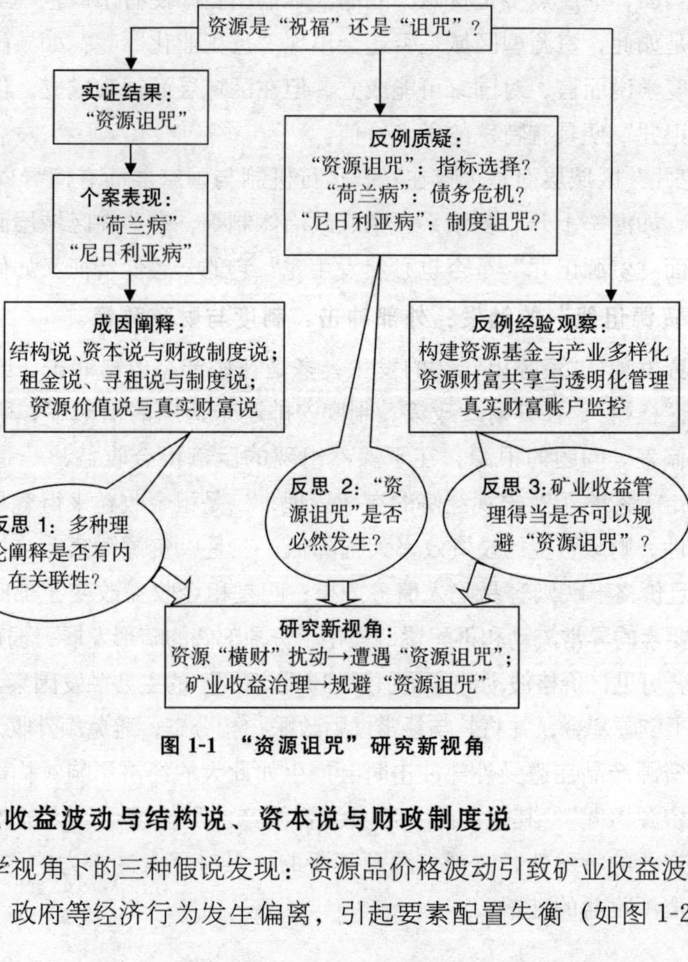

图 1-1 "资源诅咒"研究新视角

（一）矿业收益波动与结构说、资本说与财政制度说

分析经济学视角下的三种假说发现：资源品价格波动引致矿业收益波动，经济主体企业、居民、政府等经济行为发生偏离，引起要素配置失衡（如图 1-2 所示）。其

中，企业行为主要表现为资本、劳动力等要素的流动效应，即从制造业部门、服务业部门向要素报酬上升的资源部门流动。居民收入增加，一方面会加大对制造业产品和不可移动的服务业产品的需求，形成消费支出效应，另一方面也会因为“横财”而产生自负心理，降低了教育投入，增加奢侈性产品消费需求。在要素流动效应与消费支出效应共同作用下，引起汇率上升、制造业竞争力下降，导致反工业化和资源依赖，这是“荷兰病”机制下的结构失衡说。政府税收收入增加，会加大政府投资，尤其偏好周期长的大型投资项目。因税收收入主要来自资源部门，相应地降低了非资源部门的税收压力，非资源部门被挤出。随着收入增加，支出规模和风险性相应增加，一旦资源品价格下跌，收入迅速下降，但支出很难同比例下降，势必造成入不敷出、收支失衡，传统开支项目无法维系，其后果必然是举债度日，造成外债攀升。这是资源品价格波动冲击下的财政制度说。政府收入增加，也会产生自负心理，有可能减少对教育的投入。政府与私人教育投入下降，挤出人力资本。居民的高消费与政府的低投资效率，挤出物质资本。这是资源繁荣挤出人力和物质资本假说。资源依赖与外债上升，增强了经济增长的风险性；资本挤出，尤其是人力资本匮乏，降低了经济可持续发展能力。

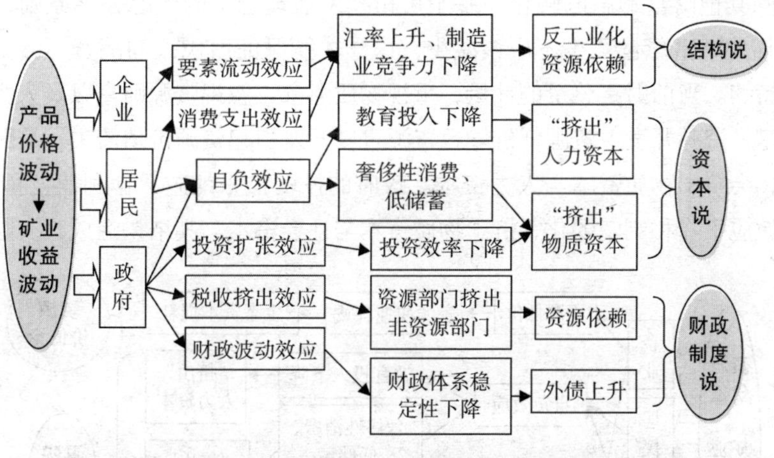

图 1-2　矿业收益波动与经济学视角下的“资源诅咒”假说

（二）矿业收益分配、使用与租金说、寻租说、制度说

政治学与社会学视角下的三种假说与矿业收益的分配及使用相关（见图 1-3）。“租金说”，主要是基于政府行为。易于获取的资源租金和税收，使得资源丰裕国家的政府成为食利者，放松了政府管理经济的责任，忽略了有利于经济社会持续发展的政策选择。同时，政府可能将资源租金作为压制对立派的筹码；加上资源租金在不同利益群体间的倾斜分配，可能引起内部冲突和派系斗争，导致生产性活动减少。缺乏有远见、有利于国家持续发展的好的经济政策，且大量资源用于非生产性活动，社会经济效率下降。“寻租说”，主要是基于企业行为和居民选择。为了获取矿业权或者争取矿业收益的重新分配，企业和居民可能进行寻租活动；大量的生产要素集中于非生产性寻租活动，生产性活动减少，必然降低生产效率。无论是寻租还是食利效应、压制效应抑

或内部冲突，都可能弱化资源丰裕国家的制度，引起社会资本流失，即为“制度说”。

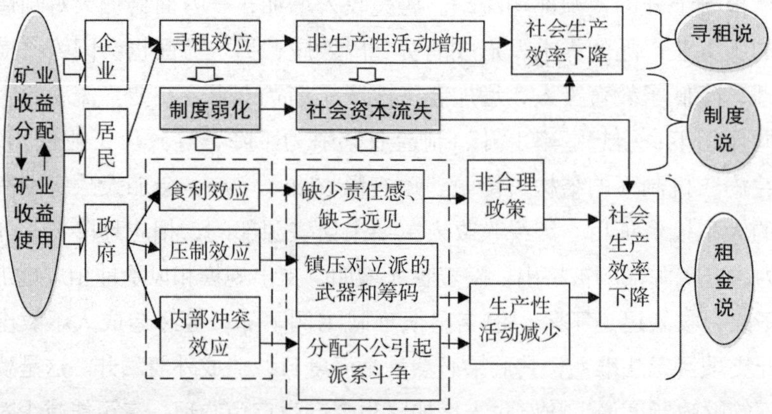

图 1-3　矿业收益分配、使用与政治学、社会学视角下的“资源诅咒”假说

（三）矿业收益转化与资源价值说、真实财富说

可持续发展视角下的资源价值说、真实财富说，主要体现为资源财富的保值以及资源财富向其他财富形态的转化。基于可持续发展理念下的代际公平原则，当代人和后代人面临的财富总量至少不应该减少，这样才能保证后代人的消费不减少，经济增长才可能持续。当前财富总量的计量，重视物质财富，忽视资源财富以及人力资本、社会资本财富。资源开发中资源低价导致资源过度开发引起资源价值流失。居民和政府的自负效应，会挤出物质资本与人力资本。政府的投资扩张效应、食利效应和逐利效应，引起投资效应下降和制度弱化，挤出物质资本与社会资本。其结果造成真实财富流失。

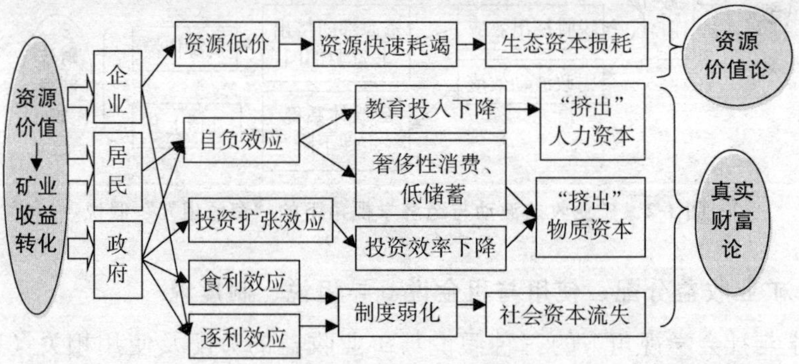

图 1-4　矿业收益转化与可持续发展视角下的“资源诅咒”假说

综上，无论是资源丰裕国家/区域的实践，还是“资源诅咒”理论假说，均与矿业收益相关。基于此，本书选择可耗竭的矿产资源入手，尝试从矿业收益这一独特视角阐释“资源诅咒”现象。中国是一个经济大国，多数资源型省区的经济规模并不逊于一般的资源丰裕国家，作为资源型经济体，既考虑它的经济问题、社会问题，又要考虑资源问题、环境问题，尤其是，资源定价问题影响到资源价值、资源租金，并触发经济社会。从逻辑上看，资源收益分配是否合理，不仅影响到矿业发展本身，还影响到其他部门，造成要素配置失当，降低了要素配置效率与资本积累效率，拖累了社会福利水平。

第二章

阐释“资源诅咒”：矿业收益偏差与社会福利损失

"资源诅咒"现象，表现为资源型经济体的经济、生态、社会方面的诸多发展难题。其产生原因固然有多种，但有一个共同因素，那就是矿产开发中获取的资源收益。矿产开发表现出不同于一般产品生产的特殊性，如可耗竭性、负外部性、高价格波动性等，要求与之匹配的矿业收益制度。而许多资源型经济体，因缺乏合理制度安排，矿业收益偏差引致了生产要素配置失效，降低了社会福利水平，出现"资源诅咒"。本章第一节提出"资源诅咒"的矿业收益假说，分析矿业收益、要素配置以及社会福利之间的逻辑关系，提出资源型经济体的经济、生态、社会问题的分析构架；第二节从矿业收益分配与使用的偏离及后果，分析"资源诅咒"的成因，即制度缺失引起矿业收益转移，成为经济主体获取额外收益的逐利空间；第三节从生产性"寻利"、外部性"逃逸"、非生产性"寻租"三个方面，探讨"资源诅咒"的形成机制，即经济主体利益选择引起资源配置效率损失；第四节分析经济、生态、社会等总体社会福利损失。

第一节 "资源诅咒"的矿业收益假说

多种"资源诅咒"假说，所解释的现象大多局限于经济社会的某一方面。如果"资源诅咒"命题成立的话，究竟是什么因素引致了多种传输机制及表现？基于实践经验和理论分析，资源型经济体难题或多或少总是与矿业收益相关联。基于此，在已有文献的基础上，本研究基于矿业收益→要素配置→社会福利的逻辑思路，提出"资源诅咒"的矿业收益假说，研究"资源诅咒"的形成、规避及破解，遵循经济、生态和社会分析框架，尝试对"资源诅咒"进行一般性解释。

一、矿业收益假说的提出

矿业收益作为一条主线，贯穿了"资源诅咒"多种假说：如果能有效管理资源开发的"横财"，则可以避免"资源诅咒"；正因为管理失当，资源"横财"改变了经济主体行为进而导致要素配置失衡，效率下降。这可以称之为"资源诅咒"的矿业收益假说。其研究针对资源型经济体，从国家层面进行了拓展。

（一）"资源诅咒"假说与"横财"管理

"资源诅咒"的多种假说，从经济学、政治学、社会学以及可持续发展视角等，阐释资源开发可能导致经济增长滞缓的现象，而每一种假说似乎都脱不开矿产开发带来的"横财"。

结构学派从结构升级来阐释经济增长，伴随工业化演进即制造业以及非农产业在经济体系中逐渐居于主导地位以实现经济持续增长。而"荷兰病"现象显示，因矿产开发带来的"横财"，改变了企业和居民的经济行为，要素从非资源部门向资源部门流动，部门间要素比价失衡，实际汇率上升，制造业竞争力下降，出现"反工业化"，经济长期增长滞缓。

古典、新古典经济增长理论，将物质资本积累看作是经济增长的源泉；内生增长理论更加重视人力资本和知识积累在经济增长中的作用；可持续发展理论拓展了资本概念，提出了包含自然资本、物质资本、人力资本、社会资本等的真实财富概念，允许自然资本与其他资本形态之间的可替代。问题是，在资源丰裕区域，因为唾手可得的“横财”，政府和居民忽视了经济长远发展的重要性，物质资本、人力资本被挤出；因为资源是大自然赋予人类的财富，其价值难以客观地体现和衡量，当资源价格过低时，自然资本耗损严重；长期来看，物质、人力资本被挤出，自然资本持续消耗，真实财富降低，阻滞了经济增长。资本说、资源价值说、真实财富说，分别涉及资源收益的使用、资源价值的保值增值、资源财富的转化等。

微观经济学或者说经济增长的微观机理，强调经济主体利益最大化条件下的要素配置效率与社会福利。政治学与社会学视角下的寻租说，源于资源开发中产生的暴利，经济主体为获取最大收益，采取各种措施，其经济行为调整了经济利益在不同主体间的分配，但并不创造任何价值，属于非生产性活动。更多生产要素集中于非生产性活动，则生产性活动规模减少，要素配置效率下降，社会福利损失。

凯恩斯宏观经济学将政府的作用放在重要位置，政府管制可以弥补经济体系的失衡。租金说和财政制度说，与政府的选择相关，前者是政府如何分配和使用矿业收益，后者是矿业收益的波动如何影响政府的收支，进而对经济体系产生影响。因为易于获得的资源收益，政府一方面会忽视税收支出中的资金使用效率，另一方面，缺乏对经济体系长远发展目标的规划以及良好经济政策的需求。资源品价格波动带来矿业收益波动，对政府收支产生影响，引起资金支出效率下降以及较高的外债。政府对矿业收益的分配与使用效率下降，经济绩效较差。

制度经济学重视制度演进对经济绩效的影响。“资源诅咒”制度说，恰恰是资源开发带来的“横财”弱化了制度，不仅制度体系不健全，而且制度执行力、制度效力也会下降，其结果是经济运行效率下降。

基于以上分析发现，矿产开发带来“横财”，引起经济主体包括企业、居民和政府的行为偏差，其结果要素配置失衡、社会福利损失，并伴随资本挤出、“反工业化”、制度弱化等，遭遇“资源诅咒”。基于此，本研究提出“资源诅咒”的矿业收益假说，以矿业收益作为主线，分析矿业收益如何影响经济主体行为，进而决定要素配置以及社会福利，将以上多角度的假说贯穿起来，阐释“资源诅咒”的多种表现，如“荷兰病”“尼日利亚病”等。

（二）矿业收益假说的研究前提

矿业收益假说的研究前提，是在前人研究基础上的拓展。具体包括以下几个方面。

一是资源开发限定为具有可耗竭性的“点资源”，或者说矿产资源。矿产资源开发不同于一般产品生产，除具有常规性生产要素普遍具有的稀缺性之外，还有其独特性，如资源的非流动性与不可分割性、资源的可耗竭性。矿产开发中不可避免地带来生态环境破坏等生产负外部性、安全事故频发等高风险性。矿产品作为上游产品，其价格波动性显著高于一般性产品，导致矿业收益的波动性以及矿业发展的非稳定性。矿业的低产业关联性以及强资产专用性带来的高沉没成本，引起产业的单一性。

二是研究对象为资源型经济体，包括以资源开发为主的资源丰裕国家，以及资源型区域。从国际文献看，“资源诅咒”研究多基于国家层面，有少量研究放在区域层面，但大多是从一个国家所辖省域或者一个州所辖县域的截面或者面板数据，验证“资源诅咒”现象是否存在，对区域层面“资源诅咒”现象及其机理尚缺乏深入研究。区域层面研究不同于国家层面：制度相同，文化相近，资源出口不会影响汇率等。

三是资源型经济体为转型经济。转型经济在此有两层含义：一是从计划经济向市场经济的转型，市场经济制度还在建设中，产权制度、收益分配与管理制度等尚在完善中；从国际经验来看，“资源诅咒”多发生在发展中国家或者转型国家，存在制度上的不完善，以及对价格冲击缺乏应对能力。二是正经历工业化、城镇化进程，从农业为主的乡村型经济向工业为主的城市型经济转变，在这个过程中，大量的农村剩余劳动力需要向制造业、服务业部门转移。在大多数发展中国家或者区域层面，存在大量剩余劳动力，即使有一部分要素从制造业部门流到资源部门，吸引剩余劳动力进入，但边际生产力不会升高，工资也不会升高。

四是部门的多层次划分。首先将经济体系分为生产性部门和非生产性部门，其中前者是创造价值的部门，可以用物质产品或者劳务产品来衡量；后者改变经济主体利益但不创造价值，即不会增加整个社会的总产量。生产性部门又可以分为资源部门、制造业部门、服务业部门。资源部门的生产要素配置，涉及经济系统和生态环境系统。

五是矿产品价格外生决定或新发现矿产资源。这是沿用国际文献中的假设，一是新发现矿产资源，二是价格剧烈波动，尤其是后者。

二、“资源诅咒”的作用机制

矿业收益偏差作用于经济主体，包括企业、居民和政府，经济主体追求利益最大化，导致要素配置失效与结构逆向演进，资本缺失与效率损失导致经济增长滞缓与社会福利损失。

（一）矿业收益冲击与微观经济主体行为

矿产开发，改变了企业利润、居民收入以及政府税收，经济主体在利益最大化驱使下，选择有利于自身利益的经济行为，引起要素配置失衡与社会福利损失。

1. 企业目标与经济行为

企业的目标为超额利润最大化。假设只有资源部门和制造业部门的情况下，制造业部门企业利润函数为公式（2-1），资源部门企业利润函数为公式（2-2）。

$$\pi^M = P^M \cdot Q^M - (w^M \cdot L^M + r^M \cdot K^M) \tag{2-1}$$

$$\pi^R = P^R \cdot Q^R - (w^R \cdot L^R + r^R \cdot K^R + r' \cdot R) - C_E \cdot Q^R \tag{2-2}$$

其中，右上标 M、R 分别代表制造业部门、资源部门，则有：π^M、π^R 分别代表制造业部门、资源部门企业获得的超额利润，P^M、P^R 分别代表制造业产品、资源产品价格，Q^M、Q^R 分别代表制造业产品、资源产品产量，w^M、w^R 分别代表制造业部门、资源部门劳动力工资水平，L^M、L^R 分别代表制造业部门、资源部门劳动力雇佣数量，r^M、r^R 分别代表制造业部门、资源部门资本价格，K^M、K^R 分别代表制造业部门、资源部门资本投入数量。此外，r'代表资源价格，R 代表资源开发数量，C_E 代表资源开发中的外部性成本。如果不存在资源部门，生产要素主要集中在制造业部门；资源开发将一部分生产要素集中到资源部门。与制造业部门相比，资源部门的特殊性体现在生产成本中除资本和劳动力常规性生产要素外，还有资源价值损耗，即资源价格与资源开发数量的乘积，以及资源开发中可能造成的生态环境破坏引起的外部性成本 C_E。

假设市场均衡状态下，制造业部门、资源部门的超额利润均为零，则有总收益等于总成本。

如果说，资源开发相关制度不健全，则可能出现 $C_E=0$、$r'=0$ 或者远低于实际价值，其结果出现：

$$\pi^R > \pi^M, w^R > w^M \tag{2-3}$$

要素向资源部门集中，资源快速耗竭，且造成较为严重的生态环境破坏。如果用 EE 代表生态资本财富，包含自然资源、生态环境等，则会出现 EE 的快速下降，如公式（2-4）所示。

$$C_E=0, r'=0 \Rightarrow EE\downarrow \tag{2-4}$$

2. 居民目标与经济行为

居民目标为个人效用最大化。假设居民主要消费三类产品：必需品 x_1，假定不随收入变化而变化；奢侈品 x_2，当收入增加时，用于奢侈品消费的数量增加幅度较大，即收入弹性大于 1，属于富有弹性商品；投资品如教育，其收入弹性不确定，与收入增长幅度、增长速度、收入绝对水平等相关，收入水平较高或者增长速度较快，则对教育等投资类消费品的需求相对下降或者不变。资源开发前居民收入水平为 i，开发后收入水平为 i′。居民在资源开发前、开发后的效用函数分别为公式（2-5）、(2-6)所示。

$$U=f(i, x_1, x_2, x_3) \tag{2-5}$$

$$U'=f(i', x_1, x'_2, x'_3) \tag{2-6}$$

公式（2-3）说明，居民收入因为资源开发而迅速上升，则可能出现生活必需品不发生变化，如公式（2-5）、(2-6）中的 x_1；奢侈品上升幅度较大，从 x_2迅速增长为 x'_2；投资品如教育基本无变化甚至略有下降，从 x_3 变为 x'_3。存在：

$$x'_2 \gg x_2, x'_3 < x_3 \tag{2-7}$$

对教育投入的相对和绝对下降，引起人力资本流失，如果用 HH 表示人力资本存量，则居民在追求利益最大化时，其消费选择行为会带来 $HH\downarrow$。

3. 政府目标与经济行为

政府目标，一是实现宏观经济目标即经济持续增长、物价稳定、充分就业以及国际收支平衡；二是代表政府的执行者的个人目标，假设为保持其职位稳定，在职位上能获得稳定收益或者能够实现其自身价值。综合两个目标，重点是获得公众的认可，则充分就业首当其冲，其次是经济增长速度，如公式（2-8）所示。

$$G=F(g\text{-}rate,e\text{-}level) \tag{2-8}$$

其中G代表政府的收益，主要取决于经济增长率 g-rate 和就业水平 e-level。若要经济增长率持续上升和就业水平稳定，可以通过两种途径实现。如果没有可以开发利用的矿产资源，则主要依赖于资本积累与资本结构升级，即一方面增强物质资本(KK)、人力资本积累，另一方面还要优化资本结构，提升人力资本的绝对数量和相对数量，这样来提升经济增长速度、保证就业水平，如公式（2-9）所示。

$$G=F(g\text{-}rate,e\text{-}level)=F(KK,HH) \tag{2-9}$$

伴随资源开发，政府的税收迅速增加，同时经济增长速度加快，政府目标不一定通过资本积累来实现。每一届政府关注的是任期内经济增长速度，所以不会考虑很长远；较高的税收（T）支撑，为加大政府公共支出提供了可能，以此来提高就业水平，如公式（2-10）所示。

$$G=F(g\text{-}rate,e\text{-}level)=F(T^R) \tag{2-10}$$

政府目标函数的改变，忽视了资本积累的重要性，物质资本、人力资本财富下降，即 $HH\downarrow$，$KK\downarrow$。

经济主体行为偏差，导致生态资本、人力资本、物质资本等财富减少，这是资源开发的负效应。

（二）基于微观经济主体行为的两种效应

丰裕的矿产资源开发，给资源型经济体可能带来两种效应：如果资源开发相关制度构建及时且执行效力较高，则生态资本转化为人力资本和物质资本，财富增加推动经济持续稳定增长，为正效应；如果资源开发相关制度缺失或者执行力不足，则生态资本难以转化为人力资本和物质资本，甚至可能破坏经济秩序，挤出人力资本和物质资本，财富损失制约经济长期增长，为负效应。两种效应共同作用，其结果，决定资源型经济体是规避还是遭遇了“资源诅咒”。

1. 资源开发正效应

资源开发带来租金收入，可以将其看作是生态资本的货币形式。租金收入至少能用于两个渠道：一是通过基础设施投资、人力资本投资，加速工业化进程，增加更多的就业岗位，加快农村剩余劳动力转移，促进经济增长，提升居民收入水平；二是直接用于福利，改善居民生活质量，如教育、医疗以及公共设施。这两者强化了物质资本和人力资本积累，财富总量增加，进而促进经济增长和社会发展，提升要素配置效率和社会福利水平，属于资源开发的正效应。

2. 资源开发负效应

资源新发现或者资源价格波动，资源型经济体制度不健全，尚不能应对突然的“横财”式收益，滚滚而来的资源财富，打破了原有的经济平衡：资源收益变化引起要素在部门间的重新配置，导致汇率上升引发“荷兰病”；资源收益挤出了物质资本和人力资本；收益大幅波动引起政府收入和支出的波动；容易获得的资源租金减小了政府管理者的税收压力，产生“短视”效应；对额外租金收益的追逐导致了寻租腐败现象；各利益集团对租金的争夺弱化了制度；资源资产减少的同时，资源收益无法转化为人力和物质资本；可持续发展能力下降等。

3. 资源开发总效应

两种效应共同起作用，如果正效应大于负效应，则可以规避“资源诅咒”；反之，则遭遇“资源诅咒”。巨额资源财富提供了工业化资本，但是收入的突然增加，若相应的制度未能及时建立并发挥相应效力，则将会打破原有的均衡状态，降低要素的配置效率，负效应大于正效应，遭遇“资源诅咒”。

假设资源开发前或资源价格上涨前，经济体系的财富总量为 TW，其后为 TW′，用公式表示如（2-11）所示。

$$TW'=TW+KK+HH-EE \tag{2-11}$$

如果资源开发正效应大于负效应，意味着生态资本转化为物质资本和人力资本，即存在：

$$KK+HH\geqslant EE \tag{2-12}$$

则有：

$$TW'\geqslant TW \tag{2-13}$$

真实财富增加，资源开发促进区域发展，资源型经济体规避了“资源诅咒”。

相反，如果资源开发正效应小于负效应，即

$$KK+HH<EE \tag{2-14}$$

则有：

$$TW'<TW \tag{2-15}$$

真实财富减少，资源开发制约经济增长，资源型经济体遭遇了“资源诅咒”。

破解“资源诅咒”，关键是矿业收益制度改革，以及对要素配置的调节和社会福利的改善。

（三）研究主线及其对“资源诅咒”的阐释

矿业收益冲击，改变了经济主体行为，引起要素配置失衡和社会财富流失。据此，矿业收益假说的分析思路，以矿业收益→要素配置→社会福利为主线。矿产开发特殊性要求与之适应的收益分配与使用制度。不同资源丰裕型国家或者资源型区域，因制度差异，可能走上不同的发展道路，遭遇或者规避“资源诅咒”，如图 2-1 所示。

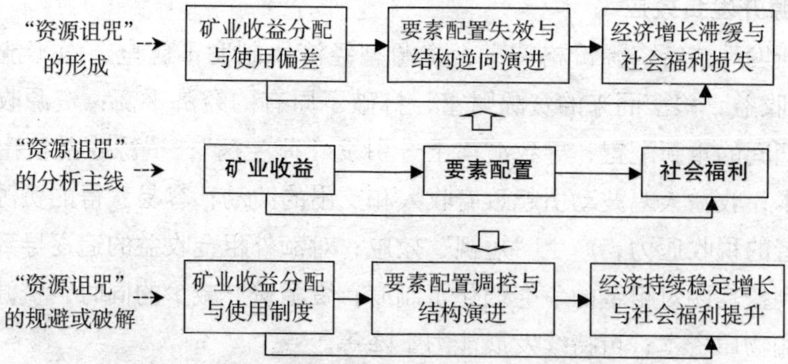

图 2-1 "资源诅咒"矿业收益假说的分析思路

1. "资源诅咒"的形成

"资源诅咒"的形成，如图 2-1 所示。制度缺失，引起矿业收益偏差，即矿业租金不合理的分配或者矿业收益波动对政府收支的冲击，会带来几方面影响：一是资源租金收益的不合理使用，如低效率投资和奢华消费，降低了要素的使用效率和资本积累；二是错误地引导了要素配置，资源部门的"高"收益引起了资本与劳动力的流入与集中，资源部门强化发展，制造业部门与服务业部门走向萎缩，产业结构逆向演进；三是资源租金收益弱化了政府和居民对人力资本的需求，而对资源部门的重视，在挤出制造业的同时，也挤出了人力资本，要素结构初级化现象突出。

要素结构和产业结构的逆向演进，生产要素的低效使用，以及矿业收益的不合理分配，引起利益集团或者个体对资源租金的追逐，引发寻租和腐败，造成生产性部门的企业和劳动者减少，这两方面都会引起经济增长滞缓和实际收入水平下降。在矿产品价格飙升时期，暂时的高收入有时会掩盖实质的低效经济增长。生产要素的低效利用，要素配置结构不合理如产业结构、要素结构以及非生产性部门的扩张带来的效率损失，其本身就是社会福利损失。再者，矿业收益的不合理分配与使用，造成财富集中于少数人，引起部门间要素重新配置，制约制造业部门和服务业部门发展，导致一部分劳动者失业或者收入差距扩大，寻租现象也会加剧收入的不平等，这是社会福利损失的第二个表现。社会福利损失的第三个表现，就是矿业收益制度缺失引起资源和生态环境破坏，生态资本财富流失，居民生活质量下降，资源型区域生产成本上升。

矿业收益分配与使用偏差，一方面通过要素的重新配置，引起产出效率下降、要素配置失衡，进而降低了社会福利水平；另一方面对社会福利水平也有直接的影响，如资源租金收益在就业、教育、医疗、社会保障等方面的投入。可见，"资源诅咒"形成，就是矿业收益分配与使用偏差，引起要素配置失衡，导致经济、生态环境、社会不协调，带来长期经济增长滞缓和社会福利水平下降。

2. "资源诅咒"的规避或破解

"资源诅咒"的规避或者说破解，如图 2-1 所示，首先要建立合理的矿业收益分配与使用制度，如针对资源的可耗竭性，构建能够补偿或者弥补资源可耗竭性的租金制度；针对矿产品价格的波动性，构建能够调节并积累资源收益的稳定基金制度；针对矿产开发外部性，建立生态环境破坏的补偿机制。建立合理的制度，具有两个功能。一是能够积累财富，及时有效地转化为工业化资本，投资于基础设施与产业发展，丰富拓展物质资本，促进产业结构升级；投资于教育、医疗等改善居民的社会福利，资源资本转化为人力资本和社会资本，提升社会福利水平，升级要素结构，增进区域可持续发展能力。二是可以避免矿业收益对经济社会的冲击，不至于引起要素的配置扭曲与结构的逆向演进，避免社会福利损失。

可见，"资源诅咒"破解，关键是矿业收益分配与使用制度完善，这样既能避免资源大规模开发带来的"横财"式收益对经济社会的冲击，避免资源开发的负效应；又能将资源开发收益用于经济社会发展和社会福利改善，强化资源开发的正效应，优化经济社会的要素配置结构，促进经济、生态环境、社会的协调发展，提升社会福利水平。

三、矿业收益假说的分析框架

对于矿产开发这样一个具有特殊性的产品和产业，必须有一套专门的制度来规范。长期以来，由于缺乏有效的制度规范、约束、监管、调控和引导，导致经济主体在追逐利益最大化的过程中，引起要素的低效配置，引发资源型经济体诸多难题，如资源生态环境难题、产业结构难题、科技创新难题、经济增长难题以及社会发展难题（见图 2-2）。

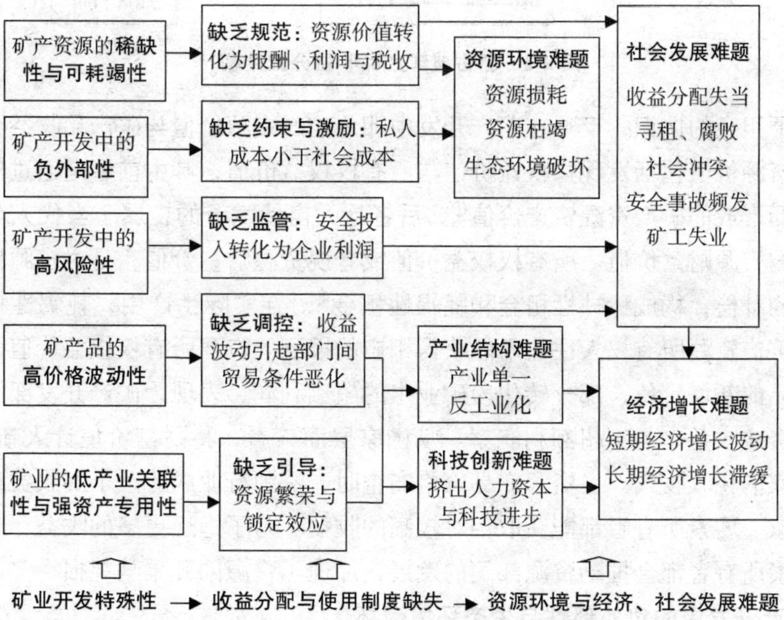

图 2-2 矿产开发特殊性、收益分配与"资源诅咒"

（一）补偿缺失带来资源损耗与生态环境破坏

资源生态环境难题具体表现为矿产开发带来的资源损耗、枯竭与生态环境破坏。其中，资源损耗、资源枯竭源于矿产资源的价值未能得到合理估价，对资源开发过度所致；生态环境破坏则是矿产开发中的负外部性。

1. 资源可耗竭性、租金缺失与资源损耗

作为生产要素，与劳动力、资本等要素一样，矿产资源具有稀缺性特征。与劳动力、资本不同，矿产资源具有可耗竭性特征。随着矿产开发，矿产资源的所有权逐步灭失。按照新古典要素收益分配理论，矿产开发中，工资、利息、正常利润分别是对矿工、资本投入以及矿业经营者的补偿，构成矿产品的新增价值。资源租金是使用稀缺的、可耗竭的矿产资源的代价，体现为矿产资源的价值，包括补偿资源前期勘探的发现权权益价值与大自然所赋予的资源财富的所有权权益价值。如图 2-3 所示。

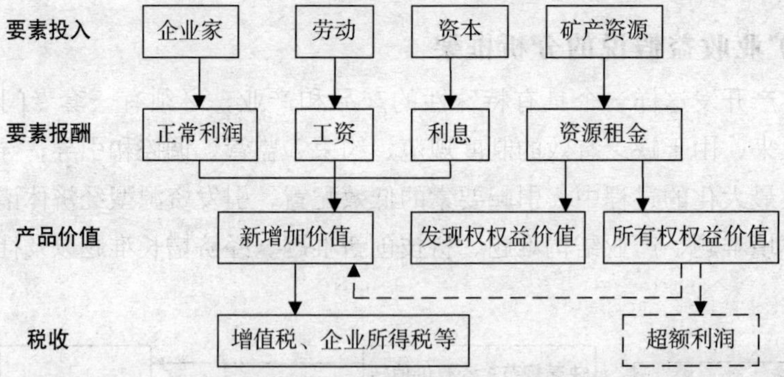

图 2-3 新古典矿产品收益分配结构

对资源租金的认识，反映在矿产开发中即为矿产资源价值与矿产品收益分配的确定。矿产资源价值包括发现权权益价值与所有权权益价值，其中前者是通过矿产资源前期勘探而形成的矿产资源资产价值[①]，后者是大自然赋予的，属于当代人与后代人共同所有的资源财富价值。所有权权益价值或者说资源财富价值，是对资源稀缺性和可耗竭性的补偿，构成稀缺性租金和耗竭性租金[②]。在实际生产中，耗竭性租金容易被忽略，矿产资源所有权人往往未能获得相应的报酬。资源所有权权益价值，部分转化为矿产品的新增价值，部分转化为矿业中的超额利润，表现为矿产开发部门的高工资率、高资本收益率与高超额利润率。从国家层面来看，将财富价值计入新增价值，增加了国家的税收收入。当资源产品价格高企时，资源行业成为一个高收益行业，国家、企业家、要素所有者都能获取相对较高的收益。为了追逐更多的收益，政府、企业家、要素所有者都会推动资源部门的发展，加速了资源的开采与耗损。

2. 矿产开发中的负外部性与生态环境破坏

不同于一般产品生产过程，矿产资源开发具有显著的负外部性，即矿产开发带来

① 朱学义等：《矿产资源权益理论与应用研究》，社会科学文献出版社 2008 年版。

② 景普秋：《基于矿产开发特殊性的收益分配机制研究》，《中国工业经济》2010 年第 9 期。

土地资源占用、植被破坏、地面塌陷、地下水层破坏以及大气污染、水质污染等生态环境破坏，还可能导致对本体矿产资源以及伴生矿产资源的损耗及破坏。20世纪上半叶，世界主要工业化国家，在资源无价或者低价背景下，对矿产资源进行大规模开发，引起资源损耗与生态环境破坏这一生态难题，从而引发人们对资源价值的思考，对外部性问题解决方式的探索。如今，澳大利亚、德国、加拿大等工业化国家，已经形成较为完善的资源生态环境补偿体系。改革开放以来，中国对环境污染问题以及矿产开发中的资源损耗、生态破坏问题日益重视，相应的制度体系也在探索与完善之中。

（二）收益波动引起“反工业化”与产业单一

矿产品的高价格波动性，导致矿业收益的波动，引起要素在资源部门与非资源部门之间的流动；矿业的高资产专用性与低产业关联性，导致高沉没成本与资源部门对生产要素的锁定效应，造成资源型经济体的“反工业化”与产业单一性等发展难题。

1. 矿业收益波动与“反工业化”

矿产品价格波动性强①，从石油、煤炭等产品的价格变化趋势可以得到证实。其原因有多个方面，既有供求不均衡等经济原因，也有国家关系等政治甚至军事原因，同时矿业本身所具有的低供给弹性也是重要原因之一。矿产品价格波动带来生产要素收益在部门间的比价变动，容易引起要素在部门间流动②。假设矿产品价格上升，在矿产资源高收益的强力刺激下，劳动力、资本等生产要素源源不断地向资源部门流入，推动资源部门的持续扩张，促进资源加工产业及相关服务产业、辅助产业的快速发展，资源部门迅速繁荣，而制造业部门的发展受到制约，出现“反工业化”现象。

2. 矿业的强资产专用性、低产业关联性与产业单一

矿产品的高价格波动性与低供给弹性，容易引起部门间贸易条件恶化与“反工业化”。矿业的强资产专用性又将要素牢牢锁定在资源部门。资产专用性强，在企业、产业以及区域不同层面均存在。在企业层面，固定资产投入比重大，且一次性投入占有比重大、物质资产专用性强；在资源产业层面，矿产开发中的人力资产专用性强，无论是技术人员还是矿工，主要从事与矿产资源相关的技术工作与开发活动，很难适应其他行业的工作；在区域层面，表现在服务于采掘业及资源产业的办公、生活设施，随着资源的枯竭，各类专用项投资成为沉没成本，制约了产业转型。围绕资源采掘形成的资源初级加工等资源产业家族，加剧了资源部门的自我强化发展，资源部门及其资源产业家族的吸纳效应、粘滞效应、锁定效应③，将要素锁定在资源部门，形成单一的产业结构。此外，矿产开发属于上下游联系比较弱的部门，产业联系弱，对

① P. Collier & B. Goderis. “Commodity Prices, Growth, and the Natural Resource Curse: Reconciling a Conundrum”, CSAE Working Paper WPS/2007-15, 2007.

② W. M. Corden & J. R. Neary. “Booming Sector and De-industrialization in a Small Economy”, *The Economic Journal*, 1982, 92, 368: 825～848.

③ 张复明、景普秋：《资源型经济的形成：自强机制与个案研究》，《中国社会科学》2008年第5期。

相关产业带动能力弱，强化其对资源部门的高度依赖。

（三）矿业收益挤出科技创新与人力资本

要素向资源部门集中，对人力资本、技术进步具有挤出效应，导致科技创新与人力资本流失，形成依赖资源的初级要素结构。经济增长来自于资本、资源等要素的投入，技术进步对经济增长的推动力较弱。

1. 矿业额外收益、产业技术属性与科技创新直接挤出

科技创新挤出效应包括直接挤出效应和间接挤出效应，直接挤出效应表现在对创新主体、创新部门投入、人力资本投入等方面的挤出。资源部门存在的额外收益，引起创新者对资源部门的偏好而放弃研发部门，导致创新主体被挤出[①]。要素向资源部门的集中，导致大多数劳动力被锁定在对技术要求低的部门，同时因为资源部门的高收益，居民的自负行为会减少对教育的投入，引起人力资本的流失[②]。对资源部门投入的增加，挤占了创新平台、公共创新组织建设以及教育、研发等方面的投入供给，直接挤出科技创新、人力资本等创新性要素。

2. “反工业化”、资源文化与科技创新间接挤出

间接挤出效应是指，因资源型经济体对具有技术溢出效应的制造业部门的挤出，延耽了技术进步，固守于“资源文化”，束缚了创新的生产与扩散。制造业被认为是具有“干中学”特征和溢出效应的产业[③]，资源开发对制造业的挤出，致使其也挤出了技术进步与人力资本。创新性要素的挤出，导致经济发展缺乏创新理念，沉溺于“煤文化”“油文化”之中，缺乏相应的创新成果转化通道，提高了创新的风险。区域发展环境特有的观念锁定、文化锁定作用，进一步强化了创新性要素的挤出。

（四）价格波动导致经济增长的波动与非持续性

经济增长难题表现在短期经济增长波动与长期经济增长滞缓。资源型区域对资源产业高度依赖，形成脆弱的、单一的产业结构。矿产品价格波动，引起资源产业波动，导致资源型区域经济波动。从长期来看，对资源部门的高度依赖，会挤出制造业与人力资本，导致经济增长停滞。

1. 价格波动、产业单一与短期经济增长波动

矿产品价格波动，引起对资源部门的高度依赖以及产业波动，引致资源型经济体的经济波动。当矿产品价格升高时，劳动力、资本等生产要素向资源部门流动，资源产业迅速繁荣，资源部门的高价格与资源产业规模的扩张，导致资源产业及由其主导的经济体系的高速增长。矿业资产专用性强，沉没成本高，造成退出壁垒高，当矿产

---

① J. D. Sachs & A. M. Warner. “Natural Resources and Economic Development: The Curse of Natural Resources”, *European Economic Review*, 2001, 45: 827～838.

② E. Papyrakis & R. Gerlagh. “The Resource Curse Hypothesis and Its Transmission Channels”, *Journal of Comparative Economics*, 2004, 32, 1: 181～193.

③ P. Krugman. “The Narrow Moving Band, the Dutch Disease, and the Competitive Consequences of Mrs. Thatcher: Notes on Trade in the Presence of Dynamic Scale Economies”, *Journal of Development Economics*, 1987, 27, 1～2: 41～56.

品价格下跌时，抑制了要素从资源部门的流出。矿产品价格下跌与资源投入减小，资源产业增长快速下降，经济增长大幅下跌。其结果，资源型区域经济增长波动的幅度，往往远高于非资源型区域。

2. 人力资本、物质资本挤出与长期经济增长滞缓

根据内生增长理论，长期经济增长主要取决于资本积累，尤其是人力资本。Matsuyama 等学者认为[①]，制造业部门存在“干中学”特征，带来规模报酬递增。如果丰富的自然资源将生产要素转移出该部门，即制造业比重下降、资源产业比重上升，就会降低所有部门的生产力，带来长期增长滞缓。制造业部门有利于人力资本的积累，如果制造业部门比重上升，就意味着整个社会人力资本数量的上升，会持续促进经济增长。从长期来看，在自我强化机制下，资源部门的比重上升，制造业部门的比重下降。即矿产品价格上升，引起劳动力、资本从制造业部门向资源部门的集中，资源部门比重上升，制造业部门比重下降，造成人力资本积累下降。从长期来看，经济增长速度趋缓。

（五）竞租行为引发寻租、矿难等社会难题

社会发展难题主要包括：矿产开发中的高风险性带来的矿难频发问题，矿产开发收益分配不合理带来的额外利润空间，引起寻租现象以及收入分配差距扩大等社会问题。资源枯竭或者资源替代导致区域经济增长衰退，带来矿工失业问题，也是资源型经济体面临的普遍问题。

1. 矿产开发中的高风险性[②]与矿难

矿产开发活动大多在地下进行，意外事故发生难以避免，如瓦斯爆炸、透水事故等。在矿井设计中必须采取防范性措施，增加安全投入，建设矿工逃生渠道，减少事故发生几率，尽可能减少矿工的伤亡。作为矿产资源的开采者，如果没有制度约束与政府监管，在利益最大化的理念支配下，安全投入设施不到位便引起事故频发。

2. 收益分配制度缺失与寻租、派系斗争

收益分配制度的缺失，导致本应用于弥补资源稀缺性与可耗竭性、矿产品开发中的负外部性、转型成本以及安全投入的收益部分，异化为矿产开发的额外租金与超额利润。这部分额外收益的存在导致收入差距扩大，引起各类经济主体、社会团体的争夺，导致寻租、派系冲突等社会问题，造成社会发展的不良后果。

此外，资源型经济体或迟或早都会出现资源枯竭问题，导致职工下岗，矿工再就业问题，这也是转型发展的突出难题。

---

① K. Matsuyama. “Agricultural Productivity, Comparative Advantage and Economic Growth”, *Journal of Economic Theory*, 1992, 58, 2: 317～334.

② 矿产开发的高风险性，具有双层含义：一是资源开采多在地下进行，易引发安全事故；二是受矿产品价格波动性影响，区域的经济增长风险性较大。在此主要指矿产开发过程的安全性。

第二节　矿业收益分配使用的偏离与逐利空间①

矿产开发的特殊性，决定了矿业收益分配与使用的特殊性。按照新古典经济学要素价格理论，基于效率的收入分配原则，将可能导致区域的非持续发展。国际市场上矿产品价格的频繁波动，以及国家/区域内部矿业收益管理及其相关制度缺失，通过影响矿业收益分配与使用，会进一步强化资源丰裕型国家/区域的非持续发展。为避免矿业收益分配与使用偏离可持续发展轨道，必须构建矿业收益管理制度体系，保证矿业收益的合理分配与转化，推动资源丰裕国家/区域的可持续发展。

一、矿业收益分配使用的原则及影响因素

矿产资源既是稀缺的，也是可耗竭的，资源开发的同时，资源所有权随之灭失，资源财富的数量减少。与之对应的两个问题：资源开发获取的租金收入应该归谁所有，如何使用以保证财富总量不减少？Otto 等②总结了矿山企业的特殊性，如建设周期长、资产专用性强、受政策影响较大、矿产品价格波动性强、沉没成本数额大等。遵循可持续发展原则，在矿业收益分配与使用两个环节，需制定适合于矿业特殊性的分配与使用制度（见图 2-4）。矿业收益分配，既遵循新古典经济学的收入分配理论，效率优先，又必须兼顾资源的可耗竭性、开发中的负外部性、矿产品的强资产专用性等。政府作为资源所有权人和宏观经济管理者，获取资源租金收益和税收。基于代内代际公平和社会化共享，对政府收益进行二次分配。矿业收益使用，遵循弱可持续发展理念和哈特维克准则，重点是矿业收益转化。

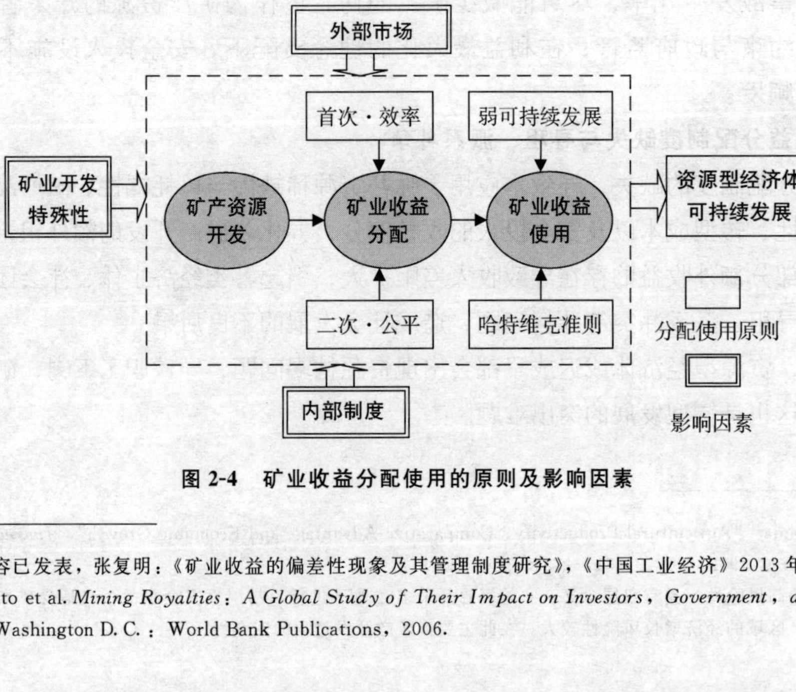

图 2-4　矿业收益分配使用的原则及影响因素

① 本节内容已发表，张复明：《矿业收益的偏差性现象及其管理制度研究》，《中国工业经济》2013 年第 7 期。

② J. M. Otto et al. *Mining Royalties: A Global Study of Their Impact on Investors, Government, and Civil Society*, Washington D. C.: World Bank Publications, 2006.

影响矿业收益分配与使用的主要因素有：一是矿产开发的特殊性；二是矿产开发面临的外部市场；三是资源型经济体即资源丰裕国家/区域内部的制度建设与制度执行力。如果外部市场稳定、内部制度健全，兼考虑矿产开发特殊性，以可持续发展理念为原则构建的矿业收益分配与使用制度，可推进资源型经济体的可持续发展。国际经验显示，多数资源丰裕国家/区域，在外部市场冲击、内部制度建设不健全的背景下，矿产开发的特殊性会引致矿业收益分配与使用偏离可持续发展轨道。

二、矿业收益分配使用的偏离及后果

制度缺失以及外部市场冲击，导致矿业收益分配与使用出现偏差，生产要素的流向偏离了区域可持续发展的轨道。

（一）矿业收益分配使用的三次偏离

矿业收益分配与使用的偏离见表 2-1。第一次偏离来自于外部市场冲击：矿产品价格波动引发收益波动，经济主体的逐利行为导致经济运行出现偏差，表现为矿业收益的波动。第二次偏离缘于资源丰裕型国家/区域内部制度缺失：产权制度不健全、多派系制度体系等，导致寻租、腐败以及军事冲突，出现矿业收益的耗散。第三次偏离，是矿产开发特殊性、外部市场冲击、内部制度建设三个方面因素影响的综合，收益分配上的两极分化，导致矿业收益使用上的偏差，矿业收益用于奢侈性消费和无效率投资，真实财富流失，矿业收益转化被阻断。三次偏离导致经济主体的行为偏差，打破了原有经济体系的平衡，资源丰裕型国家/区域出现诸多发展难题（见图 2-5）。

表 2-1　矿业收益分配使用的三次偏离

	偏离的成因	偏离发生的环节	偏离特征
第一次偏离	外部市场冲击	矿业收益分配	矿业收益波动
第二次偏离	内部制度缺失	矿产开发、矿业收益分配、矿业收益使用	矿业收益耗散
第三次偏离	外部市场、内部制度以及矿产开发特殊性综合影响	矿业收益使用	矿业收益转化

（二）矿业收益的分配及影响

多数资源丰裕型国家/区域忽略了矿产开发的特殊性，在收益分配制度方面存在缺失或执行不力，导致诸多问题的产生：资源的可耗竭性与稀缺性难以得到体现，出现资源的快速耗竭；资源开发中的负外部性不能反映到成本中，出现生态环境的破坏；资源租金与税费体系制度缺失，矿业收益进入矿产开发者的超额利润，引起要素向资源部门的过度集中，要素配置失衡；矿业收益集中于少部分个体与集团，出现收入的两极分化等。矿业收益合理分配制度的缺失，既不能说明矿业收益的来源与分配结构，容易引起经济主体对资源租金的追逐与争夺，甚至将矿业收益作为寻租的动力

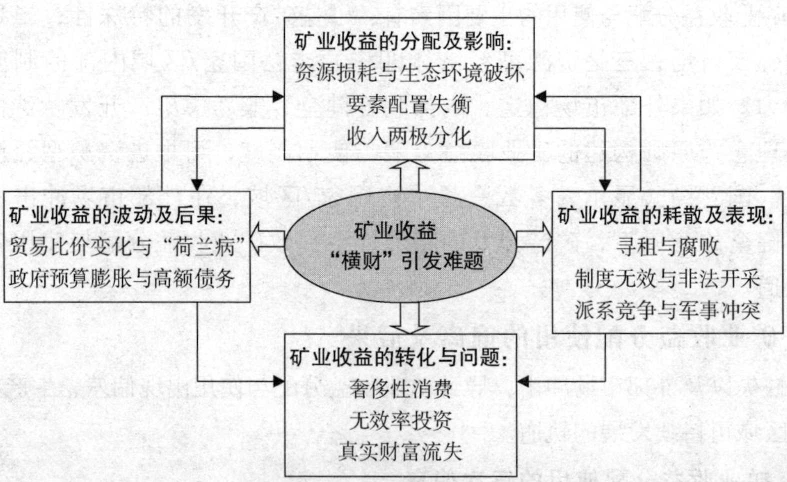

图 2-5 矿业收益引发的难题

和战争的砝码，导致矿业收益的耗散；也不能调整因价格波动带来的收益波动，进而使政府的预算与支出大起大落，破坏经济体系平衡。

（三）矿业收益的波动及后果

矿产品价格波动起伏（volatility），引起矿业收益波动，对经济体系与政府收支产生影响。矿产品价格波动，一方面引起资源部门要素报酬上升，生产要素在部门间流动，部门间贸易比价上升，其结果，以资源产品出口为主的资源密集型国家汇率上升，制造业国际市场竞争力下降，出现“反工业化”；另一方面税收与资源租金上升，政府收入上升，引起政府预算膨胀与高额债务。采取的防范措施，主要是稳定基金制度、政府预算调控与出口多样化政策（见图 2-6）。

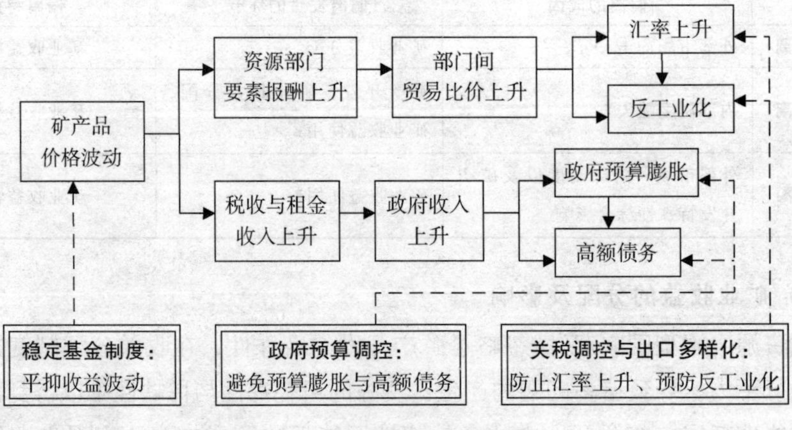

图 2-6 矿业收益波动与防范

1. 贸易比价变化与“荷兰病”

伴随矿产开发，初级部门产品收益的突然增加，对传统的出口部门和竞争性的进口部门产生威胁，导致“反工业化”的出现。这种现象首先发生在 20 世纪 70 年代的荷兰，由于北海天然气的大规模开发，而引起汇率上升与制造业竞争力下降。其后在很多资源丰裕型国家不同程度出现了"荷兰病"现象，如加拿大20世纪70～80年代出现了"荷兰病"现象，俄罗斯经济20世纪90年代以来也显示出"荷兰病"迹象。俄罗斯在高石油价格推动下，出现实际汇率上升，非资源部门出口缩减以及实际工资上升，据测算，石油价格上升10%，导致实际汇率上升4%，GDP上升3%，国内制造业以及服务业生产会下降3%[①]。

2. 政府预算膨胀与高额债务

资源租金与税收推动政府收入上升，政府经常性预算支出增加，居民福利性支出大幅度提升，一些长周期投资项目增加；但矿产品价格的波动，可能带来收益的显著下降；当政府收入下降时，政府无力支付以往的经常性预算支出，投资项目被搁置，居民的福利性支出骤然降低，引起社会不满。政府的经常性支出一旦提升，则很难缩减。汇率上升吸引外资进入，再加上易于获取的资源收益，政府投资项目开始盲目扩大，外债比例上升，风险加大。尼日利亚借助石油开发收益进行大规模举债，而该国由于难以为继的资本项目、地方性腐败与公共部门极低的效率等深陷债务泥潭，截至2003年12月末，尼日利亚以不同币种所负债务高达329亿美元[②]。长年累月积攒的大量外债都成为经济发展的巨大障碍。

（四）矿业收益的耗散及表现

如果缺乏稳固的政权，或者产权制度缺失，则容易产生矿业收益的争夺效应（见图2-7）。矿业收益的非合理分配与转化，为经济主体提供了寻租的空间，成为腐败的根源，导致了矿业收益的耗散；矿业收益的争夺常常成为不同利益群体进行破坏性竞争的缘由，导致制度弱化，甚至派系斗争与军事冲突。透明化管理与反腐败、制度建设以及稳固的政权是治理腐败、防止寻租、推动矿业收益合理转化的主要措施。

1. 寻租与腐败

资源丰裕型经济体中，具有熟练技能的经济主体，从贿赂官员或者游说议员中获取的资源收益，比从事一项具体工作获得的收入要高，其结果，当具有熟练劳动技能的企业主，选择寻租而不是生产性活动时，生产效率下降，原本存在的"蛋糕"变小了，经济体走向衰退。尼日利亚和安哥拉是非洲两个最大的石油生产国，同时也是腐败最为严重的两个国家。据尼日利亚经济和财政刑事委员会主席的估计，自1960年尼日利亚独立以来，公共基金中超过3800亿美元被贪污和浪费[③]。安哥拉在21世纪

---

① B. Algieri. "The Dutch Disease: Evidence from Russia", *Economic Change Restructure*, 2011, 44, 3: 243～277.

② A. J. Onyeukwu. "Resource Curse in Nigeria: Perception and Challenges", *2006-2007 International Policy Fellowship Program*, 2007.

③ 见BBC网站："Nigerian leaders 'stole' $380bn", http://news.bbc.co.uk/2/hi/africa/6069230.stm, 2006年10月20日。

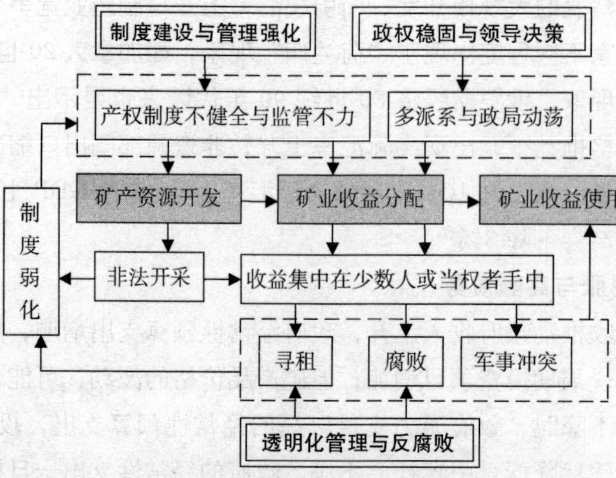

图 2-7 矿业收益耗散与监管

早期，每年石油收益中超过 10 亿美元由于腐败而不知去向①。伊朗多派系的政治体系也为寻租提供了空间②。

2. 制度无效与非法开采

相对弱小的制度及其执行力，极易造成资源的非法开采。撒哈拉以南矿产丰富的非洲国家，面临的重大挑战和主要问题就是非法开采和走私活动。以塞拉利昂的考度区为例，有 45000 个非法开采者，但只有 22500 个合法开采者。非法开采与走私的主要原因有：采矿许可限制，采矿许可引发高额寻租费用；监管无效率，政府监管能力弱化，监管人员和警卫的缺失；价值低估等。

3. 派系竞争与军事冲突

资源开发与派系竞争、军事冲突之间有相互强化的关系。自然资源为战争提供了财政支持，政府使用资源收益提供军队开支；自然资源赋存给予统治精英高收益，使得他们不依赖于财政收入，降低了统治者满足大多数人口利益的激励；收益仅仅在最亲近的利益群体间分配，使寻租活动、腐败和不良的管理方式成为可能。安哥拉经历了 27 年的内战，对国家经济、社会产生了重大影响，导致了高度贫穷。塞拉利昂也经历了 10 多年的内战，战乱期间，钻石非法开采达到顶峰，塞拉利昂政府完全失去了对其东部和南部的监管能力。

（五）矿业收益的转化及问题

面对突如其来的巨额收益，利益集团以及民众往往会形成一种财富的幻觉，认为收入水平提高了，忽视了这只是暂时的提高而不是永久收入的提高，其结果，会造成奢侈性消费和"华而不实"的投资计划即无效率投资。从可持续发展的角度看，一个

① J. McMillan. "Promoting Transparency in Angola", *Journal of Democracy*, 2005, 16, 3: 155～169.
② K. Bjorvatn & K. Selvik. "Destructive Competition: Factionalism and Rent-seeking in Iran", *World Development*, 2008, 36, 11: 2314～2324.

国家的国民收入与经济福利，依赖于其拥有的财富总量，包括生产性资产、自然资本和人力资本。一般认为只要国民财富在一定时期内不减少，则可以实现可持续发展。Hamilton[①] 称其为真实财富。从现实发展来看，许多资源丰裕型的发展中国家，矿业收益更多被用于消费而不是投资，或是无效率投资，制约了资源财富向物质资本、人力资本的转化，引起真实财富的流失。矿业收益的分配方式、收益波动、收益耗散，均会对收益转化产生影响。如果收益分配是有效率的，且是公平的，则有助于矿业收益的转化。矿业收益波动、矿业收益耗散均会制约矿业收益的转化。

收益的增加会引起消费欲望的增强与投资欲望的膨胀，奢侈性消费与无效率投资成为资源丰裕型国家/区域的现象之一。矿产品价格波动、产权制度缺失与制度执行力弱化等，都可能导致收益分配出现两极分化，在矿业收益的使用上出现奢侈性和无效率投资。采取的措施主要有：加强国内公共投资，通过基础设施、社会设施的投入，增强物质资本与人力资本的积累；通过海外投资积累金融资产，加强生产性投资，推进产业多样化，增强物质资本积累。真实财富账户的建立，有助于强化资源收益转化与真实财富积累（见图 2-8）。

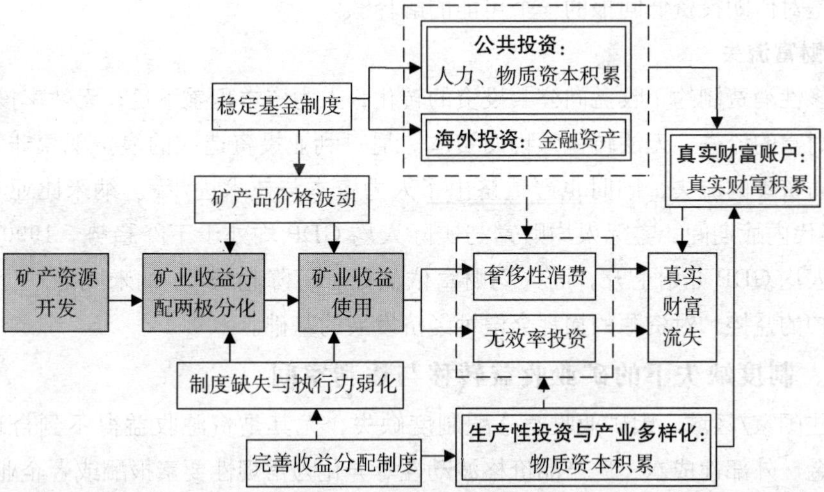

图 2-8 矿业收益转化与调控

1. 奢侈性消费

资源收益的快速增长，引发了资源丰裕型国家/区域的繁华假象，消费快速增长，尤其是奢侈性消费增加。大量资源收益流入非生产领域，意味着投入到实际生产部门、创造就业与出口活动的资源量将大为减少，许多制造业厂商不得不停止运营，最终导致食品等本可以自给自足的多数货物必须依靠大规模进口才能满足日常需求。在这样一种“优越”的自我满足的假象之下，资源丰裕型国家/区域，无论是公共部门

① K. Hamilton. “Greening the National Accounts: Formal Models and Practical Measurement”, in J. Proops and S. Simon, *Greening the Accounts*, Cheltenham UK: Edward Elgar Publishers, 2000.

还是私人部门都深深地陷入到高度无节制的消费行为当中，并进一步导致该国/区域出现以大规模举债的方式试图实现更为快速发展的现象。石油开发导致尼日利亚政府收入上升，政府财政收支对资源依赖性越来越大，石油收入在政府总收入中的比重保持了60%以上的高比例，甚至在很多年份达到80%以上，其结果导致了尼日利亚的自满情绪与无节制的消费[①]。

2. 无效率投资

资源收益上升容易引起形象工程建设，导致投资无效率。对于投资项目、投资周期、投资回报率、投资风险等，往往不能理性对待，投资效率下降。可能投资一些华而不实的、周期长、回报率低的项目，由于周期过长，可能在遭受矿产品价格低迷时而搁浅。这些投资项目多为政府投入。如果是私人投资，考虑到投资回报率和投资风险，则项目的选择会更加慎重一些，投资效率会相对提高。但也有一些私人的投资项目出现无效率状态，关键是资源收益的获取太容易了，对资源租金的使用不够慎重。尼日利亚往往将货币化的石油财富盲目地挥霍在声势浩大的项目或是政府形象工程上，造成20世纪70年代所谓的“石油财富幻觉”。伊朗由寻租引起的资本配置的歪曲，也是对伊朗投资低回报的一个可能的解释[②]。

3. 财富流失

奢侈性消费制约了收益向公共投资的转化，人力资本积累不足；无效率投资，引起资源财富的流失，无法转化为物质资本。尼日利亚投资造成的浪费现象非常严重，造成物质资本的流失，同时也严重挤出了人力资本与技术进步[③]。纳米比亚在20世纪80年代内战期间，实际人均财富与实际人均GDP均处于下降趋势。1990年独立之后，人均GDP开始上升，而人均财富依然处于下降趋势[④]。纳米比亚缺乏对国民财富账户的监控，对资源的损耗会侵蚀经济发展的基础。

三、制度缺失下的矿业收益转移与逐利空间

有些国家/区域，因矿业收益分配制度缺失，尤其是资源收益得不到合理分配，资源租金、外部性成本、矿产品价格波动性等异化为常规性要素报酬或者企业的超额利润，资源部门成为一个吸引要素集中的“高收益”行业。

（一）逐利空间一：要素层面的耗竭性租金

从要素层面来看，如果将资源稀缺性的支付代价称为稀缺性租金，那么为资源的可耗竭性而支付的代价则称为耗竭性租金。稀缺性租金的产生源于资源供给不变，而

---

① J. A. T. Ojo. “Financial Sector Maladaptation，Resource Curse and Nigeria’s Development Dilemma”，*Public Lecture Series*，2007，9：2～79.

② K. Bjorvatn & K. Selvik. “Destructive Competition：Factionalism and Rent-seeking in Iran”，*World Development*，2008，36，11：2314～2324.

③ X. Sala-i-Martin & A. Subramanian. “Addressing the Natural Resource Curse：an Illustration from Nigeria”，IMF Working Paper 3/139，2003.

④ G. M. Lange. “Wealth，Natural Capital，and Sustainable Development：Contrasting Examples from Botswana and Namibia”，*Environmental & Resource Economics*，2004，29，3：257～283.

对资源的需求不断增加，使得资源稀缺性增强，引起资源价格上升，如图 2-9（a）所示。资源供给曲线不发生变化，随着经济社会发展，对资源的需求不断增加，需求曲线从 D_0 移动到 D_1 再移动到 D_2，相应地资源价格从 0 到 R_{s1} 再到 R_{s2}。耗竭性租金的产生源于资源的损耗，即资源供给本身的变化，如图 2-9（b）所示。假定经济社会对资源的需求不变，在现有技术水平下，未开发新的矿产资源，则伴随矿产资源的开采，资源的供给数量将从 S_0 减少到 S_1 再减少到 S_2，引起资源价格从 0 上升到 R_{e1} 再上升到 R_{e2}，由于资源耗竭性增强，供给量减少导致资源价格上升，称为耗竭性租金。如果仅考虑矿产开发中本体矿产资源，不考虑伴生、共生矿产资源，也不考虑矿产开发过程中对土地的占用，则资源租金包括稀缺性租金、耗竭性租金两项内容。

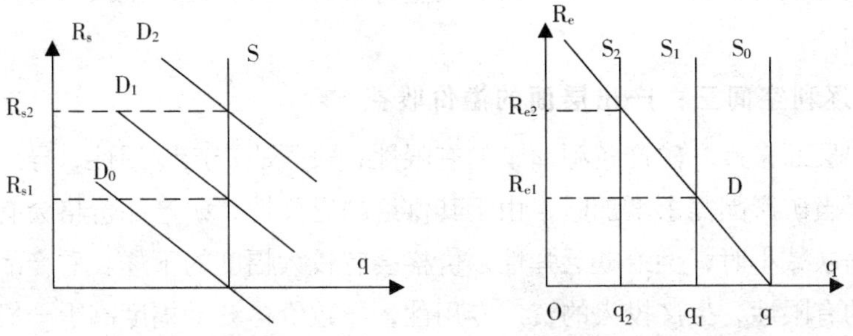

（a）稀缺性租金　　（b）耗竭性租金

图 2-9　矿产资源的稀缺性、耗竭性租金

除稀缺性之外，可耗竭性是矿产资源的基本特征。不同于资本、劳动力、土地等生产要素，在使用的同时，资源全部转化为矿产品，资源产权随之灭失，这部分代价尚未得到合理的回报，异化为矿业的额外利润空间。本应该属于资源所有权人、当地居民以及后代居民的收益，异化为经济主体之间争夺的额外利润，并通过寻租以及区外的高额消费等方式而消散，造成当地资源财富的流失。

（二）逐利空间二：生产层面的外部性成本

从生产层面来看，矿产开发中的负外部性、资产专用性、风险性决定了矿产开发中不仅要考虑生产成本，还必须加入用于补偿负外部性的生态环境成本、用于补偿资产专用性及其沉没成本的转型成本、用于防范生产风险性而形成的安全成本，统称为矿产开发中的生态环境成本。矿产开发中不可避免地带来环境污染、生态破坏以及区域可持续发展能力下降，严重影响当地居民的生活与生产发展，造成典型的负外部性，对负外部性的补偿形成生态环境成本。矿产开发中由于资产专用性强、投资数额大，一旦投入，即造成巨大的沉没成本。由于沉没成本的存在，无论在自由放任的市场还是在有规制的市场，都可能导致严重或持久的资源配置扭曲，包括投资不足、投资过度或产业刚性等。城市或区域发展必然或迟或早地面临产业转型，届时必须要补偿一部分沉没成本，这部分补偿称为转型成本。不同于其他商品，矿产开发过程中生产安全问题是值得重视的，为矿工生产安全付出的代价称为安全成本。

从资源型经济体的发展实践来看，多数情况下生产的负外部性不能完全得到补偿，且由于监管不到位，已有的部分政策在执行中存在诸多漏洞。首先是生态环境补偿机制的缺失。其次是产品的非竞争性与资源部门的规制与监管缺失。矿产品不同于制造业产品，制造业产品通过更新换代、质量提升、产品差别化、产品服务等技术进步与服务提升，来增强产品产业竞争力，获取更多的市场份额与利润空间。矿产品是无差异的，如煤炭，无论是采用现代化综采方式还是原始的炮采方式，生产出来的煤炭是无差异的，影响的可能是资源的回采率、生态环境的损害情况与安全生产情况，并不会影响产品的竞争力。在资源国家所有的背景下，对资源的集约节约利用与生态环境的保护，是一种社会责任，更多地需要在政府规制、监管与引导下才可能实现。非产业规制与政府监管下，技术创新、安全等带有社会责任的投入将可能转化为企业的逐利空间。

（三）逐利空间三：产出层面的溢价收益

从产出层面来看，矿产资源储量的有限性、较强的资产专用性，导致矿产品供给缺乏弹性。当矿产品需求增加时，由于其供给缺乏弹性，矿产品价格会有较大幅度的上升；当需求减小时，供给缺乏弹性，价格会有较大幅度的下降。矿产品价格由于其资源储量的有限性，生产投入的资产专用性，导致价格波动幅度高于一般产品，其价格变动的敏感性增加、波动性加剧。如图 2-10 所示，S 表示矿产品的供给曲线，S'表示制造业部门产品的供给曲线。与矿产品相比，制造业部门产品供给富有弹性。D_1表示初始状态的需求曲线，D_2表示外部因素作用后的需求曲线。图 2-10（a）中，当需求增加时，制造业部门产品价格从 P_1上升到 P'_2，而矿产品价格上升到 P_2，上升幅度远远大于 P'_2。图 2-10（b）中，当市场需求下降时，制造业部门产品价格从 P_1下降为 P'_2，而矿产品价格下降到 P_2，下降幅度远远大于 P'_2。

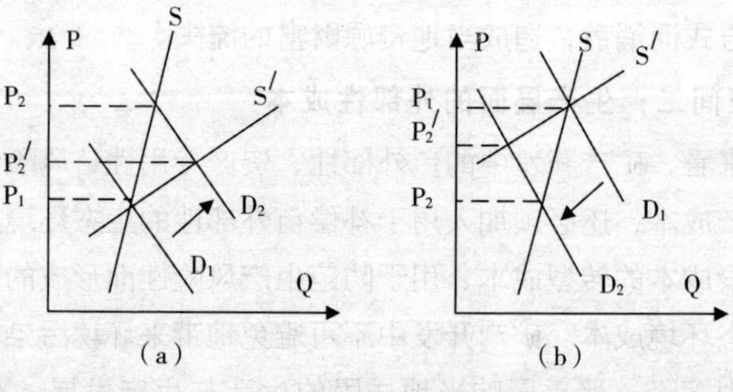

图 2-10　矿产品供给弹性、价格波动幅度与制造业产品的比较

低供给弹性引起矿产品价格波动幅度高于制造业产品价格变化幅度。不仅如此，在矿产品价格的变化中，对矿产品价格的预期会进一步加剧价格波动幅度。矿产品价格上升时，开采者预期市场需求会进一步上升，对当前的供给量有适当缩减，加剧价格上升，其上升的速度之快与幅度之大，往往与实际需求之间并未有绝对的相关性。当价格下跌时，人们对市场需求比较悲观，则价格下降速度与幅度也很大。对矿产品价格预期的存在导致矿产品价格变化成为一个内生变量，具体构成包括两部分：一部分取决于市场供给、需求的变化，另一部分取决于预期或者说是价格本身的变化。如果价格上升则预期的作用会通过供给的变化导致价格进一步上升，如果价格下降则预期的作用会通过供给的变化导致价格进一步下降。对矿产品价格变化的预期，加剧了价格变化幅度，放大了价格的波动性。对于一般产品而言，需求、供给变化，引起均衡价格变化，通过供、求数量调整，进而达到新的均衡状态。价格变化反映的是供求之间的关系，价格变化幅度是有限的。对于矿产品而言，需求、供给变化之后，变化是双重的，不仅调整了价格，而且由于价格预期变化会进一步加剧价格的调整幅度。

矿产品价格趋高，生产成本并未发生太大的变化，利润空间迅速提升，吸引更多的资本集中。为了获取更多超额利润，企业主提升矿工工资，引起劳动力向资源部门的流动和集中，引起资源部门的繁荣。矿产品价格下跌，由于资源部门资产专用性强，以及劳动力专业技能的缺乏，很难向其他部门回流，停留在资源部门，强化资源部门的发展。相关调控措施的缺失，不仅造成资源部门的强化发展，而且造成大量收益的流失。为了稳定矿产行业的供求均衡，调控价格波动对矿产行业、区域发展的影响，许多资源型国家/区域采取征收超额利润税、设立平准基金等，对矿产品价格波动进行调节。

逐利空间吸引经济主体，产生生产性“寻利”、外部性“逃逸”和非生产性“寻租”。

第三节　企业主体选择与要素配置失效

矿业收益分配、使用与监管制度缺失，导致矿业收益异化为经济主体的利益空间，在短期经济利益最大化原则支配下，经济主体会产生三类行为：一是生产性“寻利”，表现为要素向较高收益的资源部门流动和集中，引起要素在部门间配置结构的调整；二是外部性“逃逸”，经济主体追求经济利益最大化，损害了公共利益以及生态环境；三是非生产性“寻租”，经济主体采取行贿、游说、获取信息等非生产性活动，追逐资源租金和收益。

一、假设前提与经济主体利益选择

从已有文献来看，“资源诅咒”的成因，经济方面的解释主要为“荷兰病”模型、产业关联理论等，社会方面主要从寻租、腐败角度分析，生态环境方面侧重于经济补偿。其中前两个方面多以国家为研究对象，后者既有国家层面也有区域层面。本研究认为，“资源诅咒”的多种表现并不是孤立的，而是具有密切关联性的。矿业收益分配制度的缺失，误导了经济主体的行为选择，引起资源配置效率下降以及社会福利水平损失。

（一）假设条件

要素配置效率分析的模型主要是经典的“荷兰病”模型，是基于荷兰的背景提出的：工业化国家，不存在剩余劳动力；劳动力是同质的，不存在劳动生产率的差别；小型开放国家，外贸出口占有较大比重，实际汇率决定产业国际市场竞争力。而对于还处于工业化初期或中期的资源型区域，则有所不同，其作用机制会发生变化。

与“荷兰病”经典模型相同的假设是：一是三部门假设，即资源部门、制造业部门与服务业部门，其中前两者是可贸易部门，后者属于不可贸易部门，但消费者可以异地消费服务产品；二是矿产品价格由国际市场决定，资源型经济体，只是既定价格的接受者，矿产品价格波动性强，新发现或者新开发资源都可能引起资源部门的繁荣。

不同于“荷兰病”经典模型的假设条件，主要有以下六个方面。

一是研究对象是资源型经济体，矿产品输出可能是国家之间，也可能是区域之间，用部门间要素比价取代实际汇率①，以分析要素在部门间流动引起的价格变化。

二是服务业部门可贸易，存在服务外包和异地消费。服务业产品的消费允许在资源型经济体之外，即劳务产品“可移动”。资源开发区域往往偏远且不发达，矿产开发中的企业主，除在本地的基本消费外，主要在区域以外相对发达的城市进行消费，其消费以区外为主。矿工中属于本地的劳动者相对较少，外地劳动者居多，其工资收入通过邮寄也是以区域以外消费为主。生产性服务业，也可以采取外包形式，由区域以外生产。

三是劳动力存在质的差别，有熟练劳动力、非熟练劳动力之别，其劳动生产率水平存在显著差异，尤其是制造业部门。“荷兰病”经典模型遵循新古典经济学假定，劳动力没有差别。事实上劳动力的生产率水平是有差异的，尤其是对劳动技能、技术水平有较高要求的制造业部门。在此假定各部门存在两类劳动力，即熟练劳动力和非熟练劳动力，前者包括企业家、专业技术人员等，属于经济学中的人力资本；后者是企业的普通劳动力。部门内部，熟练劳动力与非熟练劳动力生产率水平不同，工资也是不同的，有高工资、低工资之别；部门平均工资等于平均劳动生产率水平，取决于有技能的熟练劳动力的比重。

四是因产业差异，部门间要素非自由流动。暂假定熟练劳动力可自由流动，非熟练劳动力不可自由流动。如资源部门和制造业部门之间，管理人员、技术人员如财务、工程师等可以在部门间相互流动。由于资源部门作业环境的高危险性，制造业部门劳动力不会选择资源部门的一线工作；而制造业部门的劳动力需要专门技能，资源部门的劳动力缺乏专门技能，难以向制造业部门流动。

五是资源部门不具有技术溢出效应，制造业部门具有“干中学”特征。资源部门往往生产相同产品，具有工艺上创新的可能空间，但节约资源、保护环境、提高安全，属于社会利益而非企业自身利益。制造业领域存在工艺上、产品上创新的可能性

① 在“荷兰病”经典模型中，实际汇率（The real exchange rate）等于部门间要素比价，即等于制造业和服务业的相对价格，也就是 P_M/P_S，在服务业部门完全竞争条件下，$P_S=w$，劳动力的边际生产力等于实际工资率，则实际交易率等于 P_M/w。本研究对象为资源型经济体，单纯考虑部门间要素比价，不涉及汇率变化。

空间。

六是资源部门因其战略属性，往往属于政府管制企业，对产量进行管制。

（二）经济主体利益选择

经济主体利益选择如表 2-2 所示，大致分为三大类：生产性“寻利”、外部性“逃逸”以及非生产性“寻租”。经济主体利益选择的动力来自四个方面。(1) 从资源部门内部看，矿产资源无价或低价使用，引起资源部门内部经济主体以资源替代资本，形成粗放型开发方式，导致部门内要素配置效率下降。(2) 从经济部门之间看，矿产品价格波动，引起矿业收益上升，无论是从要素收入还是厂商收益来看，均会引起要素向资源部门的异常流动和过度集中，导致部门间要素配置失效。(3) 矿产开发中的外部性，在追求最大利益的条件下，企业追求自身利益最大化，社会生产效率损失。(4) 矿业收益分配制度缺失，矿业整体上存在经济租金。为获得或维护经济租金，经济主体会花费代价来保证个人短期利益最大化，将要素配置在非生产性活动中，直接造成社会福利损失。这几方面带来资源型经济难题：资源过度损耗、制造业竞争力下降与反工业化、生态环境破坏、消费者效用水平降低等。

表 2-2　资源型经济主体利益选择特征

矿业收益	经济主体行为	生产效率	具体表现	属性
矿产品价格变动	资源与非资源部门间“寻利”：创新性要素低效配置	部门之间要素配置失效	制造业竞争力下降“反工业化”	生产性“寻利”
矿产资源无价或低价	资源部门内“寻利”：资源替代资本	资源部门内部要素配置失效	资源过度损耗	
矿产开发中的外部性	矿产开发中社会责任“逃逸”	个人利益最大社会效率损失	生态环境破坏	外部性“逃逸”
资源部门经济租金	寻求或维护经济租金	社会福利损失	消费者效用水平降低	非生产性“寻租”

二、生产性“寻利”与经济效率损失

为了获取最大的收益和超额利润，消费者选择向高收益部门流动，生产者按照利润最大化原则配置生产要素。其结果，因矿业收益分配与管理制度缺失，矿产品价格波动缺乏相关约束，额外的收益引起要素配置失效。资源型区域的“荷兰病”模型，主要由两种效应构成：一是人力资本流动效应；二是产业转型政策效应，造成静态和动态效率损失。

（一）人力资本流动效应

假设资源型经济使用熟练劳动力（H）和非熟练劳动力（L），生产资源类产品（R）和制造业产品（M），如图 2-11 所示，初始均衡状态在 E_1 点。世界资源类产品价格上升，引起资源部门熟练劳动力和非熟练劳动力报酬上升，熟练劳动力从制造业部门和服务业部门向资源部门转移，非熟练劳动力转移受限①，均衡状态被打破，经济状态从点 E_1 转移到点 F。

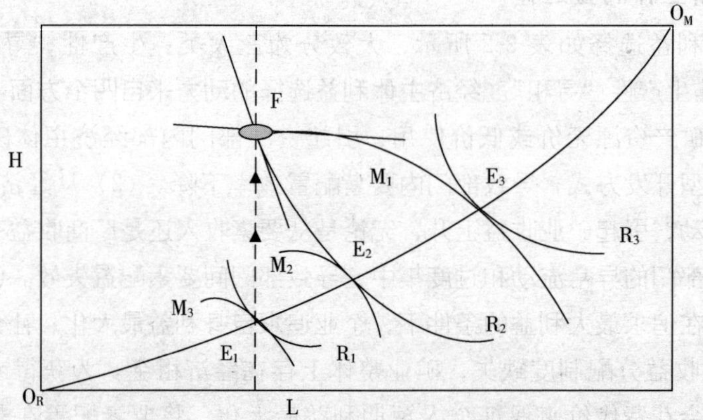

图 2-11 人力资本流动效应的埃奇沃思盒式图

1. 静态效率损失

初始均衡点存在资源部门的边际技术替代率等于制造业部门的边际技术替代率，即：

$$RTS_{LH}^{R}=\frac{MP_L^R}{MP_H^R}=\frac{MP_L^M}{MP_H^M}=RTS_{LH}^{M} \tag{2-16}$$

资源部门产品价格上升，引起熟练劳动力和非熟练劳动力报酬提高，吸引要素流动。熟练劳动力受到行业的约束小，适应能力强。非熟练劳动力一方面因为资源部门的风险性较大，另一方面资源部门的进入限制，多用外地劳动力，很少用本地劳动力，非熟练劳动力想进入资源部门并不容易。故此，熟练劳动力两部门间达到均衡，但非熟练劳动力的工资差距仍然存在。要素配置从初始的点 E_1 到达点 F，存在：

$$\frac{MP_L^R}{MP_H^R}>\frac{MP_L^M}{MP_H^M} \tag{2-17}$$

用生产可能性曲线表示，如图 2-12 所示。其产量并未达到最优，熟练劳动力从制造业部门的流出，导致要素配置的静态效率损失，以及制造业规模的缩小。

2. 动态效率损失

制造业部门人力资本与技术的流失，降低了制造业的平均生产率与边际生产力，平均工资下降。工资下降，引起制造业部门人力资本与技术的进一步流失，再次降低制造业的平均生产率与边际生产力，工资水平再次下降，熟练劳动力进一步流出。熟

① 因安全问题，多雇用外地劳动力，即使规模扩大，也是从外地招聘，而很少使用本地劳动力，在此假定非熟练劳动力数量不变化。

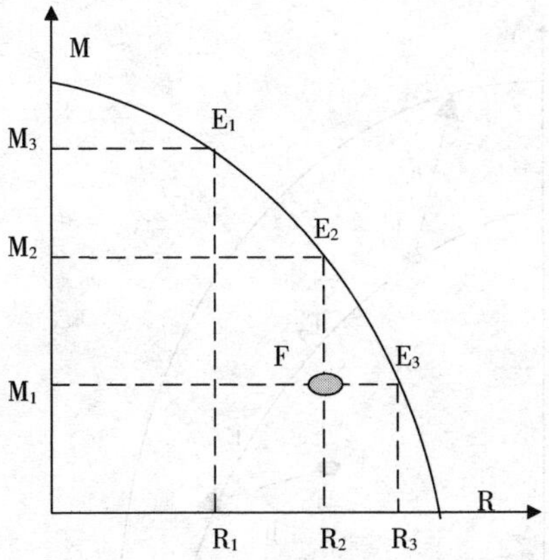

图 2-12　人力资本流动效应下的生产可能性曲线

练劳动力的流动不仅带来静态效率损失，而且引起制造业部门平均生产率的下降，以及平均报酬的下降。其平均生产率取决于制造业部门熟练劳动力与非熟练劳动力的比率：

$$AP^M = \frac{L^M}{L^M + H^M} AP_L^M + \frac{H^M}{L^M + H^M} AP_H^M \tag{2-18}$$

因为熟练劳动力减少，平均生产率水平下降，平均工资水平下降。

按照松山模型①对技术进步的假设：

$$\dot{A} = \delta M_t \tag{2-19}$$

技术进步取决于其制造业规模的增长。因制造业规模下降，技术进步率下降，导致动态效率损失。如图 2-13 所示，E_1 点代表制造业为主的区域，因制造业规模大，技术进步快，熟练劳动力快速积累，推动生产可能性曲线扩张，产业与技术沿着 a 路径演进，技术进步一方面促进制造业规模扩张，另一方面提高资源利用率与替代率，资源部门规模进一步缩小。F 点代表资源型经济体产业特征，资源部门占有较大比重而制造业部门规模相对较小，按照松山模型对技术进步的假定，资源型经济的技术进步相对缓慢，熟练劳动力流失，导致经济更多依赖对技术和人才要求不高的资源开发，制造业部门进一步萎缩，生产可能性曲线扩张速度缓慢，产业与技术沿 b 路径演进，形成动态效率损失。

3. 服务业部门的低效率

服务业部门的变化类似于制造业。资源部门产品价格上升，劳动力报酬增加。服务业部门熟练劳动力流失，其平均生产率水平下降。服务业部门生产率下降，引起平均工资水平下降。结果，服务业部门的工资水平，不仅低于资源部门，而且低于其他区域服务业部门的工资水平。服务业部门的人力资本、物质资本进一步流失，可能流

① K. Matsuyama. "Agricultural Productivity, Comparative Advantage and Economic Growth", *Journal of Economic Theory*, 1992, 58, 2: 317～334.

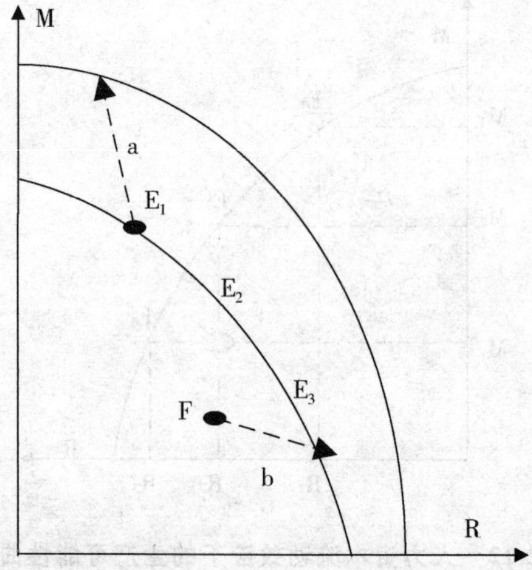

图 2-13　区域产业演进路径

向区内的资源部门，也可能向区外的服务业部门流动。服务业规模缩减，反过来成为制造业发展的约束条件。从服务行业看，现代服务业发展相对缺乏，传统服务业发展规模较大，服务业整体发展滞后。

一般而言，低收入者边际消费倾向高，但消费所占的比例偏小；高收入者边际消费低，但消费的绝对量大。服务业部门发展不足，整体上难以满足高收入者的消费档次。高收入者基本上以区外消费为主，降低了对本地服务业发展的需求，间接抑制了服务业发展规模。

制造业发展，与服务业尤其是生产性服务业发展规模和档次相辅相成。资源型经济体服务业规模小、生产效率低、生产性服务业缺乏，难以满足制造业的发展需求，尽管可以通过服务外包来实现，但这样做降低了对区内服务的需求，也提高了区内制造业发展的成本。服务业发展不足，成为制造业发展的约束。

（二）产业转型政策效应

前一部分得到两个结论：制造业规模下降；资源部门的平均生产率水平高于制造业部门，其平均工资高于制造业部门。要素在部门间和区域间的流动，强化了资源部门的发展，挤出了制造业部门。鉴于人力资本的转移，制造业规模的下降，对资源部门的过度依赖趋势，政府实施产业转型政策，对产业单一的现象进行管制。因为物质资本与人力资本多集中在资源部门，政府通过资源部门产量的管制和激励，引导资源型企业向非资源型产品、产业拓展。政府转型政策的目标是产业多元化，降低经济体系对资源部门的过度依赖。政策原则是奖励产业多元化效果较好的企业，约束产业单一的企业。政策工具是采用资源产量限定，依据的是企业非资源型产品总产值占企业总产值比重，这一比例越高，则得到的资源产量限额越高。

资源型企业，依靠资源开发获得较高超额利润，但因为产量规模限制，获取的超额利润有限。追求超额利润最大化的资源型企业，尝试开发非资源型产品，多数选择资源加工业。资源加工业，需要技术、规模以及市场占有率。资源型企业的发展重心多在资源产业，资源加工业产品的生产目的，主要是为了得到资源产量限额以获得较高的超额利润，非资源型产品是否能够获利并不那么重要。结果是，资源型企业开发的非资源型产品，如资源加工业产品，往往是难以获利的。一方面受制于技术、人才和管理的局限；另一方面，其生产成本偏高。这是因为，资源型企业内部，无论是从事资源产品的生产、管理还是非资源型产品的生产、管理，其工资水平应该是相同的，因资源部门的高工资水平，提高了资源型企业所生产的非资源型产品的生产成本。

以资源型企业为依托的产业转型政策，带来的结果是，从产量、产出的比例看，产业多元化绩效良好，但因为资源加工产品往往是低效率的，缺乏市场竞争力，因此多是亏损生产，于是以资源部门的超额收益维持资源加工部门的生产。这样的产业多元化难以持久，一旦资源产品价格下跌，资源开发的超额利润为负，则资源加工产品生产也必然崩溃。

假设一个资源型企业的利润函数为：

$$\pi=(P^R-AC^R)\cdot Q^R(1+\gamma)+(P^{RM}-AC^{RM})\cdot Q^{RM} \tag{2-20}$$

其中，右上标 R 代表资源型企业生产的资源产品，如 P^R、AC^R 分别代表资源产品的价格、平均成本；右上标 RM 代表资源型企业生产的资源加工产品，如 P^{RM}、AC^{RM} 分别代表资源加工产品的价格、平均成本。γQ^R 为政府对资源型企业产业转型的奖励，奖励依据为产业多元化程度 α，即：

$$\alpha=\frac{Q^{RM}}{Q^R+Q^{RM}} \tag{2-21}$$

则有：

$$Q^R=\frac{1-\alpha}{\alpha}Q^{RM} \tag{2-22}$$

资源型企业对资源加工产业产品的最优选择，是关于利润函数确定最佳产量，即对 Q^{RM} 求一阶导数：

$$\max\pi=(P^R-AC^R)\cdot\frac{1-\alpha}{\alpha}(1+\gamma)Q^{RM}+(P^{RM}-AC^{RM})\cdot Q^{RM} \tag{2-23}$$

则有：

$$(P^R-AC^R)\cdot\frac{1-\alpha}{\alpha}(1+\gamma)+(P^{RM}-AC^{RM})=0 \tag{2-24}$$

$$-\frac{P^{RM}-AC^{RM}}{P^R-AC^R}=(1-\frac{1}{\alpha})(1+\gamma) \tag{2-25}$$

假设资源部门的超额利润正好能抵偿资源加工业产品的利润，即：

$$(P^R-AC^R)+(P^{RM}-AC^{RM})=0 \tag{2-26}$$

则有：

$$\gamma=\frac{2\alpha-1}{1-\alpha}\text{或}\alpha=\frac{1}{1+\frac{1}{1+\gamma}} \tag{2-27}$$

α和γ呈同方向变化，即企业非资源型产品产值增加，政府会加大对企业的“奖励”力度；政府“奖励”力度加大，会激励企业推进产业多元化。

但事实是，资源加工业是亏损经营或者正常利润率的微利经营，企业效率低，完全依靠资源开发生产来“养活”资源加工业，其自身并不具有市场竞争能力和盈利能力，一旦资源部门价格下跌，即：

$$\pi^R = P^R - AC^R \le 0 \tag{2-28}$$

制造业也难以存活。

产业转型政策的结果是：资源加工业低效配置，缺乏市场竞争力，制造业规模可能会有所增加，但市场效率低，其弱质性突出；资源部门获得的高额收益主要用于分担资源加工产品的生产和发展。也正因为如此，消费支出效应基本不存在，一部分消耗在低效生产，另一部分消费发生在区外，因而整体上对于本地市场没有太大作用，也不会引起服务业部门需求上升与交易率上升。

（三）与经典“荷兰病”模型的比较

如果将本研究模型称为区域模型①，则与经典“荷兰病”模型相比，二者均存在制造业竞争力下降与“反工业化”等对资源部门的依赖、产业单一现象，但其在作用机制、关键变量上等存在较大差异，具体如表 2-3 所示。

表 2-3 “荷兰病”经典模型与区域模型的比较

		经典模型	区域模型
相同点	假设	能源、制造业与服务业，能源、制造业部门产品可贸易	资源、制造业与服务业，资源、制造业部门产品可贸易
	起因	矿产品价格上升或新发现资源	矿产品价格上升或新开发资源
	特征	制造业国际竞争力下降引起“反工业化”	制造业区域竞争力下降引起“反工业化”
不同点	假设	劳动力同质；要素在部门间自由流动；服务业部门产品不可贸易	劳动力有熟练、非熟练之别；熟练劳动力流动无障碍，非熟练劳动力在资源部门和制造业部门之间不流动；服务业部门产品可贸易
	运行机制	要素流动效应、消费支出效应	人力资本流动效应、产业转型政策效应
	特征	实际汇率上升导致制造业竞争力下降	部门间要素比价变化影响较弱或者无影响；人力资本流出、要素低效配置、产业弱竞争力、产业配套能力缺乏引起制造业竞争力下降；要素结构逆向演进，有初级化趋势
	政策	建立稳定基金、调控实际汇率、经济多样化	建立稳定基金；调控资源部门与制造业部门要素报酬，提升要素配置效率；强化人力资本与创新投入，优化要素配置结构及其演进；强化具有市场竞争力的企业与企业家培养；激励生产性服务业发展

①资源丰裕国家或是资源型区域，均将其看作资源型经济体，因弱化了国家层面特征，故称为区域模型。

两模型共同点，均基于三部门假设，要素流动的起因是相同的，制造业竞争力下降是其显著特征，最终导致“反工业化”现象。不同点首先是假设条件不同，即劳动力不同质，有熟练、非熟练之别；熟练劳动力流动无障碍，非熟练劳动力在资源部门和制造业部门之间不流动；服务业部门产品可贸易。从运行机制看，经典模型主要遵从要素流动效应和消费支出效应，区域模型强调人力资本与技术流失效应、消费溢出效应。运行机制的共同特征是制造业竞争力下降，导致“反工业化”现象产生。不同特征是竞争力下降的原因不同：经典模型认为是部门间要素价格比或实际汇率上升导致。区域模型认为是人力资本流失导致的创新不足、要素的逆向演进，制约了制造业的长期增长能力；资源部门对生产性服务业等存在挤出效应；政府主导下的产业多样化，导致制造业发展缺乏市场竞争力。政策建议也有较大差异。经典模型强调建立稳定基金以缓冲价格波动，调控实际汇率以保证制造业的国际竞争力。区域模型的治理措施，关键在于通过建立稳定基金，调控资源部门与非资源部门之间的要素报酬，将其控制在与非资源型区域大致相等的水平，提升要素配置效率。强化人力资本与创新投入，优化要素配置结构及其演进；大力培养具有市场竞争力的企业与企业家；促进生产性服务业发展。

区域“荷兰病”效应的作用机制如图 2-14 所示。根据假设条件，矿产品价格升高，资源部门各类要素的相对报酬高于制造业，制造业、服务业的生产要素向资源部门流动。按照劳动力流动理论，流出的往往是具有专业技能、高学位、高学历的劳动者，即人力资本，且因为产业差异，其流动并不是完全无障碍。人力资本的大量流出，引起生产效率下降，行业平均工资水平下降，造成人力资本的再次流失。其结果导致制造业效率与盈利能力下降，产业竞争力下降。资源部门发展壮大，制造业部门、服务业部门被挤出。资源部门的扩张，与制造业、服务业的萎缩，造成对资源部门的过度依赖，增加了经济风险性。为此，政府通过产业管制推动资源型企业的多元化发展，重点支持资源加工业或者其他非资源型产业，促进产业多元化。因为资源型

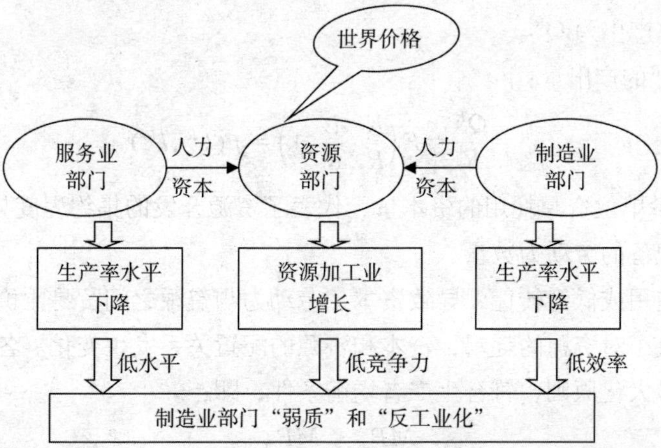

图 2-14　区域“荷兰病”效应

企业发展非资源型产品的技术、管理和成本局限，非资源型产品缺乏市场竞争力。企业发展非资源型产品的动力在于得到资源产量限额，以资源开发获得的超额利润，来补偿非资源型产品生产的亏损，结果造成从产值上看，产业多元化取得较好成效，但资源加工业效率效益非常低，一旦资源产品价格下跌，以资源产业支撑的多样化生产就会瘫痪。人力资本流出造成制造业部门的低效率，产业单一的管制政策造成部分制造业产品缺乏市场竞争力，生产性服务业薄弱造成产业配套能力不足，强化了制造业的弱质性。

与资源部门产品的单一性和弱关联性特点不同，制造业部门之间关联性强，同行业产品种类、产业配套能力影响其产业竞争力。制造业竞争力降低，产业规模小、产品门类少、产业链条短、配套能力差，专业化程度不高，产业之间的分工协作能力差，这些方面增加了制造业发展的成本，进一步降低了制造业的竞争力。资源部门的强化发展，不仅从数量上挤出制造业，而且从质量上（效率效益上）降低了制造业竞争力，制约了制造业的发展。人力资本流出、服务配套能力差、市场需求不足以及制造业内部的产业配套能力弱，导致制造业竞争能力下降，对资源部门的依赖性持续增加，资源型区域出现“反工业化”现象。

三、生产性“寻利”、外部性“逃逸”与生态效率损失

资源价格未能充分体现其价值，导致资源的快速耗竭。矿产开发中的负外部性，造成社会生产效率损失和负面影响并转嫁给社会承担。资源快速损耗和生态环境破坏，恶化了区域生产和生活环境，降低了资源财富的流失和消费者效用水平的下降。

（一）资源部门要素配置失效

假设资源部门是完全竞争部门，厂商使用三类生产要素，矿产资源（R）、资本（K）与劳动力（L），其中资本和资源、资本和劳动力之间存在替代关系，劳动力和资源之间的替代取决于资本投入。资源开采方式主要取决于资本投入，资本投入决定技术水平，技术水平一定情况下决定劳动力的使用数量。其生产函数为一次齐次函数，资源部门总产出为 Q^R。

单位资源 q^R 的产出量：

$$q^R=\frac{Q^R}{R}=F\left(\frac{K}{R},\frac{L}{R},1\right)=f(k^R,l^R) \tag{2-29}$$

其中 k^R 表示单位资源耗用的资本量，代表了资源开发的集约程度与技术水平；l^R 表示单位资源配备的劳动力数量。

资源无偿使用或低价转让，导致资本、劳动力与资源之间贸易比价失调，用资源替代资本，加快了对资源的耗竭，资本和资源的配置关系发生变化。各类生产要素的配置遵循利润最大化原则，符合生产者均衡条件，即：

$$\frac{MP_K}{r}=\frac{MP_R}{r'_{idea}} \tag{2-30}$$

其中，MP_K、MP_R 分别代表资源部门资本、资源的边际生产力，r、r' 分别代

表资本、资源的价格。从理论上讲，资源应该有一个理想的价格，现实当中因为相关制度的缺乏，资源无价或低价，导致资源价格低于理想价格（r'_{idea}），即存在：

$$r' < r'_{idea} \tag{2-31}$$

则有：

$$\frac{MP_K}{r} = \frac{MP_R}{r'_{idea}} < \frac{MP_R}{r'} \tag{2-32}$$

厂商为获取最大超额利润，必然增加对资源的使用数量，减少资本的使用数量，用资源替代资本，粗放的开发方式加速了资源的耗损。

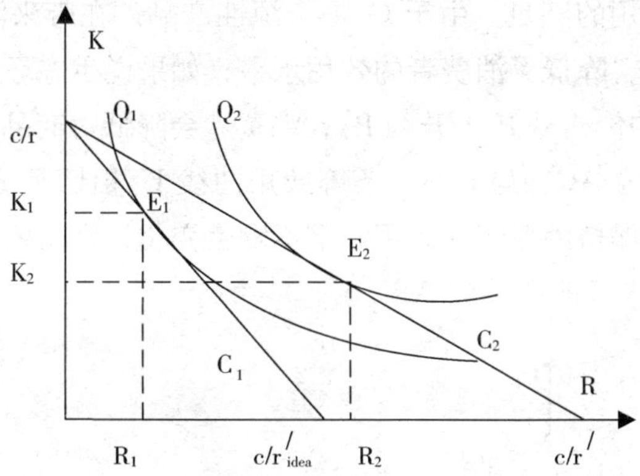

图 2-15　资源部门要素配置

如图 2-15 所示，横轴表示资源的使用数量，纵轴表示资本的使用数量，C_1、C_2 分别表示资源理想价格、资源低价时的等成本线，Q_1、Q_2 分别表示两条等产量曲线，E_1、E_2 分别为两个生产者均衡点。理想状态下，资源价格相对比较高，厂商选择最优的要素配置 K_1、R_1 生产最优的产量 Q_1，资源消耗量少，资源部门的产量相对较低。现实中，资源价格相对较低，厂商选择最优的要素配置 K_2、R_2 生产最优的产量 Q_2，对资源的消耗量显著增加，资本投入减少，资源开发方式粗放，资源浪费和损耗现象严重，资源部门的产量相对较高。

（二）生态效率损失与社会福利下降

矿产开发过程中，不可避免地对土地资源、水资源、植被资源、大气环境造成不同程度的损害。矿山企业生产过程中，更多地考虑资源开发耗损的生产成本，较少考虑生态环境破坏。Pigou① 提出了外部性理论的解释构架，主张通过政府参与下的税收政策来解决环境污染。他的主要观点是：在边际私人成本与边际社会成本相背离的情况下，依靠自由竞争的市场机制不可能实现资源的最优配置，必须借助于政府力量来纠正，即对外部效应进行征税（或补贴），将外部效应内部化，使得边际私人成本与税收（或补贴）之和等于边际社会成本，实现资源的最优配置。一般而言，可以采

---

① A. C. Pigou. *The Economics of Welfare*，London：Macmillan，1920.

用征税的办法将外部成本内部化。征收数额应以其经济活动带来的社会福利损失量为标准，对受损的社会成员进行补偿，使带来外部不经济的个体的私人成本等于社会成本。

矿产开发中的生态环境破坏，误导了生产中的要素配置，降低了社会生产效率；同时对当地居民的生活也产生了负面影响，直接降低了居民的效用水平。对居民效用水平的影响可以通过替代效应和经济补偿来解释。如图 2-16 所示，用 Q_1 代表非资源性产品、Q_2 代表资源性产品，如果不考虑生态环境破坏，则在现有的价格体系 P_1、P_2 与收入水平 Y_1 下，消费者预算约束线 AB 与较高效用曲线 U_1 的切点处 E_1 达到消费者均衡，获得最大效用的满足。由于 Q_2 是资源性产品，在带来满足程度的同时，也带来生态环境的破坏，降低了消费者的效用水平，如果说生态环境的破坏可以用价格来描述，类似于 Q_2 的价格从 P_2 上升为 P'_2，消费者会降低对商品 2 的评价和消费，预算约束线从 AB 旋转为 AC，与另外一条等效用曲线 U_2 相切于 E_2 点，消费者效用水平显著降低。如果要保持消费者的效用水平不发生变化，则需要增加消费者的收入水平，使得预算约束线从 DF 平移到 AB。

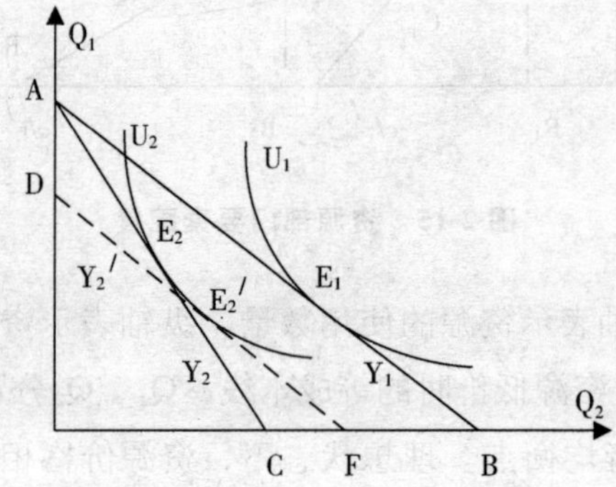

图 2-16　生态环境破坏、产品替代与经济补偿

可见，矿产开发中的生态环境破坏，一方面在生产中要征收外部性成本，保证最佳的社会生产配置效率；另一方面，要对当地受损的消费者进行经济补偿，以收入的提升来保持消费者的效用水平。

四、非生产性“寻租”与经济社会效率损失

矿业收益引起国内利益相关者包括政治家、不同集团、开采者、资源所有者以及当代居民之间的利益之争。为了保护当权者的矿业收益，可能引起利益之争。为获得采矿权等，可能出现寻租、腐败，也可能出现非法开采。矿业收益的争夺，会弱化制度效力，反过来，进一步加强矿业收益的耗散。大量的生产要素不再用于生产性活动，即做大“蛋糕”，而是用于获得更大的“蛋糕”份额。其结果，矿业收益财富随着寻租活动、军事冲突而耗散。寻租、腐败以及派系斗争等，既是收益分配制度缺失引起利益之争的结果，反过来，因为制度效力与执行力弱化，对矿业收益分配制度的制定与执行产生影响，造成收益使用过程如投资等出现寻租、腐败现象。矿产资源产

权及其相关制度不健全、多派系政治体制，可能引起非法开采、收益两极分化、寻租、腐败甚至军事冲突等。

（一）资源低价与矿业权市场的寻租

设矿产资源的需求曲线为 $r'=a-bR$，如图 2-17 中的 D 所示，供给量在某一时段内固定不变，为 R_0，如图中的 S 曲线所示，需求与供给在 E_0 处达到均衡，确定的单位矿产资源价格为 r'_0。现实中，矿产资源无价或低价，导致市场上对矿产资源的需求量远远大于资源的供给能力。假设实际的矿产资源定价为 r'_1，则此定价标准下市场上潜在的需求量为 R_1。生产者实际获取的资源租金为 $aE_0Fr'_1$，由两部分构成，其中 $r'_0E_0Fr'_1$ 的存在，引起潜在进入者的竞租。

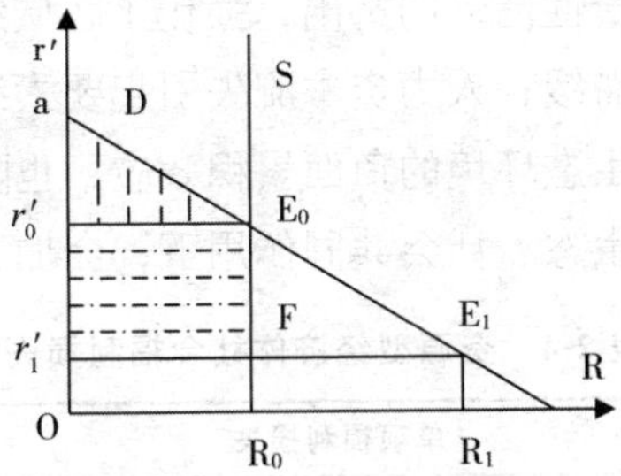

图 2-17　资源低价与矿产资源产权市场的均衡

假设生产者获得的矿产资源规模是相同的，其生产规模也是相同的，R_0 供给能力的制约下，实际能够容纳的生产者数目为 N，在 r'_1 价格下潜在进入者的数量为 n，则存在：

$$\frac{n}{N}=\frac{OR_1-OR_0}{OR_0}=\frac{FE_1}{r'_0E_0}=\frac{E_0F}{ar'_0}=\frac{Or'_0-Or'_1}{Oa-Or'_0}$$

潜在进入者：

$$n=\frac{Or'_0-Or'_1}{Oa-Or'_0}N$$

为获取额外租金 $r'_0E_0Fr'_1$，潜在进入者会采取措施。行贿、让利（官商合伙）、动用关系等，Oa、N 一定，潜在进入者的数量 n 主要取决于两个变量：矿产资源的市场价格 r'_0 与政府定价 r'_1，且主要取决于二者的差价。二者差价越大，潜在进入者数量越大，造成的资源浪费越严重，更多的厂商从事非生产性活动。

（二）价格波动、产量限制与矿产品市场的寻租

矿产品市场的寻租包括厂商的过度进入与生产要素的过度流动。伴随矿产品价格波动，尤其是当矿产品价格上升时，会带来两方面影响。一是矿产品市场各类生产要素的报酬上升，引起要素在部门间的流动。事实上资源部门大多为国有企业垄断，进入的劳动力有限，且工资水平一旦上涨，轻易不会因为劳动者的进入而下降。经济主体通过寻租等非生产性活动以进入资源部门就业。二是矿产品价格的上升，并不会带来产量的大幅度上升。从区域发展战略的角度考虑，产量会有一定限制，以避免萧条时期设备大量闲置。恰恰是产量的限制，引起更多的厂商竞相进入，产生了大规模的寻租者。此外，寻租活动中大量专业人才从事非生产性活动，造成专业人才的浪费。

第四节　资源型经济的社会福利损失

矿业收益的非合理分配与使用，导致资源配置失效，既可能带来直接或间接的经济、生态、社会等单项福利损失，也可能通过要素配置相互作用，带来经济—生态—社会的综合福利损失。如表 2-4 所示，制造业、服务业的挤出导致产业结构逆向演进，加上非生产性活动对生产性活动的挤出，强化了区域经济增长风险，不仅短期波动性增强而且长期经济增长滞缓；人力资本流失引起要素结构初级化，弱化了可持续增长能力；资源快速耗竭与生态环境的负面累积效应，也降低了居民生活质量；因矿业收益制度缺失，在经济、生态、社会共同作用下，会加剧收入不均等现象。

表 2-4　资源型经济体社会福利损失

作用机制		单项福利损失		综合福利损失
		直接效率损失	间接效率损失	
经济系统	人力资本流动效应	人力资本低效配置：$\frac{MP_L^R}{MP_H^R} > \frac{MP_L^M}{MP_H^M}$	制造业竞争力弱化，服务业发展不足，人力资本流失	长期经济增长滞缓
	产业转型政策效应	非资源产业扶持和低效发展		经济可持续发展能力弱化
生态系统	资源替代效应	资源浪费	资源快速耗竭	居民生活水平和质量下降
	外部负效应	外部性成本	生态环境的累积效应	
社会系统	寻租效应	哈伯格三角	生产性活动减少，人力资本流失，制度弱化	收入不均等现象加剧

一、长期经济增长滞缓

矿业收益引致要素配置失衡，直接挤出制造业和服务业，强化了资源型经济体对资源部门的依赖。人力资本的流失，制约了产业结构从附加价值较低、技术含量相对较少的资源密集型产业向附加价值较高、技术含量相对较高、市场需求潜力大、容易出现创新突破的的资本、技术密集型产业演进，将要素锁定在资源部门。从长期来看，资源型经济体出现产业结构逆向演进趋势。由此，降低了经济增长质量，强化了区域对资源开发的依赖。一旦矿产品价格下跌或者资源枯竭，则会出现经济体系的崩塌，经济增长风险性增强。此外，寻租腐败等非生产性活动对生产性活动的挤出，降低了资源型经济体创造财富的能力，财富总量趋于减少；人力资本的流失，减弱了经济增长的动力。以上效应相叠加，导致长期经济增长滞缓。

二、经济可持续发展能力弱化

经济可持续发展能力主要包括人力资本积累、技术进步、制度安排以及制度执行力等。资源型经济体，无论是从经济部门的人力资本低效配置与间接流失，还是社会部门寻租活动对人力资本的“侵蚀”，都会引起人力资本的挤出。人力资本缺失，使得资源型经济体越来越依赖于资源、资本等初级生产要素。对初级生产要素的依赖，强化了产业结构的初级化和逆向演进。反过来，锁定了要素结构，即经济体主要依赖于资源、劳动力、资本等初级要素，同时也会排斥人力资本、技术、知识等高级生产要素。要素结构初级化，弱化了经济可持续发展的动力和能力。寻租效应，不仅通过对生产性活动的挤出降低了经济体创造财富的能力和规模，而且因为较多经济主体参与寻租、腐败，降低了制度执行力，放松了经济管理和调控，反过来影响经济增长能力。

三、居民生活质量和水平下降

如果说长期经济增长滞缓、经济可持续发展能力下降，影响了居民生活水平，那么资源开发的生态环境恶化，则降低了居民生活质量。生态部门的福利损失，源于资源替代效应和外部负效应两种作用机制。前者是因为矿产品价格不能反映市场变化以及其本身的稀缺性、耗竭性价值，在资源配置中会引起资源对资本的替代，造成对资源的浪费以及快速耗竭。后者因为生态环境补偿制度不健全，外部负效应缺乏相关制度约束，补偿不到位，起不到生态环境保护的作用，且生态环境持续破坏的累积效应可能招致地质灾害或者地下水资源枯竭。如果说资源浪费、损耗和生态环境破坏、累积，可以看作福利损失的静态效应，那么资源型经济体生态环境恶化则是福利损失的动态表现。

四、收入不均等现象加剧

资源收益分配制度缺失带来的后果：直接破坏资源生态环境；引起要素在部门间的流动；行业收入、居民收入差距扩大。如图 2-18 所示，一是制度缺失，造成生态

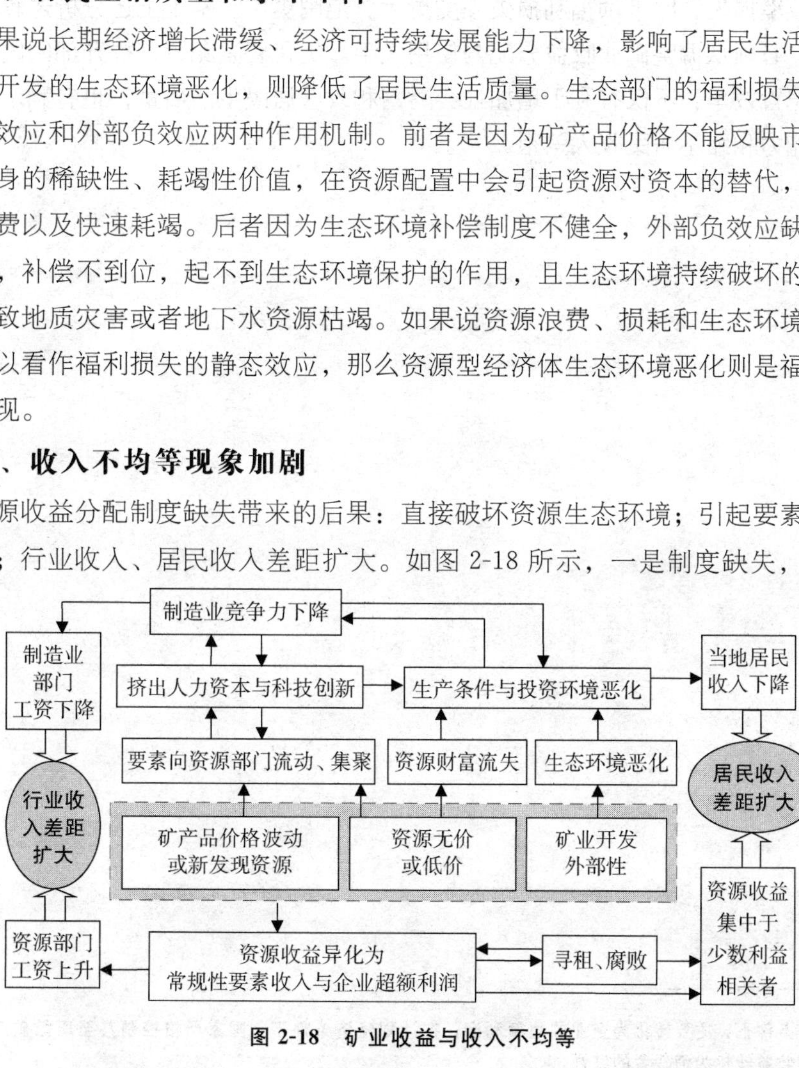

图 2-18 矿业收益与收入不均等

环境补偿不足，导致生态环境恶化，稀缺性与耗竭性租金制度缺失带来资源财富流失，使当地生产条件与投资环境恶化。二是制度缺失造成矿产品价格调节不利，资源租金管理失当，并借由“荷兰病”效应和人力资本与科技创新挤出效应，引起制造业竞争力下降。由此恶化生产条件与投资环境，反过来，还会进一步降低制造业竞争力。与此相关联，引发制造业部门工资收入下降，当地居民收入下降。三是制度缺失，将资源收入异化为常规性要素收入和企业超额利润①，一方面引起资源部门工资上升，另一方面，诱导企业会向政府官员寻租，谋取资源开发权益、产量限额等，维持额外利益，引发资源型区域的腐败现象。从行业来看，资源部门与制造业部门工资差距扩大；从当地居民收入来看，大部分居民处于低收入水平，资源收益集中于少数利益相关者手中，导致居民收入的两极分化。

综上所述，矿业收益引致要素配置失衡，带来经济、生态、社会等多方面效率损失；而经济、社会、生态相互作用，还可能带来综合福利损失。后者更多地表现为长期的动态效率损失，比单项福利损失程度更大、范围更广。基于上述分析逻辑，改善社会福利，必须从调整矿业收益分配与使用入手。优化要素配置，提升部门内部和部门之间的配置效率，不仅有利于增加社会财富和改善居民生活质量，也有利于增进可持续发展能力和缩小居民收入差距。

① 在市场经济条件下，主要转化为企业的超额利润；在计划经济条件下，国家严格控制甚至压低矿产品价格，这部分资源收益转化为消费者的红利。

第三章

破解『资源诅咒』：矿业收益管理与要素配置优化

在外部市场冲击下，大多资源型经济体，受困于制度缺失，未能合理分配矿业收益，误导了要素的流动与配置，造成社会福利损失与资源依赖。破解“资源诅咒”，关键在于对矿业收益进行合理的分配、使用与监管，优化要素配置，改善配置效率，提高社会福利水平。第一节基于资源型经济体的社会福利函数对破解“资源诅咒”进行数理解析；第二节研究矿业收益分配，包括基于效率的一次分配和基于资源财富共享的二次分配；第三节、第四节，分别从矿业收益使用调控、矿业生态规制和矿业收益监管三个方面入手，研究经济结构优化、经济与社会环境共赢、收入均等与社会福利提升。

第一节　破解“资源诅咒”的数理解析

矿业收益分配与使用不当，导致资源配置失效与社会福利损失。面对资源型经济体诸多问题，尝试从矿业收益分配与使用入手，调整要素配置方式、优化要素配置结构，走出资源优势陷阱，提升社会福利水平。

一、社会福利函数的构建

社会福利函数，是指社会所有个人效用水平的函数。效用水平是指商品组合给消费者带来的满足程度，取决于个体收入水平和商品价格组合。从资源型经济体来看，还取决于生态环境变化以及区域发展能力给居民带来的满足程度。

（一）社会福利函数的形式

发展是从一个社会状态到更高级社会状态的过程，期间伴随社会福利或者生活质量的提升[①]。对社会福利的量化测度有多种方法。如果用 W 表示社会总福利，U_i 表示第 i 个消费者的效用，则 N 个居民的经济社会其福利函数可以用公式表示为：

$$W=W(U_1,U_2,\cdots U_i,\cdots U_n) \tag{3-1}$$

具体的社会福利函数有多种表达方式，如古典功利主义的社会福利函数是所有社会成员效用水平的简单加总；纳什的社会福利函数是所有社会成员效用水平的乘积；罗尔斯的社会福利函数是把社会最贫困阶层的福利作为社会福利的目标；伯格森和萨缪尔森把社会福利看成是个人效用函数的函数，并未给出具体的形式[②]。长期以来，社会福利测度是一个有争议的话题，缺乏统一标准，其中 GDP 已经被广泛使用[③]。理由有二：福利由经济活动构成，而 GDP 是测度经济活动产出的合法标准；社会福

---

① S. Islam，M. Munasinghe & Matthew Clarke. “Making Long-term Economic Growth More Sustainable：Evaluating the Costs and Benefits”，*Ecological Economics*，2003，47，2：149～166.

② 赵志君：《收入分配与社会福利函数》，《数量经济技术经济研究》2011 年第 9 期。

③ A. Sen. “Real National Income”，*Review of Economic Studies*，1976，43，1：19～39.

利是消费和产出的函数，因而 GDP 理所当然成为一个合适的社会福利的测度指标，假设经济增长，居民福利也必然增长。Hicks① 和 Pigou② 首先使用 GDP 或实际收入测度社会福利。后来这一方法得到拓展。通过对 GDP 进行调整，将其置于社会、生态、经济系统（socio-ecological and economic，SEE），这样测量社会福利更为合理。也就是说，使用 GDP 测度社会福利，须考虑与之相关的经济活动的成本和收益。Clarke 和 Islam③ 使用社会选择理论，将系统论与 GDP 测度方法相融合，构建了 SEE 体系基础上的社会福利函数，$CBAGDP_t$ 是调整成本一收益之后的 GDP，W_t 是福利，t 是时间，NB_t 是 GDP 净收益，则有社会总福利 SWF_t 为：

$$SWF_t = W_t(NB_t[CBAGDP_t]) \tag{3-2}$$

由于矿产开发的特殊性，资源型经济体可能出现经济增长、产业结构调整、生态环境破坏、科技创新、社会发展等诸多发展难题，其中经济增长、产业结构调整难题影响当期收入水平，作用于当期消费者的效用水平；生态环境破坏会降低消费者效用水平；科技创新是影响经济发展水平和后期收入的决定性因素，会从动态的角度影响消费者的效用水平；社会发展难题表现为寻租、腐败、安全、收入差距等，具体到消费者主要是收入的两极分化。可见，居民社会福利的衡量可以用以上四个方面的指标来刻画。基于公式（3-2），即：

$$W = F(y, e, h, y \cdot G) \tag{3-3}$$

公式（3-3）中，W 代表社会福利水平，y 代表人均国民收入，e 代表人均生态环境破坏，h 代表人均拥有的人力资本增量，G 代表基尼系数。人均收入水平，不仅取决于人均产出等物质资本财富，也包含消费者生产和生活的环境，即生态资本财富，同时还包含下一期经济发展的基础条件，即创新性要素以及人才等人力资本财富，人均收入可以用人均真实收入来替代。考虑到国民收入分配可能会使居民存在两极分化，用 y · G 表示收入两极分化造成的福利损失。

（二）社会福利函数的具体表达

矿业收益分配不合理，引起要素的非合理配置；要素的非合理配置降低了生产效率，造成福利损失。如果说后者是影响社会福利水平的直接因素，那么前者则是影响社会福利水平的间接因素。从社会福利的衡量指标来看，主要有人均收入、人均拥有人力资本、人均生态资本以及收入两极分化，影响以上四个指标的因素也是影响社会福利水平的直接因素，即要素配置结构不合理造成较低的人均收入水平、人力资本、生态资本以及收入差距。直接影响因素与社会福利水平之间的函数关系，成为一次福利函数。

要素配置不合理表现在三个方面：要素从生产性部门向非生产性部门的流动，要

① J. Hicks. "The Valuation of Social Income", *Economica*, 1940, 7, 26, 104～124.

② A. C. Pigou. *The Economics of Welfare* (4th ed.), London: Macmillian, 1962.

③ M. Clarke & S. M. N. Islam. "Measuring Social Welfare: Application of Social Choice Theory", *Journal of Socio-Economics*, 2003, 32, 1: 1～15.

素从制造业部门向资源部门的流动，资源、生态环境对资本、劳动的替代。其结果造成非生产性部门比例过大，资源部门比例过大，资源部门内部对资源、生态环境的消耗过多等。因为存在：

$$y=y(\theta_1,\theta_2,\theta_3),e=e(\theta_1,\theta_2),h=h(\theta_1,\theta_2,\theta_3),G=G(\theta_1,\theta_2,\theta_3) \quad (3\text{-}4)$$

其中：$\theta_1=\frac{K}{R}$，$\theta_2=\frac{MS}{RS}$，$\theta_3=\frac{PS}{NPS}$，MS 表示制造业部门规模，RS 表示资源部门规模，PS 表示生产性部门厂商数量，NPS 表示非生产性部门厂商数量，K 表示资源部门资本使用量，R 表示资源部门矿产资源使用量。

一次福利函数可以表示为：

$$W'=\varphi(\theta_1,\theta_2,\theta_3) \quad (3\text{-}5)$$

要素配置结构失衡，主要源于矿业收益分配不合理带来的要素价格出现偏差，误导了要素配置。矿业收益分配不合理表现为矿产品价格波动带来的超额利润（ΔP），外部性成本（C_E）以及资源租金（$\Delta r'$），这三个因素诱发了厂商和要素的非合理进入及流动，除此之外，外生变量制度（I）影响矿业收益的分配与使用，进而影响要素配置结构。以上四个因素是影响社会福利水平的间接因素，作用于要素配置进而对福利水平产生影响，即存在：

$$\theta_1=\frac{K}{R}=\theta_1(\Delta r',I),\theta_2=\frac{MS}{RS}=\theta_2(\Delta P,C_E,\Delta r',I),\theta_3=\frac{PS}{NPS}=\theta_3(\Delta P,C_E,\Delta r',I) \quad (3\text{-}6)$$

间接影响因素与社会福利水平之间的函数关系称为二次福利函数，表示为：

$$W''=\psi(\Delta P,C_E,\Delta r',I) \quad (3\text{-}7)$$

破解资源型区域发展难题，首先是合理分配与使用矿业收益，即针对二次福利函数调整经济主体利益；其次是优化要素配置结构，提升生产效率和社会福利水平。

二、要素配置与社会福利最大化

破解资源型经济难题，目的是增强可持续发展能力，改善居民生产生活环境，提升居民生活质量和效用水平，实现资源型经济体社会福利最大化。

$$\max W=F(y,e,h,y\cdot G) \quad (3\text{-}8)$$

或

$$\max W'=\varphi(\theta_1,\theta_2,\theta_3) \quad (3\text{-}9)$$

或：

$$\begin{aligned}&\max y=y(\theta_1,\theta_2,\theta_3)\\&\max h=h(\theta_1,\theta_2,\theta_3)\\&\min e=e(\theta_1,\theta_2,\theta_3)\\&\min G=G(\theta_1,\theta_2,\theta_3)\end{aligned} \quad (3\text{-}10)$$

（一）人均收入最大化

人均收入最大化，取决于资源部门、制造业部门、服务业部门总产出与总人口之比，依公式（3-4），人均收入与变量之间存在如下关系：

$$\frac{\partial y}{\partial \theta_1} > 0, \frac{\partial y}{\partial \theta_2} > 0, \frac{\partial y}{\partial \theta_3} > 0 \tag{3-11}$$

即$\frac{K}{R}$↑，$\frac{MS}{RS}$↑，$\frac{PS}{NPS}$↑，则人均收入水平越高，其他条件不变的前提下，社会福利水平越高。

就资源部门而言，重在优化资源配置结构，提升产出效率，即提升每单位资源投入的产出水平或者人均产出水平。要素配置结构，包括资本与资源之比、资本与劳动力之比。资本与资源之比，决定了资源开采方式是集约还是粗放，是用资本替代资源，以创新推动资源部门发展，还是用资源替代资本，以大量的资源损耗推动资源部门扩张。资本与资源之比、资本与劳动力之比，决定了资源部门的技术水平，尤其是通过资本替代劳动力，释放更多劳动力进入非资源部门，避免过多劳动力集中在资源部门，遭遇矿业市场波动带来的就业风险和经济震荡。

就资源部门与非资源部门之间的关系而言，重在提升制造业竞争力，扩大制造业规模。制造业是具有规模报酬递增特征的产业，其规模扩张有助于技术水平的提升与规模经济的产生，扩大制造业规模是提高资源配置效率的有效措施。其次，劳动力异质性的存在，高素质劳动力向资源部门的流动，农村剩余劳动力均衡向各部门的补充，降低了制造业的生产率水平和市场竞争力，弱化了资源配置效率，尤其是优质资源的配置效率。提高资源型区域长期人均收入水平关键在于，提升制造业发展规模和制造业竞争能力。

厂商在生产性部门和非生产性部门之间的分布，直接决定了资源型区域的收入水平，因为非生产性部门仅仅是对现有利益格局的重新分布，并不会创造新的财富。生产性部门所占比例越大，可能创造的财富越多，人均收入水平则越高。

（二）人均拥有的人力资本最大化

人均拥有的人力资本最大化，也取决于三个变量，即 θ_1，θ_2，θ_3。存在以下变量关系：

$$\frac{\partial h}{\partial \theta_1} > 0, \frac{\partial h}{\partial \theta_2} > 0, \frac{\partial h}{\partial \theta_3} > 0 \tag{3-12}$$

即$\frac{K}{R}$↑，$\frac{MS}{RS}$↑，$\frac{PS}{NPS}$↑，则人均拥有的人力资本越多，其他条件不变的前提下，社会福利水平越高。资源部门的资本与资源之比，代表资源开发的集约程度与资源部门的技术水平，其值越大，技术水平越高，越有利于资源部门创新性要素和人力资本的积累。制造业是规模报酬递增、具有技术溢出效应的部门，其规模扩张也反映了创新性要素和人力资本积累的过程。在其他条件不变的情况下，制造业与资源部门的规模之比越大，越有利于人力资本的积累。一般认为，从事寻租活动的经济主体中，人力资本所占的比重较大，生产性部门与非生产性部门之比上升，有助于防止人力资本流失，发挥人力资本在生产性部门中的作用，有助于人力资本的形成和积累。

（三）生态环境破坏最小化

生态环境破坏，与要素配置方式和结构即变量 θ_1，θ_2 之间存在反方向变化关系：

$$\frac{\partial e}{\partial \theta_1} < 0, \frac{\partial e}{\partial \theta_2} < 0 \tag{3-13}$$

即 $\frac{K}{R}\uparrow$，$\frac{MS}{RS}\uparrow$，则矿产开发对生态环境的破坏越少，若其他条件不变，社会福利损失越少。集约型开发模式，可以减少对生态环境的破坏。规制资源部门发展，激励制造业发展，也有助于减少对资源生态环境的损耗。

（四）收入分配均等化

居民收入分配两极分化程度，与要素配置方式与结构即变量 θ_1，θ_2，θ_3 之间存在反向关系：

$$\frac{\partial G}{\partial \theta_1} < 0, \frac{\partial G}{\partial \theta_2} < 0, \frac{\partial G}{\partial \theta_3} < 0 \tag{3-14}$$

即 $\frac{K}{R}\uparrow$，$\frac{MS}{RS}\uparrow$，$\frac{PS}{NPS}\uparrow$，则基尼系数越小，收入越趋向于公平，消费者的效用水平越高。资源开发的集约化程度越高、技术含量越高，则获取的额外资源收益相对降低，资源分配不公现象就会减少。制造业部门发展，有助于更多劳动者就业，提高劳动者收入水平。非生产性部门越多，越容易滋生寻租腐败，导致收入两极分化。

三、矿业收益管理与要素配置

矿业收益分配与使用的不合理，引起要素配置结构与方式的不合理。为此，需要创新矿业收益分配与使用的相关制度，优化要素配置，提升要素配置效率和社会福利水平。即：

$$\max W'' = \psi(\Delta P, C_E, \Delta r', I) \tag{3-15}$$

或者：

$$\begin{aligned}
&\max\theta_1 = \frac{K}{R} = \theta_1(\Delta r', I) \\
&\max\theta_2 = \frac{MS}{RS} = \theta_2(\Delta P, C_E, \Delta r', I) \\
&\max\theta_3 = \frac{PS}{NPS} = \theta_3(\Delta P, C_E, \Delta r', I)
\end{aligned} \tag{3-16}$$

要素配置结构和模式，由矿产品价格波动幅度、外部性成本大小、资源理想价格（理论价格）与政府制定价格之间的差距共同决定，与矿业收益管理制度相关。

（一）资本与资源投入之比（θ_1）

资源部门资本与资源投入量的比例关系，是按照厂商利润最大化原则，在产量一定的情况下，生产成本最小原则确定二者的使用数量。因为资源价格不能完全体现其价值，往往低于理想价值，导致厂商使用更多的资源来替代资本。矿业收益管理制度完善与否，不仅关系到资源理想价格与实际价格的差距，而且还涉及资源租金的获取缴纳、使用等，存在：

$$\frac{\partial\theta_1}{\partial\Delta r'}<0,\frac{\partial\theta_1}{\partial I}>0 \tag{3-17}$$

即资源实际价格与理想价格差距越大，则资本替代资源的可能性越小，资源部门要素配置越不合理；矿业收益管理制度越完善，资本替代资源的可能性越大，要素配置效率越高。

（二）制造业部门与资源部门规模之比（θ_2）

矿产品价格波动，引起要素特别是人力资本等创新要素，从制造业部门向资源部门流动和集聚，引起制造业竞争力下降和规模缩减，以及资源部门规模的扩张，导致制造业部门与资源部门规模之比缩小。外部性成本制度缺失以及资源租金不完全，均会转化为资源部门的额外利益，吸引生产要素和厂商进入资源部门，θ_2 进一步缩小，存在：

$$\frac{\partial\theta_2}{\partial\Delta P}<0,\frac{\partial\theta_2}{\partial C_{外}}<0,\frac{\partial\theta_2}{\partial\Delta r'}<0,\frac{\partial\theta_2}{\partial I}>0 \tag{3-18}$$

即矿产品价格波动性越大，资源部门对要素的吸纳能力越强，制造业与资源部门的比例关系越不合理；矿产开发造成的生态环境破坏越严重，资源实际价格与理想价格差距越大，则外部性成本与资源租金转化为资源部门额外利益空间越大，要素从制造业部门向资源部门的流出可能性越大，制造业与资源部门之间的要素配置越不合理；矿业收益管理制度越完善，部门间要素配置效率越高。

（三）生产性部门与非生产性部门厂商数目之比（θ_3）

矿产品价格波动带来的超额收入、外部性成本以及资源租金的超额部分，吸引要素与厂商流向资源部门，造成厂商过度向资源部门流入。为争取有限的额外收益，生产者不惜采取寻租等不当方式，造成大量生产要素与厂商向非生产性部门的流入。存在：

$$\frac{\partial\theta_3}{\partial\Delta P}<0,\frac{\partial\theta_3}{\partial C_{外}}<0,\frac{\partial\theta_3}{\partial\Delta r'}<0,\frac{\partial\theta_3}{\partial I}>0 \tag{3-19}$$

即矿产品价格升幅大、外部性成本高、资源实际价格与理想价格差距大，则对厂商和生产要素的吸引力越大，越可能形成厂商的过度进入，为争取额外收益而进行非生产性“寻租”活动；矿业收益管理制度越完善，从事非生产性活动的厂商数目越少，配置效率越高。

综上所述，应从矿产开发的特殊性入手，建立特定的收益分配、使用、转化及管理机制，包括基于资源财富共享的矿业收益分配，基于要素配置效率提升的矿业收益使用与转化，基于生态环境补偿和社会福利提升的矿业收益管理，有效调控、解决资源型经济难题。

第二节　矿业收益构成、分配与资源财富共享[①]

为什么矿产开发会导致“横财”出现？“横财”产生的原因是什么？这部分收益应该归谁所有？采取何种分配方式就可以避免利益主体对矿业收益的争夺？并且将资源收益转为经济持续发展的动力？本部分从矿产开发的特殊性入手，以功能性分配与可持续发展理论为基础，尝试构建矿业收益分配的制度框架，即基于效率的矿业收益首次分配与基于资源财富共享的矿业收益二次分配。

一、矿产开发特殊性、资源租金与经济补偿

矿产开发不同于一般产品生产的特殊性决定了矿业收益分配的特殊性。

（一）矿业要素特殊性与资源租金

矿产资源是稀缺的，按照新古典要素价格理论，使用时必须为其支付代价，形成稀缺性租金；矿产资源又是可耗竭的，开采的同时，资源所有权随之灭失，补偿资源所有权的代价形成耗竭性租金。二者共同构成权利金。空间分布与埋藏条件决定了矿产资源的非流动性与不可分割性，对资源的占有与大规模开发形成垄断租金。技术进步引起资源稀缺性和耗竭性变化，与资源租金之间形成替代关系。资源租金的来源与分类如图 3-1 所示，其中，横轴表示矿产品产量，纵轴表示矿产品的价格和开发成本。MC_1、MC_2是矿产开发的边际成本曲线，因埋藏条件的差异而导致其开采成本的差异，埋藏条件好、易于开发、资源品质高，则开采成本低，如从煤炭资源的赋存条件考虑，有的区域煤层厚、埋藏浅、构造简单、煤质高，开采成本非常小；而有的区域煤炭埋藏深、构造复杂、煤层薄、储量少，则开采成本高。开采成本从低到高排列，如 A 代表开采成本相对较低，而 J 代表矿产资源开采成本相对较高。MR_0、MR_1代表矿产品边际收益曲线，D_0、D_1代表矿产品需求曲线。

1. 资源的稀缺性、可耗竭性与权利金

资源租金理论，早期主要是针对土地稀缺性，如亚当·斯密的绝对地租理论，大卫·李嘉图基于土地肥力的相对地租（级差地租）理论。后来租金的概念有了进一步的扩展，如斯蒂格利茨定义经济租金为：实际支付价格与生产某种商品所必需的最低价格之间的差额，泛指任何商品。而 Cordes[②] 在解释矿业租金时，将经济租金定义为商品或要素的市场价格与其机会成本的差额。无论绝对地租、相对地租或是经济租

---

①本节内容已发表，景普秋：《资源收益分配机制及其对我国的启示——以矿业开发为例》，《经济学动态》2015 年第 1 期。

②J. A. Cordes. “An Introduction to the Taxation of Mineral Rents”, in J. M. Otto (eds.), *The Taxation of Mineral Enterprises*, London: Graham & Trotman/M. Nijhoff, 1995.

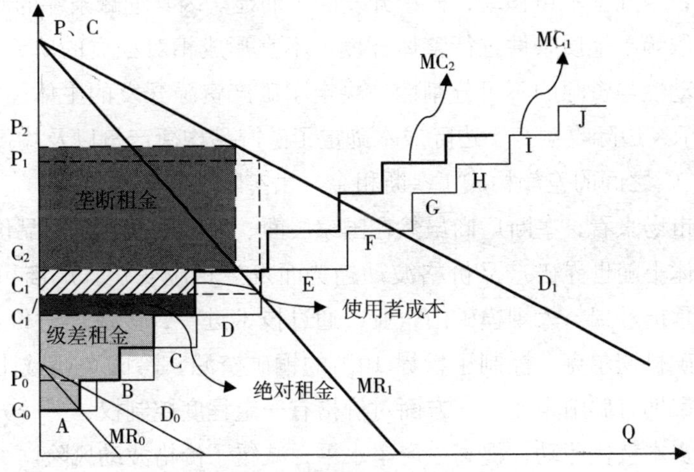

图 3-1　资源租金的分类与性质

金，均是因为稀缺性所导致在使用时必须为其支付代价。矿产资源除稀缺性之外，还具有耗竭性特征。Hotelling[①] 提出的稀缺性租金（scarcity cost），是指当代资源开发的机会成本，即导致后代资源减少同一单位的当代资源收益补偿，也称为使用者成本（user cost），其本质是想反映资源的可耗竭性。稀缺性、可耗竭性影响矿产资源的供给和需求，其结果造成矿产品价格变化。

如图 3-1 所示，当经济社会对矿产资源的需求量还比较小时，丰裕的矿产资源能够满足社会需求，不存在资源租金；随着经济规模扩张，对矿产资源的需求增加，曲线向右方移动，产生了稀缺性租金，如需求曲线 D_0 和边际收益曲线 MR_0 所示。随着经济规模的继续扩张，需求曲线和边际收益曲线继续向右方移动，如 D_1 和 MR_1 所示。MR_1 与 MC_1 相交，确定了矿产品市场价格为 P_1，开采成本为 C_1，C_1 和 C_0 之间的差额形成了经济租金，即稀缺性租金。它由两部分构成，绝对租金和级差租金，前者如图 3-1 中的黑色所示，即 $C_1C'_1$，后者为 C'_1C_0。稀缺性租金收取不影响矿产资源开发规模。

如果说稀缺性租金主要体现为需求曲线移动带来的价格变化，那么耗竭性租金的产生主要来源于供给曲线的变化，即因为对资源的开采导致资源供给量的减少，供给曲线向左方移动，引起均衡价格上升，均衡价格上升的幅度构成耗竭性租金。图 3-1 中，因资源开采导致供给曲线（边际成本曲线）从 MC_1 向左方移动到 MC_2，成本从 C_1 上升为 C_2，产生了耗竭性租金，即 C_1C_2。耗竭性租金的收取会引起矿产资源均衡开发规模。

2. 资源的非流动性、不可分割性与垄断租金

劳动力、资本等生产要素相对独立且在空间上可以自由流动。矿产资源存在于某

---

① H. Hotelling. "The Economics of Exhaustible Resources", *Journal of Political Economy*, 1931, 39, 2: 137～175.

些特定区域，空间上不可移动，矿产开发随矿而建。因其埋藏条件的制约，矿产资源的开发需要依赖于地质条件进行整体开发，不宜形成相对独立的单元进行分块开发。要素的非流动性与资源的不可分割性，决定了矿产资源开发的主体往往是垄断厂商。如图 3-1 所示，边际收益等于边际成本确定了矿产品均衡产量以及均衡价格，均衡价格 P_1 与成本 C_1 之间的差额构成了垄断租金，由垄断厂商获取。

从国际市场来看，垄断厂商虽然在国家层面、区域层面对矿产品价格具有一定控制权，但总体上随世界矿产品价格波动趋势而发生相应变化，厂商可能获得垄断租金，也可能承担亏损。大规模矿山企业，通过技术进步，更易面对价格波动的风险，如智利国有矿科迪尔克，控制了世界 10% 的铜矿资源，跨国企业戴比尔斯在博茨瓦纳等许多国家拥有矿山企业，一方面对价格有一定程度控制权，另一方面，以技术替代资源、以资本替代劳动，提高生产率水平，减缓了价格波动风险。

3. 技术进步与资源租金的转化

技术进步通过影响资源供给与矿产品需求，进而将资源收益转化为矿业技术进步。如图 3-1 所示，矿业技术条件不变前提下，矿产开发会带来边际成本曲线向左方移动，导致耗竭性租金的产生和增加；需求曲线伴随工业化进程和经济发展向右方移动，引起稀缺性租金增加。矿业技术进步，包括勘探技术、开采技术、冶炼加工技术等，会抑制因矿产开发带来的供给曲线左移，减小耗竭性租金规模；对矿产资源进行延续加工利用的矿业技术进步以及替代资源的发现和利用，将可能减少对矿产品的需求，引起需求曲线的左移，降低稀缺性租金。技术投入替代资源租金，或者说资源租金转化为技术进步，促使矿业成为一个高技术含量、高知识密集型行业。

Wright 和 Czelusta① 认为，矿业在许多国家形成了一个高技术产业，在知识上的投资被看作是一个合理的经济发展的一部分。如美国在勘探、运输、地质知识、抽取技术、精炼与使用上的大规模投资，使得美国矿业经济优于其他国家。Cappelen 和 Mjøset② 指出，挪威石油产业发展是一个技术含量比较高的集约开发过程，对技术的引进、在资源开发部门的应用以及对资源关联产业的技术溢出，促进了整个国家关于创新的研究。资源型国家/区域的实践说明，矿业技术进步，不仅使得矿业成为技术密集型行业，实现矿业可持续发展，也通过技术溢出，推动了区域创新和产业结构升级。

（二）矿业生产特殊性与经济补偿

矿业生产特殊性包括负外部性、高风险性以及高沉没成本等。针对特殊性，矿产开发须对相应主体进行经济补偿。

---

① G. Wright & J. Czelusta. "Mineral Resources and Economic Development", Conference on Sector Reform in Latin America. Stanford Center for International Development, 2003.

② Å. Cappelen & L. Mjøset. "Can Norway Be a Role Model for Natural Resource Abundant Countries?", UNU World Institute for Development Economics Research Paper No. 23, 2009.

1. 负外部性与生态环境补偿

矿产开发不可避免地对土地资源、水资源、植被资源、大气环境造成损害，影响当地居民正常的生产和生活。对于矿山企业而言，在生产过程中，根据资源开发耗损的生产成本安排生产，并未考虑对生态环境造成的破坏。按照庇古理论，针对外部不经济现象，可以采用征税的办法将外部成本内部化。征收的量应以其经济活动带来的社会福利损失量为标准，对遭受损失的其他社会成员进行补偿，从而使带来外部不经济的个体的私人成本等于社会成本。这部分外部成本包括几个部分：一是矿产开发期间，对土地的征用，需要支付矿地租金；二是矿产开发前为预防各类可能难以恢复的生态环境破坏而采取的技术投入以及设备投入；三是对矿产开发中造成的生态环境破坏进行即时性的经济补偿和生态处理；四是矿产开发后对土地和植被的修复。

2. 强资产专用性与转型补贴

矿产开发中的资产专用性强[①]，包括企业的物质资产专用性强，资本有机构成高，固定资产投入尤其是一次性投入比重大，设备用途单一；矿产开发中的人力资产专用性也很强，无论是技术人员还是矿工，多年来主要从事与矿产资源相关的技术工作与开发活动，很难适应其他行业的工作；此外，围绕资源采掘形成的初加工、配套、生产服务等资源产业家族，其资产的专用性也很强；再加上区域层面的生活设施专用性与区位专用性，导致资源部门存在巨额的沉没成本。由于资产专用性强、投资数额大，一旦投入，即造成巨大的沉没成本。沉没成本的存在，可能导致严重或持久的资源配置扭曲，包括投资不足、投资过度或产业刚性等。一般而言，多采取资本设备加速折旧，或者资本投入补贴或税收减免，以激励矿产开发投入，或者伴随矿产资源枯竭，推动矿区转型，以保证资产投入回报。

3. 高风险性与安全投入

矿产开发活动大多在地下或者水下进行，意外事故发生难以避免，如瓦斯爆炸、透水事故等。在矿井设计中采取防范性措施，增加安全投入，减少事故发生率，增建事故发生后矿工逃生渠道，尽可能减少矿工的伤亡。矿产开发中的高风险性，对矿工的生存安全有不可预测性，除增加矿业安全投入、加强安全教育，还需要为矿工支付补偿性工资。

作为矿产资源的开采者，如果没有制度约束与政府监管，在利益最大化的理念支配下，对资源造成过度的使用与耗竭，对生态环境造成严重的破坏以及安全投入设施不到位引起事故频发。如果矿产开发特殊性得不到相应的经济补偿，将会扭曲要素配置。

（三）矿业产出特殊性与价格调控

矿产品价格变动无常，对政府、企业等经济主体，对产业发展、相对价格、贸易条件等区域经济变量以及区域经济运行秩序会产生影响。价格波动首先引起资源部门

---

① 张复明：《资产专用性需要未雨绸缪》，《中国社会科学报》2009 年 12 月 24 日。

与可贸易部门如制造业与农业之间、制造业与不可贸易部门如服务业之间的贸易比价上升，制造业与农业的竞争力下降，资源部门与服务业比重上升，破坏了原有的经济秩序，导致区域经济发展对资源部门的过度依赖，增强了经济发展的风险性。一旦出现价格波动，尤其是价格下跌，经济增长的支柱倒塌，经济体系趋于崩溃。Collier 和 Goderis[①] 通过面板数据显示出：矿产品价格波动，短期中资源繁荣对经济增长有积极作用，长期中则导致经济增长滞缓。其次矿产品价格趋高时，政府财政收入迅速上升，产生两方面影响：一是财政可支配能力增强，在公共投资以及政府花费方面较少注重效率与可行性，财政支出迅速提高；二是有了较强的财政支配能力，政府投资欲望提升，常常会雄心勃勃地投入一些不切实际的长周期巨额投资项目，在资金不足的情况下，大规模举债，以支撑项目的实施。Manzano 和 Rigobon[②] 即曾分析过在 20 世纪 70 年代的高商品价格，鼓励发展中国家进行大量举债，当商品价格在 20 世纪 80 年代跌落时，这些国家陷入了严重的债务危机，导致经济崩溃的现象。

建立稳定基金或者征收超额利润税，调控额外收益。挪威建立了国家石油基金，澳大利亚建立了矿产资源暴利税等。稳定基金，主要有三种功能：调控价格波动稳定产业发展，储蓄以实施代际补偿，防止财政收支的剧烈波动。一般是在矿产品价格高企、矿业利润率远远高于平均利润率的情况下，向矿产企业征收超额利润税，或者让财政收入的一定比例进入稳定基金，财政收入与支出相分离；在矿产品价格低迷时，取消超额利润税，或是对矿业进行一定补贴，或是通过稳定基金向政府提供财政支持。

矿产开发特殊性决定了矿业收益构成以及分配的特殊性。除矿产资源报酬以及针对各类特殊性采取的经济补偿，矿产开发还包括资本、劳动力、土地以及企业家才能的报酬，共同构成广义的矿业收益。矿业收益分配，首先是将矿产开发获取的收益按照要素贡献分配给生产要素；政府作为矿产资源的所有权人获取资源租金，作为经济运行的管理者收取税收，形成政府收益。前者如果称为矿业收益的首次分配，那么政府收益的支出与流向可称之为二次分配。

二、矿业收益构成与基于效率的首次分配

矿业收益是矿产开发中投入的各种生产要素报酬的总和，包括营业额以及存货的变化[③]，矿产收益分配是按照常规生产要素的贡献支付报酬，以及根据矿产开发特殊性进行相应的经济补偿。

（一）矿业收益构成

矿产开发收益（mining revenue）首先可以分为两部分，一是基于常规性生产要素的收入（income），主要用于劳动力、资本、土地、企业家才能的报酬；二是基于

① P. Collier & B. Goderis. "Commodity Prices, Growth, and the Natural Resource Curse: Reconciling a Conundrum", CSAE Working Paper WPS/2007-15, 2007.

② O. Manzano & R. Rigobon. "Resource Curse or Debt Overhang?", NBER Working Papers No. 8390, 2001.

③ E. Connolly & D. Orsmond. "The Level and Distribution of Recent Mining Sector Revenue", *Bulletin*, *Reserve Bank of Australla*, 2009, 1: 7～12.

矿产开发特殊性的资源收益（mineral revenue），用于与资源投入相关的经济补偿，具体如图 3-2 所示。矿业收益首次分配，根据各类要素投入的边际生产力，确定相应报酬，理论上可以达到帕累托最优状态，实现要素的最佳配置与经济效率。常规生产要素报酬包括工资、利息、地租以及正常利润。资源开发报酬包括：针对矿产资源稀缺性与可耗竭性的资源租金、针对矿产资源非流动性和不可分割性的垄断租金、针对强资产专用性的转型补贴、针对高风险性的安全投入、针对负外部性的生态环境补偿以及针对矿产品价格波动性的超额利润税。资源租金、超额利润税、税收收入构成政府收益。

不同国家对资源所有权界定以及税费体系有较大差异。美国法律规定国家对矿产资源没有终级所有权，矿产资源是私有财产，个人拥有特许的使用权。俄罗斯采用“产品分成协议”[①]，对原油及其相关产品在政府与投资者之间进行分配：“成本油”(cost oil) 归属投资者用以收回其投资成本；“利润油”(profit oil) 归属投资者用以偿付其资本与风险收益；“余油”(remaining oil) 归政府所有。加拿大阿尔伯塔资源产权属省级政府所有，其分配方式是以双层权利金为核心[②]：一次性竞标红利(Bonus Bids)，在分配资源开采企业生产权的租赁契约拍卖过程中实现；矿地年租金(Annual Rentals)，该项费用在阿尔伯塔省低至几乎可以忽略不计；双层权利金，分为基本权利金（Base Royalty）与净收益权利金（Net Revenue Royalty)；企业所得税。

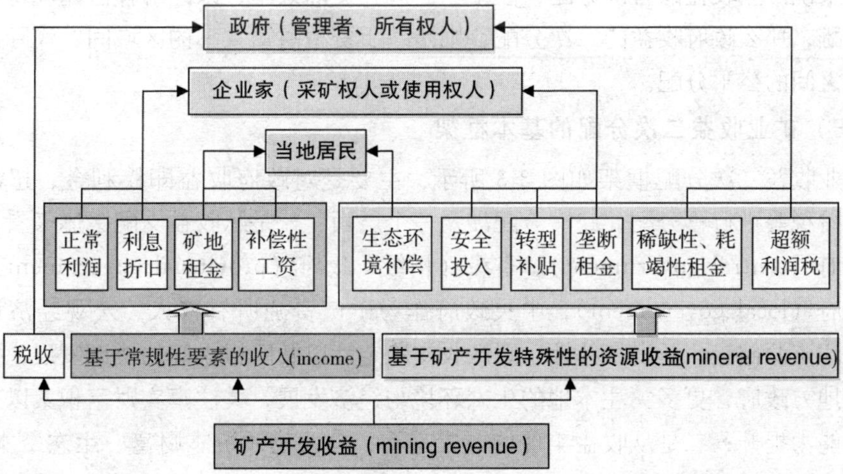

图 3-2 矿业收益构成、利益主体与首次分配

（二）矿业利益主体

基于常规性要素的利益主体主要包括劳动力、资本、土地等要素所有者，企业家以及政府。生产中投入的各类生产要素，按照边际收益产品等于边际要素成本确定其

① V. Subbotin. “Tax Reform in the Oil Sector of Russia: A Positive Assessment”, MPRA Paper 10870, 2004.

② A. Plourde. “On Properties of Royalty and Tax Regimes in Alberta's Oil Sands”, *Energy Policy*, 2010, 38, 8: 4652～4662.

价格。其中，劳动力获得基本工资，以及行业潜在的安全风险的补偿。资本除获取利息之外，因矿业投入的资产专用性强，需要加速资本设备折旧或者给予资本投入补贴，以弥补其可能造成的损失。矿产资源开发所占用的土地，获取矿地租金。企业家才能获得正常利润。与其他生产过程一样，矿业税收，是政府收入来源之一。

资源收益的利益主体，包括资源所有权人、采矿权人（或使用权人）以及当地居民。其中，资源所有权人大多数为国家或地方政府，欧洲少部分国家为私有①。所有权人获取资源租金，包括基于资源稀缺性的经济租金，基于资源耗竭性的使用者成本，基于矿产品价格波动性、利润波动性的超额利润税。采矿权人，严格而言，有时不一定是使用权人，有可能将资源的使用权再次转让他人开采，在此将采矿权人与使用权人合为一体。因资源不可流动，开采中矿层不可分割，采矿权人往往被具有一定资质以及较强经济基础的厂商所垄断，获取垄断租金。且由于矿业投入的资产专用性强，容易造成沉没成本，在资源枯竭退出矿业开采时需要事先预留一部分转型补贴，以弥补沉没成本。因为矿产开发的高风险性，在生产中其安全投入要远远高于一般的行业。第三个利益主体是当地居民。矿产开发的负外部性，造成生态环境破坏，影响了当地居民的正常生产和生活。生态环境补偿，包括对生态环境的预防性保护、即时性修复、资源枯竭之后的矿区复垦以及当地居民的利益补偿。

三、政府收益构成与基于资源财富共享的二次分配

如果说矿业收益的首次分配，注重了矿产开发的效率，以经济补偿体现特殊性要素的报酬，那么政府收益的二次分配，则是基于资源财富共享的区域间、代际间、当地居民之间的公平分配。

（一）矿业收益二次分配的基本框架

矿业收益二次分配框架如图 3-3 所示，主要是对政府收益即权利金、超额利润税、所得税等进行再分配。二次分配涉及三个层面：一是从收益支配主体来看，分为中央政府（central government）、省级（州级）政府（provincial government）以及地方政府（local government），中央政府作为矿产资源所有权人、宏观经济调控主体，关注资源储量、开发持续性、财政收支稳定性以及区域之间的协调发展，省级政府以及地方政府，更多关注本地的生态环境与经济发展，关注真实财富积累以及可持续发展能力提升；二是从收益实现的方式来看，分为物质资本财富、生态资本财富、人力资本财富以及货币资本财富，各类财富之间存在替代关系，收益二次分配必须有利于促进资源财富向物质资本、人力资本与货币资本财富形态的转化，有利于促进真实财富积累；三是从收益的享用主体来看，分为当代居民和后代居民，重点是改善当地生产条件和生活环境，提升当代居民、后代居民的生活水平和生活质量。

（二）收益支配主体间的再分配与区域协调发展

从历史上来看，政府收益主要集中在中央政府，很少部分返还给矿业生产地政

---

① J. M. Otto et al. *Mining Royalties*: *A Global Study of Their Impact on Investors*, *Government*, *and Civil Society*, Washington D. C.: World Bank Publications, 2006.

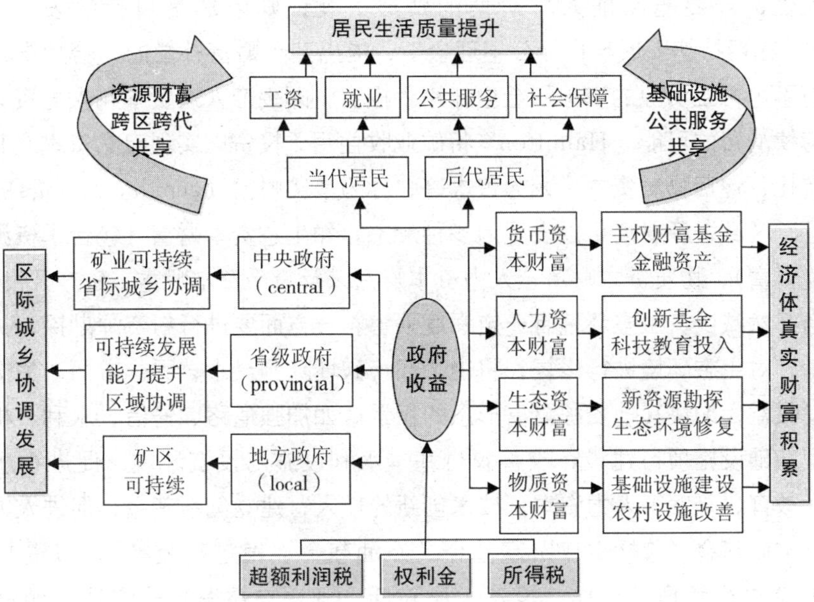

图 3-3　政府收益构成与二次分配

府。近些年，矿业收益越来越多地分配给矿业省和矿区。这是因为，矿业省和矿区在提供矿产品的同时，其资源财富逐步减少，尤其是，矿产开发首次分配制度不健全的情况下，因矿产开发获取的资源收益往往转化为企业超额利润或者消费者的红利，矿业省和矿区成为资源财富的净损失者。因缺乏相应的权利金制度以及经济补偿机制，当地政府缺乏支配资源收益进行财富转化的能力，资源型区域发展陷入困境，加大了与非资源型区域的发展差距。

矿业收益二次分配，在保证中央政府利益的前提下，重点是向省级政府和地方政府倾斜。中央政府的矿业收益主要用于矿业的可持续发展，如勘探、研发等，用于跨区域的生态环境修复，城乡间的协调发展等。省级政府的矿业收益，主要用于全省的生态环境修复、科技创新、基础设施与社会设施改善、贫困区域发展补贴等，其目的是提升省域可持续发展能力以及省内区域间的协调发展。矿区留存的矿业收益，主要用于矿区的再发展、矿区生态环境修复、矿区技术投入、矿区转型、矿区居民的福利等。政府收益在中央政府与地方政府之间的再分配，最终是为了促进区域之间、城乡之间的协调发展，既避免资源型区域的过度繁荣，也避免资源型区域陷入资源优势陷阱。

（三）收益再分配的实现形态与区域真实财富积累

要保持一个区域的可持续发展能力，要么保持区域的自然资本不减少，要么保持区域的总资本量或者总财富量不减少。Pearce 和 Atkinson① 基于可持续发展提出了弱可持续与强可持续发展概念。其中弱可持续性认为自然资源与其他形态资本之间存

① D. Pearce & G. Atkinson. "Measuring Sustainable Development", in D. W. Bromley, *The Handbook of Environmental Economics*, London: Blackwell Publishers, 1995.

在可替代性，只要能保证人均跨期消费最大化，则依然是可持续发展的路径。Hartwick[①]在可持续发展与代际公平理念下，提出基于财富补偿的“哈特维克准则”，即只要将不可再生资源的资源租金全部用于投资，即生产人造资本和人力资本，就可以保证持续消费的可能。Hamilton[②]将矿业收益用于投资以实现自然资本向其他形态资本的转化，包括物质资本、人力资本等，称为真实财富（genuine savings)。

可见，区域资源财富可以表现为多种形态，如生态资本财富（包含了资源财富和生态环境财富)、物质资本财富、人力资本财富以及货币资本财富。矿产开发的同时，资源财富必然减少，生态环境有一定程度损害，一方面要进行新资源勘探，扩大资源探明储量，对生态环境进行修复，将生态环境破坏降到最小；另一方面，关键是利用资源开发收益，加快其他资源财富形态的积累。如加强道路、通信、水利、机场、港口等大型基础设施项目建设，改善农村基本水利设施与投资环境，促进物质资本积累；加大教育、研发等人力资本、技术创新的投入，建立创新基金，促进人力资本积累；建立矿业基金（包括主权财富基金、石油基金、稳定基金等），将资源收益放置矿业基金进行管理、运作，投资于风险低、预期收益率高的国外金融资产。生态资本财富向其他资本形态财富的转化，促进了区域真实财富积累与可持续发展能力的提升，保证了后代人与当代人拥有均等的财富总量，保证人均福利、人均消费不减少。

（四）矿业利益主体间的公平享用与居民生活质量提升

矿业收益二次分配，最终要体现为居民生活水平和质量的提升，资源财富在当代居民和后代居民之间的共享。共享的形式有：一是财富的直接分配，如阿拉斯加建立的永久基金[③]，从自然资源收入中至少提取 25%的权利金（royalties）置于其中，阿拉斯加的公民每年都能享受到基金收益，分配的标准取决于在阿拉斯加州以最长 25 年为限的居住年限；二是将资源租金用于改善生产条件，提供更多的就业岗位，提升劳动者的工资水平，以增加当地居民收入，如挪威通过工会制度，普遍提高劳动者工资水平；三是将资源收入用于当地的公共投入，如教育、医疗、卫生等，如博茨瓦纳政府确定经常性预算中的 30%用于人力资本投资，资源租金向公共部门投资，向教育、健康等人力资本的转化率是非常高的；四是运用资源收益建立社会保障基金和养老基金，提升居民的福利水平，如智利建立养老储备基金（Pensions Reserve Fund)[④]，为政府将来的养老负债提供资金支持，截止到 2008 年 1 月，养老储备基金

---

① J. Hartwick. “Intergenerational Equity and the Investing of Rents from Exhaustible Resources”, *American Economic Review*, 1977, 67, 5: 972～991.

② K. Hamilton. “Greening the National Accounts: Formal Models and Practical Measurement”, in J. Proops and S. Simon, *Greening the Accounts*, Cheltenham UK: Edward Elgar Publishers, 2000.

③ S. Goldsmith. “The Alaska Permanent Fund Dividend: An Experiment in Wealth Distribution”, The 9th International Congress Geneva, September 12th-14th, 2002.

④ G. Havro & J. Santiso. “To Benefit from Plenty: Lessons from Chile and Norway”, OECD Development Centre, Policy Brief No. 37, 2008.

已经达到15亿美元。

无论采用哪种实现方式，其目的是提高居民的生活水平和生活质量。资源财富共享，不仅体现为资源型区域居民，也体现为非资源型区域居民，区域间的协调发展促进了资源财富的跨区、跨代公平享用。资源财富向其他资本形态财富的转化，也保证了当代居民、后代居民对基础设施、公共服务设施的共享。

第三节　矿业收益使用、调控与经济结构优化

合理分配矿业收益，可以避免额外利益对生产要素和厂商的误导，有效防范生产要素的低效配置。那么矿业收益如何使用和调控以优化生产要素配置、推进当地经济发展？按照“哈特维克准则”，资源损耗须通过资源收益的转化以实现真实财富的积累。真实财富不减少是区域可持续增长的前提。矿业收益使用和调控，对优化要素配置、提升要素禀赋具有决定性作用。

一、矿业收益与结构逆向演进的矫正

资源型区域经济结构的逆向演进，主要源于矿业收益带来的比较利益，吸引要素向资源部门的流动，抑制了教育、研发等创新性要素的投入。不仅挤出制造业，导致产业结构逆向演进，也挤出了人力资本、技术等，强化了要素结构初级化。对经济结构逆向演进的矫正，重点是调控矿业收益的流向，以便激发创新活动、推动产业多元化。

（一）矿业特殊性、比较利益与经济结构逆向演进

企业作为投资主体，为什么偏好资源部门而放弃制造业部门？为什么资源部门排斥创新？这是缘于矿产开发特殊性带来的比较利益：矿业收益部分转化为企业的超额利润和要素报酬。资源可耗竭性与价格波动性带来高额租金收益，在产权界定不清、收益分配制度不健全的背景下，资源租金收益转化为企业超额利润，企业出现对资源而非创新的偏好倾向。资源部门排斥创新，是资源产品的同质决定的。这一产品特性，诱致矿业部门只能走工艺创新而非产品创新的道路。加上市场份额基本稳定，降低产品生产成本成为市场竞争的主要手段。在较为贫穷的资源型区域，物质资本相对稀缺，以资源替代资本的行为选择，造成了粗放开采方式以及对技术进步的挤出。

比较两个部门的技术进步：制造业技术进步可能降低产品生产成本、可能扩大生产规模以占领更多市场份额，这些都可能提高企业的净收益，成为企业创新的动力；资源部门技术进步更多体现为资源的集约节约利用和较少的生态环境破坏，有些时候甚至会提高生产成本，企业缺乏主动创新的经济动力。可见，制造业技术进步，个体收益大于社会收益；资源部门技术进步，社会收益大于个体收益。推动矿业技术进步有两个途径：一是强化国家所有权人权益，保护采矿权人权益，以合理的资源价格调

节要素配置结构；二是政府对矿业的规制，提高进入门槛，制定严格的行业技术标准和生态环境保护规范。如果缺乏政府规制，则资源部门往往采用排斥技术进步的传统开采方式。矿业存在的资源租金收益，以及产品同质特性决定了采矿业技术进步为工艺创新而非产品创新，在一定程度上扭曲了要素配置以及企业对创新的偏好。

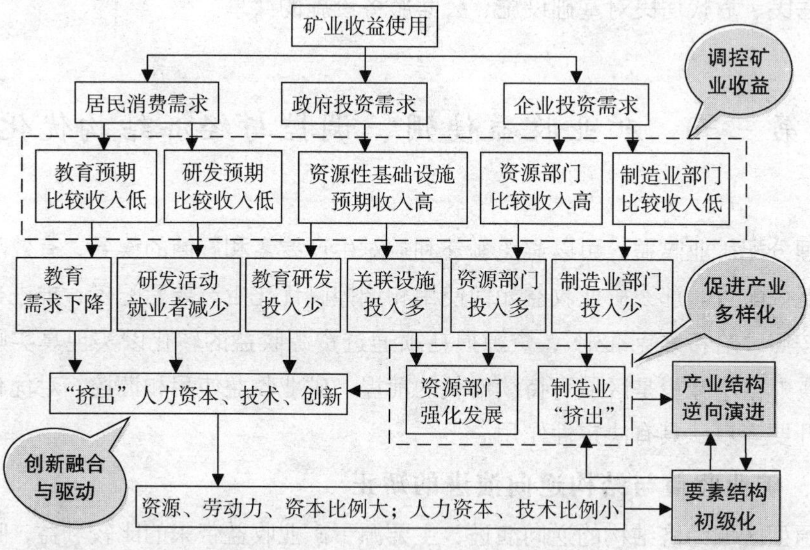

图 3-4 矿业收益与经济结构逆向演进及其矫正

除企业之外，其他经济主体包括政府和居民，也因为资源部门的高额利益，弱化了对创新性要素的偏好。如图 3-4 所示，居民的消费和就业选择是效用最大化或者是（预期）收入最大化。易于获得的矿业收益，使得居民降低了对教育的需求，看低了教育的预期收益。就业选择中，研发性或者技术性岗位的比较收益不高，降低了就业吸引力。个人对教育的投入降低，研发岗位就业人员减少，由此直接降低了人力资本积累，挤出了技术、创新等。从政府角度看，为了快速推动区域发展，基础设施和社会服务方面的投入也多是围绕资源部门展开，常常会忽略教育、研发长远性投资，再一次挤出了人力资本和创新。前已述及，短期比较利益导向下，企业选择偏好资源部门而不是制造业部门。对人力资本和技术需求相对较多，且具有“干中学”特征的制造业部门被挤出，间接地挤出了人力资本和技术。

人力资本、技术等创新性要素的挤出，减少了“高级”要素禀赋数量，强化了对资源、劳动力、资本等初级要素的依赖，形成刚性的初级化要素结构。制造业被挤出，资源部门及其关联产业、服务业部门的发展，强化了资源部门的主导地位，推动了产业结构的逆向演进。要素结构初级化，进一步锁定资源部门，成为制造业发展的桎梏，再次强化产业结构的逆向演进，并形成一个恶性的正反馈循环。

（二）经济结构逆向演进的矫正

既然资源“横财”改变了要素比较利益，挤出了教育、研发等创新性要素，抑制了研发部门就业和制造业部门投资需求。那么，对经济结构的矫正，就必须从矿业收益调控入手，转变矿业收益流向，纠正经济主体对创新的偏好，强化矿业收益向人力资本、研发、技术的转化。同时，提升制造业的比较收益，引导要素投向制造业及生产性服务业，推动产业多元化。

如图 3-4 所示，矫正环节有三个方面：一是合理分配资源收益，有效引导要素合理配置；二是调整矿业收益流向，使其转向人力资本积累和技术进步，形成创新内生化机制；三是实施产业规制，促进关联产业发展，增进产业之间关联和产业间的技术溢出效应，推进产业多元化。创新内生化过程，也是区域禀赋升级、产业结构优化、经济增长动力提升的过程。企业转型促进产业转型，资源产业升级，以资本、知识、创新替代资源，带动关联产业发展，驱动其他优势产业发展，促进产业多元化。

二、矿业收益使用与创新内生化

从国际经验看，资源型经济体成功规避“资源诅咒”的基本经验是把资源租金和税收用于公共投资和创新体系建设，改善区域投资环境，推动要素禀赋升级，形成创新驱动型经济，成功实现经济转型。

（一）基于政府供给与企业需求的创新融合

合理使用矿业收益并用于公共投资，是成功规避“资源诅咒”的经验之一。公共投资主要是将资源租金投资于基础设施与教育、研发等公共事业，推动创新与资源型经济的融合，使得创新成为经济发展的动力。而要实现创新融合，既需要政府加大对创新的投入，以此改善区域创新环境、激发创新主体活力、增加区域创新要素，也离不开企业对创新的需求，将新技术、新理念、新管理方式应用于企业生产与管理，提高企业生产效率和盈利能力。

从创新融合的路径来看，首先是政府投入、政府主导的科技创新外生供给增加，再逐步演变到以企业需求为主的内生需求扩大。加强资源型区域的教育与研发投入，改善技术创新的环境，增加技术创新的供给；以产业激励、企业培育、文化融合等相关政策，改变企业对技术创新的预期收益，增强区域对技术创新的需求。增加政府供给，首先是构建区域创新平台，大力发展公共组织与具有市场竞争力的研究机构，强化企业与大学、研究机构之间的合作，推进应用研究，将研究成果转化为现实生产力。依托高新技术开发区，建设科技创业园，完善风险投资机制。其次是教育与人才投入，将租金收益更多地投入到教育、研发以及技术进步，加快人力资本的培育与积累，强化研发活动以及研究成果的转化。改善教育投资结构，加大职业技术教育的比例。再者需加大资源型经济转型、文化理念创新的宣传教育，让更多的生产者与消费者接受创新的思想与文化，摈弃依赖资源、固守资源的发展理念，要转型发展，必须要改变人们对经济发展的认识，意识到创新对经济发展的推动作用。提升企业对创新的需求，要注重对中小企业的创新扶持，培育一批具有创新精神的企业家，以企业家精神推进资源型企业全面转型。增强企业的创新意识，加快中小企业的发展，鼓励更多的人创新、创业，将资金转向制造业、服务业、高新技术产业领域的中小企业，提供创新服务，推动中小企业发展。通过一批企业家的培养，形成企业家创业的氛围，以推动企业创新，进而推动产业创新。

（二）资源型经济体创新驱动机制

创新与资源型经济体的融合，形成一种创新驱动的内在机制。创新驱动包含两层含义：首先是“创新”，如何增强科技创新；其次是“驱动”，创新如何推动经济增长和发展，具体到资源型经济体，创新如何推动产业升级和经济多样化。产业延伸、产业链构建是产业升级和经济多样化的具体形式之一。围绕产业链，根据产业的市场需求，组织创新活动，延伸服务产业。创新活动的资金投入，一方面依靠政府提供创新平台等基础设施，另一方面采用市场化方式，以科技金融来完成，形成“围绕产业链配置创新链，围绕创新链完善资金链”。

围绕产业链配置创新链，首先需要根据市场潜力和现阶段发展态势确定潜力产业，依据产业之间的关联性，拓展产业链条。根据产业链条，寻找需要突破的核心关键技术，形成产业创新链。以产业链配置创新链，确定核心关键技术进行突破，以创新链推动产业延伸和升级，实现产业链和创新链之间的互动。创新与产业的互动与融合，需要将科研成果转化为新产品或新工艺，实现技术转移。企业既是创新成果的供给者，同时也是创新成果的需求者，是实现创新成果转化的微观经济主体。科技创新内生化，关键是强化企业创新主体地位，提升企业对创新需求的动力和能力。开展创新活动，转化创新成果，都离不开资金的支持。在市场化背景下，如何发挥金融体系的引导作用，以金融创新推动科技创新，以科技创新推动产业升级，实现科技、金融、创新一体化，是创新驱动的关键所在。

具体如图 3-5 所示，遵循“围绕产业链配置创新链，围绕创新链完善资金链”，选择资源和非资源两类潜力产业，优先突破链式、模块、星状三个层次关键技术，以技术进步推动产业升级，以产业升级带动要素结构升级。强化企业创新主体地位，调控和激励创新利益、防控创新风险、改善创新环境，提升企业创新动力以及对创新的吸收能力，逐步提高区域自主创新能力。以技术转移中心和服务体系、官产学研新模式、构建技术联盟为手段，加快推进科研创新成果转化，以创新推动生产效率提升，以经济效益拉动企业对科技创新的需求，提升科技创新产业化水平，加强科技创新对经济增长的贡献。以投贷联动与风险防控实现融资对接，以差异化金融服务提升资金利用效率，以良性金融生态环境支持科技和金融的结合，构建多方合力、一体化运作的科技金融服务体系，加快科技、经济、金融一体化步伐。优化科技创新空间布局，实现其全方位创新平台、产业链条式服务中心、多功能智慧城市、创新型辐射源等功能，推动资源依赖向创新驱动转变。实施创新战略，需要优化创新环境、构建创新平台、积聚人才、提供资金支持和政府政策服务、激励产业创新等，形成科技创新高投入、高产出、创新能力强、创新环境好、科技创新对经济增长贡献大的创新型区域。

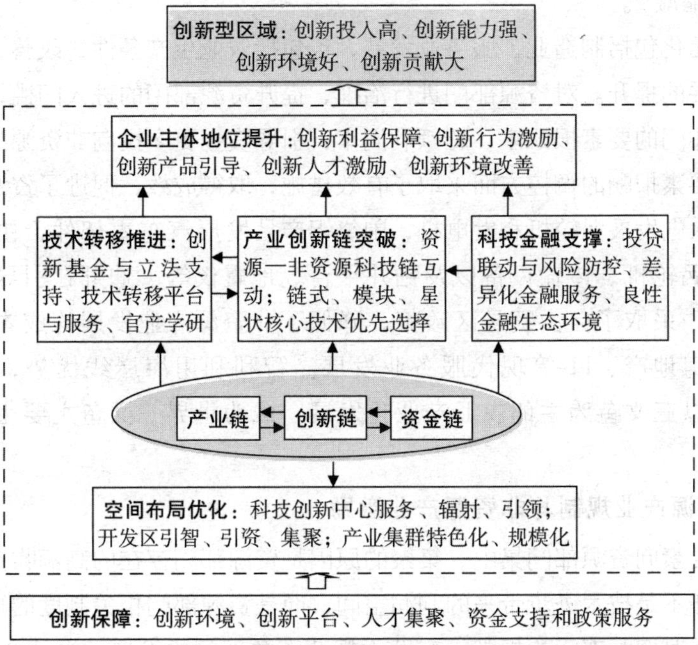

图 3-5　资源型经济体创新驱动机制

三、矿业收益调控与产业多元化

矿产品价格波动引起矿业收益波动，为避免对政府预算与支出、汇率的负面影响，建立稳定基金制度，既能调控矿产品价格波动的影响，又能将部分收益分配给当代居民，还能将部分收益留给后代。此外还有外汇储备、购买债券等多种形式，政府预算与支出也是一种调控方式。

（一）收益调控与产业多样化的国际经验

挪威于 1990 年创建了国家石油基金，其目标是确保石油收益的可持续利用。按照挪威的法律条例，政府从油气生产中获取的各项收益需移交到石油基金，议会确定基金中的多少应被用来运作政府的财政预算。2001 年确定石油基金的长期回报率为 4%，以此作为转移到年度国家预算金额的标准。这项规则确保政府不是简单地将石油财富花费掉，而是使其转化为国民财富。其他资源丰裕型国家/区域，建立了功能多样的资源基金，如智利的经济社会稳定基金、俄罗斯的稳定基金、塞拉利昂的矿区发展基金、阿拉斯加的永久基金等。

对矿产品出口的过度依赖容易导致资源丰裕型国家的经济增长波动，出口多样化是避免产业单一化的主要措施。智利作为铜矿主要出口国，通过关税调控，促进了出口多样化，除铜矿之外，其他农产品及其制造业产品的出口占总出口比重逐步上升，从 1970 年的 14.6%上升到 2008 年的 41.3%。其主要措施是 1973 年之后在军事政府统治下的单边贸易开放，以及 1990 年之后实施的自由贸易协定。截止到 2000 年，关税已下降到 6%，政府与贸易伙伴签署自由贸易协定，关税进一步缩减[①]。

产业多元化包括制造业、服务业发展，也包括农业生产条件的改善，以及农业劳动生产率水平的提升。对资源部门进行治理，提升资源部门的进入门槛，控制资源部门与非资源部门的要素报酬率、超额利润率，引导资金更多投向非资源型产业。挪威在部门之间要素报酬的调控方面采取了有效措施，取得成效，促进了资源关联产业的发展。围绕水电发展涡轮机和发电机，围绕铝产品发展汽车零部件，围绕石油发展化工产品、涡轮机、传输设备以及钻井平台、地震仪等。迪拜在引导非资源型产业发展方面，采取了自由贸易区政策，降低了非资源产业发展的成本，推进了旅游、金融、房地产、IT 等现代服务业发展。智利利用海岸线优势，通过产业移植，促进了以三文鱼为主的农业产业化发展，成为世界三文鱼主要生产和出口国之一。

（二）资源产业规制与非资源产业激励

如果说要素向资源部门集中、集聚的原因是资源部门存在的高额收益，那么高额收益的来源并不是技术进步带来的利润空间，而是资源部门相关制度的缺失引起的利益转化。加强对资源部门的规制，有助于规范资源部门的发展，提升企业社会责任，防止要素向资源部门过度集中；将资源部门获取的收益用于财政补贴、技术支持，激励非资源性产业的发展。

1. 资源产业规制与退出机制

加大对资源部门的研发投入，提高矿业企业的技术门槛，增强资源开发的集约利用程度。矿产资源是可耗竭的，在开采与使用时必须做到集约、节约。技术进步是资源集约、节约开发与利用的前提，包括探矿技术、开采技术、冶炼技术、加工技术等。推进资源部门的技术进步，一是能够降低资源的损耗，实现资源的持续利用；二是能够提高劳动者的技能与资本投入比例，弱化资源部门发展对物质资本与人力资本的挤出效应；三是增加了技术这一要素在矿产资源开发租金收益中的分配，防止高额租金可能引发的各种经济社会问题。通过提高矿业企业的技术门槛，将资源部门从一个低技术含量的初级部门，转变为高技术含量的、规模报酬递增的现代化产业部门。

评估资源储量与企业发展，建立资源性产业退出机制。资源性产业资产专用性强，沉没成本高，其结果是要素锁定在资源部门。建立资源性产业退出机制，加快资源部门的固定资产设备折旧，计入生产成本；计提资源部门转产发展资金，建立转型发展援助基金。正确评价生态环境破坏及其恢复治理情况，建立企业信誉档案，作为企业是否能获取转型援助基金或新矿产资源的依据。

2. 非资源产业激励机制

通过税收优惠、财政补贴、投资诱导、政府购买，大力推动战略性新兴产业发展

① J. R. Fuentes. “Managing Natural Resources Revenue：The Case of Chile”，OxCarre Research Paper 40，2009.

和生产性服务业发展。通过税收返还、结算补助、专项补助的形式给予地方政府财政支持，新产业发展较快的地区，加大补助力度，对于替代产业项目进行重点补助。进一步规范核准制，简化备案制，制定政府投资管理法规。建立集中审批和网上审批平台，优化审批流程，推行并联审批、联合审批。根据替代产业发展方向，修订产业指导意见和指导目录，发挥政府资金的导向和带动作用。在发行国债、确定国际组织与外国政府贷款投向、争取中央财政支持、引导外资投向时，优先考虑工矿城市和矿区。对于引进的高新科技项目，政府可通过入股、借贷、出让土地等方式给予支持，以引导民间投资。对于支持矿业市县与矿区转型的银行，给予适度的资本金支持。以政府采购支持本地新兴产业发展。大型投资项目，应尽可能的把商品与劳务采购合同给予本地区企业，尤其是向战略性新兴产业、优势产业倾斜。政府产品采购，在保证质量的基础上，优先选择本地产品，保证一定采购比例。

3. 部门间要素报酬比价监控机制

对资源部门进行监督，一是价格与利润监督，如果出现价格迅速上升，则要适时启动稳定基金制度，调控资源部门的利润空间；二是对不同部门间的工资水平、资本收益率进行监控，防止要素在部门间大规模流动，避免资源繁荣现象。根据挪威经验，通过工会制度对资源性产业员工工资的调节，可以有效缓解要素报酬比价失衡。保持资源型企业内部员工工资与制造业、金融业、高科技企业的合理差距（1.5～2倍），保证劳动力技能与素质的收益份额，避免资源部门高工资对其余部门人力资本的吸纳作用。

（三）产业结构优化升级的路径选择

产业结构优化升级实际上就是产业结构高级化、合理化、多元化的过程。其中产业结构高级化是指随着生产力的发展和社会的进步，国民经济部门结构的重心由第一产业向第二、第三产业转移的过程。产业结构合理化，是根据消费需求与要素供给特点，对生产要素进行合理利用，协调产业之间、供给结构与需求结构之间的关系，提高要素的生产率与综合使用效率；产业结构合理化还包括产业组织结构合理化，即在市场机制下形成的特定产业内规模不等的企业比例关系及其竞争与垄断特征。产业结构多元化是指根据要素供给结构与消费需求结构，形成以不同主导产业为核心的、具有带动性强、影响力大、成长性好的多元化产业体系，以增强区域或国家抵御市场风险的能力。资源型区域的产业结构优化升级，重点是从单一的、低技术含量的、资源部门为主的产业结构，向多元的、具有高附加值、高技术含量的制造业部门，以及服务于资源部门、制造业部门的现代物流、科技研发、现代金融、信息产业等生产性服务业转化。具体如图 3-6 所示，主要包括产业升级、产业结构优化、产业组织形式演进，也可以说是资源型产业改造、非资源型产业再造、竞争型企业培育。

资源型产业改造包括资源产业绿色开采、传统产业升级改造，前者通过保护性开

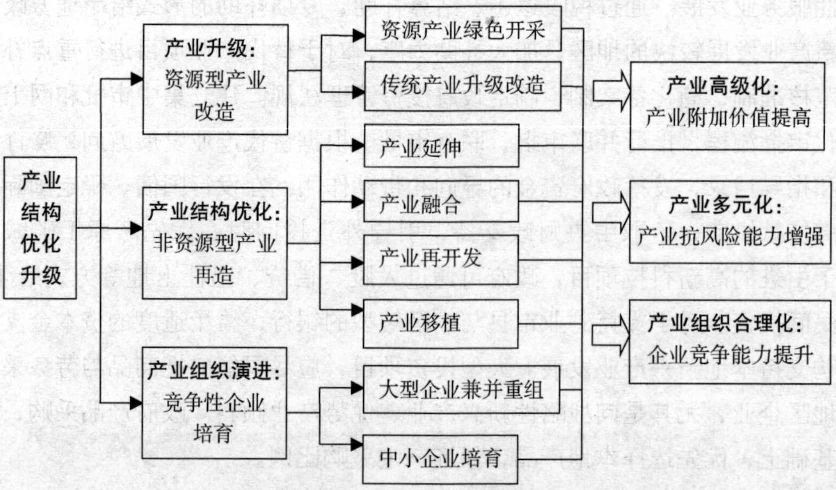

图 3-6 产业结构优化升级的路径选择①

采、修复性开采以提高资源回采率、降低对生态环境的破坏；后者通过工艺和技术改造，提高资源利用率和废弃物的循环利用。非资源型产业再造包括产业延伸、产业融合、产业再开发、产业移植。其中产业延伸，是基于技术创新与工艺革新，延伸资源产业链条，提高资源的利用率与产业的附加价值。产业融合是通过资源产业与其他产业之间的融合，或者原有产业新理念的融合以促进新产业的兴盛。产业再开发，是通过挖掘本地新资源优势，发展具有比较优势且节能环保的非资源型产业。产业移植是从区外引进的高新技术产业或者劳动力密集型产业。竞争型企业再造，一是针对国有大中型企业，可以采用同类企业、上下游企业以及横向关联企业之间的兼并重组，加强企业之间的联合，尤其是引入资源消耗少、创新能力强、人力资源丰富的非资源类项目，增强企业集团的活力和创新能力；二是加强中小型企业的培育与扶持发展，增强企业的竞争能力与就业吸纳能力。

产业结构优化升级目标是实现产业的高级化、多元化以及产业组织形式的合理化，提升产业的附加价值、增强产业抵御市场风险的能力和企业竞争力。

第四节 矿业规制与资源生态环境补偿

矿产开发外部性造成经济发展与生态环境之间的冲突。防范、制止矿产开发中造成的生态环境破坏，可以采取征税、进入规制以及政府监管等方式。根据矿山的赋存条件、企业的开采技术以及对生态环境破坏程度，政府可从“事后补偿”性征税和“事前防范”性监管入手。

① 孙毅、景普秋：《资源型区域绿色转型模式及其路径研究》，《中国软科学》2012 年第 12 期。

一、税收、“事后补偿”与社会福利

以井工煤矿为例，其带来的生态环境破坏可分为资源损害、生态破坏、环境污染，其中资源损害既包含了对本体矿产资源的浪费，也包含了对伴生矿产资源的废弃；生态破坏包括地面塌陷、地下水资源破坏、土地与植被破坏等；环境污染包括开采中的煤矸石堆积、水污染，以及运输与使用中的污染。就生态破坏而言，主要与资源赋存条件、开采规模、开采工艺相关。本研究假设三种情况，运用边际成本—收益分析法，进行社会福利的比较分析：一是生态环境破坏随产量不发生变化，即边际损害为常数；二是生态环境破坏随产量增加，即边际损害为线性单调递增函数；三是采用粗放式开采方式与绿色开采技术的社会福利比较。前两者属于“事后补偿”、后者属于“事前防范”。

（一）边际损害为常数下的生态补偿

假定矿产开发中带来的生态环境破坏不随产量发生变化，即边际损害（Marginal Damage，缩写为 MD）为一常数。如图 3-7 中（a）所示，假定某矿山企业的私人边际成本曲线为 PMC，边际收益曲线为 MB（Marginal Benefit），边际损害为常数 MD，则其社会边际成本为 SMC。如果企业不考虑对社会造成的负外部性，政府也不进行管制，则企业的最优选择是 MB＝PMC，即在 E^P 点达到均衡状态，确定最佳产量为 Q^P。消费者剩余和生产者剩余为三角形 JAE^P 的面积。因带来生态环境破坏，总社会福利为消费者剩余与生产者剩余之和再减去总损害 $ABFE^P$ 的面积，净社会福利水平是三角形 JBE^S 的面积与三角形 E^SE^PF 的面积之差。如果前者大于后者，则生产给社会带来的净福利为正，但比生产者本身所考虑的福利水平要小得多；如果前者小于后者，则矿产开发给社会带来的净福利是为负的，生产还不如不生产。

为了提高社会福利水平，可以采用改进的方式，即政府按照企业生产中生态环境破坏的程度，向企业征收同等数额的税收，企业的边际成本从 PMC 向上移动 MD 个单位变为 SMC，均衡状态为 E^S 点，最佳产量为 Q^S。这一均衡状态下，生产者剩余和消费者剩余为三角形 JBE^S 的面积，正好为社会总福利。与 E^P 点相比，增加的社会福利为三角形 E^SE^PF 的面积，如图 3-7（a）中阴影部分所示。

（二）边际损害为线性函数的生态补偿

如果矿产开发中造成的边际损害随产量而增加，如图 3-7 中（b）所示，MD 向右上方倾斜，则社会边际成本曲线变得更为陡峭，在 E^S 点处达到均衡。如果政府不征税，企业只考虑私人边际成本，则社会净福利水平等于三角形 JBE^S 面积与三角形 E^SE^PF 面积之差，很有可能为负。其造成的生态环境破坏，应该以税收的方式进行调节，避免巨大的社会福利损失。

现实中，不同企业造成的生态环境破坏不同，有的可能随产量增加，有的破坏程度较小，政府一般采取统一的标准征收，即每单位产量征收一定额度税收。如果采用的税收标准或者税收征收方法，不能够完全补偿企业所造成的生态环境破坏，则依然

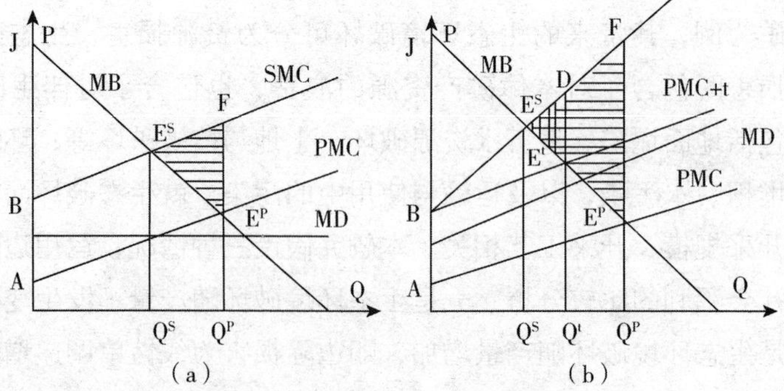

图 3-7　矿产开发中的外部不经济、税收与社会福利

会存在社会福利损失。如图 3-7（b）中，假设政府征税的标准，与图 3-7（a）中相同，按照定量税收取，则征税之后企业的边际成本曲线上升为 PMC＋t，均衡点为 E^t，均衡产量为 Q^t。现有政策背景下，社会净福利为三角形 JBE^S 的面积与三角形 E^SE^tD 的面积之差。与理想状态相比，福利损失为 DE^tE^PF 的面积；与没有政府管治下的生产相比，增加的福利部分为三角形 E^SE^tD 的面积。

因赋存条件差异、技术水平、产量等，各企业造成的生态环境破坏程度不同。征税方式与征税标准的设定，需要充分了解企业可能造成的破坏。若要将社会福利损失减少到最小，则需要对企业的开采条件和方式进行监管，对可能造成的生态环境破坏程度进行评估和监测。纵然，利用采取税收的方式进行“事后补偿”，从成本上制约了企业的均衡选择，但如果能够将“事后补偿”转化为“事前防范”，则可以节约生产成本，增加企业产量，提升社会福利。

二、绿色开采、“事前防范”与社会福利

绿色开采方式是对资源、生态环境进行保护性开发，做到事前及时防范、事中即时修复。与事后的生态环境补偿相比，事前预估与技术支撑，以及开发中废弃物的再利用，成本相对较小。如图 3-8 所示。假定未采用绿色开采技术方式下造成的生态环境破坏为 MD①，边际私人成本依然为 PMC，社会边际成本为 SMC＝PMC＋MD，MB 为企业边际收益。在此增加的一个特殊变量是绿色开采边际成本 GMC（green marginal cost），高于企业的 PMC，低于 SMC。

无政府规制下的企业生产，多采用粗放式开采方式，在 E^P 点达到均衡，净社会福利为三角形 JBE^S 的面积减去三角形 E^SE^PF 的面积之差，可能为正值也可能为负值，视生态环境破坏程度而定。政府对企业造成的生态环境破坏进行征税，税收额度等于 MD，则企业的边际成本上升为 SMC，在 E^S 处达到均衡，净社会福利为三角形 JBE^S 的面积。如果采用绿色开采方式，则边际成本为 GMC，介于 PMC 和 SMC 之间，在 E^G 点处达到均衡，净社会福利为三角形 JCE^G。与政府征税相比，增加了社会福利水

① 注：MD 可能为常数，也可能为线性函数，在此以常数为例进行分析。

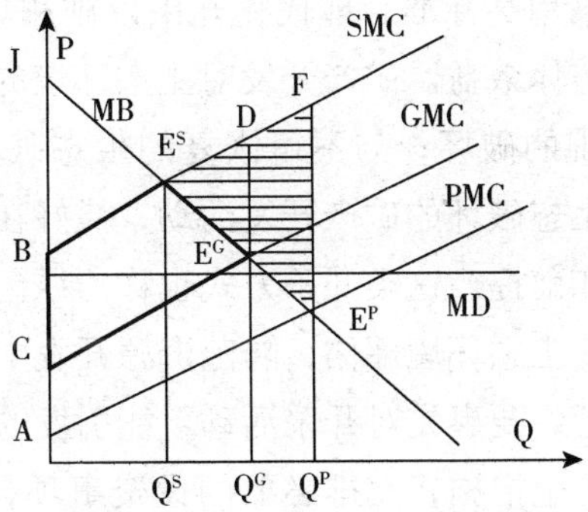

图 3-8　绿色开采与社会福利

平 BCE^GE^S。

在矿产开发中，要根据生态环境破坏的类型与程度，鼓励绿色开采方式，采用不同的规制和激励方式，力求社会福利最大化。

三、资源生态环境补偿机制①

实施生态补偿制度，重点在于将外部成本内部化，将资源生态环境的破坏计入资源开发成本，建立基于完全成本的矿产品价格形成机制；采取防范性措施，从源头上控制，建立资源开发的生态环境破坏预防机制；通过第三方治理模式，加强对生态环境破坏的监督与治理。

（一）建立基于完全成本的矿产品价格形成机制

目前，国内矿业成本包括勘探成本（矿产资源补偿费）、生产成本（开采成本与加工成本）、资源成本（如资源税、采矿权价款等）等。完全成本是除生产成本之外对矿产开发的负外部性、安全投入、沉没成本等进行的补偿，除合理的资源租金外，还包括安全成本、转型成本、环境成本，其中安全成本由企业投入安全设施、政府监督执行，按照一定的标准来执行；转型成本由企业留存，投入社会设施或者非资源性产业或者资源后续加工产业；环境成本，主要用于生态环境的治理以及对当地居民的补偿。将安全投入、生态环境补偿、转型成本的支出等，作为完全成本的一部分，从会计核算上计入总成本。完全成本包括由资源、劳动力、资本报酬构成的企业私人成本，以及由矿产开发的风险性、外部性、资产专用性所产生的安全成本、环境成本、转型成本等外部性成本。

（二）完善矿产开发前的防范机制，实行绿色开采

矿产开发前的防范性补偿②主要是指在开发前采取先期性、预防性补偿措施，防止矿产开发对资源的损耗与生态环境的破坏。即对资源生态环境提供的生态功能与生产服务功能进行付费。具体包括对矿产资源的补偿，例如开采前充分考虑主要矿种及

---

① 张复明、景普秋：《矿产开发中的资源生态环境补偿机制研究》，经济科学出版社 2010 年版。

② 这是一种广义的补偿概念，类似于国外的生态环境服务付费（Payment for Environmental Service），也可以称作为矿产开发前的资源生态环境服务付费。

其伴生矿种的赋存条件，采用高标准、现代化开采设施和集约化、综合化开采工艺，以期提高资源开采效率和整体效益。矿产开发对生态环境的破坏，包括可恢复的生态破坏，如对地表及植被景观的破坏；与不可恢复的生态破坏，如地下水资源的破坏等。对可能造成不可恢复生态破坏的矿产开发活动，最好在开发前采取严格的防范性措施，严守不破坏的原则和前提。这类开采方式也称为绿色开采和保护性开采。

加强资源部门开采前的生态环境评估，防范资源开发中造成的不可逆转的生态环境破坏。采矿权人和开采者，要事先对开采活动可能引发的生态环境破坏给予充分的评估与预判，采取得力的防范措施，安排必要的投资事项，防备采矿对伴生/共生资源、生态环境的破坏。开展矿产开发生态环境损害的综合评估和技术论证，禁止隔离可能导致生态功能不可恢复性破坏的资源开发行为。依据生态环境损失评估结果，要求矿山企业签订生态环境服务承诺保证书，并缴纳服务保证金。允许预防性投入进入企业生产成本，激励开采者更多地采取防范性措施，实现资源型企业的绿色开采。政府可以给予资金、技术、特殊机会与精神鼓励等多种形式的支持，引导和激励资源节约型和环境友好型矿产开发活动。包括减免进口机器设备税收、直接补贴资金等，无偿或优惠提供保护性开采技术、现代化开采技术等，支持相关设备的使用及其员工培训等，给予采矿权人特殊机会、优惠政策乃至某种优先权，以及通过媒体塑造绿色矿山企业的公众形象。

（三）实行即时性和修复性补偿，积累生态资本，渐还历史欠账

即时性补偿是指对矿产开发过程中造成的生态环境损害，以及对当地居民生活和生产活动的损害所进行的即损即补式的补偿。针对环境污染，即时性补偿是将污染物的排放控制在安全线以内，以及采取污染处理措施，及时进行污染治理和补偿。针对生态破坏，即时性补偿是指对开采过程中造成的土地资源破坏以及农事活动损失，及时进行土地修补和补偿；如果是露天开采，及时进行迹地回填和补偿。修复性补偿是指对矿产开发造成的生态环境破坏对当地居民生产生活损害的事后性补偿。有些矿产开发活动可能会对生态环境造成不可恢复的严重破坏，如地表水、地下水资源的破坏，这种情况只能采取货币化的形式进行修复性的经济补偿。能够追究责任主体的，由责任企业进行补偿；难以追究责任的，则由政府或者公众机构担负补偿责任。

矿产开发中造成的资源生态环境损害，如果采取有效的防范措施，能够保持原有的生态功能和环境质量；或者通过合理的、可行的修复、补救措施，可以恢复资源生态环境的原有功能，则为实体性补偿，其要点是对资源生态环境功能进行维护、修补和抚育，保持自身的更新能力以及对人类生存发展的支撑能力，这是一种最优选择。如果不可能从实体原貌上完全恢复，但可以通过功能性重置、再建工程、替代性项目等方式，部分地满足居民生产或生活的功能要求，则为功能性补偿，这是一种次优选择。如果资源生态环境损害非常严重，无论采取何种措施，或者付出多大代价，其生态环境功能也不可能得到恢复，则只能通过对受害对象或受损区域给予经济或货币补偿，称为价值性补偿，这是一种被迫的也是最后的选择。现有补偿方式中，价值性补偿比较普遍，功能性补偿尚未引起足够的重视。构建资源生态环境补偿机制的目的，并不仅仅是对经济主体之间的利益分配进行调整，而是以此为手段，成为激励或制约补偿或保护资源生态环境的行为，尽可能恢复资源生态环境功能，协调人与自然的关系。

（四）推行第三方治理模式

建立独立于政府的第三方监督与治理机构，代表政府行使监督与治理的职能。由政府进行投资，组建公司，成立专家评估小组，对新建矿山企业进行准入考查与评估。根据其提供的可行性报告，分析资源开发中可能出现的资源损耗与生态环境破坏问题，以及所采取的措施，确定是否准许新矿山企业的进入。对企业进行过程监督，如果出现与开采方案不相符合的生态环境破坏问题，及时进行责任追究。通过政府财政专项拨款，逐步解决历史上造成的、无法分清责任主体的生态破坏的补偿与修复。

第五节　矿业收益监管、收入均等与社会福利提升

矿业收益制度以及制度执行力，是预防寻租、腐败和收益两极分化的前提。制度建设与透明化管理是预防矿业收益耗散的主要手段。矿产开发中的外部负效应，不仅需要完善的制度，也需要强有力的政府监管。通过收入的合理分配，限制部分过高收入；通过基础设施、社会设施、公共投入、福利等收入再分配，提升低收入者的收入水平；通过矿业收益监管，避免财富的过度集中，促进资源型区域收入均等化，提升居民收入和社会福利。

一、矿业收益透明化管理

矿业收益的征收和使用过程中，如何避免权力寻租，提高矿业收益的使用效率？矿业收益的透明化管理、政府反腐败、良好的产权制度、稳固的政权和领导者的睿智远见，都发挥着重要作用。

（一）透明化管理与国际反腐败

国际上有专门的矿产开发透明化管理组织，如资源行业透明行动组织（即 EITI，Extractive Industries Transparency Initiative）；也有专门关注反腐败的非政府组织，如透明国际组织（即 TI，Transparency International）。EITI 是由前英国首相布莱尔于 2002 年 9 月在约翰内斯堡举办的可持续发展高峰论坛上启动的，这个政策机制被众多的政府、西方赞助机构以及国际非政府组织所欢迎，并将它作为复兴资源丰富的非洲国家经济发展的关键。基于“罪有应得”（Punish What You Pay）这项措施，EITI 旨在提高公司对政府及关联机构的支付透明度，以及东道主国家的收入透明度。人们认为一项关于信息质量的规范性条款将会产生一个相互制衡的系统，使得公司和

政府为自己的行为承担起责任，也会提升经济的重要性、政治的稳定性，并提供一个良好的投资环境。塞拉利昂 2007 年签署加入 EITI，旨在提高矿产透明度。在规范政府和公司行为责任上，民主社会的作用仍然是不明确的，但毕竟有所改善。TI 是反腐败国际性非政府组织，每年公布“清廉指数”（Corruption Perception Index，CPI），旨在推动建立一个囊括各种法律与制度在内的国家公信体系（National Integrity System，NIS），督促公信与问责在公共、私人或社会组织的贯彻实施。2010 年博茨瓦纳的 CPI 数值为 6.0，不仅成为非洲大陆腐败情况最轻微的国家，而且政府清廉水平甚至高于意大利、希腊等一些欧洲国家，这是其实现经济增长奇迹的主要保障。

（二）监督与惩治腐败行为

矿产收益分配、使用与管理制度的完善，是一个渐进的过程，不可避免地存在法制上和管理上的疏漏。加大监督与惩治力度，可减少或杜绝政府官员的腐败行为。所谓政府官员的腐败，主要是指利用职权便利收受贿赂或者获取其他方面的收益。腐败行为的监管力度，在很大程度上影响甚至决定着政府官员受贿的可能性。受贿与监管之间存在一个混和策略博弈行为，如表 3-1 所示。受贿官员有两种战略选择：接受贿赂，或者不接受贿赂；监督者也有两种可能的行动：发现并惩罚，或者未发现、未惩罚。假定行贿的贿金为 B，如果受贿者接受贿赂而未被发现，则收益为 B；而一旦受贿行为被发现，则监督者会采取惩罚措施，如没收资产（假定是已受贿额的 n 倍，即 nB），行为严重者甚至要入狱或者监禁，以至于影响到以后的工作与生活。假定惩罚负收益为 nB+D，其中 nB 为资产惩罚，D 为监禁或者名誉损失。

表 3-1　资源收益腐败行为与监管的博弈

支付		监督者	
		发现并惩罚（q）	未发现或未惩罚（1－q）
受贿者	接受贿赂（p）	B－nB－D，G－C＋nB	B，－G
	不接受（1－p）	0，－C	0，0

对于腐败行为的监督与惩罚，关系到政府管理效率与政府声誉。如果能够设立合适的监管机构，并严格监督和依法惩治政府官员的腐败行为，那么就是一个廉洁、公正、有效率的政府。设立合适的监管机构，以及确保监管机构正常履行职责，需要付出相应的成本。假设可以用 G 来表示政府的信任度与效率收益，用 C 表示监管的成本，则如果发现腐败行为并进行惩罚，得到的收益分别为 G－C＋nB（受贿者接受贿赂）、－C（受贿者不接受贿赂）。如果未发现或者发现后未惩罚，则收益为－G。博弈的支付结构如表 3-1 所示。

假设受贿者接受贿赂的可能性为 p，不接受贿赂的可能性为 1－p；监督者发现并惩罚腐败行为的可能性为 q，未发现或者发现后也未惩罚的可能性为 1－q，则双方要获取最大收益，最后得到的混合策略纳什均衡为：受贿者以 $p=\frac{C}{2G+nB}$ 的可能性接受贿赂，监督者以 $q=\frac{B}{D+nB}=\frac{1}{\frac{D}{B}+n}$ 的可能性进行监督。

受贿者接受贿赂的可能性取决于三个因素：一是监管者对政府的信誉与效率的重视程度G，监管者对政府自身形象越重视，那么受贿者接受贿赂的可能性就越小；二是监管者监督腐败行为并采取相应措施所付出的成本与所面临的阻力C，政府监管腐败行为的难度越大，受贿者接受贿赂的可能性就越大；三是监管者的惩罚力度n的大小，惩罚力度越大，受贿者接受贿赂的可能性越小。

当然从监管者的角度看，监管者对腐败行为的监管与惩罚的可能性主要取决于两个因素：一是行贿的数额B，B越大，监管的可能性越大；二是对受贿者采取的惩罚措施D与n，这两个值越大，对受贿者的警示作用越大，受贿者接受贿赂的可能性越小，从长期来看监督者对受贿行为监督的可能性就会减小。

模型分析结果说明，除减少租金源外，对受贿者的有力惩罚与严格监督，可以有效地减少资源生产和收益分配中的腐败行为，进而相应地提高政府的效能与信任度。

（三）健全的制度与良好的管理

健全的制度与良好的管理是资源丰裕型国家/区域规避“资源诅咒”的主要保障。博茨瓦纳建立了优良的制度，尤其是在私有产权领域。博茨瓦纳很早就重视农业部门发展，建造基础设施并发展农村经济。他们还重视农业部门公共物品的供给以及对基础设施、卫生与教育的投资，其中，政府对农村实物资本与人力资本的投资回报率很高，进一步刺激了经济增长。承认与保护私有产权，不断改进国家产权结构，利用政策引导经济的发展，这些在其独立发展方面起着决定性作用。

（四）稳固的政权与领导者的睿智和远见

领导者的政治生涯以及领导者的远见，是能否将收益进行合理分配与转化的重要条件，进而决定了资源开发与区域发展之间的关系。领导者的政治生涯对矿业收益转化有重大影响。政治生涯越长，领导者的位置越稳固，获取的资源收益越可能将其转化，投资到国内产业经济发展中。这要求领导者有远见卓识，同时也有一个较长的任期。短期内政治家很少关心经济增长条件的改善，很少有意愿储备资源收益。卡塔尔前任总统埃米尔谢赫把石油收入视为家族财产，过着奢华的生活；而迪拜统治者却将石油收入用于改善基础设施和公共服务，成功地实现了迪拜的服务业多元化和经济繁荣。

二、收入均等化与社会福利

矿业收益的偏差，可能导致资源型区域居民失业、收入差距扩大、生产生活环境恶化、社会福利水平下降等。矿业收益的合理分配，尤其是矿业收益的二次分配制度，有助于缩小收入差距，直接提升居民社会福利水平。对企业的激励引导，对制造业的保护和支持，有助于增加居民就业机会和提升收入，间接提升居民福利水平；对人力资本和创新的投资，能增加个人的福利水平，促进区域要素禀赋升级，增强区域可持续增长能力，提升居民动态福利水平。

（一）收益均等分配与政府福利政策

矿业收益均等分配，是理论上提出的破解“资源诅咒”的政策建议之一，如Sala-i-Martina和Subramanianb① 指出，如果将石油直接分配给尼日利亚公民，至少会优于现状，且在长期中能提高经济增长绩效。同时，也是实践中已经被部分国家或区域采取的措施，如美国的阿拉斯加州和加拿大的阿尔伯塔省。矿业收益直接分配给居民有几个优点：能够保证资源租金分配的公平性；避免租金集中于少数利益集团手中，以减少腐败、寻租和资源租金的低效使用；能够创造一种应对矿产品价格波动的次优机制等。当然，直接分配矿业收益，并不是每一个国家或区域能做到的，其实施的有效性还取决于制度质量和制度执行力。

更多措施是政府的福利政策，将资源租金用于提升居民福利水平。首先是关于就业，因资源部门挤出制造业，会导致一部分劳动者失业。政府要为失业者创造更多的就业岗位，主要是在公共部门就业，这样既能增强公共服务能力，也能解决居民的失业问题。其次，为缩小收入差距，也是为了避免劳动力在部门间的异常流动，可以调控部门间的要素报酬，将其控制在一定范围之内，把额外的资源租金收益用来提高劳动者的收入水平。再者，将资源租金用于居民的养老、医疗等社会保障，保证收入分配的公平性，也能缩小收入差距；最后，可以采取专门针对低收入群体的政策措施，如保证低价格基本生活品供应等。20 世纪 60～70 年代，印度尼西亚采取了许多针对穷人的项目，包括普及初级教育、食物和煤油的价格控制、乡村工作规划等，取得了较好成效；而尼日利亚没有采取任何措施，则陷入收入两极分化的泥沼。

（二）激励企业投资与政府产业政策

资源部门对劳动力的吸纳能力有限，资源部门的强化和制造业部门的挤出，会减少就业的吸纳能力。如何激励企业对非资源部门的投资，如何提升制造业竞争能力和农业生产率水平，如何推动产业多元化和间接提升居民社会福利水平，是资源型区域政府面临的主要问题。从现有的政策来看，一些资源型区域政府已经尝试采取促进资源型企业产业多元化政策，但效果并不乐观。主要原因还是将其与资源产业绑在一起，由资源产业的高收益来“供养”非资源型产业。矿业收益的合理分配，可以避免资源部门的额外高额利益。通过资源税费体系，规范资源部门的发展。资源部门获取的税收收入，部分可用于对制造业的激励。如采用技术支持、税收减免、人才保障、土地优惠，改善投资环境和企业生产成本，推进产业多元化。

（三）要素禀赋升级与经济持续稳定增长

矿业收益的直接分配对企业和产业具有激励作用，为居民创造更多的就业和提高收入的机会，可以提升居民当前的社会福利水平。为保持社会福利的持续性，则需要

① X. Sala-i-Martina & A. Subramanianb. “Addressing the Natural Resource Curse: An Illustration from Nigeria”, IMF Working Paper 3/139, 2003.

提升区域发展能力，以此保证居民享有较高的动态福利水平。区域发展能力，核心是要素禀赋升级与制度创新。让资源开发获取的收益，更多地转化为物质资本、人力资本，增加基础设施和社会设施投资，提供免费教育，建立创新基金，改善研发条件，增加研发投入等。伴随创新投入，需要与之匹配的一系列相关制度，以保证投资效率和效果。要素禀赋升级，既保证了居民福利的公平性，也增进了区域可持续发展能力，促进了经济持续稳定增长，保证了居民收入的持续性。

第四章

经济增长波动、滞缓及其治理

经济增长能够提高人均收入，是影响社会福利水平的主要因素。如何实现经济稳定持续增长是资源型经济体要解决的首要问题。资源型经济增长难题突出地表现为矿业收益波动所带来的经济增长波动问题，以及矿业收益偏差引致物质资本、人力资本挤出，进而导致长期经济增长缓慢甚至停滞问题，也即所谓的“资源诅咒”问题。本章从矿产品价格冲击角度分析资源型经济增长的短期波动问题，从资本形成不足角度分析资源型经济增长的长期滞缓问题；短期与长期相结合，提出资源型经济增长难题的治理机制。通过山西与全国的比较，检验资源型区域经济增长的短期波动；利用全国分省域截面、面板数据，对“资源诅咒”进行再检验。

第一节　经济增长波动、滞缓及其影响

资源型经济增长缺乏持续性和稳定性，表现在短期经济增长的波动以及长期经济增长的滞缓，并带来了要素配置扭曲、收入水平低下、收入分配不均等方面的社会福利损失。

一、经济增长的短期波动

自然资源，特别是煤炭、石油等可耗竭矿产资源的开发利用，是经济增长的重要推动力量。在全球经济增长中，传统化石能源扮演着重要角色，对于能源价格、产量的波动都十分敏感。以资源开发为主导的资源型经济体，受制于资源型产品的市场波动，经济增长波动剧烈。

（一）矿产品价格波动导致各国经济增长波动

Hamilton① 指出，石油价格冲击是 1972 年之前美国经济几次衰退的一个因素，这种冲击对 OPEC 国家宏观经济的影响更为明显。Hoag 和 Wheeler② 研究了石油价格冲击对美国俄亥俄州煤炭产业的影响，认为石油价格冲击对煤炭就业的影响显著，且甚于对煤炭价格、工人工资的影响。对于资源型经济体而言，Sachs 和 Warner③ 指出，资源产品价格的上涨会推进资源产业部门的繁荣，在短期内带动经济快速增长。Deaton④ 以非洲为例的研究发现，初级产品价格波动与真实 GDP 变动呈现明显的相关性，在 20 世纪 70 年代初级产品价格开始下降时，非洲国家真实 GDP 增速也下降。

---

① J. D. Hamilton. “Oil and the Macroeconomy Since World War II”, *Journal of Political Economy*, 1983, 91, 2: 228～248.

② J. H. Hoag & M. Wheeler. “Oil Price Shocks and Employment: The Case of Ohio Coal Mining”, *Energy Economics*, 1996, 18, 3: 211～220.

③ J. D. Sachs & A. M. Warner. “The Big Push, Natural Resource Booms and Growth”, *Journal of Development Economics*, 1999, 59, 1: 43～76.

④ A. Deaton. “Commodity Prices and Growth in Africa”, *The Journal of Economic Perspectives*, 1999, 13, 3: 23～40.

在 20 世纪 90 年代中期，随着初级产品价格上涨，经济增速也提升。Manzano 和 Rigobon①认为，20 世纪 70～80 年代的商品价格波动使得以资源产品出口为主导的发展中国家经济崩溃，经济增长大起大落。新世纪以来，石油价格的波动也带来了石油丰裕国家的经济波动，比如在价格上涨的 2005 年，俄罗斯经济增长率为 6.38%，而在因世界金融危机石油价格下挫的 2009 年，俄罗斯的经济增长率下降到－7.83%，危机过后石油价格的反弹使得俄罗斯 2010 年经济增长率恢复到 4.3%，在石油价格持续下跌的 2014 年，俄罗斯经济增速仅为 0.6%②。对于矿产品占出口 90%的蒙古国而言，在近几年也经历了类似于俄罗斯的经济增长波动，2009 年蒙古国经济增长率为－1.27%，而 2011 年恢复到 17.51%。

（二）矿产品价格波动带来中国资源型区域的经济波动

徐剑刚等③发现，石油价格上升会导致中国 GDP 下降，石油价格的产出弹性在－0.07 至－0.14 之间。魏巍贤等④在对中国宏观经济波动的研究中发现，在各种冲击来源中，能源价格的冲击影响最大。在资源型区域，矿产品价格波动会导致区域经济的大幅度波动。景普秋⑤在对国内典型资源型省份山西的研究中发现，其经济波动幅度高于全国，如全国经济增长上升或下降 1 个百分点，则山西经济增长上升或下降 1.3 个百分点，山西经济波动剧烈的原因在于煤炭价格波动⑥。从 2012 年以来的经济发展形势看，由于煤炭价格趋于疲软，曾经在 2003 年以来经济增速位居全国前列的山西、内蒙古等资源型省份（含自治区、直辖市，下同），经济增速下滑趋势明显。以内蒙古鄂尔多斯为例，2002 年到 2012 年，鄂尔多斯经济 10 年内增长 17 倍，人均 GDP 超过北京、上海，甚至超过香港。但是在 2008 年金融危机之后，煤炭价格增长趋缓，特别是在 2012、2013 年，全市过半煤矿停产，经济增速列内蒙古倒数第一⑦，体现出鄂尔多斯经济增长的波动性。

（三）资源争夺引发资源型经济增长波动

像叙利亚、苏丹等地区性的战乱多因资源争夺而起，势必会影响经济增长；而像乍得这样的新兴石油国家，也是矛盾冲突不断，经济增速 2004 年曾达 33.64%，之后增长几乎完全停滞。战乱更为严重的利比亚，石油收入占 GNP 的 80%，占出口收入的 97%，2010 年经济增长率为 3%，而战乱导致 2011 年经济增长率为－61%，战

① O. Manzano & R. Rigobon. "Resource Curse or Debt Overhang?", NBER Working Papers No. 8390, 2001.

② 张继业：《俄罗斯央行说俄 2014 年经济增长率为 0.6%》，新华网，http://news.xinhuanet.com/world/2015-01/31/c_1114200407.htm。

③ 徐剑刚、宋鹏、李治国：《石油价格冲击与宏观经济》，《上海管理科学》2006 年第 11 期。

④ 魏巍贤、高中元、彭翔宇：《能源冲击与中国经济波动——基于动态随机一般均衡模型的分析》，《金融研究》2012 年第 1 期。

⑤ 景普秋等：《基于可耗竭资源开发的区域经济发展模式研究》，经济科学出版社 2011 年版，第 143～144 页。

⑥ 赵康杰、景普秋、贾琳：《煤炭价格波动及其对资源型区域经济发展的影响》，《产经评论》2011 年第 4 期。

⑦ 新华网：《鄂尔多斯过半煤矿关停，GDP 增速跌至内蒙古倒数第一》，http://www.he.xinhuanet.com/jinrong/toutiao/2013-07/01/c_116350060.htm。

后重建，石油产业恢复带来2012年超过100%的经济增长①。

二、经济增长的长期滞缓

“资源诅咒”这一概念的初始含义，是指资源丰裕与长期经济增长之间的反向变化关系，资源丰裕导致资源型经济长期增长滞缓。也就是说，虽然资源开发短期可能促进经济增长，但是却难以实现长期的持续增长。

（一）资源丰裕国家易遭遇“资源诅咒”

Auty②1993年提出了“资源诅咒”假说，认为矿产资源开发并不必然带来经济增长，长期看，资源型经济体的经济增长率反而较低。随后许多学者进行了实证检验，Sachs和Warner③验证了“资源诅咒”的存在，资源丰裕与经济增长显著负相关，在以1971年为基期，直到1989年近20年的经济增长中，资源产品出口占GDP比重高的国家，经济增长率较慢。Gylfason④对全球85个国家研究发现，自然资本占国家财富比重提高10个百分点，1965年至1998年间人均GNP增长率下降1个百分点；奥蒂⑤的研究指出，1960年到1990年间，自然资源贫乏国家人均GDP的增长率为3.5%，自然资源丰裕国家人均GDP的增长率为1.3%，资源贫乏国家的发展比资源丰裕国家快2～3倍⑥。

（二）中国省域层面存在“资源诅咒”

徐康宁、王剑⑦认为，在中国省域层面“资源诅咒”是成立的，资源贫乏的广东、浙江、江苏、福建等地区经济增长速度明显高于资源丰裕的辽宁、山西、黑龙江等地区。胡援成、肖德勇⑧通过构建模型并利用1999～2004年中国省域层面数据检验“资源诅咒”，认为自然资源丰裕程度与经济发展呈明显的负相关关系，资源相对缺乏的上海、江苏、浙江等省，人均实际GDP的增长率反而高于自然资源相对丰裕的黑龙江、山西、新疆等省区。韩亚芬等⑨用煤炭、石油、天然气三种矿产资源的基础储量占全国的相对比重来衡量资源丰裕度，考察了资源丰裕度与人均GDP年均增长率的关系，结果发现山西、黑龙江、内蒙古、陕西、安徽、贵州、新疆等地区出现

① 中华人民共和国商务部网站：《IMF：2012年利比亚经济增长超过100%》，http://cccme.mofcom.gov.cn/article/i/jyjl/k/201303/20130300057945.shtml。

② R. M. Auty. *Sustaining Development in Mineral Economies: The Resource Curse Thesis*, London: Routledge, 1993.

③ J. D. Sachs & A. M. Warner. “Natural Resource Abundance and Economic Growth”, NBER Working Paper No. 5398, 1995.

④ T. Gylfason. “Natural Resources, Education, and Economic Development”, *European Economic Review*, 2001, 45, 4～6: 847～859.

⑤〔英〕奥蒂主编，张效廉译：《资源富足与经济发展》，首都经济贸易大学出版社2006年版。

⑥ 孙永平、赵锐：《“资源诅咒”悖论国外实证研究的最新进展及其争论》，《经济评论》2010年第3期。

⑦ 徐康宁、王剑：《自然资源丰裕程度与经济发展水平关系的研究》，《经济研究》2006年第1期。

⑧ 胡援成、肖德勇：《经济发展门槛与自然资源诅咒——基于我国省际层面的面板数据实证研究》，《管理世界》2007年第4期。

⑨ 韩亚芬、孙根年、李琦：《资源经济贡献与发展诅咒的互逆关系研究》，《资源科学》2007年第6期。

了“资源诅咒”现象。邵帅、齐中英[1]指出自20世纪90年代西部大开发以来，西部地区的能源开发与经济增长之间存在显著的负相关性，能源开发确实带来了“资源诅咒”效应。邵帅、杨莉莉[2]对中国煤炭城市的研究发现，煤炭资源丰裕本身是有利于经济增长的，但是煤炭资源丰裕所带来的资源产业依赖对经济增长却是不利的。

除了上述两类对“资源诅咒”问题的研究，资源型经济增长的长期滞缓在一些老工业基地也有所体现。20世纪中期之后，欧美、日本等发达国家因资源开发而风光一时的老工业基地，经济可持续增长遇到困难，沦为“问题区域”，比如鲁尔、休斯顿、洛林等；中国东北老工业基地及许多资源型城市，在经历数十年高强度资源开发之后，面临资源枯竭问题，经济增长速度明显放缓，资源枯竭型城市的经济转型也成为中国经济发展的一个难点。

三、经济增长波动、滞缓造成的社会福利损失

资源型经济增长难题不仅导致短期波动和长期滞缓，还造成社会福利的损失，主要表现在：经济波动导致要素配置扭曲；经济增长滞缓带来收入水平较低；经济波动引发收入分配不均等。

（一）经济波动导致要素配置扭曲

经济波动，容易引起“反工业化”，进而带来要素配置扭曲问题。经济波动由经济的繁荣与萧条所组成，在资源部门自强机制的作用下[3]，矿业繁荣时期生产要素会从制造业部门流向资源部门，但矿业萧条时期生产要素会粘滞在资源部门，这是不符合工业化演进规律的，造成了“反工业化”的要素配置扭曲。Corden和Neary[4]对“荷兰病”进行了研究，20世纪70年代北海油田发现后，资本、劳动力等要素大量流入，荷兰的石油、天然气产业快速繁荣，制造业相对萎缩，出现了“反工业化”现象。非洲国家在石油、钻石等资源的开发中，也形成了要素配置扭曲与产业结构单一问题。即使在经济增长发生奇迹的国家博茨瓦纳，钻石产业占经济的比重在2010年仍然超过了30%，投资也主要集中在钻石产业，而其农业、制造业因缺乏投资发展缓慢。

要素配置的扭曲也带来了要素禀赋的初级化问题。经济要素大量集中在资源部门，而资源部门是资源、资本密集型的，对劳动力的素质要求较低，进而对人力资本、科技创新产生了挤出。Gylfason[5]通过对多国统计数据的分析发现，自然资本与

---

① 邵帅、齐中英：《西部地区的能源开发与经济增长——基于资源诅咒假说的实证分析》，《经济研究》2008年第4期。

② 邵帅、杨莉莉：《自然资源丰裕、资源产业依赖与中国区域经济增长》，《管理世界》2010年第9期。

③ 张复明、景普秋：《资源型经济的形成：自强机制与个案研究》，《中国社会科学》2008年第5期。

④ W. M. Corden & J. R. Neary. “Booming Sector and De-industrialization in a Small Economy”, *The Economic Journal*, 1982, 92, 368: 825～848.

⑤ T. Gylfason. “Natural Resources, Education, and Economic Development”, *European Economic Review*, 2001, 45, 4～6: 847～859.

教育花费、受教育年限、中学入学率等均呈反方向变化；Sachs 和 Warner[①] 认为，开发自然资源会吸引潜在的创新者和企业家去从事初级产品生产，排斥了真正意义上的企业家行为和创新行为。

要素配置扭曲与产业结构逆向演进，使得经济增长更多依赖资源等初级要素，人力资本与创新相对缺乏，引起长期经济增长滞缓。对于资源型经济体而言，不仅要促进经济总量、规模上的增长，更要注重经济增长的质量，而产业结构升级、要素禀赋高级化是提升经济增长质量的关键。

（二）经济滞缓直接影响人均收入状况

“资源诅咒”表现为资源型经济长期增长滞缓，直接影响到居民的收入水平。具体来看，在盛产石油的非洲尼日尔三角洲，尼日利亚 1970 年时人均 GDP 已经达到 223.5 美元[②]，但是到 1993 年人均 GDP 下降到 207.02 美元，“资源诅咒”迹象显著；尼日尔类似于此，1966 年人均 GDP 达到 177.99 美元，1993 年仅为 187.84 美元，几乎没有增长。在被认为普遍遭遇“资源诅咒”的撒哈拉以南非洲国家，1970 年人均 GDP 为 219.9 美元，1993 年提高到 537.4 美元，23 年间增长了 2.44 倍，而同期全球人均 GDP 平均增长了 5.75 倍，资源丰裕的撒哈拉以南非洲地区的经济状况，尤其是人均收入状况确实不能令人满意。

（三）经济波动引发收入分配不均等

资源型经济增长波动，对居民收入分配会带来两方面冲击，表现在收入差距的拉大和对未来收入的悲观预期。

经济波动可能带来收入差距扩大。一般而言，制造业、高新技术产业等人才密集型的产业收入相对较高，但在资源型经济体情况与此不同，尤其是在资源产品价格高涨、资源繁荣时期，资源部门的收益被大幅拉高，资源产业与制造业及其他产业之间的行业收入差距明显拉大，导致资源型经济体的行业收入差距大于非资源型经济体。从当前资源产业的发展趋势看，资源产业已经从最早的劳动力密集型向资本密集型转变，资源产业使用的劳动力数量越来越少，资源型经济中劳动力获得资源收益的途径收窄，资源收益越来越集中在掌握资本的少数人手里，导致贫富差距拉大。寻租、腐败问题是资源型经济的突出社会问题，部分政府官员利用手中的权力参与资源收益分配，这是收入分配不合理的一方面表现。从现实情况看，在资源丰裕的非洲国家、资源权利集中在特权阶层、少数精英以及武装分子手中，资源收益没有惠及非洲普通居民，贫困问题非常突出，寻租、腐败、战乱也都深刻地影响着资源收益的分配与使用；在中国资源型省份山西，曾经出现了“煤老板”现象，煤炭财富集中在少数人手中，而当地居民的整体生活水平在全国则相对靠后。

---

① J. D. Sachs & A. M. Warner. “Natural Resources and Economic Development: The Curse of Natural Resources”, *European Economic Review*, 2001, 45: 827～838.

② 这里的人均 GDP 都是按照 2012 年美元计算，资料来自世界银行数据库。

经济波动引起居民对未来收入的悲观预期。资源型经济体的大多数居民难以从资源收益中获得更多收入，消费能力不足，而从资源开发中获得高额收益的少数利益群体，其奢侈性消费往往在外地、外国，而不在当地，导致资源型经济体整体消费不足。当地消费需求不足，进一步弱化了经济增长。经济增长的强波动性，引起资源型经济体收入和支出的波动。政府为了保持公共支出的稳定性、居民为了保持生活水平的稳定性，都会考虑将资源繁荣时期的收入用于预防性储蓄，过多的储蓄导致政府、居民的消费不足。

第二节　矿产品价格冲击与短期经济增长波动

资源型经济增长短期波动的原因主要在于矿业收益的波动，本节对矿产品价格冲击下的资源型经济增长短期波动进行理论分析。从短期看，由于产业结构单一，资源型经济增长波动性强，在不考虑资源储量的情况下，经济波动主要是由矿产品价格波动导致。这里以矿产品价格波动为出发点，对矿产品价格冲击导致短期经济波动的原因进行数理解释，利用何樟勇、许彬①、赵楠②所论述的世代交叠模型，加入矿产品价格因素，分析矿产品价格波动对资源型经济增长波动的影响，并分析稳定基金对经济波动的平抑作用。

一、基本假定

在世代交叠模型中，要对生产者、消费者进行基本假定。

（一）生产者假定

在资源型经济体中，资源依赖程度比较高，假定极端情况为单一资源产业，那么资源产业的生产函数可以用来体现资源型经济体的生产函数：$Y_t=F(K, L)=AK_{t-1}^{\alpha}L_t^{1-\alpha}$，其中，$Y_t$、$K_{t-1}$、$L_t$ 表示产出、资本投入、劳动力投入。在世代交叠模型中，当期的生产资本取决于上一期储蓄的转化，因而资本的时期使用 $t-1$ 来表示。矿产品的价格比一般工业品价格波动要强烈。假定其他产品价格不变情况下，只有矿产品价格发生变化，同样的资源产品可以交换更多或更少的其他产品，资源型经济体的实际产值会受到矿产品价格波动的影响。这里，在假定其他商品价格不变的情况下，矿产品价格发生变化，将矿产品价格 P 引入生产函数，最终资源型经济体的生产函数可以表示为$Y_t=PF(K, L)=PAK_{t-1}^{\alpha}L_t^{1-\alpha}$。

（二）消费者假定

在世代交叠模型中，消费者的生命周期总共分为两期，当期（第 t 期）消费者投入劳动力进行生产得到工资收入 w_t^t，消费者将一部分收入用于当期消费 c_t^t，同时将

① 何樟勇、许彬：《实际经济周期理论及其在中国的运用》，《中共浙江省委党校学报》2005 年第 5 期。
② 赵楠：《世代交叠模型及其应用》，《经济学动态》2004 年第 4 期。

收入的另一部分作为储蓄，形成未来一期（第 $t+1$ 期）的资本投入 K_t，那么就有 $w_t^t=c_t^t+K_t$。消费者追求跨期效用最大化，假定消费者的效用函数为 $U=\ln c_t$，一种较为简化的效用函数形式。

二、数理分析

在对消费者效用最大化行为和生产者利润最大化行为进行分析的基础上，对消费者与生产者均衡所带来的投资、产出波动与矿产品价格波动之间的关系进行分析，并探讨稳定基金对经济波动的平抑作用。

（一）消费者与生产者行为分析

1. 消费者行为

消费者以跨期效用最大化为目标，那么第 t 期的消费者在第 t 期和第 $t+1$ 期效用最大化的目标函数可以表示为：

$$\max U=(c_t^t, c_{t+1}^t)$$

约束条件为：

$$w_t^t=c_t^t+K_t \tag{4-1}$$

$$c_{t+1}^t=K_t(1-\delta+r_{t+1}) \tag{4-2}$$

约束条件公式（4-2）表示，就某一消费者而言，在 $t+1$ 期的消费为第 t 期投资的结果，不仅要拿回全部的本金，也能得到利息收入，收益率为 r_{t+1}，但也要承担资本折旧，折旧率为 δ。

消费者的效用最大化可以用约束条件（4-1）和（4-2）表示为：

$$\max U=(c_t^t, c_{t+1}^t)=\ln c_t^t+\ln(w_t^t-c_t^t)(1-\delta+r_{t+1}) \tag{4-3}$$

公式（4-3）关于 c_t^t 的一阶条件可以表示为：

$$\frac{dU}{dc_t^t}=\frac{1}{c_t^t}+\frac{-1(1-\delta+r_{t+1})}{(w_t^t-c_t^t)(1-\delta+r_{t+1})}=0$$

求解 c_t^t 可以得到：

$$c_t^t=K_t=\frac{1}{2}w_t^t \tag{4-4}$$

公式（4-4）的结果显示，无论消费者未来的收益如何，消费者会将劳动报酬的二分之一用于当期的消费，另外一半用于储蓄，转化为下一期的资本投入。消费者的消费、储蓄决策与折旧率、未来一期的利息率都没有关系，这一结论与所假设的效用函数的特殊性有一定关系，这并不妨碍研究。

2. 生产者行为

根据资源型经济体的生产函数假定：$Y_t=PF(K, L)=PAK_{t-1}^{\alpha}L_t^{1-\alpha}$，可以分别求得资本、劳动的边际收益，生产者是追求利润最大化的，生产函数关于资本、劳动的一阶条件为：

$$r_t=\alpha PAK_{t-1}^{\alpha-1}L_t^{1-\alpha} \tag{4-5}$$

$$w_t=(1-\alpha)PAK_{t-1}^{\alpha}L_t^{-\alpha} \tag{4-6}$$

为了简化研究，暂时不考虑劳动因素的变化，假定每一期的劳动投入 $L=1$。公式（4-5）和（4-6）可以简化为：

$$r_t=\alpha PAK_{t-1}^{\alpha-1} \tag{4-7}$$

$$w_t=(1-\alpha)PAK_{t-1}^{\alpha} \tag{4-8}$$

公式（4-7）和公式（4-8）表明，满足生产者利润最大化的均衡条件下，当矿产品价格 P 波动时，资源型经济体的资本收益和劳动报酬都会发生变化，利息率、工资与价格呈正相关的关系。

（二）消费者、生产者均衡与经济波动

在满足生产者、消费者均衡的条件下，总的消费需求和总的投资需求之和等于生产者的产出。总的消费支出为：

$$C=c_t^t+c_t^{t-1} \tag{4-9}$$

公式（4-9）说明在 t 期资源型经济体的总消费包括第 t 期的劳动者在当期的消费，以及第 $t-1$ 期的劳动者在第 t 期的消费。将公式（4-4）、（4-8）和公式（4-2）、（4-7）代入公式（4-9）可以得到总消费：

$$\begin{aligned}C&=c_t^t+c_t^{t-1}=\frac{1}{2}(1-\alpha)PAK_{t-1}^{\alpha}+K_{t-1}(1-\delta+r_t)\\&=\frac{1}{2}(1-\alpha)PAK_{t-1}^{\alpha}+K_{t-1}(1-\delta)+K_{t-1}\cdot\alpha PAK_{t-1}^{\alpha-1}\\&=\frac{1}{2}(1+\alpha)PAK_{t-1}^{\alpha}+K_{t-1}(1-\delta)\end{aligned} \tag{4-10}$$

总投资为：

$$\begin{aligned}I&=Y_t-C=PAK_{t-1}^{\alpha}-\frac{1}{2}(1+\alpha)PAK_{t-1}^{\alpha}-K_{t-1}(1-\delta)\\&=\frac{1}{2}(1-\alpha)PAK_{t-1}^{\alpha}-K_{t-1}(1-\delta)\end{aligned} \tag{4-11}$$

结论 1：由公式（4-10）、（4-11）可以得出，矿产品价格波动会影响到区域的总消费和总投资，总消费和总投资都与矿产品价格正相关，价格上涨，消费、投资都上升，价格下降，消费、投资都下降；折旧率也会影响总消费、总投资，折旧率与消费负相关，与总投资正相关；上一期的储蓄（本期的资本投入 K_{t-1}）与消费正相关，但与总投资的关系不是很明确。

既然矿产品价格、折旧率、上一期的储蓄都会影响本期的总消费与总投资，那么这些因素对消费、投资哪个变量的影响最大，可以通过投资率、消费率进行反映，在促进经济增长中，一般认为投资的作用非常重要，这里主要构造投资率来反映资源型经济体的投资倾向：

$$i=\frac{I}{Y}=\frac{\frac{1}{2}(1-\alpha)PAK_{t-1}^{\alpha}-K_{t-1}(1-\delta)}{PAK_{t-1}^{\alpha}}=\frac{1}{2}(1-\alpha)-\frac{K_{t-1}^{1-\alpha}(1-\delta)}{PA} \tag{4-12}$$

结论 2：从公式（4-12）中可以看出，矿产品价格波动会影响投资率，当矿产品

价格 P 上升时，投资率 i 提升，当矿产品价格 P 下降时，投资率 i 下降；上一期的储蓄（本期的资本投入 K_{t-1}）也会影响本期的投资率，当上一期的储蓄较多时，本期的投资率下降，当上一期的储蓄较少时，本期的投资率上升。折旧率越大，投资率也越大。

矿产品的价格波动会影响到投入，也会影响到产出，可以通过构造投入、产出关于矿产品价格的弹性系数对具体的影响程度进行度量。总投资、产出关于矿产品价格的弹性系数可以表示为：

$$e_I=\frac{dI}{dP}\cdot\frac{P}{I}=\frac{\frac{1}{2}(1-\alpha)PAK_{t-1}^{\alpha}}{\frac{1}{2}(1-\alpha)PAK_{t-1}^{\alpha}-K_{t-1}(1-\delta)}>1 \tag{4-13}$$

$$e_Y=\frac{dY}{dP}\cdot\frac{P}{Y}=\frac{AK_{t-1}^{\alpha}\cdot P}{PAK_{t-1}^{\alpha}}=1 \tag{4-14}$$

结论3：从公式（4-13）、（4-14）中可以看出，投资关于矿产品价格的弹性系数大于1，产出的弹性系数等于1[①]，投资关于矿产品价格的弹性系数要大于产出关于矿产品价格的弹性系数，这说明矿产品价格波动时，投资的波动较为敏感，进而通过投资波动带动经济增长波动。这一结论也是与经济周期波动的特征事实相吻合的[②]。

（三）稳定基金与经济波动平抑

矿产品价格波动、投资波动会影响资源型经济增长波动，而经济波动过于强烈会对社会福利、长期稳定增长产生一定的不利影响，需要采取有效措施平抑经济增长波动、减缓经济波动的负面影响。稳定基金作为政府管理资源收益的一种手段，可以起到平抑经济增长波动的作用，这也是挪威、美国阿拉斯加等资源丰裕国家（区域）在经济发展实践中的成功经验。稳定基金的设立主要是通过对矿产品价格波动起伏的调控起到缓解经济波动的作用。稳定基金设立的基本思路是[③]：第一，当矿产品价格高企且预期价格持续上涨时，可以考虑对资源产业从价征收稳定基金，减少资源产业的利润率，使得资源产品的供给受到约束，防止由于矿产品价格上涨带来过度资源繁荣；第二，当矿产品价格低迷时，政府考虑将在价格高企时期征收的稳定基金通过补贴资源产业、用于社会公共服务投资等方式防范价格低迷所导致的经济衰退。

稳定基金征收、使用与矿产品价格波动有一定的关系，需要有一个基准价格 P_0，基准价格可以通过对一段时期内矿产品价格的平均计算得出。当 $P_t>P_0$ 时预期价格 $P_e>P_0$，政府对资源产业征收与矿产品价格 P_t 相关的费率为 f 的稳定基金；稳定基金征收之后的资源产业面对的矿产品价格变为 $(1-f)P_t$，此时 f 为正值；当 $P_t<P_0$ 时预期价格 $P_e<P_0$，政府应该对资源产业进行补贴 f，补贴之后资源产业所面对的矿产品价格变为 $(1-f)P_t$，此时 f 为一个负值，相当于征收一个负的费率。同

① 弹性系数等于1是在资源型经济体产业单一部门、其他部门价格不变，效用函数简化等背景下形成的，实际中不会明确等于1，一般是比1小。

② 袁志刚、宋铮：《高级宏观经济学》，复旦大学出版社2001年版，第107～108页。

③ 景普秋等：《基于可耗竭资源开发的区域经济发展模式研究》，经济科学出版社2011年版，第241～245页。

时这里假定 f 与价格也有一定的相关性，当 P_t 高于 P_0 的幅度越高，那么 f 越大，也就是费率越高；而当 P_t 低于 P_0 的幅度越高，f 越小，说明对资源产业的补贴越多。

在征收稳定基金之后，资源型经济体的生产函数变为 $Y=(1-f)PAK_{t-1}^{\alpha}$，资源型经济体均衡的投资水平 I_f、投资率 i_f、投资关于价格的弹性系数 e_{If}、产出关于价格的弹性系数 e_Y 分别变为：

$$I_f=\frac{1}{2}(1-\alpha)(1-f)PAK_{t-1}^{\alpha}-K_{t-1}(1-\delta) \tag{4-15}$$

$$i_f=\frac{1}{2}(1-\alpha)-\frac{K_{t-1}^{1-\alpha}(1-\delta)}{(1-f)PA} \tag{4-16}$$

$$e_{If}=\frac{dI_f}{dP}\cdot\frac{P}{I_f}=\frac{\frac{1}{2}(1-\alpha)(1-f)PAK_{t-1}^{\alpha}}{\frac{1}{2}(1-\alpha)(1-f)PAK_{t-1}^{\alpha}-K_{t-1}(1-\delta)}>1 \tag{4-17}$$

$$e_Y=\frac{dY}{dP}\cdot\frac{P}{Y}=1 \tag{4-18}$$

在加入稳定基金变量之后，投资、产出也会有关于稳定基金 f 的弹性系数 e_1、e_2：

$$e_1=\frac{dI_f}{df}\cdot\frac{f}{I_f}=\frac{-\frac{1}{2}(1-\alpha)fPAK_{t-1}^{\alpha}}{\frac{1}{2}(1-\alpha)(1-f)PAK_{t-1}^{\alpha}-K_{t-1}(1-\delta)} \tag{4-19}$$

$$e_2=\frac{dY}{df}\cdot\frac{f}{Y}=\frac{f}{f-1} \tag{4-20}$$

结论 4：将公式（4-15）与公式（4-11）进行比较可以发现，在征收稳定基金后，资源型区域的总投资会发生变化，当 $P_t>P_0$，f 为正时，$I_f<I$，也就是矿产品价格上涨导致的投资增加幅度减少；当 $P_t<P_0$，f 为负时，$I_f>I$，也就是矿产品价格下降时导致的投资下降幅度也减少，稳定基金起到了缓解投资波动的目的。

结论 5：将公式（4-16）与公式（4-12）进行比较可以发现，征收稳定基金之后投资率也发生了变化，当 $P_t>P_0$，f 为正时，$i_f<i$，说明矿产品价格上涨导致投资率下降；当 $P_t<P_0$，f 为负时，$i_f>i$，说明矿产品价格下降时投资率提升。

结论 6：比较公式（4-17）和公式（4-13）可以发现，征收稳定基金之后，虽然 $e_{If}>1$，但是投资关于矿产品价格的弹性系数还是发生了变化，当 $P_t>P_0$，f 为正时，$e_{If}>e_I>1$，说明矿产品价格上涨导致投资关于矿产品价格的弹性系数变大；当 $P_t<P_0$，f 为负时，$e_I>e_{If}>1$，说明矿产品价格下降导致投资关于矿产品价格的弹性系数变小。这是未考虑稳定基金对投资影响的情况；如果纳入稳定基金，当 $P_t>P_0$，f 为正时，公式（4-19）投资关于稳定基金的弹性系数 $e_1<0$；当 $P_t<P_0$，f 为负时，$e_1>0$。因而投资的弹性受价格、稳定基金双方面的影响，价格波动时，通过调整稳定基金费率可以起到调节投资弹性的作用。

结论 7：比较公式（4-18）和公式（4-14）可以发现，稳定基金征收前后产出关于矿产品价格的弹性系数都为 1，没有发生变化；但是征收稳定基金之后，产出受稳定基金费率的影响。当 $P_t > P_0$，由于 $0 < f < 1$，产出关于稳定基金的弹性系数 $e_2 < 0$，说明在考虑产出关于稳定基金的弹性系数的情况下，虽然矿产品价格的上涨能带动产出增加，但是 f 的提升却起到了降低产出的作用，因而在矿产品价格上涨时，产出（关于价格、稳定基金费率）的总的弹性系数小于 1，起到防范经济增长过快的作用；当 $P_t < P_0$，由于 $f < 0$，产出关于稳定基金的弹性系数为正值，在同时考虑产出关于价格、稳定基金费率的作用下，矿产品价格下降会导致产出的下降，但是 f 为负会起到提升产出的作用，因而使得矿产品价格下降且低于基准价格时，产出（关于价格、稳定基金费率）的弹性系数小于 1，也就说明矿产品价格下降时，经济衰退的幅度减少。

第三节　资本形成不足与长期经济增长滞缓

资源型经济体备受关注的原因在于，资源丰裕带来了“资源诅咒”问题，也就是长期经济增长滞缓。经济增长离不开物质资本、人力资本、创新等生产要素的贡献，但是在资源依赖的背景下，矿业收益分配与使用的不合理导致矿业收益无法正常、顺畅、有效地转变为经济发展的资本投入，资源依赖对资本形成能力产生了挤出，表现在资本形态递进、资本结构升级困难，进而真实储蓄不足，制约了长期经济增长。

一、基本假定

假定资源型经济体存在采掘业、制造业两个部门，两个部门的生产特征如下。

（一）采掘业部门

采掘业依赖于自然资源的开发，是资源型经济体的主导产业，假定不存在科技创新与人力资本需求，则采掘业的生产函数可以表示为：$Y_R = f_R \ (K_R,\ L_R) = A_R K_R^{\alpha} L_R^{1-\alpha}$，采掘业是关于物质资本投入、劳动投入的规模报酬不变的函数，Y_R 表示采掘业部门的产值，K_R、L_R 表示采掘业部门的资本、劳动投入，A_R 表示采掘业的技术水平为一个不变的常数。对于采掘业部门而言，采掘业的发展受资源产品价格的影响较为明显。假定制造业产品的价格标准化为 1，而资源产品的价格为 p_R，那么采掘业的生产函数可以表示为：$Y_R = p_R f_R \ (K_R,\ L_R) = p_R A_R K_R^{\alpha} L_R^{1-\alpha}$。在采掘业部门当中，资本的收益为 $r_R = \alpha p_R A_R K_R^{\alpha-1} L_R^{1-\alpha}$、劳动的收益为 $w_R = (1-\alpha)\ p_R A_R K_R^{\alpha} L_R^{-\alpha}$。

（二）制造业部门

制造业发展是工业化的标志，在制造业发展中，存在着科技创新与人力资本需求，因而假定制造业的生产函数为 $Y_M = f_M \ (K_M, \ H_M) \ = A_M K_M^{\beta} H_M^{1-\beta} = A_M K_M^{\beta} (h \cdot L_M)_M^{1-\beta}$。公式表示制造业是关于物质资本、人力资本的规模报酬不变的函数，K_M、H_M 分别表示制造业部门的物质资本投入、人力资本投入，而人力资本投入可以表示为区域人均人力资本 h 与制造业部门就业人员 L_M 的乘积，A_M 表示制造业生产的技术水平。制造业部门的资本收益为 $r_M = \beta A_M K_M^{\beta-1} \ (h \cdot L_M)_M^{1-\beta}$，而对于劳动的收益包括劳动投入自身应该获得的收益，也包括人力资本应该获得的收益，这里假定这两部分的收益都归劳动者所有，制造业部门劳动收益为 $w_M = \ (1-\beta) A_M K_M^{\beta} \ (h \cdot L_M)_M^{-\beta}$。

（三）资源型经济体假定

将资源型经济体的产业划分为制造业、采掘业两个产业部门，资源型经济体总的生产函数：$Y = f(K, H) = AK^{\gamma} H^{1-\gamma} = AK^{\gamma} \ (h \cdot L)^{1-\gamma}$，资源型经济体是关于物质资本、人力资本的规模报酬不变的函数；Y 表示资源型经济体的产出水平，且 $Y = Y_R + Y_M$；K 表示资源型经济体的物质资本投入，且 $K = K_R + K_M$；人力资本 H 是人均人力资本 h 与所有从业人员 L 的乘积，且 $L = L_R + L_M$；A 表示资源型经济体总的生产技术水平。在资源型经济体，可以使用$\frac{Y_R}{Y}$、$\frac{L_R}{L}$来表示资源依赖度 RDD。

二、机理分析

在资源大规模发现或者资源产品价格上涨的背景下，会导致资源型经济体的资源依赖，资源依赖的形成对人力资本、物质资本产生了挤出，资本形成不足对科技创新产生了排斥。结果，资源依赖造成人力资本、创新缺乏，拖累经济增长，致使要素禀赋退化，产生了“资源诅咒”现象。

（一）资源依赖的形成与人力、物质资本挤出

“资源诅咒”是资源型经济增长的长期表现，其产生起始于资源依赖的形成，资源依赖的形成对人力资本、物质资本产生了排斥和挤出。资源依赖的形成，可能是由于资源发现，也可能是由于资源产品价格上涨导致的资源大规模开发。这里以资源产品价格的上涨为例，说明资源依赖形成过程中的人力资本、物质资本的排斥和挤出。

第一，资源产品价格上涨、要素流动与资源依赖形成。当资源产品价格 p_R 上涨时，r_R、w_R 也上涨，在 $r_R > r_M$，$w_R > w_M$ 的情况下，采掘业和制造业的要素收益比价发生了变化。在两个产业间不存在要素流动壁垒的情况下，制造业的就业人员、物质资本都会向采掘业流动，采掘业的物质资本 K_R、就业人员 L_R 增加，采掘业的产值也会增加。制造业产值由于物质资本、就业人员的流失而下降，进而采掘业占工业产值比重提升，制造业比重下降，出现“反工业化”现象，资源依赖度提升。资源依赖形成之后，由于自强机制的存在①，生产要素不断流向采掘业，以采掘业为主的资源产业家族规模不断扩张，自我强化机制陷入资源依赖的锁定状态。

① 张复明、景普秋：《资源型经济的形成：自强机制与个案研究》，《中国社会科学》2008 年第 5 期。

第二，资源依赖与人力资本挤出。在资源依赖形成中，通过两种路径对人力资本产生了排斥和挤出：一是资源依赖使得劳动力向采掘业部门集中，而一般认为采掘业是人力资本需求少的产业，而制造业发展需要更多的人力资本。但是，制造业就业人员的流失，使得制造业的人力资本存量 H_M 下降，因而在整个资源型经济体中，实际使用的人力资本下降；二是人力资本 h 的形成来自于人力资本投资 I_H，在资源型经济体，资源依赖的深化使得人力资本的需求下降，进而造成人力资本投资的下降，影响了人力资本 h 的形成，人均人力资本水平 h 较低。当资源依赖对人力资本产生挤出之后，资源依赖的自我强化使得就业主要集中在采掘业部门，资源型经济体也缺乏将资源收益用于人力资本投资的意愿，因而从长期看，致使人力资本积累缓慢。

内生经济增长理论强调人力资本在经济增长中的作用，人力资本是有利于实现长期稳定增长的。而资源依赖对人力资本的挤出，必然导致长期经济增长缓慢，经济发展水平低下。

第三，资源依赖与物质资本挤出。采掘业的发展需要大规模的物质资本投入，属于资本密集型产业。资源型经济体中，投资占 GDP 的比重（i）相对较高，但是这并不意味着物质资本积累是充足的，资源依赖不仅会对人力资本产生挤出，也会对物质资本产生挤出。其原因主要在于：一方面，资源依赖对人力资本的排斥和挤出造成资源型经济体发展水平较低，制约了投资规模 $I=iY$，长期积累的物质资本存量也必然不足；另一方面，在经济发展中，物质资本与人力资本存在匹配关系。当人均人力资本较高时，单个劳动者所能支配的物质资本也较高。资源型经济体人力资本的挤出，造成单个劳动者所匹配的物质资本较少，过多的物质资本无法得到有效利用，闲置的物质资本也会流失，这样对物质资本产生了排斥。因而，资源型经济体的物质资本积累不足，资源依赖对物质资本也产生了挤出。

在资源型经济中，物质资本对经济增长贡献份额较高。物质资本积累的不足影响到区域经济增长，这也是由此产生的“资源诅咒”的原因之一。

综上，在资源依赖的形成中对人力资本、物质资本都产生了排斥和挤出，这一过程可以概括为：

$$p_R\uparrow \Rightarrow r_R > r_M, w_R > w_M \Rightarrow L_R、K_R\uparrow \Rightarrow RDD\uparrow$$

$$RDD\uparrow \Rightarrow \left\{\begin{matrix} L_M、K_M\downarrow \Rightarrow H_M\downarrow \\ I_H\downarrow \quad \Rightarrow h\downarrow \end{matrix}\right\} \Rightarrow H\downarrow \Rightarrow Y\downarrow \Rightarrow I\downarrow \Rightarrow K\downarrow$$

（二）资本形成不足与科技创新挤出

资源依赖的形成过程对人力资本、物质资本产生了挤出，导致资源型经济体的资本形成不足，进而对科技创新产生排斥和挤出。科技创新落后是资源型经济体遭遇“资源诅咒”的原因之一。在前面的假定中，资源型经济体总的生产函数为 $Y=AK^{\gamma}H^{1-\gamma}$，$A$ 反映区域的技术进步状况，这里将 A 内生化表示为物质资本、人力资本的函数 $A=A_0k^{\theta}h^{\mu}$，公式中 A_0 表示资源型经济体初始的技术水平，θ、μ 分别表示

人均物质资本 k、人均人力资本 h 对科技创新的贡献①。

第一，人力资本形成不足挤出科技创新。人力资本是经济增长的动力，也是科技创新的主要因素，因为人力资本是具有创新意识、创新精神的。当一个区域人均人力资本水平 h 较高时，人力资本通过直接的创新理念、相互之间的耳濡目染都能够促进创新活动；如果人均人力资本水平较低，区域的创新活动则会受限。这里使用的是人均人力资本作为体现创新的指标，当人均人力资本较低时，每个人的创新能力有限，不利于创新活动的开展。资源型经济体对人力资本产生了挤出，通过人力资本的传导作用对科技创新也产生了排斥。

第二，物质资本形成不足挤出科技创新。在对科技创新的研究中，较多的文献都认为人力资本可能带来创新②，而实际上，物质资本的积累也是有利于科技创新的。如果物质资本积累雄厚，工人、研发人员通过使用先进机器设备，从中学习、吸收、再创新，借助于"干中学"和"溢出效应"促进科技创新。而且一个人所能接触、使用的先进机器设备越多、越高级，越能够促进创新，因而人均的物质资本（k）与创新的关系较为密切。而如果一个区域物质资本积累不足，使用的都是陈旧、落后的设备，就很难通过"干中学""溢出效应"的方式进行科技创新。同样，资源型经济体对物质资本的排斥，通过物质资本的传导作用也挤出了创新活动。此外，对于采掘业而言，虽然需要投入大量的物质资本，但是这类物质资本具有较强的资产专用性，产生的溢出效应较弱，对于创新是不利的。

总的来看，资源依赖通过对人力资本、物质资本的传导作用，对科技创新产生了排斥和挤出：

$$RDD\uparrow\Rightarrow\left\{\begin{matrix}H\downarrow\Rightarrow h\downarrow\\K\downarrow\Rightarrow k\downarrow\end{matrix}\right\}\Rightarrow A\downarrow$$

（三）资本形成不足与经济增长滞缓

资源型经济体拥有丰裕的自然资源，但是资源开发往往会形成资源依赖，对人力资本、物质资本、科技创新都产生了排斥和挤出，缺乏可持续增长的各类资本，进而导致长期经济增长缓慢。内生增长理论认为，伴随经济发展，经济增长的动力会从自然资本、物质资本向人力资本、知识资本（创新）发生转变，也就是资本形态会从自然资本、物质资本递进到人力资本、知识资本（创新），资本结构随之转变为以人力资本、知识资本为主。但是，资源依赖对资本形成能力产生了挤出，制约了资本形态递进、资本结构升级。新古典经济增长理论认为物质资本是经济增长的动力来源，资源型经济体对物质资本的排斥，也妨碍了长期经济增长。

总的来看，资源依赖对资源型经济体的资本形成能力产生了挤出，自然资本所带来的矿业收益没有能够转化为更高形态的资本，真实储蓄不足导致长期经济增长滞

① 科技创新取决于资本、研发人员投入。创新活动与所处的环境有关，物质资本积累水平、人力资本积累水平也会影响到科技创新。这里所分析的是区域环境（物质资本、人力资本）对创新的影响。

② P. M. Romer. "Endogenous Technological Change", *Journal of Political Economy*, 1990, 98, 5: 71～102.

缓，遭遇“资源诅咒”。这一过程可以表示为：

$$RDD\uparrow \Rightarrow \left\{\begin{array}{l} H\downarrow\text{、}K\downarrow \\ \qquad\Downarrow \\ h\downarrow\text{、}k\downarrow \quad \Rightarrow A\downarrow \end{array}\right\} \Rightarrow Y\downarrow$$

第四节　经济增长短期波动与长期滞缓的治理

资源型经济增长存在短期波动与长期滞缓两大难题。短期与长期既有联系也有区别，这里首先对短期与长期经济增长难题的共同点与差异性进行总结，梳理出资源型经济增长难题的成因，进而提出资源型经济增长难题的治理机制。

一、经济增长短期波动与长期滞缓的关系

本章的理论部分分析了资源型经济增长短期与长期难题的形成过程。在短期波动难题的分析中，假定产业结构单一，分析了矿产品价格波动带来的资源型经济体投资波动、经济增长波动；长期滞缓难题的分析中，以矿产品价格上涨带来的资源繁荣为出发点，分析了资源依赖对人力资本、物质资本、科技创新的排斥和挤出。就资源型经济增长短期波动与长期滞缓的关系看，二者在难题产生根源上既有联系也有区别，二者研究目的与政策主张也有差异。

（一）经济增长短期波动与长期滞缓难题产生的联系与区别

经济增长短期波动与长期滞缓两大难题都与矿产品价格波动和资源依赖有关。

第一，短期、长期经济增长难题都与矿产品价格波动相关。在短期经济增长波动的分析中，以采掘业单一产业部门为例，分析了矿产品价格波动带来的经济增长波动，矿产品价格相对于其他工业品，波动性强，在矿产品价格波动的影响下，资源型经济体投资、消费、经济增长都具有较强的波动性。矿产品价格波动是经济增长波动的主要根源，通过稳定基金的方式调控价格波动可以起到调控经济增长波动的目的。在长期经济增长滞缓的分析中，矿产品价格上涨引起要素从制造业向采掘业的流动，包括物质资本、劳动力的流动。制造业是人力资本密集型的，制造业就业人员的流失意味着经济增长中人力资本的流失，人力资本的流失是长期经济增长滞缓、“资源诅咒”的成因之一。采掘业资产专用性很强，其物质资本的用途较为单一，在长期经济增长缓慢背景下，物质资本形成不足反过来又制约了经济增长。可见，人力资本、物质资本的挤出，要素禀赋的退化是长期经济增长难题的重要原因。要素禀赋退化的根源在于矿产品价格上涨带来的产业部门间的要素逆向流动，如果能够从调控资源价格出发来限制要素的异常流动，能够起到防范要素禀赋退化的目的。总的来看，短期、长期经济增长难题都需要对矿产品价格进行调控，进而起到缓解短期经济增长波动、防止要素禀赋退化的作用。

第二，短期、长期经济增长难题都与资源依赖相关。短期经济增长波动的分析中，资源依赖是一个前提，假定资源型经济体只存在一个采掘业部门，矿产品价格波动，导致采掘业部门经济发展的波动，造成整个经济波动。经济波动与价格波动有关，也与区域的资源依赖程度有关，资源依赖程度越高的区域，经济波动强度越大。通过产业多元化降低资源依赖程度，经济波动强度会下降。长期经济增长滞缓的分析中，资源依赖对人力资本、物质资本、科技创新产生了排挤，资本形成缓慢，创新缺乏，要素禀赋退化，导致长期经济增长滞缓。破解长期经济增长难题，需要打破资源依赖的自我强化机制。因而，无论是要解决短期经济增长波动问题，还是长期经济增长滞缓问题，都需要考虑引入新的产业，通过产业转型摆脱资源依赖。

经济增长短期波动与长期滞缓难题的区别在于矿业收益的第一次偏差[①]导致短期波动，第二及第三次偏差导致长期滞缓，短期波动是长期滞缓的原因之一。

第一，矿业收益的第一次偏差导致短期波动，而第二及第三次偏差导致长期滞缓。虽然资源型经济增长短期与长期难题都与矿产品价格、资源依赖有关，但是根源上讲还是有所差异。短期经济增长波动的根源在于矿产品价格波动，也就是矿业收益第一次偏差现象——矿业收益波动，并没有考虑资源依赖、人力资本、市场环境等因素，将这些因素作为一个既定的条件。长期经济增长滞缓的根源在于资源依赖的形成与锁定状态对人力资本、物质资本、创新的排斥和挤出，造成要素禀赋退化。虽然矿产品价格上涨是资源依赖的前提，但是矿业收益的第二及第三次偏差——矿业收益分配与使用偏差抑制了要素禀赋升级，才是长期遭遇“资源诅咒”的根本原因。

第二，短期经济增长波动是长期经济增长滞缓的原因之一。在本章理论部分的分析中，主要从要素禀赋退化角度分析了“资源诅咒”的成因，除此之外，引起“资源诅咒”可能还有其他方面的原因，经济波动就是其中之一，经济波动会导致长期经济增长缓慢。在经济剧烈波动的环境下，无论是制造业还是采掘业，投资者无法得到预期稳定的资本回报率，企业的生产决策也受到影响，这会降低投资者的投资意愿（包括物质资本和人力资本投资），对于长期经济增长也是不利的。资源型经济增长的短期波动与长期滞缓是两个问题，实际上二者之间紧密相连。短期经济增长波动是长期经济增长滞缓的原因之一，缓解短期经济增长波动有助于解决长期经济增长滞缓难题。

（二）经济增长短期波动与长期滞缓难题的研究重点与政策主张不同

首先，研究短期与长期经济增长难题的重点不同。研究短期经济增长难题主要是对资源型经济体经济的波动性强进行解释，波动性问题属于经济周期理论的范畴，也是资源型经济体在短期内要解决的经济增长稳定性问题。研究长期经济增长滞缓难题主要是对“资源诅咒”进行解释，属于经济增长理论的范畴，是资源型经济体在长期内要解决的可持续性问题。短期波动与长期滞缓虽然存在着一定的内在联系，但是也不能够完全混淆。

其次，解决短期与长期经济增长难题的政策倾向不同。解决资源型经济增长短期

① 张复明：《矿业收益的偏差性现象及其管理制度研究》，《中国工业经济》2013 年第 7 期。

与长期难题的政策思路要沟通与协调，但是在政策主张上应有所倾向。比如，对于短期经济增长波动问题的解决需要调控矿业收益波动，主要措施是稳定基金的征收与使用，长期经济增长中稳定基金也能够起到一定的作用，但是稳定基金从本质上倾向于解决短期波动问题。而治理长期经济增长滞缓则重在矿业收益的转化使用，加快矿业收益向人力资本、物质资本的转化，提升区域创新能力，推动长期持续增长，这些政策在缓解短期经济增长波动中也能起到作用，但其根本目的倾向于长期经济增长。

综上分析，资源型经济增长难题表现为短期波动与长期滞缓，这两个问题在研究重点、难题根源、政策倾向等方面存在着一定的差异性，但也有一定的联系。短期与长期经济增长难题都与矿业收益偏差、矿产品价格波动、资源依赖相关，而且短期波动也是长期经济增长滞缓的原因之一。因而可以将短期经济波动与长期经济增长滞缓纳入统一的框架下，施行综合治理，从根本上破解资源型经济增长难题。

二、经济增长短期波动与长期滞缓的治理

资源型经济增长短期波动与长期滞缓都与矿业收益的偏差性现象有关。为了破解资源型经济增长难题，需要对矿业收益进行纠偏①，建立资源型经济增长治理机制（图 4-1），调节矿业收益波动、分配与使用，引导要素合理化配置，平抑经济增长波动，实现资源型经济持续稳定增长。

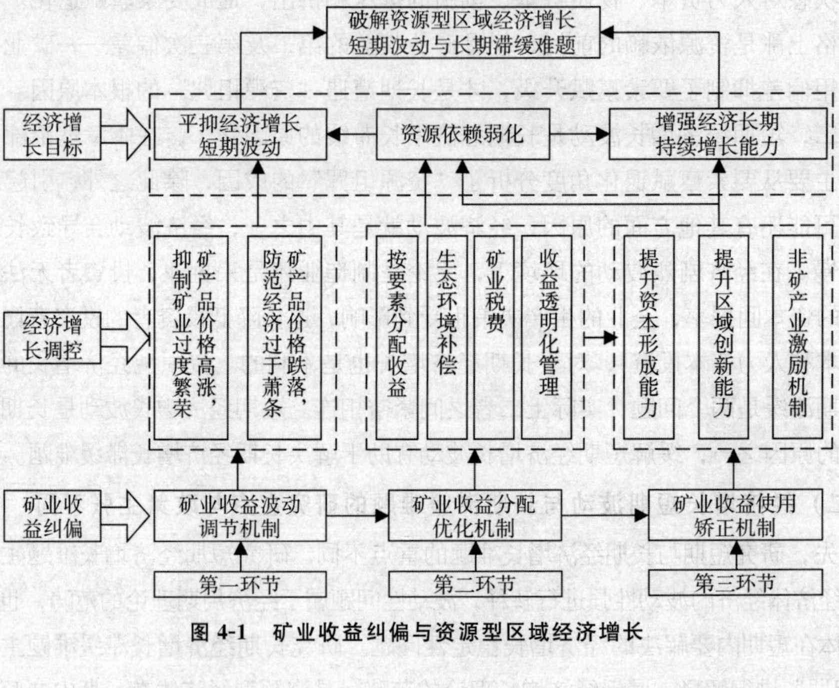

图 4-1　矿业收益纠偏与资源型区域经济增长

① 矿业收益纠偏是对矿业收益分配和使用中的三次偏差进行纠正，包括矿业收益波动的防范、矿业收益耗散的监管，以及矿业收益误用的矫正。参见张复明：《矿业收益的偏差性现象及其管理制度研究》，《中国工业经济》2013 年第 7 期。

（一）矿业收益波动调节与经济增长波动平抑

资源型经济增长短期波动的根源在于矿产品价格波动，矿产品价格波动带来的矿业收益波动，是矿业收益出现的第一次偏差。破解经济增长短期波动难题，就是要对矿业收益的第一次偏差进行纠偏，建立矿业收益波动调节机制。

平抑资源型经济增长短期波动可以采用逆向的方法进行推理，经济增长波动主要表现为资源繁荣时期矿业高速扩张带来的经济增长过快，以及资源萧条时期矿业骤然衰退带来的经济增长速度减缓甚至经济衰退。这就要求在矿产品价格高涨时期抑制矿业的过度繁荣，在矿产品价格跌落时期防范矿业过于萧条。在矿产品价格高涨时期，高企的利润率是矿业繁荣的原因。为了抑制繁荣，可以采取征收税费的方式提高矿企的成本。在矿产品价格跌落时期，矿业获利水平的下降使得矿产开发萧条，政府对矿企的补贴可以改善矿企的财务状况，进而缓解矿业的衰退。政府也可以逆经济形势实施扩张性财政政策，加大投资推动增长。

总的来看，建立矿业收益波动调节机制需要针对矿产品价格波动，对矿业征收税费或实施补贴，建立矿业稳定基金制度，对矿业繁荣和萧条进行定向管理，有效平抑经济增长的短期波动。

（二）矿业收益分配优化与要素配置合理化

在调节矿业收益波动的基础上，需要建立矿业收益分配的优化机制。矿业收益分配的优化就是让企业、政府、居民等利益主体在矿产开发过程中各自获得应得的利益。

完善矿业收益分配体系就是资本、劳动、企业家、矿产资源等生产要素按要素分配，资本、劳动根据资源产业部门与非资源产业部门的收益比价变化进行自由配置，矿产资源产权主体通过市场拍卖的方式获得权利金，企业家获得利润。矿产开发中也需要对生态环境外部性进行补偿，政府部门也会得到矿企缴纳的相关税费。在矿产资源国有情况下，政府征收税费、权利金，政府性矿业收益规模较大，需要对矿业收益进行透明化管理和社会化监督，减少寻租腐败问题。

矿业收益分配的优化可以促进生产要素的合理配置，在完善的税费体系下，可以避免矿业收益过高导致要素过于集中在矿业部门，避免资源依赖的形成；同时合理的矿业收益分配也是矿业收益使用、转化的前提。

（三）矿业收益使用矫正与要素禀赋升级

为什么一些资源丰裕的国家遭遇了“资源诅咒”，而另一些却成功规避了“资源诅咒”，使得自然资源成为经济发展的引擎？主要原因就在于矿业收益是否得到了妥善的使用。在遭遇“资源诅咒”的国家，矿业收益经常被误用，或者是用于奢侈性消费，或者是用于重复、低效率投资，难以促进要素禀赋升级，没有形成经济持续增长的能力。因而需要建立矿业收益使用的矫正机制，推动要素禀赋的升级。

矿业收益使用矫正机制的关键在于促进矿业收益向物质资本、人力资本的转化，提升科技创新能力，进而改善要素禀赋结构。加快矿业收益用于生产性投资，尤其是应用于基础设施、非矿产业，促进产业的多元化发展，提升物质资本投资效率，加快物质资本的积累。更为重要的是，针对资源依赖对科技创新、人力资本的挤出，要将矿业收益用于加强人力资本积累，加大对教育、健康等方面的投入，提升人力资本水平；也要将矿业收益转化为科技创新投入，补贴企业形成企业对创新的需求，以科技创新驱动资源型经济持续增长。

矿业收益使用矫正机制的建立，不仅能够改善要素禀赋结构，增强持续增长能力；也能够在矿业收益的使用中，加大对非矿产业的投入，进而改变产业结构单一的局面，降低资源依赖程度，这对于破解资源型经济增长短期波动和长期滞缓难题都是有益的。

第五节　经济增长短期波动与长期滞缓的实证分析[①]

中国有许多资源丰裕的省份，它们是否存在经济增长的短期波动与长期滞缓问题？本节通过山西与全国的比较，研究资源型区域的短期经济增长波动，通过省域层面的截面、面板数据模型对长期经济增长滞缓——狭义的“资源诅咒”进行检验。

一、经济增长的短期波动：山西与全国的比较

山西是典型的资源型省份，在此以全国作为参照系，通过比较，验证资源型经济波动性强烈这一假定，并指出其福利损失；进而以煤炭价格波动为切入点分析山西、全国经济波动的机理。

（一）资源型经济增长波动及其福利损失

资源型经济增长是否波动强烈，这里通过煤炭大省山西与全国的比较分析进行验证，并对资源型经济增长波动所造成的长期经济增长、居民消费、收入差距、失业等方面的社会福利损失进行分析。

1. 资源型经济增长波动强烈的特征事实

通过与全国的比较发现，典型的资源型省份山西经济增长波动强度高于全国，而且在全国省域层面存在着资源依赖与区域经济增长波动的正相关性，资源型区域经济增长波动强烈。

第一，山西经济增长波动强度高于全国。图 4-2（a）通过对全国、山西经济增长率原始数据波动特征的观察发现，山西经济波动强度高于全国，而且改革开放前全国、山西的经济波动强度都大于改革开放之后，这在表 4-1 中能够更为直观地体现出

① 本部分阶段性研究成果已发表，见赵康杰、景普秋：《资源依赖、资本形成不足与长期经济增长停滞——“资源诅咒”命题再检验》，《宏观经济研究》2014 年第 3 期；赵康杰、景普秋：《矿产品价格冲击下的资源型区域经济增长波动研究——基于山西与全国的比较》，《中国地质大学学报》（社会科学版）2014 年第 3 期。

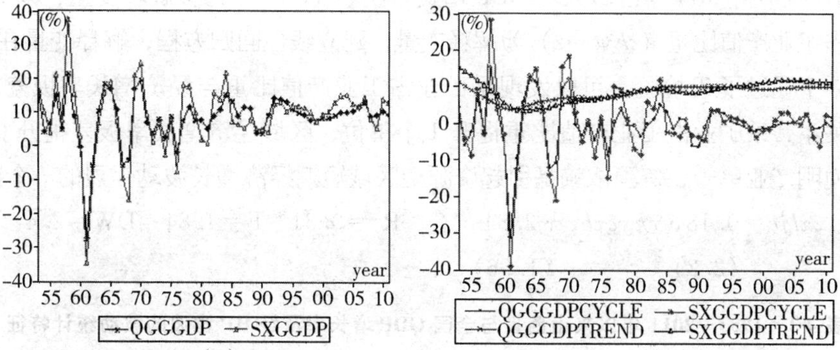

（a）　　　　（b）

图 4-2　1953～2011 年以来山西省与全国 GDP 增长率及经 HP 滤波的波动特征

注：图 4-2（a）表示全国经济增长率（*qgggdp*）、山西经济增长率（*sxggdp*）原始数据的波动特征；图 4-2（b）表示的是全国经济增长率的趋势特征（*qgggdptrend*）、山西经济增长率的趋势特征（*sxggdptrend*），以及经过 HP 滤波之后的全国经济增长率波动特征（*qgggdpcycle*）和山西经济增长率波动特征（*sxggdpcycle*）。数据来源：《新中国 60 年统计资料汇编》，历年《中国统计年鉴》。

来，从 1953 年到 2011 年的 59 年数据显示，山西经济增长率的最大值 37.40％大于全国的最大值 21.25％，山西经济增长率的最小值－34.60％也小于全国的最小值－27.32％，从标准差看，山西为 10.29，而全国为 7.23，这在一定程度说明山西的经济波动强度要高于全国。在经济增长率原始数据中，包含了经济增长率变动的趋势成分，为了消除经济增长率的趋势成分，需要通过 HP 滤波的方法得到山西、全国经济增长率的纯波动特征（见图 4-2（b）、表 4-1），通过全国和山西纯波动特征的比较发现，经过 HP 滤波之后山西经济增长率的最大值为 28.39％，大于全国的 15.19％，山西的最小值为－39.03％，小于全国的最小值－31.16％，标准差山西是 9.66，大于全国 6.73，经过 HP 滤波之后的波动特征也能发现山西、全国改革开放前波动要比改革开放后更为强烈，以山西的最大值为例，改革开放前山西为 28.39％，改革开放之后，山西的最大值仅为 12.00％。

第二，资源依赖与区域经济波动正相关。上述分析可以发现，山西的经济波动强度要高于全国，这与山西属于资源型区域有一定的关系，这里使用全国 31 个省份（含自治区、直辖市，下同）的截面数据考察资源依赖度与经济波动是否存在正相关关系，以判定资源型区域经济波动更为强烈。在图 4-3 中，从全国 31 个省份的数据看，资源依赖度与区域经济增长率极差之间并不存在明显相关性，但是考虑到资源型区域与非资源型区域的差异性，通过比较研究发现，抛开资源依赖度较低的 18 个省份（图中用椭圆形圈住），观察资源依赖度最高的 13 个省份资源依赖度与区域经济增长率极差的关系可以看出，资源依赖度与区域经济增长率极差之间存在着明显的正相关，呈现了向右上方倾斜的趋势，资源依赖度较高的内蒙古、山西两个省份，2000 年以来的经济增长波动明显较为剧烈。如果对资源依赖度最高的 13 个省份进行变量拟合，以2000年到2011年区域人均GDP增长率极差（*zzljc*）为被解释变量，以2010年采矿业占工业产值比重（*ckyczbz*）为解释变量，建立线性回归方程，解释变量在5%的显著水平下通过了T检验，可以发现采矿业占工业产值比重与经济增长率极差之间的正相关关系，采矿业占工业产值比重提升1个单位，区域经济增长率极差提升0.18个单位，说明产业单一、资源依赖是引起资源型区域短期经济增长波动强烈的一个因素。

$$zzljc = 0.18 \cdot ckyczbz + 2.84 \qquad R^2 = 0.31 \quad F = 4.84 \quad DW = 2.4$$
$$(2.2) \qquad\qquad (1.56)$$

表4-1　1953～2011年以来山西省与全国GDP增长率及经HP滤波的波动统计特征

变量			平均值	中位数	最大值	最小值	标准差	样本数
增长率波动	1953～2011	*qgggdp*	8.43	9.18	21.25	−27.32	7.23	59
		sxggdp	8.90	9.90	37.40	−34.60	10.29	59
	1953～1977	*qgggdp*	6.48	7.62	21.25	−27.32	10.48	25
		sxggdp	6.92	7.60	37.40	−34.60	14.85	25
	1978～2011	*qgggdp*	9.87	9.66	15.18	3.84	2.65	34
		sxggdp	10.36	10.80	21.60	0.80	4.55	34
经过HP滤波的增长波动	1953～2011	*qgggdpcycle*	0.00	0.03	15.19	−31.16	6.73	59
		sxggdpcycle	0.00	0.58	28.39	−39.03	9.66	59
	1953～1977	*qgggdpcycle*	−0.19	0.42	15.19	−31.16	10.03	25
		sxggdpcycle	−0.22	1.02	28.39	−39.03	14.14	25
	1978～2011	*qgggdpcycle*	0.14	−0.06	5.27	−6.23	2.53	34
		sxggdpcycle	0.16	0.54	12.00	−8.49	4.30	34

资料来源：根据Eviews6.0软件处理生成。

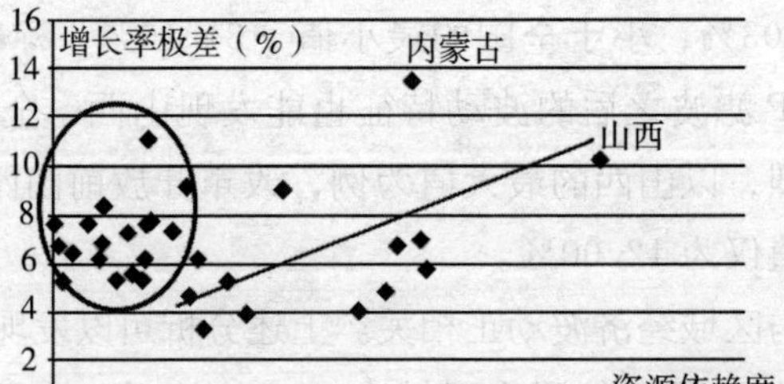

图4-3　资源依赖与区域短期经济增长波动

注：资源依赖度为2010年各省份采矿业占工业产值比重，经济增长率极差为2000年到2011年区域人均GDP增长率极差，用来反映区域经济增长的短期波动。资料来源：历年《中国工业经济统计年鉴》，《中国统计年鉴》。

2．资源型经济增长波动强烈的福利损失

资源型经济增长波动强烈会对经济发展产生不利影响，造成社会福利的损失，主要表现在资源型经济增长波动导致长期经济增长缓慢、消费需求不足、收入差距大、失业问题突出等。

第一，资源型区域长期经济增长缓慢。遭遇“资源诅咒”、长期经济增长缓慢是资源型区域经济发展中的最大问题，对于“资源诅咒”的解释很多，“荷兰病”效应、人力资本挤出、制度弱化等，而矿产品价格波动影响下的经济增长波动也是导致“资源诅咒”的原因之一，短期经济波动强烈会导致长期经济增长缓慢。从表 4-2 中可以看出，全国资源依赖（采矿业占工业产值比重）程度最高的10个省份 GDP 增长率极差较大，除了黑龙江外均高于 11.34％的全国平均水平，显示出了经济波动强烈的特征，经济波动强烈使得经济运行的风险较高，进而可能会影响到区域的长期经济增长，表 4-2 显示出 10 个资源型省份中，只有陕西、内蒙古、天津的 GDP 平均增长率高于全国的 10.82％，人均 GDP 也是除了内蒙古、天津之外，均小于全国平均的 38449 元，可以看出资源型省份在经济波动的同时，带来了长期经济增长缓慢，人均国民收入较低的局面。

表 4-2　资源型区域经济波动与社会福利损失　（单位：％、元、比值）

省份或自治区、直辖市	采矿业占工业产值比重	GDP 增长率极差	GDP 年均增长率	人均 GDP	平均工资	最终消费占 GDP 比重	城乡收入比	总福利损失
山西	39.59	20.8	10.1	33628	44236	45.46	3.21	0.06
新疆	27.01	11	10.38	33796	44576	56.79	2.80	0.01
青海	26.63	26.9	9.1	33181	46483	52.67	3.27	0.04
内蒙古	25.98	22.1	12.26	63886	46557	39.32	3.04	0.09
陕西	24.93	17.7	11.04	38564	43073	44.19	3.60	0.06
黑龙江	24.16	9.7	8.84	35711	36406	53.03	2.06	0.03
西藏	22.08	34.5	10.29	22936	51705	64.57	3.15	0.06
贵州	16.74	15.5	10.02	19710	41156	57.66	3.93	0.08
宁夏	14.06	15.8	9.98	36394	47436	50.57	3.21	0.07
天津	12.73	17.7	11.39	93173	61514	37.84	2.11	0.04
全国水平		11.34	10.82	38449	46769	49.5	3.1	0.01

注：采矿业占工业产值比重为 2010 年数据计算得来，GDP 增长率极差为 1979 年到 2012 年 GDP 增长率最大值和最小值的差值，GDP 年均增长率为 1978 年到 2012 年平均的 GDP 增长率，人均 GDP、平均工资、最终消费占 GDP 的比重为 2012 年数据，城乡收入比为 2012 年城镇居民可支配收入与农村居民人均纯收入之比，总福利损失使用的是陈太明（2013）① 的数据。

第二，资源型区域消费需求不足而预防性储蓄过多。消费支出是衡量区域福利水平的重要标准，消费支出的多少主要取决于收入水平的多少，根据凯恩斯的理论，收入越低，边际消费倾向越高，消费占 GDP 的比重越高，表 4-2 中 2012 年全国平均工

① 陈太明：《经济增速放缓与经济波动对居民福利影响的阶段差异分析》，《统计研究》2013 年第 1 期。

资水平为 46769 元，大部分的资源型省份工资收入均低于全国，说明资源型省份收入较低，应该具有较高的消费倾向，而实际中除了西部贫困落后的新疆、青海、西藏、贵州、宁夏以及东北的黑龙江外，煤炭产量最高的、典型的资源型省份像内蒙古、山西、陕西三个省份最终消费占 GDP 的比重 39.32％、45.46％、44.19％都小于全国平均水平的 49.5％。为什么山西、内蒙古、陕西消费率较低，原因主要在于这些地方煤炭主导的经济增长波动强烈，居民更多的是出于预防性的动机将钱存到银行，避免经济下滑收入减少而导致福利损失；在资源型区域，不仅仅是消费需求的不足、预防性储蓄较多，经济波动强烈使得储蓄也无法转化为投资，经济运行波动的风险使得银行等金融机构不愿意将储蓄用于资源型区域的放贷。从金融机构的存贷比（贷款/存款）看，山西自 2001 年以来出现了存贷比快速下降的局面，2001 年为 83％，最低的 2009 年为 47％，2013 年大概为 50％左右，在全国处于倒数第三的位置，说明山西储蓄多而资金利用少，大量资金用于发达省份放贷，没有成为推动山西经济增长的力量。

第三，资源繁荣与萧条导致收入差距、失业问题严重。在资源繁荣与萧条所导致的经济增长波动中，资源繁荣时期，资源收益往往只是集中在少数人群、少数行业中，导致了较为严重的城乡收入差距、行业收入差距。表 4-2 中山西、陕西、青海、贵州、西藏、宁夏共 6 个资源型省份的城乡收入差距都高于全国水平。以山西为例，新世纪以来的煤炭繁荣中，城乡收入差距、行业收入差距都表现出拉大的趋势，城乡收入差距从 2000 年的 2.48 拉大到 2012 年的 3.21，其中在 2009 年达到了最大的 3.30，行业收入差距（采掘业与平均工资之比）从 2000 年的 1.02 拉大到 2012 年的 1.60，其中 2011 年最大为 1.62，收入差距的拉大凸显了资源型区域收入分配不合理、社会发展不公平。资源繁荣容易导致收入差距拉大，而资源萧条则容易产生较为严重的失业问题，资源萧条的原因在于矿产品价格的低落或者资源的枯竭，以东北老工业基地为例，较多的资源枯竭型城市导致东北地区的城镇登记失业率最高，2012 年为 3.8％，而中部、西部地区为 3.5％，东部地区则最低为 3.0％。2013 年 12 月出台的《全国资源型城市可持续发展规划（2013～2020 年）》指出，中国失业矿工人数达 60 多万，城市低保人数超过 180 万。收入差距、失业贫困问题成为影响资源型区域稳定发展的严重障碍。

第四，资源型区域经济波动总体社会福利损失较高。经济波动的社会福利损失是学者们关注的一个焦点，陈太明（据 2013 年数据）使用居民消费支出作为社会福利的衡量指标，对中国地区经济波动的社会福利损失进行了研究，结果表明资源型省份的总体社会福利损失相对较高，全国经济波动的福利损失为 0.01，而表 4-2 中所有的资源型省份经济波动的福利损失都大于或等于全国，其中内蒙古、贵州、宁夏、山西、陕西经济波动的总体福利损失达到了 0.09、0.08、0.07、0.06、0.06，在全国经济波动的福利损失中位居第 2、3、4、6、7 位，处于较为靠前的位置。

（二）资源型经济增长波动的矿产品价格传导机制

资源型经济增长强烈波动会对经济发展产生不利影响，因而需要寻找经济波动根源，对经济波动进行治理。资源型经济增长波动强烈的原因，一方面在于资源型经济体的资源依赖性、产业单一性，另一方面在于资源型经济体不得不面对的矿产品价格强波动性，这里着重从矿产品价格波动的视角对资源型经济增长波动进行解释。作为中国典型的资源型省份，煤炭价格波动是否导致山西经济增长波动强烈？这里通过山西与全国的比较研究，分析煤炭价格波动对山西、全国经济增长波动的影响机理。

1. 煤炭价格波动强度高于一般工业品

从图 4-4（a）中可以看出，1991 年以来煤炭价格增长率原始数据的波动性要高于一般工业品，结合表 4-3 可以发现，煤炭价格增长率的原始数据最大值为 40.80%，高于一般工业品的 32.50%，煤炭价格增长率最小值为−8.10%，低于一般工业品最小值−8%，从标准差看，煤炭价格增长率的标准差为 12.87，工业品为 9.64。从图 4-4（b）中可以看出，经过 HP 滤波之后的煤炭价格增长率波动强度也高于一般工业品，表 4-3 显示滤波之后煤炭价格增长率最大值为 20.12%，高于一般工业品的 18.5%，煤炭价格增长率最小值为−17.15%，低于工业品的−15.33%，标准差煤炭价格增长率为 11.17，一般工业品为 8.36，说明煤炭价格增长率的波动性要高于一般工业品。

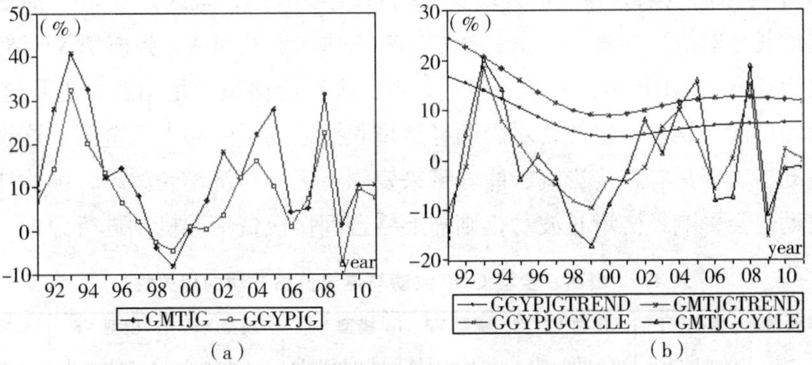

图 4-4 煤炭价格与工业品价格的增长率及经过 HP 滤波的波动特征

注：对于价格水平的变动，山西、全国具有一定程度的一致性，而且由于无法得到全国煤炭价格指数的数据，这里使用山西煤炭价格指数和山西一般工业品的价格指数作为分析价格波动的依据。图 4-4（a）表示煤炭价格增长率 *gmtjg* 和工业品价格增长率 *ggypjg* 原始数据的波动特征；图 4-4（b）表示经过 HP 滤波的煤炭价格增长率趋势特征 *gmtjgtrend*、工业品价格增长率趋势特征 *ggypjgtrend*，以及经过 HP 滤波的煤炭价格增长率波动特征 *gmtjgcycle*、工业品价格增长率波动特征 *ggypjgcycle*。资料来源：历年《山西统计年鉴》。

表 4-3 煤炭价格与工业品价格的增长率及经过 HP 滤波的波动统计特征

变量	平均值	中位数	最大值	最小值	标准差	样本数
gmtjgcycle	0.00	−1.74	20.12	−17.15	11.17	21
ggypjgcycle	0.00	−1.27	18.50	−15.33	8.36	21
ggypjg	8.18	7.40	32.50	−8.00	9.64	21
gmtjg	13.45	10.50	40.80	−8.10	12.87	21

资料来源：根据 Eviews6.0 软件处理生成。

2. 煤炭价格波动与经济增长波动的传导机制

煤炭价格的强烈波动通过怎样的途径导致经济增长的波动，这里从煤炭价格波动的直接影响、投资传导机制、资源依赖强化传导机制三个方面进行计量检验。

第一，煤炭价格波动对经济增长波动的直接影响。资源型区域经济增长波动强烈，其原因是否与煤炭价格波动相关可以进行实证检验。这里以经过 HP 滤波的山西经济增长率（*sxggdpcycle*）、全国经济增长率（*qgggdpcycle*）为被解释变量，以经过 HP 滤波的煤炭价格增长率（*gmtjgcycle*）及其滞后期为解释变量，考察煤炭价格波动与山西、全国经济增长波动的相关性（表 4-4）。模型 V1、模型 V2 的结果表明煤炭价格波动是山西、全国 GDP 波动的原因，煤炭价格增长率提升 1 个单位，山西、全国 GDP 增长率分别提升 0.11、0.07 个单位，这说明煤炭价格上涨能够带动山西、全国的经济增长，但是山西的回归系数比全国高出 0.04 个单位，山西经济增长对煤炭价格波动更为敏感。模型 V3、模型 V4 在模型 V1、模型 V2 的基础上加入滞后一期的煤炭价格增长率变量，模型没有通过检验。模型 V5、模型 V6 则是在模型 V1、模型 V2 的基础上加入滞后两期的煤炭价格增长率变量，发现山西、全国 GDP 增长率除了与当期的煤炭价格相关以外，也与滞后两期的煤炭价格增长率相关，山西 GDP 增长率与滞后两期的煤炭价格增长率的系数为 0.10，全国为 0.06，滞后两期的煤炭价格增长率对山西经济增长率的影响比对全国大。模型 V1 到模型 V6 结果表明，煤炭价格增长率与 GDP 增长率是正相关关系，煤炭价格波动是山西、也是全国 GDP 波动的原因，而且煤炭价格波动对山西经济增长波动的贡献要大于全国。这也说明煤炭价格波动在当年具有直接影响，能够带来资源型区域经济增长波动，那为什么滞后的价格波动也会影响经济增长波动，则需要结合间接投资传导机制进行分析。

表 4-4　山西、全国 GDP 波动与煤炭价格波动的相关性

被解释变量 解释变量	模型 V1 sxggdpcycle	模型 V2 qgggdpcycle	模型 V3 sxggdpcycle	模型 V4 qgggdpcycle	模型 V5 sxggdpcycle	模型 V6 qgggdpcycle	模型 V7 qgggdpcycle
gmtjgcycle	0.11** (2.24)	0.07** (2.20)	0.10* (1.78)	0.06* (1.79)	0.10** (2.13)	0.07** (2.45)	
gmtjgcycle（−1）			−0.03 (−0.48)	0.02 (0.60)			
gmtjgcycle（−2）					0.10** (2.20)	0.06* (2.05)	
sxggdpcycle							0.65*** (18.54)
常数项	0.19 (0.34)	0.29 (0.85)	0.35 (0.61)	0.31 (0.83)	0.20 (0.38)	0.12 (0.40)	0.00 (0.00)
R^2	0.21	0.20	0.16	0.20	0.34	0.36	0.86
F 值	5.03	4.86	1.60	2.10	4.09	4.47	343.9
DW	1.87	1.49	1.58	1.21	1.53	1.56	1.64
Obs	21	21	20	20	19	19	21

注：回归结果中*、**、***分别表示在 10%、5%、1%的显著水平下通过了检验。

山西的GDP波动也会影响全国GDP波动，这在模型V7中体现了出来，山西GDP提升1%，全国GDP提升0.65%，煤炭价格波动在引起山西经济增长波动的同时导致全国经济增长波动，主要原因在于煤炭是中国最为主要的一次能源，煤炭价格上涨必然会带动全国范围内的煤炭资源开发，全国性的煤炭开发促进了经济增长，同时山西生产的大量煤炭保障了能源供应，进而带动其他产业的发展促进全国的经济增长。

第二，煤炭价格波动与经济增长波动的投资传导机制。上面的分析已经发现煤炭价格波动会引起山西的经济波动，那么煤炭价格是通过什么样的途径影响经济增长则需要进行传导机制的检验。这里试图通过煤炭价格波动影响煤炭产业投资，进而影响煤炭产量，最后会影响山西经济增长的路径进行实证检验（见表4-5）。在模型中*sxgmttzcycle*、*sxgymclcycle*分别表示经过HP滤波的山西煤炭产业投资增长率波动和原煤产量增长率波动。模型V8显示以1991年到2011年为时间段进行的回归中，山西煤炭产业投资增长率为被解释变量，煤炭价格增长率为解释变量，模型没有通过检验，但能够发现二者的正相关关系。通过对样本数据的观察发现，样本选择的1991年到1995年之间煤炭价格上涨，但是全行业的价格上涨导致通胀的发生，在煤炭投资增长中，名义增长率高，但是实际增长率不高；而且这几年也刚好是煤炭价格从价格管制到放松管制的阶段，价格形成机制的调整也会影响投资变动。因而为了消除这几年煤炭投资异常的影响，模型V9到模型V14将样本选择调整为1995年到2011年，共17年时间。

表4-5 煤炭价格波动与经济增长波动：投资传导机制

被解释变量 / 解释变量	模型V8 sxgmttzcycle	模型V9 sxgmttzcycle	模型V10 sxgymclcycle	模型V11 sxgymclcycle	模型V12 sxggdpcycle	模型V13 sxggdpcycle	模型V14 sxggdpcycle
gmtjgcycle	0.53 (1.38)	1.28** (2.90)		0.55** (2.15)			
sxgmttzcycle(−1)			0.28** (2.42)		0.06** (2.29)		
sxgmttzcycle(−2)					0.05* (1.89)		0.07*** (4.67)
sxgymclcycle						0.17*** (3.94)	0.2*** (6.90)
常数项	0.00 (0.00)	2.45 (0.57)	−0.58 (−0.24)	0.39 (0.15)	−0.07 (−0.12)	0.12 (0.27)	−0.01 (−0.04)
R^2	0.09	0.36	0.28	0.24	0.4	0.51	0.83
F值	1.90	8.44	5.85	4.63	3.97	15.5	28.48
DW	1.34	1.69	1.7	1.33	2.14	1.4	2.04
Obs	21	17	17	17	15	17	15

注：回归结果中*、**、***分别表示在10%、5%、1%的显著水平下通过了检验。

模型 V9 结果显示，煤炭价格增长率提升 1 个单位，山西煤炭产业投资增长率提升 1.28 个单位，换句话说，煤炭价格提升 1%，煤炭产业投资提升 1.28%。模型 V10 则显示煤炭投资波动会影响原煤产量波动，煤炭投资提升 1%，原煤产量提升 0.28%。模型 V9 和模型 V10 相结合显示存在煤炭价格影响煤炭产业投资，进而影响原煤产量的作用机理，那么煤炭价格也必然会影响原煤产量，这在模型 V11 中得到了验证，煤炭价格增长率变动 1 个单位，山西原煤产量增长率变动 0.55 个单位。

模型 V12、模型 V13、模型 V14 则进一步显示了山西经济增长波动与山西煤炭投资、煤炭产量增长波动的关系。模型 V12 显示山西煤炭产业投资增长率及其滞后两期都会影响山西经济增长率的变化，当期的煤炭投资提升 1%，山西 GDP 提升 0.06%，滞后两期的煤炭投资提升 1%，山西 GDP 提升 0.05%；模型 V13 则显示了山西原煤产量增长率与 GDP 增长率波动的相关性，原煤产量提升 1%，山西 GDP 提升 0.17%；模型 V14 显示了原煤产量增长率、滞后两期的山西煤炭产业投资增长率与山西 GDP 增长率的相关性，原煤产量提升 1%，山西 GDP 提升 0.2%，滞后两期的山西煤炭产业投资提升 1%，山西 GDP 提升 0.07%。模型 V12、模型 V13、模型 V14 的结果说明，山西 GDP 波动不仅与当期的投资波动有关，也与前两期的投资波动有关；煤炭价格通过影响投资、进而影响原煤产量，最终会引起 GDP 的波动。

第三，煤炭价格波动与经济增长波动的资源依赖强化传导机制。煤炭价格波动不仅直接影响投资波动、经济波动，而且煤炭价格波动与工业品价格波动的差异性，也会通过煤炭价格的相对变动影响资源依赖度，进而影响经济波动。在前面已经分析了资源依赖与经济波动的相关性，这里则需要分析煤炭价格相对变动与资源依赖度的相关性。如图 4-5 所示，在样本选择的 1991 年到 2011 年间，煤炭价格相对变动与资源依赖度呈现“U”形的变化关系，不存在明显的正相关或负相关关系，通过观察发现，1991 年到 1995 年间，煤炭价格相对变动与资源依赖度的关系不明朗，这与这一时期的煤炭价格形成机制改革等有一定的关系，在 1996 年之后，煤炭价格相对变动与资源依赖度正相关的关系较为明确，随着煤炭价格相对变动的提升，山西煤炭产业投资依赖度、山西采矿业增加值依赖度都在提升。模型 V15、模型 V16、模型 V17 分别显示了资源依赖度与煤炭价格相对变动的相关性（见表 4-6），被解释变量分别为煤炭产业占工业投资比重的对数 *lmttzbz*，山西采矿业占工业增加值比重的对数 *lmtczbz*，解释变量为以 1991 年为基期的煤炭价格相对工业品价格变动的对数 *lprice*。模型 V15 显示以 1991 年到 2011 年为样本，煤炭产业占工业投资比重的对数与其自身的滞后一期正相关，也与煤炭价格相对变动正相关，煤炭价格相对变动提升 1%，煤炭投资比重提升 0.29%；在模型 V16 中缩短了模型 V15 的时间期限，根据前面的观察将期限确定为 1996 年到 2011 年，经过时期调整，煤炭投资比重关于煤炭价格相对变动的系数进一步提升，煤炭价格相对变动提升 1%，煤炭投资比重提升 0.50%；模型 V17 则显示了 1993 年到 2011 年间，煤炭价格的相对变动与采矿业增加值比重的相关性，煤炭价格相对变动提升 1%，山西采矿业增加值比重提升 0.37%。

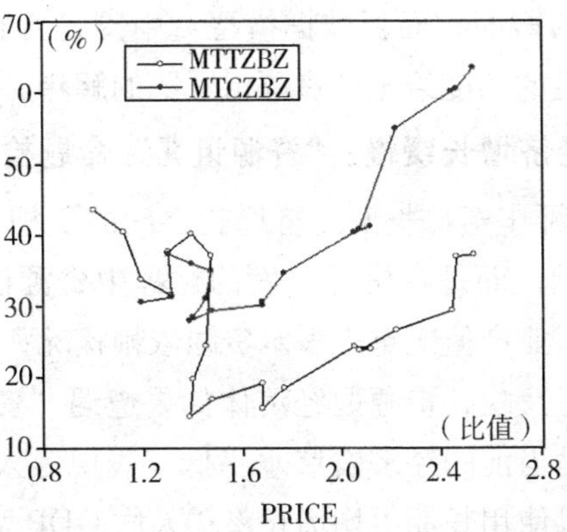

图 4-5　煤炭价格相对变动与资源依赖度变化趋势

注：横轴 *price* 表示以 1991 年为基期的煤炭价格指数与工业品出厂价格指数的比值，用来反映煤炭价格相对变动；纵轴 *mttzbz* 表示山西煤炭产业占工业固定资产投资的比重，*mtczbz* 表示山西采矿业占工业增加值比重，用来度量资源依赖度变化。资料来源：《山西统计年鉴》。

表 4-6　煤炭价格相对变动与资源依赖度的相关性

被解释变量 / 解释变量	模型 V15 lmttzbz	模型 V16 lmttzbz	模型 V17 lmtczbz
lprice	0.29* (1.85)	0.50** (2.66)	0.37** (2.24)
lmttzbz (−1)	0.88*** (7.49)	0.79*** (6.12)	
lmtczbz (−1)			0.75*** (4.81)
常数项	0.22 (0.53)	0.38 (0.91)	0.74 (1.51)
R^2	0.77	0.78	0.90
F 值	28.07	23.71	69.30
DW	1.64	1.84	1.72
Obs	20	16	18
时间区间	1991 年到 2011 年	1996 年到 2011 年	1993 年到 2011 年

注：回归结果中*、**、***分别表示在 10%、5%、1%的显著水平下通过了检验。

表 4-6 主要是为了说明煤炭价格的相对变动导致山西煤炭产业投资比重的上升，随着投资的上升，采矿业增加值比重也开始上升，资源依赖度增强，山西产业结构趋向单一。像前面所论述的资源依赖度与经济波动强烈之间存在着关系，资源依赖度越高，经济波动性越强，这就是说，这些年煤炭价格与工业品价格的拉大，煤炭价格的上涨带动了煤炭产业投资的增加，资源依赖度增强，导致山西的经济波动较为剧烈。煤炭价格上涨通过资源依赖强化间接导致了区域经济波动。

二、经济增长的长期滞缓：全国省域层面的检验

在中国省域层面是否存在“资源诅咒”，学者们进行了一些检验，但仍然众说纷

坛，这里使用省域层面的截面、面板数据模型对中国是否存在“资源诅咒”进行检验，同时从资本形成不足的角度给出“资源诅咒”的解释。

（一）资源依赖与经济增长缓慢：“资源诅咒”命题检验

“资源诅咒”是指资源丰裕与长期经济增长之间的负相关关系，资源丰裕本身并不会对经济增长产生影响，而是在资源开发的过程中资源依赖对经济增长产生了影响，这里使用采矿业占工业产值比重来表示资源依赖状况；长期经济增长缓慢可以使用长期的平均增长率进行反映，资源型经济体如果遭遇“资源诅咒”，那么长期的经济增长率较低，其结果是当前的经济发展水平低，表现为人均 GDP 较低，因而对于长期经济增长的度量可以使用长期平均增长率和人均 GDP 两个指标来进行度量①。

表 4-7 截面数据模型的资源诅咒检验

被解释变量 / 解释变量	模型 L1 ggdp7810	模型 L2 ggdp7810	模型 L3 rjgdp2010
ckyczbz2010	−0.05*** (−2.76)		
ckyczbzav		−0.06*** (−3.06)	
ggdp7810			5905.18** (2.49)
常数项	11.37 (39.36)	11.35 (42.78)	−30860.46 (−1.20)
R^2	0.21	0.24	0.18
F 值	7.63	9.38	6.21
DW	1.97	2.01	0.87
Obs	31	31	31

注：“※”、“*”、“**”、“***”分别表示在 15%、10%、5%、1%的显著水平下通过了检验，括号里为 T 统计量，表 4-8 至表 4-11 同。

1. 截面数据模型

在对“资源诅咒”的检验中较多使用了截面数据模型，这样容易判断资源依赖与长期经济增长之间的关系。这里使用各个省份 1978 年到 2010 年间的平均增长率（*ggdp*7810）来反映长期经济增长率，使用 2000 年到 2010 年采矿业占工业产值比重的平均值（*ckyczbzav*），以及 2010 年的采矿业占工业产值比重（*ckyczbz*2010）来表示资源依赖度，使用 2010 年的人均 GDP（*rjgdp*2010）表示当前各个省份的经济发展水平。从表 4-7 看出，在截面模型中，模型 L1 和模型 L2 都体现出了“资源诅咒”的特征，模型 L1 表示 2010 年采矿业占工业产值比重提升 1 个单位，1978 年到 2010 年的平均增长率下降 0.05 个单位，模型 L2 以 2000 年到 2010 年资源依赖度的平均值

① 在本章的研究中，使用 GDP 平减指数、固定资产投资价格指数等将名义值的 GDP、人均 GDP、固定资产投资、教育投资转化为以 2010 年为基期的实际值。

作为解释变量，资源依赖度提升 1 个单位，1978 年到 2010 年的平均增长率下降 0.06 个单位，这在图 4-6（a）中也得到了体现。模型 L3、图 4-6（b）则反映了长期平均增长率与当期经济发展水平（2010 年人均 GDP，记为 *rjgdp*2010）的关系①，1978 年到 2010 年平均增长率提升 1 个单位，当期经济发展水平提升 5905.18 个单位。

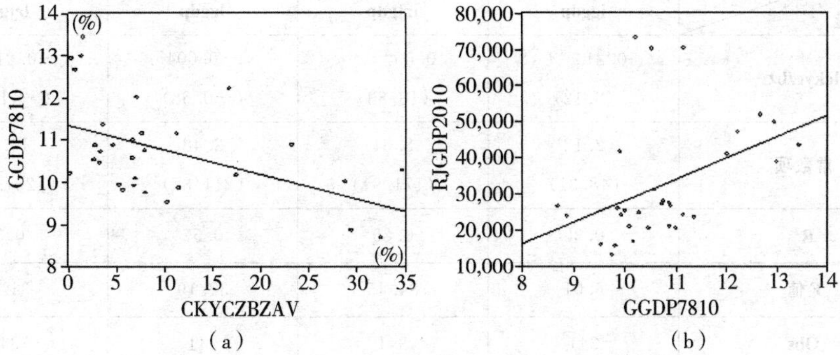

图 4-6　截面数据模型的资源诅咒检验

模型 L1 到 L3 验证了中国区域层面存在的“资源诅咒”现象，资源依赖度与长期经济增长率呈现出反向变化关系，资源依赖通过对长期经济增长率的影响也影响到了当前的经济发展水平，因而使用当前的经济发展水平来体现长期经济增长的结果是合适的。

2. 面板数据模型

为了进一步验证“资源诅咒”的存在，这里使用 2000 年到 2010 年的面板数据模型进行更为深入的分析。在分析中对所有变量进行对数化处理，采矿业产值比重对数、人均 GDP 对数、经济增长率对数分别记为 *lckyczbz*、*lrjgdp*、*lggdp*。

截面固定效应模型（表 4-8）可以看出资源依赖度与 GDP 增长率、人均 GDP 都呈现正相关，模型 L4 表明资源依赖度提升 1%，经济增长率提升 0.21%；模型 L5 表明资源依赖度提升 1%，人均 GDP 提升 0.55%，没有发现“资源诅咒”的迹象，这与面板数据模型设定有一定关系。截面固定效应模型，消除了各个省份在初始经济发展水平、物质资本水平、人力资本水平、市场开放程度、区域创新能力等方面模型中没有包括的因素的差异，来体现资源依赖与经济增长的关系，回归结果更多体现了模型选择期间 2000 年以来资源依赖变化与经济增长的关系。由于这一期间矿产品价格出现上涨趋势，全国范围内许多省份资源依赖度提升，经济发展水平也提升，从而表现出截面固定效应模型的正相关。因此，在面板数据的分析中，由于模型时期选择较短，要尽可能剔除这一时期当中由于价格变动所带来的资源依赖变化的影响。矿产品价格变动在各个省份不具有差异性，但是在不同的年份矿产品价格表现出了变化的趋势，使用时期固定效应模型可以消除模型考察阶段矿产品价格变动的影响。时期固定效应模型 L6、L7 体现出“资源诅咒”特征，模型 L6 显示资源依赖度提升与经济

① 当前区域的经济发展水平一方面取决于长期经济增长率，另一方面受制于区域初始的经济发展水平。改革开放之初，各个省份的经济发展水平都较低，差异不明显，这里的分析没有考虑初始经济发展水平的影响。

增长率负相关，但却没有通过检验；模型 L7 明确显示，资源依赖度提升 1%，人均 GDP 下降 0.21%。

表 4-8　面板数据模型的“资源诅咒”检验

解释变量 \ 被解释变量	模型 L4 lggdp	模型 L5 lrjgdp	模型 L6 lggdp	模型 L7 lrjgdp
lckyczbz	0.21*** (8.12)	0.55*** (18.83)	−0.004 (−0.68)	−0.21*** (−11.41)
常数项	2.12 (48.31)	8.81 (171.91)	2.48 (211.87)	10.09 (261.01)
R^2	0.38	0.89	0.57	0.51
F 值	6.01	84.45	39.19	31.03
Obs	341	341	341	341
年份	2000～2010 年	2000～2010 年	2000～2010 年	2000～2010 年
模型设定	截面固定	截面固定	时期固定	时期固定

上述结果表明，无论是使用截面数据模型，还是使用面板数据模型，都能够反映出资源依赖与长期经济增长的反向变化关系，也就证实了“资源诅咒”在中国省域层面的存在。

（二）资源型区域与非资源型区域经济增长动力的比较：要素贡献的结构差异

经济增长来自于物质资本、人力资本的投入，这里通过比较资源型区域与非资源型区域经济增长动力差异，考察物质资本、人力资本等生产要素对经济增长的贡献，进而找出资源型区域长期经济增长缓慢的原因。

1. 物质资本、人力资本的估算

为了分析物质资本、人力资本对经济增长的贡献，首先要对这两种类型的资本进行估算。

第一，物质资本的估算。根据 Goto 和 Suzuki①、Coe 和 Helpman②、单豪杰③的方法，经济稳态条件下资本存量的增长率等于投资增长率，也就是：

$$\frac{K_t-K_{t-1}}{K_{t-1}}=\frac{I_t-I_{t-1}}{I_{t-1}}=g$$

其中 g 表示资本存量 K、每年投资 I 的平均增长率，当 $t=1$ 时，$K_1=(1+g)K_0$，并且 $K_1=I_0+(1-\delta)K_0$，其中 δ 表示物质资本折旧率，那么就可以得到 $K_0=I_0/(g+\delta)$，即物质资本存量的计算公式。物质资本存量取决于投资 I，以及投资的

① A. Goto & K. Suzuki. “R&D Capital, Rate of Return on R&D Investment and Spillover of R&D in Japanese Manufacturing Industries”, *Review of Economics and Statistics*, 1989, 71, 4: 555～564.

② D. S. Coe & E. Helpman. “International R&D Spillovers”, *European Economic Review*, 1995, 39, 5: 859～887.

③ 单豪杰：《中国资本存量 K 的再估计：1952～2006 年》，《数量经济技术经济研究》2008 年第 10 期。

平均增长率 g，物质资本的折旧率 δ。这里使用固定资产投资来反映投资，利用固定资产投资价格指数将固定资产投资转化为以 2010 年为基期的实际固定资产投资，将固定资产投资转化为实际值之后，就可以计算出 2000 年到 2010 年的平均增长率 g。对于折旧率的选择，这里使用得到普遍认可的折旧率 9.6%[①]。由此，可以计算得到各省份 2000 年到 2010 年的物质资本存量（*wzzbcl*），物质资本存量除以当年的就业人员得到人均物质资本存量（*wzzb*）。在分析时进行对数化处理，分别记为 *lwzzbcl*、*lwzzb*。

第二，人力资本的估算。人力资本可使用两种方法进行估算，教育经费法和受教育年限法[②]，这里使用受教育年限法。受教育年限法根据《中国统计年鉴》不同人群的受教育程度来计算受教育年限。对于小学文化程度、初中文化程度、高中文化程度、大专及以上文化程度分别使用 6 年、9 年、12 年、16 年进行受教育程度的估算，计算出人均受教育年限表示人均人力资本 *rlzb*，人均受教育年限乘以就业人数得到区域的人力资本存量 *rlzbcl*。在研究中，对人力资本存量、人均人力资本进行对数化处理，分别记为 *lrlzbcl*、*lrlzb*。

2. 物质资本、人力资本对经济增长的贡献

在确定了物质资本、人力资本等解释变量之后，同样要确定被解释变量。这里使用以 2010 年为基期的 GDP、人均 GDP 表示经济发展水平，在模型中进行对数化处理分别记为 *lggdp*、*lrjgdp*。经济增长的动力主要来自于物质资本、人力资本等要素的投入，这里为了比较资源型区域与非资源型区域经济增长动力的差异，根据 2010 年采矿业占工业产值比重将全国 31 个省份划为 3 个区域，分别为强烈资源依赖、中等资源依赖、弱资源依赖 3 组[③]，以及全国总体水平 1 组，总共为 4 组。

表 4-9 使用截面固定效应模型，观察 2000 年以来各个分组经济增长的要素贡献，模型 L8 到模型 L11 以 GDP 对数为被解释变量，以物质资本存量、人力资本存量对数为解释变量。从模型 L9 到模型 L11 可以发现，随着资源依赖度的提升，物质资本对经济增长的贡献在提升，人力资本的贡献则在下降，模型 L9、模型 L10、模型 L11 表明弱、中等、强烈资源依赖组的物质资本存量提升 1%，GDP 分别提升 0.42%、0.47%、0.57%，人力资本存量提升 1%，GDP 分别提升 0.96%、0.43%、0.12%。这一结果说明，资源型区域经济增长的贡献主要来自于物质资本的投入，强烈资源依赖组物质资本贡献最高，同时发现强烈资源依赖组人力资本贡献非常低，仅为 0.12%，远低于弱资源依赖组的 0.96%；与全国总体水平进行比较可以看出，资源

① 张军、吴桂英、张吉鹏：《中国省际物质资本存量估算：1952～2000 年》，《经济研究》2004 年第 10 期。

② 在研究中使用了受教育年限法和教育经费法两种方法计算人力资本，并用于"资源诅咒"的检验，结果较为相似，这里限于篇幅，只给出受教育年限法的实证检验结果。

③ 依据 2010 年采掘业占工业产值比重将全国分为三组。将资源依赖度低的 10 个省份划为资源依赖弱组，包括重庆、江西、海南、广西、湖北、福建、广东、江苏、浙江、上海；将资源依赖度适中的 10 个省份划为资源依赖中等组，包括河南、河北、四川、云南、吉林、安徽、北京、湖南、辽宁、山东；将资源依赖度较高的 11 个省份划为资源依赖强烈组，包括山西、新疆、青海、内蒙古、天津、陕西、黑龙江、贵州、宁夏、甘肃、西藏。

型区域（强烈资源依赖组）经济增长中物质资本的贡献高于全国的0.48%，而人力资本贡献低于全国的0.57%。模型L12到L15则以人均GDP对数为被解释变量、以人均物质资本存量、人均受教育年限对数作为解释变量。从回归结果看，人均物质资本存量提升1%，弱、中等、强烈资源依赖组的人均GDP分别提升0.54%、0.51%、0.63%，仍然是强烈资源依赖组的物质资本贡献最高，而人均受教育年限提升1%，弱、中等、强烈资源依赖组的人均GDP分别提升0.32%、−0.001%、−0.55%，这一结果说明，强烈资源依赖组的人力资本对人均GDP的贡献非常不明显，而且为负，强烈资源依赖组提升人力资本反而不利于人均GDP的改善，还没有进入人力资本推动经济增长的阶段。

表4-9　区域经济增长的要素贡献

被解释变量 / 解释变量	模型L8 lggdp	模型L9 lggdp	模型L10 lggdp	模型L11 lggdp	模型L12 lrjgdp	模型L13 lrjgdp	模型L14 lrjgdp	模型L15 lrjgdp
lwzzbcl	0.48*** (66.52)	0.42*** (26.61)	0.47*** (53.18)	0.57*** (54.17)				
lrlzbcl	0.57*** (15.41)	0.96*** (15.84)	0.43*** (8.81)	0.12** (2.38)				
lwzzb					0.56*** (83.06)	0.54*** (31.46)	0.51*** (61.70)	0.63*** (56.44)
lrlzb					−0.12※ (−1.63)	0.32※ (1.60)	−0.001 (−0.01)	−0.55*** (−5.36)
常数项	−1.20 (−4.09)	−4.34 (−9.55)	0.25 (0.57)	1.95 (5.26)	4.20 (39.61)	3.66 (13.72)	4.54 (30.29)	4.18 (31.93)
R^2	0.99	0.99	0.99	0.99	0.99	0.99	0.99	0.99
F值	4424.37	5069.67	2255.86	7740.96	1685.08	890.95	1895.37	2054.68
样本数	341	110	110	121	341	110	110	121
模型设定	截面固定	截面固定	截面固定	截面固定	截面固定	截面固定	截面固定	截面固定
区域类型	全国	弱	中	强	全国	弱	中	强

上述分析考察了经济增长的物质资本、人力资本贡献。结果表明，在中国省域层面，资源依赖度越高的区域，经济增长越主要靠物质资本的推动，人力资本的贡献较低；而在资源依赖度越低的区域，经济增长主要是靠人力资本的推动，人力资本对经济增长的贡献明显高于资源依赖度高的区域，而物质资本对经济增长的贡献则比资源依赖度高的区域低。这一结论说明，资源型区域的经济增长主要靠物质资本的投入，区域投资率较高，进而形成物质资本推动经济增长；而资源型区域资源依赖可能对人力资本产生了排斥和挤出，人力资本积累不足，对经济增长的贡献较低。人力资本是推动经济增长的主要动力，而人力资本被挤出是资源型区域遭遇“资源诅咒”的成因之一。

（三）“资源诅咒”的原因在于资本形成不足

资本形成是经济增长的动力，而资源型区域长期经济增长缓慢，那么资源型区域的资本形成可能是不足的，自然资本推动经济增长而对物质资本、人力资本、科技创新产生了挤出，造成资本积累不足，尤其是人力资本与科技创新。

1. 资源依赖与人力资本挤出

从物质资本、人力资本对经济增长的贡献看，资源型区域人力资本的贡献较低，因而在遭遇“资源诅咒”的解释中，人力资本积累不足是一个重要的原因。表 4-10 对中国区域层面的人力资本挤出给出了解释。模型 L16 以受教育年限法计算的人均人力资本存量的对数（*lrlzb*）作为被解释变量，以采矿业占工业产值比重对数作为解释变量，使用 2010 年的截面数据模型进行回归发现，资源依赖对人力资本产生了挤出，资源依赖度提升 1%，人力资本下降 0.03%。模型 L17 则是以 2000 年到 2010 年的数据建立时期固定效应模型进行人力资本挤出的检验，结果表明资源依赖度提升 1%，人力资本下降 0.03%。人力资本挤出产生的原因在于：第一，资源产业主导的就业结构不利于人力资本积累。在资源型区域，就业结构是资源偏向的，比如模型 L18 以采矿业占工业就业比重的对数作为被解释变量（*lckyjybz*），结果表明资源依赖度提升 1%，采矿业就业比重提升 1.04%，这一结果说明在资源型区域资源产业的就业比重较高，而一般认为与制造业相比，资源产业对人力资本要求相对较低，而且资源产业在发展中也不能够通过“干中学”等方式进行人力资本的积累，因而随着资源产业就业的增加，区域对人力资本的需求会减少，制造业的发展缓慢会使得人才流失，进而导致人力资本的挤出。第二，资源型区域人力资本投资不足。资源产业对人力资本的需求较弱，那么资源型区域在资源收益的支配下，认为不需要进行人力资本投资就能够获得稳定的资源收益，因而对教育等方面的人力资本投资不够重视，模型 L19 说明在资源型区域，资源依赖度提升 1%，教育支出占财政支出的比重（*jybz*）下降 0.02%，说明了资源型区域的人力资本投资不足，进而影响到了区域人力资本积累，产生了人力资本挤出。

2. 资源依赖与物质资本挤出

资源型区域经济增长较大程度上来自于物质资本的贡献，但是这并不是说资源型区域的物质资本是充足的。通过资源依赖与物质资本之间的关系分析（表 4-10）发现，资源型区域的物质资本积累是不足的，表 4-10 中模型 L20、L21 对这一结论进行了检验。模型 L20 以 2010 年的截面数据进行资源依赖与人均物质资本的回归，回归系数为－0.09，显示出资源依赖对物质资本的排斥和挤出。模型 L21 则使用面板时期固定效应模型检验资源依赖对物质资本的挤出，资源依赖度提升 1%，人均物质资本存量下降 0.18%。

在对“资源诅咒”的研究中，很少有文献关注物质资本积累的不足，资源依赖对物质资本也产生了排斥和挤出，这可以从以下几方面进行解释：第一，资源型区域经济增长是由物质资本推动的，为了积累物质资本，区域的投资率必然很高，只有通过不断的投资，才能促进物质资本的形成，进而推动经济增长。表 4-10 中模型 L22 以采矿业占工业投资比重的对数（*lckytzbz*）作为被解释变量，说明资源依赖与资源产业投资比重存在着明显的正相关；模型 L23 以固定资产投资占 GDP 比重的对数（*lgdzctzbz*）作为被解释变量，用面板数据模型说明，2000 年到 2010 年这一阶段资源依赖度高的省份投资率也较高，资源依赖度提升 1%，投资率提升 0.07%；在模型 L24 当中，使用了 1978 年到 2010 年平均固定资产投资比重对数（*lgdzctzbz*7810）为被解释变量，以 2000 年到 2010 年的平均资源依赖度对数（*lckyczbzav*）作为解释变量，二者也是正相关，与模型 L23 的结论类似。模型 L22 到模型 L24 说明在矿产资源的投资导向下，资源型区域的投资率是很高的。第二，投资率高并不能说明资源型区域的物质资本积累是充足的，一方面是因为资源型区域经济发展水平普遍较低，虽然投资率很高，但是经济的总体规模较小，这在一定程度上影响了物质资本积累，另一方面是因为除了投资率高，资源型区域的固定资产折旧占 GDP 的比重也很高，比如模型 L25 则显示，资源依赖度提升 1%，固定资产折旧比重（*gdzczjbz*）提升 0.02%，在较高的投资率当中，相当一部分投资来自于企业固定资产折旧的转化，并不是新增的固定资产投资较高，这也在一定程度影响了物质资本的积累。

表 4-10　资源依赖与人力资本、物质资本挤出

被解释变量 / 解释变量	模型 L16 lrlzb	模型 L17 lrlzb	模型 L18 lckyjybz	模型 L19 ljybz	模型 L20 lwzzb	模型 L21 lwzzb	模型 L22 lckytzbz	模型 L23 lgdzctzbz	模型 L24 lgdzctzbz7810	模型 L25 lgdzczjbz
lckyczbzav									0.04** (2.08)	
lckyczbz	−0.03* (−1.89)	−0.03*** (−5.57)	1.04*** (37.44)	−0.02*** (−3.51)	−0.09** (−2.07)	−0.18*** (−9.38)	0.88*** (30.75)	0.07*** (7.77)		0.02*** (2.66)
常数项	2.15 (53.64)	2.11 (158.91)	0.33 (5.62)	2.77 (198.65)	11.43 (109.26)	10.61 (256.97)	−0.64 (−10.4)	3.74 (196.02)	3.49 (81.78)	2.64 (186.38)
R^2	0.11	0.16	0.81	0.14	0.13	0.65	0.75	0.51	0.13	0.15
F 值	3.57	5.9	127.56	5.05	4.3	55.66	89.19	31.2	4.32	5.33
样本数	31	341	341	341	31	341	341	341	31	341
模型	截面	时期固定	时期固定	时期固定	截面	时期固定	时期固定	时期固定	截面	时期固定
年份	2010 年	2000～2010 年	2000～2010 年	2000～2010 年	2010 年	2000～2010 年	2000～2010 年	2000～2010 年	1978～2010 年均值	2000～2010 年

3. 资本形成不足与创新挤出

创新驱动是资源型经济转型的内在要求，但是创新依赖于物质资本、人力资本的积累。资源依赖对物质资本、人力资本挤出的同时，对创新也产生了挤出（表 4-11）。模型 L26 和模型 L28 建立时期固定效应模型，分别以区域研发投入强度的对数（*lyfqd*）、万名就业人员专利数的对数（*lzlsw*）为被解释变量，发现创新与资源依赖的负相关性，资源依赖度提升 1%，研发投入强度、万名就业人员专利数分别下降 0.20%、0.49%。

表 4-11　资源依赖、资本形成与创新挤出

解释变量 \ 被解释变量	模型 L26 lyfqd	模型 L27 lyfqd	模型 L28 lzlsw	模型 L29 lzlsw
lckyczbz	−0.20*** (−7.57)		−0.49*** (−14.51)	
lwzzb		0.36*** (5.86)		1.00*** (19.69)
lrlzb		2.12*** (10.26)		2.89*** (16.02)
常数项	0.14 (2.39)	−8.21 (−14.16)	1.33 (18.59)	−15.71 (−31.28)
R^2	0.21	0.47	0.50	0.80
F 值	8.01	23.94	30.26	111.56
样本数	341	341	341	341
模型	时期固定	时期固定	时期固定	时期固定
年份	2000～2010 年	2000～2010 年	2000～2010 年	2000～2010 年

而根据创新的理论，物质资本、人力资本都有利于实现创新，物质资本规模的扩大可以通过生产中的溢出效应促进创新，而人力资本本身是具有创新能力和创新动力的。模型 L27 结果显示物质资本、人力资本分别提升 1%，区域研发投入强度分别提升 0.36%、2.12%。模型 L29 则显示物质资本、人力资本分别提升 1%，万名就业人员专利数分别提升 1.00%、2.89%。结果说明物质资本和人力资本都是能够促进创新的，但是人力资本的作用更为明显，要提升区域的创新能力，主要是要加强人力资本积累，同时物质资本的创新效应也不应忽视，之前在创新的分析中往往忽视物质资本通过技术外溢可能带来的创新。

资源型经济挤出科技创新的原因在于：物资资本、人力资本积累本身是有利于创新的，但资源依赖对物质资本、人力资本都产生了挤出，致使资源型区域资本形成不足，抑制了科技创新。

第五章 产业结构逆向演进与路径突破

对资源开发的过度依赖，造成资源型区域产业结构单一且逆向演进，既阻滞了区域的工业化进程，也强化了经济增长的风险性。资源依赖与产业结构逆向演进如何形成又如何破解？本章首先分析资源型区域要素向资源部门、资源型产业集中的现象，以及挤出效应引致的区域经济结构失衡、经济增长短期波动、长期停滞等。然后通过反思资源依赖形成的多种理论阐述，区分不同发展阶段资源依赖的表现及其与矿业收益的关系，遵循矿业收益冲击—要素配置失衡—资源依赖形成—产业生态恶化—产业结构逆向演进的分析脉络，阐释资源依赖与产业结构逆向演进机制。接着分析产业结构演进中可能存在的多种路径选择，以及如何突破资源依赖和产业结构逆向演进路径，并从矿业收益调控、产业退出机制以及产业生态优化等角度提出了制度创新建议。最后以山西为例，实证检验矿业收益与资源依赖形成的关系。

第一节　资源依赖、结构失衡与经济增长风险

资源型区域有一个突出现象：要素向资源部门流动和集聚，挤出具有规模报酬递增特点的制造业的发展，导致资源依赖与“反工业化”现象。对资源开发的过度依赖，挤出了非资源型产业、人力资本、中小企业等，导致区域经济结构失衡，产业结构、要素结构初级化特征突出。产业结构单一性、初级化，强化了经济增长的风险性如短期经济增长波动、长期经济增长滞缓，也阻滞了经济增长方式的转变(见图 5-1)。

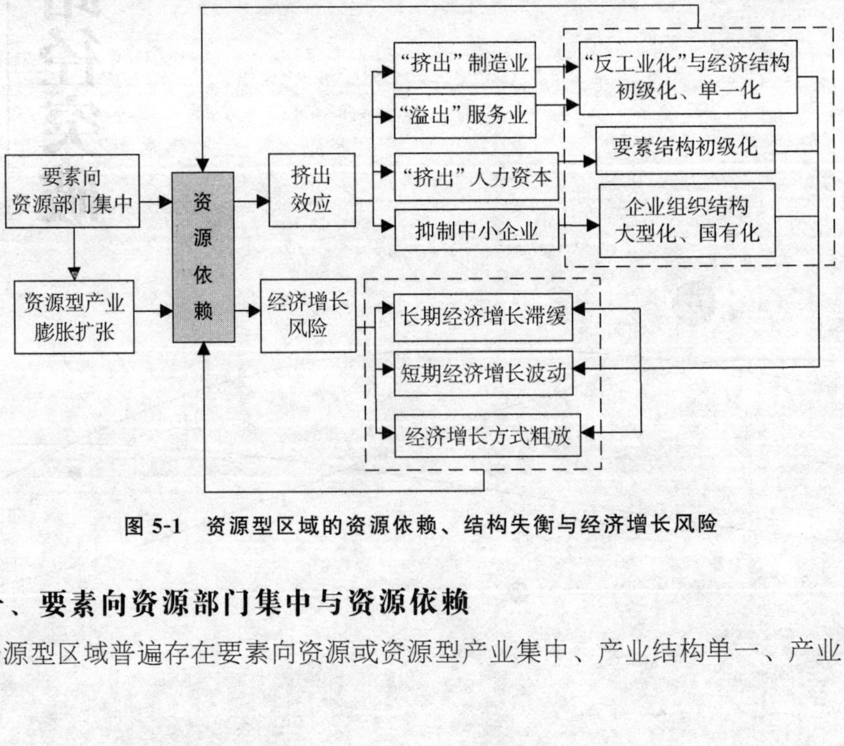

图 5-1　资源型区域的资源依赖、结构失衡与经济增长风险

一、要素向资源部门集中与资源依赖

资源型区域普遍存在要素向资源或资源型产业集中、产业结构单一、产业演进初

级化现象，其结果造成资源型区域对资源部门或资源型产业的过度依赖。

（一）要素向资源部门集中与资源（型）产业强化发展

资源丰裕国家/区域，对资源进行大规模开发，可能基于几个原因：一是国家/区域发展战略需要，工业化起步阶段，需要通过大规模的资源开发为工业化积累原始资本，同时为工业化“起飞”阶段可能产生大量的能源、原材料需求做好准备；二是地域分工，基于比较优势分工理论，资源丰裕区域往往成为国家能源、原材料生产基地，以资源开发作为其主导或支柱产业；三是新发现资源，国家/区域可能处于工业化初期，也可能已经进入工业化中期。无论是哪种原因，比较利益的存在吸引大量生产要素包括资本、劳动力、企业家等，源源不断地向资源部门流动和集中。资源品价格频繁波动会加剧要素向资源部门的流动和集聚，而资源部门本身存在吸纳效应、粘滞效应和锁定效应，也具有自我强化的功能①，资源部门很快成为资源丰裕国家/区域的主要部门，在经济体系中占有举足轻重的地位。

如果说资源部门是指采掘业，则以矿产品为主要原材料进行初级加工的产业可称为资源产业家族或资源型产业。资源型区域为推进工业化进程，在加快资源开发的同时，往往也加快了资源型产业的发展。资源产业的功能，一是出口或向区外输送，换回外汇或者积累工业化资本；二是作为本国或本区域后续加工产业的能源、原材料，促进本国/本区域资源型产业的发展壮大。资源产业包括煤炭开采和洗选、石油和天然气开采、黑色金属矿采选、有色金属矿采选、非技术矿采选等。资源型产业除资源产业之外，还包括石油加工、炼焦及核燃料加工业、黑色技术冶炼及压延加工业、有色金属冶炼及压延加工业、电力、热力生产和供应业等。整体而言，资源型产业以资源开采、资源消耗为主要特征，属于资源密集型产业，具有重型化特征。

无论是国家战略或是区域分工需要形成的比较利益，还是矿产品价格波动带来的“横财”，利益驱使引致要素向资源部门或资源型产业的流动、集中和积聚，形成一业独大。资源型经济体对资源开发、资源加工业过度依赖。

（二）区域对资源（型）产业的过度依赖

资源型经济体对资源（型）产业的过度依赖，体现在几个层面：一是要素层面，劳动力和资本不断向资源部门或资源型产业流动，导致区域的劳动力、资本主要集中于资源部门或资源型产业；二是产业层面，要素投入的增加引起资源品产出增加、输出增加，区域经济体系主要依赖于资源部门或资源型产业，具体表现在产业结构和输出结构，以资源（型）产业为主；三是区域层面，经济增长贡献主要来源于资源部门或资源型产业的贡献。资源开发本身对经济增长具有促进作用，而当经济体系对资源开发形成过度依赖，则可能制约区域工业化进程和经济持续稳定增长，从长期来看，可能导致“资源诅咒”。

---

①张复明、景普秋：《资源型经济的形成：自强机制与个案研究》，《中国社会科学》2008年第5期。

经济体系对资源开发的依赖程度，可以通过资源依赖度来衡量。资源依赖度具体涉及以下几个指标：一是要素层面，资源部门的劳动力、资本分别占区域劳动力、资本的比例，即劳动力结构、投资结构的变化；二是产业层面，资源部门增加值占区域GDP比重、资源型产业增加值占工业增加值比重、资源品输出占区域总输出比重，即产业结构、工业结构、贸易结构等；三是区域层面，要素向资源部门集中以及产量扩张，导致要素对经济增长的贡献提升，即经济增长贡献率变化。资源依赖度具体可以使用公式（5-1）计算得到：

$$IRD = \sum_{i=1}^{6} \alpha_i X_i \tag{5-1}$$

其中，IRD 表示资源依赖度，i 表示描述资源依赖度的六类指标，从1到6分别为劳动力结构、投资结构、产业结构、工业结构、贸易结构、经济增长贡献率，具体为采掘业就业人员占总就业人员比重、采掘业固定资产投资占总投资比重、采掘业增加值占GDP比重、资源型产业增加值占工业增加值比重、一次能源外销量占总销量比重、采掘业对经济增长的贡献度等，X_i 表示对应指标值，α_i 表示六类指标对应的权重。

资源依赖，短期内，尤其是矿产品价格持续上升时期，会推动GDP快速上涨，但从长期来看，有诸多负面影响。如图5-1所示，一方面经济体系对资源开发的过度依赖会因为挤出效应引发区域经济结构失衡；另一方面是对资源的过度依赖，降低了区域的经济抗风险能力，加上区域经济结构失衡的影响，不仅经济增长方式转变艰难、短期经济增长波动，还可能导致长期经济增长滞缓。

二、挤出效应与经济结构失衡

要素向资源部门集中，一是直接挤出制造业、间接溢出服务业，阻滞了区域工业化进程，出现产业结构、投资结构与就业结构的单一化和初级化；二是资源产业的战略属性、资源开发对产量规模的要求，制约了中小企业、民营企业的发展；三是挤出人力资本和技术，强化了资源型经济体系对资源、劳动力等初级要素的依赖，要素结构逆向演进。

（一）"反工业化"与结构单一化、初级化

资源丰裕区域，在发挥比较优势的区域分工理论引导下，对资源进行大规模开发，通过矿产品输出积累资本以推进区域工业化进程，资源部门或资源型产业成为资源型区域的主导或支柱产业。伴随区域发展和工业化演进，资源部门或资源型产业逐步退出。但从资源型区域的实践来看，资源依赖成为区域的一种常态，甚至会出现资源部门强化发展的态势。矿产品价格波动频繁，只要价格高企，资源部门要素报酬高于制造业、服务业等非资源部门，就会引起劳动力、资本等要素，从制造业部门、服务业部门等持续向资源部门转移，出现资源繁荣，制造业和服务业被挤出。即使矿产品价格下跌，因锁定效应和退出壁垒，大量生产要素仍滞留在资源部门。生产要素从制造业和服务业的流出，提升了要素的边

际报酬，与周边非资源型区域相比，其生产成本上升、效率下降，制造业和服务业竞争力下降。资源型区域对制造业产品的需求，可以通过区际贸易实现；对服务业产品的需求，有些通过服务业外包来实现，有些直接到外地去消费，出现服务业“外溢”。制造业和服务业的挤出，导致资源型区域产业结构单一且长期初级化。

产业结构单一，意味着产品种类少、产业链条短、产业生态弱，对其他产业的带动能力缺乏，不利于工业化进程。尤其是制造业的挤出，本身就是反工业化。按照产业结构演进规律，伴随劳动力、资本等生产要素，从市场需求少、技术进步相对缓慢、收益率较低的部门，向市场需求潜力大、技术进步快、收益率相对较高的部门流动，产业逐步实现从资源密集型、劳动力密集型向资本密集型、技术密集型的升级和转移，产业逐步走向高级化。而在资源型区域，恰恰相反，要素持续向资源部门集中，制约了向市场前景好、技术进步快、要素收益率高的资本、技术密集型产业发展，出现逆向演进。

（二）中小企业挤出与产业组织结构大型化、国有化

中小企业、民营企业以其规模小、经营灵活、善于适应市场等优势，有利于激发区域发展活力。但资源型经济对中小企业存在挤出效应，具体表现在：资源开发的规模效应意味着“大矿经济”更适合于资源产业发展；资源产业的战略属性决定了以国有经济为主导的所有制结构，民营经济发展不足；资源产业的嵌入性、弱产业关联性，不利于中小企业发展。

首先，大矿经济引领资源产业发展。改革开放以来，以矿产开发为主的乡镇企业迅速发展，活跃了市场，提升了经济发展水平，但也加剧了资源损耗、生态环境破坏以及严重的矿业安全问题。为提高资源回采率，实现集约开发、绿色开发，加强技术含量和机械化操作，提高资源开发的安全水平，资源型区域进入了资源整合的大矿经济时代，中小企业逐步退出。其次，资源产业的战略属性决定了国有企业为主的所有制结构。矿产资源国家所有，同时能源、矿产资源作为国家的基础产业，其战略地位属性要求国家对能源、矿产资源开发具有一定控制权；同时规模经济的存在，初始投资额是比较大的，在建设初期也多为国家投资建设，形成了以国有大型企业为主的所有制结构，民营经济发展严重不足。最后，资源产业的嵌入性特征弱化了中小企业发展的动力。所谓资源产业的嵌入性特征，是指资源产业链条短，前后向关联产业少，与当地经济的联系比较弱。中小企业规模小，经营灵活，其发展动力主要来源于当地产业链条的某一个环节。如果当地产业链条长，产业种类多，服务于主要产业发展的某些环节，往往激发了中小企业发展，成为中小企业发展的“增长极”。但如果产业单一且产业链条短，则对中小企业的需求弱，中小企业发展的空间受限。

大型国有资源企业，其经营不同于中小企业。首先，大型国有资源型企业，因其规模及其产品的战略属性，产业垄断性强，竞争性弱；中小企业恰恰相反，竞争性强，善于适应市场。其次，与制造业产品相比，资源产品多属工艺创新，较少产品创新，且工艺创新大多情况下是为了节约资源、减少生态环境破坏等有利于生态环境的保护，企业本身创新的动力不足，更多是产业规制下的一种创新；而中小企业，制造业、服务业部门居多，创新能力强，尤其是产品升级换代、市场扩张，产品创新居多，有利于增强企业的创新意识和竞争意识。最后，大型国有企业，培养的企业家数量有限；而中小企业相对数量多，有利于大量的有市场竞争意识、创新意识的企业家的培养，有利于推进资源型区域工业化进程。

（三）人力资本挤出与要素结构初级化

资源型区域对资源开发的过度依赖，会从几个方面挤出人力资本与技术：对资源部门的大量投入会减少对技术进步与人力资本的投入，而资源部门虽然也有技术进步，但不具有溢出效应，其结果导致技术进步相对缓慢；二是资源部门收益提高，引起创新者对资源部门的偏好而放弃研发部门，创新主体被挤出①；三是大多数居民因被锁定在对劳动技能要求低的自然资源部门，以及居民的自负，降低了对教育的需求，导致人力资本的挤出②；四是资源依赖挤出对人力资本需求量大、技术进步比较快且具有溢出效应的制造业部门的同时，也就挤出了人力资本与技术进步。以上四个方面，均会导致资源型区域人力资本积累不足，技术进步相对缓慢，经济体系对资源、劳动力等生产要素的依赖性较大，区域形成以资源、劳动力、物质资本等为主的初级化要素结构，人力资本、知识、技术等要素相对缺乏，要素结构逆向演进。

工业化进程的标志是产业结构从以低附加价值、低收益率、低技术含量的资源、劳动力密集型产业，向以高附加价值、高收益率、高技术含量的资本、技术密集型产业的递进，同时伴随生产要素从资源、劳动力、物质资本等为主的初级要素结构，向以技术、知识、人力资本等为主的高级要素结构的递进，二者相互影响、相互促进。资源型区域产业结构的逆向演进，强化了要素结构的初级化，反过来，要素结构初级化又制约了产业结构的升级。

三、经济增长风险

资源型区域对资源开发的过度依赖，会增强经济增长的风险性，短期经济波动性，且因为资源产业多为高能耗、高水耗的资源密集型产业，会在一定程度上阻滞经济增长方式的转变。而资源依赖对产业、中小企业以及人力资本的挤出，引致区域经济结构失衡，也会强化经济增长的风险性，尤其是人力资本和技术的弱化，导致经济增长动力不足，长期经济增长滞缓。

---

① J. D. Sachs & A. M. Warner. "Natural Resources and Economic Development: The Curse of Natural Resources", *European Economic Review*, 2001, 45: 827～838.

② T. Gylfason. "Natural Resources, Education, and Economic Development", *European Economic Review*, 2001, *45*, 4～6: 847～859.

（一）经济增长方式转变缓慢

资源部门或资源型产业，是以资源、能源大量消耗为基本特征的部门，且在生产过程中不可避免会造成较为严重的生态环境问题。在低碳经济、绿色发展背景下，虽然区域尽可能采用节约资源、节约能源、保护生态环境的绿色技术，但因为资源产业所占比重大，总量上的消耗依然成为区域沉重的负担，且容量制约有可能提高资源产业的生产成本，降低资源产业的竞争力。另一方面，区域转变经济增长方式，既需要人力资本和技术的支撑，同时也需要大量有竞争意识、创新能力的企业家，将经济增长方式的转变付诸实际。资源依赖对人力资本和中小企业的挤出，会减缓经济增长方式转变的步伐。

（二）短期经济增长波动性增强

资源（型）产业，在资源型区域占有较大比重，一旦矿产品或者资源市场出现异常，如资源替代或资源枯竭、矿产品价格波动等，资源型区域的经济增长会出现大幅下滑。经验证实，矿产品价格波动性强，因此造成了资源型区域经济增长波动性显著高于非资源型区域。波动性增强，不仅对当地居民的生产和生活带来冲击，而且会造成机器设备闲置、资源利用率低、投资效率低等。当矿产品价格高企时，要素向资源部门集中，固定资产投资迅速增加，因为资源产业投资周期较长，当投资转化为生产时，有可能矿产品价格已经下滑，大量机器设备也因此闲置，造成资源浪费。短期经济增长波动性强，既与制造业、服务业发展不足相关，而人力资本相对缺乏，有竞争意识和创新能力的企业家缺乏，也制约了矿产品价格低迷时要素从资源部门向制造业部门的回流。

（三）长期经济增长停滞

区域长期依赖于资源开发，造成产业结构与要素结构的逆向演进，且二者相互作用、相互强化，其结果是弱化了区域的可持续发展能力：经济发展的主体——企业家能力缺乏，经济发展的载体——制造业与服务业发展不足，经济发展的动力——人力资本与技术积累不足，导致长期经济增长停滞。

第二节　资源依赖与产业结构逆向演进

学术界从多个角度对资源依赖和“反工业化”现象进行了理论阐释，究其根源，或多或少都与矿业收益相关联。资源开发带来“横财”，改变了部门间的要素报酬比价，引起了要素在部门间的重新配置，一方面可能导致要素配置效率下降，另一方面严重破坏了产业生态，强化了产业结构和要素结构的逆向演进。

一、资源依赖的理论阐释及其阶段性特征

为什么要素向资源部门流动和集聚且被锁定？其解释主要有：“荷兰病”效应、

产业关联效应、锁定效应、沉没成本、自强机制以及比较优势陷阱等。"荷兰病"标准模型①是三部门模型，因资源繁荣引起实际汇率上升，制造业竞争力下降，出现"反工业化"。产业关联理论②认为，在多数国家/区域，资源产业属于"飞地"经济，产业弱关联性制约了关联产业发展。Grabher③ 通过鲁尔工业区研究，认为区域发展中存在功能性、认知性和政治性锁定，形成刚性专业化陷阱，引起要素向资源部门集聚。宋冬林、汤吉军④从经济性沉没成本和社会性沉没成本角度分析了资源型经济转型存在的障碍。张复明、景普秋⑤通过资源产业的吸纳效应、粘滞效应与锁定效应分析了资源型经济自强机制的形成，突破自强机制的关键是引入学习和创新活动，调整资源收益分配机制。这些理论本身并不存在矛盾，它们从不同角度、针对资源开发的不同阶段，阐释了资源依赖现象。通过梳理发现，或多或少与矿业收益相关联（见表5-1）。

表 5-1　资源开发阶段与资源依赖的理论阐释

阶段划分	初期	中期	后期
矿产资源	丰富、易于开采	丰富、易于开采	接近枯竭、开采难度大
资源行业收益	资源低价或无价，资源价值转化为企业利润和生产要素报酬，比较利益高	矿产品价格波动引起矿业收益波动，矿产品价格高企时，企业利润与生产要素报酬高，甚至可能存在"横财"	开采成本高、比较利益消失，沉没成本高
部门间要素流动	要素向资源部门集中	要素向资源部门流动、积聚	要素锁定在资源部门
理论阐释	要素禀赋理论：资源型区域发展资源密集型产业； 比较优势陷阱：价值双重流失、要素结构初级化	区域"荷兰病"机制：制造业竞争力下降，出现"反工业化"； 产业关联理论：资源型产业发展，弱产业关联； 自强机制：矿产品价格高企时要素流入，矿产品价格低迷时要素锁定	沉没成本：经济性与社会性沉没成本； 锁定效应：功能性锁定、认知性锁定、政治性锁定

（一）初期的资源开发：要素禀赋与比较优势陷阱

基于比较优势理论，资源型区域往往选择开发矿产资源，并以此作为主导或支柱产业。比较优势理论主要是基于成本优势，如单生产要素的绝对比较优势和相对比较优势理论，多生产要素的禀赋理论。根据赫克歇尔-俄林的要素禀赋理论，资源型区

① W. M. Corden & J. R. Neary. "Booming Sector and De-industrialization in a Small Economy", *The Economic Journal*, 1982, 92, 825～848; W. M. Corden. "Booming Sector and Dutch Disease Economics: Survey and Consolidation", *Oxford Economic Papers*, 1984, 36, 3: 359～380.

② A. O. Hirschman. *The Strategy of Economic Development*, Yale University Press, New Haven, 1958.

③ G. Grabher. "The Weakness of Strong Ties: The Lock-in of Regional Development in the Ruhr Area", in G. Grabher (ed.), *The Embedded Firm: On the Socio-Economics of Industrial Networks*, London and New York: Routledge, 1993, pp. 255～277.

④ 宋冬林、汤吉军：《沉淀成本与资源型城市转型分析》，《中国工业经济》2004 年第 6 期。

⑤ 张复明、景普秋：《资源型经济形成：自强机制与个案研究》，《中国社会科学》2008 年第 5 期。

域应该发挥其矿产资源优势，生产资源密集型产业，其成本相对较低。这是区域分工理论划分不同区域主导产业和支柱产业的依据。如果从区域本身的发展战略选择来看，经济发展初期，选择具有禀赋优势的矿业作为经济发展的支柱，既可以为工业化积累原始资本，也可以为工业化进程提供必要的能源和原材料。从国家层面来看，资源型区域往往被划定为国家工业化进程的能源、原材料基地。为了服从国家战略需要，推进全国工业化进程，资源往往是无偿划拨或低价取得。资源价值转化为行业的利润和要素报酬，与其他产业相比，资源行业也因此成为一个利润相对较高、要素报酬相对较高的行业。可能是国家行政推动，也可能基于相对较高的比较收益率，生产要素迅速向资源部门集中，短时期内形成资源型区域的支柱甚至主导产业。

比较优势理论虽然在国际、区际分工和贸易中发挥着重要作用，但伴随工业化进程，也发现一些问题：按照比较优势理论选择主导产业的国家或区域，往往会陷入比较优势陷阱，即生产并输出初级产品的国家或区域，引起附加价值低，虽然获得比较利益，但是贸易结构不稳定，且总是处于不利的地位。以资源丰富的山西为例，输出附加价值相对较低的煤炭，输入附加价值相对较高的制造业产品，其结果造成价值的双向流失。不仅如此，长此以往，还可能固化区域产业结构和要素结构，阻滞工业化进程。

（二）中期的资源依赖："荷兰病"机制、产业关联效应与自强机制

区域一旦选择资源产业作为主导或支柱产业，则在发展过程中往往会挤出制造业，促进资源型产业发展，强化对资源开发的依赖。"荷兰病"模型认为，资源突然发现或资源价格上升，引起资源部门利润增加、要素报酬升高，会吸引制造业和服务业部门生产要素向资源部门的流动。在要素流动效应、消费支出效应作用下，制造业竞争力下降，出现"反工业化"现象。产业关联效应，是指由投入产出作为联系纽带，在各产业之间存在技术经济联系，以此形成产业之间的相互关系。产业关联分为前向关联、后向关联、侧向关联等。以矿产开发为主的资源产业，属于上游产业，产业关联度相对较差，以资源产业为主导产业，而资源产业所需要的劳动力技术水平低、科技水平有限、产品大多是初级产品，在产品的供需与技术供给两个方面，与其他产业的关联度较低，只能带动有限的产业如以资源加工、服务为主的资源型产业发展，对区域其他产业发展的带动作用小，强化了资源型区域产业单一性。

这个阶段，制造业竞争力下降、资源产业与制造业之间的弱关联性，强化了资源产业发展，要素向资源部门集中。矿产品价格波动性强，已经被资源丰裕国家的发展所证实，价格波动必然带来收益波动。当矿产品价格升高带来矿业利润增加、要素报酬提升，会加速要素向资源部门的流动和集中；而当价格下跌时，虽然利润下降、要素报酬率下降，但因为制造业对劳动力技术的要求和资源部门的高额沉没成本，要素依然滞留在资源部门，形成资源部门的自我强化发展。

（三）后期的要素锁定：沉没成本与锁定效应

进入成熟期，资源开发难度加大，易于开采的资源已接近于枯竭，资源开采成本增加，比较利益丧失，资源产业已不再具备竞争力。但由于资源产业的高资产专用性导致的沉没成本、机会成本及转换成本较高，要素依然被锁定在资源部门。宋冬林、汤吉军的模型表明，沉没成本与信息不完全的结合会在很大程度上扭曲资源配置，导致产业结构刚性，降低经济效率和福利水平。沉没成本的存在，常常会使人们不情愿付出这种损失，而维系于它，这就形成沉没成本的“锁定”效应。所谓沉没成本，是指投资之后不可收回的成本，对于资源产业来说，沉没成本是指资源型产业在建造企业时专业设备等投资，转换成本包括合约成本等交易成本。

锁定效应是产业发展的一种路径依赖现象。Grabher 认为，区域发展存在着功能性锁定、认知性锁定和政治性锁定，形成刚性专业化陷阱。功能性锁定是指：长期稳定的钢铁需求促使区内核心企业与其供应商形成紧密与稳定的关系：供应商知晓核心企业的投资计划，围绕该计划制定自己的研究与开发目标，以期继续为核心企业提供产品，产品的技术与功能由此被锁定；供应商通常与核心企业中层管理人员具有良好的工作关系，削弱了供应商的市场营销能力。认知性锁定是指：区内密切的内部关系制约了企业对创新机会的察觉能力，使企业难以从其他渠道获取信息，限制了联合体内机械制造企业的技术突破及其向有前途市场的转移。政治性锁定是指：长期以来，区域经济发展受到产业、地方政府、国家区域发展部门、工会与专业协会之间合作关系的有效支撑。这种产业与政治之间的合作关系，产生了一个支持煤钢联合体的强有力的联盟，该联盟强调鲁尔在国民经济中具有特殊的“生产使命”，由此提供了阻止新产业进入的意识形态背景。

综上，资源型区域发展伊始，基于资源优势建立资源型产业结构体系。矿产品价格波动，引起生产要素向资源部门流动、积聚。资源部门沉没成本的约束与制造业部门对技术创新的需求，制约生产要素从资源部门向制造业部门的回流，资源部门与资源型产业强化发展，制造业、非资源型产业发展滞后，产业结构严重失衡。不同发展阶段，均存在经济体系对资源开发的依赖现象。制造业竞争力下降、产业关联性弱、专业化陷阱、转型成本高以及自强机制等，解释了资源部门的强化发展及产业转型面临的障碍。为什么资源部门具有超强吸引力，难道说它是一个高收益部门，吸引要素向资源部门集中？如果能够防范要素向资源部门的流动，是否就可以避免资源优势陷阱以及自我强化的路径锁定？本研究认为，要素向资源部门集中，是因为与其他部门相比，资源部门存在相对较高的收益率，或是存在产业退出的制约，矿业收益可能是形成资源依赖的一个视角。

二、矿业收益视角下资源依赖的形成

从资源开发的多个阶段来看，要素集中或滞留于资源部门是普遍现象，即资源型区域对资源开发的依赖是一种常态，并且多个阶段都不可避免与矿业收益（率）相关联。资源依赖，一般理解为资源型经济体过度依赖于资源开发，无论从产业结构、就业结构还是投资结构以及对经济增长的贡献，资源部门在经济体系中占有较高比例，这是其静态含义。从动态的角度来看，资源依赖是一种自我强化的过程，资源依赖导致产业生态恶化，缺乏产业演进的要素支撑、关联产业以及发展环境，反过来强化资源依赖。所谓资源依赖的形成，具有静态、动态双层含义。

（一）矿业收益、要素配置与资源依赖的形成

本研究在此主要沿用了第二章第三节的假设条件：经济体系存在资源部门、制造业部门与服务业部门，其中前两者是可贸易部门，后者属于不可贸易部门，但因为是区域层面，服务业消费可以在区域以外；矿产品价格由国际市场决定，对于资源型区域而言，只是既定价格的接受者，矿产品价格波动性强，或者新发现、新开发资源，都可能引起资源部门的繁荣；服务业产品的消费允许在资源型区域之外，即劳务产品“可移动”；劳动力存在质的差别，有熟练劳动力、非熟练劳动力之别，其劳动生产率水平存在显著差异，尤其是制造业部门等。矿业收益视角下资源依赖的形成机制如图5-2所示。

根据假设条件，矿产品价格升高或者新发现、新开采资源，资源部门各类要素的相对报酬高于制造业，制造业熟练劳动力（人力资本）、非熟练劳动力（一般劳动力）、资本等向资源部门流动，资源部门发展壮大。制造业部门，一方面各类生产要素流出，另一方面，会吸收农村大量剩余劳动力，但因为新进入的劳动力为非熟练劳动力，制造业的平均生产率水平下降，平均工资降低。工资降低引起要素第二轮流出，不仅继续向资源部门流入，还有一部分流向区外同行业。按照劳动力流动规律，流出的首先是具有专业技能、高学位、高学历的劳动者，即人力资本，其结果导致制造业效率与盈利能力下降，产业竞争力下降。

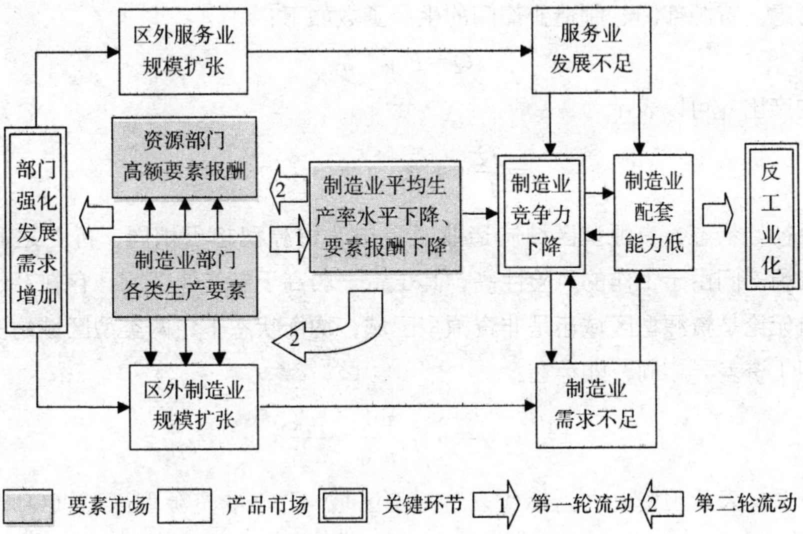

图 5-2　矿业收益视角下资源依赖的形成机制

资源部门的强化发展与规模扩张，提高了资源型区域的整体收入水平。收入提高，消费需求增加。消费品包括两类产品：一类是可贸易的制造业产品，通过区际贸易以区外的产品为主；一类是不可贸易的劳务产品，但因为企业主的消费特征与矿工外地居多，增加的收入中，区内消费占少数，而大部分消费以区外为主，推动了区外制造业、服务业的扩张，抑制了区内制造业、服务业的发展。区内服务业发展不足，尤其是生产性服务业发展不足，降低了制造业的服务配套能力，提高了制造业的交易成本，制造业竞争能力下降。制造业产品，无论从种类、质量等均难满足区内的需求，反过来，区内对制造业产品的需求更倾向于从区外输入，对区内生产的制造业产品需求不足，再度降低了制造业的竞争力。

制造业属于产品种类多、产业关联性强的产业，产业规模、产品门类、产业链条、产业配套及服务能力等，影响制造业竞争力。资源部门强化发展，不仅从数量上挤出制造业，关键是从质量上或者说效率效益上降低制造业竞争力。人力资本流出、服务配套能力差、市场需求不足以及制造业内部的产业配套能力弱，导致制造业竞争能力下降，区域对资源部门的依赖性持续增加，资源型区域出现“反工业化”现象。

（二）资源依赖形成的数理分析

资源依赖形成机制的数理表达，可以分为人力资本与技术的流失、制造业挤出和服务业溢出。人力资本与技术的流失，制造业挤出、服务业溢出，反过来强化了资源依赖。

1. 函数假设与初始状态

无论是制造业部门还是资源部门，至少使用三种生产要素，即资本（K）、劳动力（L）和人力资本（H），其中，劳动力 L 由熟练劳动力即人力资本 H 和非熟练劳动力 L-H 构成。除此之外，资源部门要使用资源，因为不涉及部门间的流动，在此暂时不考虑。资源部门、制造业部门的生产函数如下：

$$Q=F_{(K,L,H)} \tag{5-2}$$

人均产出 q 可以表示为：

$$q=\frac{Q}{L}=F_{(\frac{K}{L},1,\frac{H}{L})}=f_{(k,h)} \tag{5-3}$$

假设初始状态，资源型区域制造业工资与非资源型趋于相同；行业之间存在差异，如资源部门由于工作的风险性高，其工资一般高于制造业部门，存在补偿性工资差别。但无论是资源型区域还是非资源型区域，均衡状态下，两类型区域的资源与制造业部门工资差异相同，即存在：

$$w_M^I=w_M^O,\frac{w_R^I}{w_M^I}=\frac{w_R^O}{w_M^O} \tag{5-4}$$

其中，w 表示工资，右上标代表资源型区域（I）、非资源型区域（O）；右下标代表制造业部门（M）、资源部门（R）。即 w_M^I 表示资源型区域制造业部门工资，w_M^O 表示非资源型区域制造业部门工资，w_R^I 表示资源型区域资源部门工资，w_R^O 表示非资源型区域资源部门工资。

资源部门、制造业部门的工资水平，取决于部门拥有的熟练劳动力与非熟练劳动力的期望边际生产力，即：

$$\sum VMP = \frac{H}{L}P \cdot MP_h + \frac{L-H}{L}P \cdot MP_{1-h} = P \cdot \overline{MP} = h \cdot w_h + (1-h) \cdot w_{1-h} = \overline{w} \tag{5-5}$$

其中，P 表示矿产品价格，MP_h、MP_{1-h} 分别表示熟练劳动力与非熟练劳动力的边际产出，w_h、w_{1-h} 分别表示熟练劳动力、非熟练劳动力的工资。

2. 人力资本流动与制造业、服务业的挤出

矿产资源价格上升，或者国家出于资源供给的战略需要，快速推进资源开发，资源部门各类生产要素的报酬随之上升。资源部门工资上升、超额利润增加，会引起制造业部门劳动力、资本向资源部门的流动，即资源部门与制造业部门的相对价格上升，但无论资源型区域还是非资源型区域，虽然存在部门间要素比价的变化，但两类区域的相对价格比依然不变，即存在：

$$\frac{w_R^I}{w_M^I}\uparrow, 但\frac{w_R^I}{w_M^I}=\frac{w_R^O}{w_M^O} \tag{5-6}$$

要素流出的数量取决于资源部门的扩张规模。流出的劳动力既有人力资本也有一般的劳动者，且从劳动力转移理论来看，一般认为首先转移的是人力资本，相对而言，熟练劳动力有更强的适应性和吸引力。如果没有剩余劳动力存在，则制造业部门的边际生产力会上升；但因为资源型区域尚存在剩余劳动力，只要制造业部门工资略高于（按照刘易斯的理论，高出 30%）农业部门的工资，则劳动力会源源不断流向制造业部门，补充进入的劳动力均属于非熟练劳动力。

如果说从制造业部门流出的劳动力以高素质的人力资本为主，那么补充进来的劳动力属于非熟练劳动力，制造业部门的人力资本拥有量会显著下降。其下降的比例，取决于资源部门扩张的规模，如果资源部门的规模越大，在资源型区域所占的比重越大，则人力资本向资源部门的流出越多，制造业部门人力资本拥有量即 $h_M^I\downarrow$ 其下降的比例越大。根据公式（5-5），制造业部门平均边际产出越低，行业平均工资水平降低，低于非资源型区域制造业工资，即存在：

$$w_M^I < w_M^O, 与\frac{w_R^I}{w_M^I} > \frac{w_R^O}{w_M^O} \tag{5-7}$$

制造业工资水平降低，会引起劳动力的第二轮流动。如果说第一轮流动，主要是资源型区域内部从制造业向资源部门的流动，那么第二轮流动则既存在资源型区域内部门之间的流动，也存在两类区域之间的流动。制造业工资收入，资源型区域的资源部门存在绝对差距，与非资源型区域的制造业部门也存在较大差距。工资水平的相对下降，引起人力资本与劳动力的进一步流出。劳动力可以通过农村剩余劳动力进行补充，但因为熟练劳动力的流失，制造业部门的生产率水平显著下降。同时对劳动力素质有较高要求的技术密集型产业的发展受到了严重约束，人力资本流出的同时，也意味着产业整体技术含量的下降。其结果，与同行业比，资源型区域的劳动生产率水平、盈利能力低于非资源型区域，即存在：

$$h_M^I\downarrow \Rightarrow q_M^I = f_{(k_M^I, h_M^I)}\downarrow \tag{5-8}$$

人力资本比例下降，制约了资源型区域制造业的发展。而资源部门因为人力资本比例的上升，人均产出进一步上升，即存在：

$$h_R^I \uparrow \Rightarrow q_R^I = f_{(k_R^I, h_R^I)} \uparrow \tag{5-9}$$

制造业部门人力资本与技术的流失，降低了制造业的生产率与边际生产力，工资下降；而工资的下降，会引起制造业部门人力资本与技术的进一步流失，再次降低制造业的生产率与边际生产力，工资水平再次下降。资源部门在高工资的引力下，高素质劳动力流入，提高了资源部门的生产率水平与技术含量，工资持续走高。资源部门与制造业部门的工资差距扩大，高于非资源型区域两部门收入之比，即存在：

$$\frac{w_R^I}{w_M^I} \gg \frac{w_R^O}{w_M^O} \tag{5-10}$$

工资收入的差距导致资源型区域收入差距的扩大，低收入者边际消费倾向高，但消费所占的比例偏小；高收入者边际消费低，但消费的绝对量大。仅仅是因为资源部门的开发提升了当地的收入水平，而基础设施、社会设施等尚未得到配套发展，第三产业整体上不能满足高收入者的消费档次。高收入者的消费基本上是以资源型区域以外的其他区域消费为主。

另一方面，资源部门要素的高回报，也同等程度抑制了第三产业的发展，资源部门的平均工资远远高于第三产业，区外第三产业部门的工资也高于区内第三产业的工资，第三产业以吸收农村剩余劳动力为主，现代服务业发展相对缺乏，传统服务业发展规模较大，第三产业整体发展滞后。

$$w_S^I < w_S^O, \frac{w_R^I}{w_S^I} \gg \frac{w_R^O}{w_S^O} \tag{5-11}$$

其中，w_S^I、w_S^O 分别表示资源型区域、非资源型区域服务业部门的工资。

此外，矿产开发获取的收益提高，对制造业的消费需求增加，但因为资源型区域供给能力、供给结构有限，其需求也是面向资源型区域以外的非资源型区域。

三、产业生态与结构逆向演进

资源依赖制约了要素向其他部门的流动，导致产业结构异向化演进。究其原因，矿业收益分配不合理引致资源部门成为高收益部门，误导要素向资源部门流动；沉没成本和锁定效应将要素牢牢锁定在资源部门，缺乏合理退出机制；最关键的是资源依赖恶化了区域产业生态，新产业发展缺乏相应的生态环境，制约了产业转型。

（一）产业结构演进与产业生态

伴随区域经济发展，生产要素总是从附加价值低、技术含量低、收益率低的资源、劳动力密集型产业，向附加价值高、技术含量高、市场需求大、易于创新且收益率高的资本、技术密集型产业转移，实现产业结构的合理化、高级化。产业演进离不开有利于产业升级、企业创新的产业生态环境。类似于生态学上生物群落的进化离不开适宜的自然生态系统。借助于这一概念，并参考波特（Porter）[1] 的国家竞争力模型，在此将有利于非资源产业，尤其是制造业中具有增长潜力和带动能力的新产业成长的生态环境，定义为产业生态[2]。

产业生态构成具体可以用图 5-3 来表示。产业成长需要合适的生态环境，如产业种群、产业服务、产业要素、产业环境等，类似于物种的成长、演化所依赖的生物群落、土壤、阳光及水分、气候等。产业种群，涉及产业种类，门类越多，关联性越强，证明这个群落越复杂，级别越高，生命力越强。它描述了区域内产业门类以及不同门类之间的关联性，具体可通过产业链条来体现，种类越多，关联性越强，产业链条越复杂，则越适合于新产业的发育和成长。产业服务，也可以说是产业成长的土壤，如基础设施是否完备，区域内部以及与外部的联系通道是否顺畅；社会服务是否到位，物流、金融、会展、酒店、中介、信息平台等生产性服务业发展如何，是否能够满足产业升级和演进的需要。产业要素，类似于群落中的阳光和水分，包括企业家、人力资本、创新、技术等。产业环境，既受制于当地多年来积淀的文化、观念，对经济发展的认识，也受政府的发展战略、政策导向影响，还可能与当地以及国家甚至世界的大背景相一致，如低碳经济、绿色发展对资源型区域经济发展方式的冲击，类似于生物群落中的气候，适度的气候有利于光合作用、生物繁殖、生态群落演进。

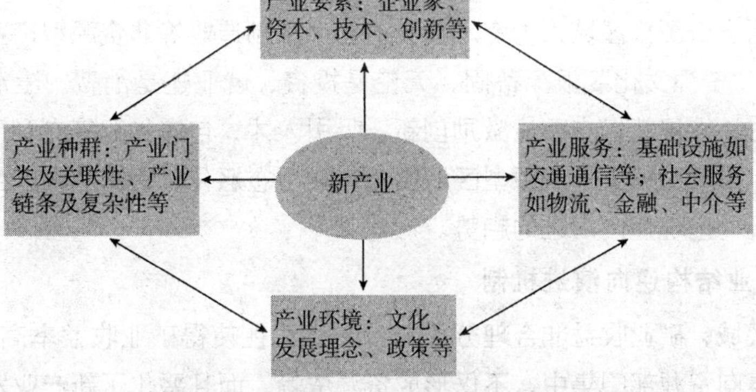

图 5-3　新产业成长的产业生态构成

上述四个方面构成了新产业成长的生态环境，它们本身相互影响，并且同时作用于新产业的发育和成长。首先，企业家、资本、技术、创新等各类产业成长必备的生产要素，其结构和规模将影响产业种群的复杂程度和高级程度，以及当地的文化、发展理念，对基础设施和社会服务产生不同程度的需求。其次，如果说完善的基础设施是产业发育的土壤，那么良好的社会服务就是产业成长的养分，具备良好的产业服务，有利于企业和产业健康成长，并丰富产业种群，优化要素结构，改良产业环境。

① 迈克尔·波特：《国家竞争优势》，华夏出版社 2002 年版，第 66～122 页。

② 产业生态一词，从系统论的角度是将产业系统与生态系统融合，借鉴生态学上的分析工具，研究产业系统的运行，即产业与生态如何协调（见樊海林、程远：《产业生态：一个企业竞争的视角》，《中国工业经济》2004 年第 3 期），多见于产业生态学。本研究所指产业生态一词，强调产业成长的环境和条件。

再者，产业链条的复杂程度以及多样性，将通过上下游产业联系以激发新产业发展，通过技术溢出、较低的交易费用等降低新企业、产业发展成本，进而提升产业竞争力。最后，区域是一种有利于企业创新、市场竞争、产业升级演进的积极向上、包容、和谐的开放文化，还是固守资源的封闭文化，会通过投资选择、消费需求、政策导向等影响新产业发展。

（二）资源型区域的产业生态

对资源开发的过度依赖以及资源部门的强化发展，挤出了制造业、服务业以及中小企业和人力资本，制约了大量具有市场竞争能力和创新意识的企业家的培养，形成一种故步自封、封闭保守的资源文化，恶化了新产业产生和成长的环境。

从产业要素来看，企业家和人力资本均被挤出。资源开发挤出中小企业，也就挤出一大批具有创新意识和市场竞争力的企业家，企业能否在市场中生存，能否扩展、能否创新，取决于企业家的意识、胆识和魄力，企业家的缺失，制约了非资源产业的发展。从资源型区域发展实践看，大量矿业收益集中于少部分利益主体，很大比例用于消费和非生产性活动，能够转化为基础设施和社会服务的部分有限。这两者在资源型区域都是相对缺乏的，存在服务业溢出。从产业种群来看，产业种类少，资源产业以及资源初级加工业产业链条短、附加价值低。一方面，减少了从已有产业激发新产业发展的机会；另一方面，新产业的引入，也会因为前后向以及旁侧关联产业缺乏，独“木”难活。资源型区域人力资本流失，约束了制造业等非资源型产业发展。从产业环境来看，“资源文化”根深蒂固，无论是投资、就业还是消费、生活，无不以资源产业为核心，发展新兴产业、激励创新、吸引人才、包容失败等有利于企业发展和产业演进的氛围相对缺失。资源型区域因为产业生态恶化，新产业难以生存，要素结构与产业结构均出现逆向演进的趋势。

（三）产业结构逆向演进机制

资源型区域，矿业收益非合理分配与使用，往往使得矿业收益率高于其他部门，其结果，要素向资源部门集中，不仅形成资源依赖，而且恶化了新产业发展的生态环境。具体如图 5-4 所示，产业结构逆向演进源于三个机制的作用：部门间收益异向诱导机制，要素向资源部门流动和集中，形成资源依赖；资源部门退出壁垒约束机制，因资源型产业的资产专用性和沉没成本制约了要素向其他部门的转移，使其滞留在资源部门；新产业成长的生态恶化机制，资源依赖引致的挤出效应，恶化了产业生态，不利于新产业的发育和成长。

部门间收益异向诱导机制，也可以称之为产业间非合理竞争机制。一般而言，完善的市场制度与合理的利益导向，有利于企业的市场竞争和产业演进，要素从附加价值低、技术含量低的资源、劳动力密集型产业向附加价值高、技术含量高、易于创新、有广泛的市场需求的资本、技术密集型产业转移。这是因为技术进步快、市场需求广的产业有较高的收益率，吸引要素的进入。但资源部门因为矿业本身的特殊性，其矿业收益分配与使用不合理，使得资源产业在有些情况下成为一个高收益率行业，

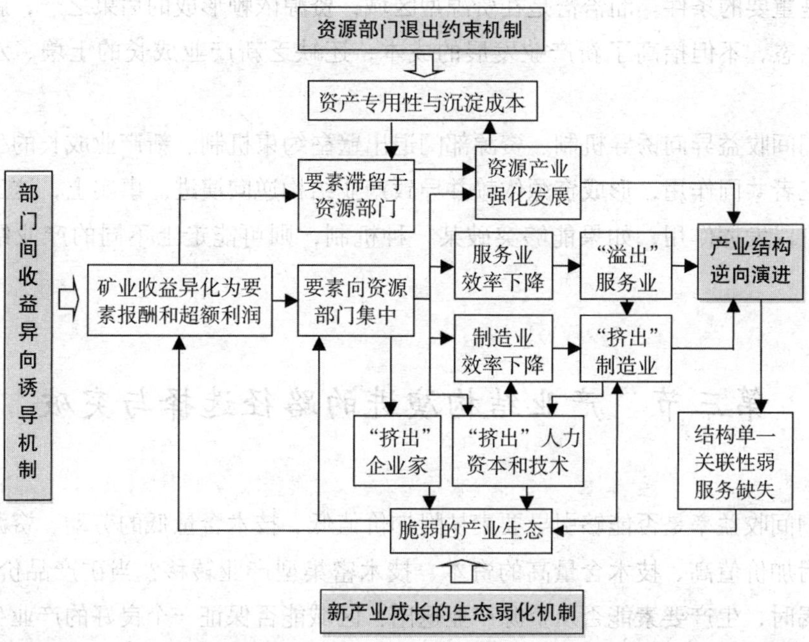

图 5-4 产业结构逆向演进机制

矿业收益转化为要素报酬和企业的超额利润，误导要素从制造业、服务业部门向资源部门流动，而不是从附加价值低、低技术含量的资源、劳动力密集型产业向高附加价值、高技术含量的资本、技术密集型产业转移。

资源部门退出约束机制，是因为资源部门的资产专用性强、沉没成本高以及锁定效应的约束。即使矿产品价格下跌或资源枯竭，要素依然被锁定在资源部门。以矿产品价格下跌为例。假设制造业部门要素报酬率不变，因为矿产品价格下跌，资源部门劳动者工资下降。虽然制造业相对较高的工资吸引资源部门的劳动者，但是制造业对劳动者有技术方面的需求，需要参加培训方能就业。如果资源部门工资下降的幅度小于劳动者从事制造业部门工作而必需的教育投入，那么资源部门的劳动者是不会向制造业部门转移的，新的劳动者还是有可能选择资源部门的。对于资本而言，由于资源部门具有很强的资产专用性，存在巨大的沉没成本。除非制造业部门的资本收益率非常高，足以补偿沉没成本，否则很难实现向非资源部门的转型发展。可见，沉没成本等是否能得到补偿，劳动力是否能得到相应培训和就业安置，以及矿产资源是否能够流转等，这些问题往往形成退出壁垒，制约了产业从资源部门向非资源产业的转移。

新产业成长的生态弱化机制，起因于资源依赖引致的挤出效应，恶化了新产业发展的生态环境，制约了制造业发展，也强化了要素进一步向资源部门集中。从产业演进的一般规律来看，伴随经济发展，要素逐步从资源部门退出，向具有高附加价值和高技术含量的制造业部门演进，但事实是要素从资源部门退出之后，能够进入哪些产业，哪些产业适合发展？这既涉及产业种群即关联产业发展、产业要素即企业家和人力资本充裕，也离不开产业服务及基础设施和社会服务以及产业环境。政府的作用和机遇也是重要的条件。而恰恰是在资源型区域，资源依赖形成的后果之一，就是恶化了产业生态，不但抬高了新产业发展的成本，还缺乏新产业成长的土壤、水分、气候等。

部门间收益异向诱导机制、资源部门退出壁垒约束机制、新产业成长的生态恶化机制，三者共同作用，形成资源依赖并导致产业结构逆向演进。事实上，这三种机制在不同阶段发挥作用，如果能够突破某一种机制，则可能走上不同的产业结构演进路径。

第三节　产业结构演进的路径选择与突破

部门间收益率是否能够引导要素从附加价值低、技术含量低的劳动、资源密集型产业向附加价值高、技术含量高的资本、技术密集型产业转移？当矿产品价格下跌、资源枯竭时，生产要素能否从资源产业退出？区域能否保证一个良好的产业生态？这是产业结构逆向演进机制中的三个关键环节，其选择不同，则区域产业结构将走向不同的演进路径。

一、产业结构演进的路径选择

从国际经验来看，资源丰裕国家/区域产业结构演进的路径，主要有三种，分别为初期规避型，矿业收益制度有利于不同产业间的竞争，产业结构实现合理化、高级化演进；中期主动转型，虽然在资源开发初期到中期过程中，逐步形成了资源依赖，但是区域通过制定合理的矿业收益分配和使用制度，将矿业收益用于产业生态优化和新产业培育，促进产业多样化；后期被动转型，在资源趋近于枯竭、开采成本高、产业优势丧失背景下，中央和地方政府往往给予资金支持和政策引导，优化产业生态，吸引新产业进入。

（一）初期规避型：市场竞争下的产业结构演进

按照资源丰裕程度和开发情况，将区域划分为初期、中期、后期。一般而言，初期以劳动力、资本密集型产业为主，资源开发为区域工业化进程积累了原始资本，区域实现较为快速的经济增长；进入中期阶段，资源产业逐步让位于资本、技术密集型产业；后期资源产业基本退出，区域从资本、技术密集型产业，逐步向技术、知识密集型产业演进（见图 5-5）。这种产业结构演进模式，归功于较为完善的市场竞争环境和合理的矿业收益分配制度，以部门间收益率变化反映市场需求和技术进步，有利于产业间的合理竞争，实现产业结构的升级和演进，避免了可能存在的产业结构的逆向演进。

从国际经验来看，19 世纪 50 年代到 20 世纪 50 年代的美国，正处于资源开发为主的时期，大多矿产品产量占世界比重均居于世界第一，但要素并不是集中于资源开

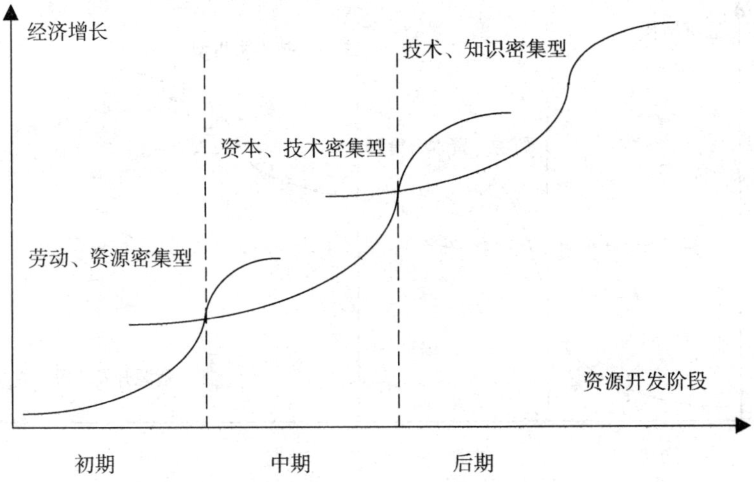

图 5-5　路径 1-初期规避型

采部门，而是围绕开采形成的冶炼、加工以及服务于资源勘探、开发、冶炼的研发与人才培养，将资源部门建设成知识密集型部门，并顺利实现产业升级和产业结构演进。究其原因，资源是稀缺的、可耗竭的，其稀缺性能够通过市场价值得以体现，促使采矿业从一开始便是一个资源与知识密集型紧密结合的产业，是一个技术含量高的产业，力求能做到节约稀缺的矿产资源。这样保证了一个有利于产业创新、有利于新产业发展的生态环境，如技术、知识、人力资本、企业家以及基础设施、社会服务等。挪威从 20 世纪 60 年代开始，对石油与天然气进行开发，同样也未导致要素的过度集中。其做法主要是通过平准基金、工会制度等措施，协调要素在资源部门与非资源部门之间的合理流动，并推动关联产业发展，顺利实现产业升级和结构演进。

（二）中期主动转型：矿业收益转化、产业生态与经济多样化

并非所有的资源丰裕国家/区域，都可以在开发初期就能采用合理的制度和相关措施，以避免形成资源依赖。但只要发现问题并及时采取措施，把利用资源开发获取的矿业收益，用于基础设施和社会服务，改善投资环境和产业生态，吸引产业进入并激励新产业发展，依然可以摆脱资源依赖，实现产业多样化。这种类型属于中期主动转型，如图 5-6 所示，其产业演进的第一个阶段，与路径 1 相同。第二个阶段，资源依赖可能带来经济增长波动，虽然其增长速度依然较高，但区域已经意识到长期资源依赖可能带来经济增长风险，于是开始主动转型。主要举措是将矿产开发获取的收益，用于交通通信等基础设施以及教育、医疗、创新等社会服务的投资，改善产业生态，并通过创新基金等引导新产业发展，促进产业多样化。进入第三个阶段，经济持续快速增长，主导产业从资源、资本密集型开始向资本、技术密集型转变。

从国际经验来看，智利、迪拜等矿产资源丰裕国家，以及芬兰作为一个林业资源丰裕的国家，通过主动转型实现产业多样化。其中，芬兰主要通过国家创新体系建设，将电子通信业打造为其第一大产业，避免要素过多向资源部门集中。20 世纪 70

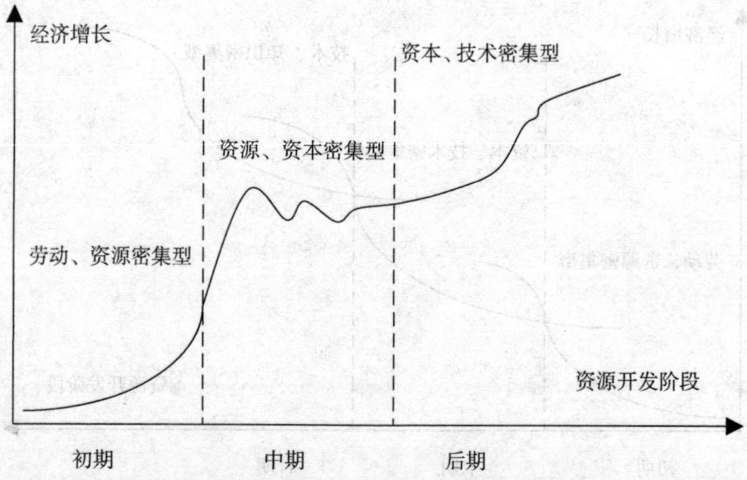

图 5-6 路径 2-中期主动转型

年代，迪拜开始利用石油收益和外来资本，大力建设运河、机场、港口、高速公路等基础设施，同时注重提供高品质的公共服务，如豪华酒店、律师公证、投资咨询、保险证券、金融服务等。完善的基础设施和优质的公共服务大大增强了迪拜对外来资本的吸引力。在良好的投资环境支持下，迪拜逐步形成以贸易、旅游、金融、会展、房地产业等为主的现代服务产业体系特色，五大新兴产业关联性强，相互依赖、相互支撑且互补互动。智利利用良好的社会化服务体系，主要引进三文鱼的生产和加工，促进了农业产业化。

（三）后期被动转型：政府投资、政策引导与产业多元化

资源丰裕区域，因矿产品价格高企能够获取高额资源租金收益，以及快速的经济增长，即使因矿产品价格波动而导致经济增长波动，但只要资源储量丰富，未面临枯竭的威胁，经济转型似乎很难真正引起多数区域的关注。如德国鲁尔地区、法国洛林地区、日本北九州、美国休斯敦等发达国家的老工业基地，由于区域分工以及长期发展形成的煤钢联合体导致路径依赖与产业锁定，最终出现资源枯竭、开采成本提高、生态环境破坏、区域发展衰退等问题。具体见图 5-7，进入资源开发后期，因资源开采成本等原因，资源产业失去了往日的竞争力，经济增长的支柱倒塌，经济增长迅速下滑。企业倒闭、大量职工失业等经济问题引发诸多社会问题。区域何去何从？如果要生存要发展，就必须振兴区域，迫不得已进行转型。大多数情况下，都需要政府的支持，中央政府和地方政府的资金投入和政策引导，改善投资环境，补贴资源产业，激励新产业的进入和成长，以实现产业更替。也有一些区域放弃转型，成为“鬼城”。

通过以上三种路径可以发现，如果缺乏合理的制度和举措，资源开发可能形成资源依赖，并进而导致产业结构逆向演进，其结果区域最终走向衰退。路径 3 虽然最终可能转型成功，但付出的代价是比较大的，需要通过地方政府和中央政府的大量投入。相对而言，路径 1、路径 2 是较好的选择，其中前者主要受到区域发展背景和相

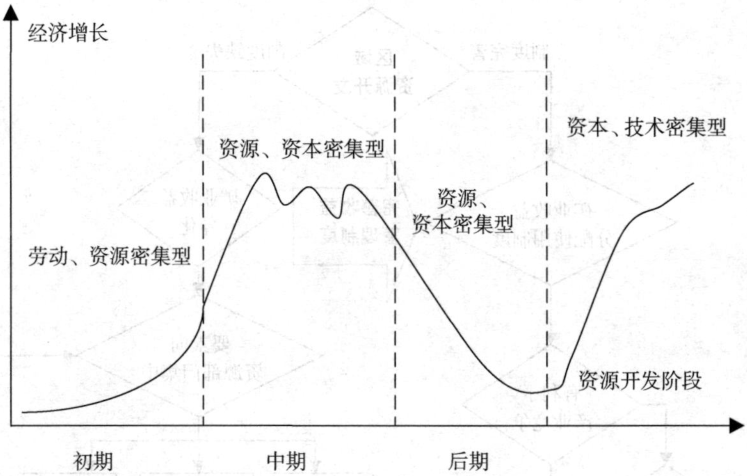

图 5-7　路径 3-后期被动转型

关制度的影响，后者适用的范围更广一些。

二、产业结构演进的路径突破

如果将几种路径综合起来看，到底是在哪一个环节、哪些变量出现问题，导致区域走向不同的道路？最主要的还是矿业收益分配与使用是否有利于产业竞争、资源产业是否存在退出机制、是否能保证一个良好的、有助于新产业发育并成长的生态环境。

（一）矿业收益分配与使用是否有利于产业竞争

如图 5-8 所示，区域对资源进行大规模开发，而资源作为一个特殊的行业，其矿业收益如何合理分配与适用，关系到产业之间的有效竞争。从前面的分析可知，当资源无价或低价，其资源价值转化为矿业超额利润与要素报酬，矿产品价格会加剧这一现象，使得矿业成为一个"高收益率"的行业，要素急剧向资源部门集中。如果资源具备合理价格，能反映其市场价值和稀缺性，同时有相关的调控矿产品价格波动的财政政策，这样就可以避免矿业收益转化为产业的收益和超额利润，产业之间有一个良好的市场竞争环境。为了获得高收益，无论是资源产业还是其他产业，均是通过创新、技术进步和要素生产率提升来实现。伴随产业竞争和结构演进，要素结构实现从初级向高级的演变，区域形成良好的、有利于新产业发育和成长的环境，促进产业多样化，产业结构趋于合理化、高级化，完成路径 1-初期规避型演变，区域实现可持续发展。

（二）产业生态是保持良性还是不断恶化

是否具备良好的产业生态，是推动新产业发展的关键。资源依赖会通过挤出效应恶化产业生态。但是如果将资源部门获取的高额收益通过权利金、稳定基金形式收归政府统一支配，一方面约束资源产业发展，另一方面通过投资，将矿业收益转化为基

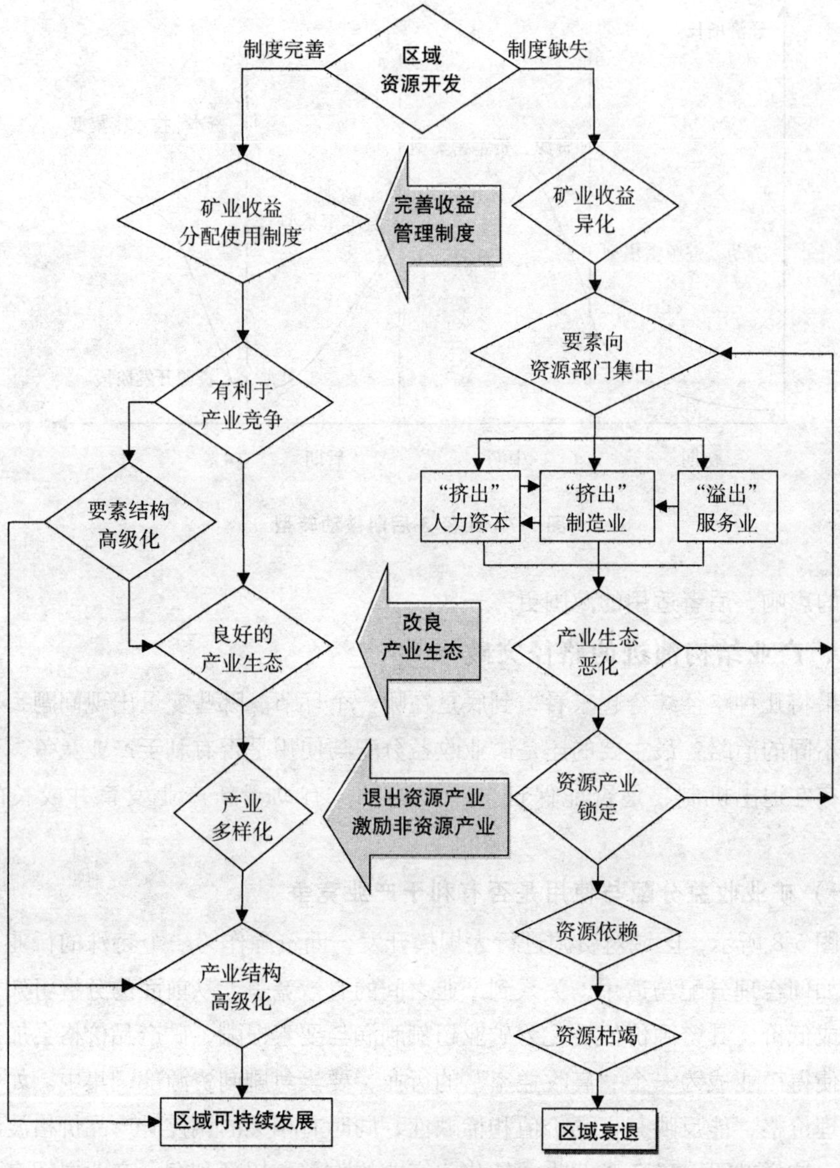

图 5-8　产业结构演进的路径选择

础设施、社会设施、科技创新等，改善投资环境，吸引非资源产业发展并提高其产业竞争力，以此促进产业多样化，可以完成路径 2-中期主动转型。如果产业生态恶化，则会强化资源依赖和“反工业化”，并会引起产业生态的进一步恶化，以及区域发展对资源开发的过度依赖。直至资源枯竭，区域要么面临衰退，要么必须采取转型，改善产业生态，补贴资源产业并支持其逐步退出。在此基础上推动产业多元化，可以完成路径 3-后期被动转型。

（三）资源产业是否存在退出机制

如果区域缺乏合理的矿业收益分配与使用制度，矿业收益转化为资源部门要素报酬和超额利润，吸引要素向资源部门集中，形成资源依赖。资源依赖具有自我强化的功能，其原因在于资源部门资产专用性强，沉没成本高，一旦选择部门，则其退出不仅要承担沉重的沉没成本，而且向制造业等其他非资源产业的进入也存在一定的门槛，如劳动力技能、生产技术约束等。如果区域具备产业退出机制，能够降低企业承担沉没成本的负担，安置劳动力或者提供转岗培训，提供产业升级的技术支持、矿业权可以流转等，那么伴随矿产品价格波动，产业择机退出，可以避免资源依赖。产业退出是一个长效机制，在资源开发过程中，如果能根据企业对市场的判断及时采取措施，避免资源部门强化；在资源开发后期，伴随资源枯竭、成本上升，能择机退出以避免社会问题。产业退出并不能完全保证产业结构的合理演进，必须与产业生态的改善共同起作用。

三、路径突破的制度保障

从已有研究文献来看，对要素向资源部门集中以及带来挤出效应的对策措施主要包括调控实际汇率、构建稳定基金、强化人力资本积累、加强产业关联、促进产业多样化、推进制度创新等。

（一）矿业收益分配、使用与调控

首先要进行矿业收益分配机制与体制改革，调整资源部门的利益分配，促进资源产业的健康绿色发展。基于矿产开发特殊性，提出适合于矿产开发的收益分配机制，包括体现资源稀缺性的基本租金、体现资源可耗竭性的浮动租金、体现外部性的完全成本、体现价格波动的稳定基金。借鉴国际上矿业收益分配模式，调整矿业收益在中央和地方之间的分配，建立有利于资源型区域可持续发展的收益分配机制。如果说要素向资源部门集中、集聚的原因是资源部门存在的高额收益，那么高额收益的来源并不是技术进步带来的利润空间，而是资源部门相关制度的缺失引起利益的转化。改革矿业收益分配制度，缩小资源部门利润空间，对资源部门的强化发展起到约束作用，同时也能积累资源型经济转型资金。

其次要监督与调控资源部门与非资源部门之间的要素报酬比价，防止出现大规模要素流动。对资源部门进行监督，一是价格与利润监督，如果出现价格迅速上升，则要适时启动稳定基金制度，调控资源部门的利润空间；二是对不同部门间的工资水平、资本收益率进行监控，防止要素在部门间出现大规模流动，避免资源繁荣现象的发生。根据挪威成功的经验，通过工会制度对资源产业员工工资的调剂可以有效缓解要素报酬比价失衡。保持资源型企业工资水平与制造业、金融业、高科技企业工资水平的差距维持在一定范围内。产业间贸易比价主要指产业间的工资水平差异。对比资源产业与非资源产业的平均工资发现，资源产业的工资高于非资源产业的工资，高出部分可以理解为，一部分是对危险性工作的补偿，另一部分是对稀缺性租金、耗竭性租金以及矿地租金的挤占，是对所有权人利益的挤占。高工资率会导致劳动力由非资源产业向资源产业转移，导致非资源产业劳动力不足，竞争力下降。为了抑制资源从其他部门向资源产业部门的流动，保证相对稳定的部门间工资差异，必须建立产业间

贸易比价调控机制，通过政策机制手段，将各产业部门间的工资差异维持在较低的、稳定的水平上，改善产业间的贸易比价水平，促进资源产业和非资源产业的协调发展。

三是提高资源部门技术进入门槛，增强资源开发集约度。加大对资源部门的研发投入，提高矿业企业的技术门槛，增强资源开发的集约利用程度。矿产资源是可耗竭的，在开采与使用时必须做到集约、节约。技术进步是资源集约、节约开发与利用的前提，包括探矿技术、开采技术、冶炼技术、加工技术等。推进资源部门的技术进步，一是能够降低资源的损耗，实现资源的持续利用；二是能够提高劳动者的技能与资本投入比例，弱化资源部门发展对物质资本与人力资本的挤出效应；三是增加了技术这一要素在矿产资源开发租金收益中的分配，防止高额租金可能引发的各种经济社会问题。通过提高矿业企业的技术门槛，将资源部门从一个低技术含量的初级部门，转变为高技术含量的、能够带来规模报酬递增的现代化产业部门。

四是非资源产业的激励。根据替代主导产业发展方向，修订产业布局指导意见和产业指导目录，发挥政府资金的导向和带动作用。发行国债、确定国际组织与外国政府贷款区域投向、争取中央财政支持、引导外资投向时，优先考虑工矿城市和矿区。资源型市县引进高新科技项目时，各级政府通过入股、借贷、出让土地等方式给予一定支持，以引导民间投资。对于支持矿业市县与矿区转型的银行，给予适度的资本金支持。通过税收优惠、财政补贴，大力推动战略性新兴产业发展和生产性服务业发展。通过税收返还、结算补助、专项补助的形式向地方政府进行财政支持。对于条件较为优越、新产业发展较快的地区，有条件地加大补助力度，对于指定的替代主导产业项目进行重点补助。政府采购是政府为从事日常的政务活动或为了满足公共服务的目的，利用财政性资金和政府借款购买货物、工程和服务的行为。政府采购的目的，一方面是为了引入市场竞争机制，降低采购成本，提高政府资金的使用效率；另一方面是扶持本区域战略性新兴产业以及特殊产业的发展。对于各类项目，尤其是大型投资项目，应尽可能的把商品与劳务采购合同给予本地区企业，尤其是向战略性新兴产业、优势产业倾斜，各级政府及其派驻机构在进行商品产品采购时，在保证质量的基础上，优先选择本区域产品，至少是保证一定的采购比例。

（二）建立产业退出机制

合理评估资源储量与企业发展，建立产业退出机制。资源部门资产专用性强，其产业转型会造成巨大的沉没成本，结果是将其锁定在资源部门。建立资源产业退出机制，加快资源部门的固定资产设备折旧，计入生产成本；计提资源部门转产发展资金，建立资源部门转型发展的援助基金。正确评价生态环境破坏及其恢复治理情况，建立企业信誉档案，成为企业是否能获取转型援助基金、是否能获取新矿产资源的依据。

完善资源产业退出机制，加速资源产业的资本设备折旧。通过税收、技术补贴、土地优惠，激励技术含量高、劳动力就业弹性系数大、产业关联性强的非资源产业发展。破解资产专用性的高沉没成本，可以从会计角度，加速固定资产的折旧速度，从而将固定成本从更短的投资年限中收回，以增强企业未来的融资能力和竞争力，也可以按照税法的规定减少应纳税所得额，获得税收优惠。企业固定资产折旧总额不能高出固定资产的可折旧成本，在利润率和适用所得税率不变的情况下，企业采用的折旧方法在理论上是没有区别的，从总数上并不能减轻企业的税负，政府在税收上似乎也没损失什么。但是，实际上由于企业后期的折旧额大大小于前期，导致税负前轻后重，具有递延缴纳所得税的效果，从而获得了由时间价值带来的好处，而政府也损失了收入的一部分"时间价值"。同时，政府可以在高专用性资产投资时给予一定的支持和激励，以降低企业投资的风险和成本。

对于投资者的风险偏好锁定，应当从民众心理上进行破解，加大非资源产业的示范产业宣传，增加投资者信心。同时，通过政策引导，促进创新体系的建立，重视企业家才能的培养，从政策角度破解产业锁定。

（三）优化产业生态、促进产业多样化

根据资源丰裕国家成功转型的经验，将资源开发获取的收益用于基础设施、社会服务，促进矿业收益向物质资本、人力资本的转化，优化产业生态，促进新产业的发育、成长。

完善交通、通信以及信息网络等基础设施与学校、图书馆等社会设施，加强教育和科技创新投入，增强人力资本积累能力，提升劳动者素质，转变政府职能，优化当地的投资环境。除加大基础设施的投资力度，优化区域投资环境外，重点是加强创新体系建设，培养具有创新精神的企业家，塑造有利于创新活动开展的软环境。通过构建创新体系将资源红利有序引导向创新活动与人力资源领域，改变资源对创新活动的挤出。鼓励企业建立内部创新机构，国有企业与大型民营企业建立技术开发、产品设计与研发的技术中心，也鼓励企业兼并其他的研发中心或者与区内区外的其余技术研发企业或者中心合作。培育科技转化中介结构，促进区域产学研联系，形成良性的技术研发与扩散体系。注重引进新技术、新工艺改造传统产业，发展高新科技、循环经济项目，优先支持具有比较优势的产业技术升级，增强相关产业的信息化水平。提高研发与教育投入强度、加速成果转化。将资源开发获取的租金收益，更多地投入到教育、研发以及技术进步方向，加快人力资本的培育与积累，强化研发活动以及研究成果的转化。改善教育投资结构，加大职业技术教育的比例。注重人才的实践操作能力，采取职业技术学院与企业联合培养的模式，强化职业技术教育中学生的动手能力与专业技能水平的培养。引导、激励企业加大科研投入，力争短时间内实现由多元化投入过渡到以企业投入为主。

注重对中小企业的创新扶持，培育具有创新精神的企业家。增强企业的创新意识，必须加快中小企业的发展，鼓励更多的人创新、创业，将资金从游离状态转向制造业、服务业领域的中小企业、高新技术产业等。提供创新服务，促使小企业的发展。培养一批具有企业家精神的民营企业家，通过创新改变发展的理念。通过创新服务促进中小企业发展，培养具有创业精神的企业家，反过来，企业家会对创新产生新的需求，真正将创新内生化。通过一批企业家的培养，形成企业家创业的氛围，促进企业创新，进而推动产业创新。

塑造良好的软环境。通过示范、鼓励等方式，对政府、公共部门、社会、公民多主体进行引导，打破因循守旧、依赖资源的传统心理，借鉴吸收区外优秀的文化，形成鼓励创新与竞争、宽容失败、诚信与合作的新文化。改善投资环境、提升区域外部形象、推进政府内部改革，端正工作作风，简化各类手续。在此基础上，进一步推动产权制度、国有资产管理制度、投融资制度，处理好政府与市场的关系。

（四）促进产业相互融合、推动产业多样化

通过传统产业升级、产业结构以及产业组织形式优化，加快推进产业多元化发展，实现产业多元化、高级化以及产业组织形式合理化，提升产业附加价值、增强产业抵御市场风险的能力，增强企业竞争力以适应市场需求。

采取纵向和横向方式，延伸产业链，改变资源产业内部采掘业和初级加工业占主导地位的现象。其中，纵向延伸为发展后续加工产业，建立资源深度加工产业，如在煤炭资源丰富的地区可以发展炼焦、煤化工等产业，使后续产业和配套服务业不断发展壮大；横向衍生为生产要素在产业间横向转移。同时，挖掘资源型区域的其他资源优势，例如农业和旅游业，脱离现有的资源产业，以空降产业方式选择新型产业，从而建立新的产业体系，促进产业多元化。

加强产业融合，改变资源型区域资源产业占主导地位的现象。产业融合是通过产业边界模糊化，伴随产品功能的改变，不同产业在技术、产品、业务等创新的基础上，互相渗透交叉，机构和公司组织之间的边界不断模糊，最终形成新的产业形态。产业融合的结果是出现新的产业，例如煤炭金融、生态农业等产业便是产业融合的结果。产业融合是在技术创新和对利益最大化追求的内在驱动和竞争压力的外在动因下实现的。通过技术、产品的渗透扩散融合到其他产业，给新的产品带来新的市场需求，提供产业融合的市场空间；同时当技术发展到能够提供多样化的产品时，企业为了在竞争中谋求长期发展便会产生合作，在具有必要的资产通用性或者新建通用资产的成本不高的前提下，企业可以实现节约生产成本和交易成本，实现规模经济效应和范围经济效应，便可出现一定程度的产业融合。产业融合根据融合的形式和原因分为产业渗透、产业交叉和产业重组三种类型。产业渗透是指由于高科技产业渗透到传统产业而产生的产业融合。产业交叉是指具有功能互补和延伸特点的产业间的融合。产业重组发生在原先就具有紧密联系的产业之间，其融合一般是某一产业内部的子产业之间的融合。

从产业融合的方式来看，产业融合能够通过高新技术的渗透，促进传统产业、传统技术的技术创新，提高消费者的需求层次，促使产品和服务的升级。同时，产业融合也是市场需求的一种回应，在市场需求不断提升和市场容量不断增大的现行市场，产业融合也是对产品和技术的需求提高的满足。产业融合不仅带来节约成本和促进有效竞争的有利影响，而且还可以产生大量新产品、新服务，促使许多新的产业的产生和发展，促进产业结构的转换和升级，为经济的增长带来新的动力。资源型区域通过产业融合实现拓宽资源产业的宽度，例如，煤期货、煤炭物流、生态农业、生态旅游的产生，便是资源产业与金融业、物流产业的融合，是农业、旅游业与生态环保产业的融合，不仅可以促进资源产业、金融业和物流产业在产量上的发展，还可以推动和促进资源产业、金融业和物流产业的技术创新。随着这些高附加值、高利润的融合产业的发展，产业结构逐渐发展变化，从而促进资源产业与非资源产业的协调发展。

第四节　矿业收益、资源依赖与路径锁定的实证分析

山西是典型的资源型经济省份，自新中国成立以来，煤炭资源开发及其初级加工产业成为其经济的支柱。改革开放以来，尤其是 1992 年煤炭价格放开以来，除受全国经济形势的波动影响外，要素不断向资源部门集中。虽然 20 世纪末期，山西曾遭受全国经济形势下滑的重创，认识到过度依赖资源部门将可能对山西经济发展不利，并开始调整经济结构，力图从煤炭资源的过度依赖中摆脱出来。然而进入 21 世纪，随着煤炭价格趋高，要素向资源部门的流动与集聚非常显著，山西对资源部门的依赖不仅没有弱化，反而创历史新高、中国之最。2011 年，山西煤炭开采与洗选业增加值占工业增加值比重已达到 61.0%，占 GDP 比重为 32.8%，换句话说，山西工业中有 3/5 多来自于挖煤，GDP 中有 1/3 左右是煤炭采掘的贡献。如果以资源型产业①来衡量，即采掘业加上资源的初级加工部门炼焦、冶金、电力，四大产业占工业增加值比重为 86.1%，占 GDP 比重为 46.3%，即资源型产业占据山西半壁江山。2012 年、2013 年，伴随煤炭价格下滑，资源产业占 GDP 比重有所下滑，但也分别高达 31.0%、27.4%。山西对资源开发的依赖性持续增强。

根据前面三节的分析，资源依赖源于矿业收益异化为要素报酬和企业超额利润，引起要素向资源部门的集中，挤出了人力资本与企业家、挤出了制造业，也导致服务业溢出，恶化了产业生态，不利于新产业发展。其结果，制造业竞争力下降，反过来，进一步强化了经济体系对资源开发的依赖，形成路径锁定。基于此，本部分遵循这一逻辑关系，以山西省为例，分析矿业收益对要素流动的影响，验证是否存在挤出效应，以及制造业竞争力是否下降，最后测算山西经济体系对资源开发的依赖程度及其变化趋势。

一、矿业收益引起生产要素向资源部门流动

因缺乏合理的矿业收益分配与使用制度，部分资源租金及外部性成本异化为企业

① 资源部门是指采掘业部门，资源型产业包括采掘业以及资源初级加工产业如炼焦、冶炼、电力等。具体包括采掘业、炼焦、黑色金属冶炼及压延加工业、有色金属冶炼及压延加工业以及电力、热力的生产与供应业。

的超额利润和要素报酬。其结果，资源部门的收益往往高于非资源部门。高额收益引起要素从非资源部门向资源部门的流动和集中。

（一）资源价格上升引起要素报酬率上升

资源价格上升，将收益转化为资源部门各类生产要素的报酬，使得资源部门成为高收益的行业。在此，资源价格的变化采用采矿业价格指数/工业价格指数，资源部门劳动力报酬的上升使用采矿业职工实际工资变化，资本报酬的上升使用采矿业资产贡献率，企业家才能报酬即利润额的上升使用采矿业成本费用利润率，政府税收的上升使用采矿业增加值率。

如图 5-9 所示，因山西采矿业主要是以煤炭开发为主，因而采矿业价格变化近似为煤炭价格变化。2000～2010 年期间①，除 2008～2009 年受金融危机的影响，煤炭价格总体保持上扬趋势。价格上升，引起资源部门实际工资、资产贡献率、成本费用利润率以及增加值率的上升，与价格呈现同方向变化，且要素报酬的增长率超过了煤炭价格的年均增长率。

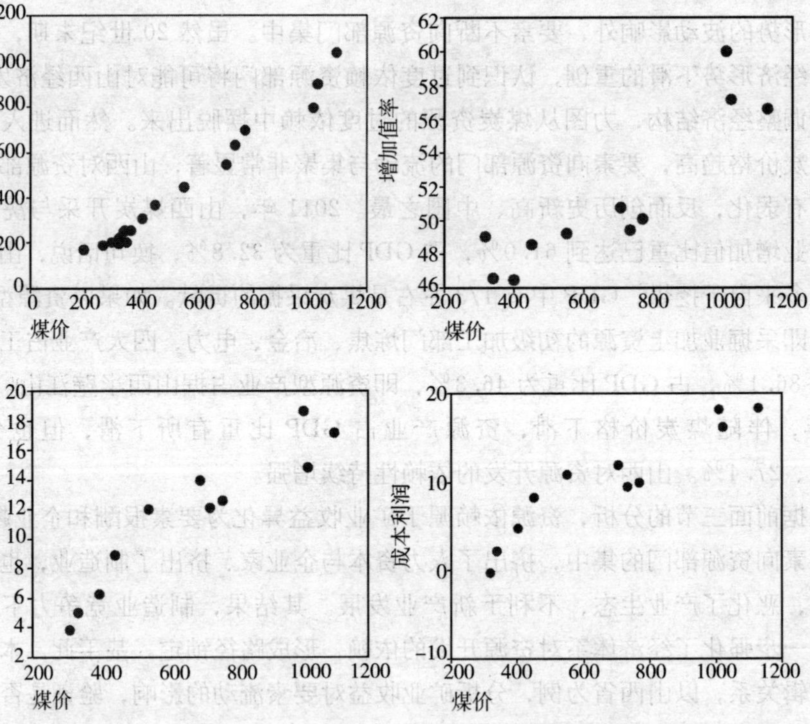

图 5-9　煤炭价格变化与资源部门要素报酬变化的相关性

根据 $P \cdot MP_L = MR \cdot MP_L = MFC_L = w$、$P \cdot MP_K = MR \cdot MP_K = MFC_K = r$，在要素的边际产量不变的情况下，煤炭价格增长引起要素价格上升，工资与资产贡献

---

① 2012 年至今，煤炭价格持续下跌，为体现价格变化对要素报酬的影响，在此主要适用 2000～2010 年间的数据。

率应该同比例增加，但事实上，在2000～2010年煤炭价格持续上涨期间，煤炭行业的各要素价格的增长率均快于煤炭价格的上涨速度。2000～2010年，煤炭价格年均增长率为13.5%，而同期采矿业职工工资实际增长率为16.7%，资产贡献率的年均增长率为16.2%，成本费用利润率的年均增长率为33.8%。煤炭价格上升，一方面是经济增长导致对煤炭需求的增加，另一方面也与煤炭资源的稀缺性相关，价格上涨部分中有很大比例应该是弥补资源的耗竭导致的稀缺性的进一步加剧。但这部分收益转化为劳动者的工资、资产的贡献率以及企业的利润额。且由于在此期间，采矿业的增加值率不断上升，从2000年的49%上涨为2010年的56.6%，最高时曾达到60%（2008年），将资源财富的增值看作是除资源以外各类要素新创造的价值，资源财富价值进一步流失；且增加值率上升，单位煤炭产量所收取的增值税比例上升，更多的收益交付国家，并没能返还资源型区域作为转化为其他资本财富的资本金。

（二）要素报酬率上升引起要素向资源部门的集中

资源部门各类生产要素的高报酬率，引起要素向资源部门集中，出现同方向变化趋势，如图5-10所示。采矿业的资产贡献率增加，引起采矿业占全社会固定资产投资结构比例上升，进而导致采矿业占GDP比重上升。采矿业成本利润率上升，引起采矿业投资结构比例上升，产业结构比例上升，进而对经济增长的贡献率提升。煤炭价格引起采矿业比重增加，资产贡献率上升。

实际工资与要素结构并未完全出现同向变化趋势，这源于2003年开始的煤炭资源整合，关闭小煤矿，提高煤炭行业集中度，提高技术含量水平，尤其是出于安全考虑，综合开采技术与设备的应用，对劳动力的需求显著减少，资本替代劳动的现象非常突出。虽然劳动力与实际工资没有出现完全的同方向变化，但是从总体趋势上看，在资本替代劳动的背景下，劳动力的绝对数量与相对比重依然在增加，1990年，采矿业就业人员占总就业人员比重为8%，2000年降低为5.1%，2000年以来波动起伏，但总体上是上升的，从2007年以来基本稳定在9.2%。

二、挤出效应与产业生态恶化

要素向资源部门的集中，强化了资源部门的发展，挤出了制造业、服务业、人力资本与技术以及民营企业（家）。从产业生态基本构成要素来看，人力资本、技术、企业家，可以看作是产业要素，制造业发达程度标示了产业种群的复杂程度，而服务业体现的是产业服务，从上述三个方面考虑，挤出效应的存在恶化了产业生态。

（一）挤出制造业

山西在工业化初期，围绕资源部门建立起以资源型产业为核心的重化工业体系，应该说是推动了工业化进程。但是，经过半个多世纪的工业化进程，资源部门还在不断地强化，而原本有一定基础的制造业部门被抑制、被挤出，反而阻滞了工业化的进程。资源部门对制造业部门从数量上的挤出，通过三组数据的趋势图来体现：一是采

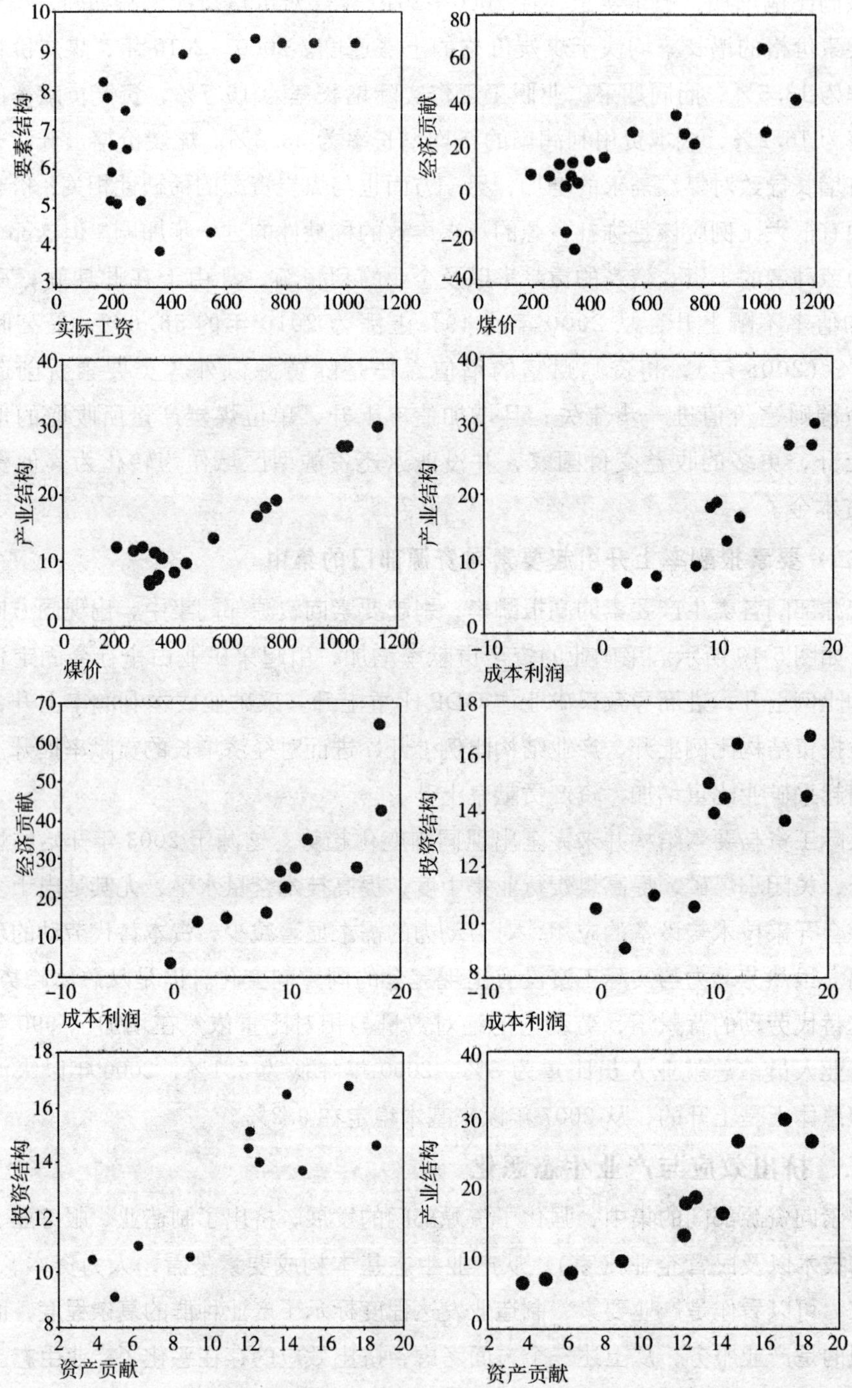

图 5-10 资源部门要素报酬变化与要素流动的相关性

矿业与制造业占工业增加值的份额；二是资源型产业与除冶金、焦化之外的制造业占工业增加值的份额；三是采矿业与制造业占 GDP 的份额。

如图 5-11 中的 a、b、c 所示，1992、1993 年正是煤炭市场化改革刚刚起步，煤价放开，煤炭开采以及初级加工等资源型产业迅速发展时期，资源部门在工业增加中已占有较大比重的基础上继续攀升。1992 年，采矿业增加值占工业增加值比重为 36.4%，2011 年这一比例上升到 63.4%，2012、2013 年略有下降，分别为 62.9%、60.7%（见图 5-11a）。1992 年煤、焦、冶、电四大产业增加值占工业增加值的比重为 61.8%，到 2011 年，这一比例上升为 86.1%，2013 年下降为 81.6%（见图 5-11b）。采掘业增加值占 GDP 的比重（见图 5-11c）从 1992 年的 12.9%上升到 2011 年的 34.1%，2013 年下降为 28.9%。制造业，尤其是除焦、冶之外的制造业，除个别年份外，总体处于收缩状态。虽然 2012 年以来资源部门比重有所下滑，但从长期变化趋势看，无论是工业部门结构还是占 GDP 的份额，资源（型）产业的比重均在上升，而制造业的比重均在下降，资源部门对制造业的绝对挤出效应是显著的。

制造业的挤出被看作是“反工业化”的一种数量标示。从与全国工业化趋势的比较分析来看，全国“十一五”期间工业份额已经开始略有下降趋势，第三产业比重持续增加，经济发展进入到工业化中期阶段；山西工业份额还处于上升趋势，主要来自于采矿业份额的上升，制造业占 GDP 的份额在 20%左右，低于全国 10 多个百分点，演进趋势上表现出“反工业化”特征。

（二）溢出服务业

山西第三产业发展，与全国其他省（市、区）相比是偏低的。2013 年，山西第三产业增加值占 GDP 比重为 41.9%，低于全国 46.9%平均水平 5 个百分点，在 31 个省（市、区）中，属于中等偏下。一般而言，矿产开发带来资源型区域收入提高，消费水平相应提高，刺激当地服务业的发展。但从山西来看，矿产开发带来的收入提高，并未促进当地服务业的发展。其原因是，煤炭开发获取的高收入，集中于少数人，这部分收入并未在当地进行大规模的消费。它可能会促进个别产业的发展，如房地产业，但服务产业并未因为矿业繁荣而带来服务规模的大比例上升。不同于资源型国家案例：消费主要是在当地，在资源型区域，以外地消费为主。第三产业被挤出，第三产业的平均工资水平远低于全国第三产业的平均工资水平，第三产业发展被抑制。如图 5-12 所示，山西采矿业增加值占 GDP 比重与第三产业比较劳动生产率水平（与全国平均水平之比）之间存在反向变化关系，导致第三产业发展滞后。

（三）挤出人力资本与科技

资源型区域由于对资源开发的过度依赖，导致人力资本与技术进步的流失；反过来，人力资本积累不足、技术进步缓慢，又成为制造业等非资源产业多元发展的制约因素。山西人力资本的流失表现在对教育经费、科技文卫的低投入，资源产业为主的经济体系本身对人力资本的需求不足以及山西较为严重的环境污染对人力资本的挤出。煤炭资源繁荣引发“反工业化”，导致山西制造业技术人才流失严重；山西经济波动强、不利于人力资本积累；山西制度环境较差，社会资本缺乏，导致人才流失；煤炭行业人才浪费和人才短缺并存；山西环境污染十分严重，对健康资本构成损害。

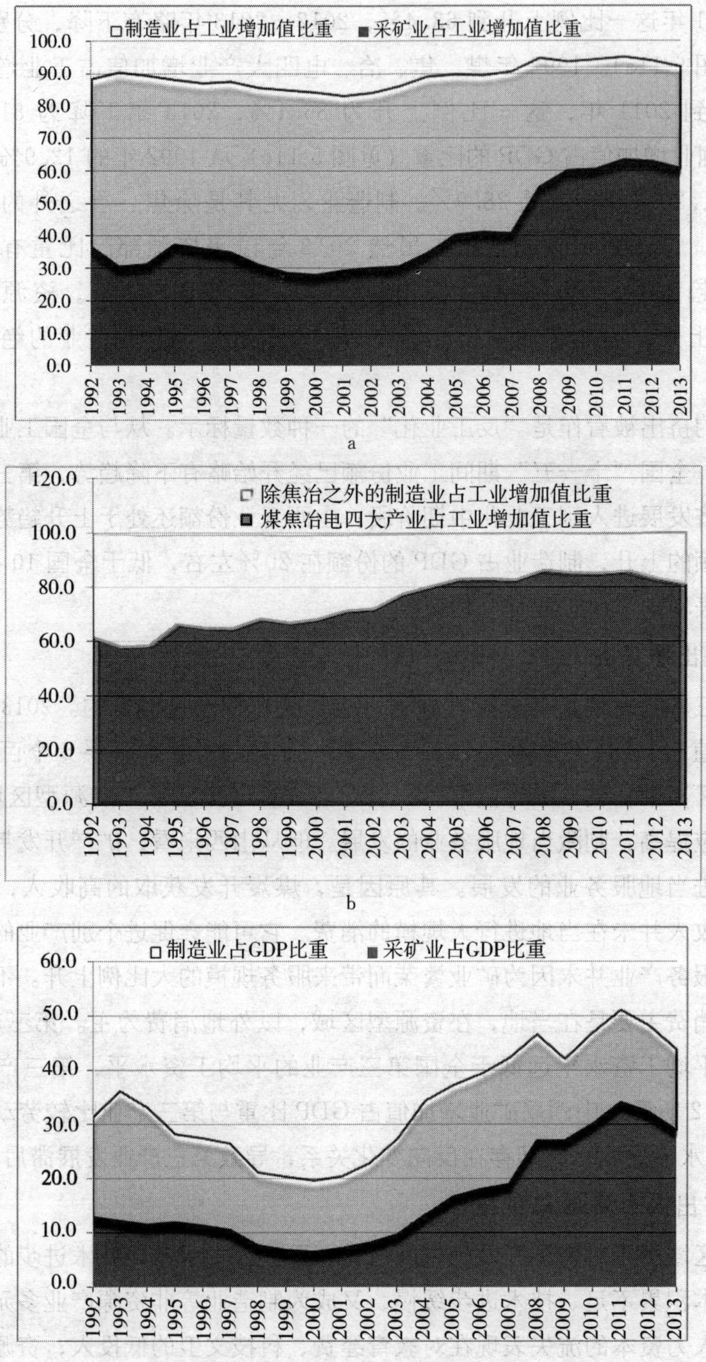

图5-11　1992～2013年山西资源(型)产业与制造业占工业增加值(a、b)、GDP(c)比重

注：资源型产业即采矿业、炼焦、黑色金属冶炼及压延加工业、有色金属冶炼及压延加工业、电力等；制造业部门是制造业中排除炼焦、黑色金属冶炼及压延加工业、有色金属冶炼及压延加工业。

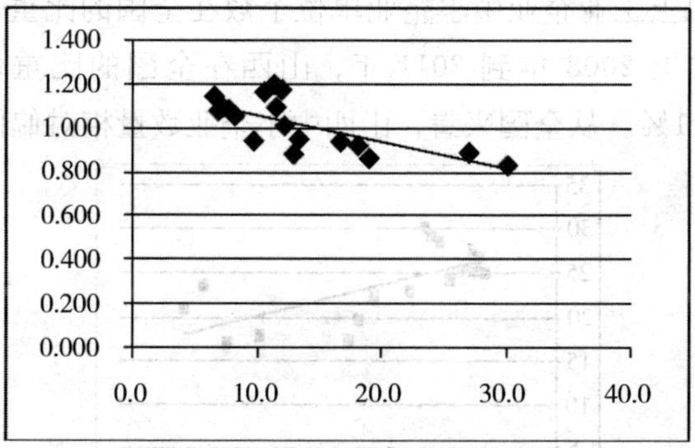

图 5-12　山西第三产业与资源部门发展

注：横轴表示采矿业增加值占 GDP 比重，纵轴表示山西第三产业比较劳动生产率与全国比较劳动生产率之比。

技术进步的流失源于煤炭资源开发驱动的资源主导型经济体系中，资源产业占国民经济的比重较高，而一般认为相对于制造业，资源产业并非技术密集型的产业，对技术进步的要求不如制造业高，而山西制造业发展缓慢，因而导致总体上山西技术进步的速度缓慢，山西技术创新不足。从具体数据来看，2000 年以来，伴随煤炭价格上升，山西煤炭开采增长迅速，采掘业增加值占 GDP 比重持续上升；而同期，原本与全国平均水平有较大差距的山西科技创新，随着经济对资源部门的依赖程度加深，这种差距进一步扩大。1995～2012 年期间，山西资源部门占 GDP 的比重上升，而同期科教文卫支出占一般预算财政支出的比重、专利授权数占全国的比重却是持续下降。说明山西经济发展在资源开发的驱动下，对人力资本投资的重视程度低于全国，科技创新产出能力下降。山西研发经费占 GDP 的比重，虽然逐年上升，但上升速度远低于全国平均水平。2010 年，全国研发经费占 GDP 比重为 1.7%，山西仅为 1%。通过散点图比较会发现，山西采矿业增加值占 GDP 比重的变化趋势，与山西科技创新相关指标，如科教文卫支出占一般预算财政支出的比重、山西专利授权数与全国专利授权数之比、山西科研经费占 GDP 比重与全国之比等之间是反方向变化关系，说明期间煤炭价格变化引起资源部门的强化发展，进而挤出了科技创新（见图 5-13）。

（四）挤出民营企业（家）

基于统计年鉴的数据，将全国作为参照系，比较 2008～2011 年规模以上工业企业单位个数、工业总产值、利润总额、工业企业全部从业人员年平均人数等，结果发现，山西中小企业发展相对缓慢。

一是中小企业数量偏低。从企业单位数来看，2008 年，山西省规模以上工业企业，中小企业单位个数为 4286 个，占规模以上工业企业单位总数的 97.1%；而全国工业企业中小企业单位个数所占比重为 99.3%，山西略有差距。而到了 2011 年，全国平均水平为 97.2%，山西下降到了 91.8%。如果说各省市中小企业发展规模相当的话，山西省规模以上工业企业中小企业单位个数在全国的比重（按 1/31 来算）应该占到 3.2%，事实上 2008 年到 2011 年，山西在全国的比重仅分别占到 1.0%、0.9%、0、9%和 1.1%。从全国来看，山西中小企业数量相对偏低。

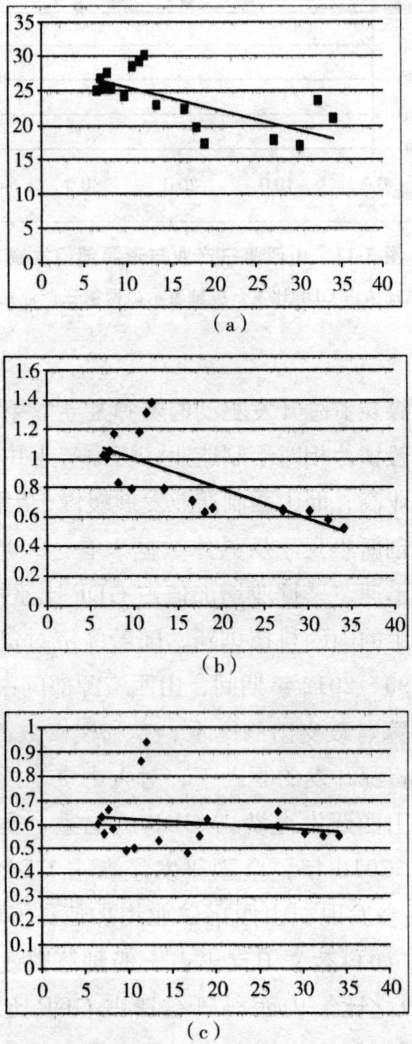

(a)

(b)

(c)

图 5-13　1995～2012 年期间山西采掘业与科技创新的散点图

注：横轴表示采掘业占 GDP 比重，纵轴按照（a）、（b）、（c）分别表示山西教科文卫支出占一般预算财政支出比重、山西专利授权数占全国专利授权数比重、山西研发经费占 GDP 比重与全国研发经费占 GDP 比重之比。

资料来源：根据历年《中国统计年鉴》《中国科技统计年鉴》《山西统计年鉴》统计得到。

二是中小企业产值贡献偏低。2008 年，山西中小企业总产值为 5158 亿元，占规模以上工业企业总产值的比重为 51.5%；全国同期中小企业总产值为 338144 亿元，占全国工业企业总产值的比重为 66.6%。山西省中小企业总产值在工业总产值中的比重虽然过半，但是远落后于全国平均水平。2011 年中小企业产值水平普遍下降，全国平均水平下降为 58.4%，山西下降为 41.3%。从大企业、中小企业的分配比例来看，山西大型企业比重超过全国平均水平，中小企业比重远低于全国平均水平，说明山西工业企业的规模结构，偏重于大型企业，中小企业发展不足。

三是中小企业利润贡献低。2008 年，山西规模以上工业企业中小企业利润总额为 322 亿元，占规模以上工业企业利润总额的比重为 50.8%；全国中小企业利润总额为 20043 亿元，占规模以上工业企业利润总额的比重为 65.6%，山西中小企业的占比相对是比较低的。2011 年全国平均水平下降为 56.9%，山西则下降到 37.6%。中小企业与全国相比，其对工业企业的利润贡献相对是比较低的，与全国平均水平的差距是比较大的。从山西工业中小企业利润总额占全国比重来看，2008 年为 1.6%，2011 年为 1.4%。从整体来看，规模以上工业中小企业利润总额在规模以上工业企业利润总额中占有较大比重，对经济贡献大，但事实上与全国平均水平相比，山西中小企业发展差距还是很大的，还有很大的提升空间。

与全国平均水平相比，山西中小企业发展相对滞后，这与山西属于典型的资源型经济有着较强的关联性。山西资源型经济特征在某种程度上挤出了中小企业（家）和民营经济，导致山西中小企业发展的波动性，以及与全国相比发展缓慢的现象。

制造业挤出、服务业溢出、人力资本流失以及民营企业（家）的相对缺乏，恶化了山西的产业生态，不利于制造业等非资源产业的发育和成长。与全国和周边省份相比，山西制造业竞争力偏弱。

三、制造业竞争力下降

制造业竞争力包含内容广泛，包括盈利能力、创新能力、生产配套能力、市场占有能力等，在此主要对制造业的生产率水平、盈利能力等效率效益进行分析。

（一）选择依据

根据山西工业内部产业规模和专业化程度，选定部分有代表性的行业分析制造业效率、效益。如表 5-2 所示，通过对 2010 年山西工业内部各产业区位商、增加值占 GDP 的份额两个指标的计算，凡区位商大于 0.5 或占 GDP 份额超过 0.5%的所有工业行业均作为备选行业。其中区位商大于 1 的、专业化程度较高的均为资源型产业，包括煤炭开采和洗选业（12.01）、黑色金属矿采选业（1.52）、炼焦（2.8）、黑色金属冶炼及压延加工业（2.16）、电力热力的生产和供应业（1.48），另外还有有色金属冶炼及压延加工业（0.81），也属于资源型产业。其他为规模相对较大的制造业产业，包括农副产品加工业、饮料制造业、化学原料及化学制品制造业、非金属矿物制品业、通用设备制造业、专用设备制造业等 7 大产业，考虑到劳动力密集程度，最终选择农副产品加工业、化学原料及化学制品制造业、通用设备制造业和专用设备制造业作为制造业的代表性产业，对制造业部门的效益、效率指标进行部门间和区域间的比较。

表 5-2　2010 年山西工业内部产业规模与专业化程度

工业门类	区位商（山西行业总产值占比/全国行业总产值占比）	份额%（山西分行业增加值占 GDP 比重）
煤炭开采和洗选业	12.01	29.10
黑色金属矿采选业	1.52	0.86
农副食品加工业	0.31	0.54
饮料制造业	0.55	0.41
石油加工、炼焦及核燃料加工业	2.80	4.05
化学原料及化学制品制造业	0.60	1.29
医药制造业	0.50	0.40
非金属矿物制品业	0.51	0.92
黑色金属冶炼及压延加工业	2.16	4.70
有色金属冶炼及压延加工业	0.81	0.94
通用设备制造业	0.37	0.58
专用设备制造业	0.96	0.87
电力、热力的生产和供应业	1.48	2.70

数据来源：根据《中国统计年鉴 2011》《山西统计年鉴 2011》计算得到。

（二）资源型区域内部门之间的比较

从资源型区域内部来看，制造业内部四个代表性行业的效益指标、代表资源部门的煤炭开采与洗选业的效益指标如表 5-3 所示。从历年的变化来看，2000 年以来，制造业的四个主要部门其总资产贡献率、成本费用利润率均有不同程度提升。从部门间的比较来看，农副产品加工业的总资产贡献率持续上升，从 2001 年的 1.5%上升为 2010 年的 12%，成本费用利润率从 2001 年的－1.8%上升为 2010 年的 8.8%，说明其发展很有潜力和活力。化学原料及化学制品制造业，在此阶段是先上升后又降低，尤其是 2009 年、2010 年，总资产贡献率又返回到甚至要低于 2001 年的水平，成本费用利润率出现负值。通用设备制造业总资产贡献率相对稳定，成本费用利润率偏低，从－2.4%调整为 2010 年的 1.8%。专用设备制造业，无论是总资产贡献率还是成本费用利润率，虽然比率不高，但均是稳步上升。制造业整体来看，与同期煤炭开采业进行比较，则总资产贡献率、成本费用利润率要远低于资源部门，平均要低出 10 个百分点以上。

（三）区域之间的比较

以全国平均水平作为参照系，分析山西制造业部门中的四个代表性产业的效率、效益水平，其结果见图 5-14 中的 a、b、c，分别表示山西与全国总资产贡献率、成本费用利润率、全员劳动生产率的比值。

表 5-3　2001～2010 年山西制造业与资源部门的效益比较　　(单位:%)

年份	农副产品加工业		化学原料及化学制品制造业		通用设备制造业		专用设备制造业		煤炭开采与洗选业	
	总资产贡献率	成本费用利润率	总资产贡献率	成本费用利润率	总资产贡献率	成本费用利润率	总资产贡献率	成本费用利润率	总资产贡献率	成本费用利润率
2001	1.5	−1.8	4.0	1.9	2.5	−2.4	3.3	1.5	5.0	2.2
2002	3.8	2.1	4.9	3.0	3.4	−1.3	3.0	0.2	6.3	4.8
2003	4.6	2.7	5.1	2.3	3.3	−1.7	2.5	0.1	8.9	8.2
2004	5.4	3.0	6.9	4.8	4.3	0.4	3.4	2.0	12.0	10.9
2005	5.8	3.4	6.9	4.8	5.6	2.6	4.3	3.0	14.0	12.0
2006	5.1	3.4	6.9	4.7	5.1	1.1	5.3	4.0	12.1	9.5
2007	6.9	4.3	9.3	7.0	6.8	2.0	6.4	4.9	12.6	10.0
2008	7.2	3.7	7.2	3.8	6.0	2.0	5.2	4.0	18.6	18.1
2009	9.2	6.4	2.4	−0.8	5.0	1.9	4.1	2.4	14.8	16.2
2010	12.0	8.8	4.2	1.8	7.9	1.8	5.7	5.5	17.2	18.4

数据来源：根据 2001～2011 年的《中国统计年鉴》《山西统计年鉴》计算得到。

从图 5-14 可以看出，山西制造业部门各项效率效益指标普遍低于全国平均水平(仅有农副产品加工业成本费用利润率在 2009、2010 两年高于全国平均水平)，有的甚至仅仅能达到全国的 1/5。从总资产贡献率的比较来看，通用设备制造业、专用设备制造业相对稳定，大致是全国的一半偏下；农副产品加工业、化学原料及化学制造业变化幅度较大，前者在上升，后者进一步低于全国，从全国平均水平的 3/5 降低至 1/5。从成本费用利润率的比较来看，通用设备制造业、专用设备制造业在 0.5 以下，依然是全国平均水平的一半以下；农副产品加工业、化学原料及化学制造业在 0.5 以上，但不是很稳定，前者效益提升，后者效益下降。从全员劳动生产率的比较来看，通用设备制造业、化学原料与化学制造业，其效率水平基本不变，是全国平均水平的一半偏下；专用设备制造业、农副产品加工业，其效率水平在上升。整体来看，农副产品加工业、专用设备制造业的竞争力在提升。但总体水平，都远远低于全国平均水平，平均能达到全国效率、效益水平的一半左右。

四、经济体系对资源依赖度持续上升

山西作为全国能源重化工基地，曾为全国输送煤炭和电力，形成依赖煤炭开发的典型资源型经济。1992 年，煤炭价格放开以来，对资源开发的依赖性进一步增强，从资源部门、资源型产业占区域经济体系的比重的变化趋势，从生产要素向资源部门集中的趋势来看，山西对资源部门、资源型产业依赖性越来越强。

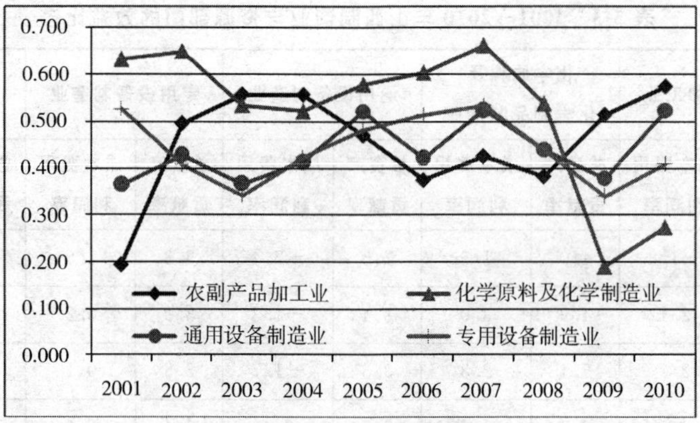

a. 山西总资产贡献率与全国之比

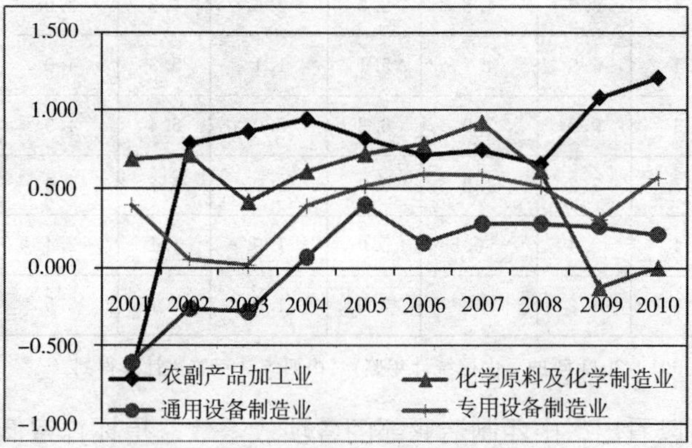

b. 山西成本费用利润率与全国之比

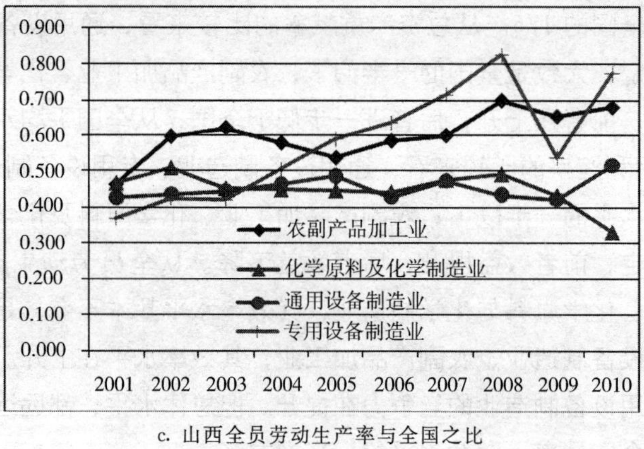

c. 山西全员劳动生产率与全国之比

图 5-14　山西制造业效益效率指标与全国的比较

注：图中四类产业的总资产贡献率、成本费用利润率、全员劳动生产率分别是山西与全国之比，如果小于1，说明山西的总资产贡献率、成本费用利润率、全员劳动生产率低于全国平均水平；如果大于1，则说明山西高于全国，如果等于1，说明山西与全国相当。

数据来源：根据历年《中国统计年鉴》《山西统计年鉴》计算得到。

（一）资源部门、资源型产业占经济体系的比重

从产业结构来看，山西采矿业增加值占工业增加值、GDP的比重，处于不断增强的趋势，除20世纪90年代末期，受全国经济形势下滑的影响外，采矿业占工业、GDP的比重处于持续增加的态势。1992年，山西采掘业增加值占工业增加值比重为36.4％，占GDP比重为12.9％（见表5-4第2列所示）。到2011年底，山西采掘业增加值占工业增加值比重达到63.4％，占GDP比重达到34.1％，分别上升了27、21.2个百分点。其中煤炭开采与洗选业增加值占工业增加值比重从35.5％上升到61％，占GDP比重从12.6％上升到32.8％，采矿业以煤炭开发为主。如果以资源型产业占比来看，则资源型经济特征更为显著。以煤、焦、冶、电四大产业占工业增加值比重来看，1992年，资源型产业占工业增加值比重61.8％，2011年这一比例继续上升到85.3％（见表5-4第3列所示）。山西作为全国能源基地，矿产品主要输往区外。以一次能源外销量占总销量比重来分析矿产品的输出结构，山西矿产品区际输出的贸易依赖度是相当高的，总体上是在75％～100％之间波动（见表5-4第4列所示）。如果全国经济不景气，对能源需求下降，山西经济将会受到较大程度的影响。从采掘业对经济增长的贡献率来看，1993年这一比例为9.1％，之后在1998、1999年受全国经济下滑影响，对经济增长的贡献率为负。从2000年开始，采掘业对经济增长的贡献持续上升，2008年达到最高，为64.6％。2009年受金融危机影响，贡献率有所下降，2010、2011年，这一比例仍然高达一半左右，即当年新增加的GDP当中，有一半左右是采矿业的贡献（见表5-4第5列所示）。

上述几个指标，从产业结构、区际贸易结构、资源部门对经济增长的贡献来看，山西对资源部门、资源型产业的依赖度是非常大的，矿产品价格波动、市场需求发生变化，将可能对山西经济体系产生较大幅度影响。

（二）生产要素向资源部门的集中

从生产要素向资源部门的流动和集聚来看，这一比例虽没有前述几个指标变化幅度大，但基本上是稳中有升。从劳动力来看，1993年，采掘业就业人员占总就业人员比重为8.2％，其后波动起伏，近年来基本稳定在9.2％左右，2011年为9.4％（见表5-4第6列所示），也就是说全社会就业人员中有1/10左右是从事采矿业的。从投资结构来看，全社会固定资产投资中，采掘业投资占比，在20世纪90年代初期为25％左右，90年代末期下降为10％左右，进入21世纪基本稳定在15％左右，2011年上升为19.3％。

无论是从产出层面，还是从生产要素的投入层面，山西经济体系对资源部门的依赖程度是相当高的，且有强化的趋势。如果综合来评价经济体系对资源部门的依赖程度，可以通过上述指标合成资源依赖度。

（三）资源依赖度

根据上述各项指标数值，按照资源依赖度计算公式（5-1）（其中，权重根据专家

赋值法分别为0.2、0.1、0.1、0.2、0.2、0.2）计算得到山西1993年以来的资源依赖度如表5-4中最后一列所示，其变化趋势如图5-15所示，除20世纪90年代末期受全国经济形势下滑的影响外，山西对资源的依赖度持续上升，从1993年的25％上升为2011年的39.5％，尤其是近10年，资源依赖度增加了近1倍。2012、2013年，因为煤炭价格下滑，资源依赖度显著降低，分别为29.55％、26.3％，但全省经济整体下滑。

表5-4　山西要素向资源部门集中的趋势　（单位：％）

年份	采掘业占GDP比重	资源型产业占工业增加值比重	一次能源外销量占总销量比重	经济增长贡献率	采掘业占总就业人员比重	采掘业占全社会固定资产投资比重	资源依赖度
1993	12.2	58.3	78.1	9.1	8.2	26.5	24.9
1994	11.6	58.6	76.4	8.5	7.8	21.5	23.4
1995	12.0	66.5	73.3	13.4	6.6	22.4	24.8
1996	11.4	65.2	76.5	8.3	7.5	26.1	24.8
1997	10.6	65.0	78.6	5.1	6.5	22.1	23.2
1998	7.7	68.6	76.9	−23.8	5.9	13.7	15.2
1999	6.9	67.1	90.7	−16.9	5.2	9.7	16.7
2000	6.5	68.5	102.9	3.5	5.1	10.5	22.3
2001	7.2	71.5	103.2	14.0	6.5	9.1	24.8
2002	8.2	72.3	88.5	14.9	5.2	11.0	23.9
2003	9.7	77.6	78.1	16.4	3.9	10.6	23.7
2004	13.4	80.4	80.6	27.9	8.9	14.5	29.0
2005	16.7	83.1	92.6	35.1	4.4	16.5	32.1
2006	18.1	83.2	96.2	27.2	8.8	15.1	31.8
2007	19.0	82.9	101.3	22.8	9.3	14.0	31.4
2008	27.1	86.4	96.2	64.6	9.2	14.6	41.3
2009	27.1	85.4	89.3	27.8	9.2	13.7	33.0
2010	30.2	85.3	83.0	42.6	9.2	16.8	36.6
2011	34.1	86.1	79.1	52.0	9.4	19.3	39.5
2012	32.3	83.4	74.6	9.4	9.5	17.2	29.5
2013	28.9	83.4	75.5	−55.2	9.9	13.2	15.3

数据来源：根据历年《山西统计年鉴》计算得到。

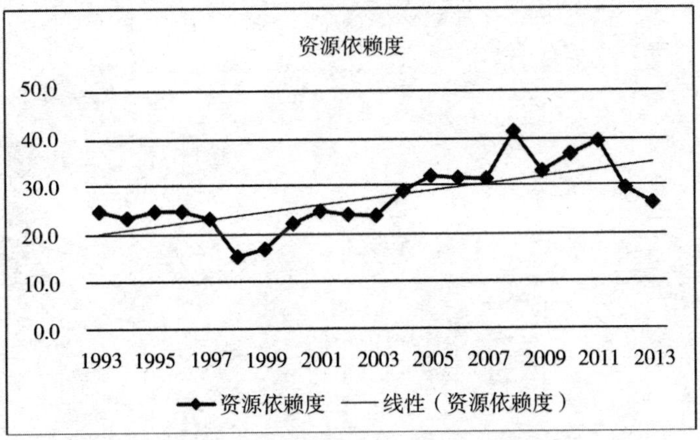

图 5-15　1993～2013 年山西资源依赖度的变化趋势

综上，煤炭价格波动，转化为要素报酬和企业超额利润，引起要素持续向资源部门流动和集中，挤出了制造业、服务业、人力资本以及民营企业（家），恶化了产业生态，导致制造业缺乏竞争力，限制了制造业发展。其结果，经济体系对资源开发的依赖性进一步加强，山西陷入资源优势陷阱。要突破现有路径依赖，重点需从三个方面着手：一是完善矿业收益分配与使用及其相关制度，创造有利于产业竞争的环境；二是改良产业生态，将部分矿业收益用于基础设施和社会服务，改善投资环境；三是建立资源产业退出机制，规制并逐步退出煤炭产业。

第六章 科技创新排挤效应与驱动机制

科技创新能够改善企业生产效率，提升经济增长的数量与质量，增进社会福利水平。经济增长动力从资源依赖向创新驱动转变，是资源型经济转型的内在要求。资源型经济体受矿业收益波动与使用偏差的影响，资源依赖带来科技创新难题，资源型区域面临科技创新困境，创新不足制约经济转型。本章分析了资源型经济体中科技创新难题的表现与影响；从中观区域层面和微观企业层面，探讨资源型经济科技创新排挤效应①的形成机理，构建资源型经济转型的科技创新驱动机制。实证分析中，以全国为例，利用省域层面的面板数据检验资源型经济对科技创新的挤出效应。

第一节　资源依赖对科技创新的排斥和挤出

资源型经济体在以资源开发为主导的经济发展中，往往会形成资源依赖，对科技创新产生排斥和挤出，形成科技创新难题。

一、资源依赖排斥并挤出科技创新

资源型经济体存在科技创新难题，表现在以下几方面：科技创新投入产出效率低；人才流失现象严重，人力资本积累缓慢；创新理念、创新文化缺失导致创新环境劣化等。

（一）科技创新投入产出效率低

科技创新过程与产品生产过程类似，都需要资本投入。在资源型经济体，资本要素集中在资源开发部门，科技创新投入明显不足，影响科技创新产出，表现为研发投入占 GDP 比重低、专利数量少。邵帅、齐中英②在资源富足对创新行为挤出效应的研究中发现，资源富足降低劳动力供给水平，通过减少创新部门劳动力投入比重使知识的增长率降低。郭国峰等③对中国中部 6 省的研究发现，作为资源型区域的山西省创新能力最低，对科技资源的利用效率低下。在国际社会，遭遇“资源诅咒”的国家研发支出占 GDP 比重普遍较低，阿尔及利亚 2005 年为 0.07%，厄瓜多尔 2008 年为 0.26%，墨西哥 2009 年为 0.40%，沙特阿拉伯 2009 年为 0.08%，赞比亚 2009 年为 0.34%，远低于 21 世纪初十年 2.1%的世界平均水平。

（二）人力资本积累缓慢

资源型经济中人力资本积累缓慢表现在，制造业发展滞后导致专业技能人才流

① 排挤效应是指资源型经济对人力资本、科技创新的排斥和挤出。排斥表现在资源型经济抑制或缺乏人力资本、科技创新需求；挤出表现为资本投入用于矿业部门而没有用于人力资本投资、研究投入等。

② 邵帅、齐中英：《自然资源富足对资源型地区创新行为的挤出效应》，《哈尔滨工程大学学报》（社会科学版）2009 年第 12 期。

③ 郭国峰、温军伟、孙保营：《技术创新能力的影响因素介析——基于中部六省面板数据的实证研究》，《数量经济技术经济研究》2007 年第 9 期。

失，教育、培训等方面人力资本投资不足。Gylfason[①]发现，资源丰裕国家中学毛入学率逆转、受教育年限下降。Birdsall 等[②]指出，1975 年资源贫乏国家平均中学入学率为 28.5%，而资源丰裕国家为 25.3%，二者相差 2.8 个百分点；到 1985 年的时候，这一差距拉大，资源贫乏国家为 39.5%，而资源丰裕国家为 35.7%，二者相差 3.8 个百分点。阿布扎比是一个石油资源丰裕的酋长国[③]，有创造力的人才外流非常严重，有才能的人属于不同的组织，难以拧成一股绳。

创新人才的流失和缺失在资源丰裕国家较为常见。比如，自 2001 年到 2010 年俄罗斯因石油繁荣对创新人才产生挤出，百万人中研发人员数从 3460 人减少到 3092 人；在遭遇“资源诅咒”的国家，创新人才的缺失更为明显，2007 年百万人中研发人员尼日利亚仅为 39 人，尼日尔 2005 年为 8 人，肯尼亚 2007 年为 56 人，莫桑比克 2006 年为 16 人，远低于 1200 人的世界平均水平。

（三）创新理念、文化缺失

缺乏创新的理念是资源型经济体科技创新的重要制约。Maloney 等[④]指出，20 世纪为资源丰裕国家的经济增长提供了契机，而拉丁美洲国家却错过了经济的高速增长，没有能够像加拿大、澳大利亚、斯堪的纳维亚国家那样发展成功，原因就在于拉丁美洲国家在技术选择和技术创新方面的障碍，没有形成开放型的创新环境，向其他国家学习的能力较差。企业作为科技创新的主体，需要具有创新精神的企业家的参与，但资源丰裕对企业家精神不利。Farzanegan 等[⑤]对 80 个国家 2004～2009 年的实证研究发现，资源租金依赖会显著降低企业家精神，尤其是在以石油、煤炭等“集中型”资源为主的国家，同时认为资源丰裕的北非、中东国家的企业家活动是非常低的，2004～2009 年新企业密度[⑥]北非和中东国家为 0.66 个，而全世界平均水平为 3.25 个；在产权注册方面，北非和中东国家需要 7 个环节，而全世界平均水平为 6 个，经合组织国家只需要 5 个环节。回归结果则进一步显示，石油资源租金提升 1%，企业家精神下降 0.06%；煤炭资源租金提升 1%，企业家精神下降 0.11%。

二、科技创新挤出导致要素配置失当

资源依赖对科技创新的排斥与挤出，导致资源型经济体要素配置失当，经济增长缺乏动力。主要表现在两个方面。

---

① T. Gylfason. “Natural Resources，Education，and Economic Development”，*European Economic Review*，2001，45，4～6：847～859.

② N. Birdsall，T. Pinckney & R. Sabot. “Natural Resource，Human Capital，and Growth”，in R. M. Auty（ed.），*Resource Abundance，and Economic Development*. Oxford：Oxford University Press，2001.

③ IKED. “Innovation Systems for Natural Resource-rich Economies”，Available at：http：//www. iked. org/Activities. html，2013.

④ W. F. Maloney. *Missed Opportunities：Innovation and Resource-based Growth in Latin America*. Office of the Chief Economist，Latin America and the Caribbean Region，World Bank，2002.

⑤ M. R. Farzanegan，ZEW Mannheim & TU Dresden. “Resource Wealth and Entrepreneurship：A Blessing or a Curse?”，Available at：http：//works. bepress. com/mr _ farzanegan/22，2012.

⑥ 新企业密度是指 15 岁到 64 岁人口中每千人所注册的新企业数目。

（一）创新挤出导致要素向资源部门集中

资源依赖的形成会对生产要素的部门间配置产生影响，主要表现在生产要素向资源部门流动、生产要素在资源部门沉淀。

第一，矿业收益的异动带来生产要素的流动，创新部门要素投入不足，而是向资源部门流动。在资源型经济体，创新挤出、要素流动都与矿业收益的异动关系密切。矿业收益的异动主要表现为矿产品价格大幅上涨或资源大规模发现带来巨额矿业收益，无须科技创新也能从矿业获得大量收益，资本、劳动等生产要素不再投入到科技创新当中去，而是流向了资源部门。以山西为例，在新世纪初叶的煤炭繁荣中，煤炭产业占工业固定资产投资比重呈现逐年上升的趋势，2003 年煤炭投资占比为 15.59％，2008 年达到 26.58％，2011 年达到 37.14％，在这一阶段，呈现出投资向资源部门集中的明显趋势。从就业看，山西采矿业 2003 年就业人员为 57 万人，占全省从业人员比重为 3.88％，2007 年采矿业就业人员为 147.9 万人，占全省从业人员比重为 9.27％，劳动力也同样表现出向资源部门集中的显著趋势。

第二，矿业特有的强资产专用性、高沉没成本，使得要素在矿业萧条时期锁定在资源部门，带来了要素沉淀，要素的合理流动被切断。在矿业萧条时期，矿业收益下降，生产要素倾向于流出矿业部门。矿业具有投资周期长、沉没成本高的特点，在资源型经济体，“反工业化”使得制造业发展滞后，收益水平也较低，这就使得滞留在矿业部门的资本、劳动等生产要素很难流出，生产要素沉淀在资源部门。比如，在 2012、2013 年煤炭价格下降的背景下，山西煤炭产业占工业固定资产投资的比重较之前有所下降，但是投资比重仍然较高，2012 年为 32.74％，2013 年为 24.64％；从就业人数看，2012、2013 年山西采矿业就业人数为 169.5 万人、183.3 万人，在煤炭价格下降的情况下，煤炭产业从业人员反而出现了持续增加的局面。矿业萧条背景下的要素集中、要素沉淀表明，在资源型经济体，要素的合理流动是被扭曲的，这对于形成合理的产业结构，摆脱资源依赖较为不利。

（二）创新挤出导致要素禀赋初级化

资源依赖的形成不仅带来了要素向资源部门集中、创新挤出问题，也带来了资源型经济体要素禀赋初级化问题。

从经济增长的动力看，经济增长的形态可以划分为资源依赖型的经济增长、物质资本推动的经济增长以及科技创新、人力资本驱动的经济增长。从资源依赖型经济增长向创新驱动型经济增长转变是经济增长的普遍规律，在人类社会的演变中，从农业社会向工业社会的转变，从第一次产业革命蒸汽机的使用，到第三次产业革命计算机的发明使用，这里面都体现了从自然资源依赖向科技依赖的转变。这种经济增长动力的转变是以要素禀赋的不断升级为标志的，表现在最初要素禀赋是以自然资源为主，转变为以物质资本为主，再转变为以人力资本和科技创新为主。在资源型经济体中，自然资源较为丰裕，要素初始禀赋初级化特征明显。矿业部门的扩张带来了大量的物质资本投入，也积累了一定的物质资本，但是由于资源依赖、人力资本、科技创新被广泛排斥并挤出，造成要素禀赋升级困难，高级要素缺乏，难以起到支撑资源型经济转型的作用。

在山西，要素禀赋的初级化体现在人力资本积累的不足以及科技创新的滞后。1999年山西省城镇单位制造业专业技术人员为13.5万人，而到2006年下降为11.1万人，呈现逐年下降的趋势，7年间减少了2.4万人，城镇单位制造业专业技术人员占全行业技术人员的比重从1999年的16.2%下降为11.4%[①]；在科技创新方面，山西研发经费占GDP的比重较低，且与全国平均水平差距不断拉大，在2001年研发投入强度为0.53%，全国为0.95%，落差为0.42个百分点，而到了2010年，山西为0.98%，而全国为1.76%，差值拉大到0.78个百分点，2013年山西研发经费占GDP比重为1.23%，比全国2.09%的平均水平低0.86个百分点，与全国差距不断拉大。人才流失、研发投入不足说明山西高级要素形成不足，呈现出要素禀赋初级化的趋势。

第二节　资源依赖与科技创新排挤效应的理论阐释

在资源型经济体，丰裕的自然资源会引发资源繁荣，导致资源依赖的产生。在资源依赖的形成中，矿业收益的波动与使用偏差对科技创新产生了排挤效应，出现了科技创新难题。排挤效应可以从两个层面进行分析：一方面，科技创新排挤效应体现在区域[②]中观层面，资源型经济体对科技创新供给和需求的双重缺乏，导致区域创新能力下降；另一方面，企业是科技创新的主体，资源企业普遍缺乏创新需求动力与能力是科技创新挤出的重要原因。

一、资源依赖与区域科技创新挤出

资源型经济体以资源开发为主，资源产品价格上涨、资源大规模发现都会引发资源繁荣，导致资源依赖的产生，进而对科技创新直接或间接产生排斥并挤出。这里在对资源型经济体产业部门进行假定的基础上，从供求角度提出科技创新排挤效应的理论假说。

（一）基本假定

资源型经济体的产业特征是以资源产业为主导的经济体系。这里以工业部门为例，假定资源型经济体存在采掘业和制造业两大产业体系，科技创新是采掘业和制造业产业发展的支撑。

1. 产业部门假定

资源型经济体产业部门包括采掘业部门和制造业部门，即资源产业部门和非资源

---

① 景普秋、赵康杰：《山西科技创新挤出效应与融合机制研究》，载郭泽光主编：《山西资源型经济转型国家综合配套改革试验区发展报告2012》，中国财政经济出版社2012年版，第85～109页。

② 这里的区域主要是指资源型经济体，既可以是一个国家，也可以是国家内部的某个地域。

产业部门。

采掘业是资源型经济体的主导产业。采掘业投资、就业、产值占比高，则资源依赖度高。资源的大规模发现，或者资源产品的价格上涨，会吸引劳动、资本等生产要素向资源产业部门集聚，引发采掘业部门繁荣。

制造业作为工业化的重要标志，制造业占工业比重可以反映一个国家或区域的工业化水平，制造业的典型特征是产业的竞争性，制造业企业须要通过科技创新，优化企业生产流程，生产差异化的产品，提升制造品的市场竞争力，因而对科技创新的需求强烈。在采掘业部门的繁荣过程中，资源型经济体可能会产生“荷兰病”效应，制造业资本、人才流失，制造业出现萎缩局面；从长期看，资源型经济体产业结构锁定在资源产业部门，也会制约制造业的发展。

假定资源型经济体总的生产函数为 $Y=f\ (K,\ L)$，采掘业部门、制造业部门的生产函数分别为 $Y_R=f_R(K_R,L_R)$、$Y_M=f_M(K_M,L_M)$，其中 Y、K、L 分别表示产出、资本投入、劳动（人才）投入。

2. 科技创新假定

科技创新是资源型经济体采掘业、制造业发展的重要支撑，需要劳动、资本等要素的投入。这里假定将科技创新从采掘业、制造业当中分离出来成为一个独立的产业部门——研发部门。在采掘业部门繁荣、资源依赖的形成中，过高的资源收益会阻碍生产要素流向研发部门，制造业部门发展的缓慢也会导致研发投入下降，这对于资源型经济体的科技创新是不利的。研发部门的生产函数表示为 $Y_I=f_I\ (K_I,\ L_I)$，其中 Y_I、K_I、L_I 分别表示研发部门的产出、资本投入、劳动（人才）投入。

需要特别指出的是，与制造业部门相比，采掘业部门是不利于科技创新的，主要原因是：第一，采掘业产品的同质性导致缺乏创新需求。采掘业生产的多为初级产品，产品具有同质性，很难通过产品的多样化、差异化来提升采掘业竞争力，因而导致采掘业缺乏创新需求。第二，采掘业部门科技创新与资源赋存条件、资源品质种类相关，采掘业产品具有同质性，采掘业在竞争中更多是成本的竞争，采掘企业往往会先开采赋存条件好、开采成本低的资源，这对先进技术的要求相对较低，资源开采进入规模化之后，先进技术的应用很明显，而这种创新活动并不像制造业技术进步那样具有更多的正外部性，采掘技术创新成果的转移、推广与应用受到较多限制。第三，采掘业技术缺乏外溢性。制造业技术有很多东西是相通的，技术外溢很容易发生，而采掘业技术专用性很强，与制造业之间的外溢存在障碍，采掘业技术创新的产业间外溢有屏障，难以产生额外的收益。

（二）机理分析

在上述基本假定的基础上，先对资源繁荣如何导致资源依赖进行理论分析，再从供求视角分析资源依赖对科技创新的排挤效应。

1. 资源繁荣与资源依赖的形成

在资源产品价格上涨或者资源大规模发现的情况下，资源型经济发展会出现资源繁荣现象，采掘业部门急速扩张，资源依赖度提升。此时，采掘业部门要素投入的边际产品价值[①]高于制造业部门、研发部门，采掘业与制造业、研发部门的要素收益比价发生变化。在"荷兰病"效应[②]的影响下，制造业、研发部门的资本、劳动等生产要素向采掘业部门集中，采掘业的资本、劳动等要素投入增加，采掘业产值增加，进而采掘业的规模扩张；制造业、研发部门的发展可能会出现萎缩的局面，"反工业化"现象发生。采掘业要素（资本、劳动）投入、产值占工业的比重提升，资源依赖度提升，资源型经济体出现资源依赖现象。资源产业部门自强机制的存在，会在资源型经济体形成产业锁定[③]，使得产业结构刚性问题突出，资源型经济体不借助外力很难摆脱资源依赖。

如果用 P_R 表示资源产品价格，RB 表示资源繁荣，$\frac{R_R}{R_M}$ 表示部门间收益比价（采掘业与制造业资本、劳动等要素边际产品价值之比），RDD 表示资源依赖度，在暂不考虑研发部门的情况下，资源依赖的形成过程可以表示为：

$$P_R\uparrow\Rightarrow RB\uparrow\Rightarrow\frac{R_R}{R_M}\uparrow\Rightarrow\left\{\begin{matrix}K_R\uparrow、L_R\uparrow\Rightarrow Y_R\uparrow\\K_M\downarrow、L_M\downarrow\Rightarrow Y_M\downarrow\end{matrix}\right\}\Rightarrow RDD\uparrow(\frac{K_R}{K}\uparrow、\frac{L_R}{L}\uparrow、\frac{Y_R}{Y}\uparrow)$$

在资源繁荣到资源依赖的形成中，通过直接或间接的途径，对科技创新产生了排斥和挤出，这里从供求两方面对科技创新排挤效应进行分析（见图 6-1）。

2. 供给路径下资源依赖对科技创新的挤出

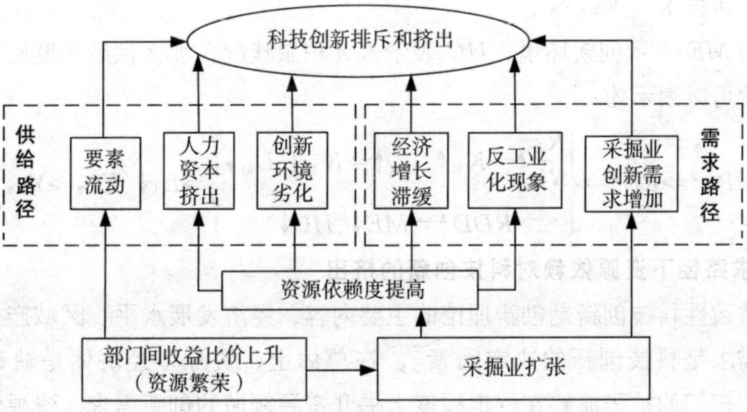

图 6-1　基于供求两条路径的科技创新挤出机理

第一，采掘业与制造业部门间收益比价上升，直接对科技创新供给产生排斥和挤出。资源繁荣会带来采掘业与制造业部门间收益比价的上升，导致资本、劳动等生产

① 微观经济学中，边际产品价值是指在其他条件不变的前提下，厂商增加一单位要素投入所增加的产品价值。

② "荷兰病"主要描述的是 20 世纪 60 年代荷兰天然气的发现、开发导致制造业的萎缩，Corden 和 Neary 提出"荷兰病"模型揭示资源开采与制造业部门衰落的关系。荷兰病不仅仅是资源价格上涨、资源发现的结果，也是资本、劳动等要素流动的结果。参见 W. M. Corden & J. R. Neary. "Booming Sector and De-industrialization in a Small Economy", *The Economic Journal*, 1982, 92, 368: 825~848.

③ 张复明、景普秋：《资源型经济的形成：自强机制与个案研究》，《中国社会科学》2008 年第 5 期。

要素向采掘业部门集中。制造业的资本、劳动等要素投入减少或者出现流失现象，同样会影响到与之相关性较强的研发部门的要素投入及收益水平。在要素流动作用下，研发部门预期收益的下降导致研发部门的资本、人才等要素供给不足，新技术的供给也不足。这在一定程度上说明资源繁荣时期部门间收益比价上升导致创新供给不足。同样，在资源萧条时期，来自于采掘业部门的收益锐减，而资源型经济体制造业部门、研发部门发展滞后，自身也缺少资本积累，没有足够的收益用于支持制造业、研发部门的发展，导致科技创新的资本供给投入缺乏。总体上，资源产品价格波动，尤其是资源繁荣所导致的部门间收益比价上升，直接会导致科技创新供给不足。

第二，资源依赖产生人力资本挤出、创新环境劣化，间接对科技创新供给产生挤出。人力资本挤出是资源型经济的突出问题。在资源依赖文化的引导下，资源型经济体居民过于看重资源的价值，资源观、财富观可能会产生偏差，对人力资本投资认识存在局限，导致教育、健康等方面的人力资本投资不足。在“荷兰病”效应、部门间收益比价上升的作用下，制造业、研发部门发展萎缩，妨碍了人力资本的积累，导致资源型经济体人才短缺。在资源型经济体，资源产业的依赖会形成资源依赖文化，影响区域创新环境，对科技创新供给产生排斥。制度体系、文化理念对区域创新环境具有重要影响，资源依赖文化拖累了政府、企业的制度意识和制度建设，往往难以为研发活动提供及时有力的制度保障，资源型经济体的居民、企业创新精神相对不足。在这种劣化的创新环境中，研发投入不能够获得合理回报，导致与研发活动相关的资本、人才、新技术等供给不足。

如果用 ME 表示创新环境、HC 表示人才积累状况，那么供给角度的科技创新排斥和挤出就可以表示为：

$$P_R\uparrow\Rightarrow RB\uparrow\Rightarrow\left\{\begin{matrix}\dfrac{R_R}{R_M}\uparrow\Rightarrow K_R\uparrow、L_R\uparrow\Rightarrow K_M\downarrow、L_M\downarrow\\ RDD\uparrow\Rightarrow ME\downarrow、HC\downarrow\end{matrix}\right\}\Rightarrow L_I\downarrow、K_I\downarrow\Rightarrow Y_I\downarrow$$

3. 需求路径下资源依赖对科技创新的挤出

需求诱致性科技创新是创新理论的主要内容，经济发展水平、区域产业特征所产生的市场需求是科技创新的决定因素[①]。在总体上，资源型经济体是缺乏创新需求的，采掘业部门的扩张能够在一定程度上提升资源领域的创新需求，资源依赖通过直接、间接途径对创新需求产生挤出。

第一，资源依赖产生“反工业化”现象，对科技创新需求产生挤出。资源依赖度可简单地用采掘业（投资、就业、产值）占经济的比重或占工业部门的比重来表征。资源型经济体的产业部门可分为采掘业和制造业两个部门，资源繁荣导致采掘业扩张、制造业萎缩，资源依赖度提高，出现“反工业化”现象。从产业特性看，采掘业缺乏创新需求而规模较大，制造业创新需求旺盛但发展缓慢。在不考虑其他因素的情

---

① 范红忠：《有效需求规模假说、研发投入与国家自主创新能力》，《经济研究》2007 年第 3 期。J. Schmookler. *Invention and Economic Growth*，Harvard University Press，1966.

况下，资源依赖度升高，“反工业化”现象的出现，从一定意义上抑制了资源型经济体对科技创新的需求。

第二，资源依赖带来“资源诅咒”现象，制约科技创新的需求。长期的资源依赖使得资源型经济体容易遭遇“资源诅咒”，经济增长长期滞缓。引发“资源诅咒”的原因是多方面的，比如：资源收益被滥用、人力资本挤出、产业锁定等。一般认为经济发展水平越高，越需要科技创新来加快经济发展，对研发部门新技术、资本、人才等需求较大。资源型经济体较慢的经济增长速度、较低的经济发展水平，制约了对科技创新的需求。

第三，资源依赖形成中采掘业规模扩张，提升采掘业部门创新需求。与制造业相比，采掘业部门是缺乏创新需求的。但是，采掘业部门并非没有创新需求，特别是采掘业部门进入规模化、机械化、智能化阶段之后，资源产品价格的上涨、采掘业的发展也会增强创新需求。通过科技创新可以降低成本、提高资源开发利用效率，采掘业规模与创新需求存在正相关关系，采掘业规模扩张在一定程度上会促进研发部门的发展。

从需求角度看，资源依赖对科技创新既有挤出，也有促进，但是总体上产生了排挤效应。如果用Y_{IR}、K_{IR}、L_{IR}表示采掘业创新产出、创新资本投入、创新人才投入，这一机理可以表示为：

$$P_R\uparrow\Rightarrow RB\uparrow\Rightarrow\left\{\begin{array}{c}RDD\uparrow\Rightarrow\dfrac{K_R}{K}\uparrow、\dfrac{L_R}{L}\uparrow、\dfrac{Y_R}{Y}\uparrow\\ RDD\uparrow\Rightarrow Y\downarrow\\ Y_R\uparrow\Rightarrow Y_{IR}\uparrow\Rightarrow K_{IR}\uparrow、L_{IR}\uparrow\end{array}\right\}\Rightarrow Y_I\downarrow\Rightarrow K_I\downarrow、L_I\downarrow$$

二、有效需求不足与企业科技创新的排斥和挤出

企业是科技创新的主体，在资源依赖的背景下，资源企业处于主导地位，弱化了创新有效需求，对科技创新产生了排挤效应。

（一）基本假定

资源丰裕与资源依赖假定。资源型经济体资源禀赋较为丰裕，往往在资源开发中形成资源依赖，资源产业成为主导产业。资源依赖对科技创新是不利的，这里假定资源型经济体存在资源丰裕现象，资源开发的不合理会产生资源依赖，进而对科技创新产生排斥和挤出，形成科技创新难题。

资源企业与制造业企业假定。假定资源型经济体只有工业部门，工业部门是由采掘业和制造业所组成的。在资源依赖的形成中，资源企业发展壮大，采掘业逐渐成为主导产业；同时，制造业比重下降，制造业企业缓慢发展。因而，在资源依赖的背景下，资源企业处于主导地位，而受制于资源企业和制造业企业本身的特点，会对科技创新产生挤出。

创新需求假定。科技创新是由创新市场的供求均衡决定的。企业作为市场经济的主体，存在着对科技创新的需求，创新可以给企业带来收益，企业是创新的需求主体。为了追逐利润，企业会主动进行科技创新，企业是创新的供给主体。同时，科技

创新具有公共品性质，在创新平台建设、基础科技研发等方面，政府起着重要的作用，因而政府也是科技创新的供给主体。根据需求诱致性科技创新理论，在资源型经济体中，科技创新挤出的主因是企业创新有效需求不足。在假定创新供给不变的情况下，有必要分析企业创新需求变动对科技创新供求均衡的影响。对创新需求的分析，应从“需求”的定义入手。在微观经济学中，需求是指“在一定时期内，在各种可能的价格水平下，人们愿意并且能够购买的商品数量”。其中，最核心的要义在于“愿意”和“能够”。由此可以看出，企业创新需求是指企业有动力并有能力进行科技创新，动力和能力缺一不可。有动力可以说企业有创新需求，但没有能力的话需求不能转化为有效需求。如果有能力创新，但是没有创新的动力，那么创新资源也得不到有效利用，也不能形成有效的创新需求。这里对资源企业和制造业企业的创新需求进行分析，提出企业创新有效需求不足导致科技创新挤出的理论假说。

制度假定。制度是经济发展的基础条件，资源型经济体对科技创新的挤出与驱动都与制度有关。在制度缺失的情况下，资源丰裕会导致经济的资源依赖。破解科技创新挤出，需要制度上的创新。通过对资源企业的规制、制造业企业的政策激励、创新服务体系的建设，保障企业科技创新内生化的实现。

（二）机理分析

资源丰裕和制度缺失是资源型经济科技创新排挤效应的逻辑起点。在资源依赖的形成中，会对资源企业、制造业企业的创新需求产生影响。资源企业和制造业企业缺乏创新的动力和能力，企业对创新的有效需求不足，导致科技创新的排挤效应（见图6-2）。

1. 资源依赖与资源企业创新需求不足

资源依赖是要素向采掘业部门集中，采掘业占工业部门比重提升的过程。在这一过程中，资源企业的规模扩张、数量增多。过多的资源企业对于科技创新是不利的，因为资源企业本身是缺乏创新需求的，这可以从资源企业缺乏创新的动力和能力两方面进行分析。

第一，资源企业缺乏创新动力。在资源依赖的形成中，资源企业是缺乏创新动力的，主要原因是资源产品的同质性和资源收益的波动性特征。从产品的角度看，采掘业生产的产品种类比较单一，无法像制造业一样进行产品创新，难以通过产品差异化进行市场竞争。采掘业的创新更多地体现在生产工艺的改进上，是一种过程创新，创新结果在产品上体现不出来。因而，在缺乏产品创新激励的情况下，产品同质性会降低资源企业创新的积极性。在资源依赖的形成中，往往伴随着资源产品价格的上涨或者资源的大规模发现，在不进行创新的情况下，短期内会给资源企业带来大量收益，必然地降低企业创新的积极性。从经济学的视角看，资源企业缺乏创新动力的原因在于创新的机会成本过高。同样的资本投入，既可以用于创新，也可以用于扩大企业规模。在资源收益较高而创新又缺乏前景的情况下，创新的机会成本明显高于创新可能带来的效益。本着机会成本最小化的原则，资源企业就会放弃创新，失去创新的兴趣和意愿。

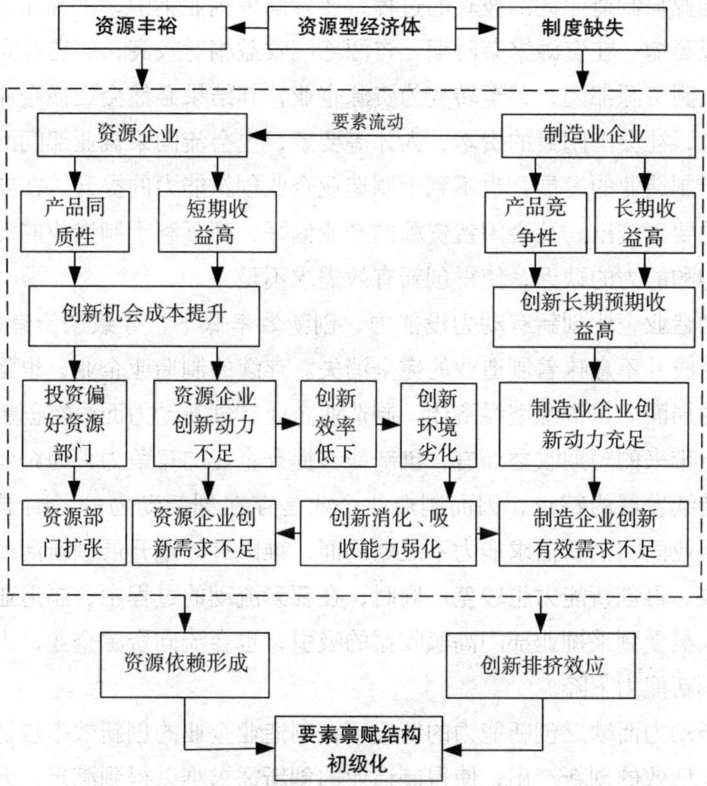

图 6-2　资源依赖与企业科技创新排斥与挤出机理

第二，资源企业缺乏创新能力。资源企业创新需求转化不畅主要是受制于自身孱弱的创新能力，创新能力不足与区域创新环境劣化有关。资源企业创新动力缺乏的实质是创新意愿不够，在此情形下，资源企业也会开展一些研发活动，但研发对资源企业的收益影响不明显，对研发结果不太关心，创新活动可能是没有效率的，对创新环境劣化产生两方面影响。一是创新无效率导致资源企业创新人才无法发挥其作用，造成人才流失或研发人员转岗，影响到创新要素供给，创新人才挤出劣化了创新环境，抑制了创新能力的提升。二是创新无效率往往与创新公共服务供给不足相伴，政府、资源企业都没有意愿提供。创新平台、创新组织、创新制度建设滞后，资源依赖文化导致企业家创新精神缺失，区域创新的硬环境和软环境不利制约资源企业的创新能力。

总之，在资源依赖的形成中，资源企业缺乏创新的动力与能力，对科技创新产生了挤出。

2. 资源依赖与制造业企业创新需求不足

在资源型经济体中，制造业企业也缺乏创新需求，但与资源企业的情形并不相同。制造业企业缺乏创新有效需求，主要是因为在资源依赖形成中，要素的异常流动弱化了制造业企业创新的动力和能力。有些有意愿从事创新的制造业企业也缺乏创新能力，不能形成创新有效需求。

第一，在要素流动作用下，制造业萎缩导致企业创新有效需求不足。资源依赖的形成就是采掘业与制造业此消彼长的过程，要素向采掘业集中，采掘业大幅扩张，制造业相对出现萎缩。在资源繁荣时期，资源部门收益相对较高，制造业企业倾向于将创新要素投入到资源部门，甚至转变为资源企业，其结果必然会贬损企业的创新动力和能力。同时，社会上闲置的资本、人才等要素，也会流向采掘业部门而不是制造业部门，不利于制造业的发展，也不利于制造业企业创新能力的提升。在要素流动作用下，制造业的要素流出、社会闲置资源的产业偏好，都不利于制造业的发展。制造业企业创新动力和能力的缺乏，使得创新有效需求不足。

第二，制造业企业创新有动力没能力、创新效率低下，导致创新有效需求不足。资源依赖的形成并不意味着制造业的完全消失。存续的制造业企业，也面临着创新有效需求不足的局面。在资源型经济体，制造业企业有创新动力而没有创新能力。相比于资源繁荣所带来的短期收益而言，创新能够提升企业的竞争力，为企业带来长期收益，具有可持续发展的特点，因而制造业企业是存在创新动力的。囿于创新环境不佳，制造业企业面临创新需求能力不足的局面，难以有效地开展创新活动，对新技术的消化、吸收、再创新能力也较差。同时，在要素流动的过程中，制造业企业的管理人员、技术人员受到采掘业部门高额收益的吸引，也会流向资源企业，人才流失导致制造业企业创新能力下降。

在有创新动力而缺乏创新能力的情况下，制造业企业的创新效率较低。有限的创新要素投入、低效的创新产出，使得制造业的创新需求难以得到满足，无法形成制造业企业的有效创新需求。

3. 企业创新有效需求不足与科技创新排挤效应

在资源型经济体，资源企业、制造业企业创新有效需求不足会产生对科技创新的排斥和挤出，这可以通过资源依赖与企业创新需求变动的分析来说明。假定在初始阶段，资源依赖程度较弱，资源企业、制造业企业处于均衡状态，科技创新（这里以企业对新技术的供求为例）的供求也处于均衡状态（见图 6-3）。企业对新技术的需求曲线 D_1 和技术供给曲线 S 相交于均衡点 E_1，对应的新技术均衡数量为 Q_1。随着资源产品价格上涨，资源依赖度提升，由此会影响到资源企业和制造业企业的创新有效需求。在新技术价格不变的情况下，企业对新技术的需求减少，需求曲线从 D_1 移动到 D_2，暂定新技术供给曲线不变，那么需求曲线 D_2 与供给曲线 S 会交于新的均衡点 E_2，所对应的均衡新技术数量为 Q_2。在资源企业、制造业企业创新有效需求不足的情况下，资源依赖导致新技术的均衡数量从 Q_1 减少到 Q_2，企业对新技术的均衡数量明显下降。换句话说，就是在资源依赖的形成中，由于企业缺乏创新有效需求，对科技创新产生了排挤效应。需要指出的是，在科技创新挤出、人才流失的资源型经济体，资源型经济增长较多地依赖于物质资本投入与自然资源开发，人力资本、技术的贡献较低。要素禀赋也表现为自然资源、专用性物质资本方面的优势，而人力资本、科技创新缺乏，要素禀赋呈现了初级化的特征。

综上，在资源型经济体，资源依赖的形成使得资源企业、制造业企业缺乏科技创

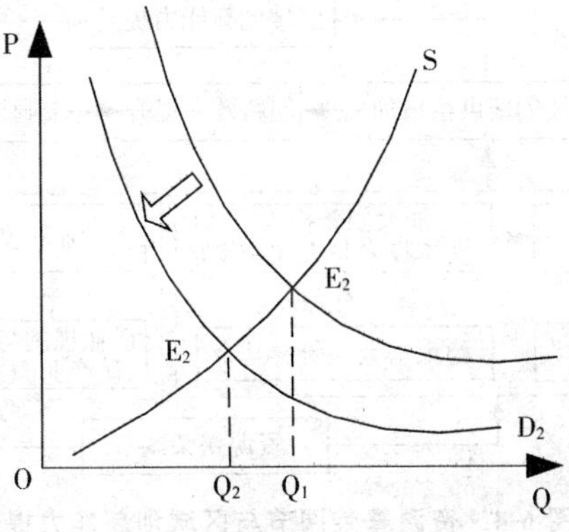

图 6-3 企业创新有效需求不足与科技创新挤出

新的有效需求，创新动力能力不足，创新效率低下，创新要素流失，资源依赖对科技创新产生了排斥和挤出。

第三节 科技创新驱动与资源型经济转型

破解科技创新难题就是要消解资源型经济对科技创新的排挤效应，构建面向转型的科技创新驱动机制。这里有两个要点：一是“科技创新”，从增加科技创新的供给和需求着手，提升科技创新水平。在区域层面就是要提升区域创新能力，微观企业层面则是培养企业创新主体地位，促进科技创新内生化。二是“驱动”，就是要让科技创新与产业转型结合，使之成为经济增长驱动力，通过科技创新驱动资源型经济转型。

一、科技创新驱动与区域创新能力提升

如前所述，在资源型经济体，资源繁荣所带来的资源依赖从供给、需求两方面对科技创新产生了排挤效应。那么，构建科技创新驱动机制，提升区域创新能力，就需要从资源繁荣的调节入手，增加科技创新的供给与需求，提升科技创新效率（见图 6-4）。

（一）设立稳定基金与研发基金，调控资源繁荣

资源产品价格波动、资源发现对于资源型经济而言都是外生变量，可以通过资源税费制度的调整，合理调控资源收益的分配使用，使得采掘业与制造业、研发部门的收益差距保持在合理范围，防止制造业、研发部门资金、人才流失，防范资源部门过度扩张与资源依赖问题产生。

资源收益的调控可以通过稳定基金与研发基金实施。一是建立稳定基金制度，将资源产品价格高涨时期的超额资源收益征收为稳定基金，降低资源部门的要素收益率，避免要素向资源部门过度集中。二是设立研发基金，稳定基金可以用于设立研发

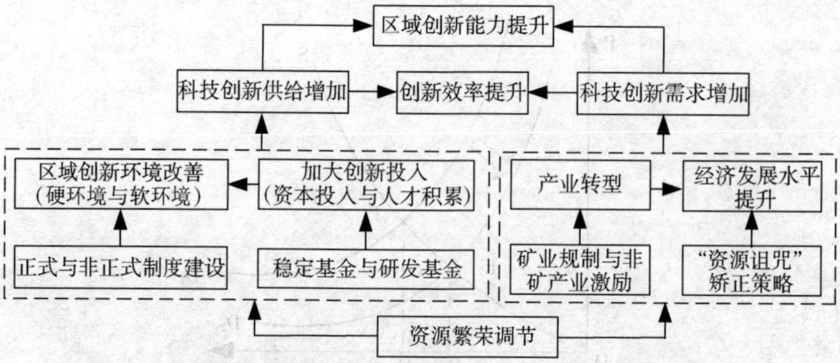

图 6-4　资源繁荣调节与区域创新能力提升

基金，将资源收益转化为科技创新的资金投入，主要用于对研发投入的补贴、研发产出的奖励等，以提升研发部门收益率，激励科技创新活动，提高科技创新的供给水平。研发基金除了用于创新方面的资本投入之外，也可用于创新方面的人才投入，用于人才的引进、培养，为人才提供优厚待遇，强化资源型经济体的人力资本积累。

（二）创新投入与制度建设相结合，改善区域创新环境

区域创新环境包括软环境和硬环境两方面。在硬环境方面，要加大水、电、路、网等基础设施投入，尤其需要完善工业园区、创新园区、孵化器的各类公共基础设施。在软环境方面，关键是通过正式与非正式制度建设，完善创新市场体系，营造创新氛围。在创新市场体系建设方面，要整合资本、人才、技术交易市场，为创新要素的流动、交易提供平台；在创新氛围营造方面，要强化创新意识，转变资源依赖文化，树立创新文化，弘扬创新理念。同时，要出台经济转型激励政策，加强矿业收益管理，防治寻租腐败，这对于改善区域创新软环境十分重要。

（三）加快产业转型，摆脱资源依赖

资源依赖是科技创新供给、需求挤出的主要路径，破解科技创新难题就必须彻底摆脱资源依赖。产业转型是摆脱资源依赖的关键，一是要激励非资源产业，加大对制造业、高新技术产业的支持，引导激励中小企业发展，建立创新公共服务组织、平台，降低创新成本，将企业创新需求转化为有效需求；二是要规制资源产业，用科技创新改造采掘业，在提高资源开发利用效率的同时，鼓励技术外溢性、产品异质性的科技创新活动，支持先进的资源开采利用技术向外输出，发展科技服务业。

（四）实施“资源诅咒”矫正策略，提升经济发展水平

“资源诅咒”的原因很多，包括“荷兰病”效应、制度弱化效应、人力资本与创新排挤效应等。防范“资源诅咒”主要是从战略高度，对潜在的诅咒因子进行预判，实施“资源诅咒”矫正策略，制定资源型经济转型规划，统筹谋划产业升级、制度改善、人力资本积累、创新能力提升，防范落入“资源优势陷阱”，保障区域经济平稳、可持续发展。

（五）加强科技创新供求融合，提高科技创新效率

无论是科技创新有供给无需求，还是有需求无供给，都可能带来创新效率低下问题。在资源型经济体，提升科技创新能力，需要将科技创新的供给和需求相融合，提升科技创新效率。需要在增加科技创新要素供给的同时，通过经济发展、产业转型诱导、扩大对创新的需求，增强科技创新的动力。提高区域创新效率，可以从改善区域创新协作、监管水平入手。在协作方面，创新产学研合作机制，使得企业、研发机构、高校等创新供给、需求主体能够开展协同创新。在监管体制方面，要加强对创新资金投入的监管，健全科技投入的监管机制、评价机制，防止科技投入被滥用、浪费。

二、科技创新驱动与企业科技创新内生化

在资源型经济体，摆脱资源依赖，实现创新驱动，要着力于强化企业的创新主体地位，着眼于科技创新内生化。科技创新内生化（见图 6-5）要从制度创新入手，对资源企业实施价格、环境规制，加强创新服务体系建设，对制造业企业采取政策激励，进而提升资源企业和制造业企业的创新有效需求，以创新驱动资源型经济转型。

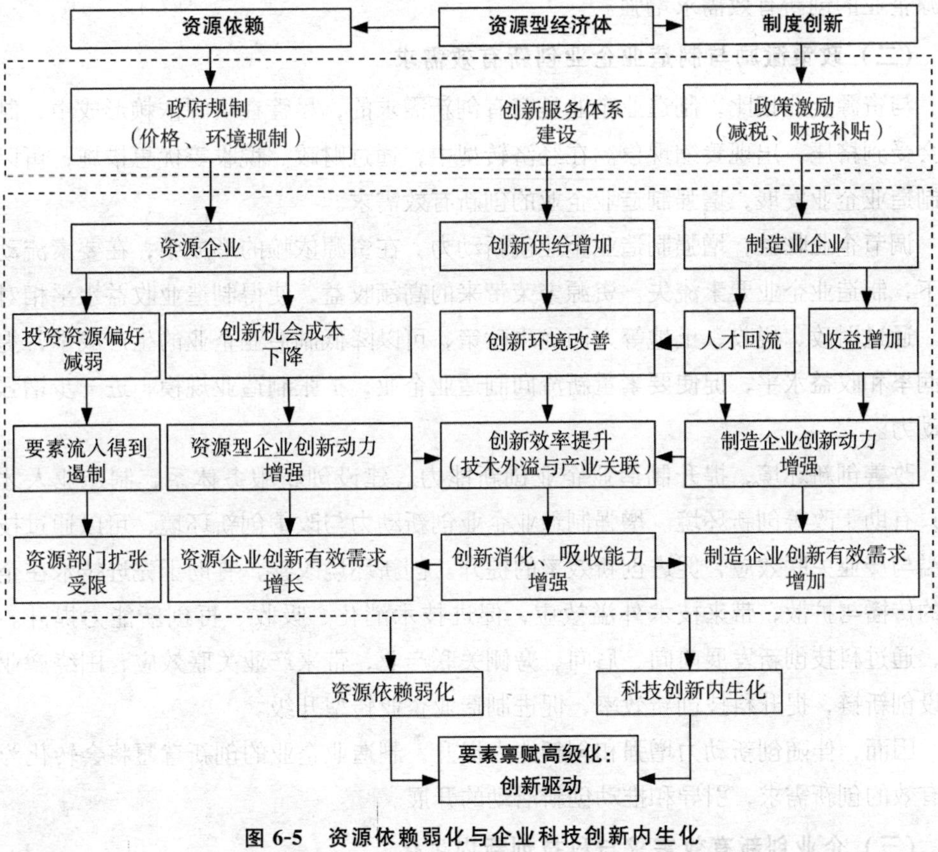

图 6-5　资源依赖弱化与企业科技创新内生化

（一）政府规制与资源企业创新有效需求

资源企业缺乏创新的动力和能力，导致创新有效需求不足。增加资源企业的创新有效需求，要从增强动力和改善能力两方面入手。

实施政府规制，增强资源企业的创新动力。环境规制要求企业在资源开发的过程中注重环境修复与治理，将外部成本内部化。价格管制就是健全资源税费征收制度和资源收益调节制度，控制资源部门的投资收益率，减弱投资的资源偏好，防止要素过度流入资源部门，遏制资源部门扩张，不断弱化资源依赖。同时，通过抑制资源部门收益率，降低资源企业创新机会成本，增强创新动力。

建设创新服务体系，增强资源企业创新能力。可以从改善区域创新环境入手，增加科技创新供给。建设创新平台，宣传创新文化，出台吸引人才的政策，建设创新服务体系，提升科技创新的消化、吸收能力。创新环境的改善、创新动力的增强，有利于创新要素的有效使用，提升资源企业创新效率，促进资源企业技术的外溢，借力前向、后向关联产业，实现产业多元化。

在政府规制与创新服务体系建设过程中，资源企业的创新动力和能力得到提升，资源企业的创新有效需求增强。

（二）政策激励与制造业企业创新有效需求

与资源企业相比，制造业企业是富有创新需求的，尽管在资源依赖形成中，制造业会受到挤压，出现萎缩现象。在经济转型中，通过财政、税收等优惠措施，可以促进制造业企业发展，增强制造业企业的创新有效需求。

调节企业收益，增强制造业企业创新动力。在资源依赖的形成中，在要素流动作用下，制造业企业要素流失。资源繁荣带来的高额收益，使得制造业收益水平相对下降。通过财政、税收、土地等方面优惠政策，可以降低制造业企业的生产成本，提高利润率和收益水平，促使要素重新流向制造业企业，扩张制造业规模，进一步增强创新动力。

改善创新环境，提升制造业企业创新能力。建设创新服务体系，制造业人才回流，有助于改善创新环境。增强制造业企业创新动力与改善创新环境，可以通过技术外溢与产业关联效应，促进创新效率的提升。创新环境改善，有助于先进技术在企业间的传播与扩散，带来技术外溢效应，促进技术消化、吸收、再创新能力提升。同时，通过科技创新发展前向、后向、旁侧关联产业，带来产业关联效应，围绕产业链建设创新链，提升科技创新效率，促进制造业企业转型升级。

因而，伴随创新动力增强和创新能力提升，制造业企业的创新意愿将会转化为真正有效的创新需求，引导和推动创新活动的开展。

（三）企业创新有效需求与科技创新内生化

在创新有效需求增加的过程中，改善了资源依赖对科技创新的排挤状况，能够促进科技创新的内生化（见图 6-6）。假定在科技创新挤出效应的情况下，资源型经济体对科技创新的需求曲线为 D_2，通过政府规制、创新服务体系建设、政策激励，企业对创新的需求增加，就会使创新需求曲线从 D_2 移动到 D_3，科技创新的均衡点从 E_2 变动到 E_3，科技创新的均衡数量从 Q_2 增加到 Q_3。也就是在企业创新需求提升的过程中，资源依赖对科技创新的排挤效应消失了，科技创新实现了内生化，科技创新成为推动经济发展的主要动力。

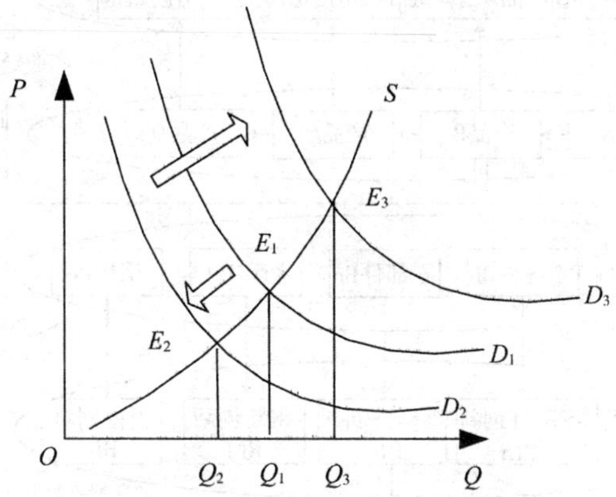

图 6-6　企业创新有效需求增强与科技创新内生化

在科技创新内生化过程中，资源型经济体的资源依赖程度也在弱化，这意味着对初级的生产要素（如自然资源）的依赖程度在下降，创新成为驱动经济发展的主要生产要素，要素禀赋趋于高级化，经济发展迈向创新驱动、产业多元、健康稳定的道路。

三、科技创新驱动资源型经济转型

破解资源型经济科技创新难题需要实施创新驱动战略，在提升创新能力的同时，以科技创新驱动资源型经济转型，其核心是通过科技创新，摆脱资源依赖，实现产业转型。对于如何实施创新驱动战略，实现经济增长从要素驱动、投资驱动向创新驱动的转变[1]，习近平总书记提出“要着力围绕产业链部署创新链，围绕创新链完善资金链，聚焦国家战略目标，集中资源、形成合力，突破关系国计民生和经济命脉的重大关键科技问题”[2]。资源型经济转型要按照“围绕产业链部署创新链”的原则实施创新驱动战略。在明晰产业链、创新链内涵的基础上，通过产业链与创新链的互动发展，促进产业转型升级。

（一）产业链与创新链内涵

“围绕产业链部署创新链”，要明确产业链与创新链内涵，可以从三个层次理解（见图 6-7）：第一层次是基于产品加工程度的深化而形成的纵向产业链与创新链。在图 6-7 中，围绕 B 产品，向前延伸有 A 产品，向后延伸有 C、D 产品，B 产品可以进

① 习近平：《谋求持久发展　共筑亚太梦想》，《人民日报》2014 年 11 月 10 日 02 版。

② 习近平：《在中国科学院第十七次院士大会、中国工程院第十二次院士大会上的讲话》，《人民日报》2014 年 6 月 10 日 02 版。

行前、后向产业链延伸，提升产业附加值。在以 B 产品为基础的纵向产业链中，产品 A、B、C、D，每个产品都需要科技支持，因而会形成产品 A、B、C、D 的创新链，共同服务于纵向产业链，进而形成纵向创新链。

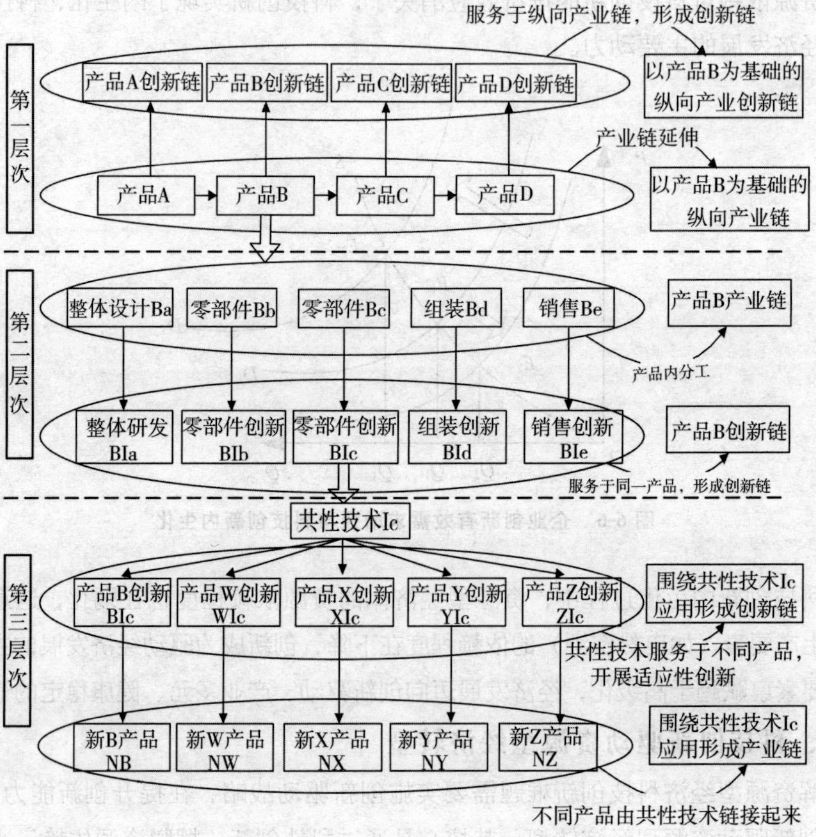

图 6-7　产业链与创新链的三个层次

以资源型省份山西为例，煤炭产业向后延伸有电力、炼焦、化工、煤气化、煤液化等产业，煤炭既是一个独立产品，也存在后向联系，成为后续产业的投入品，形成了一条条纵向产业链。纵向产业链的创新活动主要分布在上下游产品的创新当中，相对较为松散，但也会形成创新链，因为纵向产业链的形成也需要科技创新的支持。比如，煤机产业落后会影响到煤炭开采业，而煤炭开采业的技术水平也会影响后续的电力、炼焦、化工等产业发展。

第二层次是基于产品内分工所形成的模块状产业链与创新链。在当前全球经济一体化背景下，社会分工细化，一种产品的生产可以分工到不同的国家、地区进行。一种产品的整体研发、零部件的研发与生产、组装的研发与生产在不同地区开展，各地企业通过研发与生产为同一种产品服务，构成了模块状产业链与创新链。各个企业的创新活动是有机联系的，共同服务于这一产品，创新不是独立的、零散的创新，因而组成了模块状创新链。在图 6-7 中，产品 B 可以基于产品内分工形成由整体设计 Ba、零部件 Bb、零部件 Bc、产品组装 Bd、产品销售 Be 所组成的产业链，产业链的每一个环节都需要创新的支持，形成由整体研发 BIa、零部件创新 BIb、零部件创新 BIc、组装创新 BId、销售创新 BIe 共同组成的产品 B 创新链。

第三层次是基于共性关键技术应用所形成的星状产业链与创新链。在 B 产品的创新过程中，零部件 Bc 的创新 BIc 可能是一种共性关键技术创新，能够形成共性技术 Ic，共性技术 Ic 则不仅能够应用于 B 产品，也能应用于 W、X、Y、Z 等产品。在共性技术 Ic 应用于 B、W、X、Y、Z 等产品的过程中，需基于各产品特殊性，开展适应性创新 BIc、WIc、XIc、YIc、ZIc，进而能够围绕共性技术 Ic 应用形成创新链；共性技术 Ic 在实际应用中的适应性创新，能够改变原有的 B、W、X、Y、Z 等产品的形态，形成 NB、NW、NX、NY、NZ 等新产品，这些新产品构成了围绕共性技术 Ic 应用所形成的星状产业链。

对于资源型经济产业转型升级而言，要以这三类产业链与创新链划分为依据，在资源与非资源领域中寻找、培育重点产业，并以关键技术节点为突破口完善产业创新链。要重视第一层次产业链与创新链，促进资源产业向前后、向关联产业延伸，提升资源附加值。在世界经济全球化、信息化进程中，分工细化和互联互通使得从第二层次、第三层次提升资源与非资源产业链、创新链更显重要，促进各类产业从价值链的低端走向高端。

（二）产业链与创新链互动促进产业转型升级

在资源型经济中，需要从资源产业与非资源产业发展的现实出发，坚持科技创新市场需求导向和产业化方向原则，构筑产业链与创新链互动发展机制，促进产业转型升级。

延伸资源产业链，激活非资源产业链，培育重点产业。资源依赖对于创新驱动战略实施而言，既有优势也有劣势。优势体现在两方面：一方面，通过资源开发，资源型经济体形成规模庞大的资源产业，将资源产业的规模优势进行转化，可以延伸资源产业链；另一方面，资源丰裕可以提供成本相对较为低廉的能源、原材料，为后向关联产业发展提供基础，这一优势的实现需要完善资源性产品价格形成机制。劣势在于资源依赖导致非资源产业发展相对滞后，制约工业化的正常演进。资源产业依赖对资源型经济的可持续增长造成制约，需要考虑产业结构转型升级问题，培育重点产业链是一条可行的途径。对于资源产业而言，可以将规模优势与低能源、原材料成本优势相结合，从资源开采规模优势向产业链优势转变，延伸产业链，提升产业附加值。摆脱资源依赖必须实现产业转型与经济多样化，对于非资源产业而言，需要将财政、金融、土地、基础设施等方面的产业转型扶持政策与低能源、原材料成本相结合，激活非资源产业的发展动力，形成非资源产业链。在资源产业与非资源产业链中，要选择有市场潜力的产业链为重点进行培育，通过创新需求诱导或有意识地推动创新供给，促进重点产业链与创新链的互动，资源、非资源重点产业从价值链低端迈向高端，促进产业转型升级。

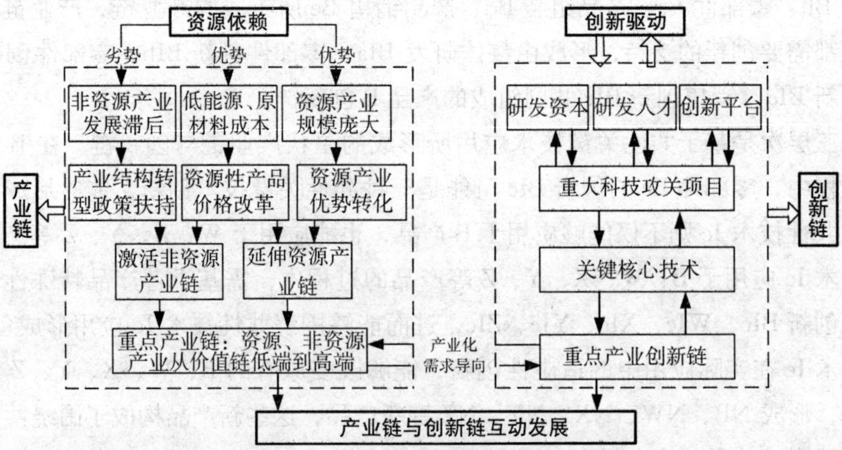

图 6-8 产业链与创新链互动发展机制

以关键核心技术突破，促进资源产业与非资源产业创新链建设。关键核心技术在产业创新链中的作用主要体现在两方面：一是关键核心技术是产业创新链建设的突破口。在产业链、创新链的建设中，决定产业转型升级、科技创新取得进展的关键，往往是某一关键节点的技术突破。对于亟待突破的关键核心技术，可以由企业、政府单独或联合设立创新项目进行科技攻关，一旦取得突破，就能够把割裂的产业联系起来，促进产业链的完善，占领产业链、价值链的高端。二是关键核心技术项目攻关是创新要素的聚集地。科技创新活动离不开资本、人才等创新要素，而创新要素发挥作用需要依托于科技创新项目。依托关键核心技术攻关项目，可以通过企业投资、市场化融资、政府支持等方式进行项目融资，项目各投资方共享关键核心技术创新的成果；通过关键核心技术项目也能把创新人才聚集起来，在项目研发过程中，通过各类人才的分工与协作，共同完成技术攻关任务。

构建产业链与创新链互动发展机制，促进产业转型升级。产业升级与经济多样化是资源型经济转型的关键，这就需要坚持市场需求导向和产业化方向原则，通过产业链与创新链的互动来实现。坚持市场需求导向是指产业的创新需求是科技创新的动力，应根据资源产业与非资源产业链的需要开展科技创新，起到产业转型升级的支撑作用。重点产业链的培育会带来对创新链的需求，主要是对关键核心技术的需求，突破关键核心技术需要设立重大科技攻关项目，进而引致创新资本、人才、平台的需求。坚持产业化方向是指创新供给要面向产业发展。在进行创新投资时，要对创新风险进行评估，对创新成果的市场前景进行预判，明晰创新可能适用的产业领域及其带来的经济效益，真正使科技创新起到引领产业转型升级的作用。摆脱资源依赖需要政府有意识地实施创新驱动战略，深化科技创新体制改革，加大科技创新投入，引进科技创新人才，并在经济社会发展的重点领域设立科研项目进行技术攻关，以系列创新成果组成重点产业创新链，在创新成果产业化的发展过程中完善重点产业链，提升产业竞争力。

综上，在资源型经济体，实施创新驱动战略要以科技创新驱动产业转型升级为核心。在资源与非资源领域，选择重点产业链进行培育，以关键核心技术研发为突破口建设重点产业创新链，并坚持市场需求导向和产业化方向，构筑产业链与创新链的互动发展机制，促进产业转型升级。

第四节　资源依赖与科技创新排挤效应的实证分析

与理论分析相对应，本节利用全国省域的面板数据，对中观区域层面和微观企业层面的科技创新排挤效应进行计量检验。

一、科技创新排挤效应的实证检验：区域层面

中观区域层面的资源型经济科技创新排挤效应，使用全国省域面板数据进行实证检验。

（一）变量选择与模型设定

1. 变量选择与数据处理

理论分析中提出的理论假说，要选择适当变量进行实证检验，这里选择研发强度（全社会研发投入占 GDP 的比重，记为 *yfqd*）、万名就业人员专利授权数（*zlsw*）作为被解释变量反映科技创新的投入、产出。解释变量从供给和需求角度进行区分，从供给角度看，采掘业与制造业工资比值（*czgzbz*）体现部门间收益比价，私营企业和个体占三次产业就业比重（*sgbz*）反映区域创新环境[①]，6 岁以上人口十万人大专以上学历人数（*hc*）用来反映区域人力资本、人才积累；从需求角度看，人均 GDP（*rjgdp*）反映经济发展水平，采掘业占工业产值比重（*ckyczbz*）、采掘业占全社会固定资产投资比重（*ckytzbz*）反映资源依赖度，采掘业产值（*ckycz*）体现采掘业规模。同时分析采掘业占工业产值比重与人均 GDP、人力资本、私营企业和个体占三次产业就业比重的关系，考察资源依赖是否通过经济发展、人才积累、创新环境间接对科技创新产生挤出。

变量时期选择为 2003 年到 2010 年全国 30 个省（直辖市、自治区）数据，其中剔除西藏数据，因为西藏一些数据不完整；并利用 GDP 平减指数、商品零售价格指数、工业品出厂价格指数等将名义值的数据转化为以 2010 年为基期的实际值；数据

---

① 区域创新环境的直接度量比较困难，广义的创新环境包括硬环境与软环境，涵盖了基础设施、人才情况、制度环境、创新文化等多方面，这里的区域创新环境为狭义的概念，主要是指软环境方面（区域制度体系、创新文化）。考虑到创新环境好的区域企业、个人的创新活动频繁，而我国的实际情况是民营经济越发达的区域，创新环境越好，创新活动越多，因而这里用私营企业和个体占三次产业的比重来度量区域创新环境的优劣。参见王鹏、赵捷：《区域创新环境对创新效率的负面影响研究——基于我国 12 个省份的面板数据》，《暨南学报》（哲学社会科学版）2011 年第 5 期。此外，这里将区域人才情况从区域创新环境中也分解出来，独立作为变量进行分析。

来源于历年《中国统计年鉴》《中国科技统计年鉴》《中国工业经济统计年鉴》《中国经济普查年鉴2004》《新中国60年统计资料汇编》。

2. 模型设定

在计量模型选择中，根据变量、样本特点，使用面板数据模型进行实证检验，分别从供给、需求角度建立模型进行分析。在分析之前，利用面板单位根检验对变量进行了平稳性分析，原始变量水平值非平稳序列，但是在对数化处理之后基本都呈现水平值平稳的特征，因而在进行分析时对所有变量进行对数化处理，对数化处理之后的变量进行字母表示的时候都在前面加 l，以与原始数据相区分。在供给、需求角度的分析中首先引入最重要的解释变量，然后再逐渐将所有的解释变量纳入模型当中，建立多个模型进行检验；在模型设定中，不仅仅是因为大部分模型通过 Hausman 检验支持固定效应模型，同时参照李金滟、宋德勇[①]、Wooldridge[②] 的论述，根据样本特点，不能把观察值当作一个总体中随机抽样的结果，特别是观察值是大的地理单位时，就应该使用固定效应法，这里采用面板数据常见的广义最小二乘法进行估计；此外，考虑到研究的目的，主要是为观察截面资源变量与创新变量之间的关系，这也是一般“资源诅咒”文献所侧重的（参见 Sachs and Warner[③]、方颖等[④]），因而这里使用时期固定效应模型，消除时期变动的影响来分析截面数据的变量间关系。

（二）计量结果

在2003年到2010年这一时期，是煤炭、石油等矿产品价格上升阶段，采掘业与制造业部门收益比价上升、采掘业规模扩张、资源依赖度明显提升，尤其是在山西、内蒙古等资源型省份。这里运用 Eviews6.0 软件，分别从供给、需求角度对这一时期资源依赖形成对科技创新的挤出效应进行计量检验。

1. 供给角度的检验

从供给角度进行检验（见表6-1），由于部门间收益比价是影响科技创新供给的主要变量，模型S1、模型S2以部门间收益比价为主要解释变量，同时，考虑到经济发展水平是影响科技创新最主要的需求变量，这里将人均GDP也作为解释变量纳入，避免因主要变量缺失而引发的回归结果不真实，模型S1结果显示，采掘业与制造业工资比值与万名就业人员专利授权数、区域研发投入强度呈现了负相关关系，采掘业与制造业工资比值提升1%，万名就业人员专利授权数下降4.67%，模型S2中采掘业与制造业工资比值的T统计量没有通过检验，但回归结果系数为－0.17，也能看出研发强度同采掘业与制造业工资比值的负相关性。模型S3、S4、S5以采掘业与制造业工资比值、私营企业和个体占三次产业就业比重为解释变量，可以发现模型S3、

---

① 李金滟、宋德勇：《专业化、多样化与城市集聚经济——基于中国地级单位面板数据的实证研究》，《管理世界》2008年第2期。

② J. M. Wooldridge. *Introductory Econometrics*：*A Modern Approach*，Cengage South-Western，2012.

③ J. D. Sachs & A. M. Warner. “Natural Resource Abundance and Economic Growth”，NBER Working Paper No. 5398，1995.

④ 方颖、纪衎、赵扬：《中国是否存在“资源诅咒”》，《世界经济》2011年第4期。

S4 回归结果中采掘业与制造业工资比值的 T 统计量没有通过检验，但其与万名就业人员专利授权数、研发强度的负相关关系还是体现了出来，系数分别为－0.26、－0.05，如果以专利授权总数（*zls*）为被解释变量（模型 S5），采掘业与制造业工资比值的 T 统计量通过检验，采掘业与制造业的工资比值提升 1%，专利授权总数下降 0.71%；同时，模型 S3、S4、S5 中可以发现私营企业和个体占三次产业就业比重与科技创新正相关，私营企业和个体占三次产业就业比重提升 1%，万名就业人员专利授权数、研发强度、专利授权总数分别提升 1.71%、0.72%、1.23%。模型 S6、S7 以采掘业与制造业工资比值、人力资本为解释变量，结果显示采掘业与制造业工资比值与科技创新的负相关性，同时，也能看出人才积累状况与科技创新正相关，人力资本提升 1%，万名就业人员专利授权数、研发强度分别提升 1.54%、0.8%。

表 6-1　供给角度的计量检验

被解释变量 / 解释变量	模型 S1 lzlsw	模型 S2 lyfqd	模型 S3 lzlsw	模型 S4 lyfqd	模型 S5 lzlsw	模型 S6 lzlsw	模型 S7 lyfqd	模型 S8 lzlsw	模型 S9 lyfqd
lczgzbz	－0.59*** (－4.67)	－0.17 (－1.11)	－0.26 (－1.36)	－0.05 (－0.31)	－0.71** (－1.98)	－0.42* (－1.95)	－0.15 (－1.01)	－0.35* (－1.89)	－0.14 (－0.94)
lsgbz			1.71*** (18.59)	0.72* (9.17)	1.23*** (7.11)			1.3*** (8.90)	0.22* (1.85)
lhc						1.54*** (14.94)	0.8*** (10.78)	0.52*** (3.57)	0.62*** (5.16)
lrjgdp	1.89*** (33.17)	0.8* (11.64)							
C	－17.85	－7.99	－3.92	－2.06	5	－12.72	－7.05	－7.34	－6.12
调整后的 R^2	0.84	0.38	0.65	0.28	0.25	0.55	0.34	0.66	0.35
F 值	144.61	17.17	49.48	11.12	9.66	33.37	14.91	48.02	13.85
DW	0.15	0.04	0.12	0.04	0.02	0.14	0.09	0.11	0.07
Obs	240	240	240	240	240	240	240	240	240

注：回归结果中*、**、***分别表示在 10%、5%、1%的显著水平下通过了检验。

模型 S8、S9 从供给角度进行全面分析，以采掘业与制造业工资比值、私营企业和个体占三次产业就业比重、人力资本作为解释变量进行分析。回归结果中，模型 S9 采掘业与制造业工资比值的 T 统计量没有通过检验，其他变量都通过了检验，采掘业与制造业工资比值提升 1%，万名就业人员专利授权数、研发强度分别下降 0.35%、0.14%，私营企业和个体占三次产业就业比重提升 1%，万名就业人员专利授权数、研发强度分别提升 1.33%、0.22%，人力资本提升 1%，万名就业人员专利授权数、研发强度分别提升 0.52%、0.62%。

供给角度的计量检验表明采掘业与制造业工资差距拉大不利于科技创新供给，同时，发现改善区域创新环境、人才积累状况有利于科技创新，但是资源型区域的创新环境、人才积累状况相对较差，对科技创新供给产生不利影响。这可以通过模型 T1、T2 来进行检验（见表 6-2），模型 T1 以采矿业占工业产值比重作为解释变量来反映资源依赖特征，结果可以看出私营企业和个体占三次产业就业比重与采矿业占工业产值比重呈负相关，采矿业占工业产值比重提升 1%，私营企业和个体占三次产业就业比重下降 0.18%。模型 T2 反映区域人才积累状况与资源依赖的负相关，采矿业占工业产值比重提升 1%，人力资本下降 0.1%。

表 6-2　中间传导机制的计量检验

被解释变量 / 解释变量	模型 T1 lsgbz	模型 T2 lhc	模型 T3 lrjgdp
lckyczbz	−0.18*** (−9.28)	−0.1*** (−4.6)	−0.20*** (−9.56)
C	3.08	8.98	10.27
调整后的 R^2	0.32	0.14	0.41
F 值	15.03	5.85	21.90
DW	0.05	0.11	0.02
Obs	240	240	240

注：回归结果中*、**、***分别表示在 10%、5%、1%的显著水平下通过了检验。

2. 需求角度的检验

从需求角度进行计量检验（表 6-3），考虑到区域经济发展水平是影响科技创新需求的主要变量，首先在模型 D1、D2 中以人均 GDP 作为解释变量来分析科技创新的需求，模型 D1、D2 结果分别显示，人均 GDP 提升 1%，万名就业人员专利授权数、研发强度分别提升 1.84%、0.79%。模型 D3、D4 在模型 D1、D2 的基础上，加入采矿业占工业产值比重作为解释变量来度量资源依赖度，结果显示，模型 D4 的采矿业占工业产值比重系数的 T 统计量在 15%的显著水平下通过了检验，其他系数都在 1%的显著水平下通过了检验，回归结果在反映万名就业人员专利授权数、研发强度与人均 GDP 正相关的同时，也反映出与资源依赖度的负相关，采矿业占工业产值比重提升 1%，万名就业人员专利授权数、研发强度分别下降 0.17%、0.05%。模型 D5、D6 与 D3、D4 相类似，用采掘业占全社会固定资产投资比重替代采矿业占工业产值比重来度量资源依赖度，回归结果的显著性比模型 D3、D4 强，得到接近的结论，采掘业占全社会固定资产投资比重提升 1%，万名就业人员专利授权数、研发强度分别下降 0.15%、0.06%。

模型 D7、D8 在模型 D3、D4 的基础上加入采矿业产值解释变量度量采矿业规模，模型 D7、D8 在 1%的显著水平下通过了检验，人均 GDP 与万名就业人员专利授权数、研发强度正相关，采矿业占工业产值比重与万名就业人员专利授权数、研发强度负相关，同时，也能反映出采矿业产值与万名就业人员专利授权数、研发强度正相关，采矿业产值提升 1%，万名就业人员专利授权数、研发强度分别提升 0.17%、0.18%。模型 D9、D10 则是在模型 D5、D6 的基础上加入采矿业产值解释变量，得到了与模型 D7、D8 相似的结论，采矿业产值提升 1%，万名就业人员专利授权数、研发强度分别提升 0.11%、0.18%。

需求角度的计量检验表明，人均 GDP 提升有助于带动科技创新需求的增加，但是资源型区域容易遭遇“资源诅咒”，区域经济发展缓慢，不利于科技创新。表 6-2 当中模型 T3 通过一个简单的模型验证了资源依赖与经济发展水平的反向变化关系，采矿业占工业产值比重提升 1%，人均 GDP 下降 0.20%。

表 6-3　需求角度的计量检验

被解释变量 / 解释变量	模型 D1 lzlsw	模型 D2 lyfqd	模型 D3 lzlsw	模型 D4 lyfqd	模型 D5 lzlsw	模型 D6 lyfqd	模型 D7 lzlsw	模型 D8 lyfqd	模型 D9 lzlsw	模型 D10 lyfqd
lrjgdp	1.84*** (31.25)	0.79*** (11.61)	1.60*** (25.15)	0.72*** (9.00)	1.64*** (25.58)	0.70*** (8.80)	1.44*** (21.92)	0.56*** (6.72)	1.55*** (23.12)	0.55*** (6.87)
lckyczbz			−0.17*** (−7.35)	−0.05 (−1.64)			−0.30*** (−9.55)	−0.19*** (−4.66)		
lckytzbz					−0.15*** (−6.22)	−0.06** (−2.24)			−0.23*** (−7.24)	−0.19*** (−5.25)
lckycz							0.17*** (5.66)	0.18*** (4.83)	0.11*** (3.75)	0.18*** (5.15)
C	−17.55	−7.93	−14.80	−7.15	−15.39	−6.94	−14.08	−6.43	−15.11	−6.46
调整后的 R^2	0.83	0.38	0.86	0.38	0.85	0.39	0.88	0.44	0.86	0.45
F 值	145.56	19.18	163.60	17.47	153.93	17.97	168.72	19.67	147.73	20.92
DW	0.14	0.04	0.17	0.04	0.16	0.04	0.19	0.05	0.19	0.07
Obs	240	240	240	240	240	240	240	240	240	240

注：回归结果中 *、**、*** 分别表示在 10%、5%、1% 的显著水平下通过了检验。

（三）计量结果的阐释

将计量检验与理论分析相结合，可以对计量结果做出合理的解释，结果较好地验证了从供给、需求两方面提出的资源依赖对科技创新排挤效应的理论假说。

供给角度的计量检验验证了资源型经济中部门间收益比价上升、创新环境劣化、人才积累不足不利于科技创新供给的观点。2003 年到 2010 年刚好是资源产品价格高涨时期，采掘业与制造业工资差距拉大，全国总体上采掘业与制造业工资比值从 1.09 提升到 1.43，资源型区域这一差距更大，山西省从 1.44 提升到 2.06，部门间收益比价的上升吸引要素向资源部门集聚，导致用于科技创新的要素供给不足，进而制约科技创新。回归结果也说明，创新环境、人才积累状况的改善是有利于科技创新供给的，但正如模型 T1、T2 结果所显示的，资源依赖导致创新环境差、人才积累不足，会影响到资源型区域的科技创新供给，资源依赖通过对创新环境、人才积累的负面影响制约了资源型区域的科技创新供给。

需求角度的计量检验验证了资源型区域缺乏创新需求的理论假说，"资源诅咒"、资源依赖度高不利于提升科技创新需求，采矿业规模扩张有助于提升创新需求。区域经济发展水平有助于提升创新需求，但模型 T3 检验了"资源诅咒"的存在，资源型区域经济发展水平低，抑制了科技创新需求。资源依赖作为主要解释变量，其在 2003 年到 2010 年这一阶段明显上升，采掘业占工业产值比重全国从 4.82%上升到 6.43%；资源型省份更明显，山西从 23.36%上升到 39.59%，内蒙古从 11.16%上升到 25.98%，这一阶段资源依赖度提升、科技创新需求下降，这在模型 D3 到 D6 得到了验证。但模型 D7 到 D10 也验证了采矿业规模扩张有助于提升科技创新需求的观点，在中国采矿业规模化、机械化、信息化发展过程中，创新需求逐渐增强。

供求角度的计量检验反映，资源依赖对区域创新效率的负面影响，比对创新投入的负面影响严重。使用万名就业人员专利授权数、研发强度作为被解释变量，万名就业人员专利授权数可以体现区域创新效率，而研发强度则能体现区域创新投入力度。部门间收益比价、资源依赖度、人均 GDP 等变量对万名就业人员专利授权数的负面影响要比研发强度严重。比如：在模型 S1、S2 中，部门间收益比价拉大 1%，万名就业人员专利授权数下降 0.59%，而研发强度下降 0.17%，相差 0.42 个百分点；在模型 D3、D4 中，资源依赖度提升 1%，万名就业人员专利授权数、研发强度分别下降 0.17%、0.05%，相差 0.12 个百分点；同样，在模型 D9、D10 中也能看出，在采矿业规模对提升科技创新需求的影响中，对效率的提升不如对研发投入强度的提升，研发强度提升了 0.18 个百分点，而万名就业人员专利授权数只提升了 0.11 个百分点，相差 0.07 个百分点。这一规律说明，虽然资源依赖对科技创新要素投入产生了挤出，但是对创新效率的挤出更明显。在现实当中，政府、企业也会意识到科技创新的重要性，会逐渐加大科技创新要素投入，但更重要的是，要提升创新效率，资源型区域创新效率低是比创新要素投入少更难解决的问题。

二、科技创新排挤效应的实证检验：企业层面[①]

基于企业创新有效需求不足视角，资源依赖导致微观企业层面的创新挤出，这里使用省域大中型工业企业面板数据进行实证检验。

（一）变量选择、数据处理与模型设定

1. 变量选择与数据处理

这里使用采掘业占工业产值比重（*ckyczbz*）、采掘业占工业就业比重（*ckyjybz*）度量资源依赖；对于企业的科技创新成果，使用大中型工业企业拥有的有效发明专利数（*qfmzls*）、大中型工业企业新产品产值（*qncz*）来反映，对于企业的科技创新投入，使用大中型工业企业研发投入资金（*qyfjf*）和大中型工业企业研发全时当量

① 本部分阶段性研究成果已发表，见赵康杰、景普秋：《资源依赖、有效需求不足与企业科技创新挤出——基于全国省域层面的实证》，《科研管理》2014 年第 12 期。

（*qyfsj*）体现。在研究中，考虑到企业的研发情况受政府投入影响，使用研发机构研发经费投入（*yyfjf*）和高等学校研发经费投入（*gyfjf*）说明政府在科技方面的支持力度，其他用到的变量为各省的人均 GDP，记为 *rjgdp*。

变量时期选择为 2003 年到 2010 年全国 30 个省（直辖市、自治区）的数据，不包括西藏；并利用 GDP 平减指数、商品零售价格指数、工业品出厂价格指数等将名义值的数据转化为以 2010 年为基期的实际值；数据来源于历年《中国统计年鉴》《中国科技统计年鉴》《中国工业经济统计年鉴》《中国经济普查年鉴 2004》《新中国 60 年统计资料汇编》。

2. 模型设定

在计量模型选择上，使用全国层面的面板数据进行分析，并对全国 30 个省（直辖市、自治区），根据资源依赖度进行分组，为了便于分析，根据样本数据的变化趋势，这里将采掘业占工业产值比重、采掘业占工业就业比重、大中型工业企业拥有的有效发明专利数、大中型工业企业新产品产值、大中型工业企业研发投入资金、大中型工业企业研发全时当量、研发机构研发经费投入、高等学校研发经费投入、人均 GDP 分别进行对数化处理，分别记为 *lckyczbz*、*lckyjybz*、*lqfmzls*、*lqncz*、*lqyfjf*、*lqyfsj*、*lyyfjf*、*lgyfjf*、*lrjgdp*。在面板模型设定中，选择使用时期固定效应模型，来观察截面资源依赖与企业科技创新的关系，对于面板模型使用广义最小二乘法进行估计。在对大中型工业企业创新效率的分析中，使用 DEA 模型分析，技术创新效率是指企业在技术创新过程中创新投入要素相对于产出能力的利用率，是技术创新能力发挥和经济效益的体现。在创新过程中会涉及多变量的投入与产出，采取数据包络分析法（DEA）是比较合适的，DEA 评价模型特别适用于多个输入变量和输出变量的复杂系统，可对决策单元的规模有效性和技术有效性同时进行评价①。

（二）计量结果

1. 资源依赖导致企业科技创新挤出

理论分析指出，资源依赖对企业科技创新产生了排挤效应，也就是资源依赖越高，越不利于科技创新，二者是负相关的。这里通过一个模型进行分析，首先根据资源依赖度将全国分为三组，然后建立以大中型工业企业拥有的有效发明专利数的对数 *lqfmzls* 为被解释变量，以资源依赖度对数、人均 GDP 对数为解释变量的计量模型（模型 C1 到 C8）。

在计量检验之前先对全国进行分组，依据 2010 年采掘业占工业产值比重将全国分为三组（见表 6-4）。将资源依赖度低（$ckyczbz \leqslant 5.48\%$）的 10 个省份划分为弱资源依赖组，包括重庆、江西、海南、广西、湖北、福建、广东、江苏、浙江、上海；将资源依赖度适中（$5.77\% \leqslant ckyczbz \leqslant 10.53\%$）的 10 个省份划为中等资源依赖组，

① 段云龙、王荣党：《我国省区大中型工业企业技术创新效率差异的实证分析》，《经济问题探索》2010 年第 8 期。

包括河南、河北、四川、云南、吉林、安徽、北京、湖南、辽宁、山东；将资源依赖度较高的10个省份划为强烈资源依赖组，包括山西、新疆、青海、内蒙古、陕西、黑龙江、贵州、宁夏、天津、甘肃。

表6-4 基于资源依赖度的区域划分 (单位：%)

弱资源依赖		中等资源依赖		强烈资源依赖	
省份	资源依赖度	省份	资源依赖度	省份	资源依赖度
重庆	5.48	河南	10.53	山西	39.59
江西	4.58	河北	9.93	新疆	27.01
海南	3.64	四川	9.68	青海	26.63
广西	3.56	云南	8.73	内蒙古	25.98
湖北	3.39	吉林	7.08	陕西	24.93
福建	2.50	安徽	6.87	黑龙江	24.16
广东	1.38	北京	6.83	贵州	16.74
江苏	0.62	湖南	6.70	宁夏	14.06
浙江	0.31	辽宁	6.44	天津	12.73
上海	0.04	山东	5.77	甘肃	10.99

注：本表根据资源依赖度（2010年采掘业占工业产值比重）将全国30个省份（不包括港澳台、西藏）划分为三组，分别为弱、中等、强烈资源依赖，每组10个省份。

在对全国进行分组的基础上，建立计量模型进行分析。在模型C1到C4中，解释变量为采掘业占工业产值比重的对数、人均GDP对数。模型C1以全国30个省份作为样本进行分析，结果显示（见表6-5），从全国来看，人均GDP与大中型工业企业创新产出（企业拥有的有效发明专利数）呈正相关，人均GDP增加1%，大中型工业企业创新产出增加1.05%；而采掘业占工业产值比重与大中型工业企业创新产出负相关，采掘业占工业产值比重提升1%，大中型工业企业创新产出下降0.3%。模型C2、C3、C4分别是对资源依赖强烈、中等、弱的三组进行分析，三组当中都体现了人均GDP与大中型工业企业创新产出的正相关关系，但三个组与资源依赖度的相关性表现出差异性。强烈资源依赖组表现出大中型工业企业创新产出与采掘业占工业产值比重负相关，采掘业占工业产值比重提升1%，大中型工业企业创新产出下降0.26%，这一结论在15%的显著水平下通过了检验；中等资源依赖组表现出大中型工业企业创新产出与采掘业占工业产值比重正相关，但是却没有通过检验；弱资源依赖组表现出大中型工业企业创新产出与采掘业占工业产值比重正相关，且变量在10%的显著水平下通过了检验，采掘业占工业产值比重提升1%，大中型工业企业创新产出提升0.45%。

表 6-5　资源依赖与企业创新产出的相关性

被解释变量 / 解释变量	模型 C1 (全国) lqfmzls	模型 C2 (强烈) lqfmzls	模型 C3 (中等) lqfmzls	模型 C4 (弱) lqfmzls	模型 C5 (全国) lqfmzls	模型 C6 (强烈) lqfmzls	模型 C7 (中等) lqfmzls	模型 C8 (弱) lqfmzls
lckyczbz	−0.3*** (−4.61)	−0.26※ (−1.46)	0.2 (0.73)	0.45* (1.7)				
lckyjybz					−0.23*** (−3.84)	−0.48** (−2.25)	−0.61* (−1.9)	0.33* (1.97)
lrjgdp	1.05*** (6.02)	0.67*** (3.07)	0.95*** (4.23)	3.41*** (5.11)	0.95*** (4.67)	0.4※ (1.65)	0.28 (0.78)	3.55*** (5.27)
C	−3.65	−0.33	−3.11	−27.94	−2.69	3.08	5.47	−29.42
R^2	0.46	0.35	0.54	0.57	0.44	0.38	0.55	0.58
F 值	21.52	4.28	8.95	10.47	20.26	4.67	9.42	10.53
DW	0.19	0.23	0.3	0.13	0.18	0.25	0.32	0.14
Obs	240	80	80	80	240	80	80	80

注：回归结果中※、*、**、***分别表示在 15%、10%、5%、1%的显著水平下通过了检验。

模型 C5 到 C8 与模型 C1 到 C4 相似，将资源依赖度指标替换为采掘业占工业就业比重。从计量结果看，模型 C5 的结果显示，全国层面资源依赖与企业创新负相关，采掘业占工业就业比重提升 1%，大中型工业企业创新产出下降 0.23%；模型 C6 显示强烈资源依赖组资源依赖与企业创新产出负相关，采掘业占工业就业比重提升 1%，大中型工业企业创新产出下降 0.48%；模型 C7 也显示出中等资源依赖组资源依赖与企业创新产出负相关，但这一组中人均 GDP 系数 T 检验没有通过；模型 C8 显示在弱资源依赖组，资源依赖与企业创新正相关，采掘业占工业就业比重提升 1%，大中型工业企业创新产出提升 0.33%。

从模型 C1 到模型 C8 的结果看出，在全国层面存在资源依赖对企业科技创新的挤出，资源依赖度与大中型工业企业创新产出呈现负相关。从全国分组情况看，强烈资源依赖组表现出的资源依赖与企业科技创新的负相关最明显，特别是用采掘业占工业就业比重作为解释变量时，强烈资源依赖组（模型 C6）的系数为−0.48，全国为−0.23，强烈资源依赖组的科技创新挤出要明显高于全国。将强烈资源依赖组与弱资源依赖组比较看出，弱资源依赖组资源依赖没有对科技创新产生挤出，相反资源依赖是有利于科技创新的，二者正相关，也就是在资源依赖度低的时候资源依赖并不会带来企业的创新挤出，只有当资源依赖度高到一定程度才会形成资源依赖对企业科技创新的排挤效应。

2. 资源依赖导致企业创新效率低下

理论分析指出，资源依赖导致企业科技创新需求不足，进而对企业的科技创新效率产生影响，这就需要分析资源依赖与企业创新效率之间是否存在负相关。首先要解决的一个问题是企业创新效率的度量，这里使用数据包络分析（DEA 模型）方法对企业创新效率进行度量，DEA 模型是通过投入产出分析来计算生产过程效率，可以使用多投入、多产出的复杂系统来度量投入产出效率，这里以大中型工业企业的研发情况为例进行说明（见表 6-6），投入变量为大中型工业企业研发经费和大中型工业企业研发全时当量，产出变量则使用大中型工业企业拥有的有效发明专利数和大中型工业企业新产品产值来体现。具体使用全国 2010 年 30 个省份截面数据进行分析。

表 6-6　2010 年大中型工业企业创新效率评价指标体系

指标分类	评价指标	代码
投入	大中型工业企业研发经费	*qyfjf*
	大中型工业企业研发全时当量	*qyfsj*
产出	大中型工业企业拥有的有效发明专利数	*qfmzls*
	大中型工业企业新产品产值	*qncz*

使用 Deap2.1 软件进行运算，得到各省区大中型工业企业创新效率的计算结果。在运算时采用考虑规模收益的 VRS 方式，具体计算结果见表 6-7，表中体现的是 DEA 模型分析的综合效率值，用 *zhxl* 来表示。为了便于创新效率与资源依赖关系研究，将创新效率按照资源依赖分组情况进行整理，见表 6-7。从大中型工业企业创新综合效率看，全国的平均值为 0.503，而弱资源依赖组达到 0.6248，高于全国，中等资源依赖组为 0.5263，与全国水平基本接近，强烈资源依赖组企业创新综合效率为 0.3576，低于全国水平，二者相差 0.15 个百分点，也明显低于弱资源依赖组。以典型资源型省份山西为例，山西大中型工业企业创新综合效率仅为 0.196，远低于全国平均水平，在全国位居倒数第三，创新效率最低的青海省和黑龙江省也是典型资源型省份。

上面分析一定程度上显示资源依赖与企业创新效率的负相关。为了更为精确地计算二者的负相关性，通过散点图和回归分析来体现。图 6-9 建立以采掘业占工业产值比重为横坐标、以大中型工业企业创新效率为纵坐标的散点图，从图中明显看出资源依赖与大中型工业企业创新效率的负相关性，拟合曲线是向右下方倾斜的一条曲线。建立线性回归方程对二者关系进行研究，以大中型工业企业创新效率为被解释变量，以采掘业占工业产值比重为解释变量，进行一元线性回归可以得到下面的结果。结果显示采掘业占工业产值比重提升 1 个单位，大中型工业企业创新综合效率下降 0.0138 个单位，资源依赖与企业创新效率负相关。

$$zhxl = -0.0138 \cdot ckyczbz + 0.6532 \qquad R^2 = 0.2861 \quad F值 = 11.22 \quad DW = 1.80$$
$$(-3.35)$$

表 6-7　资源依赖与大中型工业企业创新综合效率（省份含自治区、直辖市）

弱资源依赖		中等资源依赖		强烈资源依赖	
省份	综合效率	省份	综合效率	省份	综合效率
重庆	1	河南	0.22	山西	0.196
江西	0.346	河北	0.284	新疆	0.379
海南	1	四川	0.39	青海	0.134
广西	0.684	云南	0.402	内蒙古	0.346
湖北	0.426	吉林	0.801	陕西	0.289
福建	0.415	安徽	0.49	黑龙江	0.181
广东	0.679	北京	0.743	贵州	0.372
江苏	0.401	湖南	0.933	宁夏	0.368
浙江	0.487	辽宁	0.398	天津	0.95
上海	0.81	山东	0.602	甘肃	0.361
平均值	0.6248	平均值	0.5263	平均值	0.3576

注：表根据 Deap2.1 软件输出结果整理得到；全国大中型工业企业创新综合效率的平均值为 0.503。

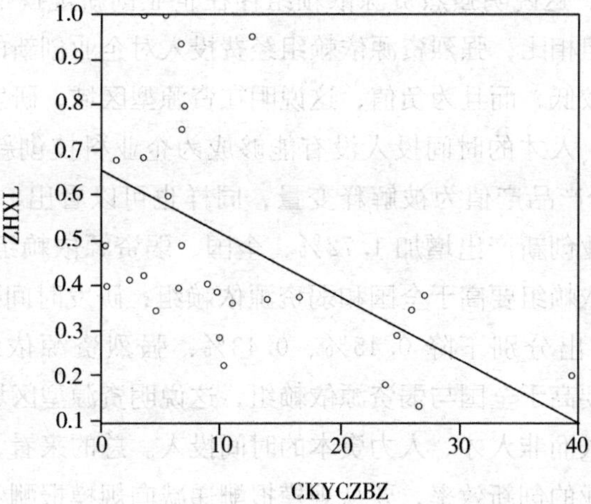

图 6-9　资源依赖度与大中型企业创新综合效率相关性

3. 资源依赖导致创新要素投入不合理

资源依赖对创新产出、创新效率的挤出与资源型经济体创新要素投入不合理关系密切。这里从要素投入与创新产出关系的角度来分析资源型区域与非资源型区域的企业科技创新。J1 到 J8 分析企业自身要素投入结构与创新产出的关系，解释变量为大中型工业企业研发经费投入 $qyfjf$ 和大中型工业企业研发投入全时当量 $qyfsj$，被解释变量为大中型工业企业拥有的有效发明专利数 $qfmzls$ 和新产品产值 $qncz$，在模型分析中对解释变量与被解释变量都进行对数化处理。模型 R1 到 R8 分析区域要素投入来源与企业创新产出的关系，要素投入主要来自政府和企业两方面，政府的研发投入可以进一步分为研发机构研发投入和高等学校研发投入，这里以研发经费投入来度量研发投入，那么解释变量分别为大中型工业企业研发经费投入 $qyfjf$、研发机构研发经费投入 $yyfjf$、高等学校研发经费投入 $gyfjf$，被解释变量为大中型工业企业拥有的有效发明专利数 $qfmzls$ 和新产品产值 $qncz$，在分析中同样对变量进行对数化处理。

从企业要素投入结构与创新产出的计量分析（见表 6-8）可以看出，模型 J1 是对全国的分析，结果显示研发经费投入提升 1%，企业所拥有的有效发明专利数提升 0.65%，研发时间投入提升 1%，企业所拥有的有效发明专利数提升 0.32%，在二者同时提升 1%的情况下，企业所拥有的有效发明专利数提升 0.98%，接近 1%，基本呈现了规模报酬不变的特点。而从模型 J2 可以看出，弱资源依赖组研发经费、研发时间分别提升 1%，企业所拥有的有效发明专利数分别提升 0.45%、0.63%，二者之和为 1.08%，呈现了规模报酬递增的特点，而且与全国相比可以发现研发时间投入对企业创新的贡献率明显增强，全国为 0.32%，弱资源依赖组要高出全国 0.31%。而从模型 J4 可以看出，强烈资源依赖组研发经费提升 1%，企业拥有的有效发明专利数提升 1.11%，研发时间投入提升 1%，企业所拥有的有效发明专利数下降 0.27%，二者之和为 0.84%，这说明强烈资源依赖组存在企业创新规模报酬递减的趋势，与全国、弱资源依赖组相比，强烈资源依赖组经费投入对企业创新的贡献明显较高，而时间投入的贡献则较低，而且为负值，这说明在资源型区域，研发时间投入对企业科技创新的贡献不高，人才的时间投入没有能够成为企业科技创新的有效力量。模型 J5 到 J8 是以企业新产品产值为被解释变量，同样也可以看出，经费投入增加 1%，强烈资源依赖组企业创新产出增加 1.72%，全国、弱资源依赖组分别提升 1.33%和 1.12%，强烈资源依赖组要高于全国和弱资源依赖组；研发时间提升 1%，全国、弱资源依赖组创新产出分别下降 0.45%、0.43%，强烈资源依赖组创新产出下降 0.62%，下降幅度要高于全国与弱资源依赖组，这说明资源型区域的企业创新表现为更多的依赖资本投入而非人才、人力资本的时间投入。总的来看，对于企业来说，要提升资源型区域企业的创新效率，要从规模报酬递减向规模报酬不变、递增转变；同时要向非资源型区域学习，着力培养创新人才，发挥人才、人力资本的作用，提升人才对科技创新的贡献率。

表 6-8 企业要素投入结构与创新产出的关系

被解释变量 / 解释变量	模型 J1（全国）lqfmzls	模型 J2（弱）lqfmzls	模型 J3（中等）lqfmzls	模型 J4（强烈）lqfmzls	模型 J5（全国）lqncz	模型 J6（弱）lqncz	模型 J7（中等）lqncz	模型 J8（强烈）lqncz
lqyfjf	0.65*** (5.73)	0.45** (2.19)	0.26 (1.36)	1.11*** (7.51)	1.33*** (12.19)	1.12*** (9.46)	0.78*** (5.66)	1.72*** (13.09)
lqyfsj	0.32*** (2.65)	0.63*** (3.0)	0.58** (2.6)	−0.27* (−1.87)	−0.45*** (−3.88)	−0.43*** (−3.49)	0.12 (0.74)	−0.62*** (−4.87)
C	−4.95	−5.37	−2.35	−5.32	3.0	5.94	4.65	−0.37
R^2	0.86	0.93	0.78	0.87	0.86	0.94	0.88	0.93
F 值	158.3	95.97	28.12	50.32	159.47	117.7	55.42	107.6
DW	0.87	0.95	0.48	1.11	0.55	0.71	0.55	1.04
Obs	240	80	80	80	240	80	80	80

注：回归结果中*、**、***分别表示在10%、5%、1%的显著水平下通过了检验。

要素投入的不同来源也会影响企业的创新产出，这里以研发经费的不同来源为例进行分析（见表6-9）。模型R1到R4以企业拥有的有效发明专利数为被解释变量进行分析，模型R1结果显示，从全国看，企业、高校研发经费投入提升1%，企业拥有的有效发明专利数分别提升0.79%和0.24%，研发机构研发经费提升1%，企业拥有的有效发明专利数下降0.09%，这说明企业自身的投入是企业创新产出的主要贡献者，来自于高校的产学研合作也能够推动企业创新，但是政府所支持的研发机构对企业科技创新没有产生有效的贡献。弱资源依赖组与全国一样，企业科技创新的贡献主要来自企业与高校，二者投入提升1%，企业产出分别提升0.85%和0.49%，研发机构研发投入提升1%，企业创新产出反而下降0.25%。强烈资源依赖组与全国、弱资源依赖组表现出了差异性，研发机构对企业创新的贡献仍然为负，但是为−0.17，小于全国而大于弱资源依赖组，最主要的差异性体现在企业与高校方面，强烈资源依赖组企业研发经费投入提升1%，企业创新产出提升0.42%，强烈资源依赖组企业投入对企业创新产出的贡献率低于全国、弱资源依赖组的0.79%和0.85%，而强烈资源依赖组高校研发经费提升1%，企业创新产出提升0.43%，虽然高于全国的0.24%，但是低于弱资源依赖组的0.49%，这一分析说明，与全国其他地方相比，在资源型区域企业没有成为科技创新的主体，这与企业科技创新核心地位是不相称的，同时资源型区域高校对企业创新的贡献也低于资源依赖弱的地区，说明在资源型区域产学研方面不如非资源型区域。模型R5到R8以新产品产值为被解释变量，模型R6、R8都有变量没有通过检验，但是也能够看出强烈资源依赖组企业经费投入对企业创新产出的贡献低于全国、弱资源依赖组、中等资源依赖组，也再次说明在资源型区域企业没有能够成为创新主体。因而从要素投入结构看，在资源型区域要着力培养企业创新主体地位，提升企业自身的创新效率，同时要通过高效的产学研合作，对企业创新有所帮助；对于研发机构的科技创新，要在改革管理体制的基础上，增强与企业、产业发展的关联性，使得研发机构真正成为有用的研发主体之一。

表 6-9　区域要素投入来源与企业创新产出关系

被解释变量 / 解释变量	模型 R1（全国）lqfmzls	模型 R2（弱）lqfmzls	模型 R3（中等）lqfmzls	模型 R4（强烈）lqfmzls	模型 R5（全国）lqncz	模型 R6（弱）lqncz	模型 R7（中等）lqncz	模型 R8（强烈）lqncz
lqyfjf	0.79*** (15.75)	0.85*** (7.38)	0.62*** (8.07)	0.42*** (3.41)	0.59*** (10.04)	0.65*** (7.83)	0.84*** (16.71)	0.51** (2.25)
lyyfjf	−0.09※ (−1.64)	−0.25** (−2.14)	−0.05 (−0.58)	−0.17** (−2.32)	−0.21*** (−3.19)	0.08 (0.77)	−0.29*** (−4.29)	−0.11 (−0.89)
lgyfjf	0.24*** (3.24)	0.49** (2.22)	0.27** (2.32)	0.43*** (3.93)	0.75*** (7.41)	0.13 (0.83)	0.95*** (9.09)	0.71*** (2.79)
C	−5.37	−6.96	−3.87	−1.98	5.29	8.08	1.57	5.21
R^2	0.86	0.92	0.78	0.88	0.84	0.89	0.91	0.79
F 值	145.5	78.63	24.59	49.43	118.77	57.5	73.64	26.02
DW	0.89	0.94	0.57	1	0.41	0.42	0.65	0.32
Obs	240	80	80	80	240	80	80	80

注：回归结果中※、*、**、***分别表示在 15%、10%、5%、1%的显著水平下通过了检验。

第七章 资源损耗、环境破坏与生态补偿

矿产开发不可避免地带来资源损耗和生态环境破坏等问题，如果缺乏合理的补偿机制以反映资源损耗价值和负外部性成本，则不仅会加剧资源损耗和生态环境破坏，而且会扭曲要素配置，降低社会福利。本章首先分析资源损耗、生态环境破坏的表现及其带来的社会影响。然后采用使用者成本法度量资源价值耗减，并基于价值补偿缺失和价值补偿完全两种情况下的企业行为分析，探讨其可能带来的社会影响。接着分析矿产开发中的生态环境破坏，从数理的角度推导环境可持续下的补偿需求，并探讨环境补偿的主体、客体、标准及方式。最后以山西为例，基于改进后的使用者成本方法，估算山西煤炭资源价值损耗。

第一节　资源生态环境破坏及其社会影响

矿产资源开发中，因合理收益分配制度和生态环境补偿制度的缺失，扭曲了要素配置，加快了矿产资源的损耗和生态环境的破坏。资源损耗，侵蚀了后代居民的利益；生态环境破坏，恶化了当代和后代居民的生存环境；区域生态承载力下降，弱化了区域可持续发展能力，损害了当代居民和后代居民的福利水平。

一、矿产开发的资源生态环境难题

资源开发在促进区域经济发展的同时，也会因为其粗放的开采及利用，给区域带来严峻的资源、生态环境问题。经济发展与资源、生态环境的冲突，日益演化为社会、经济发展中的资源生态环境难题，突出表现为资源损耗与生态环境破坏①，可能导致区域经济发展滞缓以及社会福利水平下降。

（一）资源可耗竭性与资源价值耗减

矿产资源属不可再生资源，具有可耗竭性。耗竭性意味着矿产资源不仅储量既定，且价值总量也是有限的。随着经济发展对矿产品需求的增加，大规模的矿产开发使得矿产资源储量持续减少（不考虑新发现的矿产资源）。矿产资源的耗竭性，决定了资源一旦开采出来，就意味着资源的永久性耗损。当代人使用了，后代人就无法继续享受资源收益，于是便产生了资源使用的代际成本。矿产资源是大自然赋予人类的财富，当代人与后代人均享有资源收益的权利，当代人开采的资源越多，后代人享有的就越少。如若当代人牺牲后代人资源权益且缺乏足够的代际补偿，就会给后代人带来负外部性，削弱后代人的社会发展能力，这种负外部性也被称为矿产资源的使用者成本（User Cost）②。

依据要素价格理论，使用矿产资源必须为其支付费用。资源租金的征收是资源有

---

① 张复明：《资源型区域面临的发展难题及其破解思路》，《中国软科学》2011年第6期。

② 使用者成本的概念最初是由凯恩斯提出来的，并将其定义为设备使用的折旧成本，而最早利用使用者成本法来研究耗竭性资源价值耗减的是 El Serafy（1981）。

偿使用实现的具体形式。从国际经验来看，资源租金主要以权利金（Royalty）、红利（Bonus）等形式存在。中国没有资源租金这一明确的政策，而是以矿产资源税费代之。与资源租金相关的税费，主要包括资源税、矿产资源补偿费、采矿权探矿权价款、采矿权探矿权使用费等。早期设立的资源税，从量计征，体现的是一种级差地租，反映的是资源稀缺性租金；2014 年 12 月开始从价计征，各省市采用不同的计征标准，但总体上征收额度上升，且从性质上来看，包含了稀缺性租金和耗竭性租金的概念。之前体现耗竭性租金性质的矿产资源补偿费，伴随资源税从价计征，征收比例降为零。探矿权采矿权价款是对矿产资源发现权益的补偿。探矿权采矿权使用费是对采矿占地价值的补偿，其性质是矿地租金。从资源税费体系及其演变来看，在大规模的矿产开发中，矿产资源价值补偿存在缺失，尤其是耗竭性价值补偿缺失，使得本体资源、伴生资源持续损耗，矿产资源价值不断耗减。近期资源税计征方式的改革，应该说体现了耗竭性租金的性质，但是资源税，仍然属于"税"，而不是资源租金，如何真正体现资源价值补偿，还有待进一步改革。

（二）矿产开发负外部性与生态环境破坏

矿产资源与生态环境是相互融合的一个生态系统。矿产开发具有强烈的负外部性，矿产资源的开采，不可避免地造成地下水资源的破坏与污染、地表塌陷、空气污染、水土流失、植被破坏、生物多样性减少等形式的环境污染和生态破坏，甚至还会因为低效率开采造成本体资源和相关伴生资源的浪费与破坏；在资源利用环节，排放出的大量废弃物，会再度造成水、空气、土壤、植被等方面的破坏与污染。

生态环境具有公共物品的基本特征，即非排他性与非竞用性。市场经济中，无论是矿山开发企业，还是以矿产资源为原料和中间投入品的加工企业，其经济活动的目标是追求收益最大化和成本最小化，在生态环境产权不明确和产权体系缺失的情况下，价格机制已无法实现社会资源的最优配置，当环境修复成本大于企业收益时，企业利润空间被压缩，受利润最大化动机的支配，矿业企业多选择"搭便车"，而很少积极主动地对资源生态环境问题进行治理①，其结果，生态环境不断地遭受污染和破坏。即使生态环境具有可再生和再造功能，但是其修复成本是相当高昂的。从经济学原理分析，生态环境被破坏是因为其成本的高度外部化②，享受环境收益而不对其外部性成本进行补偿或者补偿金额不足以抵消其外部性成本的经济行为，会加速生态环境的恶化。另外，如果环境政策与制度默许或纵容经济活动参与者免费或低价滥用环境资源，其实质也是默许了"合法盗用"公共资源，生态环境同样会遭受破坏。

（三）资源损耗、生态环境破坏与生态承载力下降

资源型区域可持续发展能力与其生态承载水平是密切相关的。所谓承载力，即在

① 杜彦其：《山西省矿产资源开发中的外部不经济问题浅析》，《中北大学学报》（社会科学版）2010 年第 5 期。
② 金碚：《资源与环境约束下的中国工业发展》，《中国工业经济》2005 年第 4 期。

某一时期、某种环境状态下，某一区域的资源、生态环境对人类社会经济活动的支持存在一定的阈值，此有限的阈值即为资源、生态环境的承载能力①。自承载力的概念提出以来，许多学者就以生态承载力为工具和方法，研究资源生态环境对社会经济发展的支持和协调程度。资源生态环境承载力已经成为衡量资源型区域以及其他地区可持续发展的重要指标之一。

矿产资源价值不能实现完全补偿，负外部性得不到有效的治理，在资源快速损耗与环境污染累积（Pollution Accumulation）作用下，资源型区域生态承载力面临着不断下降的困境。长期大规模粗放式的矿产资源开采与利用，一方面加速了资源的快速耗竭，并且耗竭性价值得不到有效的补偿，降低了人均资源占有量和资源对经济社会发展支持的水平，蚕食了区域可持续发展的物质基础；另一方面，生态环境的持续污染与破坏，使得污染累积存在于生态环境系统之中而很难完全净化，未净化的环境污染累积在某些外部条件的刺激之下使得生态环境破坏不断扩散，生态环境的自我净化和再造能力不断降低，生态环境对社会经济发展的空间支持不断下降。

二、资源损耗、生态破坏的社会影响

矿产资源可持续利用、生态环境改善是资源型区域实现可持续发展的基础。资源生态环境难题得不到有效的解决和治理，将会严重地影响到区域经济发展质量与社会福利水平。矿产资源不同于一般的生产要素，其耗竭性决定了当代人开发利用规模越大，后代居民可能享有的资源收益就会越少，当代人社会福利水平的提高很可能蚕食了后代人的社会福利。生态环境也是如此，当代人以牺牲环境为代价换取当期经济发展与自身福利水平的提高而不支付足额的外部性成本，必然影响到当代居民社会权益和后代居民的社会福利。

（一）生态环境破坏恶化了居民生存环境

生态环境是经济、社会发展的空间载体，资源开发造成的持续污染与生态破坏，恶化了居民的生活环境和生产条件，降低了居民的生活质量。突出地表现为生存环境质量的恶化、对人体健康的损害以及生活成本的提高。以煤炭开发为例，矿山开采造成的水污染、大气污染、固体废弃物污染、噪声污染以及水资源的破坏、地质灾害、地表塌陷、植被减少和生物多样性减少等②，直接造成了区域空气质量下降、水质降低、水源污染等。矿山开采以及加工企业所排出的矿井污水或含有大量悬浮物，或矿化度较高，或为酸性水，甚至含有少量危害较大的氟和放射性元素。矿井水污染农田，或渗入地下污染饮用水，危及人体健康。矿区居民长期生活在因采矿而带来的空气、水质、粉尘、放射性等严重污染的环境，身体必然会受到危害，导致资源型区域居民发病率上升。伴随生态环境治理成本的逐步增大和医疗卫生保健费用的不断增加，必然提高了矿区、矿城乃至资源型区域居民的生活成本。同时，生态破坏、环

① 汪燕敏：《安徽省资源、环境、经济系统协调发展研究》，中国科学技术大学出版社 2009 年版，第 6 页。
② 董雪玲、刘大锰：《煤炭开发中的环境污染及防治措施》，《煤炭科学技术》2005 年第 5 期。

境污染严重恶化了区域生产条件，降低了生产效率。例如，煤炭开采塌陷造成土地面积的减少、土地质量的下降，引致相关农作物减产；空气污染造成机械设备的氧化、腐蚀，生产所需的水资源遭到破坏和减少等。若是生产条件持续恶化而得不到改善，还将进一步影响到区域投资和生产环境，最终影响到整个区域的经济发展。

（二）资源价值损耗减少了后代人效用水平

对于资源型区域而言，矿产资源是经济发展和居民生活水平改善的物质基础。矿产资源的可耗竭性、有限性决定了其价值总量是有限的。当代人用了，后代人可享有的价值量就会减少。若资源价值的损耗不能得到合理补偿，意味着资源开发在代际之间的配置出现偏差，会加速资源损耗，也会导致后代居民的效用水平加速递减。居民和政府的消费，由三部分构成：物质产品、矿产资源储量（保持心理财富的倾向）和生态环境。而物质产品的生产需要以矿产资源投入和生态环境破坏为代价，其中物质产品消费似乎给当代人带来的是“正效用”，矿产资源储量的减少和生态环境的破坏给当代与后代人带来的其实都是负效用。① 从代际消费的角度来看，为了实现区域可持续发展，需要将有限的资源财富总量在代际之间进行合理配置。而代际之间对资源财富消费偏好是不同的，尤其是当代人。当代人对资源财富的跨时期消费偏好将直接决定后代人的社会福利水平。若消费者当前的消费偏好比较大，在物质产品效用和生态环境效用中，消费者更偏好物质产品。为了满足消费者的当前消费愿望，就需要有较大的产出，放松环境管制，降低生态环境边际效用的比例。加上短期内由于技术水平有限，在劳动和资本有限的情况下，即使资源的产出效率再低，为了获得较多的物质产品，也会不计资源的投入数量。而在开采技术水平既定的情况下，较高的资源投入，意味着需要以更高的资源损耗为代价。最终，资源的代际效用水平会逐渐递减。

（三）生态环境功能性破坏降低区域生态承载力水平

按照生态环境物理属性，可以将矿产资源开发与利用对生态环境的破坏分为物质性损害与功能性损害。所谓物质性损害是指对生态系统中物质成分和相关物质载体的破坏，如植被破坏、水污染、空气污染等，对植被、水和空气的破坏即为物质性损害。生态物质成分和相关物质载体都具有一定的生态再造、自我净化等功能，如植被具有涵养水源、保持水土、净化空气等功能，大气具有吸收和净化有害物质的功能等，对生态物质及其载体的生态功能造成的破坏即为功能性损害，如因矿产资源开发对地下水循环功能的破坏等等。生态承载水平的维持，既需要一定的生态环境物质载体为基础（如空气、水、植被等），但同时也离不开这些物质载体的生态功能。有时生态环境物质载体遭受破坏，可以通过人为手段填补此物质空缺，但是生态功能的损

① André Grimaud，Luc Rougé. Polluting. “Non-renewable Resources，Innovation and Growth：Welfare and Environmental Policy”，*Resource and Energy Economics*，2005，2.

害往往是人为手段所不能及的。通常生态功能性破坏，对生态承载力的损害是巨大的，且常常是不可逆的。矿产开发中，一旦生态系统净化功能和再造功能遭受损害，甚至引起其相关功能的丧失，将意味着生态系统承载力的下降。生态系统无法负荷经济系统，进而会影响区域经济和社会发展。

（四）生态资本流失弱化区域可持续发展能力

基于可持续发展的视角，矿产资源开发的危害主要在于生态资本流失、真实财富减少以及区域可持续发展能力下降。可持续发展理论，突破了新古典经济学关于资本种类划分的界定，将资本进一步细分为物质资本、人力资本、自然资本（即生态资本）[①] 和社会资本。可持续发展的主要瓶颈，是物质资本、人力资本与社会资本的增加量，不足以弥补自然资本的耗损，进而导致区域财富总量减少。Pearce 等人研究指出，可持续发展实现的基本条件之一，就是自然资本储备不随时间而减少[②]，并依据二者之间的数量关系，将自然资本储备不减少的发展定义为强可持续发展，物质资本、人力资本与自然资本储备总价值不减少的发展视为弱可持续发展[③]。二者之间的区别在于，自然资本绝对数量是否减少，自然资本是否能实现其价值形式的有效转化。弱可持续发展，更具有现实意义，无论是资源型区域还是其他区域。依据弱可持续发展，延伸出了“真实储蓄”“真实财富”等概念[④⑤⑥]，并逐步成为衡量可持续发展的重要指标。所谓真实财富，就是区域经济发展中扣除了发展所消耗的自然资本（生态资本）后的社会实际财富量。资源型区域的经济增长，以资源损耗和生态环境破坏为代价，虽有经济增长数量的增加，尤其是当代社会和居民储蓄的提高，但若是考虑资源和生态环境的真实储蓄和真实财富因素，后代人的社会福利水平将会被严重削弱。从可持续发展的角度，这种发展模式是有数量、无质量的发展，往往在经历了短暂的“繁荣”之后，社会与经济体系将走向非持续。

综上，因资源定价或生态补偿非合理，引致资源粗放开发，社会福利损失。资源开发负外部性损失难以合理估算，外部性成本内部化机制缺乏，造成环境污染与生态破坏，使当期一部分人享有资源开发、生产与利用的收益而未承担完全的外部性成本，外部性成本及相关损失的存在会引起消费者效用损失，损害当代人社会福利。资源价值损耗和耗竭性租金征收不足，会蚕食后代人享有资源收益的权利，削弱后代人利用资源谋求可持续发展的能力，进而损害后代人的社会福利水平。

---

① 这里的自然资本（即生态资本）既包括资源财富总量，也包括生态环境物质性的、功能性的财富总量。

② D. Pearce, E. Barbier & A. Markandya. *Sustainable Development: Ecology and Economic Progress. Sustainable Development: Economics and Environment In the Third World*, London: Earihscan Publications Ltd., 1990.

③ D. Pearce & G. Atkinson. “Measuring Sustainable Development”, in D. W. Bromley (eds.), *The handbook of Environmental Economics*, London: Black well Publishers, 1995.

④ K. Hamilton. “Green Adjustments to GDP”, *Resources Policy*, 1994, 3: 155～168.

⑤ K. Hamilton. “Sustainability, The Hartwick Rule and Optimal Growth”, *Environmental and Resource Economics*, 1995, 5: 393～411.

⑥ K. Hamilton. “Pollution and Pollution Abatement in the National Accounts”, *Review of Income and Wealth*, 1996, 1: 13～33.

第二节 资源价值损耗及其补偿

矿产资源大规模开发与利用过程中，由于企业对矿产资源价值补偿不足而造成了资源价值的损耗，仅实现了矿产资源价值的部分转化与转移，降低了资源配置效率。矿山企业，作为矿业经济活动的主体，其经济行为以及对矿产资源价值的补偿，直接影响着矿业，乃至整个区域可持续发展能力和社会福利水平的变化。

一、矿产资源价值及其损耗度量

关于矿产资源是否具有价值，学术界存在争议，争论的焦点之一，是马克思劳动价值论是否适用于矿产资源定价。融合了租金理论、要素市场理论，矿产资源具有价值的观点逐渐被认可。[①] 本研究基于矿产资源价值理论基础之上，对矿产资源和矿产品进行区分，对矿产资源价值进行研究，将其作为资源价值补偿的依据。

(一) 矿产资源价值

矿产资源作为经济发展不可或缺的生产要素，本身具有价值。不同于矿产品，矿产资源价值是撇开劳动、资本等其他要素，就矿产资源及其附带物自然属性和社会属性财富的凝结。

不同于其他生产要素，矿产资源具有稀缺性与耗竭性，对其使用须支付相应的报酬，称之为资源租金，包括为稀缺性支付的报酬即稀缺性租金和为耗竭性支付的报酬即耗竭性租金。其中，耗竭性租金源于对矿产资源的使用会造成所有权的灭失，无法像劳动、资本等生产要素在短时间内获得再生，因而需要为其支付代价。矿产资源不是孤立存在的，它依附于空间载体如土地、自然环境。故矿产资源价值还包括这些附属物的价值。矿业开采须占用资源附着的土地，为这部分土地支付的代价即为矿地租金。矿业开采不可避免地会破坏其赖以存在的生态环境，而为其支付的代价即为环境价值。可见，矿产资源价值是对其自身及其附属物支付代价的总和，包括资源租金、矿地租金和环境价值等。

从所有权的角度来看，矿产资源价值是对矿产资源及其附属物产权交易的价格支付。[②] 对矿产资源所有权的补偿构成了资源租金，对矿产资源附属物（土地和生态环境）的价格支付构成了矿地租金和环境价值。此外，矿产资源还具有资产价值。矿产资源所有者，可以以租赁的形式，将矿业权转让给矿山企业，并获得相应补偿，实现了矿产资源的资产价值。中国现有的矿产资源管理体制，重视资源自身价值，忽略了

---

① 刘立京：《自然资源价值补偿管理问题研究》，《价格理论》2014 年第 2 期。

② J. Otto, C. Andrews, F. Cawood, M. Doggett, P. Guj, F. Stermole, J. Stermole & J. Tilton. *Mining Royalties: A Global Study of Their Impact on Investors, Government and Civil Society*, Washington D.C.: The WorldBank, 2006.

矿产资源附属物如生态环境的价值；偏重资源当前价值，对未来价值和后代人享有的资源价值重视不够。在这样的理念下，矿产资源价值出现了流失和损耗。

（二）资源价值损耗的度量

实现区域财富总量不减、损耗掉的自然资本得以有效转化与补偿的前提是要对矿产资源价值耗减量进行科学合理的估算。关于资源价值耗减的计算方法很多，如净价格法、净租金法、使用者成本法、净现值法等。无论是哪种计算方法都是以资源价值的变化来估算资源价值耗减的，而它们的主要区别则在于理论假设前提不同。由于现实市场结构并非完全竞争市场，豪泰林准则实现的条件也比较苛刻，于是使用者成本法因其假设条件比较少，且比较接近经济现实，便成为计算资源价值损耗量的便利工具。

使用者成本最初是被凯恩斯定义为设备使用的折旧成本。随着工业化进程的推进，矿产等自然资源在经济发展中日益发挥着巨大作用，Hotelling（1925）等将耗竭性资源和生态环境也视作经济发展的生产性资本。[①] 之后，越来越多的学者注意到了耗竭性资源的价值损耗问题，逐步地将使用者成本这一概念用于对耗竭性资源价值损耗的度量与估算。El Serafy[②] 最早运用使用者成本法计算并阐释资源价值。他吸收和延续了 Hotelling 和 Hartwick 等人的思想，认为只有将资源产生的租金部分用作再投资，才能确保将来的持续消费。他认为耗减性资源的盈余可以表现为两种价值形式：一是用于维持持续消费的真实收入；二是独立的（资源）耗减成本。耗减成本也就是使用者成本，应逐年计提，并且用作再投资，以确保消费者获得一个持续的资金收入流，保证在资源开采期内及资源枯竭之后真实收入水平保持不变。

对于耗竭性资源的开采，假设存在两种情形：一是将矿产资源作为资产进行销售，所得收入全部进行投资，这样在以后无限期内每年都可以稳定地获得 X 收入；二是每年开采资源 q_t，获得 N 的收入，资源可供开采的年限为 n，即资源总储量与每年产出量之比 R/qt 为一常数，那么这一收入流 N 会随着资源的耗竭而消失，维持 n 年。要保持发展的可持续性，需使得有限期内的收入流 N 的现值之和等于无限期内持久收入流 X 的现值之和。

有限期收入流 N 的现值之和为：

$$\sum_{n=0}^{R/qt}\frac{N}{(1+i)^n}=N+\frac{N}{(1+i)}+\frac{N}{(1+i)^2}+\cdots+\frac{N}{(1+i)^n}=\frac{N\left[1-\dfrac{1}{(1+i)^{n+1}}\right]}{1-\dfrac{1}{1+i}} \tag{7-1}$$

① H. Hotelling. "A General Mathematical Theory of Depreciation", *Journal of the American Statistical Assoc❘iarion*, 1925，20：340～353.

② EI Serafy. "The Proper Calculation of income from depletable natural resource", in Y. J. Ahmad, S. EI Serafy & E. Lutz（eds.）, *Environmental Accounting for Sustainable Development*, A UNEP2 World Bank Symposium, Washington D. C.：The World Bank, 1989.

公式（7-1）中，i为贴现率。

无限期收入流 X 的现值之和为：

$$\sum_{n=0}^{\infty}\frac{X}{(1+i)^{n}}=\frac{X}{1-\dfrac{1}{1+i}} \tag{7-2}$$

令二者现值之和相等，则有：

$$X=N\left[1-\frac{1}{(1+i)^{n+1}}\right] \tag{7-3}$$

进行公式变换，得到的有限期稳定收入流与无限期持续收入流之差，即为使用者成本：

$$N-X=\frac{N}{(1+i)^{n+1}} \tag{7-4}$$

其中无限期持续收入 X 是保持消费水平不变的真实收入，N 是除去开采成本以后总年度收入，i 是贴现率水平，n 是按现在开采率保持不变下资源可开采年限。使用者成本的大小取决于两个重要的变量：贴现率（i）与资源预期开采年限（n）。一般而言，资源预期开采年限越长、贴现率越高，使用者成本越小，意味着每年获得的资源开发收益中，大多数可以用于消费，少量用于投资。假如资源储量在一年期内全部开采完毕，则使用者成本极大，所得资源收益大部分要用于再投资以获得一个持续的收入流，才能保证消费的可持续；如果资源预期开采年限足够长，那么每期资源开采收益几乎可以全部用来消费，用于再投资的数量可以很少，甚至为零。El Serafy 关于使用者成本的计算需要满足几个基本假设条件：资源开采期内当期收入水平 Nt 保持不变；每期资源开采率保持不变，资源预期开采年限 n 不随时间而变化；贴现率水平保持不变；市场环境为开放型经济。

使用者成本可以视为，维持可持续发展需要对资源损耗进行的价值补偿；也可以看作是，为了维持既定的效用水平，需从当期资源收益中拿出的、用于投资其他资产以保证获得一定真实收入水平的资源租金数量。使用者成本概念显示，它具有代际机会成本与代际外部性成本的属性①。一方面，使用者成本衡量了现在开采一单位资源，是以放弃将来单位资源所能带来的最大收益为代价的，具有机会成本的属性。另一方面，使用者成本反映了当代人每开采一单位资源给后代人带来的社会福利损失情况，使用者成本越低，意味着资源损耗越少，留给后代的资源就越多，代际分配的正外部性效应就越强。反之，使用者成本越大，等于现在每开采一单位资源给后代造成的损失就越大，因此，它又具有代际外部性属性。

使用者成本法，不仅为耗竭性资源的可持续利用提供了基本思路，而且因其方法的便捷性，也可以作为实施资源价值损耗及补偿的理论基础和操作工具。运用使用者

---

① 张云、李国平：《论矿产资源使用者成本的补偿机制》，《中国地质大学学报》（社会科学版）2005 年第 3 期。

成本法，Blignaut 与 Hassan（2002）测算了南非可持续发展能力[①]；李国平（2007）研究了陕北油气资源耗减问题[②]。也有些学者将其作为工具，分析中国的资源税费改革，林伯强（2012）使用修正的使用者成本法估算了中国煤炭资源开发利用中耗减成本，估计了煤炭资源理论税率可以在 2%～14%之间浮动。[③]

（三）资源补偿与矿业可持续发展

矿产资源可耗竭性、有限性，决定了当代人对资源的开发利用，可能会损害后代人享用资源的效用水平。为保证后代居民效用水平不减少，提高矿业可持续利用水平，需要合理规划资源的开采利用，补偿因矿产开发而导致的资源价值损失。

首先界定两个变量。因涉及代际资源开发利用，故假定居民对资源开发时间的偏好程度为 γ。它表示，当代人对矿产开发的偏好程度，也反映了当代人对后代人享有矿产资源财富的重视程度。其值越大，说明当代人越偏好矿产资源给他们带来的当前收益及效用，对后代人发展权益的重视程度相对较低。其值越小，意味着当代人可持续发展意识越强，注重矿产资源的未来价值和后代人的发展权益。矿产资源损耗，是否能得到足额补偿？补偿程度不同，可能对企业行为产生何种影响，居民效用水平又如何？基于此，界定矿产资源价值补偿率 δ，反映了资源损耗的补偿程度，即价值补偿量与资源损耗量之比，其值越大，表示损耗的矿产资源得到补偿越多，如为 1，则为完全补偿，如为 0，则为完全损耗。

假定单位矿产资源的价值为 1，每代人资源开采量可以看作为资源价值量。资源开采给代际之间的居民带来的效用函数相同，即每代人的效用水平是以资源开采量为自变量的函数。假设某资源型区域初始的矿产资源总量为 X，既定的资源总量可供 n 代人开发利用。代际之间的资源开发利用期不存在重叠[④]，到第 n 代末，资源被完全开发。若以区域内代际居民的效用水平最大化为目标，则目标函数可表示为：

$$MaxU(X_1, X_2, X_3 \cdots\cdots, X_n) = U(X_1) + \frac{U(X_2)}{1+\gamma} + \frac{U(X_3)}{(1+\gamma)^2} + \cdots\cdots + \frac{U(X_n)}{(1+\gamma)^{n-1}} \tag{7-5}$$

公式（7-5）中，X_1，X_2，…，X_n分别表示第 1 代，第 2 代到第 n 代人的资源开发利用量。区域资源总量有限的情况下，其面临的约束条件为：

$$X_1 + X_2 + X_3 \cdots\cdots + X_n = X \tag{7-6}$$

要达到效用水平最大化，在既定的约束条件下，构造拉格朗日方程：

① J. Blignaut & R. Hassan. "Assessment of the Performance and Sustainability of Mining Sub-soil Assets for Economic Development in South Africa", *Ecological Economics*, 2002, 40: 89～101.

② 李国平：《陕北地区油气资源价值的折耗分析》，《统计与决策》2007 年第 1 期。

③ 林伯强等：《资源税改革：以煤炭为例的资源经济学分析》，《中国社会科学》2012 年第 2 期。

④ 该假定意味着在某一代人的资源开发利用期内不存在上一代和下一代的资源开发利用活动，即代与代之间对矿产资源的开发利用活动在时间上是连续的且不交叉，一代人结束了某一期的矿产开发活动，下一代人开始。

$$L=U(X_1)+\frac{U(X_2)}{1+\gamma}+\frac{U(X_3)}{(1+\gamma)^2}+\cdots+\frac{U(X_n)}{(1+\gamma)^{n-1}}+\lambda(X_0-X_1-X_2-\cdots-X_n) \tag{7-7}$$

根据一阶导数条件，可以得到：

$$\frac{\partial L}{\partial X_1}=\frac{\partial U}{\partial X_1}-\lambda=0$$

$$\frac{\partial L}{\partial X_2}=\frac{1}{1+\gamma}\cdot\frac{\partial U}{\partial X_2}-\lambda=0$$

$$\vdots$$

$$\frac{\partial L}{\partial X_n}=\frac{1}{(1+\gamma)^{n-1}}\cdot\frac{\partial U}{\partial X_n}-\lambda=0$$

将其结果整理，可得到下式：

$$\frac{\partial U}{\partial X_1}=\frac{1}{1+\gamma}\cdot\frac{\partial U}{\partial X_2}=\frac{1}{(1+\gamma)^2}\cdot\frac{\partial U}{\partial X_3}=\cdots=\frac{1}{(1+\gamma)^{n-1}}\cdot\frac{\partial U}{\partial X_n} \tag{7-8}$$

由公式（7-8）可知，区域内代际居民间的效用水平达到最大时，其资源配置如下：

$$X_1=\frac{1}{1+\frac{1}{1+\gamma}+\left(\frac{1}{1+\gamma}\right)^2+\cdots+\left(\frac{1}{1+\gamma}\right)^{n-1}}X$$

$$X_2=\frac{\frac{1}{1+\gamma}}{1+\frac{1}{1+\gamma}+\left(\frac{1}{1+\gamma}\right)^2+\cdots+\left(\frac{1}{1+\gamma}\right)^{n-1}}X$$

$$\vdots$$

$$X_n=\frac{\left(\frac{1}{1+\gamma}\right)^{n-1}}{1+\frac{1}{1+\gamma}+\left(\frac{1}{1+\gamma}\right)^2+\cdots+\left(\frac{1}{1+\gamma}\right)^{n-1}}X \tag{7-9}$$

显然，由于 $0\leqslant\gamma\leqslant1$，区域内代际居民消费矿产资源的总效用达到最大时，后一代人相比较之前的一代人，其资源的消费数量是逐渐递减的，即存在 $X_1\geqslant X_2\geqslant X_3\geqslant\cdots\geqslant X_n$。

γ 反映了当代人对后代人关于资源需求和利用的重视程度。其值越小，表示当代人重视后代人享用资源的效用水平，会约束当期资源开采，为后代人留存更多资源财富，当 $\gamma=0$ 时，资源的代际分配达到均等化，存在：$X_1=X_2=X_3=\cdots=X_n=X_0/n$。相反，若当代人追求当代效用最大化，即 $\gamma=1$，n 趋于无穷大，当代人会将资源全部用于自身消费。$\gamma=0$ 和 $\gamma=1$ 是两种极端情况，通常的 γ 值是介于 0 到 1 之间的，表明当代人既不会完全消费有限的资源，也不会在资源配置上实行代际间的绝对均等。

有限的矿产资源，在代际之间的分配还会受到资源价值损耗和补偿的影响。矿产资源价值补偿率，表示为了实现区域可持续发展和资源价值在代际间的有效分配，当代人对当期因资源开发而造成的价值流失，以及对后代人可持续发展能力的损害所做出的一种补偿。在上述公式（7-5）的目标函数中，若加入补偿率 δ 的话，需要在偏好率的基础上再乘以补偿率 δ，则公式（7-9）的资源代际配置就会变成如下：

$$X_1^*=\frac{1}{1+\frac{\delta}{1+\gamma}+\frac{\delta}{(1+\gamma)^2}+\cdots+\frac{\delta}{(1+\gamma)^{n-1}}}X$$

$$X_2^*=\frac{\frac{\delta}{1+\gamma}}{1+\frac{\delta}{1+\gamma}+\frac{\delta}{(1+\gamma)^2}+\cdots+\frac{\delta}{(1+\gamma)^{n-1}}}X$$

$$\vdots$$

$$X_n^*=\frac{\frac{\delta}{(1+\gamma)^{n-1}}}{1+\frac{\delta}{1+\gamma}+\frac{\delta}{(1+\gamma)^2}+\cdots+\frac{\delta}{(1+\gamma)^{n-1}}}X \tag{7-10}$$

为了说明矿产资源价值补偿率对资源配置和资源可持续性问题的影响，在此假设第 1 代人按公式（7-10）的配置结果，在第 1 期开采了 X_1^* 的资源量，那么剩下的 n－1代人，在剩余资源、贴现和矿产资源价值补偿率的基础上，又会做出什么样的资源配置呢？

按照同样的思路，假设第 1 代人开采了 X_1^* 的资源量，从第 2 代开始，在考虑贴现和矿产资源价值损耗补偿率的基础上，其资源配置分别为 X_2^{**}，X_3^{**}，…，X_n^{**}，其目标是既定 $X-X_1^*$ 的资源量下，各代人资源效用现值总和最大。其目标函数可以表达为：

$$MaxU(X_2^{**},X_3^{**},\cdots,X_n^{**})=U(X_2^{**})+\frac{\delta}{1+\gamma}U(X_3^{**})+,\cdots+\frac{\delta}{(1+\gamma)^{n-2}}U(X_n^{**})$$

$$st.\ X_2^{**}+X_3^{**}+\cdots+X_n^{**}=X-X_1^* \tag{7-11}$$

对上述目标函数构造拉格朗日函数：

$$L=U(X_2^{**})+\frac{\delta}{1+\gamma}U(X_3^{**})+\cdots+\frac{\delta}{(1+\gamma)^{n-2}}U(X_n^{**})+\lambda(X-X_1^*-X_2^{**}-X_3^{**}-\cdots-X_n^{**}) \tag{7-12}$$

根据极值原理和一阶导数条件，可得：

$$\frac{\partial U}{\partial X_2^{**}}=\frac{\delta}{1+\gamma}\frac{\partial U}{\partial X_3^{**}}=\frac{\delta}{(1+\gamma)^2}\frac{\partial U}{\partial X_4^{**}}=\cdots=\frac{\delta}{(1+\gamma)^{n-2}}\frac{\partial U}{\partial X_n^{**}} \tag{7-13}$$

由公式（7-13），在加入矿产资源价值补偿率以后，区域内 n－1 代人之间效用水平的现值达到最大时，资源配置的新均衡状态为：

$$X_2^{**}=\frac{1+\frac{1}{1+\gamma}+\frac{1}{(1+\gamma)^2}+\cdots+\frac{1}{(1+\gamma)^{n-2}}}{1+\frac{\delta}{1+\gamma}+\frac{\delta}{(1+\gamma)^2}+\cdots+\frac{\delta}{(1+\gamma)^{n-2}}}\cdot\frac{\frac{\delta}{1+\gamma}}{1+\frac{\delta}{1+\gamma}+\frac{\delta}{(1+\gamma)^2}+\cdots+\frac{\delta}{(1+\gamma)^{n-1}}}\cdot X$$

$$X_3^{**}=\frac{\delta\left(1+\frac{1}{1+\gamma}+\frac{1}{(1+\gamma)^2}+\cdots+\frac{1}{(1+\gamma)^{n-2}}\right)}{1+\frac{\delta}{1+\gamma}+\frac{\delta}{(1+\gamma)^2}+\cdots+\frac{\delta}{(1+\gamma)^{n-2}}}\cdot\frac{\frac{\delta}{(1+\gamma)^2}}{1+\frac{\delta}{1+\gamma}+\frac{\delta}{(1+\gamma)^2}+\cdots+\frac{\delta}{(1+\gamma)^{n-1}}}\cdot X$$

$$X_n^{**}=\frac{\delta\left(1+\frac{1}{1+\gamma}+\frac{1}{(1+\gamma)^2}+\cdots+\frac{1}{(1+\gamma)^{n-2}}\right)}{1+\frac{\delta}{1+\gamma}+\frac{\delta}{(1+\gamma)^2}+\cdots+\frac{\delta}{(1+\gamma)^{n-2}}}\cdot\frac{\frac{\delta}{(1+\gamma)^{n-1}}}{1+\frac{\delta}{1+\gamma}+\frac{\delta}{(1+\gamma)^2}+\cdots+\frac{\delta}{(1+\gamma)^{n-1}}}\cdot X \tag{7-14}$$

若 $0<\delta<1$，意味着从第二代开始，每代人为了追求当代人的利益和效用最大化，都会选择尽可能多地开采矿产资源、尽可能少地补偿矿产资源的价值损耗，从而使得矿产资源在代际分配上遵循 $X_2^{**}>X_3^{**}>\cdots>X_n^{**}$ 的路径。从资源的代际分配来看，这也是资源型区域面临资源价值损耗严重，补偿不足，矿业大规模粗放式开采的重要原因。对于资源型区域而言，这意味着当代人是以牺牲后代人可持续发展能力和需求为代价的经济发展模式，资源生态环境难题必将持续地削弱其矿业和区域可持续发展能力。

矿产资源价值补偿率，反映了当代人对后代人资源利用和可持续发展能力的重视程度，其值越大，越有益于区域矿产资源的可持续开发与利用。当矿产资源价值补偿率高到一定程度时，如 $\delta=1$，同时 $\gamma=0$，则有 $X_1^*=X_1^{**}=X_2^*=X_2^{**}=\cdots=X_n^*=X_n^{**}=\frac{X_0}{n}$，矿产资源不仅在代际间实现了公平配置，而且矿产资源价值损失得到了有效补偿，代际居民间消费效用水平在矿产资源的开发利用中实现了可持续。故此，$\delta=1$ 成为实现矿产资源可持续开发利用的必要条件之一。矿产资源的耗竭性使得当代人的开发与利用必然会损害后代人的发展利益。可持续发展的重要内涵就是要使当代人对资源的开发与利用建立在不损害后代人发展能力的基础之上的。因此，积极补偿矿产资源开发中的价值损耗，实现资源代际配置的帕累托最优，构成了可持续发展的重要特征。矿山企业作为矿业经济活动的主体，其行为变化以及对矿产资源价值的补偿程度，直接影响着矿业乃至整个区域可持续发展能力和社会福利水平。

二、资源补偿标准和方式

矿产开发的资源补偿机制主要是针对主体矿产资源的耗竭性而提出，其目的是通过合理的产权制度与税费体系设计，激励采矿权人、生产者、消费者对矿产资源集约开采、节约使用，提高资源的回采率与使用效率。

（一）资源补偿的界定

矿产资源是稀缺的、可耗竭的。在中国，矿产资源属于国家所有。由于勘查、开发等劳动，矿产资源现实的、潜在的社会价值才能被发现；它既具有发现价值，又体现为勘探部门的发现权。采矿权人要取得开采权，必须对所有权、发现权进行相应补偿；由于矿产资源具有耗竭性特点，随着矿产开发，资源所有权随之消失，资源财富总量趋于减少，因此要求开采者对资源所有权的流失也要进行补偿。矿产资源补偿机制的建立，重点是针对于矿产资源的稀缺性、可耗竭性特点，对矿产资源所有权的流失，避免资源的过度耗竭与开采中的浪费，实施节约资源的保护性开发。资源补偿属于开发前的防范性补偿，一般采用价值性补偿方式。由于矿产资源具有级差收益、相对稀缺性和可耗竭性等特点，其价值衡量相对复杂。资源补偿机制，要在普遍适用的基础上，充分考虑个体差异；既要补偿矿产资源自身的经济价值、前期勘探投入，也要根据资源的埋藏条件实施不同的补偿类别以调节资源级差收入。

（二）资源损耗与耗竭性价值补偿

矿产资源是大自然赋予当代与后代人共同的生态资本财富，其稀缺性、可耗竭性决定了该资源在其储量和价值总量既定的情况下，矿产资源价值会随着资源的枯竭而消亡。因此，基于后代人发展权益及可持续发展的要求，需要构建资源价值补偿体系，抑制资源价值损耗与流失。基于要素权益及矿业收益代际均享，资源完全价值补偿需重点体现资源耗竭性价值。

矿产等自然资源具有耗竭性。随着资源的开发利用，不仅使得资源所有权逐步灭失，而且随着资源价值的不断损耗，资源在跨时期配置时还存在代际外部性成本和机会成本。因此，对资源价值的完全补偿，不仅包括对当前资源价值的补偿，还包括当期和当代人开发矿产资源对将来及其后代产生的机会成本的补偿，即耗竭性价值补偿。矿产资源开发的代价包含资源价值本身、要素投入以及因资源开发而占用土地的价值，因此矿产资源开发价值补偿包括要素报酬、资源价值和占用土地价值。其中的要素报酬主要以工资、利息和正常利润的形式对矿工、资本投入、矿产开发经营者的补偿[①]；矿地租金是对资源开发而占用土地价值的补偿；资源租金则是对资源自身价值的补偿，主要是对资源所有权权益和发现权权益的补偿。与矿产资源稀缺性、耗竭性相对应，资源租金又包括稀缺性租金、耗竭性租金。矿地租金和绝大部分稀缺性租金主要被当代人享用。而耗竭性租金则构成了矿产资源开发对将来及其后代产生的机会成本补偿的主要形式。

所谓耗竭性价值是指开发利用耗竭性资源而放弃其未来收益与效用的机会成本。从时间维度来看，它包括静态机会成本和动态机会成本。静态机会成本指将耗竭性资源用作一种用途而放弃其他用途所带来的最大收益；动态机会成本是指当前开发利用耗竭性资源而放弃将来其所能带来的最大收益和效用。耗竭性价值应是静态机会成本与动态机会成本的总和。针对耗竭性资源及其价值的损耗，资源耗竭性价值可以通过物化替代和经济价值弥补的形式补偿。物化替代主要是指依据功能替代原则，寻找相应的替代物品，减缓矿产资源的耗竭速度，以及通过物品替代保证资源利用效用水平不会随着矿产资源的枯竭而逐代降低；由于技术水平和经济发展水平的制约，目前矿产资源的替代物品还比较少，有些还很难实现规模化替代，这就决定了目前阶段的耗

---

① 张复明：《资源型区域面临的发展难题及其破解思路》，《中国软科学》2011 年第 6 期。

竭价值补偿需要以经济价值补偿为主，即对消耗的矿产资源直接进行量化形式的货币补偿。

实施耗竭性价值补偿，关键在于如何确定补偿标准。在耗竭性资源跨时期、代际有效配置问题上，泰坦伯格[①]提出了动态效率和可持续标准。所谓动态效率标准是指使耗竭性资源在每一期开采净收益现值之和达到最大化，它是实施耗竭性价值量化货币补偿的主要标准。按照生态资本财富总量及其价值转化形式，可持续标准可分为强可持续标准和弱可持续标准。强可持续标准要求耗竭性资源价值总量不减，对损耗掉的价值总量须进行足额补偿；而弱可持续标准只要求后代人所拥有的社会真实财富不减，即资源价值总量及其其他转化形式的财富价值不降低。显然，按照目前的技术和经济发展水平，很难实现资源耗竭性价值补偿强可持续标准。在谋求动态的弱可持续方面，涌现出了许多有益的探索与方法，其中使用者成本法因其假设条件比较少、操作方便而被广泛应用于耗竭性资源问题的研究。

耗竭性租金应主要用于后代人社会福利的改善，目前国际上资源耗竭性价值补偿的主要渠道是耗竭性补贴，它是耗竭性价值补偿的主要渠道。实施耗竭性补贴最早的国家是美国，其补偿资金主要用于寻找新矿体，以替代正在耗竭的矿产资源。随后，许多国家也相继效仿，实施了不同形式的耗竭性价值补偿。中国针对矿业而征收的矿产资源补偿费，也包含有对矿产资源耗竭性价值的一部分补偿，但因其用途和征收额度，中国针对矿产资源的耗竭性价值补偿的体系尚未建立，仍需以耗竭性租金为尺度，不断探寻耗竭性价值补偿渠道。

构建矿产资源耗竭性价值补偿体系，不容忽视耗竭性价值的区际补偿。按照“谁受益，谁补偿”的原则，区际间矿产资源耗竭性价值补偿应是耗竭性价值补偿的重要内容。资源型区域开采出来的矿产资源绝大部分用于区域间和国际间的出口，区域外资源消费者享有了资源消费的效用，也是矿产资源使用的受益者。矿产资源随着出口其价值也流失到区域以外，而区外资源受益者享有资源消费效用而不负担耗竭性成本，必然会加速资源价值的损耗。因此，在矿产资源区际贸易中，实施区际补偿便构成了矿产资源耗竭性价值补偿的重要内容。矿产资源区际间耗竭性价值的补偿，可以从量和从价计征，不过，为了能更好地反映资源的可耗竭性与稀缺性，从价计征应是区际补偿的未来趋势。区际补偿主体应以资源输入地资源消费者为主体，同时辅之以政府及其财政手段。

完善的矿产资源价值补偿，还需加强补偿资金使用方面的管理，不仅要足额征收，而且要真正做到专款专用、用之有道、造福后代。

三、资源补偿缺失下的企业行为及其社会影响

如果区域缺乏合理的资源价值补偿制度，而矿山企业只看重自身利益，不对损耗的矿产资源进行有效的价值补偿，那么企业在利润最大化利益驱使下，会加速对矿产

① 汤姆·泰坦伯格著，严旭阳译：《环境与自然资源经济学》，经济科学出版社 2003 年版，第 88 页。

资源的开发，扭曲资源配置，从而造成更大规模的资源价值耗减和区域社会福利水平的损失。

（一）收益异化引发资源掠夺式开采

矿业开采需投入劳动、资本、企业家才能等生产要素，同时需要消耗矿产资源这一特殊要素。企业需要支付劳动者工资、资本利息、企业家正常利润等，正常情况下还需要补偿矿产资源价值及相关利益者的权益，构成矿产品价值。如果矿山企业可以无偿使用矿产资源，意味着矿山企业不必对矿产资源的损耗、生态环境的破坏、后代人可持续发展权益进行埋单，企业生产成本降低，矿产资源价值就异化为企业的超额利润。企业的目标是获得尽可能多的超额利润。既然矿产开发有额外收益存在，企业会扩大矿产开发规模，因为开采越多的矿产资源，就意味着企业获得的超额利润越大。为了获得更高的资源收益，每个企业都将经济发展的重心放在企业规模的扩张，而忽略了企业竞争力、创新能力的提升。在对高额资源收益逐利的过程中，整个行业都陷入了规模化的竞争。无论是对单个企业，还是对整个矿山行业，因为资源无价，企业无须对损耗的矿产资源价值进行补偿，围绕获得更多的超额利润，"疯狂"式的规模扩张，导致整个行业对矿产资源的掠夺式开采，而资源的快速耗竭和生态环境的破坏，势必会进一步提升区域可持续发展的成本。

（二）技术进步缓慢强化了资源粗放利用

通常情况下，技术创新可以为企业带来超额利润，提升企业核心竞争力。但基于两个原因，会挤出技术创新。一是矿业收益异化为企业超额利润，对超额利润的追逐，使得企业注重规模扩张，而忽略了技术创新；二是矿产品本身的同质性，使得技术等要素在产品附加值中提升较少，使得企业对创新的需求不足。矿业部门成了低技术进入门槛的行业。资源无价或者不对矿产资源价值损耗进行补偿时，矿山企业通过大规模的矿产资源开采就可以轻松获得超额利润，相比技术创新给企业带来的收益和超额利润，企业一般情况下都会偏好因资源规模扩张而获取超额收益。在经济利润驱使下，企业注重规模扩张，忽视企业的技术创新和创新型要素的积累。要素结构出现初级化倾向，对人力资本和技术创新的挤出，进一步弱化了企业的创新能力。产品的同质性和对资源收益的偏好，强化了企业对技术创新的挤出和部门要素结构的初级化。资源无价，可以使企业获得超额经济利润，加上资源型部门技术进入门槛比较低，吸引着更多的初级要素流向矿业部门，矿业部门逐渐成为区域的主导产业。矿业部门及其初级加工业，多以高耗能产业为主，高耗能产业规模的扩大和产业地位的强化，使得其对资源消耗力度不断加强，从而进一步加剧了资源的粗放利用水平。最终，资源型区域资源利用呈现出一种粗放模式。资源的粗放利用，不仅增加污染物排放，造成环境污染与生态破坏；同时，也意味着资源消耗数量的增加，开采规模的膨胀，进一步加剧了资源的耗竭和生态环境的破坏。

（三）资源代际效用水平递减

矿产资源作为财富形态的一种，当代人既可以开采获取收益以用作消费，也可保留不开采，将其留给后代。即每一代人均面临矿产资源的开采和保存一定资源储量的选择。基于对后代人发展权益的考虑，当代人需要在资源开采量和矿产资源保存量之间做出理性的选择，以实现其效用最大化。

为了描述其效用水平，首先需要构建矿产资源价值量约束线。设定一期为一代人，且每一期资源价格水平均为 1。如图 7-1 所示，横轴 X_1 表示当期期初每代人面临的可供开采的资源总量，纵轴 X_2 表示当期期末该代人开采一定量矿产资源以后留给下一代人的矿产资源保存量。由于经济行为的连续性，本代人期末所剩余的矿产资源保存量就会转变成接下来一代人期初所面临的可开采的资源总量。假定发现矿产资源的第一代人探明矿产资源储量为 X_0，若将资源全部开采，其可获得 $X_0 \cdot 1 = X_0$ 的货币财富，考虑货币财富具有时间价值，在市场利率为 i 的情况下，期末的资源价值总量为 X_0（1＋i）。为了简化分析，在此假设市场利率 i 非常小，接近于零。若不开采，留给下一代的资源财富总量为 X_0。由此可得，简化后第一代人的矿产资源价值量约束线为 AB。若第一代人在发现资源以后，并未全部开采 X_0 的矿产资源，基于开采技术的制约和对后代人发展权益的考虑，选择了 $X_{T1}{}^*$ 的开采量，那么第二代人面临的可开采的资源总量就变成了 $X_0 - X_{T1}{}^*$，由此可以得到，第二代人面临的矿产资源价值量约束线为 CD。以此类推，可以得到后面每一代人的矿产资源价值量约束线。假定当代人和后代人有类似的消费习惯，即区域居民具有相似的消费倾向，以此构建不同代人相似的资源效用无差异曲线。如图 7-1 中的 U_1 表示第一代人面临的、矿产资源带来的效用无差异曲线，U_2、U_3…分别表示接下来几代人相似的效用无差异曲线。对于每一代人，在既定的资源价值量约束线下，从矿产资源开采量和矿产资源保存量的选择中，都会确定一个能给本代人带来资源效用最大化的资源开采量。

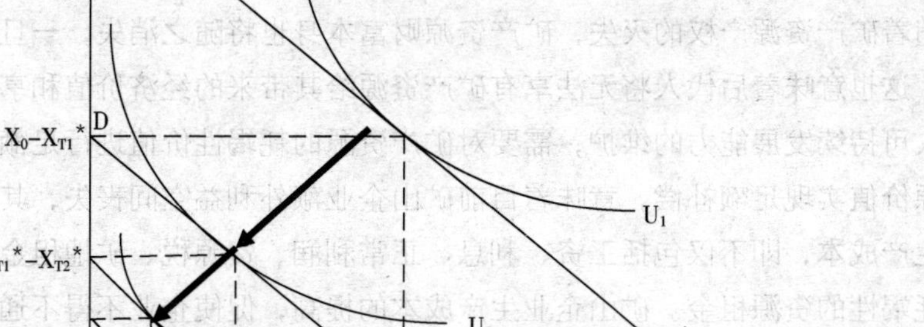

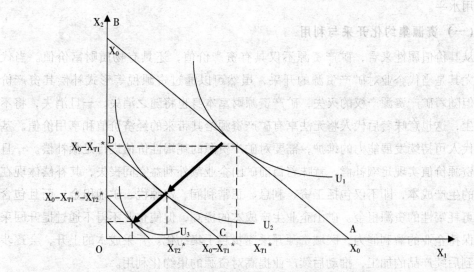

图 7-1　无资源价值补偿下的代际资源效用水平

矿业实现可持续发展的一个必要条件是，资源给各代人带来的效用水平不会减少。伴随资源损耗，如果不能得到相应价值补偿，以弥补资源损耗，那么资源型区域的资源价值损耗会加剧，代际居民的效用水平会递减。这一现象可以用图 7-1 来说明。假设某一区域第一代人发现矿产资源总储量为 X_0，若每一代人都以本代人效用最大化为行为标准，且不给后代任何的资源价值损耗补偿，由于受开采技术等因素的制约，第一代人不可能把 X_0 的矿产资源全部开采出来。在其追求自身效用最大化的过程中，选择了 $X_{T1}{}^*$ 的开采量，实现了 U_1 的效用水平。到了期末他们留给第二代人 $X_0 - X_{T1}{}^*$ 的资源储量。这一过程中虽有资源损耗，但是却未给予价值补偿。当第二代人从事矿产开发时，他们面临的资源总储量为 $X_0 - X_{T1}{}^*$，由于矿产资源的实际价格水平没变，同时也没得到第一代人的资源价值补偿，故他们面临的资源价值量约束线为 CD。基于第一代人同样的目的，第二代人会把资源开采量定在 $X_{T2}{}^*$ 的水平上，得到了 U_2 的效用水平。以此类推，以后每代人都会按照同样的决策过程，来选择各代人的资源开采量和效用水平。很明显，从第一代人到第二代人决策的过程中，由于每代人都基于当代利益和资源效用最大化考虑，前一代人总是会选择一个比较高的资源开采量，这样资源快速开采和资源价值急剧损耗而得不到补偿，总是会使下一代面临较低的资源价值量约束线和较低的效用水平。资源快速枯竭与价值损耗，使得后代人的效用水平急剧递减，直至为零。

四、资源完全补偿下的企业行为及其社会效果

矿产资源损耗，无论是不补偿，或者补偿不足，都会给企业留下逐利的空间。利益驱使加速企业对矿产资源的掠夺式开采，引起科技创新的挤出以及要素结构初级化，反过来，会强化资源开发的粗放化。而如果能够足额补偿损耗的矿产资源价值，纠正要素收益偏差，则可以优化要素配置结构，实现矿业的可持续发展，提升后代居民效用水平。

（一）资源集约化开采与利用

从其价值属性来看，矿产资源不仅具有资产价值，还具有物质财富价值。当代人，尤其是当代企业对矿产资源的开采，虽然可以通过资源税等形式补偿其资产价值，但随着矿产资源产权的灭失，矿产资源财富本身也将随之消失，一旦消失，将不可再生，这也意味着后代人将无法享有矿产资源给其带来的经济价值和享用价值。基于后代人可持续发展能力的维护，需要对矿产资源的耗竭性价值进行足额补偿。一旦矿产资源价值实现足额补偿，意味着目前矿山企业额外利益空间丧失，其补偿体现在企业的生产成本，即不仅包括工资、利息、正常利润、资源税、矿地租金，而且包含补偿可耗竭性的资源租金。矿山企业生产成本的提高，促使企业不得不通过提升回采率以保持企业的盈利能力，区域资源开采逐步趋于集约化。开采成本的上升，会逐步反映到后续产品的加工，推动后续产业提高对资源的集约化利用。

（二）推动要素禀赋升级

当矿产资源价值实现足额补偿时，不仅会促使企业提高资源的开采和利用效率，延缓矿产资源及其价值损耗的速度，而且也会改善当前企业的要素配置结构，使矿山

企业更多地采用和吸纳人力资本、技术等生产要素，通过技术创新不断获取企业的超额利润，推动要素禀赋升级。当矿产资源价值完全补偿以后，矿山企业结束了以资源开采规模换取超额利润的时代，同样在利润最大化目标的驱动下，企业会积极通过技术进步和革新来争取企业超额利润。技术创新会通过影响资源供给与矿产品需求，将资源收益转化为矿业技术进步。伴随资源开发，资源稀缺性加剧，其资源租金是不断提高的。企业通过技术革新和进步，通过开采、勘探技术的创新，缓解资源的稀缺性。通过集约式开采、提高资源利用效率和寻找替代能源，来满足经济对矿产资源和矿产品的需求，进而降低稀缺性租金。这样，通过技术进步和创新，企业可以降低和替代经济发展对矿产资源需求而产生的资源价值损耗。这一过程其实就是资源价值逐步转化为技术进步的过程，技术要素在矿业部门的沉淀，有助于企业要素结构的升级。

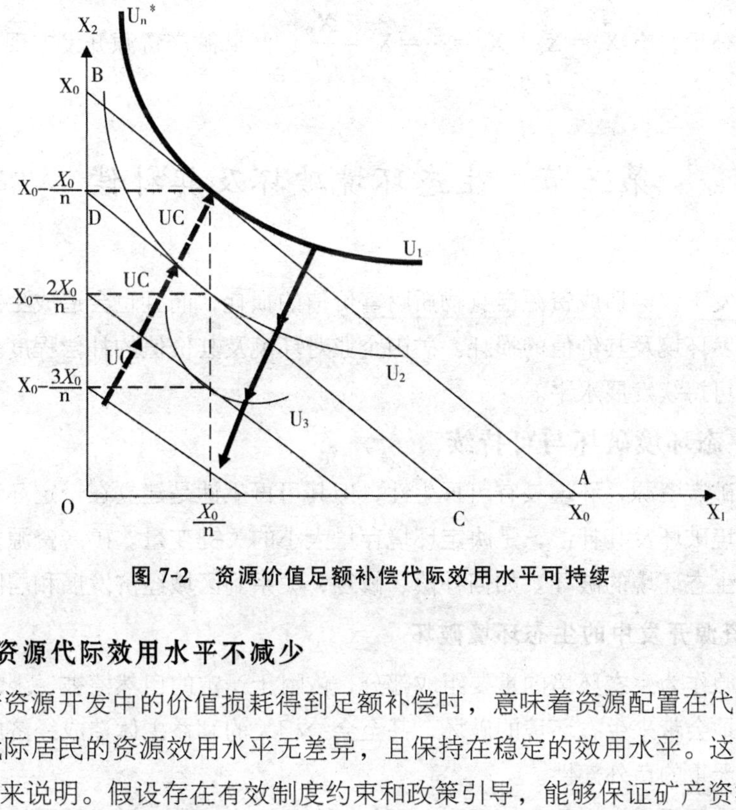

图 7-2　资源价值足额补偿代际效用水平可持续

（三）资源代际效用水平不减少

当矿产资源开发中的价值损耗得到足额补偿时，意味着资源配置在代际之间实现了公平，代际居民的资源效用水平无差异，且保持在稳定的效用水平。这一过程可以通过图 7-2 来说明。假设存在有效制度约束和政策引导，能够保证矿产资源开发中的价值损耗按照资源使用者成本得到有效补偿。在第一代人进行资源开采时，他们便会在现有的制度安排下选择$\frac{X_0}{n}$的资源收益（资源收益实现了代际公平分配），其资源效用水平为 U_1，并且向后代支付 UC（使用者成本）量的耗竭性价值补偿。到了第二代，他们面临的矿产资源价值总量变成了 $X_0-\frac{X_0}{n}$，出于现有制度约束和对后代人利用资源效用水平的重视，他们也会选择$\frac{X_0}{n}$的开采净收益，并向后代支付 UC 量的补偿。此时，虽然第二代人面临的矿产资源总量减少了$\frac{X_0}{n}$，资源价值量约束线变成了 CD 线，但是由于他们享受到了对应 UC 量的代际补偿，其实际的资源价值量约束线是没变的，仍保持在了 AB 线的水平上。反映在图中，可以表示为第二代人的资源价值量约束线由 CD 移动到了 AB，其实际效用水平由 U_2 移动到了 U_n^*（U_1），即第一代人和第二代人实际的资源效用水平是一样的。这是因为，第二代人可以利用第一代人的价值补偿，进行矿产资源的进口、新能源的开发、替代能源的寻找等，或者进行再投资，以获得持续稳定的收入流，从而使其面临的资源价值量不减。以此类推，在对矿产资源价值损耗进行有效补偿时，每代人的资源收益（或转化收益）效用水平都可以维持在 U_n^* 的水平上，即有 $U_1 = U_2^* = U_3^* = \cdots = U_n^*$，同时资源收益配置实现了代际间公平，有 $X_1 = X_2 = X_3 = \cdots = X_n = \frac{X_0}{n}$，区域矿产资源开发实现了可持续。

第三节　生态环境破坏及其补偿

资源开发不仅会造成资源自身物质财富价值的损耗，而且也会造成生态破坏与环境污染，引发环境及其价值的损耗。矿山企业对环境及其价值的补偿程度关系到区域生态环境的可持续发展水平。

一、生态环境破坏与可持续

不同于矿产资源，环境具有可再生性，但其可再生性是建立在一定环境存量的基础上的，环境破坏及其补偿，是决定环境存量大小的关键变量。矿产资源开发不可避免地会带来生态环境的破坏。如何补偿、修复，关系到区域经济发展和居民生活。

（一）资源开发中的生态环境破坏

矿产资源作为生态环境的重要组成部分，依附于一定的自然植被、土地，资源开采不可避免地会带来生态环境的破坏，甚至会给相关的利益主体造成经济或精神上的损害，产生严重的负外部性。

因矿产资源开采产生的环境污染主要包括大气污染、水污染以及固体废弃物污染三种类型。矿山企业，特别是露天采矿对大气污染甚为严重。例如露天煤矿的表土、基岩和煤层的穿孔爆破以及岩块和煤炭的破碎、装载和运输过程中都会产生大量的煤尘及其他粉尘，特别是干旱炎热的地区，在大风的作用下将会产生尘暴现象，对矿区局部的环境造成损害，给居民的生活环境带来严重的危害。废气引起的酸雨，还对铁路、桥梁等露天设施造成腐蚀与破坏；煤炭开采和尾矿堆放时，有害物质如硫化物等经淋滤、迁移等作用，使地下水的有害物含量增高，并且浅层地下水受污染的程度比深层地下水更为严重，造成地下水质变坏。另外，矿产资源在开采利用过程中产生的废水污染是造成水源恶化的主要因素之一。特别是洗煤对水环境的污染尤为严重，不仅耗费大量的水资源，而且直接降低水的可利用度。煤炭开采过程中还会产生固体废物污染，主要是煤矸石、粉煤灰、炉渣等，这些固体废弃物，不仅占用大量土地，而且风化自燃后，排放出大量的烟尘及二氧化氮、硫化氢、一氧化碳等有毒气体，严重污染了矿区及周边地区的大气环境，损害了居民的身体健康，降低了人民群众生存的环境质量。

矿产资源开发是对区域原有生态系统的强烈扰动，给地表植被、生态景观、生物多样性带来了严重影响，甚至会造成矿区严重的生态衰退问题。由于矿产资源大多依附于一定的土壤，勘探、开采时往往会破坏地面植被和稳定的地形，同时，将废土弃石随意向河沟倾倒，造成大量新的水土流失。长期以来矿产资源开采对土地资源、地表植被和水资源的破坏，加剧了水土流失。采矿对植被的破坏主要体现在矿产资源开采造成地表塌陷、地表水渗漏，从而破坏地表植被以及影响地表生态体系。另外，矿产资源开发活动还造成大面积的森林和树木遭到砍伐，植被减少，而植被减少又不可避免地改变了区域内动植物的生存环境，导致生物多样性减少、湿地缩减等一系列的生态退化问题；另外不合理的采矿活动会诱发地震、山体开裂、滑坡等多种自然灾害。

（二）环境可持续的数理解析

环境具有再生功能。环境再生数量不断弥补人类资源开采活动对生态环境的消耗，同时维持环境财富存量，以保障其再生功能不受损害，这是实现环境可持续的前提条件。如何在矿产开发中通过环境补偿以提高区域环境财富存量？在此，运用数理模型进行解析。

环境具有经济发展功能和生态消费功能。环境约束下，如何实现环境两种效用最大，同时保证环境的再生速度，这是本模型所要分析和探讨的重点。

依据相关条件，区域实现环境可持续需满足：

$$\text{Max } U\left(C(t),\ S(t)\right)$$

$$st.\ S(t)=R\left(S(t)\right)-\frac{1}{\beta_0}\Delta E_0-\frac{1}{\beta}C(t)+P_C$$

$$\frac{\partial S}{\partial t}\geqslant 0 \tag{7-15}$$

在公式（7-15）中，R 表示环境的再生数量，S 代表环境存量，ΔE_0 表示耗竭性资源每期的开采量，C 表示环境约束下对环境这一资源的消费量，Pc 表示环境补偿量，这一变量大小由外部制度赋值，故其可视为一外生变量。β_0 与 β 为技术参数，分别表示耗竭性资源的利用水平系数和环境的利用水平系数，$\frac{1}{\beta_0}$表示每开采一单位的耗竭性资源所消耗的环境数量，$\frac{1}{\beta}$表示单位最终产品生产所消耗的环境数量。在某时期内，人类活动对环境的总消费量为（$\frac{1}{\beta_0}\Delta E_0+\frac{1}{\beta}C(t)$）。

环境可持续发展谋求的是一种长期的稳态发展，目标函数效用最大化，是追求稳态各期总效用的最大。假设效用函数具有凹函数的性质，由于是稳态发展，所以环境存量在各期不再发生变化。为了分析方便，假设 $\Delta S=0$，那么目标函数可以表示为：

$$\text{Max } U(C, S)$$

$$st.R(S)-\frac{1}{\beta_0}\Delta E_0-\frac{1}{\beta}C+P_C=a \quad a \text{ 为大于等于0的常数} \tag{7-16}$$

对上述模型构造拉格朗日函数：

$$L=U(C,S)+\lambda\times(R(S)-\frac{1}{\beta_0}\Delta E_0-\frac{1}{\beta}C-P_C-a) \tag{7-17}$$

依据其存在极值的一阶导数条件，可以得到：

$$\frac{\partial U}{\partial C}-\frac{\lambda}{\beta}=0 \tag{7-18}$$

$$\frac{\partial U}{\partial S}+\lambda\frac{\partial R}{\partial S}=0 \tag{7-19}$$

由上述两式可得：

$$\frac{\frac{\partial U}{\partial S}}{\frac{\partial U}{\partial C}}=-\beta\frac{\partial R}{\partial S} \tag{7-20}$$

通常环境再生数量是服从逻辑斯缔曲线（logistic）形式的，那么环境再生函数可以表示为①：

$$R=r\times S(1-\frac{S}{E_m}) \tag{7-21}$$

在公式（7-21）式中，r 表示环境的再生速度，E_m 代表区域生态环境的最大承载数量。在该式中，对 R 关于 S 求导，可得：

$$\frac{\partial R}{\partial S}=r(1-\frac{2S}{E_m}) \tag{7-22}$$

由公式（7-20）与（7-22）得到：

$$\frac{\frac{\partial U}{\partial S}}{\frac{\partial U}{\partial C}}=-\beta(r-\frac{2rS}{E_m}) \tag{7-23}$$

对公式（7-23）进行整理，可得：

$$S=\frac{E_m}{2}+\frac{\frac{\partial U}{\partial S}}{2r\beta\times\frac{\partial U}{\partial C}}E_m \tag{7-24}$$

---

① 汤姆·泰坦伯格著，严旭阳译，《环境与自然资源经济学》，经济科学出版社 2003 年版。

由于$\frac{\partial U}{\partial C}>0$，$\frac{\partial U}{\partial S}>0$，r≥0，$\beta>0$，所以在实现环境可持续时，需满足每期的环境存量至少大于等于区域环境最大承载量的一半（$S=\frac{E_m}{2}$）。意味着只有保证区域每期环境存量大于等于区域环境最大承载量的一半时，再生的环境才能持续不断地满足经济发展和居民生存的需要，从而使得区域环境存量维持在一个相对平稳的状态，进而保障和实现区域环境的可持续发展。由此可见，实现区域环境的可持续发展，是以不破坏区域环境再生能力和承载能力、维持区域环境存量为前提的。

由（7-16）和（7-21）可知：

$$S(t)=a=R(S(t))-\frac{1}{\beta_0}\Delta E_0-\frac{1}{\beta}C(t)+P_C$$

区域环境存量是环境再生率、耗竭性资源开采量、环境消费量、耗竭性资源利用水平系数和环境利用水平系数的函数，此外，环境补偿量虽是一外生变量，但对环境破坏的补偿程度，也对环境存量的大小起着举足轻重的作用。其中，环境再生率(r)、环境补偿量（P_c)、耗竭性资源利用水平系数（β_0)、环境利用水平系数（β）与环境存量（S）正相关，环境再生率、环境补偿量、耗竭性资源利用水平系数、环境利用水平系数越大，可积累的环境存量就越大，区域可持续发展能力就越强；反之，则越小。耗竭性资源开采量（ΔE_0)、环境消耗量（$C(t)$）与环境资源存量（S）负相关，意味着耗竭性资源损耗越快越严重、环境破坏越严重，环境存量就越小，区域可持续发展就越艰难。

环境可持续发展能力与环境再生率、耗竭性资源开采量、环境破坏量、耗竭性资源利用水平系数、环境利用水平系数、环境补偿量密切相关。在一定的环境承载力水平下，为了实现区域生态环境可持续，需构建绿色开采与资源开发的预防性机制，降低矿产资源损耗速度；建立健全资源集约利用机制提高环境、资源的利用率水平；实施生态环境补偿与生态修复机制，不断提升区域环境的再生速度，降低环境破坏程度，确保区域环境存量的提升，实现区域生态环境的可持续发展。

二、环境补偿主体、客体、标准及方式①

矿产开发环境补偿是一种外部性补偿，即由于矿产开发给矿区的自然环境造成污染、破坏，环境质量下降等负效应，给予其合理补偿。补偿制度的确立，需要界定补偿主体、客体，明确补偿标准和方式。

（一）环境补偿主体、客体

补偿主体是指谁来负主要责任或“谁付费”的问题。环境补偿应该是由矿山企业(私人)、政府以及政府组织共同承担责任，而不是任何一方来承担。具体为，矿产开发环境补偿的主体包括三方面：一是各级政府部门，因矿产开发造成的一些环境污染

① 张复明、景普秋等：《矿产开发的资源生态环境补偿机制研究》，经济科学出版社 2010 年版。

以及带来矿区、矿山以及矿城等的负面效应，由于没有得到合理的补偿，各级政府部门有责任作为资源所有者代表来对其进行合理治理及补偿。二是矿山企业，既是矿山环境问题的直接制造者，也是矿山环境保护的受益者；因矿产开发而给周围环境造成的污染、破坏的恢复治理，由矿山企业（即矿产资源开发者和矿产资源利用受益者）给予补偿。三是居民个人、国际组织、环保机构和其他各种社会力量。这些社会力量对环境建设也都给予了很大的关注，并且具备相当大的能量，包括资金、技术、经验等各个方面，因此在环境补偿体系建设中，应积极建立相应的渠道，将上述能量释放出来，如建立基金吸纳各方捐助、积极寻求与国际组织的合作交流等。

环境补偿客体，是指矿产开发过程中由于负的外部性造成的环境破坏，以及由此带来对矿山、矿区以及矿城的负面影响，并造成对利益相关者损失而需要补偿的对象。矿产开发环境补偿客体是矿山、矿区以及矿城的环境系统，包括新（扩）建矿山、开采矿山与废弃矿山。对于新（扩）建矿山和新（扩）建选矿企业，应实行严格生态环境准入制度，从矿山（企业）建设源头上把好生态环境保护关。采矿权人在领取采矿许可证的同时，必须与国土资源管理部门签订矿山环境补偿治理责任书，明确采矿权人保护矿山生态环境的责任与义务，并按有关制度缴纳矿山环境恢复治理保证金。对于开采矿山，要完善并实施开发利用方案与环境补偿建设方案，规范矿山生产操作规程，减轻矿业活动对环境的破坏和影响。对于废弃矿山，要严格执行关停程序，积极做好矿山生态环境治理恢复工作。

（二）环境补偿标准

环境效益的评估计量、环境资源的经济核算等技术层面的问题决定着环境补偿标准、计费依据以及如何横向拨付补偿资金等一系列问题，即确定环境责任和环境补偿是否对称的问题。因此，针对矿山环境恢复治理和矿山环境问题的经济本质，开展矿区环境补偿标准核算，一是应加快建立科学的矿山环境评估体系，如由于矿产开发产生环境的外部负效应，所以对矿山地质环境的全面调查和认识、科学评估矿山环境破坏现状及其对国民经济长远的影响，真实评估环境负效应对主体实际价值的影响，推动环境的定性评价向定量评价转变，为环境补偿机制提供相应的技术保障。二是积极构造矿山环境经济核算体系。环境生态价值理论指出，环境资源的价值包括经济价值和生态价值，经济价值就是开发矿产环境的使用者支付的费用；生态价值是开发、利用矿产环境资源和享受环境效应都要支付的相应费用，而价值的高低是确定矿产环境补偿标准的核心内容，因此，通过环境补偿实现环境保护外部性的内部化，以此确定矿产开发环境补偿标准，并构建矿山环境经济核算体系。现行矿山企业成本核算体制中，环境价值没有完全体现，矿山企业的环境补偿与修复费没有纳入矿山企业成本，企业对破坏的环境恢复治理成本没有内部化，不利于调动矿山企业的积极性和促进矿区生态环境的修复，应在生态环境绿色核算体系建立和完善的基础上，建立和发展矿山环境绿色核算体系。

（三）环境补偿方式

按照补偿性质的不同，可分为功能性补偿、价值性补偿和实体性补偿。功能性补偿是指对矿山的大气环境、水环境、土地环境等功能进行维护与更新，保持环境自身的更新能力和对人类生存发展的支撑能力，是最高层次、最理想化的补偿方式。然而，对环境系统的破坏有时候是不可逆的，功能性补偿往往由于技术难度大、实施成本高而难以实现。最好的方法是在矿山开发前就开展环境影响评价，在自然环境可承载的范围内实行限制性开采，避免对大气、水、土地等环境功能的损伤。实体性补偿相对于功能性补偿是一种次优选择，在不可能完全恢复矿山环境功能的情况下，恢复部分环境功能，以满足区域居民的基本生产生活需要。如通过饮水工程，实现对水环境的部分功能补偿；通过关停淘汰一批污染严重的矿山开采企业，实现对环境破坏的综合治理以恢复原有的大气环境系统。价值性补偿是通过价格、税收、收费等经济手段，对人类生产和生活中所产生的环境污染等进行恢复、弥补或替换的价值表现。在矿产开发中，环境补偿资金主要包括“废弃矿山环境恢复治理基金（或称恢复基金）”和“环境修复保证金（或称备用金）”两种形式，前者针对历史欠账，是一种开发后的追偿性补偿，后者既是开发前的防范性补偿，也是开发中的及时性补偿。在矿产开发的环境补偿机制中，价值性补偿是一种最重要、最普遍的形式，但在实际应用中，需要补偿的价值量的计算还是有难度的，可以通过协商、定价等多种方式解决。

按照补偿形式的不同，可分为直接补偿与间接补偿。直接补偿包括现金补偿、修复补偿与实物补偿。现金补偿即通过政府转移支付等形式，按照一定标准，对因资源开发导致的环境权益受损的群体以及对环境保护做出贡献的利益群体和个人，以补偿金、赠款、减税、免税、退税、现金补助等形式给予经济补偿；修复补偿包括矿山开采企业对环境破坏的恢复治理，例如对矿产开发形成的尾矿库、排土场、渣场、露天采矿坑等损毁压占的土地，采取综合整治措施以恢复原有生态系统；实物补偿则是以粮食、饮用水、住房建筑材料等实物形式对矿产开发破坏给予经济补偿。间接补偿包括政策补偿和技术补偿。粗略地说，政策补偿就是指对受偿者给优惠政策而不直接给钱或物，即政府依据有关法律法规和政策规定，对环境保护与建设中的应受偿者提供某些由其专享的经济权利和机会补偿。如在一定区域内对参与环境保护或建设的微观经济主体实行税收减免、低息贷款或贷款担保等财政、信贷支持政策等，使本地区因环境保护与建设而受损或做出贡献的群体获得适当的经济利益；技术补偿则是指中央和地方政府以技术扶持的形式，对环境保护与建设者提供相应援助。如向受偿者免费提供相关技术服务、技术咨询和指导，或免费培训受偿者以提高他们的生产技能、经营管理水平等。

按照补偿行为的不同，可分为污染补偿、损害补偿、使用补偿和受益补偿。污染补偿是指向环境中排放污染物而支付的补偿，如向环境排放污染物而支付的排污费；损害补偿是从事对环境有害的活动而支付的补偿，如开发矿产资源而支付的土地使用费；使用补偿是指使用环境，但没有对环境造成破坏而支付的补偿，如从环境中获得的景观、娱乐等享受而支付的补偿；受益补偿是指从其他人或其他地区的环境保护行动中获得收益而支付的补偿，如环境保护受益区向出力区支付的补偿。

按照实施补偿的主体和手段不同，可以分为政府主导补偿与市场主导补偿。政府主导补偿是指政府在环境补偿中起着至关重要的作用，以征收环境保护基金、环境恢复治理基金、发行国债等方式，通过财税、环保以及国土资源等部门组织资金，实施环境补偿；市场主导补偿是指在清晰界定环境产权的基础上，通过构建相应的交易市场，使环境保护或建设者同受益者之间、环境的损害者同其受损者之间，直接达成补偿协议，如排污权交易、碳汇买卖等，从而达到提高环境补偿机制效率的作用。

第四节 煤炭资源价值损耗及补偿的实证分析

随着全球能源危机的加剧与矿产资源的快速耗竭，资源生态环境问题日益成为可持续发展的重大难题和主要瓶颈。尤其是资源型区域矿产资源的损耗，已经成为困扰区域转型发展的重大难题。提高有限资源的代际配置效率、维护并保障后代人可持续发展能力不受损害，关键是要合理估计当代矿产开发给后代人造成的价值损失，以此为据构建合理的制度对其进行有效补偿，实现区域财富总量不减少。使用者成本法因其假设条件少，且比较接近经济现实，便成为计算资源价值损耗量的便利工具。本部分以山西为例，基于改进后的使用者成本方法，估算山西煤炭资源价值损耗，并对其补偿实践进行评价。

一、山西煤炭开发中的价值损耗

长期的矿产资源开发，尤其大规模的煤炭开采，造成了山西耗竭性资源价值的大量损耗与流失，其价值损耗量可以用使用者成本法来估量。

（一）相关变量指标解释

按照 EI Serafy 的观点，使用者成本作为衡量耗竭性资源价值损耗的重要指标，其数值可以表示为有限期稳定收入流与无限期持续收入流之差。由公式（7-4）可知，计算使用者成本的关键在于有限期稳定收入 N、资源开采年限 T 和贴现率 r 的确定。

所谓有限期稳定收入，类似于把矿产资源租赁出去，从每年的资源开采中获得的净收入。李国平[①]、林伯强[②]等在运用使用者成本法进行实证分析时，都将有限期稳定收入定义为销售收入扣除了工资成本、中间成本与正常资本回报以后的余额。在此本研究也借鉴其相同的计算方法，估算有限期稳定收入 N。而估算有限期稳定收入关键在于煤炭价格的选定。

---

①李国平、杨洋：《中国煤炭和石油天然气开发中的使用者成本测算与价值补偿研究》，《中国地质大学学报》（社会科学版）2009 年第 5 期。

②林伯强等：《资源税改革：以煤炭为例的资源经济学分析》，《中国社会科学》2012 年第 2 期。

使用者成本法估算耗竭性资源价值损耗，其基本假设条件之一为，市场是完全竞争的开放型经济，资源价格是由完全竞争市场决定的。在此选取国际煤炭价格作为完全竞争市场价格，以澳大利亚煤炭出口价格作为基准国际煤价。工资成本，通常是按行业平均工资乘以从业人员数，在此以《山西统计年鉴》中煤炭行业在岗职工工资总额，作为山西煤炭资源开采总的工资成本。正常资本回报，即在一般真实市场利率下资本的正常利润回报率，等于煤炭行业固定资产净值与正常资本回报率（一年期的真实利率）的乘积。

通常资源的开采年限与每期的资源开采规模、探明的资源总储量、开采中的资源浪费情况、新探明的资源增加量等因素有关。其中，开采中资源浪费情况很难找到合适指标，而新探明的资源增加量具有随机性和不确定性，这里主要根据山西现有的煤炭开采规模和既有的煤炭储量来大概确定其开采年限。从 1993 年到 2013 年，山西原煤产量由 3.1 亿吨增加到了 9.63 亿吨，资源开采量增加了 2.1 倍。2010 年山西煤炭资源储量为 844.01 亿吨，若按 2010 年的开采规模，山西煤炭可开采 114 年。但实际上，有其他因素影响，还存在一些不确定因素。为了分析和计算的需要，这里初步将山西煤炭资源开采年限确定为 100 年。

使用者成本具有代际外部性的属性，其数值的大小会因贴现率选值的差异而有很大的变化。计算资源使用者成本，贴现率的选取意义非常重大。在早期的耗竭性资源经济理论研究中，Hotelling 就指出，合理的资源开采规模需满足在完全竞争条件下使 Hotelling 租金的增长率等于利率。后来，El Serafy 在运用使用者成本法估算耗竭性资源价值损耗时，也是以市场利率来替代贴现率（前提是完全竞争市场条件下）。贴现率反映的是代际之间的补偿水平，贴现率的选取往往具有主观性。其后许多学者在选择贴现率时，多以市场利率代替代际贴现率，如 Adelman[①]、冯宗宪[②]、李志学[③]等。也有学者将贴现率视为一种经验数据，如李国平、林伯强等。也有对比不同贴现率下，资源使用者成本的差异。

事实上，耗竭性资源的贴现率会受诸多因素的影响，如真实利率、私人与社会对时间的偏好、资本的机会成本、行业的真实利润水平、风险与不确定性等。其中时间因素是影响贴现率的重要因素。一般而言，时间越长贴现率就越小。Lowenstein 和 Thaler[④]、Lowenstein 和 Prelec[⑤]、Mäler 和 Vincent[⑥] 以及 Cropper 等[⑦]都认为，时间

---

① M. Adelman. "User Cost in Oil Production", *Resources and Energy*, 1991, 13: 217～240.

② 冯宗宪、姜昕、王青：《可耗竭资源价值理论与陕北能源价值补偿的实证研究》，《资源科学》2010 年第 11 期。

③ 李志学、张倩：《矿产资源耗减的使用者成本法计量模型及其应用》，《干旱区资源与环境》2012 年第 1 期。

④ G. Lowenstein & R. Thaler. "Intertemporal Choice", *Journal of Economic Perspectives*, 1989, 3: 181～193.

⑤ G. Lowenstein & D. Prelec. "Anomalies in Intertemporal Choice: Evidence and an Interpretation", in G. Lowenstein & J. Elster. (eds.), *Choice Over Time. Russell Sage Foundation*, New York, 1992.

⑥ K. Mäler & J. Vincent. "Intertemporal Welfare Economics and the Environment", *Handbook of Environmental Economics*, 2005, 3: 1105～1145.

⑦ M. Cropper, S. Aydede & P. Portney. "Preferences for Life-saving Programs: How the Public Discounts Time and Age", *Journal of Risk and Uncertainty*, 1994, 8: 243～265.

因素是影响贴现率的重要因素。Weitzman①、Ferenc②在研究代际公平问题时指出，贴现率会随着时间的推移而逐渐降低，在前 25 年代际贴现率需维持在 3%～4%的水平上，接下来的 50 年需要保持在 2%的水平上，当时间跨度到 75～300 年间时，贴现率为 1%。Hallegatte③也认为，在进行跨时期替代选择时，为了协调长期与短期、当代与后代人之间的利益，考虑时间因素以后，贴现率的取值可以根据范围的划定来确定。综合以上因素，参考中国 1993～2013 年的真实市场利率平均水平（2%左右），将山西的贴现率大致确定在 2%～3%的水平范围内。

（二）山西煤炭资源价值损耗测算

通过计算，1993 年至 2013 年间，山西因煤炭资源开采而造成的使用者成本见表 7-1。根据计算结果发现，山西在煤炭资源开采过程中存在巨大的资源价值损耗。1993 年到 2013 年间，山西省煤炭资源开采规模不断扩大，从 1993 年的 31015.0 万吨，到 2013 年的 96257.2 万吨，产量增加了 2.1 倍。其造成的资源价值耗减量，在 3%贴现水平下，1993 年为 251124.8 万元，到了 2013 年达到了 826745.9 万元，增加了 1.3 倍。在 2%的贴现水平下，这一数值 2013 年是 1993 年的 2.3 倍。可见，山西省煤炭资源价值耗减量同其煤炭资源开采量是正相关的，并且这一数值还会随着开采规模的不断增加而提高（见图 7-3）。此外，煤炭资源市场价格越高，其资源价值耗减量也越大，如在 2008 年，国际煤炭价格为 883.3 吨/元，而当年因煤炭资源开采给山西造成的资源价值耗减量就达到了 572.8 亿元，创历史最高。

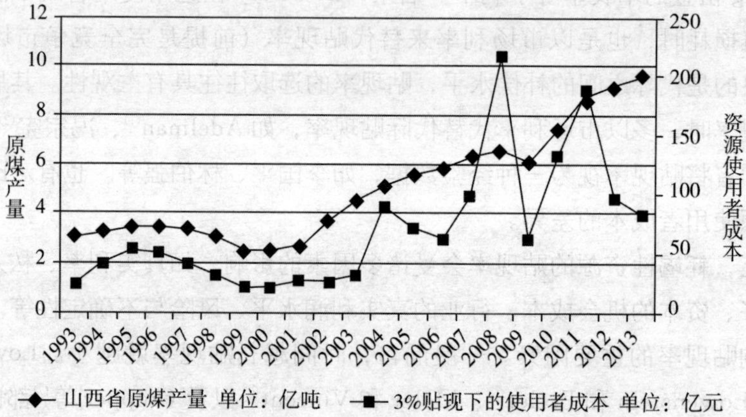

图 7-3 山西煤炭资源开采规模与使用者成本变化趋势

从绝对量来看，1993～2013 年这 21 年中，山西因煤炭资源开采而造成的资源价

① M. Weitzman. "Just keep discounting, but…", in P. R. Portney & J. P. Weyant (eds.), *Discounting and Intergenerational Equity*, *Resources for the Future*, Washington D. C., 1999: 23～29.

② L. Ferenc. "Intergenerational Equity and Discounting", *Integrated Assessment*, 1999, 2: 127～136.

③ H. Stéphane. "A Proposal for a New Prescriptive Discounting Scheme: The Intergenerational Discount Rate", *Working Paper: Nota di lavoro // Fondazione Eni Enrico Mattei: ETA, Economic Theory and Applications*, 2008, 47.

值耗减量更是令人吃惊。在2%的跨期贴现水平下，山西累计造成的煤炭资源价值耗减量高达3911.4亿元，这一价值耗减量占到了2013年山西省整个煤炭行业销售总产值的一半以上。即使按3%的跨期贴现率来计算，这21年间山西共产生了1466.8亿元的资源价值流失，假如按1993年的国际煤炭价格来计算，这也意味着这21年中山西浪费掉了8.1亿吨煤。

表7-1 1993～2010年山西煤炭资源开采使用者成本 （单位：亿元）

年份	2%贴现下	3%贴现下
1993	67.0	25.1
1994	113.8	42.7
1995	145.4	54.5
1996	133.7	50.2
1997	113.4	42.5
1998	83.5	31.3
1999	53.8	20.2
2000	57.6	21.6
2001	73.2	27.4
2002	68.2	25.6
2003	86.2	32.3
2004	235.1	88.2
2005	189.5	71.1
2006	163.6	61.3
2007	259.9	97.5
2008	572.8	214.8
2009	164.6	61.7
2010	349.7	131.2
2011	501.9	188.2
2012	258.0	96.7
2013	220.5	82.7
合计	3911.4	1466.8

数据来源：历年《山西统计年鉴》《中国统计年鉴》《中国能源统计年鉴》《中国劳动统计年鉴》《世界统计年鉴》，以及世界银行全球经济监测数据库。

从山西煤炭资源的利用流向来看，主要分为煤炭出省、煤炭出口和煤炭自用三部分。就地域而言，山西省的煤炭资源70%左右输出到了省外，而只有30%左右的部分用于本区域的消费，这也就意味着每年山西煤炭资源开采所带来的资源价值耗减，

70％损失在了省外，30％损失在了省内。也就是说，煤炭资源价值绝大部分损失在了区域以外，而较少的部分价值流失是因为本地消费而造成的，具体见表7-2。依据要素价格和要素报酬理论，假如需要对耗减的煤炭资源进行价值补偿，本区域以外的消费者应对山西煤炭资源价值进行大额的补偿，山西只需要承担一小部分的价值补偿即可。但事实并非如此，山西省在大量输出煤炭资源以为其他地区提供经济发展动力的过程中，煤炭资源数量急剧减少，煤炭资源价值损耗严重，生态环境破坏严峻，这巨大的资源生态环境成本，不仅没有实现有效的均摊，反而让山西省独自承担。

表7-2　山西1993～2010年煤炭资源使用者成本分摊明细　（单位：亿元）

年份	2%贴现			3%贴现		
	外调出省	外调出口	本省消费	外调出省	外调出口	本省消费
1993	45.6	3.0	18.4	17.1	1.1	6.9
1994	73.1	5.6	35.1	27.4	2.1	13.2
1995	87.2	6.7	51.6	32.7	2.5	19.3
1996	83.9	6.9	42.9	31.5	2.6	16.1
1997	72.3	6.0	35.1	27.1	2.3	13.2
1998	51.7	4.2	27.6	19.4	1.6	10.3
1999	38.7	4.3	10.8	14.5	1.6	4.1
2000	45.3	6.2	6.2	17.0	2.3	2.3
2001	56.3	10.6	6.3	21.1	4.0	2.4
2002	43.6	8.0	16.7	16.3	3.0	6.3
2003	49.2	8.0	29.0	18.4	3.0	10.9
2004	142.9	19.6	72.6	53.6	7.4	27.2
2005	136.8	11.3	41.4	51.3	4.2	15.5
2006	121.4	9.8	32.3	45.5	3.7	12.1
2007	209.2	12.0	38.8	78.4	4.5	14.5
2008	447.9	18.3	106.5	168.0	6.9	40.0
2009	117.3	2.1	45.2	44.0	0.8	17.0
2010	239.3	2.4	108.1	89.7	0.9	40.5
2011	336.3	2.0	163.6	126.1	0.8	61.4
2012	163.3	0.5	94.2	61.2	0.2	35.3
2013	140.9	0.2	79.4	52.8	0.1	29.8
合计	2701.9	147.9	1061.7	1013.2	55.4	398.2

数据来源：历年《山西统计年鉴》《中国统计年鉴》《中国能源统计年鉴》《中国劳动统计年鉴》《世界统计年鉴》，以及世界银行全球经济监测数据库。

二、山西煤炭资源价值补偿实践

新中国成立到20世纪80年代，中国对矿产资源实行的是无偿开采政策。1984

年，《中华人民共和国资源税条例（草案）》，结束了矿产资源无偿使用的时代，开始对煤等矿产从量征收资源税。其中，一般煤种按0.3元～5元征收。从性质上来说，资源税体现的是一种级差地租，是对矿产资源稀缺性价值的补偿，其计征量的多少，不能反映资源耗竭性价值补偿。为维护矿产资源的国家所有权，1999年国家开始征收采矿权探矿权使用费、采矿权探矿权价款。采矿权探矿权使用费其实质是矿地租金，采矿权探矿权价款是对矿产资源发现权的补偿，也不能反映资源耗竭性价值补偿。能实现资源耗竭性价值补偿的主要渠道，主要是矿产资源补偿费。1994年中国出台了《矿产资源补偿费征收管理规定》，旨在促进矿产资源的勘察、保护与合理开发。其征收额度按照固定的补偿费费率和企业开采回采率系数对企业的销售收入进行计征。其中煤炭的补偿费费率为1％。为了计算的需要，这里假设所有企业的回采率系数都为1。同时，在补偿费的分配上，中央与省、直辖市按5∶5分成。根据国家统计年鉴及山西统计年鉴的相关数据，得到表7-3所示的煤炭资源补偿费。

表7-3　1993～2010年山西煤炭资源耗竭性价值补偿情况　（单位：亿元）

年份	山西征收的矿产资源补偿费	山西实际获取的矿产资源补偿费
1994	1.9	1.0
1995	2.3	1.1
1996	2.8	1.4
1997	3.0	1.5
1998	2.5	1.2
1999	2.3	1.2
2000	2.4	1.2
2001	3.0	1.5
2002	3.9	1.9
2003	5.3	2.7
2004	9.0	4.5
2005	12.9	6.5
2006	16.6	8.3
2007	21.0	10.5
2008	33.2	16.6
2009	33.2	16.6
2010	45.1	22.6
2011	31.2	15.6
2012	34.3	17.1
2013	54.0	27.0
合计	319.9	160.0

数据来源：历年《山西统计年鉴》《中国统计年鉴》。

从理论上来说，煤炭资源价值耗减的补偿程度关系到煤炭资源的可持续开发利用水平。山西煤炭资源价值耗减的补偿程度，尤其是其耗竭性价值的补偿程度不仅取决于矿产资源补偿费的补偿数量，也取决于矿产资源补偿费中地方政府所能分配到的数额。从表 7-3 可见，自 1994～2013 年间，虽然征收的矿产资源补偿费在不断增加，但相对于已经造成的资源价值耗减而言，山西矿产资源耗竭性价值补偿，不仅总额度低，而且真正用于地方弥补煤炭资源价值耗减的补偿更低。自 1994～2013 年间，山西省共征收煤炭资源的补偿费为 319.9 亿元，而累计用于地方矿产资源耗竭性价值补偿的总量也仅为 160 亿元。而这还不及 3％贴现下山西矿产资源价值损耗量的十分之一，可见补偿额与损失额相距甚远，具体如图 7-4 所示。

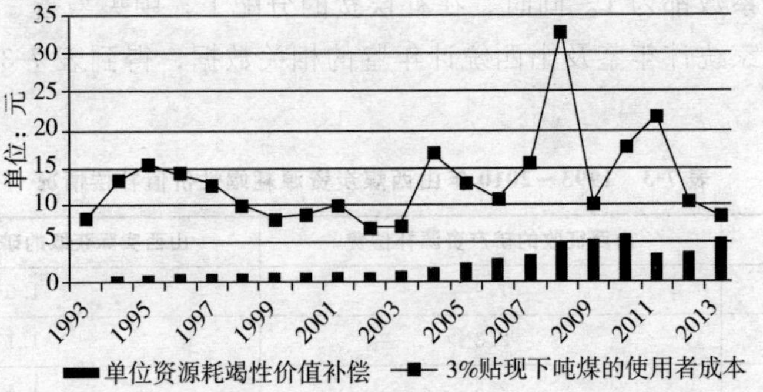

图 7-4　3％贴现下的煤炭资源价值损耗与单位资源价值补偿对比

三、山西煤炭资源价值补偿评价

大规模资源开发，耗竭性价值补偿不足，造成了山西煤炭资源价值的巨大损耗。从可持续发展的角度来看，由于矿产资源耗竭性价值补偿不足，山西矿产资源价值总量在不断减少。当代人大规模地开采矿产资源，享有巨额资源收益，却未对因资源开发而造成的价值损耗进行足额补偿，这直接损害了后代人利益，削弱了区域可持续发展能力。从山西省煤炭资源价值损耗与耗竭性价值的补偿程度来看，从 1993～2013 年间，山西省煤炭资源价值损耗十分严重，但同时对煤炭资源耗竭性价值的补偿又是十分不足的，山西省煤炭资源净价值总量在急剧减少。如表 7-4 所示，1993～2013 年间，山西省矿产资源开发中煤炭资源价值损失严重，在 2％的贴现水平下，资源价值净损失量累计高达 3751.48 亿元，比山西省 1993～2002 年间的 GDP 总和还要高。即使在 3％的贴现下，这一损失值也累计高达 1306.86 亿元。可见，山西省大规模的煤炭资源开采，造成了巨大的煤炭资源价值流失，却未能对其进行相应的合理补偿，当代人对矿产资源价值的肆意攫取和损耗，势必影响整个区域乃至后代子孙的可持续发展能力。

表 7-4　不同贴现率下山西历年煤炭资源价值净损耗量　　　　（单位：亿元）

年份	2%贴现下	3%贴现下
1993	66.97	25.11
1994	112.83	41.71
1995	144.3	53.4
1996	132.34	48.76
1997	111.93	41.04
1998	82.3	30.09
1999	52.62	19
2000	56.44	20.43
2001	71.68	25.94
2002	66.28	23.64
2003	83.48	29.64
2004	230.54	83.63
2005	183.06	64.6
2006	155.24	53.02
2007	249.44	86.99
2008	556.14	198.17
2009	148.02	45.12
2010	327.15	108.58
2011	486.36	172.65
2012	240.835	79.615
2013	193.47	55.67
合计	3751.48	1306.86

数据来源：历年《山西统计年鉴》《中国统计年鉴》《中国能源统计年鉴》《中国劳动统计年鉴》《世界统计年鉴》，以及世界银行全球经济监测数据库。

第八章 矿业寻租、租值耗散与社会福利损失

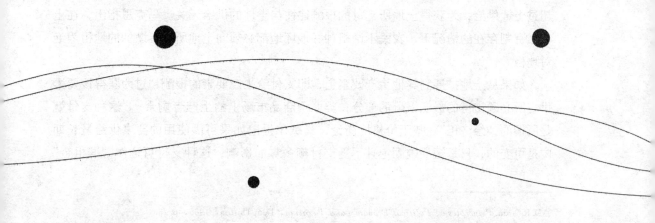

矿产资源开发是一把双刃剑，在为人类造福的同时，也不同程度引发了寻租、腐败等问题。作为一种非生产性活动，寻租需要耗费一定的资源和成本，不仅不创造社会财富，还会导致租值耗散与社会福利水平的降低。本章针对矿业领域存在的寻租和租值耗散问题，重点研究租金的来源和租值耗散的形成，并以山西煤炭开发为例，粗略测算矿产开发中的社会福利损失。

第一节　矿业寻租与租值耗散

基于公共选择学派的视角，寻租是指企业为了获得和维持垄断地位，通过政治特权得到垄断利润或者获取垄断租金的行为。矿业领域具有巨大的寻租空间，尤其在资源的出让和转让中，权力寻租与行政垄断、腐败等行为常常相伴而生。在寻求资源租金和垄断租金的过程中，会形成许多既得矿业利益集团。政府利用其行政特权，创造和维护这些矿业利益集团的既得利益。这些利益集团采取游说、贿赂以及其他形式增强其影响力，引诱或胁迫政府制定对其有利的产业政策，从而攫取垄断利润，最终产生租值耗散和社会福利损失。

一、租金、寻租及租值耗散

“租”，也称“租金”(Rent)，最初是指为使用土地而付给土地所有者的报酬，即地租。此后，租金概念的内涵与外延不断变化，从古典主义地租理论、马克思地租理论、新古典主义租金理论一直演变到现代租金理论。

最初的租金研究局限在地租上，亚当·斯密指出地租系对土地使用所支付的价格，是土地产品价格扣除工资和利润后的余额，地租高低与土地肥沃程度及市场远近有关。李嘉图把租金称作对“使用土壤的天然而不可毁灭的肥力”所做的支付，而土地的最大特点是假定它不能被毁灭（即供给不为价格所左右）。[①] 土地是生产活动中必要的投入要素，由于土地私有权的垄断以及具有天然肥力，使得土地使用需求往往超过土地供给，为获得土地所支付的报酬往往与土地的供给无关。马克思指出，在土地私有制存在的情况下，农民不论租种好地坏地都必须向土地所有者缴纳的地租为绝对地租。

如果从土地扩展到其他生产要素上，即支付给生产要素的报酬超过为获得该要素供应所必须支付的最低报酬的部分，类似于商品市场上的生产者剩余[②]。这种支付就是所谓的“经济租”。基于价格均衡论，马歇尔提出如果可供使用的要素供给量长期内是可变的，只是短期内固定且不受支付额多寡的影响，这种支付可称作“准租金”

① D. Ricardo. *Principles of Political Economy and Taxation*, Dent Dutton, 1965, p. 23.
② 贺卫、王浣尘：《西方经济学说史中地租理论的演变》，《当代经济科学》2000年第3期。

(Quasi-Rent)。[1]“经济租”“准租金”概念极大地拓展了租金理论的内涵和外延，涵盖了一切生产要素所能产生的超额利润，即超过其机会成本的收益，例如人力资本租金（例如艺术家依靠天资天赋获得的超过一般人力资本边际价值的高额收益）、技术租金（拥有专利权技术获得的超过普通技术边际利润的收益）、企业家才能租金（其管理能力超过其边际能力获得的收益），甚至还有市场垄断造成的垄断租金、政府干预“创造”的制度租金，等等。

公共领域里全部资源的价值被称作“租”，如果存在经济价值，就会引起所谓的“寻租”（Rent-seeking）或“追租”（Rent-capturing）行为。在市场经济中，政府如果动用行政权力干预市场秩序或者管制企业和个人的经济活动，就会阻碍正常的市场竞争，创造只供少数特权者享有的超额收入，即“租金”。谋求某种特殊权力以获得租金的活动，被称作“寻租”。寻租理论萌芽于 Tullock（1967）的一篇论文《关于税、垄断和偷窃的福利成本》。他的观点是，人们会竞相通过各种疏通活动，争取垄断特权而获得垄断租金，这个过程即寻租。在竞相寻租的情形下，理性的经济人认为，花费一定费用去谋取所期望的收益是值得的。换句话说，为了得到寻租的好处，寻租者都需要花费成本，税收、关税和垄断所造成的社会福利损失远远超过通常的估算。[2] Kreuger（1974）在《寻租社会的政治经济学》一文中发展了 Tullock 的观点，正式提出寻租概念，她认为人们通过竞相争夺进口垄断权，获取垄断租金，对社会而言是一个损失，她利用经验数据估算了国际贸易中人们为获得进出口配额而进行寻租活动所造成的损失。[3]

公共选择学派的 Buchanan 等人（1980），提出了两个重要观点：一是寻租是通过政治活动进行的，这种活动必然有一个作为管治者的个人或组织，其能够控制或影响资源分配；二是如果要限制寻租就要规范政府行为。[4] 在经济学领域，寻租理论增加了政府活动的因素，是对传统经济学的补充和延伸。该理论认为，政府活动会有意或无意地对市场机制和资源配置产生影响，并创造额外的利益或好处，引起寻租。与完全竞争市场中能够增进社会总福利的寻利活动不同，寻租是一种非生产性活动，需要耗费一定的资源和成本，实质上是社会财富的人为转移，并不创造社会财富，只会导致社会总福利量的损失。

公共领域内的资源租金随着寻租、追租活动而减少，直到所消耗的边际交易成本等于边际租值收益，可能存在的租值被消耗为零，这一过程就是所谓的“租值耗散”（Rent Dissipation）。租值耗散理论是新制度经济学和现代产权经济学中的重要内容。其内涵是，原本有价值的资源或财产，由于产权安排方面的缺陷，其租金（或价值）

① 马歇尔：《经济学原理》（下卷），商务印书馆 1965 年版。

② G. Tullock. “The Welfare Costs of Tariffs, Monopolies, and Theft”, *Economic Inquiry*, 1967, 3: 224～232.

③ A. O. Krueger. “The Political Economy of the Rent-seeking Society”, *The American Economic Review*, 1974, 3: 291～303.

④ J. M. Buchanan et al. *Toward a Theory of the Rent-seeking Society*, Texas A & M University Press, 1980.

下降，乃至完全消失。张五常认为“租值耗散”并非很严谨的概念，它是指无主的、没有界定清楚权属的收入，在竞争下会消散，在边际上会下降为零，所有租值消散都是交易成本或社会费用，其实质是社会总收益的下降。①

二、矿业寻租的产生与危害②

在以采掘业为主的资源型区域，寻租和腐败是一种较为普遍的现象。这种现象的频频发生既与矿产资源开发的特殊性有关，也与政府对资源的管控程度有关，还与制度、法律、市场等社会因素密切相关。

（一）客观条件

矿产资源开发需要大量的资本投入，进入门槛较高，且易于形成垄断，由此可能滋生寻租和腐败。Tanzi（1998）③、O'Higgins（2006）④ 指出，垄断以及不受限制的自由裁量权是腐败形成的必要条件。在采掘业领域，尤其是在集中控制的“点”资源的条件下，存在复杂的权力关系和较高的资源租金，一俟出现垄断和权力滥用情况，寻租便会成为十分普遍的现象。

资源开发企业的资产专用性强，可能引致企业参与寻租活动。Truelove（2003）强调了采掘行业公司的脆弱性，这些公司为了获取某地资源勘探许可，在实际生产前会支付给该地区或该国政府大量的租金，从而与政府部门绑定在一起。这些巨额的租金成为沉没成本，为了后续资源开采和收回成本，公司不得不迎合政府的决策，从而导致寻租现象的继发与深化。⑤

自然资源开采过程的长期性与复杂性，易于滋生寻租腐败。在长期的开采过程中，政府部门具有较大的自由裁量权，公司需要与政府打交道，以获得特许使用权并签订合同；政府部门则以定金或特许使用费的形式获得收入，这些都导致寻租和腐败的高发。⑥

资源租金是寻租和腐败活动的对象。与其他部门相比，资源部门的资源租金要丰厚得多，资源丰裕国家的寻租活动与资源租金密切相关。Alba（2009）等人认为，由于自然资源价格的持续波动，租金通常是未申报的、不透明的和不稳定的，大量的租

---

① 张五常：《合约结构和非专有资源理论》，商务印书馆2000年版，第81～109页。

② 本部分内容较多地参考了 K. Moß. “Fighting the Curse by Lifting the Curtain—How Effective Is Transparency as an Instrument to Escape the Resource Trap?”, *Schriftenreihe des Politikwissenschaftlichen Instituts der Universität Duisburg-Essen*, Tectum Verl 20, 2012: 21～24.

③ V. Tanzi & HR. Davoodi. *Corruption, Public Investment, and Growth*, Springer Japan, 1998, pp. 41～60; ER. O'Higgins. “Corruption, Underdevelopment, and Extractive Resource Industries: Addressing the Vicious Cycle”, *Business Ethics Quarterly*, 2006, 16, 2: 235～254.

④ ER. O'Higgins. “Corruption, Underdevelopment, and Extractive Resource Industries: Addressing the Vicious Cycle”, *Business Ethics Quarterly*, 2006, 16, 2: 235～254.

⑤ A. M. Truelove. “Oil, Diamonds, and Sunlight: Fostering Human Rights through Transparency in Revenues from Natural Resources”, *Georgetown Journal of International Law*, 2003, 35: 207.

⑥ A. Standing. “Corruption and the Extractive Industries in Africa Can Combatting Corruption Cure the Resource Curse?”, Institute for Security Studies Papers, 2007, 153: 26～28.

金为寻租腐败活动提供了肥沃的土壤，这些活动常常以十分隐秘的方式进行，以降低被察觉和处罚的风险。[①]

（二）主观条件

矿业领域的寻租与腐败现象，除了与资源部门的特殊性有关，还与该国政府的行政能力或水平密切相关。在资源丰裕国家，政府寻租或腐败的动机大致有两种类型。

一类是为巩固权力而寻租的行为动机。Ernst（2007）等学者认为，巨额的资源租金强化了统治阶层巩固其权力的动机，政府通过滥用资源收益来达到其巩固权力的目的。寻租包括对某些特定政治团体实施资金援助政策，或者为了获得政治支持降低税率，或者升级安全装备来维持政治权利等。[②] 寻租主要是政府为了巩固其获取高额资源租金的权利所引起的活动。

另一类是将生产性活动转向非生产性活动的行为动机。其目的在于，以不断加深的腐败或寻租等形式来分享可获取的资源租金。Collier（2004）强调，自然资源部门的大量收益激励着企业和政客从事寻租、腐败等活动，他们以国家或社会整体福利损失的代价来获取利益。[③] Kolstad 和 Søreide（2009）认为，这个过程是一个零和博弈，市场参与者竞争的目的是为了最大化其资源收益的占有份额，而不是采取合作和生产性的行为来增加社会净收入。[④] Amundsen（1999）认为，在资源开发的整个过程中，既包括企业家寻求有利待遇和条款的活动，也包括政府的相关寻租活动，结果导致政府部门普遍缺乏创造良好市场环境的动机，例如制定完备的私人财产法或建立一个充分竞争的市场环境。相反，政府官员更热衷于通过给予企业政治优惠的形式（如市场保护或垄断）来获取资源租金，或者在政府操纵的私有化过程中直接侵吞和挪用资源收益。[⑤]

（三）寻租活动的危害

寻租活动是经济发展、政治稳定和社会进步的陷阱，干扰和影响经济社会发展，使社会长期处于紊乱、停滞和低效的状态。矿业领域寻租行为的危害主要表现为以下几个方面：

寻租造成社会资源的浪费。寻租是“寻求直接的非生产性利润的活动”，不仅不创造社会价值，而且还伴随着各种形式的资源消耗：一是寻租者进行游说所花费的时间与精力，为疏通关系而支出的礼品与金钱；二是政府官员获得自己满意的租金以及

---

① E. M. Alba & E. March. “Extractive Industries Value Chain. A Framework for Managing Non-renewable Resources”, *The World Bank*, *EI source book*, 2009: 3.

② U. Ernst et al. “Developing Alternatives: From Curse to Cures”, *Developmenting Alternatives*, 2007, 11, 1: 1～43.

③ P. Collier & A. Hoeffler. “Resource Rents, Governance, and Conflict”, *Journal of Conflict Resolution*, 2005, 49, 4: 625～633.

④ I. Kolstad & T. Søreide. “Corruption in Natural Resource Management: Implications for Policy Makers”, *Resources Policy*, 2009, 34, 4: 214～226.

⑤ I. Amundsen. “Political Corruption: An Introduction to the Issues”, CMI Working Paper, 1999.

为掩人耳目而付出的时间、精力与资源；三是政府为对付寻租者的游说与贿赂而进行的反游说、反贿赂所耗费的时间、精力与资源，即反寻租的成本。同时，寻租的“非生产性”缩减了社会生产规模，降低了社会产品供给量和社会福利水平。

寻租阻碍市场机制的有效运行。寻租活动阻碍市场机制的正常发挥，将大量企业家才能从经济创新活动引导到了寻租活动方面，妨碍了有效性生产方式的实施，提高社会的生产成本，扭曲了资源配置。例如，获得政府特许的资源型垄断企业往往没有强烈的动机去优化管理、改进技术、提高质量、降低成本、改善服务、增强市场竞争力，从而降低整个社会的经济效率。当寻租者得逞时，不当的政府管制所形成的垄断将使社会付出沉重代价。

寻租减少社会财富和产生分配不公。寻租活动是一种非生产性活动，并不增加任何新产品或新财富，只是改变了生产要素的产权关系，把部分国民收入装进了私人腰包。寻租和反寻租所耗费的社会资源，如果投入到社会财富的创造中去，比如投资于生产或用于研究与开发活动，必然能增加社会财富。在寻租社会中，生产者未必多劳多得，而寻租者却可能大发横财，这对努力工作的生产者来说是很不公平的。在资源型区域，寻租为人们提供了一种扭曲的刺激，具有极强的传染性或示范效应。在一个社会中，如果多数商业上的成功者能从寻租活动中受益，那就没有多少人肯靠努力生产来获取财富了。

寻租导致腐败盛行、损坏政府形象。寻租行为孕育“商人型政客”，会降低政府官员的道德水准和刺激官员的腐败行为，造成资源部门的不正之风，不可避免地影响到政府及权力机构的公信力，最终损害政府的形象与权威。建立在背景、权力、靠山、金钱、关系之上的利益分配机制，违反了诚实劳动者受奖这一社会道德准则，破坏了公正、公平、公开竞争的基本原则，其实质是一种社会福利损失。

三、矿业租值耗散及其形成

采矿业是较多地受到政府干预和管制的行业之一。在资源出让和转让的过程中，政府部门通过设置市场进入壁垒或垄断要素所有权来创造租金，市场进入者或要素使用者必须要通过寻租活动才能获得政策优惠或者维持垄断地位。这种设租和寻租活动所耗费的成本既可能是实际的支出，也可能是一种交易成本，但都不会产生任何有社会价值的副产品，从而导致了租值耗散。

在图 8-1 中，L 表示矿产开发需求曲线，S 表示在自由竞争情况下企业矿产品的供给曲线，L 与 S 相交于点 E。在生产规模一定时，资源型企业投入的总资本是一定的。在政府管制情况下，寻租所耗费的成本与资源越多，意味着用于劳动力、资本、技术等生产要素的成本就越少，于是矿产品供给曲线向上移动到 S_1，与 L 相交于点 H。当 L 与 S 相交时，所产生的消费者剩余是三角形 O_1PE；在政府管制和寻租的情况下，消费者剩余是 O_1P_1H。这会造成两个后果：一是产生了社会净福利损失，即所谓的“哈伯格三角形”HCE，二是产生了塔洛克四边形 PP_1HC，即社会福利在消费者剩余和生产者剩余之间的转换，即垄断性租金。塔洛克（1999）认为，这些租金

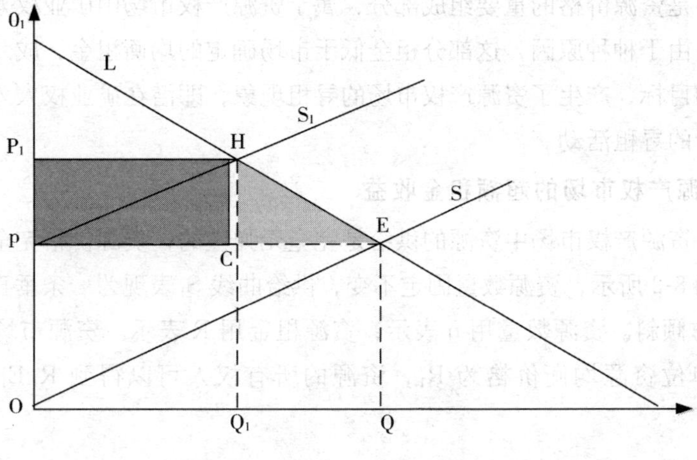

图 8-1 政府管制、寻租与租值耗散

只有很小的一部分为寻租者所得，其余都充当了转移性社会成本，在非效率性转移和竞争性租金耗散中蒸发了，实质上也是一种社会福利损失。[①] 因此，在政府管制和寻租的情况下，资源开发中的租值耗散实质是管制和垄断下社会成本的增加和社会福利水平的下降。

第二节 矿业寻租的租金源[②]

矿产资源的稀缺性、可耗竭性及其战略属性，决定了资源产权市场和产品市场的特殊性。资源产权市场中，均衡租金高于矿业权人向资源所有权人缴纳的租金，产生超额租金收益；资源产品市场中，成本的不完全以及政府对产量的控制，导致产品市场长期存在超额利润的可能。超额的租金收益与利润，成为经济主体寻求额外收益的租金源，导致了寻租行为的发生。寻租治理，须从租金源入手，合理确定资源所有权价格，完善资源成本，加强政府监管，调控资源收益。

一、矿产资源产权市场寻租的租金源

《中华人民共和国矿产资源法》（1996 年）第一章第三条指出：矿产资源属于国家所有，由国务院行使国家对矿产资源的所有权。国家作为矿产资源的唯一所有权人，在出让资源的采矿权过程中，有权获得资源的租金收益，具体表现为采矿权价款。获得采矿权的矿业权人，拥有资源的使用权、处置权与部分收益权。在资源开采与销售中，需要缴纳资源税、矿产资源补偿费等。采矿权价款、资源税、矿产资源补

① G. Tullock. "The Welfare Costs of Tariffs, Monopolies, and Theft", *Economic Inquiry*, 1967, 3: 224～232.

② 本节内容已发表，见张复明：《矿业寻租的租金源及其治理研究》，《经济学动态》2010 年第 8 期。

偿费等税费，是资源价格的重要组成部分，属于资源产权市场中矿业权人向所有权人缴纳的租金，由于种种原因，这部分租金低于市场确定的均衡租金，成为潜在矿业权人竞相争夺的目标，产生了资源产权市场的寻租现象，即潜在矿业权人为获取超额租金收益而进行的寻租活动。

（一）资源产权市场的超额租金收益

短期内，资源产权市场中资源的供给是完全无弹性的，资源价格完全取决于市场的需求。如图 8-2 所示，资源数量固定不变，供给曲线 S_1 表现为一条垂直线；需求曲线 D 向右下方倾斜。资源数量用 q 表示，资源租金用 R 表示。资源市场供求均衡条件下，确定单位资源均衡价格为 R_1，资源的所有权人可以得到 $R_1E_1q_1O$ 的租金收益。

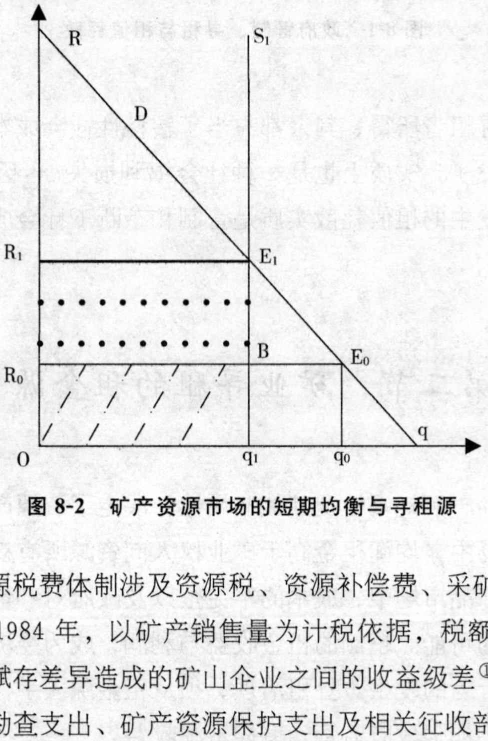

图 8-2　矿产资源市场的短期均衡与寻租源

中国现行矿产资源税费体制涉及资源税、资源补偿费、采矿权价款、采矿权费用等方面。资源税始于 1984 年，以矿产销售量为计税依据，税额幅度不等，主要目的在于平抑因矿产资源赋存差异造成的矿山企业之间的收益级差①。资源补偿费的主要目的是用于矿产资源勘查支出、矿产资源保护支出及相关征收部门的经费补助。采矿权费用是对土地占用形成的地租。采矿权价款是从 2003 年 8 月开始实施的，主要通过"招（标）拍（卖）挂（牌）"等市场方式取得，在一定程度上能够反映市场的需求。但在实际操作中还存在"围标""串标"等现象，不能够完全反映资源的市场价值。其结果，造成资源矿业权人向所有权人缴纳的资源租金明显低于资源产权市场均衡下确定的资源租金。

如图 8-2 所示，假设单位资源的实际租金收益为 R_0，则所有权人得到 R_0Bq_1O 的实际收入，超额的租金收益 $R_1E_1BR_0$ 为矿业权人获取。而此时，资源市场上的资源

① 2014 年 12 月，煤炭资源税改为从价计征，其配套的税费体系尚未出台。在此，仍然以之前从量计征进行分析。

需求数量不再是 Oq_1，而是 Oq_0，资源供给数量则仍为 Oq_1。为了获取超额租金收益，更多的潜在的矿业权人就会竞相争取有限的采矿权。只要对获取单位资源付出的成本小于 R_1R_0，其行为就是经济的。超额租金收益 $R_1E_1BR_0$成为矿产资源产权市场寻租的租金源。

（二）资源产权市场超额租金收益的变化

从长期来看，资源的供给与需求都可能发生变化，进而引起均衡租金收益的变化。

1. 需求不变、供给减少的资源价格与超额租金收益

从长期来看，在现有技术条件不变的前提下，随着资源的耗竭，资源的供给数量是递减的，表现为供给曲线向左方移动，图 8-3 中 S_1移动到 S_2。假设需求不变，则单位资源租金收益从 R_1变为 R_2。均衡点的移动导致单位资源租金收益的增加。如果矿山是在时期 1 获取的，国家按照 OR_0获取单位资源租金，那么单位资源租金的额外剩余收益会更大，对剩余租金收益 R_0R_2的争夺会更激烈。由此说明，随着时间的推移，资源的价值在增加，即使矿产品市场不发生变化，资源产权市场中均衡租金收益应该是逐步提高的。

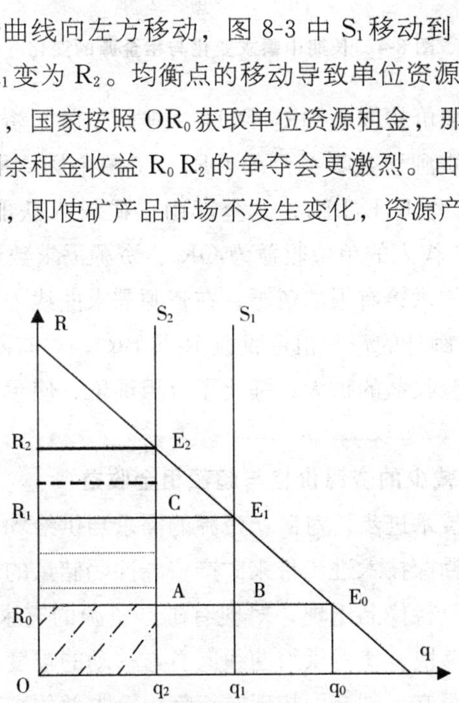

图 8-3　长期中供给变化与租金源的变化

2. 需求增加、供给不变的资源价格与超额租金收益

从长期来看，在现有技术条件不变的前提下，矿产品的需求是呈上升趋势的，价格一般来说也是呈上升趋势的①。如果矿产品价格上升，则会带来资源市场需求的增加，需求曲线向右上方移动，引起租金收益发生变化。如图 8-4 所示。假设矿产品价格上升之前，资源需求曲线为 $VMP_1$②；此时，资源所有权人的单位租金收益为 OR_0，则超额租金收益为 $R_1E_1BR_0$；随着矿产品价格上升，资源需求曲线从 VMP_1变

---

① 这里主要是从矿产品价格变化的整体趋势来看，并不排除阶段性的价格下降。

② 产权市场中，需求者多采用招、拍、挂等市场方式取得采矿权，参与主体多，竞争性强，可以看作是完全竞争市场。

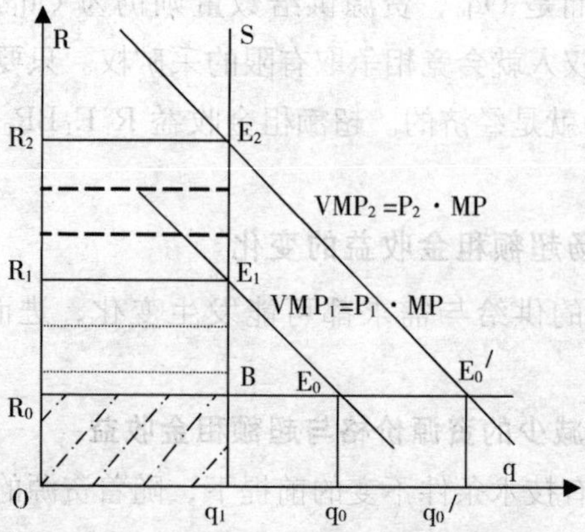

图 8-4　长期中需求变化与租金源的变化

为 VMP_2，资源单位均衡价格变为 OR_2。如果采矿权价款、资源税等不发生变化，资源所有权人获取的单位资源租金收益仍为 OR_0，资源市场均衡价格 OR_2 下的超额租金收益从 $R_1E_1BR_0$ 扩大为 $R_2E_2BR_0$，且全部由采矿权人获取。在资源需求曲线为 VMP_1 条件下，资源所有权人的单位收益为 OR_0，资源需求数量为 q_0，促使更多潜在的采矿权人来争取少量的供给有限的资源；在资源需求曲线为 VMP_2 条件下，资源需求数量为 q_0'，为了获取额外的资源租金收益 $R_2E_2BR_0$，对有限资源 q_1 的争夺更为激烈。可见，随着超额租金收益的扩大，强化了寻租现象，使更多的采矿权人不惜代价争取额外收益。

3. 供给增加或需求减少的资源价格与超额租金收益

从长期来看，随着技术进步，对矿产资源的需求与供给均可能发生变化。其影响主要表现在两个方面：勘探技术进步带来矿产资源探明储量的增加，即矿产资源供给增加；生产技术进步导致替代品出现，对现有矿产资源的需求减少。前一种条件下，如果技术进步的速度足够快，使得供给曲线向右方移动的幅度，超过资源耗竭引发的供给曲线向左方移动的幅度，则会引起现有超额租金收益的减少；如果移动幅度足够大，将可能导致现有超额租金的消失。后一种条件下，如果技术进步速度足够快，使得需求曲线向左方移动的幅度，大于经济发展对资源需求增加导致需求曲线向右方移动的幅度，则会引起现有超额租金收益的减少；移动幅度足够大，也可能引致现有超额租金收益的消失。技术进步是需要成本的，其实现有两种方式：出于战略需要，由国家投资对资源勘探、替代品等相关领域进行基础性研究与开发；为追逐市场利益，当技术开发成本低于资源租金收益时，企业会进行相关领域的研究与开发工作。技术进步是一种趋势，但同时也是一个较长时间的探索过程。一旦出现变革性的技术进步，将会引发资源产权市场的重大变革。

（三）作为租金源的超额租金收益及其所引致的寻租行为

产权市场分析说明，在技术条件不变前提下，资源供给数量在短期内不发生变化，在长期内有减少的趋势。当前，中国资源产权市场还不完善，本应属于所有权人的租金收益，往往被采矿权人获得。从长期看，这部分被采矿权人获得的超额租金收益还有增长的趋势。为了获取这部分额外租金收益，数额众多的潜在的采矿权人之间展开竞争。事实上，只要采矿权人付出的代价小于额外的资源租金收益，那么这种付出就是合算的，导致产权市场寻租行为的发生。这部分超额租金收益，成为寻租的租金源。在技术不变的条件下，随着时间的推移，市场上对资源需求增加，而供给则呈现减少趋势，导致资源均衡价格上升。如果资源所有权人的收益不发生变化，那么资源市场均衡价格与采矿权人支付的价格差距会进一步扩大，单位资源租金的超额收益日益上涨。相应地，超额资源租金收益越大，参与竞争的经济主体越多，寻租成本越高，竞争将会更为激烈。

综上分析，矿产资源产权市场存在的超额租金收益，成为产权市场寻租的租金源；寻租的规模与强度随超额租金收益的增加而加剧。

二、矿产品市场寻租的租金源

为了提高资源的回采率，减小对生态环境的破坏程度，往往采用以国有矿为主体的跨区域、大面积、大规模的矿产资源开采方式。对于分散的小矿体或者大矿区边缘的零星矿产，多数由个体或集体采矿者介入。由于矿产品种类不同或赋存条件不同，可能出现不同的市场结构，例如，动力煤市场属于过度竞争市场，镍矿市场属于单寡头市场结构，石油市场属于多寡头市场结构。为谋取行业整体利益，资源所在国或地区政府往往对资源的产量、价格或产业组织方式进行管制，如实行价格同盟或价格协商，控制生产规模，采取关小建大等方式实行资源整合和企业重组，推进资源产业集团化建设，矿产品市场多表现为寡头垄断与政府管治下的垄断竞争市场，使超额利润的长期存在成为可能。超额利润的存在，成为更多潜在生产者争夺的目标，产生了矿产品市场的寻租现象。

（一）矿产品市场的超额利润

本部分以完全垄断[①]（单寡头市场）、政府管治下的垄断竞争为例进行分析。

1. 完全垄断情况下的超额利润：塔洛克四边形

如图 8-5 所示，在完全垄断情况下，垄断厂商可以长期获得超额利润，即塔洛克四边形 $P_1F_1E_1C_1$，构成寻租的租金源。塔洛克四边形与哈伯格三角（F_1GE_1）共同导致完全垄断市场结构下的福利损失。

2. 垄断竞争情况下的超额利润：政府对价格或产量的管制

垄断竞争情况下，市场对厂商的需求曲线依然是向右下方倾斜。与垄断厂商相比较，需求曲线与边际收益曲线要平缓一些。由于厂商数目众多，竞争性较强，在长期过程中，出现与完全竞争市场相同的结果，即厂商的超额利润为零，如图 8-6 中的 G

① 在减少资源损耗与保护生态环境等多重目标约束下，根据资源储藏特点与技术需要，矿产品以机械化大规模生产为主，以分散性小规模生产为辅，形成多寡头市场结构与垄断竞争结构。为了计算方便，这里以完全垄断为例，现实中根据矿产品种类不同，其垄断程度有所差异，有接近完全垄断市场，即单寡头市场结构，也有多寡头市场结构。

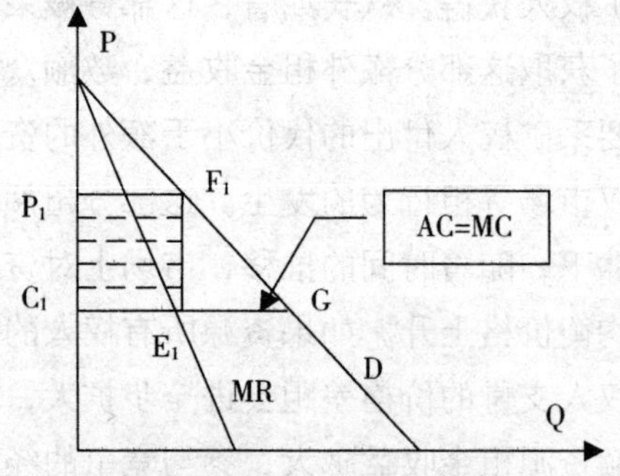

图 8-5 完全垄断条件下的租金源

点。但事实上，政府出于保护当地利益的考虑，会通过价格同盟或价格协商，对产品价格进行管制，或者对产量进行控制，保持矿产品的零增长，垄断竞争厂商可以据此获得超额利润 $P_2F_2E_2C_1$。如图 8-6 所示，这一超额利润额高于完全竞争条件下的零利润额，低于完全垄断条件下的利润额，沦为垄断竞争条件下寻租的租金源。

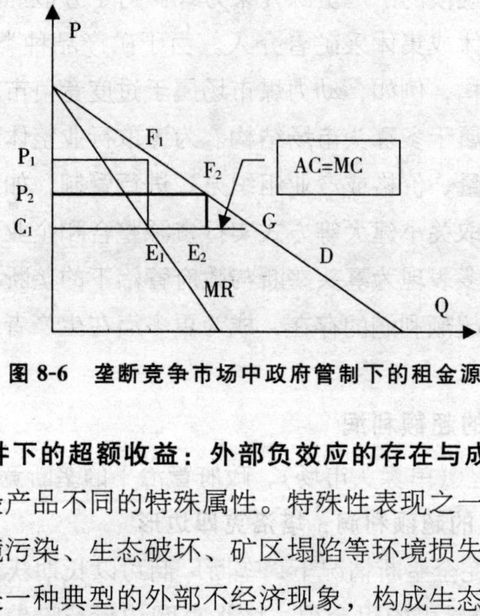

图 8-6 垄断竞争市场中政府管制下的租金源

3. 非完全成本条件下的超额收益：外部负效应的存在与成本缺失

矿产品具有与一般产品不同的特殊属性。特殊性表现之一：矿产品生产即矿产资源开采过程中带来环境污染、生态破坏、矿区塌陷等环境损失，严重影响当地居民的生活与生产发展，这是一种典型的外部不经济现象，构成生态环境成本。中国已经收取土地复垦费、水土流失防治费、排污费等，但数额之微，远不能满足资源开采带来的巨大生态环境破坏。特殊性表现之二：矿业投资具有显著的沉没成本。无论在自由放任的市场还是在有规制的市场，沉没成本都有可能导致严重的、持久的资源配置扭曲，包括投资不足、投资过度或产业刚性等。必然或迟或早地面临产业转型，届时必须要付出巨大的转型成本。此外，不同于其他商品，资源开采过程中安全生产问题突出，为此必须付出相应的代价，也即安全成本。这几个方面问题构成的成本尚未完全体现在矿产品的私人生产成本中，导致了额外收益的存在。

(二) 成本作为外生变量情况下矿产品市场的超额利润变化

从长期看，矿产品市场总体上存在需求增加、供给减小的趋势，需求变化引起超额利润变化。

1. 需求增加、成本不变引起超额利润的变化

矿产品价格变化，可能带来超额利润的进一步增加，也可能带来超额利润的下降，甚至短时期内还会出现企业亏损。但是从长期来看，随着经济增长与资源耗竭，一般情况下矿产品总体需求的增加大于总供给的增加，因而超额利润有可能长期存在。如果资源行业的成本不变，那么不管是在完全垄断还是垄断竞争情况下，超额收益是长期存在的，且有增长趋势。如图 8-7 所示，当市场对矿产品的需求从 D_1 移动到 D_2，厂商获取的超额利润从原来的 $P_1F_1E_1C$ 增加为 $P_2F_2E_2C$。超额利润的增加，意味着超额收益的扩大，更多的潜在厂商愿意付出更大的代价，争取矿产行业的许可权。同样地，原有厂商也愿意付出更大的代价，去争取更大的产量限额。

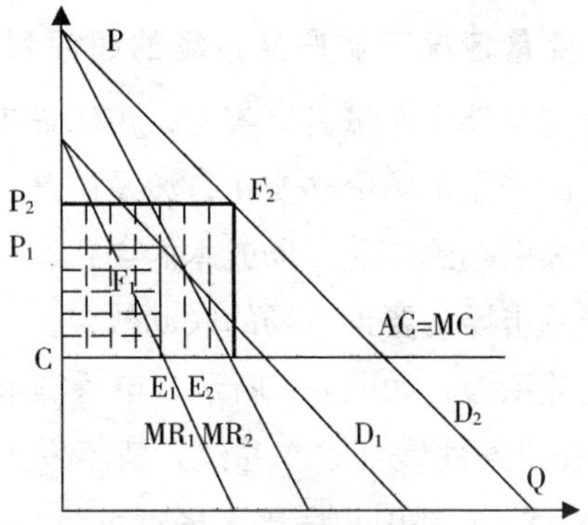

图 8-7　成本不变条件下需求变化与租金源的变化

2. 需求增加、成本增加引起超额利润的变化

如果随着需求增加，边际成本是增加的，那么超额利润的变化如图 8-8 所示。超额利润变化量的大小，可以通过下列公式求得。设定厂商的需求曲线为 $P=\alpha-\beta Q$，则有 $MR=\alpha-2\beta Q$。假设 $AC=MC=C$，则厂商确定最佳产量的均衡条件为：$MR=\alpha-2\beta Q=MC=C$。得出均衡产量为 $Q=\frac{\alpha-C}{2\beta}$、价格为 $P=\frac{\alpha+C}{2}$，将其代入厂商超额利润方程得到：

$$\pi=TR-TC=(P-C)Q=(\alpha-\beta Q-C)Q=(\alpha-\frac{\alpha-C}{2}-C)\frac{\alpha-C}{2\beta}=\frac{(\alpha-C)^2}{4\beta} \tag{8-1}$$

公式（8-1）说明，厂商可以长期获得超额利润。如图 8-9 所示，如果需求发生变化，从 D_1 向上平移到 D_2，移动幅度为 $\Delta\alpha$；同时成本发生相应变化，从 C_1 上移到 C_2，移动幅度为 Δc；则超额利润的变化量 $\Delta\pi$ 的大小取决于二者的移动幅度：

$$\text{如果 } \Delta\alpha>\Delta c\text{，则有 } \Delta\pi>0 \tag{8-2}$$

$$\text{如果 } \Delta\alpha<\Delta c\text{，则有 } \Delta\pi<0 \tag{8-3}$$

$$\text{如果 } \Delta\alpha=\Delta c\text{，则有 } \Delta\pi=0 \tag{8-4}$$

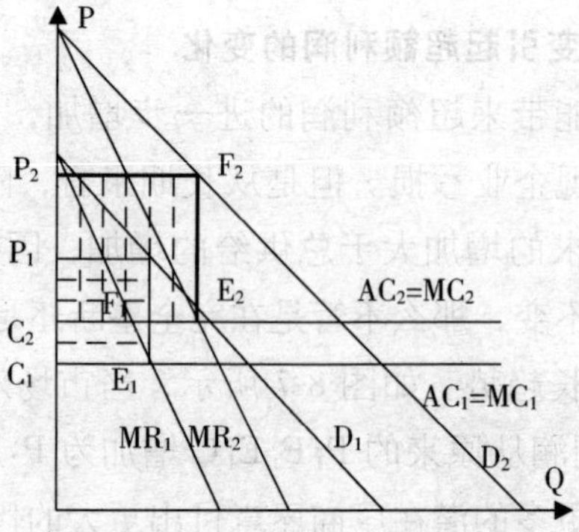

图 8-8 成本变化条件下需求变化与租金源的变化

（三）成本作为内生变量情况下矿产品市场的超额利润及其变化

上面的讨论将成本看作是外生变量。事实上，市场需求发生变化时，会同时作用于产品市场与产权市场。矿产品市场价格变化，波及矿产资源要素市场，通过要素市场均衡价格的变化，反过来引起矿产品市场成本的变化，进而导致市场均衡条件下超额利润额的变动，出现产品市场与要素市场的联动效应。

联动效应的逻辑变化关系为：如图 8-8 所示，市场需求发生变化，导致厂商的需求曲线从 D_1 移动到 D_2；在供给曲线（成本曲线）暂不发生变化的情况下，均衡价格上升为 P_2。产品市场价格的上升会引起要素市场需求曲线从 $VMP_1=P_1\cdot MP$ 移动到 $VMP_2=P_2\cdot MP$，如图 8-5 所示，矿产资源市场均衡价格上升。不仅如此，资源开发行业的劳动力市场、资本市场的均衡均会发生相应的变化。如果说资源开发主要使用资源、劳动力、资本三种要素，那么其边际成本可以简单表示为：$C=P\cdot MP_R+P\cdot MP_L+P\cdot MP_K$，其中 MP_R、MP_L、MP_K 分别表示资源、劳动力、资本的边际产量。随着矿产品价格从 P_1 上升为 P_2，对应要素价格上升引起边际成本上升为 $C_2=P_2\cdot MP_R+P_2\cdot MP_L+P_2\cdot MP_K$。如图 8-8 所示，随着成本的上升，供给曲线从 C_1 上移到 C_2，确定市场均衡价格为 P_2。

联动效应的公式推导如下：假设矿产品市场需求弹性不变，市场需求变化，引起需求曲线上移的幅度为 $\Delta\alpha$，在联动效应存在的情况下，最终均衡价格上升幅度（用 ΔP 表示）的变化率为 $g=\Delta P/P_1$，引起边际成本上升：

$$C_2=P_2\cdot(MP_R+MP_L+MP_K)=P_1(1+g)(MP_R+MP_L+MP_K)=C_1+g\cdot C_1 \tag{8-5}$$

均衡变量分别为：

$$Q_2=\frac{\alpha_2-C_2}{2\beta}=\frac{\alpha_1+\Delta\alpha-(C_1+g\cdot C_1)}{2\beta}=Q_1+\frac{\Delta\alpha-g\cdot C_1}{2\beta} \tag{8-6}$$

$$P_2=\frac{\alpha_2+C_2}{2}=\frac{\alpha_2+\Delta\alpha+C_1+g\cdot C_1}{2}=P_1+\frac{\Delta\alpha+g\cdot C_1}{2} \tag{8-7}$$

$$\pi_2=\frac{(\alpha_2-C_2)^2}{4\beta}=\frac{(\alpha_1+\Delta\alpha-C_1-g\cdot C_1)^2}{4\beta}$$

$$=\pi_1+\frac{(\Delta\alpha-g\cdot C_1)^2+2\cdot(\alpha_1-C_1)(\Delta\alpha-g\cdot C_1)}{4\beta} \quad (8\text{-}8)$$

因为存在 $\Delta\alpha>\Delta P$，则有：$\Delta\alpha>g\cdot P_1$。

在理性生产条件下存在 $\alpha_1>P_1>C_1$，则有 $\Delta\alpha>g\cdot P_1>g\cdot C_1$ 成立。根据公式(8-6)、(8-7)、(8-8)，有以下不等式存在：

$$Q_2>Q_1;P_2>P_1;\pi_2>\pi_1 \quad (8\text{-}9)$$

上述不等式说明，在市场需求变化条件下，即使存在产品市场与要素市场的联动效应，在产品市场仍然存在超额利润，即寻租源的增加现象，增加额度为：

$$\Delta\pi=\frac{(\Delta\alpha-g\cdot C_1)^2+2\cdot(\alpha_1-C_1)(\Delta\alpha-g\cdot C_1)}{4\beta} \quad (8\text{-}10)$$

需要说明的是，在产权市场中，因为需求曲线变动，带来资源报酬增加的份额，如图 8-5 中的 $R_2E_2E_1R_1$，在现实中如果转化为矿产品市场中的成本，那么就可以通过减少产品市场中的超额利润而减少产品市场中的租金源。如果产权市场不健全，随着市场需求增加，资源的租金收益并不会出现相应增加，那么就成为资源产权市场争夺的额外增加的租金源。对矿产品市场而言，由于利润空间的扩大，便会刺激矿产品市场的寻租行为，进一步引起采矿权人对矿产品产量份额的争夺。

（四）作为租金源的超额利润及其所引致的寻租行为

超额利润的存在，对更大份额超额利润的追逐，导致矿产品市场寻租行为的发生，具体表现为矿产品市场中产量份额的竞争。从矿产品市场来考虑，为了经济安全或者长远发展，政府对矿产总产量进行控制，导致行业中出现超额利润，如图 8-6 所示。从成本的角度考虑，矿产开发的特殊性，导致矿产品市场的私人成本小于社会成本，目前外部性问题等带来的社会成本尚未完全计入成本，形成厂商的额外利润额。对每一个厂商而言，存在一个产量限额，如果能够得到比较大的产量份额，那么就能够获取更多的超额利润。政府对产量的分配，导致厂商对有限产量份额的争夺。在这个过程中，谁付出更大的代价来争取更多产量份额，谁就能得到更多的超额利润，由此导致了普遍和严重的寻租现象。单位产量的超额利润越大，争取超额利润付出的代价就更大，寻租问题就越突出，社会福利损失也就越大。极端情况下，图 8-6 中除 F_2E_2G 三角之外，$P_2F_2E_2C_1$ 四边形有可能完全以寻租的形式损耗。可见，寻租源越大，福利损失越大，社会资源配置越缺乏效率。

第三节　矿业租值耗散与社会福利损失

矿产资源具有可耗竭性，相对于人类的无限需求，资源的有限供应能力引发了稀缺效应，由此可能产生超额利润或超额收益。如果利用和管理不当，将导致租值的减少和浪费，出现所谓的租值耗散问题。租值耗散引发了资源管理中的寻租腐败和矿业收益的流失，造成社会福利损失。

一、行政垄断、价格管制与租值耗散

矿产开发中存在两个市场，一是矿业权市场，二是矿产品市场。前者由于行政垄断严重，资源市场缺乏竞争性，产权交易不充分，交易成本过高，形成租值耗散；后者受制于价格管制，资源产品成本不完全，导致了价格体系失灵，使得市场均衡价格与管制下价格之差值进入公共域，加剧了租值耗散。这里重点分析行政垄断、价格管制下的租值耗散。

（一）矿业权市场的行政垄断与租值耗散

中国矿业权市场实行以国家为处置权主体的有偿使用制度，以"招拍挂"为主要市场交易形式。与过去协议出让方式相比，"招拍挂"更加符合市场经济的竞争需求。但"招拍挂"的制度还不够完善，一些国土资源部门出于部门利益或受制于行政能力，在代理国家行使矿业资源出让权时，不同程度地存在着行政垄断的情形，例如对矿业权竞购资格与条件的设定、对矿业权出让方式的选择，以及对出让程序的管理和控制方面存在制度性漏洞。事实上，这些资源部门的自我授权在一定程度上意味着缺乏自律机制，在实际交易中有可能会损害潜在竞购主体的平等竞购权和公平交易权，或者对某些潜在竞购主体产生不公正的排除和限制作用，或者出现主管机关设定的竞购条件在客观上指向特定的竞购主体的现象。这些制度性的漏洞会减弱矿业权市场的竞争性，致使产权交易不充分，阻碍了国家资源财产权益的实现，产生租值耗散。同时，为矿山企业寻租行为提供了土壤，导致腐败行为的发生。具体来说，就是矿业权交易的制度漏洞使得那些与政府有特殊利益的矿业权主体获得了市场垄断地位，其向国家缴纳的资源价款明显低于资源产权市场均衡下的资源价款，这两个价款的"差额"部分溢入公共域内，产生了租值耗散。

在图 8-9 中，S 和 D 分别表示矿产资源供给曲线和需求曲线，P 和 Q 分别表示资源的均衡价格和均衡数量。行政垄断性资源配置导致需求和供给的错位，实际交易的矿业权价款 P_2 低于市场的均衡价格 P。在市场价格 P_2 上，资源供给量为 Q_1，而在此数量上，矿业权主体愿意支付的价格为 P_1。这将导致（P_1-P_2）$\times Q_1$ 即 P_1P_2AB 面积的矿产资源价值被置入"公共域"，成为非专有收入，即所谓的租值。矿业权市场中租值的存在，诱使更多的潜在矿业权主体通过各种途径摄取，其所耗费的寻租成本需要从待分割的"租值"中"扣除"，造成租值转移或分割，即所谓的租值耗散。这一过程降低了矿产资源的配置和利用效率，导致社会福利损失。

（二）资源品价格管制与租值耗散

矿产品价格是由矿产品市场的供给与需求决定的。在中国，部分矿产品特别是能源类矿产品的价格一直受到政府的管制。价格管制的结果是造成部分矿产品价格偏

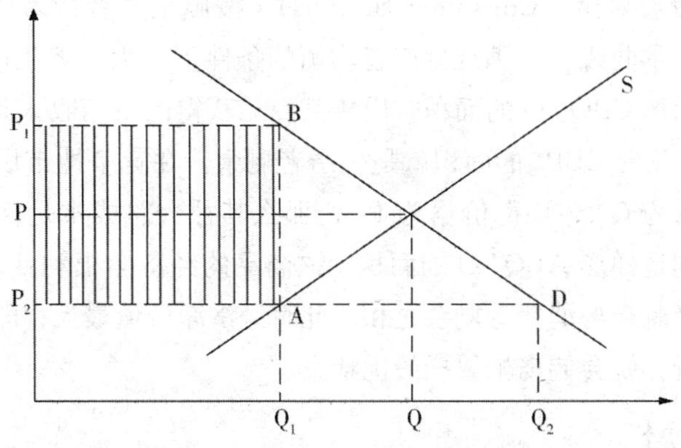

图 8-9 行政垄断、价格管制与租值耗散

低，尤其是煤、油、天然气等能源资源品价格偏低，导致供给和需求错位的非均衡状态。借用图 8-9 来分析，以管制程度较高的电煤为例，D 和 S 分别为电煤的需求曲线和供给曲线，其均衡价格和数量分别用 P 和 Q 表示，P_2为管制下的电煤价格。假定价格管制被完全执行，那低于均衡价格的市场价格必然导致电煤的供给小于需求，即产生超额需求，也就是消费者愿意支付的价格 P_1将高于受管制的最高价格 P_2。此时，电煤供给商只得到政府规定价格的产权，而消费者意愿上的价格与受管制价格之间的差距即 P_1P_2AB 的面积就进入了“公共域”，成为非专有收入。“公共域”里的这部分价值就成为租值，是一种财富再分配，任何主体不具有专有权。在这种情况下，电煤消费者“攫取”租值的办法包括排队、论资排辈、请客送礼，甚至不排除武力胁迫的方式；而电煤供给商会以降低产品质量、搭配销售、降低服务水平甚至是完全停止供给等方式来参与租值分割。这就是租值耗散的过程，也是交易成本增加的过程。价格管制下的租值耗散，正是中国长期存在的“煤电之争”以及电煤缺乏保障的根源所在。

二、市场垄断、寻租和租值耗散

垄断是重要的经济范畴。垄断可改变社会资源分配方式，影响经济和社会的运作。垄断势力会导致较高的价格和较低的产量，垄断价格与边际成本间的差距形成了垄断性租金。企业通过政治特权得到垄断利润或者获取垄断租金的行为，即所谓的“寻租”。塔洛克认为，这些租金只有很小的一部分为寻租者所得，其余都充当了转移性社会成本，在非效率性转移和竞争性租金耗散中蒸发了。在政府管制和寻租的情况下，资源市场租值耗散的实质是社会成本的增加和社会福利水平的下降。在矿产资源市场中，垄断势力是如何导致租值耗散的呢？可通过下面的图形来说明。

竞争性市场的结果是供求均衡，竞争性均衡的性质是帕累托最优。在图 8-10 中，横轴表示产量，纵轴表示价格。需求曲线 D 也是消费者的边际效用曲线。在满足消费者均衡的条件下，消费者消费 Q^* 量的某商品获得的总效用是梯形 ABQ^*O 的面积，为消费该商品支付的货币量是四边形P^*OQ^*B的面积，那么三角形 ABP^* 的面积构成了所谓的消费者剩余（Consumer Surplus）。按照生产者行为理论，供给曲线 S 也是企业的边际成本曲线。在满足生产者均衡的条件下，生产者生产 Q^* 量的某商品支出的总成本是梯形 CBQ^*O 的面积，出售某商品获得的销售收入是四边形 P^*OQ^*B 的面积，那么三角形 CBP^* 的面积就是生产者剩余。在竞争性市场中，如果全社会某商品的均衡产量为 Q^*，均衡价格为 P^*，那么其社会总成本是梯形 CBQ^*O 的面积，其社会总福利是梯形 ABQ^*O 的面积，该商品的经济净福利就是三角形 ABC 的面积，等于生产者剩余与消费者剩余之和。此时经济净价值最大，即实现了帕累托效率。如果出现垄断，就会偏离帕累托最优状态。

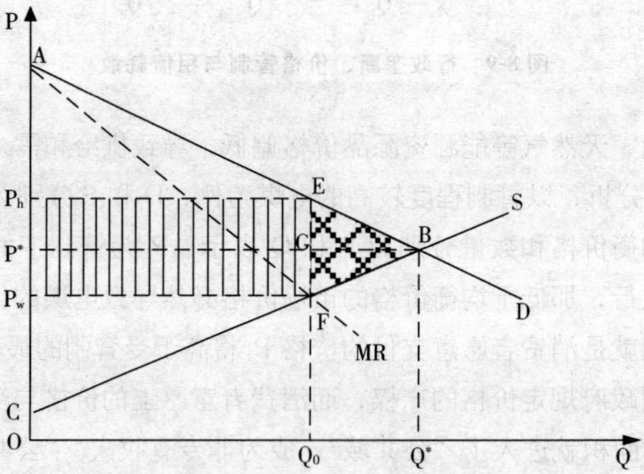

图 8-10　市场垄断与社会福利损失

垄断严重阻碍矿业市场机制的发展，造成社会福利损失和消费者损失。假设某地有矿产资源，当地政府为维护某一矿山企业的利益，只允许该企业开采和销售这种矿产品。依据图 8-10，这家企业的需求曲线和供给曲线仍然是 D 和 S，为了获得最大利润，这家垄断企业把产量限制在 Q_0，而均衡价格为 P_h。垄断的情况下，消费者剩余是三角形 AEP_h 的面积，生产者剩余是梯形 P_hEFC 的面积，那么生产总成本就是梯形 $OCFQ_0$ 的面积，垄断利润则是四边形 P_hEFP_w 的面积。垄断企业所增加的生产者剩余是以消费者剩余的减少以及社会净福利损失为代价的。图中，三角形 EFB 的面积表示社会净福利损失，企业为了获得垄断租金，减少的矿产品为（Q^*-Q_0）产量。（Q^*-Q_0）产品的总成本是梯形 Q_0Q^*BF 的面积，消费同量产品的社会总福利是梯形 Q_0Q^*BE 的面积，产生的经济净价值是三角形 EFB 的面积，这也被当作垄断产生的社会净福利损失。用它来表示竞争性市场扭曲后的社会净福利损失，并进行经验估算的经济学家是阿诺德·哈伯格（1954 年），因此社会净福利损失三角形也被称为哈伯格三角形（Harberger Triangle）。[①] 实际情况也是如此，在矿业市场完全竞争的情况下，消费者可以理性地表现其偏好，从而形成市场价格，又通过价格机制决定资源的合理配置。如果存在垄断，垄断企业为追求超额利润会改变生产曲线和消费曲线，

① A. C. Harberger. "Monopoly and Resource Allocation", *The American Economic Review*, 1954, 2: 77～87.

造成社会福利损失和消费者损失，导致租值耗散，整个矿业经济便偏离了帕累托最优状态，丧失了资源配置效率。

垄断会引致矿业寻租与腐败现象。图 8-10 中，四边形 P_hEFP_w 面积所表示的垄断利润，就是企业从政府手中获得垄断权所获得的垄断租金。这个四边形是由公共选择理论的开创者、经济学家塔洛克发现的，因此也被称作塔洛克四边形。塔洛克认为，如果企业为追求利润最大化，把原本可用来生产商品和服务的稀缺资源用于寻求或维持政府的垄断性特权；或者，如果消费者为追求效用最大化，把原本可用来消费的商品和服务用于防治垄断的产生。这些活动所花费的稀缺资源都属于垄断租金，因此垄断的社会成本从哈伯格三角形 EFB 的面积扩大到了塔洛克四边形 P_hEFP_w 的面积，包括企业和消费者为竞争和避免垄断特权所消耗的费用。[①]

通过以上分析，寻租的社会成本是由两部分构成的，一为寻求垄断所耗费的直接生产成本；二为垄断所造成的社会福利损失，包括因为寻租活动所失去的技术创新机会及其福利，也包括护租行为和避租行为所耗费的成本。塔洛克指出，在不同的成本条件下，寻租活动会产生租金的不完全耗散。

三、租值耗散的路径

在矿产资源开发过程中，由于市场机制不完善或制度不健全，政府部门存在主动或被动的“创租”“设租”活动，而矿山企业具有“寻租”或“护租”的潜在冲动，这两种互为前提、相互交织的活动都会导致矿业租值耗散。

（一）设租、腐败与租值耗散

无论是政府部门还是官员，都是具“有限理性”的经济人，他们对于市场活动的管制政策不可能是被动的或者无条件的。为实现其利益最大化的目标，借助于政府干预设立租金，或者将管制政策“出卖”给有关利益集团或“引诱”其进贡，这就是所谓的政府“设租”或政治“设租”（rent setting）。芝加哥大学的麦克切斯尼（Fred S. McChesney）教授最早关注并对政府在寻租活动中的主动行为进行理论分析。[②] 政府设租一般有三种不同的方式：一是无意设租。为弥补市场失灵，政府干预经济会产生一定的制度性租金，但政府并未期望从中获取利益，而所含租金却以正式制度的形式确立下来。二是被动设租。政府在制定和执行政策时，受到一些特殊利益集团的左右，并逐渐沦为后者谋利的工具。三是主动设租，一些政府官员利用职权人为设置租金，诱使企业进贡，本质上是一种权钱交易，如故意设置信贷障碍等。[③]

中国市场化的资源配置机制尚不健全，存在行政权力对资源配置的过度干预问题，以及上述三种设租形式。例如，矿业主管部门握有巨大的行政支配权，掌管着稀缺资源和政策产品，既可以对矿山企业或矿产品价格进行行政干预、准入限制和直接

---

① G. Tullock. “The Welfare Costs of Tariffs, Monopolies, and Theft”, *Economic Inquiry*, 1967, 3: 224～232.

② F. S. McChesney. “Rent Extraction and Rent Creation in the Economic Theory of Regulation”, *The Journal of Legal Studies*, 1987: 101～118.

③ 贺卫、王浣尘：《发展中国家对外贸易中的寻租现象》，《探索与争鸣》1999 年第 10 期。

管制，也可以通过税收减免、低息贷款、进出口许可证进行间接干预。资源市场存在大量的“租”。事实上，资源开采的审批权部分沦为相关部门的“寻租”工具，为寻租活动和腐败提供了滋生的土壤。在行政方式配置资源过程中，审批环节越多，官员自由裁量权越大，权力干预越深，设租、寻租和租值耗散问题越不可避免。例如，在煤炭资源富集区，在资源划拨或者产权出让的过程中，少数官员通过黑色交易收取回扣、出卖矿山利益；或者利用手中的权力“入干股”、充当“保护伞”，甚至直接经营煤矿，严重危害国家和人民利益。另一方面，设租也无形中加大了政府部门的行政管理成本。政府日常管理费用、行政支出的加大以及官员腐败费用的增长在某种程度上成为租值耗散的通道。

（二）寻租、护租与租值耗散

如果从企业角度分析，企业无论规模大小、国有或民营，都具有排斥竞争、获取垄断地位的潜在冲动。例如，在矿业权交易市场中，如果政府提高准入门槛，就意味着限制了更多的潜在竞争者，对先入者来说，就是提高了市场的控制权和垄断权，保证了企业的垄断利润。这种垄断利润与平均利润的差额部分就是经济租金，对这种经济租金的追寻就是寻租。例如，在中国矿产资源的审批、出让、转让过程中，有些企业可以向手握资源开发审批大权的地方官员支付办矿的“公关费”“手续费”，甚至企业股份。这些费用构成了寻租成本。寻租成本与企业所获取的垄断租金、经济租金的差额越大，寻租的冲动就越强烈。事实上，寻租者不仅要为寻租付出直接成本，而且还会失去技术创新的机会及一定的社会福利，甚至还要增加额外的投入去保护已取得的租金，以防被其他寻租者夺走（即所谓的护租行为），在此过程中大量资源在寻租竞争中被非生产性地消耗掉。

企业寻租成本、官员设租和腐败费用必然造成矿业收益分配失衡和社会福利损失，产生租值耗散，耗散程度则是寻租者同设租者之间博弈的结果。

四、租值耗散与社会福利损失测度的实证分析

煤炭资源大规模开发过程中，存在较为突出的寻租以及租值耗散问题。在此，以山西为例，衡量并测算煤炭资源开发中租值耗散的程度。制度残缺情况下，租值耗散主要指政府垄断下社会福利水平的降低、企业寻租过程中不合理成本以及政府管制成本的增加。

（一）租值耗散测度指标

租值耗散测度指标主要包括社会福利净损失、矿山企业的不合理成本、政府部门的管制成本三类。受长期以来的计划经济影响，中国的资源品价格形成机制是政府主导的定价机制。在这种价格机制下，以天然气、成品油和电煤为代表的资源品价格没有包含完全成本，大多低于国外同等产品价格。以煤炭价格为例，在市场形势好的情况下，受政府管制，为降低发电企业成本，重点合同电煤价格一般要低于市场煤炭价格很多，二者间的价差通常在吨煤 100 元到 200 元之间，最高时可达 500 元左右，这

种价差使得上游资源开发行业的利润转变为下游资源利用行业的补贴。资源品价格无法真正反映市场供求和资源稀缺程度，造成资源配置效率低下和社会福利净损失。这种价格管制下的社会福利净损失属于租值耗散。

矿山企业不合理成本增加也是资源开发中租值耗散的重要途径之一。这种不合理成本不仅包括矿产资源过度开发下的额外生产成本支出，也包括企业对不同生产要素竞争性寻求下所花费的寻租成本。在政府管制下，煤炭企业的寻租行为通常包括：为获得探矿权或采矿权向政府相关部门进行疏通游说，企业为巩固其在矿业市场的垄断地位贿赂政府官员，煤炭企业在并购、重组和改制中行贿以获取巨额利益等许多形式。鉴于上文中所提到的原因，实证研究中只测度矿山企业的寻租成本，而不计算矿产资源过度开发下的额外生产成本支出。寻租成本属于塔洛克四边形的一部分。

如前所述，中国各级政府部门对采掘业和资源开发行业的管制较其他行业更为严格，包括价格管制、进入管制、环保管制、信贷管制等诸多行政性手段，这使得政府部门因实施管制而产生了诸多行政费用。尤其是政府部门通过设置市场进入壁垒或垄断要素所有权会创造租金，这些所谓的“设租”“设租”和“抽租”活动都需要消耗实际的资源。这些耗费的资源成为煤炭资源开发中租值耗散的又一重要途径，因缺乏专门针对一个行业的行政管理费用统计，在实证中无法测算。

（二）租值耗散的测算

作为政府管制和行政垄断较为严重的煤炭产业，在广泛存在的寻租活动中必然会产生消费者失去的而政府又没有得到的社会福利净损失，也称无谓损失（Dead Weighted Loss)，即所谓的“哈伯格三角形”，其社会福利损失公式为：

$$\int_{Q_1}^{Q_m} D(X)dx-(Q_m-Qq)\cdot P_m$$

此积分可用 $0.5r^2\varepsilon P_m Q_m$ 来近似代替（于良春、丁启军，2007）。其中，r 为经济利润率，ε 为需求的价格弹性，$P_m Q_m$ 为销售收入。利用上述方法对山西煤炭工业进行实证研究，计算过程做了如下处理：$P_m Q_m$ 为山西煤炭产业销售收入，r 为正常报酬率与销售利润率之间的差值，这里将山西全部工业行业的销售利润率作为正常报酬率，其中销售利润率＝利润总额/销售收入。此外，ε 为煤炭需求的价格弹性，根据林伯强（2007）等人的研究，长期煤炭出厂价格弹性为－0.2579，取其绝对值。计算结果见表 8-1。

煤炭企业的发展不仅要受到劳动、资本、土地等多种生产要素的制约，而且由于煤炭资源属于国家所有，各级地方政府和矿业管理部门拥有矿业权的审批、处置、确权、登记、发证等权力，煤炭企业需要经过复杂严格的行政审核程序才能获得探矿权和采矿权。在这个过程中，企业对矿产资源和其他生产要素竞争性的寻求必然要花费巨大的寻租成本，只有寻租成本等于企业的预期收益时企业才会停止寻租。不仅如此，企业在获取行政特权后，仍然需要继续加大寻租性的成本支出以巩固其在矿业市场中的地位，从而形成了恶性循环。寻租成本是塔洛克四边形中的一部分，但国内外有关的实证性研究较为鲜见，也不存在一个广泛认可的测度方法。为了度量煤炭企业的寻租成本，我们假定企业在进行游说、贿赂等寻租行为时，必然会增加其管理费用。而没有寻租行为的企业应存在一个合理的"管理费用/主营业务成本比"。企业的寻租行为显然会导致该企业的费用成本比高出一般企业的正常值，这个差值就可以看作是企业的寻租成本。在测算时，我们以山西工业企业平均的费用成本比作为不存在寻租成本时的正常值，以煤炭行业的费用成本比减去这个正常值得出差值，并乘以主营业务成本作为煤炭产业寻租成本的估计，具体结果见表 8-2。

表 8-1　山西煤炭资源开发的社会福利净损失

年份	煤炭产业销售收入（亿元）	煤炭产业销售利润率（%）	全部工业行业正常报酬率（%）	经济利润率（r,%）	社会福利净损失（以哈伯格三角形计算，亿元）
2002	408.6	5	4	1	8.07
2003	555.7	7	5	2	11.2
2004	979.7	9	6	3	17.44
2005	1429.1	10	5	5	24.31
2006	1784.1	8	6	2	28.33
2007	2261.3	9	7	1	34.23
2008	3529.6	15	6	9	60.47
2009	3375.1	14	5	9	46.13
2010	4996.7	15	8	8	72.84
2011	7095.9	14	8	7	88.92

数据来源：根据《山西统计年鉴（2003～2012）》和文中方法计算得出。

限于数据的可得性和方法的实用性，通过社会福利净损失、寻租成本两个指标，粗略测度了山西煤炭资源开发过程中社会福利总损失，即租值耗散（见表 8-3）。主要结论为政府不当干预、寻租过程中的租值耗散程度不断加大。从 2002 年到 2011 年，包括社会福利净损失、寻租成本在内的社会福利总损失量从 34.9 亿元增加到 354.6 亿元，增长了 10 倍，占当年全省 GDP 的比重从 1.5%上升到 3.2%，这无疑是煤炭资源开发过程中政府干预力度加大、行政垄断程度提高的直接反映。

表 8-2　山西煤炭行业的寻租成本

年份	煤炭工业主营业务成本（亿元）	煤炭工业费用成本比（%）	全部工业企业费用成本比（%）	煤炭行业寻租成本（亿元）
2002	249.3	22	11	26.8
2003	336.9	23	10	43.0
2004	617.1	20	9	63.4
2005	912.2	19	9	89.5
2006	1160.5	19	9	116.2
2007	1489.7	17	8	137.4
2008	2248.4	17	8	199.4
2009	2280.8	16	8	172.1
2010	3323.5	14	8	219.2
2011	4892.8	13	7	265.7

数据来源：根据《山西统计年鉴（2003～2012）》和文中方法计算得出。

表 8-3　山西煤炭资源开发过程中的租值耗散占 GDP 比重

年份	山西 GDP（亿元）	社会福利总损失	
		损失量（亿元）	占 GDP 比重（%）
2002	2325	34.9	1.5
2003	2855	54.2	1.9
2004	3571	80.9	2.3
2005	4231	113.8	2.7
2006	4879	144.5	3
2007	6024	171.6	2.8
2008	7315	259.8	3.6
2009	7358	218.2	3
2010	9201	292.0	3.2
2011	11238	354.6	3.2

数据来源：GDP 来自《山西统计年鉴 2003～2012》，其余数据由文中方法计算得出。

（三）租值耗散的成因

2000 年以来，山西省加大了产权改革步伐，在矿产资源有偿使用与矿业权改革方面取得了一定成效。但是，资源产权改革还没有完成，现有产权制度安排还存在诸多问题，这是产生租值耗散问题的根源所在。

一是矿业权市场不完善、寻租行为泛滥下的租值耗散问题严重。目前，山西矿业权市场的建设还不完善，主要存在以下问题：一是矿业权市场体系不健全，二级市场未形成，中介要素缺位。二是矿业权评估比较滞后，矿业权评估程序不完善、不规范，评估结果与矿业权价值之间存在偏差。尤其是政府对矿业权市场的干预严重，矿业权出让没有充分采用市场竞价的方式，而是过多地依赖行政手段。即使是通过招标、拍卖和挂牌的市场形式出让，政府官员也可以人为地抬高和降低获取矿业权的价格。一些地方政府着眼于自身利益，以行政权力随意干预矿业活动。这些行为不仅扰乱了正常的矿业市场秩序，阻碍了矿业市场的形成和发展，而且为政府部门设租、企业寻租创造了空间，成为矿业权流转中租值耗散的根源所在。

二是非生产成本、行政管理成本增加带来租值耗散。在实践中，由于资源整合和兼并重组行为缺乏统一的领导协调部门，煤炭资源整合项目核准与煤矿建设项目审批过程中手续繁杂。一个煤矿合法开工要办包括采矿许可证、安全生产许可证、煤炭生产许可证、矿长资格证、营业执照等在内的 30 多个证件。而且这些证件期限不等，相关换证部门也不尽相同，一方面，导致各级政府机关和煤炭局、国土资源局、环保局等矿业管理机构的行政管理成本加大。另一方面，使煤炭企业经常处于换证阶段。如果证照不全，企业就得停产，但包括工人工资、机器维护、税费等日常开支不能减少，增加了企业的非生产性支出，严重干扰了企业的正常生产经营秩序。一些煤炭企业反映，他们为办理资源整合项目，需要各方面的审批手续，从国家有关部门、省级、地市级到县级总共需要盖 68 个章。[①] 企业必须设专人专门负责办理各项手续和各种证照，加大了企业的非生产性成本，也加大了政府部门的行政管理成本，成为租值耗散的又一来源。

① 曹海霞：《煤炭价格市场化改革历程及发展趋势研究》，《经济问题》2008 年第 9 期。

第九章 资源型产业规制与产业生态治理

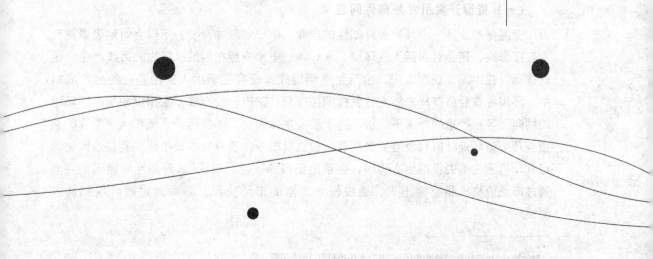

资源型区域过度依赖资源开发，不仅造成资源型产业单一化、初级化和刚性化，而且影响了资源配置和要素流动，挤出了创新活动和人力资本，很大程度上抑制了其他产业的发展空间，最终导致资源型区域产业生态系统呈现逆向演进、整体衰落。本章引入“多中心治理”理论，将治理理念与产业规制相结合，探索资源型产业规制重构的路径与模式；通过对产业生态系统演化机制的研究，为资源型区域的产业优化升级和经济转型提供理论指导，并提出有效治理产业生态系统的政策建议。

第一节 市场失灵、政府失灵与资源型产业规制困境

古典经济学认为，市场这只“看不见的手”能够组织与协调整个社会的经济活动。在自由市场条件下，资源配置能够自动实现帕累托最优，政府只需扮演好“守夜人”的角色。然而，在面临外部性、垄断等现象时，也会出现“市场失灵”的现象。市场失灵的存在，为政府干预与政府规制提供了必要。资源型产业从来都是与政府规制相关联的，产业的运营需要政府以法律、行政和经济等手段来调整经营者、消费者、投资者以及政府之间的关系。然而，“理想的政府”与“万能的市场”同样不存在，“政府的行政规制本身并非不要成本，实际上有时它的成本大得惊人”，因此“应当认识到既存在着市场失灵，也存在着政府失灵”①。在市场与政府双重失灵的情况下，针对资源型产业的政府规制陷入了困境，亟需规制机制的完善和规制体系的重构。

一、市场失灵与产业规制

市场失灵不是个别现象，但与其他产业相比，资源型产业在市场配置资源方面效率明显偏低。政府有必要对资源型产业实施规制，促进资源的优化配置和社会福利的改善。就矿产资源开发而言，市场失灵主要表现在以下几方面：

（一）资源开发引发外部性问题

资源型产业是一个具有负外部性的产业。矿产资源的开发，不仅会对地表景观产生直接影响，还会对包括大气环境、水环境、土地资源在内的矿区生态系统产生一定的扰动。在中国，长期以来，由于生态环境成本没有完全纳入矿山企业的生产成本中，环境税费经济杠杆未能充分发挥调控作用，矿产开发造成了滥用资源与破坏环境的倾向，导致严重的外部不经济。对于矿业主体而言，如果污染大气和水、堆放矿业废渣乃至破坏森林植被没有受到严惩，那么就很难在自身成本最小化、利益最大化的自利动机驱使下去保护生态环境，去承担正当的“社会责任”。外部性问题不能完全通过市场价格机制反映出来，造成较为严重的市场失灵，必须通过政府规制加以解决。

---

① 科斯等：《财产权利与制度变迁》，上海人民出版社 1994 年版，第 23～24 页。

（二）资源开发具有自然垄断性

资源型产业在一定程度上具备自然垄断性，主要原因在于，资源开发存在资本投入的巨额性和经济效益的规模性，形成进入壁垒，导致矿产资源开发存在高市场集中度和寡头垄断市场结构[①]。从20世纪中后叶开始，跨国性能源和资源公司逐步控制了全球大多数优质矿产资源和能源，其储量以及产能在全球矿产品贸易中居于主导地位。目前全球25家最大的固体矿产跨国公司中，美国、加拿大各占六家，澳大利亚、英国各占三家[②]。全球范围内矿业市场呈现“寡头垄断”的局面。在国内，中国石油天然气集团公司、中国石油化工集团公司和中国海洋石油总公司三家国有企业几乎垄断了中国石油石化的开采、进口和油气产品市场销售。煤炭行业也同样面临高度集中的趋势，经过最近几年的大规模兼并重组和关停小煤窑，国有煤炭企业的市场份额大幅度提高。以山西、内蒙古等为代表的煤炭资源大省相继形成了一批规模更大的煤炭集团。总之，国内外矿业市场垄断程度加剧，强化了供应方对矿产品价格的影响力，改变了矿产品定价机制。确保自由、公平的市场竞争秩序本是政府的基本责任，政府应当针对资源型产业的自然垄断性，进行适宜的经济性规制，确保公平有序的市场环境。

（三）矿业市场的信息不对称

市场有效运行的一个前提条件是所有当事人都了解掌握充分的信息。在现实经济活动中，参与交易的双方占有的关于交易对象（商品或服务）的信息往往是不对称的。占有信息优势的一方，会在利益驱动下利用自己的信息优势去损害另一方的利益，因而出现“逆向选择”或者“道德风险”[③]。在资源开发的过程中，中央政府与地方政府、地方政府与矿山企业间存在着严重的信息不对称，这种不对称主要表现在中央政府对地方政府、地方政府对矿山企业的经济行为和实际措施了解不全面。在自身利益最大化的动力下和信息不对称的掩盖下，矿山企业会利用对私有信息的控制优势来应对地方政府。瞒报安全事故、环保事故就是信息不对称导致道德风险的典型案例。矿业市场的信息不对称若得不到有效遏制，市场公平交易难以进行，矿区居民利益就会遭到损害，资源型区域的稳定和发展也会受到严重影响。为保证国家和居民的根本利益，政府应当运用公共权力，建立必要的信息披露制度，完善矿产开发的环境标准，弱化市场双方的信息不对称程度。

二、中国矿业政府规制的演变

产业规制也称“政府规制”，是指在市场经济体制下，以矫正和改善市场机制问题为目的，政府干预和干涉经济主体活动的行为[④]。它是对市场失灵的治理，目的在

---

① 肖兴志：《中国垄断性产业规制机构的模式选择》，《山东经济》2009年第2期。

② 金卫星、浦超：《全球矿产市场垄断加剧 国家应鼓励企业走出去》，http://finance.people.com.cn/GB/4650978.html。

③ 何立胜、杨志强：《内部性·外部性·政府规制》，《经济评论》2006年第1期。

④ 陶爱萍、刘志迎：《国外政府规制理论研究综述》，《经济纵横》2003年第6期。

于维持正当的市场经济秩序，提高资源配置效率，保护社会公众的利益。对资源型产业的规制可以分为经济性规制和社会性规制两种类型，前者主要是对矿山企业的进入、退出、价格、服务的质量以及投资、财务、会计等方面所进行的规制；后者主要是对矿业安全生产、矿业劳动者安全、生态环境保护等方面的规制[①]。在此，以煤炭行业为例，阐释资源型行业规制的类型与发展趋势。

（一）进入规制趋于严格

一般来说，政府都会对矿山企业的进入做限制性规定，包括核准性规制和审批性规制。核准性规制主要是允许符合条件的申请人进入特定产业，一般是对公司发起人、最低资本、公司治理结构、从业人员等方面的约束性规定。审批性规制则是经过一定程序考核申请人的某种能力，核发相关证明文书，允许其享有特定资格，主要针对环境、生产安全和公众健康等方面。以煤炭工业为例，国务院 2004 年颁布的《安全生产许可证条例》明确规定，煤矿企业应当以矿（井）为单位，在申请领取煤炭生产许可证前，依照规定取得安全生产许可证。企业未取得安全生产许可证的，不得从事生产活动。2013 年修改后的《煤炭法》规定，煤矿企业生产前必须取得采矿许可证（国土资源部门核发）、安全生产许可证（安全生产监督部门核发）、矿长资格证、矿长安全资格证（安全生产监督部门核发）四个资格证和一个营业执照（工商行政管理部门核发）。由此可见，中国对矿业开采的进入条件限制比较严格。

（二）退出规制日益规范

与进入规制不同，退出规制是企业退出市场过程中及退出市场后对消费者或公众利益的保障。矿产资源的耗竭性和市场的竞争性决定了市场退出是每个矿山企业必然面临的问题。与较严格的进入规制比，矿山企业退出规制相对简单。《矿产资源法》中涉及矿业企业退出的情况，一是指违反了法规条例被政府强制性吊销采矿许可证，二是企业自行关闭矿山。在退出程序上，采取政府审批方式。矿业企业必须向相关主管部门提交矿山闭坑报告报请审查批准。关闭矿山报告批准后，完成有关劳动安全、水土保持、土地复垦和环境保护工作，或者缴清土地复垦和环境保护的有关费用，并获得相关部门对完成以上任务的证明，会同地质闭坑报告、采掘工程、不安全隐患、土地复垦利用、环境保护等资料报请原颁发采矿许可证的机关办理采矿许可证注销手续[②]。

2005 年开始，国土资源部针对矿山开发布局不合理、矿业秩序混乱等普遍问题，实施矿产资源开发整合。对开采方法和技术装备落后、资源利用水平低、生产规模长期达不到设计要求、管理水平低、存在安全隐患以及社会效益和环境效益较差的矿山实施兼并或关闭，其中兼并是“以大并小、以优并劣”，以规模大和技术、管理、装备水平高的矿山作为主体，通过企业重组方式整合其他矿山；关闭则是对列为整合对

---

① 王简辞：《矿业政府规制研究》，中国地质大学博士学位论文，2012 年。

② 孙耀霖：《关闭煤矿、报废矿井法律责任的设定》，《中国煤炭》2008 年第 8 期。

象的矿山，在其证照到期后，不再办理证照延续、变更手续。这次整合中矿业企业的市场退出有很大一部分是政府动用行政力量强制干预的结果。

（三）价格管制逐步放开

价格规制是指在自然垄断和存在信息偏在的领域，为了保证资源的有效配置和服务的公平供给，对价格（收费）水平和价格结构予以规制，以限制价格垄断。资源型产业尤其是采掘业，具有一定的自然垄断性，资源品特别是能源、矿产类产品的价格一直受到各国政府的管制。长期以来，中国对资源品实施较为严格的价格管制，大部分产品执行政府定价或政府指导价，煤、油、电等能源矿产资源价格偏低，其价格形成并未基于市场需求，也未能反映包括生态环境在内的真实成本，导致了对自然资源的过度消耗。近年来，政府部门逐步放松了对资源性产品的价格控制，除极少数关系国家安全和国计民生的资源产品仍受政府调控外，其他资源大都由市场机制定价。

以煤炭价格为例，目前基本实现市场机制定价。2005 年年底，国家正式宣布对电、煤价格不再进行宏观调控。2007 年，国家发改委下发了《关于做好 2007 年跨省区煤炭产运需衔接工作的通知》，以视频会议取代了传统的煤炭订货会，确定了煤炭价格市场改革方向，由供需双方企业根据市场供求关系协商确定价格。从 2013 年起，国家发改委取消传统煤炭订货会，全面放开煤炭价格，不再出台煤炭订货以及价格指导政策，至此，中国煤炭价格形成机制发生了质的变化，即由政府定价转变为市场形成价格，煤炭资源的分配手段由政府指令性分配转化为市场配置。

（四）安全规制明显强化

安全规制是纠正市场失灵、保障劳动健康和安全的重要手段。对于矿业这一高危行业的生产，国家一直都给予高度重视。中国早在 1982 年就出台了《矿山安全条例》和《矿山安全监察条例》，1992 年又制定颁布了《矿山安全法》，该法从矿山建设、矿山开采、矿山企业安全管理三个方面，对安全规程、行业技术规范、安全生产条件和设备、安全生产责任制度以及矿山企业职工安全教育培训都做了规定。1996 年劳动部又颁布了《矿山安全法实施条例》，2002 年《安全生产法》颁布实施，从立法层面确立了安全生产基本制度。

近年来，矿业安全监管工作全面升级，以煤炭业为例，2005 年年初，副部级的安全生产监督管理局和厅局级的煤矿安全监察局分别升格为正（总局）、副部级，成为国务院直属局，出台了打击“官煤勾结”和“关闭不合格非法小煤窑”的系列措施，起到了一定的威慑作用。这一时期出台了多项严厉措施，既有煤矿关闭整顿和官员行政行为约束的规定，例如 2006 年国务院颁布《关于预防煤矿生产安全事故的特别规定》，四部委颁布的《坚决清理纠正国家机关工作人员和国有企业负责人投资入股煤矿的问题》，安监总局、煤监局《关于提高煤矿主要负责人和安全生产管理人员安全资格准入标准的通知》等，也有保障煤矿工人安全的维权措施，如《关于加强煤矿安全生产工作规范企业劳动定员管理的若干指导意见》、七部门的《关于加强农民工安全生产培训工作的意见》，并赋予国有重点煤矿矿工 10 项安全维权权利等；还有关于事故处理的规定，例如国务院《生产安全事故报告和调查处理条例》、国办《关于进一步加强安全生产工作坚决遏制重特大事故的通知》[①]。这一时期的煤矿安全规制，从关闭小煤矿到煤炭企业兼并重组和煤炭资源整合，把淘汰落后产能、推进煤炭产业结构调整、提升煤炭产业集中度，作为提升煤矿安全生产水平的主要途径，从根本上降低了行业安全事故发生率。

（五）环境规制不断完善

环境规制作为社会性规制的一项重要内容，是由于环境污染具有外部不经济性，政府通过制定相应政策与措施对厂商的经济活动进行调节，以达到保持环境和经济发展相协调的目标[②]。在长期的矿产资源开发利用中，矿山环境、生态受到较为严重的破坏，环境规制十分重要。目前，中国已经初步建立了矿山生产环境保护政策法规体系。在法律层面，《环境保护法》和《矿产资源法》明确了矿山环境保护的要求。2009年国土资源部颁布的《矿山地质环境保护规定》确立了矿山地质环境保护的基本制度：第一，地质环境保护及治理恢复方案编制与审查制度。规定所有矿山必须开展方案的编制工作，新建矿山在申请采矿权时必须提交国土资源行政主管部门批准的方案，在建和生产矿山，需补做环保方案编制。第二，矿山地质环境监测制度。规定县级以上国土资源部门应在其行政区域内开展地质环境监测工作体系，健全监测网络，实施矿山地质环境动态监测。矿权人应当开展监测工作，并定期向所在地的县级国土资源行政主管部门提交监测材料，报告矿山地质环境变化情况。第三，调查评价和规划制度，由国土资源行政主管部门负责组织开展工作，下一级的规划由上一级国土资源部门审核，地方人民政府批准实施。前两条都是对企业的约束，是督促企业履行矿山地质环境治理主体责任的重要机制。

三、政府失灵下的规制困境

政府规制可归因于市场失灵。植草益指出："在存在信息偏在的领域，主要为了防止资源配置低效和确保利用者的公平利用，政府机关用法律权限，通过许可和认可等手段，对企业……服务的数量和质量等有关行为加以规制。"[③] 但事实证明，政府规制的作用也是有限度的，在规制制定和执行的过程中，规制者在利益集团的影响下和追求自身利益最大化的目标下难免会造成政府失灵。所谓"政府失灵"，也称"政府干预失效"，一般是指由于自身的行为能力和其他制约因素的存在，导致政府活动过程的低效性和活动结果的非理想性[④]。政府失灵条件下的产业规制困境主要表现在以下几方面：

（一）法律制度不完善

资源型产业规制法律缺失较多，体系不健全。以《矿产资源法》《煤炭法》《森林

① 颜烨：《新中国煤矿安全监管体制变迁》，《当代中国史研究》2009年第2期。
② 黄新华：《论政府社会性规制职能的完善》，《政治学研究》2007年第2期。
③ 植草益：《微观规制经济学》，中国发展出版社1992年版，第27～28页。
④ 彭羽：《政府失灵的成因及防范》，《前沿》2005年第5期。

法》《水法》《安全生产法》《清洁生产促进法》《大气污染防治法》《电力法》等法律为基础，中国相关资源型产业监管法律体系已初步建立。但是，仍然有一些法律亟待完善，例如在资源高效综合利用和生态环境补偿等方面，还缺乏相应的基本法支持，无法有效规范市场主体的相关行为；对于关乎国计民生的战略性矿产资源，在储备、保护、管理等方面缺乏相应的法律规定，也未建立起战略性矿产资源储备制度。适应市场经济发展要求的监管框架和监管体系没有完全确立，政府规制的制度化、规范化程度较低。

*产业规制或产业政策的连续性较差，缺乏法律制度的规范性。*中国资源型产业主要是靠行政法规、规章、政策加以调整，规制政策缺乏应有的权威性和稳定性，有些规定朝令夕改，有些规定相互矛盾，使得规制者和被规制企业无所适从，规制质量和实效大打折扣。同时，降低了规制的可信度，损害了规制机构的声誉。

*部分法律规范的可操作性和协调性较差。*资源产业的监管机构和监管职能还不到位，有些法律规定过于笼统，针对性不强，行为规范不够具体，执行中难以准确把握，给执法工作造成困难，带来了规制的弹性和随意性，为规制中的腐败行为留下了较大空间。

（二）规制体制不合理

*缺乏统一的规制机构，规制权力分散。*从中国现行资源型产业管理体制来看，政府规制主体主要集中在发改委、国资委、国土资源部、安监局等部门，工商、税务、环保、物价、计量等职能部门也具有一定的规制权力，从中央到地方几乎都属于典型的多头规制。现行的多头规制体制使得统一的规制权被分割在产业规制机构与综合政策部门或执法部门之间。例如，资源型产业规制机构在进入、价格、标准、技术等方面的主要规制权，被计划、工商、技术监督等众多部门分割。各规制部门之间又缺乏规范有效的沟通协调机制，导致条块分割、政出多门、职能交叉、各自为政、重复执法、宽严失度等弊端，规制政策不能形成有效的合力，政策效应弱化[①]。多头规制还经常造成规制利益冲突和权力滥用，不同规制部门之间争权夺利，推诿扯皮，有利之事抢着管，无利之事都不管，导致有漏洞可钻，有保护伞可寻，为矿业设租、寻租和腐败活动提供了大量机会。

*规制机构缺乏应有的独立性、权威性和稳定性。*主要的政府规制机构是由上级部门的行政决定设立的，服从主管部门的命令和指示，容易受到行政权力的干预，缺乏应有的独立性和权威性，也无法实现规制职能的专门化[②]。一些政府规制机构的组织结构随着行政体制改革变动，其组织定位和职能也不断变化，规制作用未能充分发挥，规制能力难以有效提高。

*规制程序不透明，规制行为缺乏制约。*各级政府在制定规范性文件过程中，没有

---

① 程虹：《政府规制机构研究》，《理论月刊》2007 年第 3 期。

② 王学军：《论规制失灵与政府规制能力的提升》，《公共管理学报》2005 年第 5 期。

给予利益相关者以充分陈述意见的机会，没有充分听取矿区居民的利益诉求；政府垄断下的规制机构缺乏权力制衡机制，较易成为被规制者（利益集团）俘获的对象，忽视公共利益，规制中的合谋与腐败问题难以避免。因此，在强化资源型产业的政府规制方面，亟须建立一个独立、权威、公正、高效的规制机构，扮演中立裁判的角色。

（三）规制方式存在缺陷

规制手段落后，仍然以命令控制型为主，激励型或市场化的规制手段运用较少，造成被规制企业内部的低效率。一些政府规制机构重市场准入审批，轻市场运营和市场退出监管，助长了资源型企业与政府规制部门之间的博弈行为，损害消费者和国家利益的事件时有发生。规制执法上一些刮风式、运动式的临时突击做法仍经常被使用，甚至某个领导的一张批条或一个电话就可以对一个企业给予处罚。规制手段上的偏颇和落后，极大地影响了政府规制的功效和信誉。

重经济性规制、轻社会性规制。在中国重点资源型产业规制中，仍然以经济性规制占较大比重。以钢铁行业为例，其经济规制包括：一是政府对钢铁产量的总量和结构实行控制；二是对企业的经营行为进行直接规制，如严格限制钢铁企业在国内销售商品钢坯；三是设置产业进入门槛，如国家发展改革委、国土资源部、商务部等部委在《关于制止钢铁行业盲目投资的若干意见》中设立了严格的市场准入条件[①]。西方国家的经济实践证明，严格的政府规制并不能达到政府效率高于市场效率的目的，放松经济性管制是规制失效后的重新选择[②]。

资源型产业的退出援助规制不完善。资源枯竭型城市面临的主要难题之一就是矿业企业市场退出不畅。企业在退出时不能有效解决有关资产处理、员工安置及社会保障问题。政府需要承担因社会保障制度不完善、企业外部因素导致的费用负担，退出援助机制亟待建立。

总之，现阶段资源型区域特殊的制度禀赋，决定了产业规制基本是一个以政府为中心的单向规制过程。由于缺乏独立统一的规制机构，规制体制职权分散，导致部门职能交叉、重复执法，或者相互推诿、执法不力。规制环境的不透明、规制手段的不完善直接提高了交易成本。资源开发中的安全生产、环境污染、社会不公等问题，很大程度上肇始于地方政府与产业之间的设租寻租行为，以及“地方保护主义”行为。作为规制主体的政府部门往往认为应当增强规制力度，形成规制的自我强化机制，加重了企业与社会公众的规制负担，造成资源型产业效率和社会福利损失。

第二节　多中心治理模式下的资源型产业规制

在市场失灵与政府失灵背景下，资源型产业的规制不仅是规制手段或规制工具问

① 任兴洲等：《我国实施产业分类监管、防止重复建设的基本思路》，《重庆工学院学报》2005年第7期。

② 樊建强：《基础产业经济性规制理论变迁》，《长安大学学报》（社会科学版）2012年第6期。

题，而是涉及规制主体改革、规制机制建设以及规制模式重塑的问题。本节试图引入“多中心治理”理论，将治理理念与产业规制改革相结合，探索资源型产业规制重构的路径和模式，优化治理机制，以期解决资源开发中市场和政府双“失灵”问题。

一、以多中心治理理念重建产业规制格局

迈克尔·博兰尼在《自由的逻辑》一文中首次提出“多中心性”的概念，用以描述“负重（六边形）框架上各顶点的相互移动”，主要是为了证明自发秩序的合理性以及阐明社会管理可能性的限度①。此后，奥斯特罗姆夫妇将“多中心治理（Polycentric Governance）”理论引入公共治理领域，认为在市场、司法、宪政、政治选择、公共服务等领域中共存着多中心结构，可以通过公共产品提供者的多种选择来打破传统的政府垄断局面，采用分级、分层、分段的多样性制度安排，加强政府、市场和社区在公共事务治理方面的协调与合作②。与传统的单中心治理模式不同，多中心治理理论更加强调政府、市场以及第三方力量等参与者的互动过程和治理规则。在多中心治理系统中，作为一个制度性子系统的政府起着十分重要的协调和裁判作用，但已不再是最高权威，仅仅是治理系统中的成员之一，“政府与其他治理主体是平等的关系，需要通过对话、建立伙伴关系和配置其他主体的资源来实现单一中心的政府无法实现的公共目标”③。在多中心治理系统中，政府必须转变自身的角色定位，打破自身的垄断地位，将公共事务的管理方式由直接管理变为间接管理。

事实上，多中心治理是一个分担公共责任的治理机制，因其对现代社会公共事务多样、复杂、动态特征的准确把握，对社会多元主体参与和协调互动的深刻理解，为我们提供了一个规制改革的分析框架④。根据资源型产业规制的内在缺陷与规制改革方向，借鉴多中心治理理论以及治理原则，构建“政府授权、机构规制、法律保障以及公众监督”的规制结构，形成包括政府部门、法律机构、规制机构、公众（监督者）等多元主体共同参与的多中心治理机制。其中，包括政府部门、规制机构等在内的各治理主体不仅相互独立，而且能够基于不同的机制（如市场或法律机制），形成各个主体的有效博弈，充分发挥各自优势，实现功能整合，提升规制效率，最终实现产业规制的目标。

二、改革矿业规制模式

产业规制是一个相关利益集团共同参与、多方主体相互博弈的过程。规制机构、政府部门等规制主体的特征和行为影响着规律效率，作为规制对象的被规制企业也是博弈过程的重要参与体，企业特征和行为关系到规制目标的实现。因此，在资源型产业的规制实践中，需要深入分析资源型企业的特殊性，针对其开发行为和市场经营活动制定规制内容和重点，改革规制模式。

---

① 迈克尔·麦金尼斯：《多中心治道与发展》，上海三联书店 2000 年版，第 2～3 页。

② 奥斯特罗姆：《制度分析与发展的反思：问题与抉择》，商务印书馆 1992 年版，第 32 页。

③ 奥斯特罗姆：《制度分析与发展的反思：问题与抉择》，商务印书馆 1992 年版，第 32 页。

④ 张红凤、宋敏：《中国特殊制度禀赋约束下规制困境与规制治理结构的重构》，《教学与研究》2011 年第 9 期。

（一）建立独立规制机构，提高监管效率

规制机构作为多中心规制治理体系中的重要主体，可以依据政府授权的资源及强制力对被规制者进行直接规制和监管。建立独立规制机构是全球规制改革的重要趋势。为了提高行政监管的效率，抑制官僚主义和规制腐败，防止政府失灵和规制俘虏问题的发生，许多国家采取了独立规制的模式。例如，英国采用分行业模式，在不同行业分别建立规制机构，这种模式有利于增强规制机构的专业性，避免信息不对称现象的发生①。美国采取的是综合模式，各州的公用事业委员会属于跨部门的综合性规制机构。例如美国在能源管理方面采取了独立规制的模式，设置独立的联邦能源规制委员会，负责监督能源行业法律和政策的执行和落实②。与负责政策制定的能源部不同，联邦能源规制委员会负责规制执行，两者相互独立，不存在上下级领导关系。

本文考虑借鉴美国经验，由国务院授权，设置独立的国家矿山监督委员会（简称“矿监委”）。与国土资源部负责矿产资源政策法规、发展战略、矿业经济、市场信息的制定、管理和服务的职责不同，“矿监委”行使行政执法职能，履行矿业活动的监管职责，主要负责矿业资费规则调整、生产标准细化、矿业政策法规的执行监督、争端解决、违规处罚等。应明确“矿监委”的职能范围，将发改委、国土资源部、安监局、环保部有关矿业规制的职权（包括市场准入、企业投资项目审批、安全规制、价格规制、环境规制等）划归独立的“矿监委”，以法律的形式明确其为唯一的矿业规制机构，解决矿业管理政出多门、职能交叉的弊端。考虑到中国资源开发的复杂情况，应当在各个省设立矿监委（作为国家矿监会的派出机构，不受地方政府领导），对省内的煤炭、电力、天然气、煤气等矿山企业进行规制。主要职能为依据国家法律制定有关矿业管理的实施细则，负责监督矿业法律和政策的执行和落实情况。当然，要合理划分中央和省级规制机构之间的规制职责。

矿监委（矿监会）要想真正成为矿产开发中的监督者，就需要具备一定的中立性、独立性，不仅要相对独立于政府部门，与负责宏观经济调节、产业政策制定以及行政管理的政府部门相分立；而且要独立于矿山企业，改变“政企一体”的传统规制模式，防止“政企同盟”的形成。为此，矿监委要探索建立相对独立的人事设置和财政收支权。例如，矿监委主席可以考虑由政府与矿业行业协会共同任命，实行任期制；矿监委内部要建立严格的职业标准和灵活的薪酬标准，以吸引优秀人才。然而，独立设置的规制机构如果缺乏强大的监督和制衡机制，不仅不能解决“规制俘虏”问题，还有可能成为腐败的温床。因此，要通过完善的法律体系、公开透明的程序对规制机构本身进行监督。

（二）建立资源开发的生命周期规制体系

长期以来，资源型企业的勘探、开发和利用给生态环境和经济社会带来了较多的

---

① 赵欣颖：《转型时期政府规制失灵与规制改革路径分析》，吉林大学博士学位论文，2011 年。

② 杨嵘：《美国能源政府规制的经验及借鉴》，《中国石油大学学报》2011 年第 2 期。

负面影响。尽管各级政府对环保、安全等负面事件的处置愈加重视，但是事后“惩治”总是“防不胜防、治不胜治”。有鉴于此，应当建立从矿产勘探、开发、矿山建设到关闭退出的全生命周期规制体系，即资源开发前的准入规制、开发中的动态监管规制、开发后的修复退出规制，有效解决矿产开发的市场失灵问题。

严格矿山准入和许可证制度。健全矿山企业的准入制度，提高矿业项目准入门槛，严格用地审查、节能评估和审查、环境影响评价等前置条件，严控资源开发行业的盲目扩张。矿山建设项目应符合国家和地方的矿产资源开发总体规划和矿业产业政策，应健全重要矿产品生产行业的准入标准，从源头上防止产能无序扩张和无序开采。重点是把自然资源和环境承载能力纳入到准入制度中来，从资源消耗、安全生产、环境保护等方面制定更为严格的矿业准入标准。有关部门要严格矿山企业从业资格的认证审定，组织矿产资源勘探、开发的招标和许可证发放等。提高矿业生产集中度，着力解决矿山生产“多、小、散、差”等突出问题，鼓励企业按照市场化原则开展联合重组。

完善矿山生态环境前期评估制度。加强资源部门开采前的生态环境评估，防范资源开发造成不可逆转的生态环境破坏。开展资源开发生态环境损害的综合评估和技术论证，禁止可能导致生态功能不可恢复性破坏的资源开发行为。依据生态环境损失评估结果，要求矿山企业签订生态环境服务承诺保证书，并缴纳服务保证金。允许预防性投入进入企业生产成本，激励开采者更多地采取防范性措施。矿山项目的新建、扩建或现代化改造之前必须获得环境许可证，并且事先提交环境影响评价报告和生态修复计划、闭坑复垦计划。要严格检查新建项目的污染防治设施和生态保护措施是否符合环评及审批文件相关要求，相关环保措施是否与主体工程同时设计、同时施工、同时投产使用。目前矿山企业所提交的环境影响报告书中，评价的重点在于废水治理措施和水土流失措施，缺乏相应的生态恢复措施。应借鉴发达国家经验，制定严格的矿山开发管理规定，规定矿山在开发设计和环境影响评价中，必须有生态恢复内容，项目实施中须设立专门的生态恢复机构，以保证矿山边开采边恢复自然生态，使矿山的生态环境保持良好状况①。

建立环境听证和公众参与制度。在澳大利亚，矿业权申请人向州矿业能源部提交矿山环境影响评价报告。矿业能源部在报纸上公告项目，广泛听取社会各方面意见，召开听证会，有关部门参与审查，慎重做出矿业授权决定②。中国应该借鉴国外成熟的做法，建立并完善矿业环境听证制度，通过听证听取公众的意见和要求，使相关利害关系人的意见得到充分表达，督促矿业行政机关尽职尽责。

建立矿山企业的动态监察制度。要依据有关法律法规，建立和完善切实可行的、可操作性强的矿业动态监管制度，将制度建设和日常监督贯穿整个矿产资源开发的始终。要注重探矿权开工备案、进场开展工作、地质勘查投入、实物工作量完成情况、

---

① 冯春涛：《发达国家矿山环境管理制度分析》，《环境保护》2004 年第 7 期。

② 王永生等：《澳大利亚矿山环境治理管理、规范与启示》，《中国国土资源经济》2006 年第 11 期。

勘查单位变更、勘查实施方案执行情况、年度检查、转让等方面的管理和监督。注重采矿权履行法定义务、两费缴纳、储量变化、动态监测、无证或越界开采、非法租赁或承包、转让等方面的管理和监督。美国等发达国家设有矿山环境监督检查制度，其具体的执行者是联邦内政部露天采矿办公室和各州自然资源局矿产地质处设立的矿山环境监督检查员[①]。中国可借鉴国外经验，在矿业规制机构中设置矿山环境监督办公室、矿山安全监督办公室等部门，建立矿产资源开发利用的日常或连续动态检查制度，监管内容涉及矿产开发的生态环境、地球化学、地质灾害、土地复垦、生产工艺等方面。规制部门内部设置监督检查员，具体负责矿山环境监督、安全监督管理，对矿山企业进行长期连续或不定期的现场检查。矿业规制机构应拥有强大的执法队伍和行政处罚权力，对矿业活动中的行政违法行为依法予以罚款或吊销开采许可证等处罚。

建立矿业信息化管理制度。为提高矿业管理的透明度，针对矿产开发中的信息不对称，应建立全面披露矿业信息的门户网站，及时发布国家矿业政策、矿产资源开发计划、地质勘探信息，包括矿产储量、产量和消费量；矿业权授予过程的管理信息，包括发布和接收申请的公告以及矿业权的授予情况；关于企业的社会责任，包括提交的矿山开采计划和闭坑、复垦计划等。社会公众可方便地从矿业网站上获取相关信息，确保规制政策能够充分接受来自社会各方的监督和评价，保证矿业规制的透明化及规制决策的民主化。

建立矿业举报投诉受理制度。监管机构可接受矿区居民的热线电话和书面举报投诉，受理矿产开发中的环境污染、土地塌陷、道路房屋受损、棚户区建设等方面的投诉举报案件。通常由监管机构的行政法官进行听证和裁决，直至最终上诉到法院判决。应以法律的形式设定专门部门、规定专门人员收集矿业环境保护方面的信访举报，并根据举报信息及时做出处理。构建回应问责的相应制度和机制，约束政府及其官员及时回应民众意见。规制机构在调查处理矿业民众问责事项过程中，发现被调查人或其他人员涉嫌违法违纪的，应依照规定的程序和权限追究相关责任，或向司法机关提出建议和办理相关手续。

制定严格的闭坑复垦制度。矿山闭坑是当前最突出的薄弱环节，亟须制定与完善矿山闭坑标准。完善矿山闭坑报告制度，健全闭坑政策，强化闭坑后管理。严格按照中国颁布的《土地复垦条例》《土地复垦条例实施办法》，编制详尽的矿区土地复垦方案，确定区域土地复垦总体目标，减少社会成本和社会风险。

（三）建立矿业市场的动态调控规制体系

要加强对矿山企业日常经营活动的规制，建立包括资源品价格完善、矿业透明化管理、矿业市场风险规避、矿业反腐败制度、企业退出机制等规制制度。

建立矿业市场风险规避制度。加强对矿业市场信息的监管，分析与研究矿业市场

① 李虹等：《美国矿山环境治理管理制度的启示》，《国土资源导刊》2008年第1期。

的资源品价格走势、矿产品产能及产量等市场信息，建立市场风险报告，实现对矿业市场的全程实时监控、在线预警。若出现矿产品价格下跌的情况，应跟踪监测市场变化对资源综合利用项目的冲击影响，跟踪监测矿山利润萎缩对矿山发展、矿区建设及资源管理的影响。要制定并采取相应的应对预案，确保资源市场平稳度过经济波动的冲击。建立重要矿产资源产品的特种保险制度，降低由于市场波动带来的企业经营风险。

建立矿业反腐败制度。借鉴“透明国际”的反腐败经验，努力实现资源型企业尤其是国有大型矿山企业的透明管理。结合国家产业政策，加强对资源型企业经营活动的规制。规制机构要对企业做出差异化的、公开透明的监管制度安排，例如建立矿山企业年度报告制度，要求矿山企业定期向规制机构对其股权分配、并购重组、董事会建设、成本利润、税费缴纳以及高管和职工薪酬等公司运营情况进行报告，或者向社会公众选择性公示①。建立有效的举报人保护制度，给予法律上的支持、鼓励，并要求有关部门对举报人给予切实有效的保护；加强惩罚性措施，没收腐败和非正常的犯罪收入；推进矿企人事管理与提拔任用中的公正与透明工作；引进公民监察特使制度和建立审查委员会，以保障审计的公平与独立；引入纳税人诉讼制度，加强财政的透明度；改进滥用官僚裁量权的规章制度；建立矿业道德公约以及敦促矿山企业建立矿业伦理制度，包括不提供娱乐活动、设立专职伦理管理部门、报告转包商和其他违规企业的腐败问题等等②。

健全资源型企业退出规制。退出机制的顺畅与否是资源型产业市场竞争能力强弱的一个反映。当前，资源型企业的市场退出面临诸多结构性障碍，在很大程度上与社会保障体系建设、资本市场发展、政府机构改革等有关，只有健全相关体制机制，才能降低资源型企业退出的壁垒和成本。政府应探索矿业退出规制建设，建立矿山退出法律制度，为资源型企业退出提供法律保障；政府要通过金融、财政、税收、工商、社会保障支持手段，如债转股、贴息贷款、收购报废、科技奖励、减免税收、补贴等，引导资源型企业退出。具体而言，建立矿企固定资产加速折旧制度，降低矿企的退出壁垒和沉没成本；鼓励企业利用兼并、转产、破产等多途径退出；对资源型企业建立的公用基础设施予以一定期限或一次性补贴；完善企业下岗职工安置和培训工作，确保解除劳动关系的职工转入社会保障体系，减轻和消除资源企业退出市场的体制成本与制度性壁垒。加强资源型企业退出时的环境硬约束，对矿山复垦、污染治理达不到要求的，应从重处罚。

完善资源品价格形成机制和价格调控手段。资源性产品作为重要的能源和原材料，其价格形成和变化对合理调节自然资源的分配和使用具有重要作用，要重视资源品价格的全成本定价机制问题。目前的矿业成本，仅仅包括勘探成本（矿产资源补偿

① Transparence International France. Lutte contre la corruption par Transparence International France. http://www.transparence-france.org/ewb_pages/a/actions_lutte_corruption.php，2010-10-12.

② 马占稳：《韩国反腐败的新阶段——韩国透明国际在反腐败中的作用》，《国家行政学院学报》2007 年第 6 期。

费）、生产成本（开采成本与加工成本）、资源成本（如资源税、采矿权价款等）等，应逐步将生态环境外部性成本、转型成本、安全成本等包含在资源品价格之内[①]。政府应转变职能，尽快实现从资源性产品价格的制定者和管制者到价格的调控者和监管者角色的转变。价格管制改革主要包括两方面，即价格的放开和调整。其中价格调控是指理顺价格（尤其是那些政府直接参与定价的产品），使其达到合理水平，形成适宜的差比价关系。对那些已与国际市场价格接轨的产品，政府要加强对其市场价格的有效监管。

利用经济手段强化生态环境规制。经济手段是基于市场的规制工具，通过市场的信号作用影响企业行为。在环境规制中，行政手段配置资源的效率低、成本高，而经济手段是一种较好的选择。应利用环境税费、排污许可证制度、押金以及退款制度等经济工具，治理矿山环境污染。大力发展碳排放权交易市场，促进资源型企业自觉减排、节能。碳税的征收会增加生产成本，促使企业转变生产方式，也有利于产业结构的优化调整。征收碳税所增加的财政收入，可用于研发节能减排技术和增加环境保护投入。

三、完善"多中心"规制结构

按照多中心治理理论，传统的、集权的、单中心规制无法完全实现规制目标或提高规制效率，应在独立规制机构的基础上，建立"政府部门、法律机构、社会公众"协同合作的多中心、多层次、充满竞争、富有活力的产业规制结构，逐步破解资源型区域中存在的规制不灵、政监不分、规制俘虏、寻租腐败等突出问题。

（一）合理界定权力边界，转变政府职能

一般情况下，凡是市场机制能够充分发挥作用，资源能够实现有效配置的，就不需要政府干预；凡是存在市场失灵，市场机制不能有效发挥作用的地方，就需要政府干预[②]。在现实经济生活中，优化资源配置和维护公共利益就是市场与政府发挥作用的边界，一旦超越边界，失灵现象就会发生。因此，合理界定政府与市场之间的边界就成为重塑规制结构的关键。在资源型产业的规制中，应正确处理政府行政管理和市场配置资源的关系，加快政府职能转变。从维护公共利益的角度，政府有必要扮演公共服务推动者和市场监管者的角色，尽量减少行政直接干预，让市场起到资源配置的基础作用。从本质上讲，政府管理方式的转变就是政府职能的转变。政府部门应改革单一的行政管理，建立以市场手段为主的综合性管理机制，将以直接管理、微观管理为主转变为以间接管理和宏观调控为主，切实解决政府在矿产资源管理中"越位"和"缺位"的问题。在社会管理和公共服务方面，各级地方政府应更好地履行所承担的社会职能，加紧培育和健全社会中介组织，强化政府公共服务功能，注重生态环境保护和国民收入调节，为资源型企业创造良好的发展环境。

---

① 李国平、刘治国：《我国能矿资源价格改革的构想》，《西北大学学报》（哲学社会科学版）2006 年第 4 期。
② 王春华：《中外动态历史视角下的政府和市场边界演进与启示》，《行政科学论坛》2014 年第 2 期。

（二）完善相关法律法规，建立规制的法制基础

“无授权则无权力”，现代法治社会，任何一项权力的行使都应该得到法律的授权。“法治所要求的并不是消除广泛的自由裁量权，而是法律应当能够控制它的行使。”[①] 产业规制应以规制立法为先导，按法定程序进行。应加强矿业领域立法工作，完善规制的制度基础。目前中国已经颁布了《矿产资源法》《煤炭法》《电力法》《节约能源法》和《可再生能源法》，以及与之配套的行政法规、规章和地方法规，资源型产业法规体系的框架已基本构建。但现行的《矿产资源法》发布于20世纪90年代，当时所确立的矿业管理体制和管理模式已很难适应目前的矿业发展，需要建立以矿业权管理制度为核心的市场经济条件下的现代矿产资源法制框架，包括严格矿产资源规划的设置和实施程序、严格管理重要矿种、重点矿区勘查和开发工作，严格规范矿业权设置和资源税费征收的程序等等，以保障国家利益和社会公共利益。制定单独的《矿业法》或《矿山和矿产（开发与管理）法》，将《矿业法》从《矿产资源法》中独立出来。与现有的《矿产资源法》强调资源管理不同，《矿业法》强调产业管理，旨在对矿山企业的活动进行全面管理，解决矿业和矿区可持续发展的问题[②]。应对其他已颁布的相关法律法规进行相应的调整，并尽快制定其他配套法律，如《石油法》《天然气法》等。通过规制立法，以法律的形式将产业规制机构的目标、工作程序及其权力确定下来，并使规制机构在法律框架下依法行使规制职能。

（三）加大规制司法审查与规制执法力度

在产业规制领域，司法机构是多中心治理模式中不可或缺的制衡力量，与立法机构共同对规制权力进行制约。相对于规制机构和被规制的企业，作为一种外在的监督者，司法机构天然地独立于规制利益链条，在规制过程中的监督、审查作用不可替代。针对资源型区域司法权控制相对弱质的现状，要形成产业规制的多中心治理，有必要建立完善的司法审查制度，加强司法机构对规制立法、规制执法行为的审查。要保证司法审查的力度，还需要加强与矿业规制相关的法律法规的可操作性。美国的《能源法》对于可能产生争议的条款都做出了明确的定义，在具体操作方面做出了十分细化的规定，确保了法律的有效执行[③]。比较而言，中国的《矿产资源法》《环境保护法》《安全生产法》等法律可操作性不强，对于实施细节规定得不够详细，同时也缺乏配套的实施细则。因此，需要加强相关法律法规的可操作性，例如以《矿产资源法》为核心，制定与之相配套的实施细则，便于规制机构的监督与管理。要加大矿业领域的法律执行力度，对违法违规行为进行严厉制裁。要增加法律的透明度，对不同违法行为的处罚手段以法律条文的形式予以明确规定，形成强大的法律威慑。加大对开采、环保、安全等矿业违法行为的制裁，对被损害的人员进行赔偿，提高矿山企

---

① 威廉·韦德：《行政法》，中国大百科全书出版社1997年版。

② 康纪田：《论建立产业管制型的现代矿业制度》，《企业活力》2007年第6期。

③ 刘颖：《美国〈2005国家能源政策法案〉分析及对我国能源立法的借鉴》，《能源与环境》2007年第5期。

业的违法成本。

（四）建立透明规制机制，提升公众监督能力

需要建立透明化的矿业领域规制机制，包括规制机构运行、规制政策制定、规制工具和程序等多个环节，要实现信息公开、过程公开和结果公开。应鼓励消费者参加听政会，参与价格管制过程。这对于解决规制俘虏、政府部门决策不科学、公共部门信息偏在以及市场不确定性等问题有重要的意义。在欧美、日本等发达国家的规制决策程序中，公开透明的规制被越来越多地采用。规制透明机制的具体内容包括公开咨询、公开发布提案、公众通知和评论、规制政策的信息化管理以及公开听证会等，能够有效地提高公众参与程度。其中，公开咨询是向包括社会公众在内的各种利益相关者咨询意见，从确定需要解决的问题到评估现行的规制政策，可以在任何阶段进行；公众通知和评论包括规制提案草稿、政策目标的讨论情况、正在解决的问题以及规制影响评估等，可以使与规制相关的全部利益主体有机会参与规制提案的讨论，具有更大的开放性和包容性；公开听证会的召开可以使规制者和相关利益主体直接进行对话，相关各方可以通过会议对规制提案进行评价和公开辩论。早在 2005 年，13 个经济合作与发展组织国家已经采用公开听证会制度作为公开咨询的形式①。

加强电子信息技术和互联网在矿业规制中的应用。许多国家的政府和规制者都建有相关的网站，在线收录公共资料和数据等各类规制信息，以及法律文件、管理信息、官方出版物等。这些网站不仅成为规制信息发布的窗口，也成为规制者获取咨询意见和进行信息反馈的工具。这使得规制咨询和信息沟通的范围迅速地扩展，得到更多的利益相关者关注和参与，提高了规制工作的质量和效率，增强了规制的透明度和可信度。规制透明机制确保了规制规则及其制定过程的可及性和易解性，为被规制者依法表达意见提供了可能。实施规制程序透明机制可以增强规制政策制定和执行的参与性，避免规制机构利用立法授权任意行使权力，可以对规制权力实行有效的约束，使规制政策受到来自各种利益相关者的监督和评价，从而保证规制机构决策的民主性和科学性。

第三节　资源型区域产业生态治理研究

依前文所述，资源型产业存在挤出效应、吸纳效应、沉没成本、自强机制，导致产业体系存在产业单一、产业初级、产业竞争力低下以及反工业化等一系列问题，这些问题不仅是资源型产业自身畸形发展的反映，更是资源型区域产业生态系统逆向演进、整体衰退的结果。因此，资源型区域的产业结构调整、产业转型升级乃至经济发展方式的转变，归根到底是对产业生态系统的改善、修复和治理。基于产业生态这一

① 张亚伟：《发达国家环境规制改革的经验与启示》，《中州学刊》2010 年第 2 期。

独特视角，本节重点探讨产业生态系统的内涵、特性和演化机制，分析研究产业结构调整和经济转型的可行路径，进而提出治理产业生态系统的政策建议。

一、产业生态的内涵与构成

早在1989年，Frosch在《制造业的战略》中提出了产业生态的概念，将其定义为由制造业和服务业群落与其所在地域的资源和环境组成的、具有高效经济过程和和谐生态功能的系统①。Tibbs（1992）将产业生态定义为把自然生态系统规律应用到人文系统设计中，以期在工业化进程中实现可持续发展，本质上实现产业发展与自然系统相协调的过程②。王如松提出产业生态系统是社会一经济一自然复合生态系统，具有生产、生活、供给、接纳、控制和缓冲的整合功能和错综复杂的人类生态关系，其方法论的核心在于时、空、量、构、序的生态整合③。在微观层面上，传统的产业生态学侧重于从企业内部和工业系统内部通过合作共生来获得更大的经济效益和环境效益，注重对清洁生产、循环经济以及生态产业的研究。与此不同，本文侧重于从宏观层面上考虑，由采掘业企业、制造业企业、服务业企业、中介机构、政府协调部门组成的企业群落如何在更大范围建立产业共生网络，在更广的区域内实现资源配置效率的提高。事实上，产业生态的经济学含义在于，生产活动以最有效的方式提高经济效率，获得规模经济、范围经济、实现公平竞争、降低交易成本以及推动经济系统与自然系统和谐发展。

（一）自然生态系统与产业生态系统

自然生态系统是在一定时间和空间范围内，由生物群落和无机环境相互联系、相互影响、相互制约所形成的具有一定的规模和结构，依靠自然调节功能维持系统相对稳定的有机复合体④。生态系统的生产者、消费者和分解者通过彼此间的食物链和食物网，进行物质和能量流动及信息传递，使系统保持动态的可持续发展。借鉴生态学原理，可以将区域产业生态系统看作是在一定地域空间内，以企业为主体呈网络式多维空间的复杂系统。将生态系统与产业系统进行对比，可以发现两者存在一定的相似性，例如，生物体利用能量和物质，并排放废弃物，企业也消耗物质和能量，并且排放废弃物；同一物种个体的集合体构成生物种群，具有某种共同特征的企业集合构成产业；自然生态系统内部成员之间具有竞争、捕食、协作、共生关系，产业生态系统内部企业之间也具有竞争与合作关系；等等。本文从系统组成要素、基本属性、营养结构、系统演化等方面，将区域产业系统与自然生态系统的相似性进行对比，详见表9-1。对自然生态系统与产业生态系统的比较研究，并非仅仅揭示两者作为地球生态子系统的主要特征与运行规律，而是要借助生态学的理论、模式去分析研究区域产业体系。

---

① R. Frosch. "Strategies for Manufacturing", *Scientific America*, 1989, 261, 3: 144～152.

② H. Tibbs. "Industrial Ecology: An Environmental Agenda for Industry", *The Whole Earth Review* (Winter), 1992: 412～415.

③ 王如松：《资源、环境与产业转型的复合生态管理》，《系统工程理论与实践》2003年第2期。

④ 徐世晓等：《自然生态系统公益及其价值》，《生态科学》2001年第4期。

表 9-1　自然生态系统与区域产业生态系统的比较分析

相似性	自然生态系统	产业生态系统
组成要素（成员）	绿色植物、动物、微生物等；以大气、水、土壤、阳光等为主的非生物环境	生产型、服务型等各种类型的企业；市场、人才、技术、资金、政策、文化、经济社会等企业外部环境
要素（成员）关系	竞争、捕食、寄生、共生等生物要素之间的关系；要素与环境之间相互作用的关系	竞争、兼并、合作、共生等企业间相互关系；企业与市场、政策、经济、文化等外部环境之间相互作用
系统法则	自然选择，优胜劣汰，一定程度上受人类活动影响	适者生存；受政策与制度影响较大
营养结构/价值结构	食物链、食物网，营养关系输入、处理、输出	物流、能流和信息流关系，物质、知识、人才等的输入、生产、产品输出
功能	物种流动、物质循环、生物生产、资源分解	生产活动、物质流、能量流、价值流、信息流、创新扩散
生态系统特性	生物群落多样性和蓄积量增大，则系统稳定性增强，抗外部干扰能力增强	正负反馈性；企业群落多样性和协同性增大，则系统稳定性增强
系统演化过程和趋势	从成熟到衰落；或在基因突变后进化、向顶级群落状态演化	从成熟到衰落；或在外力作用下不断演化、向稳定和谐的产业生态转变

资料来源：作者整理而得。

（二）产业生态系统构成

基于生态学视角，区域产业生态系统包括企业群落、非企业物种、外部环境三个层次①。其中，企业群落包括核心企业、竞争对手、原材料供应商、互补品生产者等生产型组织；非企业物种指大学、科研机构、金融机构、中介机构、行业协会、消费者等非生产组织；外部环境包括自然环境、社会环境、人文环境、政策环境和市场环境等。企业群落之间通过信息传递、资源共享、能量流动等方式与其支撑环境间相互关联，共同进化。系统具有生命特征，是许多“物种”成员在特定区域内的行为集聚。产业生态系统如图 9-1 所示。

二、产业生态特性与资源型产业生态问题

与自然生态系统相类似，区域产业生态系统也呈现出由于不同要素、不同成员的相互联系、相互作用而形成的系统性特征。

（一）产业生态的基本特性

一是复杂多样。自然生态系统成熟的关键是组织成员的多样化，即多物种相互依赖而构成的整个系统，从细胞、个体、种群、群落直至整个生态系统，各层级上都表现出生物的多样性特征。Odum 研究了生态系统不同阶段的多样性特征，发现在自然生态系统的初期，组织成员多样性较低，系统处于动荡不稳定的发展状态；随着生态

① 盛朝迅：《以产业生态新理念推进东南沿海产业转型升级》，《中国经贸导刊》2012 年第 2 期。

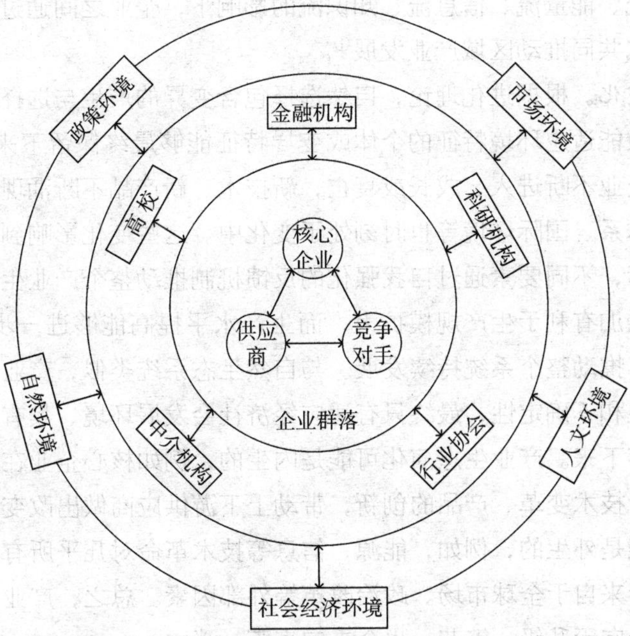

图 9-1 产业生态系统构成

系统的成熟，组织成员的多样性升高，系统稳定性增强[①]。与此类似，产业生态系统是不同企业群落以及有关要素的集合。在产业生态系统中，核心企业建立起围绕各自的企业群落。不同企业群落之间并不是完全排斥和独立的，它们之间交叉连接，形成错综复杂的网络关系。企业群落的多样性也是区域产业生态系统稳定发展的主要特性[②]。Noronha 认为，多种可能的投入和大量复杂的产出，可以有效保持产业系统的稳定性和共生的可持续性[③]。

二是协同进化。自然生态系统的进化实质是生物种群的协同进化。协同进化是指一个物种适应性的改变会引起另一个物种适应性的相应变化，反之亦然。它强调通过不同种群间的相互协作，提高环境资源的利用效率，增强彼此间的生存能力[④]。与此相类似，在产业生态系统内部，各个产业之间紧密联系，相互依存，企业成员的互动也趋向于协同进化关系，即任何一个企业的发展都会影响到另一个企业的最大产出水平。随着产业专业分工的不断深入与细化，企业必须要与其他企业发生各种合作关系，如共同研发、共享技术、市场划分等，才能够提高创新能力和竞争能力，提升产出效率，获取收益，从而促进产业生态系统的正向演化。企业成员的协同进化是指在

① E. P. Odum. "The Strategy of Ecosystem Development", *Science*, 1969, 164: 262～270.

② P. H. Templet. "Energy, Diversity and Development in Economic Systems: An Empirical Analysis", *Ecological Economics*, 1999, 30: 223～233.

③ J. Noronha. "Scavengers and Decomposers in an Industrial Park System: A Case Study of Burnside Industrial Park", Master Thesis, Dalhousie University, 1999.

④ D. H. Jazen. "When Is It Coevolution", *Evolution*, 1980, 34, 3: 611～612.

资金流、物质流、能量流、信息流、知识流的影响下，企业之间通过竞争、兼并、合作、共生等模式共同推动区域产业发展[①]。

三是有序演化。根据进化理论，自然选择包含变异的产生与选择（淘汰）两个阶段，只有那些最能适应环境特征的个体或变异特征能够最终保留下来[②]。在产业生态系统中，新的企业不断进入、成长或衰亡，新技术、新产品不断涌现，基础设施、社会环境、政策体系、国际环境等也时刻处于变化中。这些变化影响到产业生态系统内部的各构成要素，不同要素通过自我强化的反馈机制推动整个产业生态系统演化。例如，科技投入增加有利于生产规模扩大，而生产水平提高能够进一步增加创新投入，如此循环反复，推动整个系统持续发展。与自然生态系统类似，产业生态系统的演化也存在着偶然性和不确定性，最终只有适应经济社会发展环境、具有竞争力的产业生态系统能够生存下来。产业生态演化可能是内生的，例如核心企业在演化中发挥积极作用，不断进行技术变革、产品的创新，带动上下游供应商做出改变，加速演化的过程。演化也可能是外生的，例如，能源、信息等技术革命对几乎所有产业的发展产生深刻影响；或者来自于全球市场、政治改革等外部因素。总之，产业生态系统的演化方向并不总是趋向于升级、繁荣，也会走向衰落、消亡。

（二）资源型产业生态系统的突出问题

在成熟的产业生态系统中，企业群落、非企业成员、外部环境都发展得比较完善，形成比较协调的相互关系。然而，资源型区域的产业生态系统是不成熟、不完善的，存在以下突出问题。

一是产业单一。资源型区域产业生态系统的最大问题是资源依赖和产业单一。由于存在所谓的“吸纳效应”和“挤出效应”，依靠对优势资源的开发，劳动力、资本等生产要素源源不断从非资源型企业向资源型企业流入，推动资源型产业的持续扩张和迅速繁荣，促进资源加工产业及相关的服务产业、辅助产业的快速发展，而非资源型产业由于要素流出或投入力度不够，产业发展受限，最终形成了以资源型企业为核心的企业群落和以资源型产业为主导的产业生态系统。与自然生态系统一样，当一个产业生态系统处于相对平衡状态时，各产业之间会有相互作用，企业群落复杂多样。产业单一，就是物种多样性消失，会导致产业生态中产能过剩、竞争内耗、效率低下和生态恶化现象。毫无疑问，增进产业生态系统的多样性，是推动系统正向演进的重要途径之一，对系统自身的功能完善、干扰缓冲、环境适应以及发展演变都会产生重要影响。

二是关联度低。资源型产业由于以采掘业和原料加工业为主，处于产业链的起点，在国民经济产业链中处于上游地位。除为其他产业部门的生产、运营提供必需的生产资料之外，与其他产业之间并无较强的内在联系，对其他产业尤其是第三产业辐

---

① J. Korhonena, I. Savolainen & M. Ohlström. “Applications of the Industrial Ecology Concept in a Research Project: Technology and Climate Change (CLIMTECH) Research in Finland”, *Journal of Cleaner Production*, 2004, 12: 1087～1097.

②〔美〕恩斯特·迈尔：《进化是什么》，上海世纪出版集团 2009 年版。

射慢，扩散效应差，带动能力不强，导致资源型产业与其他产业关联度低，这也是造成资源型区域“反工业化”的根本。在资源型区域，资源性产品的市场波动越来越激烈，技术开发难度和资金投入规模在不断增加，报酬递减机制导致资源型企业在市场竞争中处于不利的地位，对协同进化的需求则越来越高。

三是逆向演进。在资源型区域，由于自然资源的突然发现，或者资源产品价格的意外上涨，使得包含采掘业和初加工产业的资源型产业迅速扩张。资源配置和要素流动从制造业部门流向资源型产业部门。由于报酬递增和技术外溢，制造业部门产业关联度大、附加值更高、更具竞争力和创新性，是区域经济长期增长的动力和基础。而资源型产业是初级产业部门，对技术和人力资本的要求低，缺乏产业关联效应和规模报酬递增机制，附加值低，会对技术创新和企业家才能产生挤出效应，损害整个社会的经济效率，形成产业逆向发展态势和低效资源配置机制，改变和阻碍资源型区域内部产业演进、产业升级的方向和进程。

四是稳定性差。产业生态系统的稳定性是指区域产业系统的结构、状态、行为的恒定及优化，主要表现为抵抗能力和恢复能力[①]。受资源的可耗竭性、资源品市场的强烈波动性以及经济结构的单一性影响，资源型产业生态是一个低稳态的系统，抵抗能力和恢复能力都比较差。前者是指在受到包括宏观经济不景气、资源品市场需求量突变、资源品价格波动等外部因素的干扰之后，资源型区域产业生态系统能够抵抗外界不利因素的干扰而维持系统结构和功能的能力偏低；后者是指资源型区域产业生态系统在遭到外界各种因素的扰动后，较难恢复到原系统状态的能力，甚至会逐步下降至一个更低状态的能力。在现实中，世界范围内资源品价格波动直接导致资源型产业大幅度增长波动，使得资源型经济体经济动荡和产业生态恶化，引发更加严重的社会后果[②]。

三、产业生态的演化路径与治理策略

区域产业系统演化是产业的创新和重组过程。资源型区域产业生态的修复、改善与治理，须从提升产业生态价值、优化产业生态能力和改善产业生态环境三个方面入手，推动产业生态系统的正向演进。其中，产业生态价值是产业生态系统的综合效益的体现，可从林窗、关键种、生态位、多样性等方面分析；产业生态能力是产业生态系统自身或与外部环境交互影响过程中体现出的各种能力，可从产业关联能力、配套能力、协同能力和创新能力等方面评价；产业生态环境是指产业发展面临的外部环境，可从自然环境、社会环境、人文环境和政策环境等方面考察。

（一）开辟林窗，发展关键种，提升产业生态价值

开辟“林窗”，促进产业新陈代谢。林窗（Gap）也称林隙或林冠空隙，最早由英国人 Watt（1947）提出，用来表示森林群落中一株以上主林层（林冠层）树木死

① 张睿、钱省三：《区域产业生态系统及其生态特性研究》，《研究与发展管理》2009 年第 2 期。
② 牛仁亮、张复明：《资源型经济现象及其主要症结》，《管理世界》2006 年第 12 期。

亡而形成林间空隙，为新个体占据与更新提供了空间。[①] “林窗”犹如在森林中开了一个天窗，阳光和雨露可以毫无阻碍地进入这个区域，给新一代的树林生长和繁育提供了一个成长环境，这是自然界生态自组织的结果。在区域产业生态系统的演化过程中，不同的产业或企业群落与生物群落一样，也要经历产生、成长、繁荣直至衰退的过程，最后由其他产业或企业群落取代其位置。开辟“林窗”或加强系统外部的“干扰”及调控对于产业生态系统的演进至关重要。在资源型产业生态系统中，由于人们的急功近利和资源配置的无序，后续产业的发展空间不断被挤占，缺乏产业转移和安置新产业的空间。在这种情况下，要推动产业的转型升级，须通过产业调控与政策“干扰”的方式开辟“林窗”，为具有较高附加值的新兴产业预留发展空间。事实上，区域的产业结构调整和产业转型升级都是在一个个“林窗”中完成的。重视产业“林窗”，将其列入产业规划决策，推动资源型产业自身的转型升级和产业生态系统的正向演化。

发展关键种，调整生态位，完善产业链。在自然生态系统中，关键种是指一些珍稀、特有并对其他物种具有超级影响的物种，在维护生物多样性和生态系统稳定方面起着重要作用[②]；生态位则指一个种群在时间、空间上的位置及其与相关种群之间的功能关系。区域产业生态系统的有序演进，有赖于关键产业的正确选择和产业生态位调整。关键产业需要体现区域经济发展方向和区域产业结构演进的一般趋势。产业生态位则是联系产业自身发展与外部环境的纽带，是体现产业竞争力的标志[③]。在资源型区域产业生态治理中，要选择产业链较长、关联度较高、扩散效应与辐射范围较广、对产业生态系统和区域经济发展的驱动力大且不同于现有支柱产业的关键产业。同时，发挥关键产业中核心企业的能动性，在发挥其自身优势的基础上，对产业价值链进行分解与组合，通过重新选择、调整或巩固生态位来协调产业发展与外部环境，获得持续性的生存。

发展多样性企业群落。多样性体现在产业生态系统内部的产业类型、企业规模等不同层面，同时，还要保持均衡，即系统内各个组分和元素各施所长、互相作用。一方面，资源型企业与其上下游的企业（例如采掘业、能源业、制造业等）凭借专业分工、资源互补、废弃物循环，环环相扣，相互影响，共同组成区域产业链；另一方面，通过对其他新型产业的引进，例如引入新能源、新材料、节能环保、新兴信息产业、生物产业、高端制造装备业等具有重大引领带动作用的产业类型，丰富企业类型和产品种类。这些不同产业类型的企业在要素投入、产品生产、技术合作以及资源配置等方面进行互动，形成不同的竞争与合作关系，占据产业系统生态位中的不同部分，构建多样化的企业群落和多核心的生态系统产业链，合理规避市场风险和经营风险，提高整个区域产业链条的竞争力和产业生态系统的稳定性。

---

① A. S. Watt. “Pattern and Process in the Plant Community”, *Ecology*, 1947, 35, 1～22.

② 许再富：《生态系统中关键种类型及其管理对策》，《云南植物研究》1995 年第 4 期。

③ 闫安、达庆利：《企业生态位及其能动性选择研究》，《东南大学学报》（哲学社会科学版）2005 年第 1 期。

（二）构建支撑平台，增进协同进化，优化产业生态能力

构建产业集聚平台，加强产业链整合，提升产业关联能力和配套能力。从生物共生进化理论看，产业链更像是一个企业生态共生体，通过复杂的“食物链”和“食物网”实现物种、种群的共存共生。产业链整合有助于推动不同企业协同进化和改善企业绩效。产业链与产业集群的形成具有密切关系，在资源型区域产业生态系统的治理中，应加强产业链的集群规划，新建或整合现有的产业园区、产业基地，构建集群化、链条式、群落状的产业集聚平台，重新配置生产要素，发挥产业的链条效应、集聚效应、规模效应和生态效应。应对传统产业、新兴产业与关键产业的集聚进行科学规划，要保证产业内企业在地理上相近，打造供应商、核心企业和顾客一体化的产业格局。要通过政策手段，鼓励新兴产业、关键产业通过前向、后向及旁侧关联效应，加强与传统产业之间的技术经济联系，形成上下游关联、资源共享、产品互补、废弃物循环利用的产业链条，将企业内的竞争优势转化为产业链的竞争优势，培育产业核心竞争力。要注重围绕产业链的薄弱环节招商引资，不仅需要引入核心企业，也要“补环接链”，引进与之配套的相关企业。

建设综合服务平台，提升产业协同发展能力。要从产业生态建设的高度，建立包括投融资服务、管理咨询服务、生产性服务以及信息网络服务在内的综合服务体系，通过“改土培肥”“营养输入”为产业成长提供全方位支撑。建立完善的多渠道投融资体系，为企业孵化、研发投入、产能扩张、上市融资、风险投入等提供资金支持。与银行、担保公司密切合作，为初创企业开辟担保和贷款快速审批的绿色通道。提高风险资本的投资运作能力。建立管理咨询服务体系，为成长型企业提供专业咨询和跟踪服务。建立专家资源库，遴选相关的技术专家、市场专家、管理专家和战略专家对企业进行战略诊断，帮助企业制定有效的成长战略。建立专业化市场服务机构，以显著提升资源型区域产业发展整体素质和产品附加值为重点，围绕全产业链的整合优化，充分发挥生产性服务业在研发设计、流程优化、市场营销、物流配送、节能降耗等方面的引领带动作用，构建起相互关联、交叉服务的协同产业生态系统。加快生产制造与信息技术服务融合，促进智能终端与应用服务相融合，发展服务于产业集群的电子商务、数字内容、数据托管、技术推广、管理咨询等服务平台，提高产业系统内资源配置效率。

建设技术创新联盟生态系统，提升产业自主创新能力。借鉴自然生态理念，在资源型区域内组建以参与技术创新和扩散的企业、大学和科研机构为主体的，中介服务机构介入和政府参与的产业技术创新联盟生态系统①。在这个系统中，企业是核心，扮演创新的生产者、消费者和分解者三种角色；高校和科研机构创造知识，提供技术和创新人才，扮演生产者角色；由猎头公司、信息服务中心、产权交易中心、咨询中心等构成的中介机构提供信息、进行技术资源的扩散，扮演分解者的角色；政府通过制定相关政策和法律法规，鼓励、扶持、引导、规范创新联盟生态系统的形成和发

① 杨西春：《基于产业生态理论的技术创新联盟研究》，《人民论坛》2015 年第 1 期。

展，扮演催化剂和黏合剂的角色。该系统与自然生态系统相类似，企业、大学和科研机构等创新物种、种群在系统中占据不同的生态位，通过协作、共生及进化发展，形成相互依存、相互作用的创新网络。提升产业系统整体创新能力，由引进消化吸收技术的跟随型发展向开放创新的技术领先型发展转变，由注重规模化、集中化生产的传统产业向信息技术深度应用、制造业和服务业融合、个性化定制的新兴产业转变，提升资源型区域产业系统的整体竞争优势。

（三）加强基础设施建设，完善政策体系，改善产业生态环境

*加强基础设施建设，改善产业发展的社会环境。*基础设施是产业发展的必要条件。随着经济发展和产业升级，基础设施不仅包括道路交通、邮电通信、供水供电等系统硬件，还涵盖了信息网络、资本市场、知识产权体系、教育培训体系等信息化设施和公共服务体系。例如，互联网基础设施已经成为物联网、云计算、移动互联网等新一代信息技术产业发展的基本条件。因此，政府要完善基础设施与加强信息化建设，提供技术和生产服务，建立良好的区域产业发展环境，吸引国内外相关企业的进入。

*完善政策体系，优化产业发展的政策环境。*政策支持强度、产业管制水平在很大程度上会影响产业生态的发展。建立有利于不同类型产业发展的法制环境，制定促进新兴产业发展的法规与政策，强化依法行政，完善竞争规则。要强化资源型企业资质的审查和管理，制定完善的资质审核来规范市场秩序，避免出现恶性竞争的局面。要加快制定行业标准，加强对产品市场的监督和管理，不仅要制定完善的行业管理制度，还应保持行业管理制度的连贯性，充分给予经营者安全感，杜绝企业短期行为。要充分发挥市场配置资源的基础性作用，注重优化政策环境，激发市场主体积极性，维护公平竞争的市场秩序，形成统一、开放、竞争、有序的现代市场体系，确保产业向着持续高效的方向发展。

*培育创新要素，营造鼓励创新的人文环境。*包括思想观念、文化传承、消费习惯等人文环境因素在国家间、地区间存在着很大的差异，潜移默化地影响着生产、消费与创新活动，造成区域产业生态系统中产业优势、商业模式、技术路线与产品特征的差异。培育创新要素、提升创新能力对于资源型区域的产业生态治理至关重要，因此，可通过思想传播、理念灌输、文化教育、制度建设等形成创新的文化导向和价值观，营造鼓励创新的人文环境。例如，可以出台加强知识产权管理的政策措施，把自主知识产权获取作为科技计划项目资助、科技奖励的重要导向，建立相应的科技创新诚信档案，鼓励企业加强自主创新和知识产权管理意识和动力。

*加强环境治理与生态保护，改善自然环境，推动产业生态系统与自然生态系统和谐发展。*资源型区域构建产业生态系统的终极目的是使各种产业活动对自然资源的消耗和对生态环境的负面影响降至最低水平，在节约资源、降低污染以及改善生态环境的基础上实现持续、和谐、稳定发展。资源型区域要进一步加强对土地、矿产、水等自然资源的保护力度，加快资源税费与资源品价格改革，提高资源利用效率。通过相关的财政、税费以及金融政策的扶持，鼓励企业发展清洁生产和循环经济，培育生态工业园区和生态型企业群落，逐步形成经济和自然和谐共生的产业生态系统，推进区域生态文明的发展。

第十章 矿业收益分配与使用制度创新

第二章提出了矿业收益分配的基本框架，即基于效率的首次分配与基于资源财富共享的二次分配。首次分配有利于资源的集约节约利用，二次分配有利于资源财富的转化和社会居民福利水平的提升。以此为依据，结合中国矿业收益分配及其对资源型区域发展的影响，借鉴发达国家经验，提出中国矿业收益分配及使用制度创新的具体建议。

第一节　基于矿产开发特殊性的收益分配机制①

从国外案例来看，不同国家采用了不同的收益分配与使用制度，但整体上是以资源财富共享、有利于资源转化成其他形态资本财富为原则。本研究主要沿用新古典经济分配理论分析框架，以可持续发展理念下的代际公平理论为依据，探讨适合于中国的矿业收益分配制度。矿产开发收益分配机制，核心在于对矿产品价格减去开采成本剩余部分的经济学解释及其相应的制度安排。

一、矿产资源产权市场的资源租金

按照新古典经济学要素收入分配理论，将矿产资源作为与资本、劳动力等②并列的生产要素之一，其报酬称为资源租金，与利息、工资等共同构成矿产品生产的私人成本。资源租金包含对矿产资源稀缺性、耗竭性的经济补偿，形成稀缺性租金、耗竭性租金；同时包含在开采过程中对土地的占用，形成矿地租金，如表 10-1 所示。

表 10-1　资源租金的构成与性质

<table>
<tr><th colspan="2">类型</th><th>权益属性</th><th>价值属性</th><th>支付方</th><th>受益方</th></tr>
<tr><td rowspan="3">稀缺性租金</td><td>绝对租金</td><td rowspan="3">部分资源所有权、资源发现权补偿</td><td rowspan="3">资产价值</td><td rowspan="2">采矿权人</td><td rowspan="2">资源所有权人
地质勘探单位</td></tr>
<tr><td>级差租金Ⅰ</td></tr>
<tr><td>级差租金Ⅱ</td><td colspan="2">开采者</td></tr>
<tr><td colspan="2">耗竭性租金</td><td>资源
所有权补偿</td><td>财富价值</td><td>开采者</td><td>资源所有权人</td></tr>
<tr><td colspan="2">矿地租金</td><td>土地
使用权补偿</td><td>土地
使用价值</td><td>采矿权人</td><td>土地所有权人</td></tr>
</table>

注：表中“资源”均指矿产开发中的本体矿产资源。

（一）稀缺性租金

矿产资源是稀缺的，采矿权人或开采者在使用时必须要付出代价。这种代价对采矿权人或开采者而言，是获取矿业权，即矿产资源使用权、收益权等的转让支付；对

① 本部分阶段性研究成果已发表，见景普秋：《基于矿产开发特殊性的收益分配机制研究》，《中国工业经济》2010 年第 8 期。

② 生产要素还应包含土地与企业家才能，在此未考虑企业家才能，将土地的占用与补偿归入资源租金。

资源所有权人而言，是采矿权人对资源所有权人做出的补偿。稀缺性租金包含了部分资源所有权的补偿，也包含了对矿产资源在勘探过程中所付出的劳动与资本投入形成的资源发现权的补偿。从其价值属性看，是将资源作为一种资产，能够在未来一段时期获取的预期收益现值的总和。稀缺性租金具体包含绝对租金、级差租金Ⅰ、级差租金Ⅱ。绝对租金是无论资源品质与埋藏条件的优劣，在获得矿业权时必须缴纳的基本租金。级差租金Ⅰ是对资源赋存条件的不同导致资源品质、开采条件的差异而引起租金的差异；级差租金Ⅱ是由于开采者采用不同的开采方案而导致回采率提高、开采年限增长、开采成本降低所带来的额外利益。绝对租金、级差租金Ⅰ的支付方是采矿权人，受益方是资源所有权人与地质勘探单位。级差租金Ⅱ的支付方、受益方均为开采者。中国矿业征收的探矿权、采矿权价款、矿产资源补偿费类似于绝对租金，从量征收的资源税类似于级差租金Ⅰ。

稀缺性租金的大小，取决于市场上对矿产品需求进而引致产权市场对矿产资源的需求变化。经济发展加速会推进矿产资源需求曲线向右上方移动，而技术进步引起的资源替代即对现有矿产资源的需求数量减少又会引起需求曲线向左下方移动。从世界范围来看，在未来一段时期，对能源、矿产等可耗竭资源的需求还会处于上升趋势，稀缺性租金会随之高涨。矿产资源的供给一般情况下不发生变化：矿产开发引起资源储量减少；地质勘探会扩充资源储量。但如果对资源耗竭的速度过快，将可能引起资源供给数量减少，稀缺性租金会上升。

稀缺性租金的实现方式主要是矿业权流转过程中进行的市场拍卖，是采矿权人获得矿业权的支付，也称为基本租金，是权利金的一部分。由于一次性拍卖获取稀缺性租金过大，将大量企业拒之门外，而市场的不确定性也将给潜在的采矿权人带来很大的风险，可以考虑保证合理开采规模的前提下划分区块，逐次拍卖，降低采矿权人收益不确定性，也能保证资源的所有权人获得合理的租金收入。

资源部门的技术投入，包括勘探技术、采掘技术、冶炼技术、加工技术等，通过发现新的资源，或是提高资源的回采率，或是提高资源的使用效率，其结果是降低资源的损耗，缓解了矿产资源的稀缺性。稀缺性降低引起矿产资源价格下降，资源租金减少。一定程度上，是资源部门的技术投入，替代了资源的稀缺性租金，或者是稀缺性租金补偿了技术进步的投入。在一些国家或区域，资源部门由于技术进步，降低了稀缺性租金，减少了社会不同团体对资源租金的争夺，是技术进步避免“资源诅咒”的原因之一。

（二）耗竭性租金

耗竭性租金是对资源所有权的补偿，是其本身所具有的财富价值的体现。随着资源的开采，矿产资源所有权逐步灭失，资源作为大自然赋予的财富其本身所具有的价值流失，需要对其进行相应的补偿。现有的矿产资源税收体系，往往重视了资源作为一种资产所具有的价值，通过矿业权的转让支付，获取了稀缺性租金，但忽视了资源在天然形成过程中其本身的财富价值。如土地每年可以取得租金收益，类似于矿产开发中的稀缺性租金，但土地本身的价值还在，并不会因为其使用权、收益权的变化而变化；矿产资源在开发过程中，除作为资产价值所获取的年租金收益外，其本身的财富价值在灭失，不同于土地要素投入，因而必须为这部分资源财富价值进行补偿，即是对资源的所有权进行补偿。耗竭性租金的支付方是开采者，受益方是资源的所有权人。

耗竭性租金按照资源的耗竭数量、耗竭速度以及市场对资源需求的弹性大小来计算，耗损的速度慢，则耗竭性租金低。耗竭性租金伴随矿产资源的开发与所有权的灭失而征收，即每开采一单位矿产资源必须缴纳的相应费用。在实际操作中，为了方便，按照核定回采率换算成每单位矿产品收取的单位费用，以市场价格为参照，按比例收取。耗竭性租金随矿产品市场价格变化而变化，也称为浮动租金，与基本租金（稀缺性租金）共同构成矿产资源的权利金。

（三）矿地租金

矿产开发中对土地资源的占用，需要对土地资源使用权进行补偿，称为矿地租金，也称为矿业权使用费。其支付方是采矿权人，受益方是土地的所有权人。矿地租金的收取按照土地的原有用途、根据面积大小进行计算与支付。中国征收的探矿权、采矿权使用费类似于矿地租金。

二、矿产开发中的外部性成本

不同于一般产品的生产过程，矿产开发中，风险性大，安全事故发生率高，在安全设施投入上要高于一般行业；生态环境破坏等外部性问题的存在要求矿产行业对生态环境进行修复治理；资产专用性与沉没成本是矿产开发企业转型的障碍，上述三个方面的特殊性决定了矿产开发中必须考虑社会成本，包括安全成本、外部成本、转型成本。

（一）安全成本

矿产开发中的高风险性，要求生产过程中必须加大安全设施投入、加强安全管理。为了保证生产的安全，在固定资产投入上要增加安全防范系统与设施，额外增加的投入计入生产成本。劳动者需要具备安全防范措施的基本知识，在参加工作之前进行安全培训。对高风险性的补偿，体现在劳动者的安全培训成本与相应的工资差别补偿。企业层面设置安全管理部门，进行周期性安全设施检查、安全上岗培训、日常的安全隐患排查等工作。政府建立安全监管机制，严格企业开工前的安全设施监督检查，确保上岗职工具备相应的安全防范知识。劳动者的工资差异补偿、安全防范教育、安全设施投入等支出，形成矿产开发中的安全成本。安全成本在一定程度上已经分解到生产成本当中，是对劳动者、资本的额外投入。

（二）生态环境成本

矿产开发中的生态环境破坏，可以采取开发前防范、开发中即时修复与补偿、开发后恢复与治理等措施，以解决外部性问题。在矿产开发前，要求开采者预估和防范可能产生的潜在破坏，并采取相应的防范性措施，避免矿产开发对生态环境造成不可逆转、不可恢复的破坏。在矿产开发中，要求开采者采取绿色开采等环境友好型开发方式，尽量避免对生态环境造成破坏；对已经造成的生态环境破坏及时进行修复，对受损的当地居民及时给予经济补偿和实物补偿。矿产开发后，开采者对矿区的生态环境进行修复治理，恢复矿区植被。矿产开发前的防范性投入、开发中的即时性修复及其对当地居民的补偿、开发后的生态环境治理等项费用，形成矿产开发的外部成本。

（三）转型成本

资产专用性强是矿产开发的典型特征。矿产开发中的固定资产投入比重大，且大多属于一次性投入，物质资产专用性强，如矿井中用于通道建设的设备即为一次性投入：采掘机、选矿机、专用冶炼炉等资本设备，其用途单一。矿产开发中的人力资本专用性强，无论是技术人员还是矿工，多年来主要从事与矿产资源相关的技术工作与开发活动，很难适应其他行业的工作。矿产资源多分布于偏远的山区，矿产开发企业依资源赋存而建，一旦投资，因为资源开发而在此形成的矿井、办公、居住、生活设施等机器、厂房、住宅等，如果转作他用或者伴随资源的枯竭而迁移企业，则均失去原有价值。专用性资产比重大、专用性强，引起巨大的沉没成本，形成矿产开发的锁定效应。企业转产与城市转型，必须突破沉没成本的制约，在矿产开发期间及早提取相应费用，作为对资产专用性的补偿，形成转型成本。

将上述安全投入、生态环境补偿、转型成本的支出等，作为完全成本的一部分，应从会计核算上计入总成本。

三、矿产品价格波动引起的超额收益

矿产品价格波动起伏，会带来超额利润。价格上升时，由于预期的影响会进一步加剧价格上升的幅度①，引起矿产开发的额外收益迅速提升。从价征收的耗竭性租金会减缓这一额外收益的幅度。而在产品市场依然存在部分额外收益，将可能带来矿产部门的繁荣。价格低位运行时，开采者可能会减少产量以应对价格下降带来的亏损，矿产品产量下降会影响国民经济整体运行。矿产行业的超额利润可以用公式（10-1）表示如下：

$$\pi = P-(r_0+r_1 \cdot P)-C_P-C_E \tag{10-1}$$

其中，π 代表矿产行业的超额利润；P 代表矿产品价格；（$r_0+r_1 \cdot P$）代表资源租金，由基本租金（稀缺性租金）r_0 和浮动租金（耗竭性租金）$r_1 \cdot P$ 构成，浮动租金的比例为 r_1；C_P 代表矿产生产中投入的资本和劳动力等生产成本；C_E 代表矿产开发中的外部性成本，包含安全、转型和生态环境成本在内。假设矿产品价格上升，上升幅度为 ΔP，则超额利润增加额 $\Delta\pi$ 可以表示如公式（10-2）所示：

$$\Delta\pi = \Delta P(1-r_1) \tag{10-2}$$

---

① 详见第二章第二节中的“三、制度缺失下的矿业收益转移与逐利空间”，其中“（三）逐利空间三：产出层面的溢价收益”，分析了矿产品价格变动的敏感性以及预期可能导致的矿产品价格的进一步上升。

超额利润增加幅度取决于价格变化幅度和耗竭性租金的从价比例。矿产品价格上升幅度越大，则超额利润增加幅度越大；耗竭性租金征收比例越大，则超额利润增加幅度越小。耗竭性租金征收比例取决于矿业生产成本和外部性成本大小，如果生产成本和外部性成本相对较高，则为了保证企业生产，即存在公式（10-3）的前提下，r_1 相对较低：

$$\pi \geqslant 0, P(1-r_1) \geqslant r_0 + C_P + C_E \tag{10-3}$$

矿产品价格波动幅度较大，已经被资源丰裕国家/区域的经验所证实，即使资源租金采取从价计征的方法，实现矿产品与产权市场联动，起到适当调控资源市场的作用，其较大幅度的矿产品价格变化依然会带来较大幅度的超额收益。而同时，政府因为采取从价计征的资源租金征收方法以及相应的税收，导致其资源租金和税收快速上升。针对这种现象，为防止超额收益对矿业活动的影响，以及政府收入快速上升对财政体制的冲击，资源丰裕国家多设立稳定基金或者平准基金，将矿产品价格快速上升带来的额外收益收归稳定基金。

四、矿产开发三级收益分配机制

矿产资源产权市场从矿产品市场的分离，将矿产资源作为生产要素纳入到矿产品的生产成本中，形成以稀缺性、耗竭性租金为主的资源租金体系，与矿产开发中投入的劳动力、资本的报酬共同构成矿产开发企业的私人成本。矿产开发过程中的高风险性、负外部效应、资产专用性产生了对应的安全成本、生态环境成本、转型成本等外部性成本，以及价格波动引起的超额收益。三项内容构成矿业收益分配机制，如图 10-1 所示。

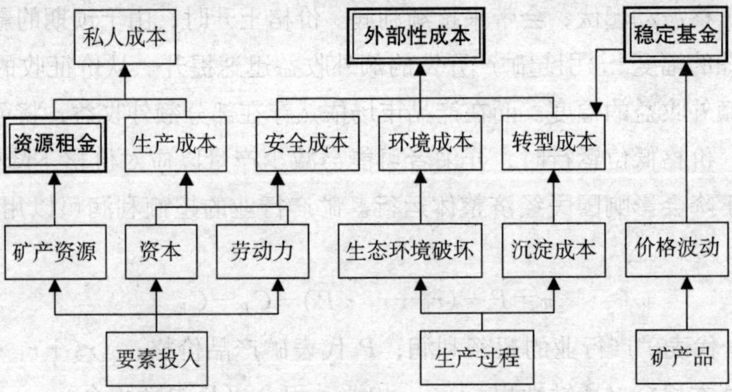

图 10-1　矿产开发中的三级收益分配机制

根据公式（10-1），矿产开发中的三级收益分配机制可以表示为：

$$P = (r_0 + r_1 \cdot P) + C_P + C_E + \pi \tag{10-4}$$

公式（10-4）说明，矿产品主要用于包含资源租金和生产成本在内的私人投入成本，用于补偿生态环境、转型以及安全投入的外部性成本以及超额收入三部分的收益分配。如果忽略了资源价值，即公式（10-4）括号中的基本租金和浮动租金，则这部分转化为超额利润，会加速对矿产资源的开采和浪费。如果忽略了第三项，即外部性成本 C_E，则矿产开发会造成安全问题频发、生态环境恶化、产业结构单一等非可持续发展现象。

第二节　三级收益分配机制下的矿业税费制度创新

中国改革开放后对矿产资源进行了有偿使用的实践，矿业市场化改革已经取得了重大进展。但由于产权与收益分配制度尚在探索当中，资源租金收益分配制度还不完善、生态环境补偿制度存在缺失、矿产品价格形成机制还未形成等，引起了中国资源开发区域经济发展中出现生态环境恶化、经济增长波动、反工业化等生态环境、经济发展的非持续，以及由于矿产开发收益不能得到合理的分配，进而导致经济主体对超额收益的追逐，引起收入分配差距扩大、寻租腐败等社会发展的非持续。进一步完善矿业收益分配制度，重点是完善矿业权利金、矿产品完全成本与价格形成机制、矿业稳定基金等制度。

一、中国矿业税费体系构成及评价

中国矿业收益分配制度，重点是矿产资源税费制度，以及正在探索中的矿产品完全成本及其价格形成机制。矿产资源税费制度是由矿产资源法、税法及其附属法规、国家资源政策等组成的一套专门法规体系，是调整矿产资源勘查、开发过程中诸多经济关系的管理制度的总和。目前主要由资源税、矿产资源补偿费、矿区使用费、探矿权采矿权价款及其使用费用等构成。改革开放以来，经历了由计划经济向市场经济的转变，但由于各项税费缺乏科学严密的理论依据，整体上存在税费性质界定不清、重复征收、企业负担重而社会补偿费用明显存在缺失等现象。

（一）矿业税费体系构成

按中国现行法律、法规及规章制度，矿产资源税费体系由税、资产收益（资源租金）和行政事业性收费三部分组成。其中行政事业性收费在矿产资源税费中所占比例较小；石油特别收益金仅适用于石油生产企业，在此主要对资源税、矿产资源补偿费、矿区使用费、探矿权采矿权使用费、探矿权采矿权价款进行说明。

资源税，经历了从无到有、从量征收到从价计征的转变。根据 1993 年国务院颁布、2011 年修改的《中华人民共和国资源税暂行条例》，在中华人民共和国领域及其管辖海域开采本条例规定的矿产品或者生产盐的单位和个人，为资源税的纳税人，应当依照本条例缴纳资源税。资源税的应纳税额，按照从价定率或者从量定额的办法，分别以应税产品的销售额乘以纳税人具体使用的比例税率或者以应税产品的销售额乘以纳税人具体适用的定额税率计算。天然气、石油为从价征收，其他为从量征收。2010 年 6 月，新疆作为试点，开始对天然气征收从价计征资源税。2014 年 12 月 1 日全国煤炭资源税由从量改为从价计征，税率2%～8%不等，由各省市（区）确定。资源税从价计征，反映了资源的稀缺程度，有助于调节矿产品价格波动，也能提高政府的收入水平。

矿产资源补偿费从1994年4月1日起对采矿权人征收，征收资源补偿费的费率按矿种分别规定，费率为0.5%～4%。资源补偿费由地质矿产主管部门会同财政部门征收，矿产资源补偿费主要用于矿产资源勘查支出，并适当用于矿产资源保护支出和矿产资源补偿费征收部门经费补助。

探矿权采矿权使用费是探矿权、采矿权人为获取国家所有的矿产资源勘查、开采权而支付的代价，由探矿权、采矿权人在领取勘查、开采许可证时，向矿权登记管理机关按勘查、开采区块面积逐年缴纳。探矿权采矿权使用费是国家资源有偿取得的重要组成，是探矿权人和采矿权人因占用排他性矿地的使用权而支付的合理补偿，属于资产所有权的合法收益，相当于世界大多数矿业国家通行的"矿地租金""入门费"和"矿地使用费"等。

探矿权采矿权价款是探矿权、采矿权人取得由国家出资勘查探明矿产地的探矿权、采矿权时按规定支付的代价，由探矿权、采矿权人在领取勘查、开采许可证时向矿权登记管理机关缴纳。探矿权、采矿权价款是国家出让由其勘查探明矿产地应取得的平均投资收益，相当于世界一些矿业国家收取"资源租金税"，是国家资源有偿取得的重要组成。

矿区使用费由开采海洋石油的中外企业和中外合作开采陆上石油的企业按照每个油、气田日历年度原油或天然气总产量和规定的费率缴纳。矿区使用费设有起征点，超过部分实行超额累进费率，实物缴纳，并由税务机关负责征收管理。

（二）矿业税费体系存在的问题

中国矿业收益分配初步建立起以资源税、资源补偿费、探矿权采矿权价款、探矿权采矿权使用费等构成的税费体系，但是在税、费征收的种类、性质以及收益分配结构上还存在不完善之处。

1. 矿业税费性质界定混杂，资源租金存在流失

由于现行税费制度对资源税、资源补偿费等税费的性质和功能定位不合理，容易引起歧义。资源税作为一种税收，其表现形式究竟是社会公共收入还是国有资源租金？目前名义上是税收，实际上却具有耗竭性资源租金的性质。矿产资源补偿费，按规定其用途是矿产资源勘查支出，并适当用于矿产资源保护支出和矿产资源补偿费征收部门经费补助；而从补偿性质来讲，矿产资源补偿费应该补偿的是所有者某种权利的丧失，对矿产资源而言是使用权利的丧失，也属于耗竭性租金的范畴。

《探矿权采矿权转让管理办法》实施后，采矿权申请者只有向探矿权人支付探矿权价款，才能获得供采矿使用的地质勘查资料，由于地质勘探费用已纳入矿产资源发现权价值，并有偿转让给开采单位，构成采矿权价值的一部分，所以这一费用支出是地质勘查投资及其权益的实现。而《矿产资源法》规定采矿权人还必须缴纳矿产资源

税、矿产补偿费，这无疑是对地质勘查投入的重复征收。探矿权采矿权价款按照规定是对勘探、开采成本的补偿，可是当采矿权采取招标、拍卖、挂牌等市场竞争方式出让时，采矿权价款就含有一次征收的资源租金。探矿权价款既有一次性征收的资源租金，也包括对探矿成本的补偿，而采矿权价款既有一次性征收的资源租金，也含有对部分采矿权投资成本的补偿。

探矿权使用费、采矿权使用费是按年、面积征收的矿地租金，是由于资源开采导致的陆地表面的土地受到破坏，因而不能继续耕种的机会成本，是对土地占用的补偿而交付的地租，不能算作矿产资源租金的范畴；国家通过公司增值税等税收工具对资源租金的调节或者获取的方法，属于资源租金的流量支付，也归属资源租金范畴。

综上，中国矿产资源税费制度模糊了“税”和“租金”的界限，税费功能混杂。国家作为矿产资源的所有者，理应以生产要素的所有者身份参与可耗竭资源开发的初次分配，收取资源租金，目前税费体系缺乏明确的权利金。市场经济条件下，任何社会成员，包括国有企业都无权无偿占有属于全社会的财产，国家代表全社会收取资源租金是合理的。国家放弃初次分配权力，直接进入二次分配，不仅导致“税”“费”界定不清，而且容易导致企业总体税负重以及资源租金的大量流失。

2. 矿产企业税负重，资源丰裕区域财富流失

中国矿业综合税率相对国外矿业是较重的。造成中国矿业税费负担较重的主要因素是增值税。矿业是基础产业，矿产品属于初级产品，为直接生产矿产品购进及消耗的原材料和半成品很少或没有，因而没有或有少量的进项税额扣除，矿业产值的绝大部分都要作为增值部分缴纳增值税，致使矿业税负高出了一般工业企业许多。国内石油开采业、煤炭和黑色金属采矿业税费负担较高，主要是由于增值税过高。资源税从价征收，进一步加剧了企业的税收负担。这就造成了矿产企业总体税负重，但是资源有偿使用税费低，资源租金流失现象严重。增值税从其分配比例来看，四分之三交国家，其结果，以资源开发为主的资源型区域税负重，且存在财富流失现象。

3. 矿产开发中的环境规制和补偿制度尚未建立，生态环境破坏较为严重

矿产资源开采除了直接的生产成本外，对生态和环境具有很强的破坏性，对人员、公共设施具有很大的负面影响，存在典型的外部不经济现象。矿产资源开采对环境的负面影响，即环境和生态的损耗成本尚未纳入企业的生产成本中，尚未在矿产品的价格中予以体现。在当前的税费体系中，对生态环境等方面的社会成本的补偿严重不足。在一些地方性的法规中，有一些尝试性的做法，但尚未形成合理的机制对由此造成的经济损失和社会负担予以完全补偿。例如山西通过设立煤炭工业可持续发展基金、矿山生态环境恢复治理保证金等制度来进行社会成本的补偿。由于这方面补偿制度的不完善，生态环境补偿方面历史欠账比较多，每年新增的生态环境经济损失非常高，总体上生态环境补偿存在较大缺口。而伴随资源税从价计征，煤炭工业可持续发展基金、矿山生态环境恢复治理保证金等相继停征，新的生态补偿制度尚未出台，如何保护生态环境，将外部性问题内部化，需要与资源税相匹配的制度出台。

中国矿产资源产权制度改革，事实上也是收益分配制度的改革。如 1984 年开征、1993 年进行调整的资源税是一种级差收益，也是对资源有偿使用的体现，类似于国际上超额资源利润税或红利，是针对采矿权人因开采优质、高品位或外部条件优越的矿产资源而产生的超额利润所征收的。1994 年开征的矿产资源补偿费是对矿产资源耗竭性的补偿，用于前期勘探投入。1996 年修订的《矿产资源法》指出，采矿权价款是国家将其出资勘查形成的采矿权出让给采矿权人，按规定向采矿权人收取的价款；采矿权使用费是国家将矿产资源采矿权出让给采矿权人，按规定向采矿权人收取的使用费。前者体现的是矿权，也就是国际上通用的权利金，即开采者因开采矿产资源而向资源所有权人（国家）支付的补偿，它对矿产资源价值补偿的作用表现在使国家对矿产资源所有权在经济上得以实现；后者体现的是矿地租金，也称矿业权出让金或矿业权使用费，是矿业权人为取得矿业权而向矿产所有者支付的费用。伴随资源税从价计征的改革，之前名目繁多的基金、税费等项目逐步调整和取缔，如资源补偿费率调整为零，煤炭工业可持续发展基金、价格调节基金等停征。但配套制度改革缺失、矿产资源所有权益未能充分体现等，依然制约着矿业的可持续发展。中国的矿业税费制度总体设计缺乏资源租金的理论基础，需要对矿产资源的特殊性如资源的稀缺性、可耗竭性、矿产资源开发中存在的负外部性、高风险性、矿产品价格的波动性等进行充分的考虑。

二、以矿业权利金为主体的税费结构模式

继续推进矿产资源有偿使用制度改革，合理分配矿产资源收益。重点建立权利金制度，替代现行以税、费为主的征收体制，增加权利金征收比例。

（一）矿业权利金制度

资源租金（权利金）是矿业权人因开采矿产资源而向矿产资源所有权人支付的一种具有赔偿性质的财产性权益，是所有权人在经济上的体现。它不是凭借行政权力收取的，而是源于国家对矿产资源的所有权，是矿产开发中最长期、最有效、最广泛的财产性财政收费。世界各国的权利金制度，在本质上都是相同的。资源租金收取的目的是为了保障和促进矿产资源的勘查、保护与合理开发，维护国家对矿产资源的财产权益，促进矿产资源的勘查、开发利用和保护。目前，中国已经开始征收且属于权利金范畴的有两种，即矿产资源补偿费和探矿权采矿权价款。

资源租金既有静态的部分，即稀缺性租金，也有动态的部分，即耗竭性租金，所以相应地获得资源租金就有储量支付和流量支付两种途径，这两种获得资源租金的途径是和资源租金的两个组成部分相一致的。储量支付一般是在矿山开采权的拍卖中产生的一次性支付，这个是可以计算和预期的，但是由于一次性租金金额太大，大型矿山开采企业在拍卖中形成买方垄断，使矿山所有者不能获得合理的租金收入，所以可以考虑在保证合理开采规模的前提下划分区块、逐次拍卖，使得矿山所有者适当缩短预期，降低不确定性，获得合理的资源租金收入。流量支付是指随时间的变化分时期

进行资源租金的支付，反映了不可预期的价格、成本变化，也反映了现实的价格、成本变化，分时期进行的流量支付可以获得合理的耗竭性租金。

针对资源租金的静态部分与动态部分，建议在税费相关规定中设立权利金，并将其分为基本租金与浮动租金：前者是获得采矿权所应支付的费用，是资源所有权益的体现；后者是开采矿产资源时依据市场价格向资源所有权人及国家缴纳的相应费用。基本租金采取从量原则，依据矿山的资源储量在获得采矿权时一次性支付；浮动租金采取从价原则，在开采资源时依据市场价格按一定比例缴纳。根据资源损耗与经济社会对资源的需求，确定资源租金收益在整个销售收入中所占的比重。根据国际经验，权利金依据矿产资源种类其征收的比例不尽相同，但总体来看，中国权利金征收的比例普遍偏低。以煤炭为例，中国现有权利金征收比例为1%，而澳大利亚为7.5%，乌兹别克斯坦为5.4%。

除权利金外，矿地租金是承租人为在租让目的地或土地获得资源的权利而定期支付的款项。也称矿业权出让金或矿业权使用费，是矿业权人为取得矿业权而向矿产所有者支付的费用。中国征收的探矿权采矿权使用费，类似于矿地租金。超额资源利润税是投标人为成功地取得一个矿山租让权，而向政府一次性支付的现金，是针对采矿权人因开采优质、高品位或外部条件优越的矿产资源而产生的超额利润所征收的。中国征收的资源税具有级差的性质。建议将矿地租金归并于基本租金，将资源税归并于浮动租金。

建立以资源租金为主体的资源收益获取体制，替代现在的以税收为主的资源收益获取体制，合并采矿权价款与采矿权使用费为基本租金，合并资源税和矿产资源补偿费为浮动租金，形成以矿山开采权拍卖、权利金为主，以分块逐步拍卖为辅的资源租金收取体系。

（二）配套制度改革

与权利金制度相配套，需要逐步改革并取消矿业增值税，避免矿产企业税负过重；规范矿业权市场，避免资源租金流失。

1. 改革矿产资源增值税制度

矿产开发是从资源到产品的生产过程，增值税是对新增加价值征税，但对于矿产开发过程而言，由劳动力、资本、技术等投入形成的新增加价值相对占有较小比例，而从资源财富价值转化为产品价值部分所占比例较大。增值税忽略了这一部分，而是将这一部分作为新增加价值来征税，它是价值的转化，从自然存在价值到使用价值，并不是新增加价值。对其征收的是权利金，即资源租金，而不是增值税，因此，倾向于赞成取消增值税。

2. 规范矿业权市场

矿产资源作为矿产开发的投入要素，在矿产开发之前，首先要通过市场拍卖的方式获得矿产资源的使用权，这实际上是对矿产资源产权主体的补偿。对于矿产资源使用权的取得、交易都需要坚持市场配置矿产资源的原则，实现资源租金的最大化。在资源产权市场中，资源产权出让机制不健全，出让市场不规范，资源价值评估不合理。现行采矿权价款、采矿权费用、资源税、资源补偿费等不能够抵偿资源的市场价值，采矿权人向所有权人缴纳的实际资源租金低于市场均衡价格。

必须规范资源出让市场，合理评价资源价值，建立规范化的资源产权市场交易机制，即通过市场交易的方式，科学地评估资源的价值，保证所有权人、采矿权人能够公平、合理地获取相应的收益。资源产权交易市场的规范化，主要包括以下三点：一是建立评估机构，颁布全国统一的矿产资源价值评估准则，正确评价各类资源和各类矿区的矿产资源价值，防止矿产资源所有权转让中的价值流失。二是完善资源产权的市场化交易机制，确保企业产权转让中的公开透明和平等竞争，探索更加符合国情、符合国际惯例的市场操作方式。三是规范资源产权市场交易行为，防止“招拍挂”过程中的“围标”“串标”现象及操作者与竞标者之间的“串谋”行为。推动资源所有权出让的市场化、规范化，真正实现资源的市场价值。

三、矿产品完全成本与价格形成机制

完全成本是除私人成本之外对矿产开发的负外部性、安全投入、沉没成本等进行的补偿，除合理的资源租金、生产成本外，还包括安全成本、转型成本、生态环境成本。

（一）基于完全成本的矿产品价格形成机制

长期以来，受计划经济的制约，矿产品市场价格一直偏低，难以反映其真实成本。近些年，中国实施了矿产资源有偿使用制度，但尚未建立起反映资源真正价值的矿产品完全成本核算体系。目前的矿业成本，包括勘探成本（矿产资源补偿费）、生产成本（开采成本与加工成本）、资源成本（如资源税、采矿权价款等）等，尚未将生态环境成本、转型成本、安全成本等包含在内。完全成本是除生产成本之外对矿产开发的负外部性、安全投入、沉没成本等进行的补偿，除合理的资源租金外，还包括安全成本、转型成本、生态环境成本。其中安全成本由企业投入安全设施、政府监督执行，按照一定的标准来执行；转型成本由企业留存，投入社会设施或者非资源型产业或者矿产资源后续深加工产业；生态环境成本，主要用于生态环境的治理以及对当地居民的补偿。将上述安全投入、生态环境补偿、转型成本的支出等，作为完全成本的一部分，从会计核算上计入总成本。矿产资源产权市场从矿产品市场的分离，将矿产资源作为生产要素纳入到矿产品的生产成本中，形成以稀缺性、耗竭性租金为主的资源租金体系，与矿产开发中投入的劳动力、资本的报酬共同构成矿产开发企业的私人成本。矿产开发过程中的高风险性、外部性、资产专用性产生了对应的安全成本、生态环境成本、转型成本等外部性成本。资源租金由政府征收，在中央、省政府、地方政府之间分成，且以地方为主。安全成本、转型成本、生态环境成本，由企业进行成本计提与核算，政府监督使用。启动矿产品稳定基金，在矿产品价格较高时收取超额利润部分，在价格低迷时，对矿产开发企业进行适当补贴。具体由地方政府来执行，中央政府与公众进行监督。

（二）生态环境补偿机制与制度

对于矿产开发造成的生态环境破坏，企业需要进行补偿，补偿的对象应该包括对生态环境本身的补偿以及因为生态环境破坏所造成的当地居民福利损失的补偿。补偿的方式可以是矿山企业自己组织生态环境修复，也可以是矿山企业将补偿的经费交给政府，由政府来组织实施，对矿区当地居民福利的补偿需要通过谈判协商的方式开展。资源生态环境补偿机制，重点建设矿产开发前的规范化开采与环境服务付费制度、矿产开发中的即时修复与补偿制度、矿产开发后的矿区生态环境恢复制度。通过立法的形式，禁止各类可能导致生态功能不可恢复性破坏的矿产开发行为。科学地预期矿业开采中可能出现的生态环境损害问题和后果，制定和实施强制性的防范性措施。对早已废弃的或无法分清责任的矿区环境问题，通过建立"废弃矿山生态环境恢复治理基金"，由地方政府负责，委托相关专业机构治理；对新建矿山可能造成的环境污染和生态破坏问题，通过建立"生态环境修复保证金（备用金）"，由企业负责恢复治理。尝试建立矿山环境绿色核算体系、实行环境可持续评价和环境绩效审计制度，引导企业对生态环境进行保护与治理。

（三）产品与要素市场价格联动机制

从长期来看，随着资源需求、供给关系的变化，资源产品价格相应发生变动，进而引起资源市场均衡价格的相应变动，并波及资源产权市场。为了消除资源价格的异常性波动给采矿权人、资源所有权人收益的冲击，可以考虑建立矿产资源与矿产品价格联动机制以及浮动性资源租金收取机制。鉴于资源市场价格的波动变化，资源租金的收取可以采用浮动机制，包括基本租金与浮动租金。其中，基本资源租金，一次性交足，主要体现为采矿权价款；浮动资源租金，随行就市，按矿产品市场价格的一定比例收取，服从从价征收原则。市场供给或需求的变动可能引起价格上升，由此增加的租金收益应该属于资源所有权人。市场供求变化也可能引起价格下跌，由此造成资源租金收益的相应减少。当价格高出某一个价位，超额资源租金收益全部归所有权人；当低于最低限时，取消浮动资源租金。采取此种方式，主要目的是在矿产价格上升时，防止资源产权市场出现超额租金源，引发资源产权市场的寻租现象；在矿产价格下跌时，减少采矿权人损失，保持资源市场和采矿行业的平稳发展。

矿产资源与矿产品价格的联动机制以及浮动性资源租金收取机制，可以有效缓解资源价格波动对矿产行业的影响，将价格变化带来的超额租金收益在所有权人与采矿权人之间进行合理分配。在矿产品价格升高时，所增加的额外收益，资源所有权人以浮动租金的形式获取；采矿权人（生产者）以超额利润增加额的形式获取。

四、构建矿业稳定基金制度

针对矿产品价格波动，建立矿业稳定基金制度。稳定基金制度有助于调节矿产品收益波动，稳定市场，储蓄额外收益、实施代际补偿。

（一）矿业稳定基金制度设计的依据与原则

从国际经验来看，石油、煤炭、天然气等能源产品，铜、铁等矿产品，其价格波动性要显著高于一般非资源性产品。价格波动对资源丰裕国家/区域的冲击，容易引起产业间贸易比价以及汇率上升，挤出制造业，出现“反工业化”；经济主体对高额收益的追逐往往引发寻租、腐败现象。为避免价格波动的冲击，大多数资源丰裕国家/区域建立了自然资源基金，如挪威的国家石油基金、智利的经济与社会稳定基金、委内瑞拉的投资稳定基金、伊朗的外汇储备账户、阿拉斯加的永久基金等。

自然资源基金主要有三大功能：调节价格波动与收益，实现产业的稳定发展；调控政府收支，实现财政预算平衡；从长期来看，对资源开发获取的收益进行储蓄，实现资源财富的代际共享。挪威建立的国家石油基金，既起到调节财政预算平衡的目的，防止石油波动对其他产业的挤出，同时兼顾到人口老龄化，作为储蓄基金提高居民的社会保障水平。智利将铜矿收益以财政盈余形式进入经济和社会稳定基金，调节价格和收益波动、保持长期的财政收支平衡，避免了铜价变化带来的经济增长波动。阿拉斯加设立的永久基金，每年至少提取矿业权利金的25%置于其中，将一部分石油收入转化为永久的、可持续性金融资产，居民根据居住年限享受基金分红，当代居民、后代居民都可以共享资源财富。

参照国际经验，稳定基金制度包括基金征收和使用。在制定和实施过程中，需要坚持两大原则。第一，“收之合理”的原则。针对稳定基金的征收环节，需要建立矿产品价格波动指数，根据矿产品价格波动强度，确定稳定基金征收额度。稳定基金征收额度，一方面取决于矿产品价格波动强度，另一方面，需要设定合理的调整周期。为防止因价格变动而导致稳定基金征收额度的频繁变动，调整征收额度的时间不能过短，也不能过长。调整时间过短的话会产生较高的“菜单成本”，每一次变动稳定基金额度既有制定出台政策的成本，也有企业接受实施政策的成本，“菜单成本”过高相当于增加了制度设计的交易费用，要尽可能降低交易费用。调整时间如果过长，则可能引起滞后效应，稳定基金制度难以起到稳定经济增长波动的目的。第二，“用之有效”的原则。针对稳定基金的使用环节，需要依据矿产品价格波动指数，判定矿产品价格的偏离程度，进而确定使用的稳定基金的额度。使用稳定基金的主要目的，是缓解短期的经济增长波动，因而要突出稳定基金使用短期见效的功能。稳定基金使用领域要合理，包括对矿山企业的支持、公共投资、日常的理财投资等。

（二）矿业稳定基金制度的主要内容

稳定基金制度的核心是调控矿产品价格波动。根据矿产品多年来的价格运行稳定趋势以及世界范围内的矿产品价格变化，确定价格的安全波动范围，在安全的波动范围之内不征收稳定基金。当矿产品价格波动超过安全范围之后，则需要征收或者使用稳定基金。稳定基金的征收依据于矿产品价格的波动，而且要考虑矿产品价格的相对变化趋势，在矿产品价格上涨的同时，如果其他商品的价格也快速上涨，矿产品实际的获利空间在缩小，那么应该适时调高稳定基金征收的安全价格范围，保证稳定基金征收的科学性。

稳定基金制度的启动与退出机制。选择合适时机启动稳定基金，如在矿产品价格高涨时期启动稳定基金，企业获利空间大，易于接受；在矿产品价格低迷时期，政府对矿企进行补贴、加大公共资本投资，有利于调控价格波动对矿业的冲击。使用稳定基金的主要目的在于防范经济波动。当资源型区域对资源的依赖度明显降低，或者矿业已经濒临衰退不再是主导产业时，矿产品价格波动对矿业及其区域的冲击显著减小，可以选择适当的时机停止征收稳定基金，已经征收的稳定基金，可以转化为服务于区域经济发展的专项基金。

（三）矿业稳定基金的功能

设计矿业稳定基金的目的，一是应对矿产品价格波动引致的矿业收益波动以及区域经济增长波动；二是作为矿业收益分配、使用制度的一个组成部分，具有调控资源部门繁荣，促进非资源产业发展，加快区域资本形成的作用；三是储蓄资源收益，实现资源财富的代际共享。矿产品价格过高时，启动矿业稳定基金，避免矿业高额收益引发要素的配置扭曲；其积累的矿业收益，通过再分配与使用，实现资源财富的社会化共享。

中国矿业收益分配制度仍在改革探索中，缺乏价格与收益波动调节机制。2007年在山西省建立的煤炭工业可持续发展基金试点，旨在解决历史欠账、实施资源开发与生态环境补偿。伴随资源税从价计征，煤炭工业可持续发展基金已经停征，其配套改革尚未出台。2010年年底，山西被批复为“国家资源型经济转型国家综合配套改革试验区”，赋予“先行先试”的权利。依托基金试点与综改试验区，作为推动资源型经济转型的重要举措，首先尝试在山西建立矿业稳定基金。矿业稳定基金旨在调节价格与收益波动，稳定产业发展。在矿产品价格飙升、矿业利润率远高于其他行业利润率的情况下，向企业征收矿业稳定基金；在矿产品价格低迷、引起资源部门衰退的情况下，启动稳定基金，补贴企业，维持矿业的持续稳定发展。根据多年来价格运行趋势以及世界矿产品价格变化，确定矿产品价格安全波动范围。一旦出现价格过高、过低，则适时启动稳定基金，既避免价格过高时要素向资源部门的过度集中，对制造业、服务业的挤出；也减少价格过低时矿业与资源型区域面临经济衰退的风险；还能将价格上升时的额外收益进行储存，实施代际补偿，为资源型经济转型提供资金支持。

矿产资源是大自然赋予人类的财富，社会化共享是资源收益再分配的基本原则，实现方式有：一是稳定基金中一定比例用于当地的公共投入，如教育、医疗、卫生、科技、文化等，当地居民公平享用，普遍提升人力资本积累水平；二是稳定基金的一定比例用于基础设施改善与非资源性产业以及中小企业发展，给当地居民创造更多的就业机会，提高劳动者工资水平，尤其是一些新兴产业，激励劳动力从资源部门向非资源部门的流动，协调资源性与非资源性产业发展，推动产业多元化；三是稳定基金支持养老、社保等民生项目发展，通过养老基金、创新基金等形式实现居民福利水平的提升。

（四）稳定基金制度的运行机制

稳定基金制度的运行主要包括稳定基金的征收、使用以及监管三方面内容。稳定基金的征收包括征收时机、额度以及征收的主体部门的确立。当矿产品价格上涨高于安全范围时，则需要启动征收机制并依据矿产品价格确定征收额度。矿产品价格高涨会带来投资规模的扩张，征收稳定基金能够阻止投资的过度扩张，防止经济膨胀。稳定基金可以由财政部门代表政府执行此项工作，财政部门设定专门账户管理稳定基金。

矿业稳定基金的管理是政府监管下的公司运作，要建立专业的基金管理公司，按政府意图进行市场化运作。如果矿产品价格下降，经济下滑趋势明显，投资下降，可以启动用稳定基金，起到增加社会投资、推动经济增长的作用。稳定基金的使用，可以用于矿业投资，保障矿业的可持续发展，也可以投资其他。矿产品价格下降时，其收益率相对较低，如果稳定基金都投向矿业部门，那么基金回报率也较低，不符合效率原则。经济下滑时，基金可以投向非矿产业、基础设施、人力资本等，这样起到增加投资，推动经济增长的目的。除此之外，也需要按照市场经济的原则进行日常管理，开展基金的正常运作。基金使用在保证基金使用方向、执行政府意图、发挥政府投资导向的前提下，引入资本运营、阶段性持股等经营理念，使其运作更加市场化，实现基金的保值增值。

稳定基金的征收和使用均需要监管。针对每一个环节，加大稳定基金管理的透明度，每年向社会公布基金收入规模、结构以及使用效率，接受媒体监督。在征收环节，政府财税部门的作用在于出台稳定基金制度；对企业所缴纳的稳定基金是否足额进行监管，防范"偷税、漏税"现象的发生；加强对基金征收部门的监管，防范官员利用征收稳定基金的职权收受贿赂。在使用环节，稳定基金在用于对矿企的补贴时，避免企业寻租而带来政府补贴的"厚此薄彼"现象；在用于公共投资时，要尽可能地按照市场化的原则提高投资的效率，避免只讲成本不讲收益。同时，在稳定基金的征收、使用环节，对企业缴纳基金情况、政府使用基金情况通过信息公开的方式接受上级政府部门、公众、企业的监督。

第三节　面向转型的矿业收益使用制度安排

矿业收益使用制度安排的总体目标，是将矿业收益用于物质资本、人力资本、社会资本投资，以增强区域真实财富积累、促进资源型经济转型，推动区域可持续发展。

一、矿业收益使用的基本原则

如何使用矿产开发获取的资源租金，是导致或规避"资源诅咒"的关键环节。资源租金使用合理，将矿业收益转化为区域经济发展的资本，则可以促进工业化进程，加速区域经济增长；而如果使用不当，反而会引起要素配置的偏离，降低要素的产出效率和生产率水平，引起结构偏差和经济增长滞缓。为了避免或摆脱“资源诅咒”，需要构建矿业收益合理使用的制度框架，通过将矿业收益转化为物质资本、人力资本与社会资本，增强居民实际享有的财富以及区域的可持续发展能力，在提升当代居民利益的同时，也保证后代居民享有的财富不减少。

矿业收益使用要有利于真实财富增加。相关研究表明，遭遇“资源诅咒”的国家往往出现了用自然资本、物质资本、人力资本等共同衡量的真实财富减少的情况。为了避免“资源诅咒”，矿业收益在转化时要确保真实财富总量不减少，避免矿业收益被挥霍浪费。自然资本的减少，必须通过物质资本、人力资本以及社会资本的增加加以弥补，既有利于实现当代人的利益以及经济可持续增长，也保证后代人至少面临不少于当代人同等的财富总量。

矿业收益使用有利于资本形态递进。经济增长一般会经历几个阶段，包括资源依赖型经济增长、物质资本推动型经济增长，以及人力资本、科技创新驱动的经济增长。经济增长所处的阶段越高，越有可能实现经济持续增长，因而矿业收益的使用，在转化为物质资本的同时，更要转化为人力资本、知识资本等。物质资本与人力资本、知识资本、社会资本等之间存在相互影响、相互促进的关系，单纯促进物质资本增加，可能形成低水平投资规模扩张；而如果人力资本、知识资本、社会资本增加，则可以加速物质资本的形成；物质资本的加速积累，也会进一步促进人力资本和社会资本的积累。

矿业收益使用与经济吸收能力相匹配。矿产品价格波动或者资源新发现，往往在短时间内带来“横财”。突如其来的收益，其国内经济还缺乏相应的吸收能力，如果大规模盲目投资，或者转移支付，极有可能带来汇率升值、通货膨胀等问题，以及低效率投资等。矿业收益应该采取渐进式转化，根据经济增长和结构变化，适度超前引导经济发展，逐步提升其经济对矿业收益的吸收能力，以促进矿业收益的转化速度和对经济发展的推动能力。

效率提升与企业创新需求为主。矿业收益偏差引起要素配置效率以及投资效率下降，进而引起生产率水平下降。通过矿业收益合理分配与使用，改善要素配置效率。同时，要提升要素产出效率，包括矿业收益转化效率、劳动力产出效率以及创新效率。效率提升，最主要是激励企业发展的主动性与积极性，提升企业生产和管理效率。效率提升才能激励企业对创新的需求。

正式制度与非正式制度相结合。加强资源型经济体产业多元化和科技创新，促进矿业收益向物质资本、人力资本、社会资本的转化，不仅需要政府、企业出台正式的规章制度来促进产业转型、生态环境保护与科技创新，而且考虑到区域资源依赖文化特征对于产业转型、科技创新是不利的，还需要非正式制度的建设，改变资源依赖文化，创造有利于产业转型、生态环境保护、科技创新的文化氛围。非正式制度建设，本身也是社会资本积累的过程。同时，它与正式制度相结合，是实现产业转型、生态保护和科技创新能力提升的有效路径，有利于真实财富的积累。

二、物质资本积累与产业多元化

矿业收益首先向基础设施以及生产性投资转移，加快物质资本积累的同时，促进产业多元化发展，避免产业单一面临的经济波动风险。

（一）促进物质资本积累

为了避免矿业收益被滥用、挪用，需要采取措施调节矿业收益使用。出台鼓励投资的政策，尤其是在非资源领域，引导企业、居民将矿业收益用于生产性投资，促进非资源产业发展。制定投资规划，将政府手中的矿业收益，用于交通、水利、通信等基础设施建设，加快公共领域的物质资本形成。政府也可以按照市场化原则进行投资，实现矿业收益保值增值。构建矿业收益使用的监督机制，监控和评价政府对矿业收益的使用，保障矿业收益使用效率。

区域经济增长源自于资源部门中物质资本的推动。物质资本集中在资产专用性较强的资源部门，其投资率较高，但是长期较低的经济增长速度使得物质资本形成规模并不高，较低的人力资本水平使得单个劳动者所能支配使用的物质资本数量较少，最终导致区域人均物质资本存量较低。推进区域物质资本形成，首先需要加强基础设施投资，加大交通、水电、通信等方面建设，完善的基础设施具有节约交易费用的作用，能够为长期经济增长创造较好的社会环境。其次调整物质资本的形成结构，除了资源产业部门的投资之外，还需要加大制造业部门的投资，这样物质资本形成才能够与产业转型、人力资本相结合推动经济增长。最后通过招商引入资本，除了区域自身的投资之外，还可以发挥区域非资源优势，通过招商引资的方式引入区外资本，在产业阶梯转移当中吸引项目在资源型区域落地，形成区域经济发展的资本投入。

（二）促进非资源产业发展

矿业收益合理的分配与使用，尤其是用于非资源产业的投资，能够降低资源依赖程度，促进产业多元化。首先要挖掘非资源优势，调节部门间收益率，激励制造业、服务业大规模发展。区域往往并不仅仅只有矿产资源优势，还可能存在丰富的旅游资源、林业资源、特色农产品以及廉价劳动力、优越的区位优势等，结合区域优势，制定激励政策，开拓新优势产业。针对“反工业化”现象中制造业部门出现萎缩的状况，需要专门制定政策支持制造业发展。例如，在资源产品价格高涨时征收稳定基金或其他税费，能够在一定程度上降低资源产业部门的收益率，通过对资源部门收益率的调控以防范资源部门与制造业部门的收益率差距拉大。也可以对制造业进行减税、补贴等政策支持。采用这些措施，防范“反工业化”，缓解制造业部门资本、人才流失，逐步强化制造业发展优势。

其次，通过科技创新壮大高新技术产业等非资源产业。打破资源依赖，首先需要挖掘当地的非资源产业优势，通过招商引资、宽松的产业政策支持非资源产业发展。

但是在资源繁荣的强大吸引力之下，缺乏竞争力的非资源产业很难发展壮大。只有通过产品创新，才能形成产业竞争力。因此，政府在出台政策支持产业发展的时候，要选择创新性较强的制造业、高新技术产业，并对于制造业、高新技术产业在科技创新方面给予政策优惠，包括政府对创新项目的补贴、提供公共技术服务、税收优惠等，使得企业觉得创新有利可图，创新需求会提升，进而创新的投入增加，企业生产技术水平得到改善。故此，促进制造业、高新技术产业发展中，重要的是加大对科技创新的支持，激励企业对创新的需求。

最后，培育现代创新型企业，鼓励企业建立研发机构，培育具有创新精神的企业家，对创新型企业进行认定。科技创新离不开专业的研发机构，鼓励企业创新就要在企业建立研发机构，开展研发活动。区域需要因地制宜，根据经济发展的需要，鼓励支持大型骨干企业特别是高新技术产业和战略性新兴产业的骨干企业设立企业技术中心、工程研究中心；同时提升现有企业研发机构的等级和研发水平。创新活动离不开具有创新精神的企业家。随着资源可能的枯竭，传统的资源型企业经营者需要向企业家转型。对于企业家的转型，要传输现代企业经营理念，转变企业经营的思维方式，对企业家将资源收益用于投资创新活动给予政策方面的支持。为了激励企业开展创新活动，对于创新型企业需要开展认定并予以奖励和政策优惠。要制定区域创新型企业的认定标准和细则，开展认定工作，对被认定的创新型企业政府要加大支持力度，促进创新型企业研发出具有自主知识产权的核心技术和优势产品。

（三）提升资源产业发展质量

一般认为，采掘业属于资源、资本密集型产业，对人力资本、科技创新的要求相对较低，而实际上资源部门也存在科技创新需求，尤其是在资源开发技术、伴生资源利用技术、资源加工技术等方面需要创新。资源产业也可以与非资源产业如金融、物流等进行产业融合，形成新的产业形态。政府要采取有效措施，鼓励通过科技创新、产业链延伸促进资源产业的转型升级，在资源产业内部摆脱“资源依赖必然导致经济波动、创新挤出”的局面。

资源产业中，可以在勘探、开发、外部性治理等多个环节提升技术门槛，激励创新需求。在资源勘探环节，鼓励企业通过研发、引进新技术勘探资源，提升资源的勘探水平，并对新技术研发、使用进行奖励或者补贴，降低资源勘探科技创新的成本，增强企业在勘探环节的创新需求。在资源开发环节，为了提高资源开发的安全水平、资源综合利用水平，强化伴生、共生资源的开发利用，严格要求资源企业在开发中使用先进技术装备，并因地制宜促进资源开发技术的创新，促进资源产业的规模化、信息化、机械化。通过提高资源企业进入的技术门槛，补贴科技创新等措施，倒逼资源企业进行科技创新。在资源开发后的生态环境治理环节，严格要求企业采用先进的生态环境修复技术，对生态环境破坏进行科学治理。

三、人力资本积累与科技创新能力提升

产业多元化发展，离不开人力资本和科技创新，矿业收益向人力资本的转化以及

科技创新的供给，既有利于社会福利水平的直接提升，也有助于通过人力资本积累和创新能力建设以增强区域可持续发展能力。

（一）促进人力资本形成

出台加强人力资本积累的政策体系。政府公共支出中要加大人力资本投资力度，鼓励私人、企业根据自身情况开展人力资本投资，提高居民的受教育水平，对资源领域失业人口进行转岗技能培训。教育投资是人力资本形成的主要来源，政府需要将来自于资源部门的收益用于教育投资规模的增加，提升居民的人力资本水平。除了教育方面的投资之外，也可以通过人才引进的方式加强人力资本积累，通过专项人才引进计划，对引入人才在工资待遇、科研经费、生活保障等方面给予补贴，这种方式可以在短期内引进区域紧缺人才。

注重人力资本与物质资本、产业发展的匹配作用。在资源型区域的资本形成中，需要人力资本积累与物质资本积累相结合，如果没有物质资本，人力资本发挥作用没有平台；单靠物质资本，先进机器设备等缺乏人才进行操作也难以发挥效用。加快区域人力资本形成的同时，要与产业转型相结合，人力资本发挥作用需要适当的环境，只有资源型区域在经济发展中需要人才时，人力资本才能发挥应有的作用；而如果资源型区域排斥人才，那么人才要么流失要么浪费。区域经济转型需要人才，人力资本积累在推动长期经济增长方面具有重要的作用。

（二）提升科技创新能力

建立矿业收益用于支持科技创新的制度体系，将政府、企业、私人手中的矿业收益转化为科技创新的供给投入，在科技创新领域形成物质资本、人力资本。出台鼓励企业科技创新的政策，将矿业收益用于企业创新补贴，降低创新成本，增强企业创新的有效需求。提升区域创新能力，需要借助政府、企业、社会融资等多元平台，提升区域研发投入强度。建设创新基础设施和创新平台，加强宣传引导，形成有利于科技创新的发展环境。强化企业的创新主体地位，鼓励企业开展产学研合作，提升企业创新能力。科技创新要与产业相结合，加大对经济转型的重点领域的政策扶持力度。科技创新能力的提升，可以改变区域经济增长方式，这也是资源丰裕的挪威、芬兰等国家实现从资源依赖向创新驱动转变的重要途径，即通过持续创新，促使资源产业、非资源产业协调发展，增强经济可持续增长能力，摆脱资源优势陷阱。

调控资源收益分配使用，适当向研发部门倾斜；建立创新基金，加大创新供给。资源价格波动、资源发现对于资源型区域经济发展而言都是外生变量，但是可以通过资源税费制度的调整，合理调控资源收益的分配使用，确保采掘业与制造业、研发部门收益差距维持在合理的范围之内，防止研发部门人才流失，以及资源部门过度扩张与资源依赖问题的产生。资源收益的具体调控可以通过稳定基金与研发基金实施：一是实施稳定基金制度，降低资源部门的要素收益率，避免要素向资源部门过度集中；同时通过稳定基金的征收也可以避免创新要素流向资源部门而发生流失，这对于保障科技创新要素投入作用明显。二是设立研发基金制度，将资源收益转化为支持科技创新的资金投入，研发基金主要用于对研发投入的补贴、研发产出的奖励等，提升研发部门收益率，激励科技创新活动的开展，提升科技创新的供给水平。

（三）改善区域创新环境

加大改善区域创新环境的政府投入。资源型经济体科技创新排挤效应的一个重要表现就是政府的科技投入偏低。科技创新环境的改善需要资本的支持，在优化创新环境方面，政府需要舍得投入。区域财政收入很大程度上来自于资源产业，政府要拿出部分资源收益用于创新环境的改善，主要用于人才引进及配套的科研经费，提升区域教育水平，加大科技创新平台的公共投资，对科技创新活动进行奖励，对符合绿色发展的科技创新进行补贴支持等。这需要政府在财政制度的设计上进行统筹考虑，将财政资金优先用于区域创新环境改善。

加强科技创新平台建设。创新平台建设，一是要完善科技创新孵化器的功能体系。孵化器是科技创新及其成果产业化发展的摇篮，区域需要为孵化器提供生产经营场地，完善通信、网络等共享设施，为孵化器内的创新创业型企业提供信息咨询服务，提供优惠的政策扶持。具体而言，区域要围绕产业绿色转型的需要，选择有条件的机构，组建专业型孵化器。充分发挥高校、科研院所的科技人才与留学人员的优势，重点建设大学科技园与留学人员创业园等孵化器。在资源型区域建成以综合性孵化器、专业性孵化器、大学科技园和留学人员创业园等为主体的科技企业孵化器体系。二是要推进技术转移服务平台建设。要利用数字化、网络化的先进技术，构建集技术交易、知识产权和科技成果转化、科技信息发布及咨询服务的共享平台；要进一步加快发展知识产权咨询代理、许可贸易、信息服务、法律服务等服务机构，培育和扶持与知识产权创造、运用、保护和管理相关的行业协会等组织。三是要完善高新区、科技创新园区等科技创新基地的基础设施建设。在高新区、科技创新园区，为了吸引高新技术企业入园，需要对园区进行合理规划，建立标准化厂房，在水、电、网络、道路等基础设施方面进行完善，为高新技术企业的入驻提供良好的设施条件。此外，对于入园的具有发展前景、辐射效应强的创新型企业，要在土地、财政补贴等方面给予优惠，提升园区的竞争力。

实施创新文化培育工程。经济文化是经济发展的重要软实力。在经济文化建设中，要改变资源依赖文化，培育创新文化，形成创新理念。资源依赖文化根深蒂固，具有资源依附、守土守业、独占独享的经济文化特点[①]，打破这种传统的资源依赖文化，需要加强对创新文化的宣传引导，指出传统文化、资源依赖文化的弊端。区域要实施区域创新文化培育工程，通过对外开放战略，引进先进文化，尤其是鼓励创新的文化，将创新文化与区域经济相结合，形成面向创新的文化体系和文化演进机制。创新文化的形成离不开政府、媒体的宣传。政府要出台政策加大对创新文化的宣传力度，对创新型的企业进行表彰奖励，树立创新品牌，引起人们、企业对创新的关注，

① 张复明：《资源型经济：理论解释、内在机制与应用研究》，中国社会科学出版社2007年版，第220页。

逐渐形成创新推动企业发展、创新推动个人成才的价值理念，进而转变资源依赖的观念，形成创新型的文化环境。

（四）提升区域人才集聚能力

在集聚人才方面既要引进资源型经济体需要的人才，也要稳住用好区域本土人才，同时要加强人才的培养，这些工作需要改变人才的管理体制，建立科学的人才评价选拔机制，营造尊重人才的良好氛围，推动科技人才收入分配制度改革。在人才管理方面，需要将人才工作考核放在重要的位置，人才管理要人性化，改变传统行政体制管理人才的做法。在评价人才、选拔人才方面，要建立科学的评价方法，使真正有才能的人凸显出来。全社会在营造尊重人才的氛围方面，要倡导学术自由和民主，激发创新思维，崇尚创新、宽容失败、开放包容。在科技人才的收入报酬方面，提高科技人才的收入水平，根据对科技创新的贡献进行收入分配，打破平均主义的理念，对于有突出贡献的个人和团队给予精神、物质等多方面的荣誉和奖励，政府、企业要勇于、敢于将资金投入到人才的引进、奖励中。对于区域紧缺、急需的人才，既要大力度地从外面引进，也要不拘一格地在内部提拔人才，在科研经费、住房、社会保障、子女入学、配偶安置等方面给予政策优惠。在加强人力资本投资，吸引人才、选拔人才的同时，也要依据资源型区域自身产业特征，通过发展职业教育、专业培训等方式培养资源产业急需人才，强化人力资本积累。

（五）加强科技创新协作、监管，提高科技创新效率

提高创新效率可以从改善创新协作、监管水平入手：在协作方面，创新产学研合作机制，使得企业、研发机构、高校等创新主体能够开展协同创新，产生倍增效应；在监管体制方面，要加强对创新资金投入的监管，防止将来源于资源收益的科技投入被滥用、浪费，健全科技投入的监管机制、评价机制。其中，在协同创新方面，主要是完善产学研合作机制。一方面，要坚持政府投入引导和政策措施激励，发挥企业、高校、科研院所各自优势，通过联合研究、人才培养、共建研究机构、共同承担科研项目等方式，形成有机结合推动科技创新的机制。政府要通过技术政策和产业政策来促进区域产学研合作，将产业结构调整、科技创新、教育等融合在一个框架之内，使之成为一个有机整体，进而通过产学研合作推动科技创新。另一方面，在转型发展的重点领域，加快构建产业技术创新战略联盟。鼓励企业、高校和科研院所，构建产业技术创新战略联盟，整合创新资源，引导创新要素向企业集聚，建立公共技术平台。围绕产业技术创新的关键问题，开展技术合作，突破产业发展的核心技术，形成产业技术标准，实行知识产权共享，促进产业技术集成创新，提高产业技术创新能力，提升产业的核心竞争力。

四、社会资本积累与区域环境优化

矿业收益要用于制度、文化建设以及改善居民福利水平，增强社会资本积累，优化经济发展的制度、人文以及市场环境。

（一）改善市场环境

市场环境对经济增长具有重大影响。从短期看，市场环境与经济波动关系明显，市场环境好则经济波动性较弱，市场环境差则经济波动性较强。从长期看，市场环境较好的情况下，各类经济主体可以有序地参与经济活动，有利于经济持续增长。许多遭遇“资源诅咒”的国家，多是由于制度体系不健全，市场环境较差，寻租、腐败盛行导致经济无效率，进而长期经济增长缓慢，故在某种程度上，“资源诅咒”的本质也被认为是“制度诅咒”。

完善市场体制，改善市场环境可以从以下三方面着手。第一，完善资源收益分配制度。资源型经济体的收益很大一部分来自于资源领域，如果与资源相关的产权制度、收益分配制度不完善，会导致社会上利益集团对资源收益的争夺因而引发社会冲突，政府官员可能的腐败也会降低经济效率。资源型经济体很多问题都源自于资源收益分配使用的不合理，因而首先要建立完善的资源收益分配制度。第二，为经济转型创造政策条件。区域政府、居民也常常被锁定在资源依赖当中，没有意识到好的政策对经济增长的推动作用，而一些没有资源优势的区域反而通过有利的政策改革，推动了经济增长。资源型区域需要与非资源型区域进行市场竞争，那么政策条件的竞争也是经济竞争的重要方面，要通过优惠政策推动产业转型、科技创新。第三，改善资源型区域的非正式制度。区域在资源依赖的作用下，形成了资源依赖文化，人们缺乏创新、创业的精神、意识，这种非正式制度的束缚导致经济增长缺乏活力，这需要通过宣传引导，传播积极创业、人人创新的理念，改善经济发展的非正式制度体系。

（二）加强制度建设

需要完善矿业收益分配与使用的监管制度、真实财富或者绿色 GDP 考核制度、资源产权制度。

完善与矿业收益分配制度相配套的监管机制。由于矿产开发的特殊性，涉及的税费种类比较多，而且矿产品价格高涨能够带来巨额的资源收益，为了争夺资源收益，各个利益主体会力图摆脱既定的收益分配框架，而为自己争取更多的利益；矿业使用中也存在一些利益关系，由此引致利益集团和个人的寻租、腐败，在资源型经济体中较为普遍。为了保障既定的收益分配制度的实施和矿业收益使用的效率，需要建立收益分配与使用的监管机制，在国际社会把矿业收益的透明化管理作为防治寻租、腐败的重要措施。要实行矿业收益的公开、透明化管理，加大对腐败现象的惩处力度。成立矿业收益监管机构，对矿业收益的来源、去向、使用效率进行监督和管理，公开矿业企业资源拥有量、权利金和所得税上交金额，明确政府收益的结构与投资方向，调控政府的收益与支出，提高资源租金收益的使用效率。借助媒体、依靠公众、遵循法规，整治资源型企业的寻租行为以及政府官员的受贿行为，杜绝腐败现象的发生。

建立真实财富总量监控账户或者绿色 GDP 账户。矿产资源的开发导致自然资本财富的减少，只有物质资本、人力资本、社会资本财富的增加量高于自然资本财富的减少量，财富总量才可能增加，可持续发展能力才可能增强。现有统计体系主要关注

物质资本财富的增加，而很少考虑自然资本财富的减少，以及人力资本的流失，社会问题凸现等社会资本的下降，导致资源型经济体出现资源主导或者资源诅咒。实行真实财富储蓄账户的动态监测，有利于监控资源财富、资源收益向其他财富形态的转化规模及其效果，有利于监测可持续发展能力的变化。真实财富储蓄账户，由专门机构负责，相关信息向公众开放，定期公布指标的动态变化，及时进行账户变动评价，接受公众和舆论监督，引导资源财富转化。

此外，还有产权保护制度、创新包容制度等，形成与矿业收益分配与使用制度相匹配的制度体系，以保证矿业收益分配的合理分配与使用，提升矿业收益转化效率，加快资本的升级转化。

（三）改善居民社会福利

引导资源租金收益投向基础设施、公共服务、社会设施、民生工程、生态修复等，促进自然资源财富向其他资本财富形态转化，改善居民的社会福利水平。加大基础设施与公共服务投入，有利于改善生产条件，优化投资环境，促进非资源产业多元化发展，为区域提供更多的就业机会，提高居民收入水平。教育、科技、医疗卫生、文化等方面的公共投入，有利于居民普遍享用与人力资本积累。生态环境的保护与修复，既有利于生态资本存量增加，也可提高居民生活环境和质量。矿业收益转化的另外一个途径，是对非资源产业、中小企业的补贴，有利于就业机会的增加；普遍提高劳动者工资水平，扩大就业规模，提升居民收入水平；建立养老基金和就业保障基金，避免资源枯竭带来的失业，改善居民福利水平。

案例一

挪威的资源开发与国民收入均等化①

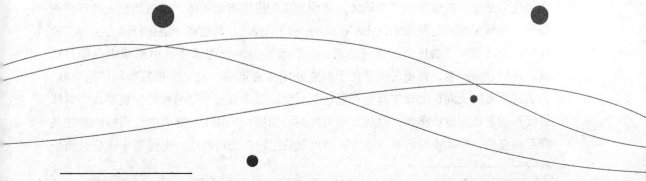

① 本部分阶段性研究成果已发表，见景普秋、范昊：《挪威规避“资源诅咒”的经验与启示》，《经济学动态》2011年第1期；陈茜茜：《资源收益管理：国外的案例与启示》，《生产力研究》2011年第10期。

20世纪90年代，世界上重要的石油出口国挪威，在巨额石油财富的有力支撑下，国民经济健康发展，综合国力稳步提升。同欧洲大陆模式与英美模式相比，挪威以及其他北欧国家如丹麦、芬兰、冰岛和瑞典等一并展现了经济与社会发展的另一种模式。该模式通过各种政策、制度和产业联系，将较高的收入水平，与相对平等的收入分配，以及由高额税收支撑的大型公共部门带来的社会保障相结合，使得挪威具备走出“资源诅咒”泥潭的潜质。作为发达国家的一个代表，挪威成功规避了“资源诅咒”，并最终在北欧大陆迅速崛起。围绕这一几乎公认的事实，本部分通过石油基金、工会制度、关联产业等几个方面对挪威规避“资源诅咒”的经验进行探讨。

第一节　资源基金与矿业收益管理

资源导向型产业出口份额所占比例过大，可能会造成由于资源价格反复无常而引发的经济大幅度波动。这一波动可能会带来不确定性，并导致投资和增长同步下降，抑或波及金融市场、影响汇率，使货币政策的实施更为困难。如何应对资源价格波动带来的这些负面影响，成为资源富裕国家和地区持续发展的关键议题。

一、石油基金的构建与管理

挪威石油基金（Petroleum Fund）成立于20世纪90年代中期，设立的背景是挪威人口老龄化趋势上升，而石油的开采量呈现下降趋势；为了将石油和天然气的财富留给下一代，成立了石油基金。但事实上，石油基金不仅起到储蓄财富的作用，也起到了调节波动的作用，避免现在将石油的收入全部花光，其结果造成对其他部门的经济产生“挤出效应”。因而，石油基金既是储蓄型基金，也是稳定型基金，目的是为了保持政府预算的稳定性。基金成立之初的规模大约为80亿美元，到2002年，基金规模已经近900亿美元[①]。

随着石油收入的快速增加，为了更好地管理石油基金，挪威中央银行（NB）在1998年建立了专业的基金投资机构——挪威银行投资管理公司（NBIM）。NBIM的主要任务是发挥投资管理者的职能及其作为机构投资者的优势，对石油收入进行积极管理，具体采取的是财政部（the Minister of Finance）和挪威中央银行联合主导下的体制：财政部对石油基金的管理负责，但石油基金的管理运作则由挪威中央银行负责。就财政部而言，其责任主要在于制定长期投资策略，确定投资基准和风险限制，评估管理者以及向议会报告基金管理情况。而挪威中央银行则是按照投资要求，具体进行石油基金的投资操作，以获取尽可能高的回报。NBIM与挪威中央银行的功能是相互独立的，NBIM的董事不参与货币政策的讨论。公司的业务主要集中在公共市场

① K. Kjær. “The Norwegian Petroleum Fund”, in A. R. Musalem & J. P. Robert (eds.), *Public Pension Fund Management*, The Word Bank, 2003, pp. 241～257.

投资。NBIM 有责任使自己的表现更加透明，并接受挪威中央银行的监管。

1996 年年底以前，挪威政府石油基金几乎是完全投资于债券以及具有固定收益的投资类型。1997～1998 年间，用于积极管理的资金规模很小，石油基金中 90%必须投资于有担保的政府债券，不能投资于私人股份企业。在投资管理模式上，这一期间，固定收益投资实行被动管理。由于石油基金规模迅速增长，1998 年挪威银行放宽了对股票投资的限制。从 1999 年开始，NBIM 在内部进行积极股票管理，2000 年进行了小规模的指数和加强指数投资。但是到 2000 年年底前，整个石油收入的投资组合仍然是全部投资于政府债券。从 2001 年起，一些组合已经开始投资于股票，2003 年开始，又投资于没有政府担保的债券，从而使基金资产组合更加多元化，投资的持有期限较以前也有所延长。最重要的决定就是通过不同的管理方式将风险限制到最低状态，投资基准确定了实际投资组合据以参照的资产种类、资产结构和投资期限。

二、平准基金与收益波动调节

挪威在 2001 年国民议会的政府白皮书中推行了两项政策，其中最重要的一项是建立平准基金（Buffer Fund）的财政政策，这在挪威是史无前例的。该政策规定政府获得的石油收益（即对石油产业的各项税收，以及石油资源直接国有部门所得利润）需移交到石油基金，而该基金只允许投资于外国资产。这些资产的预期实际收益（约占该基金国内价值的 4%）将被转移到年度国家预算中，因此可能会增加政府支出或减少税收。这项政策不是简单地将石油财富花费掉，而是确保使其转化为国民财富。随着人口日趋老龄化，这些财富在未来可以帮助挪威建成强大的福利国家。该政策的另一个目的，也是更为重要的一个目的，是使现期石油收益与这项收益的支出相分离，以保证国内开支不会因油价频繁波动而随之发生大幅度变动，采用这一政策的长期结果应该与石油财富持久收益的支出模式相同。这一观点同时也表明，由于该支出模式与现期收益决定国内支出的模式相比，贸易行业可能面临着更为牢靠的市场条件，因此这项政策会促使产业结构更加稳定。从宏观意义上来讲，这项政策的目标是避免随石油经济蓬勃发展而带来的“荷兰病”等相关症结。

Cappelen 和 Mjøset[①] 阐述了挪威经济中许多相关事例，其中最近的一个是伴随 1997 年 8 月亚洲金融危机而来的动荡。当时油价已跌至每桶 10 美元，经济租金也随之下降到很低的水平，应对这种价格波动的传统方法是通过收入协议与工资谈判以分散风险。正如 Katzenstein[②] 的研究表明，这样的组织制度对于大多数开放的西方小经济体是适用的。而另一种抵消价格波动的途径正是建立这样一项财政平准基金以切断收入和支出的短期联系。由于收入水平短期内的巨大改变可能会导致政府无法施行可持续的财政政策，因此在波动过后必须通过可能导致经济持续衰退的紧缩方案予以

① Å. Cappelen & L. Mjøset. “Can Norway Be a Role Model for Natural Resource Abundant Countries?”, UNU World Institute for Development Economics Research Paper No. 23, 2009.

② P. Katzenstein. *Small States in World Markets*, Ithaca: Cornell University Press, 1985.

调整。20世纪80年代一些欧佩克（OPEC）国家在景气时期（高油价）过后就被迫经历了这样一个阶段，挪威在1985年与1986年冬季油价暴跌后也同样几年内不得不削减开支并增加税收。挪威石油基金的建立正是为了应对这一时期的不稳定性，同时有利于政策的制定，从而使得过去10年的经济发展受益。

三、制度质量与矿业收益管理

据估计，挪威约有近90%的石油租金汇入到政府收入当中。丰富的自然资源将激励与生产活动无关的寻租行为，而政治驱动下的资源收益分配与这些寻租活动是密不可分的。因此，问题的关键在于人们在多大程度上把注意力放在“掠夺”(grabbing)部分，而非生产活动上。这个程度取决于该国制度及其制度质量。

Mehlum等[①]认为，政府制度质量与有无腐败现象、官僚机构是否高效、政务能否实现透明化以及会计实务能否隐私化、法律法规是否健全化等指标相挂钩。政府把持高额经济租金是否致使制度在其质量上有所降低，对于这一问题学界仍然没有给出明确的答案，但经验证据表明，制度质量较差的资源丰裕国家，其增长会受到影响。在基于制度特性的“掠夺”性行为模型的分析之下，一国较优的制度质量可以消除资源丰裕对经济增长的负面影响，挪威与大多数其他经合组织成员国就是很好的例证。

Larsen[②]认为，20世纪末挪威政府为使石油资源真正成为本国经济增长的源泉，积极实施各种综合的政策规则，而不是沿用当时流行的新自由主义的单一货币政策，有效地避免了经济过热。政府利用这些政策希望能够达到完全就业、减少制造业的取代，并通过收入协调达到降低工资压力的目的，进而刺激生产率的提高。其中包括：第一，大力投入教育业；第二，通过运用周期性的政策与劳动力市场的改革增加雇佣工人份额；第三，通过全民决议进行收入控制以及收入协调，有助于建构社会契约感；第四，对石油基金进行全年不超过4%的收益限制来防止过度消费。资源划归国有使得这些政策的实施成为可能，社会准则、集中化报酬的形成、平等性偏好等共同保证了石油财富能在全民中平等分配，从而避免了分裂性的寻租行为，创造出一种社会契约感，使每人都能通过石油得到财富。

“中央政府应该成为租金的主要受益者”这一政策在挪威逐渐为大众所接受，其部分原因是由于资源根本上是国家的共有财产，而不是属于任何个人公司或团体的。在渔业等部门中，其租金绝大多数分配给该部门的生产者，只有很少一部分能够征税并以租金的形式汇入政府收入中。相比之下，水电生产租金与石油开采租金的大部分份额却可以采取政府征税形式。此外，由于自然资源是固定不动的，因此无谓损失极小，资源租金极易成为政府收入的理想形式。通过租金或是以该租金为基础获得投资收益，进而作为政府支出进入国民经济运行当中，可以提高经济效率，有利于挪威福

---

① H. Mehlum, K. O. Moene & R. Torvik. “Institutions and the Resource Curse”, *The Economic Journal*, 2006, 116: 1~20.

② E. R. Larsen. “Are Rich Countries Immune to the Resource Curse? Evidence from Norway's Management of Its Oil Riches”, Statistics Norway Research Department, Discussion Papers No. 362, 2003.

利事业的长期融资。

第二节　工会制度与劳动者收入水平的普遍提升

矿产品价格波动，尤其是价格上升期间，最容易引起要素从非资源部门向资源部门的流动，引起资源部门的繁荣和制造业部门竞争力的下降。挪威较早建立的工会制度，避免了劳动力在部门间的流动，普遍提升了劳动者收入水平，使得挪威成为失业率最低而劳动参与率最高的经合组织国家之一。

一、工会制度

20 世纪 30 年代中期，挪威劳工和资本（工会和雇主联合会）就规范解决工资谈判和冲突两个问题上达成了一项协议。这项协议的重要意义在于，两者间达成了一种相互认可，并把工资和企业利润紧密地联系在一起；与此同时，最具影响力的工会在社会中逐步承担起越来越重要的角色。以上这些措施、协议后来演变为长期稳定的收入政策。这一政策的确立不仅意味着收入谈判涉及各阶层民众，同时也允许工会参与到收入政策的制定活动当中，从而通过这些方式将经济各部门之间的工资相联系，保证了相对稳定的部门间工资差异。在各部门内部，挪威面向低收入工人的特殊收入增长（Special Pay Increases）政策使该国成为经合组织中工资分配最平均化的国家。

图 11-1 显示了不同行业雇员报酬（Industry Compensation of Employees）与雇员替代报酬①（Alternative Compensation of Employees），其中每人年报酬以 1995-挪威克朗（1995-Nkr per man-year）为单位。显然，最低行业雇员报酬在农业部门，而图 11-1 另一端则是供电和采矿部门，同样还包括某些时期的渔业部门。如果采用涵盖整个时期不同数据计算的平均增长率，可以发现行业雇员报酬增长率在部门间各不相同，供电部门为每年 2%，而农业部门为每年 3.4%。在 20 世纪 30 年代，供电部门行业雇员报酬水平比农业部门高出 4 倍，然而，到了 20 世纪 80 年代和 90 年代，两者差异只有 50%～60%。在工会制度下，挪威各产业部门间的工资差异维持在较低而稳定的水平上，有利于改善本国的贸易比价水平，从而抑制资源从其他部门向资源产业部门的流动，防止资源繁荣现象的到来。

二、积极的就业政策与工资约束

挪威在战后绝大多数时期都保持了固定汇率制度。但是，从 1984 年挪威废除信贷配给制之后，全面放开了资本管制。中央银行为保证本币币值不得不依靠利率设定和外汇市场干预的方法。这一时期工资谈判的重点聚焦在维持贸易部门竞争力，以及在行业层面保持相对平等的工资结构两方面。危机期间，挪威在谈判进程中采取了直接干预。在这一制度框架下，财政政策总体目标是维持充分就业。挪威已经成为失业

① 雇员替代报酬是将每年从事每一类资源产业总人数作为权数，对不同资源行业雇员报酬进行加权平均而得到。

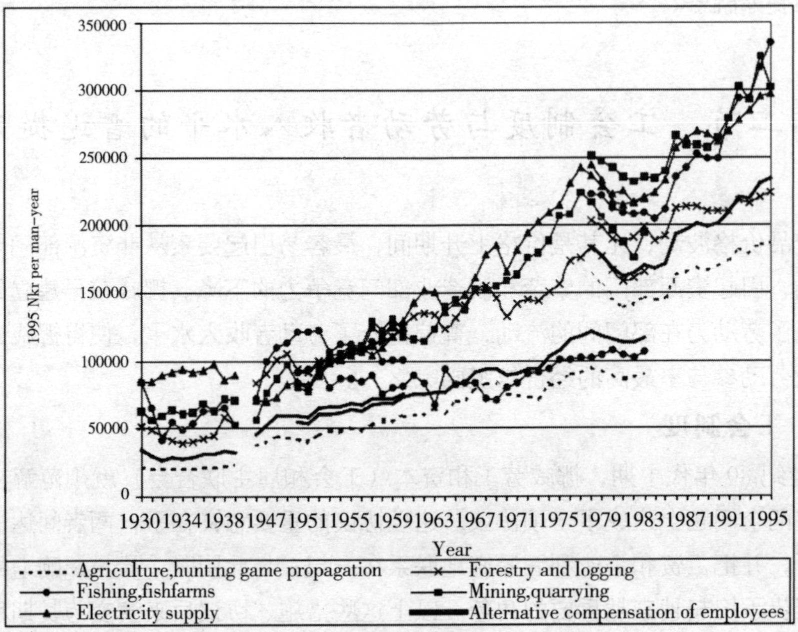

图 11-1　不同产业每人年雇员报酬

资料来源：On Natural Resource Rent and the Wealth of a Nation：A Study Based on National Accounts in Norway 1930-1995.

率最低而劳动参与率最高的经合组织国家之一。

在 20 世纪 90 年代初期，挪威经济遭受了罕见的高失业和低增长，部分原因是 80 年代中期随经济繁荣而来的严重银行业危机和金融监管不力。这一时期占主导地位的政策议题是如何恢复充分就业，收入政策再一次成为一揽子新制定政策的主要组成部分。其中所谓的“集体选择”是对新自由主义通货紧缩的一种选择，它依托于传统的组织模式，而工资约束可以通过该模式增强对外竞争部门的盈利能力。这将改善经常项目并能通过财政政策刺激经济以创造就业机会，同时固定汇率区间也可确保通货膨胀率维持在与大多数欧洲国家相一致的水平。在 20 世纪 90 年代后半期，挪威经济呈现快速增长并逐步再次达到“充分就业”状态。

三、雇员收入的普遍上升与人力资本积累

与挪威其他行业相比，石油部门每人年雇员行业报酬（ICE）遥遥领先，它从 1975 年的 340000 克朗增至 1995 年的 560000 克朗；在其他自然资源行业中，雇员行业报酬也比雇员替代报酬（ACE）高出 2.5～3 倍。因此，可以认为部分资源租金的增长流向了劳动力。在多数年份中，实际资本占总财富的份额介于 20%～40%之间，并且没有随时间表现出明显的规律性走势。然而，该份额在技术飞速进步时期却有所下降，波动于 10%～20%之间，这种情况与预期石油财富值较高的某些年份类似。以上数据表明，贯穿这一时期的最重要的经济资源是高素质劳动力，在多数年份中占到国民财富的 60%～80%。其中技术发生显著进步的几年里，人力资本甚至超过了

总财富的80%，技术、教育以及培训的发展都归因于这一财富类别的积累。

对于自然资本挤出人力资本这一观点，Lindholt[①]持相反的看法，他认为长期以来人力资本是挪威最重要的经济资源，而绝非许多资源依赖型国家所重视的实际资本。尽管在发达国家中，自然禀赋的相对有利性使得自然资本所占比例较高，但是人力资本这一经济发展最为重要的指标在挪威国民财富中所占的比例仍然处于很高的水平。基于人力资本的大量积累对经济发展所产生的巨大潜力，挪威经济各部门得以协调发展，实现持续繁荣。

第三节　关联产业与经济多样化

资源型经济中资源开采租金的支出将推动经济的繁荣，为了生产更多的非贸易商品以满足日益增长的需求，工资将会不断上涨。当成本升高时，非贸易生产部门可以提高价格，而贸易生产部门却不可能相应提价，其结果必然是贸易商品供给逐渐减少。在传统贸易生产部门中，制造业通常被视作最重要的生产领域，因此资源型经济的繁荣可能造成"反工业化"[②]。挪威在发展过程中对反工业化进行了卓有成效的调控。

一、资源产业对经济体系的贡献

20世纪60年代以来的石油开发，促进了挪威快速的经济增长。与周边文化、政治、历史都比较接近的国家如丹麦和瑞典相比，挪威人均GDP高速增长并实现赶超，与资源开发不无关系。如图11-2所示，20世纪70年代以来，挪威人均收入持续上升，从低于丹麦、瑞典到80年代接近这两个国家，以及90年代超过邻国，能源资源的发现标志着20世纪经济的高速发展，挪威也因此享有高于平均水平的收入。30多年的石油开采所带来的经济持续腾飞，使得挪威的收入由低于平均水平迈进世界前列。

虽然，石油开发促进了挪威的经济增长，但挪威经济体系对资源开发的依赖程度并不是很大。Cappelen和Mjøset[③]证实了挪威石油部门对该国经济增长的贡献非常有限。如图11-3所示，到20世纪80年代初，石油部门产值占GDP的比重由零增加至将近20%，同时图中也显示了石油租金在GDP中所占的份额。该项租金旨在说明与其他一般经济部门相比，挪威的GDP增长有多少是石油部门超额利润所带来的。这一统计没有包含石油部门向其他经济部门产生的任何溢出，无论是正面的（如知识溢出）或是负面的（如"荷兰病"）。根据图11-3，如果不存在经济租金，90年代人

---

① L. Lindholt. "On Natural Resource Rent and the Wealth of a Nation: A Study Based on National Accounts in Norway 1930-1995", Statistics Norway Research Department, Discussion Papers No. 281, 2000.

② W. Van. "The 'Dutch Disease': A Disease After All?", *The Economic Journal*, 1984, 94, 373: 41～55.

③ Å. Cappelen & L. Mjøset. "Can Norway Be a Role Model for Natural Resource Abundant Countries?", UNU World Institute for Development Economics Research Paper No. 23, 2009.

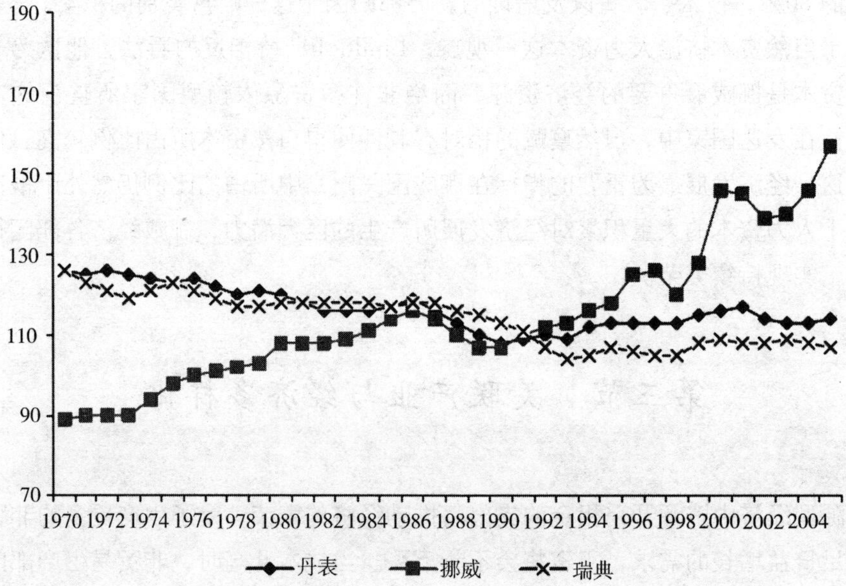

图 11-2　1970～2006 年丹麦、挪威、瑞典人均 GDP（当期购买力平价）

资源来源："经合组织"（OECD）国家账户，2008。

均 GDP 可能降低约 5 个百分点，而 2000 年这种损失在 15 个百分点左右。结合这些数据不难发现，石油租金只能对挪威人均 GDP 相对增长的一小部分做出解释。另外，从经合组织 2008 年国民经济核算得知，到 2006 年为止挪威人均 GDP 约比经合组织成员国平均值高出 70%左右，而其中只有不到 20 个百分点是石油租金带来的。石油租金基本与挪威 GDP 份额中的经常项目盈余相等。

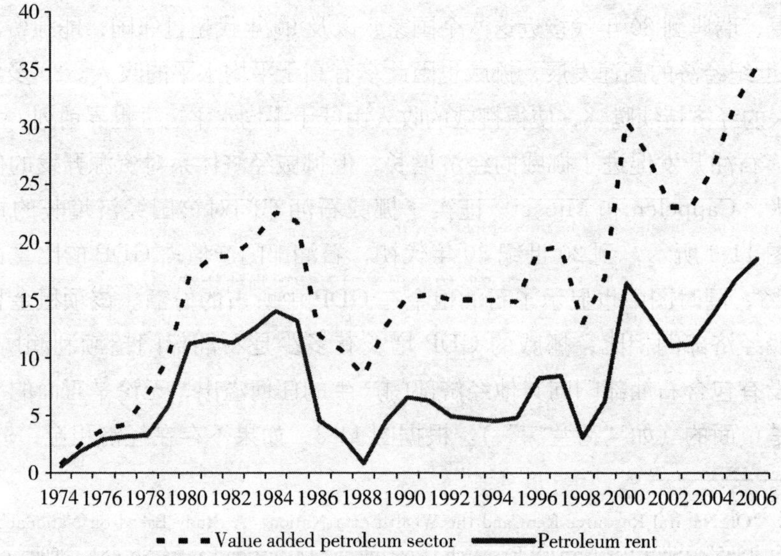

图 11-3　1974～2006 年挪威石油部门、石油租金增长占 GDP 比重

资料来源：Can Norway Be a Role Model for Natural Resource Abundant Countries?

此外，Lindholt[①]还应用国民经济核算（NA）方法对1930～1995年以来挪威国民财富进行了阐释。如图11-4所示，多年来石油财富估算值发生了显著的变化。尽管该图显示出倒U型的多变态势，但这是由于1973/1974年与1979/1980年两次价格上升抬高了未来预期油价，使得石油财富估算值做出大幅上调，而在剔除这一因素影响的其他年份，挪威石油财富以1995年现值衡量的估算值基本保持在5000亿克朗上下。从1981～1987年发生的预期价格逐年下挫又导致石油财富从29000亿克朗暴跌至2430亿克朗。这一跌幅比挪威那一时期的国民总收入高出4倍。1990年，油价经历了与此类似的另外一次负向走势，直到1992/1993年油矿剩余储量有所上调，这使得90年代预期石油财富与1979/1980油价上升前的若干年份达到了相同的水平。有关数据表明，1979～1985年的持续高预期油价时期，自然资源在国民财富中的比重占到了13%～28%。后来到了90年代，油价预期走低导致所有资源行业的贡献率只有3%～8%，也就是说只略高于30年代早期水平。综上，可以得出如下结论：挪威在90年代对资源行业的依赖程度与30年代该国对传统自然资源行业的依赖程度基本相同。

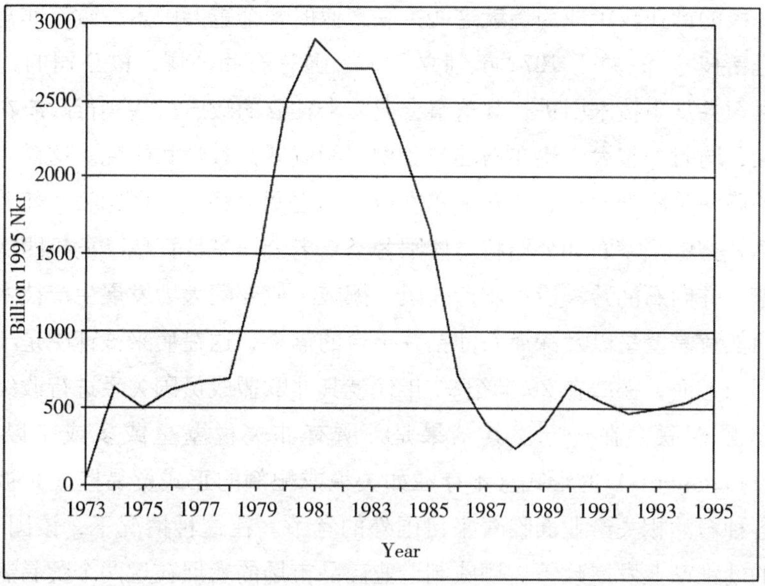

Note: The estimates are from the start of the year

图11-4　以7%的贴现率对石油财富的估算

资料来源：On Natural Resource Rent and the Wealth of a Nation A Study Based on National Accounts in Norway 1973-1995.

二、资源部门的关联产业发展

对于几十年来石油产业在挪威经济中的贡献与贸易出口行业相差不大这一事实的

① L. Lindholt. "On Natural Resource Rent and the Wealth of a Nation: A Study Based on National Accounts in Norway 1930-1995", Statistics Norway Research Department, Discussion Papers No. 281, 2000.

解释，*Senghaas*[①]、Hirschman[②] 运用关联产业这一概念的"经济增长的主要产品理论"（Staple Goods Theory of Economic Growth）为基础，指出资源导向型产业可能与制造业的正溢出一样巨大。早在 20 世纪初，涡轮机和发电机制造产业逐步成为挪威水电业中重要的后向关联产业。到了战后时期，汽车零部件制造产业也作为前向关联产业随挪威铝产品制造业的延伸而不断发展起来[③]。通过这些方式，资源产业的发展与其他经济部门逐步挂钩，这些联系进而将世界市场一体化的收益和成本都传递到经济和社会的大部分中去。Cappelen 和 Mjøset[④] 在其结论中阐明，后来兴起的石油开采业同渔业、林业以及水电业一样，都已通过前向与后向关联与挪威经济的其他产业融合为一个整体。这些部门的前向关联推动了半成品（罐头、造纸造浆、金属制品和化工产品等）相关产业的发展，而后向关联又促进了制造业资本设备（航运工具、涡轮机、传输设备以及钻井平台、地震仪等）的发展，挪威政府的某些自身行为甚至涵盖财政关联（Fiscal Linkages）。尽管挪威由于资源导向型产业的增长而经历了明显的去工业化时期，但是这些产业也有助于刺激制造业在某些领域优化升级。

挪威积极的产业政策成为造就这些关联产业的一个重要因素。政府非常重视从外国公司引进新技术[⑤]，并于 1972 年创立了一个国有石油公司。该公司的主要任务之一是组织学习并从事技术引进，其董事会或一个独立的政府机构实行政府在这一领域的部分政策，同时一些大学也在石油产业相关领域展开教学和研究。这样，合理的政府政策能够确保关联产业在石油开采和供给部门之间很好地发展起来。随着新制造业技术的传播，挪威国家石油公司将与该国各类新老公司签订订单。危机四伏的造船厂进行了调整，并向石油开采设备制造改组。挪威工业部门大力发展生产技术，部分是由于破除自然贸易壁垒以及深海石油钻井平台的需求，这在后来被证明是十分具有竞争力的。另一方面，挪威在 20 世纪 90 年代就其非欧盟成员国关系进行改组并意图与欧洲经济区紧密联系在一起。其结果是，所有非关税壁垒或多或少以隐秘协定（hidden arrangements）的形式（不存在如关税或配额的正式贸易壁垒）被取消，这使得挪威各种石油相关产业面临着来自国外的竞争。在这种情况下，该国 20 年后撤销了最初的幼稚产业发展政策。挪威制造业商品市场的发展在这两个贸易制度下开始停止下滑的脚步。因此，对于资源开采业本身无法推动以学习、溢出效应与规模经济等为特征的制造业部门的发展这一论断，事实证明是没有任何理由和根据的。

---

① D. Senghaas. *The European Experience: A Historical Critique of Development Theory*, Leamington Spa: Berg Publishing, 1985.

② A. O. Hirschman. "A Generalized Linkage Approach to Development with Special Reference to Staples", *Economic Development and Cultural Change*, 1977, 25: 67～98.

③ A. Stonehill. "Foreign Ownership in Norwegian Enterprises", *Social and Economic Studies*, 1965, 14.

④ Å. Cappelen & L. Mjøset. "Can Norway Be a Role Model for Natural Resource Abundant Countries?", UNU World Institute for Development Economics Research Paper No. 23, 2009.

⑤ S. S. Andersen. *The Struggle over North Sea Oil and Gas: Government Strategies in Denmark, Britain and Norway*, Oslo: Scandinavian University Press, 1993.

第四节　结论与启示

综上分析，挪威成功规避“资源诅咒”的经验，可以总结为四个方面：构建石油基金和平准基金，调节矿业收益波动、储蓄矿业财富；实行工会制度，保证部门间劳动者收入的均衡以及所有部门劳动者收入的普遍提升；通过发展以资源产业为核心的关联产业，促进产业多样化，为劳动者提供了更多的就业岗位，也避免了资源丰裕国家对单一的资源部门的依赖；良好的制度规范和平等性较好的社会准则，保证了矿业收益的管理以及公平性分配与使用。如果从矿业收益的视角来看，整体上保证了矿业收益在代内以及代际之间的公平分配，如石油基金的构建，主要功能是储蓄性基金，保证后代居民的财富；关联产业发展，为当代居民提供更多就业机会，促进经济持续稳定发展；资源租金用于劳动者工资水平的普遍提升；良好制度保证了矿业收益平等地转化为社会福利等。对中国资源型区域的启示，具体体现在以下几点。

一、构建资源租金以调节波动及储蓄财富

矿产品价格波动冲击，给资源型区域带来“横财”，引起经济部门的要素流动与配置偏差，降低了要素产出效率，也挤出了制造业以及人力资本的积累等，是资源型区域遭遇“资源诅咒”的主要原因之一。资源租金的构建，可以起到双重作用：一方面将资源开发获取的收益集中起来，并与其他部门的财政收支相分离，避免了矿产品价格波动可能对其他经济部门造成的冲击以及随之而来的经济波动；另一方面，储备起来的资源租金，既可以调节当代经济增长的波动，又可以进行储蓄作为弥补后代人资源耗减的损失，保证了当代人与后代人获取资源财富的公平性。从挪威的经验来看，石油基金和平准基金共同作用，具备了储蓄和调节的双重功能。中国资源型区域尚缺乏这样的调节机制，不可避免地造成资源型区域经济增长的大起大落；随着资源储量的减少，后代居民的利益也难以得到保障。

二、发展关联产业以弱化资源依赖

资源开发对制造业部门的挤出，强化了资源型区域对资源开发的依赖和产业结构的单一性，而资源部门本身对劳动力的吸纳能力有限，不可避免地导致一部分劳动者失业。挪威通过各种形式的联系将自然资源产业及产业家族与经济社会中其他各产业融为一体，大大增强了自然资源开采与其他经济部门的关联性。同时，挪威政府还采用价格补偿、中转、关税等政策制度来保护并支持具备长期比较优势的国内工业。这些举措可以保证自然资源行业在国民经济中占有相对稳定的比重，保持合理的产业结构，从而规避由于各项经济资源从贸易商品生产部门流向自然资源开采部门而导致的资源产业挤出传统贸易出口这一“荷兰病”的典型症状。基于这条思路，资源型区域为实现一元经济向多元经济的飞跃，可以通过各种形式的联系将自然资源导向型产业

与经济社会中其他各产业融为一体，增强自然资源开采与其他经济部门的关联性，大力开展产业关联与产业多样化，在减少资源依赖的同时，提升劳动力参与程度，避免劳动力失业和收入水平的下降。

三、调控工资并普遍提升劳动者收入水平

矿业收益波动普遍会带来的一个结果是资源部门劳动力工资水平显著上升，与其他部门如制造业、服务业等劳动者的工资水平差距拉大，引起劳动者在部门间的流动以及扩大了行业收入差距和个人收入差距。挪威通过有效的工会制度，将各产业部门间的工资差异稳定在一个相对较低的水平，抑制了其他部门劳动力向资源产业的过度流动，同时促使国内出口部门和进口部门工资收益趋于一致。这对于改善资源丰裕地区进出口商品的种类构成和比例构成起到举足轻重的作用，进而推动该地区的贸易比价向较优方向发展。另外值得关注的一点是，挪威将人力资本投入维持在很高的比例水平，通过加大提升雇员行业报酬的力度，有效控制自然资本和物质资本等实际资本在国民财富中的比重，从而推动对劳动力素质与劳动技能有较高要求的制造业的发展。人力资本积累与技术进步是打破“资源诅咒”的关键要素，资源型区域经济转型必须付出的代价在对人力资本挤出的抑制过程中得到了最大限度的降低，提高了转型的可行度与转型效率。

此外，挪威将巨额自然资源租金国有化这一政策，有助于减少公共支出的无谓损失，并有效地规避了各种寻租行为。对于制度质量较弱的政府而言，即使设立了意图保证经济稳定发展的基金，在运营过程中也很容易偏离其初衷。如果资源丰裕地区能够借鉴挪威在 20 世纪 70 年代进行的政策组合，就可以保证石油财富在全民中平等分配，创造出一种社会契约感，从而铲除政治驱动下的资源收益分配的温床。

案例二

博茨瓦纳的矿业收益管理与经济增长奇迹①

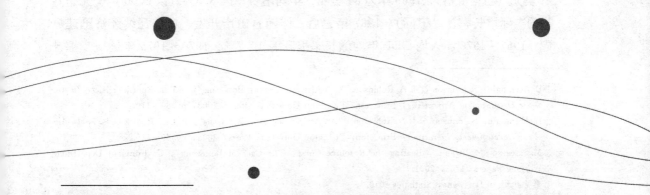

① 本部分成果已发表，首发于《中国社会科学内部文稿》2012年第4期，见景普秋、范昊：《矿业收益管理与经济增长奇迹：博茨瓦纳经验及启示》，《中国地质大学学报》（社会科学版）2013年第2期。

撒哈拉以南非洲的资源丰裕国家，如尼日利亚、安哥拉等石油生产国，以及纳米比亚、塞拉利昂等非石油生产国，因资源开发而带来寻租、腐败、收入分配两极分化、派系斗争甚至战争等问题，长期经济增长滞缓，普遍遭遇“资源诅咒”。唯独博茨瓦纳，通过对矿产开发收益的分配与管理、公信体系等制度建设，走上一条经济持续快速增长的道路。

博茨瓦纳是位于非洲南部的典型内陆国家，国土面积 58.2 万平方公里，2010 年总人口 200 万人。该国属于典型的亚热带气候，可以耕作的土地仅占到全国的 4%，超过 80%的土地表面都被喀拉哈里（Kalahari）沙漠所覆盖，这种气候与地理条件适于进行季节性放牧与肉牛养殖[①]。1885 年，博茨瓦纳成为英国的殖民地，1966 年独立。当时的博茨瓦纳是世界上最贫穷的 25 个国家之一，人均 GDP 仅有 293 美元（2000 年不变价），公路总长 12 公里，初中毕业生 100 人，大学毕业生 22 人[②]，整个国家处于一种以肉牛养殖为主的村落社会。1967 年，戴比尔斯（De Beers）矿业公司在奥拉帕（Orapa）首次发现了钻石矿，开始了矿产开发，博茨瓦纳经济随之迅速腾飞。1989 年，博茨瓦纳进入中低等收入国家行列；1998 年，博茨瓦纳人均收入达到 3460 美元，进入中高等收入国家行列[③]。

第一节　增长奇迹：矿产开发与经济发展

2010 年，博茨瓦纳人均收入已达到 6790 美元，以钻石为主的矿产开发占到 GDP 的 32%，占出口收入的 78%，占政府收入的一半左右[④]。博茨瓦纳经过几十年的发展，在经济增长、结构演进以及社会进步方面取得成效，被誉为“增长奇迹”[⑤]，并成为撒哈拉以南非洲国家消除贫穷、实现发展的成功典型。

一、矿产开发与经济快速增长

博茨瓦纳独立以前，经济增长相对缓慢。如图 12-1 所示，1961 年，人均 GDP 为 61 美元（当年价格），1966 年为 84 美元，年均增长率为 3.5%（以 2000 年美元为基准的实际增长率，以下同）。1967 年之后，伴随着矿产开发，博茨瓦纳经济迅速崛起。1967～1970 年人均 GDP 年均增长率提升为 10.7%，1970～1975 年进一步提升

① D. Acemoglu，S. Johnson & J. A. Robinson. “An African Success：Botswana”，in Dani Rodrik (eds.)，*In Analytic Development Narratives*，Princeton：Princeton University Press，2003，pp. 80～119.

② D. Acemoglu，S. Johnson & J. A. Robinson. “An African success：Botswana”，in Dani Rodrik (eds.)，*In Analytic Development Narratives*，Princeton：Princeton University Press，2003，pp. 80～119.

③ M. Sarraf & M. Jiwanji. “Beating the Resource Curse：The Case of Botswana”，Environment Department Working Papers 24753，2001.

④ 参见 Bank of Botswana，Statistics 2010.

⑤ A. I. Samatar. *An African Miracle：State and Class Leadership and Colonial Legacy in Botswana Development*，Portsmouth，NH：Heinemann，1999.

为 13.9%，其后在 1975～1990 年期间，增长率平均为 7.5%。在 1965～1989 年的 20 多年中，该国人均 GDP 年均增长率高达 9%。到 2010 年，按当年价格计算的人均 GDP 达到 7403 美元。从长期来看，该国在独立后的 40 年内，经济发展速度超过了亚洲四小龙[①]。尽管在进入 20 世纪 90 年代之后，人均 GDP 增长率下降为 4%，但它仍然是非洲增长最快的国家之一。

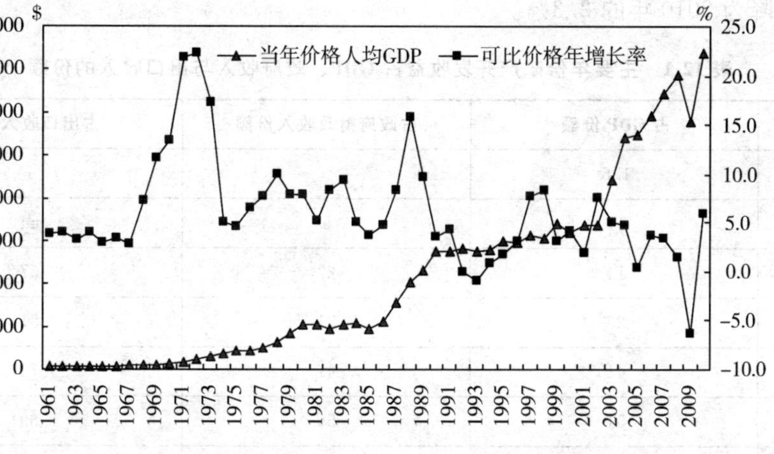

图 12-1　博茨瓦纳 1961～2010 年人均 GDP 增长趋势

数据来源：根据 World Bank 数据计算得到。

博茨瓦纳经济持续快速增长源于矿产开发。博茨瓦纳矿业以钻石、红砷镍矿为主。由政府与戴比尔斯共同所有的该国首个钻石矿，至今已开采了超过 1.18 亿克拉钻石。1994 年，奥拉帕、莱特拉卡内（Letlhakane）与朱瓦能（Jwaneng）三大主要矿区，共计生产钻石 1.55 千万克拉[②]。矿产开发对经济增长的贡献如表 12-1 所示，矿产开发收益占 GDP 的份额，1967 年仅为 1.6%，1972 年增长到 11%，1983 年迅速上升为 32%，1989 年达到高峰，超过 50%。矿产开发也是政府财政收入的主要源泉，矿产开发收益占政府收入（包括税收收入、非税收收入与捐赠）的比重也是逐年上升，最高是 1989 年，达到 59%。从出口收入来看，除个别年份如 1981 年钻石市场低迷外，钻石和红砷镍矿占出口收入的比例在 70%～90%之间。

二、矿产开发与产业结构演变

博茨瓦纳在经济增长过程中，非常重视国民经济的多元化发展，第三产业在国民经济体系中的份额有较大幅度上升。如表 12-2 所示，博茨瓦纳矿业占 GDP 的份额，从 20 世纪 60 年代以来迅速提升，到 80 年代后期达到高峰，之后有所下降，但也占到 1/3 左右。制造业占 GDP 的份额，在矿产开发早期有一定提升，之后保持在 4% 左右。尽管制造业占比小，但是它非常有活力，尤其是与撒哈拉以南非洲国家相比。

① J. C. Leith. *Why Botswana Prospered*, Montreal: McGill-Queen's University Press, 2005.

② M. Sarraf & M. Jiwanji. "Beating the Resource Curse: The Case of Botswana", Environment Department Working Papers 24753, 2001.

水和电力部门占GDP的份额，与1966年相比，有较大提升，主要是基础设施等有较大发展。第三产业中，贸易、住宿和餐饮业，与银行、保险和商业服务业，占GDP的份额都超过10%，是博茨瓦纳提升较快的行业。中央政府与地方政府等公共组织部门的份额持续增加，显示出博茨瓦纳公共事业发展规模不断扩张。农业部门增长速度相对缓慢，甚至还出现负增长，它在GDP中所占比重持续下降，已经从1966年的42.7%下降为2010年的2.3%。

表12-1　主要年份矿产开发收益占GDP、政府收入与出口收入的份额　（单位：%）

年份	占GDP份额	占政府财政收入份额	占出口收入份额
1967	1.6	0	1
1972	11	5	44
1976	14	27	57
1980	23	31	81
1985	41	47	75
1989	51	59	89
1995	33	51	76
2001	46	59[1]	75
2005	39	48[2]	72
2010	32		78

数据来源：1967～1995年数据来自Sarraf和Jiwanji（2001）；2001、2005、2010年数据根据Bank of Botswana，Statistics 2010. 计算得到。注1指2000年1月，注2指2004年5月。

表12-2　博茨瓦纳特定年份产业结构（各产业增加值占GDP比重）　（单位：%）

部门	1966	1975/1976	1985/1986	2000/2001	2010
农业	42.7	20.7	5.6	2.6	2.3
矿业		17.5	48.9	36.5	31.3
制造业	5.7	7.6	3.9	4.1	3.8
水和电力	0.6	2.3	2.0	2.4	2.8
建筑业	7.8	12.8	4.6	5.8	5.1
贸易、住宿和餐饮业	9.0	8.6	6.3	10.3	13
交通和通信	4.3	1.1	2.5	3.8	4.4
银行、保险和商业服务业		4.7	6.4	10.9	11.5
中央政府和地方政府	9.8	14.6	12.8	16	16.6
社会和个人服务业		2.8	2.5	4	4.2

数据来源：2001年之前来自Hillbom（2008），2010年根据Bank of Botswana，Statistics 2010. 计算得到。

博茨瓦纳矿业具有资本密集性特点，对劳动力的吸纳能力有限。20 世纪 80 年代初期，矿业部门雇佣了全国 9%的劳动力，而 1989 年这一数值降至 4%左右[①]，2010 年进一步下降为 3%。为增加更多的就业机会，政府在制造业和服务业部门采取了一些措施。从而 2010 年制造业增加值份额仅为 3.8%，但就业人员份额将近 10%（见表 12-3）。贸易、住宿和餐饮业，增加值份额为 13%，而就业人员份额接近 20%。建筑业也有较强的就业吸纳能力，就业份额超过同期增加值份额。中央政府和地方政府公共组织部门，对就业的吸纳能力强，且公共部门就业人员所占比例持续上升，2003 年就业份额为 38.6%，2010 年达 44.9%，其中约有 1/3 的比例是从事教育工作。如 2003 年，中央政府部门总就业人员中有 3 万人左右从事教育行业的工作，占总就业人员的 10.7%。

表 12-3　博茨瓦纳分行业单位就业人员所占份额　（单位：%）

部门/年份	农业	矿业	制造业	水和电力	建筑业	贸易、住宿和餐饮业	交通和通信	银行、保险和商业服务业	教育	中央政府与地方政府部门	社会和个人服务业
2003	2.3	2.8	10.7	1.0	10.3	19.5	3.6	6.7	2.5	38.6	2.0
2010	1.7	3.0	9.9	0.9	6.4	17.7	3.5	7.4	2.7	44.9	1.9

数据来源：根据 Bank of Botswana，Statistics 2010. 计算得到。

三、矿产开发与社会进步

博茨瓦纳矿产开发提高了政府财政收入，政府对公共部门的投资推动了社会进步。最为突出的是，政府为全国提供了近乎免费的教育体系。成人识字率从 1981 年的 34%提高到 1991 年的 68%，2009 年达到 84%[②]。

如表 12-4 所示，1965 年博茨瓦纳人均 GDP 年为 379 美元（1995 年不变价），低于撒哈拉以南非洲国家 529 美元的平均水平。到了 1989 年，博茨瓦纳人均 GDP 为 2840 美元，增长了 6.5 倍；而撒哈拉以南非洲国家的人均 GDP 仅仅提升了 52 美元。2010 年，博茨瓦纳人均收入近乎是撒哈拉以南非洲国家的 6 倍。博茨瓦纳的人均预期寿命，从 1965 年的 50 岁提高到 1989 年的 57 岁。20 世纪 90 年代，由于受到艾滋病的影响，人均预期寿命趋于下降；2000 年以来逐步提升，近期与周边地区相差不大。博茨瓦纳的医疗卫生条件有很大的改善，每千人新生婴儿死亡率从 1965 年的 108‰下降为 2010 年的 36‰；同期每 10 万人拥有医生数从 4 位增加为 34 位。教学条件与师资力量也在不断提升，如小学师生比从 1∶40 上升到 1∶25。基础设施水平不断完善：联结全国各大人口聚集区的公路网发展迅速；电信系统实现了完全数字化与高效化；首都哈博罗内（Gaborone）面积不大，但如今也成为一座现代化都市。

① M. Sarraf & M. Jiwanji. “Beating the Resource Curse：The Case of Botswana”，Environment Department Working Papers 24753，2001.

② 参见 Bank of Botswana，Statistics 2010.

表 12-4 博茨瓦纳与撒哈拉以南非洲国家经济社会主要指标比较

	博茨瓦纳				撒哈拉以南非洲国家			
	1965	1989	1998	2010	1965	1989	1998	2010
人均 GDP（1995 年美元为基准）	379	2840	3460	6790[1]	529	581	539	1176[1]
人均预期寿命（年）	50	57	46	53[2]	43	51	53	54
每千人新生婴儿死亡率（‰）	108	55	58	36	149	101	94	
每十万人拥有医生数（位）	4	19	20	34[3]	3	5		
小学学生数与教师数之比	40	32	25	25[4]	42	42	41	

数据来源：1965、1989、1998 年来自 Sarraf 和 Jiwanji（2001）；2010 年来自 World Bank。

注 1：2010 年为人均国民总收入（现价美元）；注 2：2009 年数据；注 3：2006 年数据；注 4：2007 年数据。

第二节 矿业繁荣管理：财政预算控制与外汇储备管理

通常矿产品价格升高或新发现矿产资源，可引起资源丰裕区域矿业部门的繁荣。然而，资源繁荣增加财政收入，并往往推动政府支出的快速增长，从而诱发国内生产成本全面上升，以及政府在繁荣期过后难以削减的高昂财政支出，进而可能引发债务危机。如墨西哥与尼日利亚通过石油价格高企大获其利，但是数年后先后遭遇支付平衡问题与债务危机。博茨瓦纳针对突如其来的巨额财富，制定与实施了适宜的宏观经济管理政策，将财政支出增长调控在低于收入增长的水平，并有意识地积累官方外汇储备，以在必要时能够通过名义汇率的调整抑制本国货币升值。

一、财政预算控制

博茨瓦纳的钻石开采在该国经济中占有举足轻重的地位，租金收益通常能够占到政府收入的 50%以上。2010 年，博茨瓦纳来自矿业的收益额（包括税收和权利金），共 83.68 亿普拉，占政府总收入的 59.3%。资源租金的征收主要通过特种税（special taxes）和权利金（royalties）两种形式获取。按照固定资本 10%的收益率来计算资源租金的总量，特种税、权利金作为实际征收的资源租金，则博茨瓦纳的租金回收率（recovery rate）平均可以超过 75%。巨额的、连续不断的资源租金收益，提升了政府的收入。

许多国家因资源繁荣而产生负面影响，其原因之一是政府支出的不可逆性：资源繁荣时，政府收入增加，支出相应增加；资源收益下降时，政府缩减支出就比较困难。博茨瓦纳政府制定了一项矿产收益管理原则：矿产收益来源于大量不可再生资源，故必须用作投资资金，以积累实物资本、人力资本或是金融资本；确保矿产收益能够投资于基础设施、教育、医疗或金融资产等方面，而不是流向经常性政府支出；经常性政府支出只能通过非矿产收益为其融资，从而避免矿产收益被滥用在政府机构无度膨胀上，当然教育与医疗部门除外。如图 12-2 所示，博茨瓦纳政府收入主要来

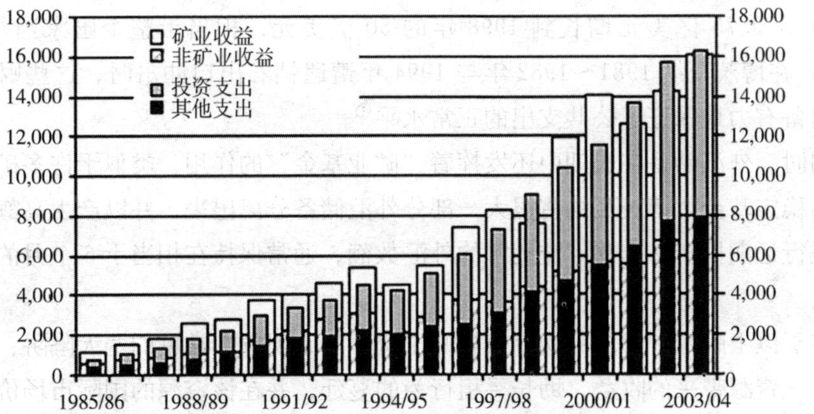

图 12-2 博茨瓦纳 1985/1986～2003/2004 年的矿业收益和投资支出 （单位：百万普拉）

引自：见（Iimi，2006）。

自矿业收入与非矿业收入；对应的支出主要为投资性支出与其他支出。1985～2004年间的大多数年份里，其他性支出低于非矿业收益，投资性支出低于矿业收益①。

博茨瓦纳政府对矿业收益严格管理，主要用于投资性支出，以及经常性支出中的教育与健康投入，从而使公共服务与基础设施得到快速发展。这方面的基础在殖民统治时期相对较差，从而客观上提高了对学校、医疗服务、道路交通、自来水等方面供给的必要性。巨额的钻石收益能够很好地为博茨瓦纳基本建设提供资金，避免其陷入无止境的外债当中。尽管政府支出在 20 世纪 80 年代快速增长，但并不是无节制的。20 世纪 80 年代中期，政府支出的实际增长率在 20%～25%之间②。为维持宏观经济平衡与避免过度通货膨胀，博茨瓦纳在 80 年代后期开始削减政府支出，积累大量的财政盈余与政府储蓄。在钻石价格较高年份获得的财政盈余，可以用来弥补收入降低时政府公共支出的不足，或者也能够用于积累国际储备以及缓解通货膨胀压力。这样有助于维持本国货币的相对稳定性，从而达到保证其他贸易商品的竞争力，推动经济多元化发展。

博茨瓦纳还通过实行价格补贴，将资源繁荣转移到私有部门当中。主要的补贴项目有：对大规模经营农户的牛肉补贴、对公务员的住房补贴等。

二、外汇储备管理

与所有矿产出口国相同，博茨瓦纳也遭受矿产品价格波动的困扰，进而影响到出口收入、收支平衡、财政收入与政府预算。针对这类问题，外汇储备管理能够通过温和而渐进的手段帮助博茨瓦纳应对这些冲击，而免于直接承受突然而剧烈的价格变动，使整个经济在最大程度上趋于稳定。博茨瓦纳政府从首个钻石矿建成之初，就开

① A. Iimi. “Did Botswana Escape from the Resource Curse?”, IMF Working Paper, WP/06/138, 2006.

② K. Jefferis. “Botswana's Experience with Monetary and Exchange Rate Policy—Lessons for Angola”, SAGCH papers 3, 2008.

始存留一定量租金收益，并维持大量经常性盈余。这使得国家外汇储备，能够由1976年的0.75亿美元增长到1998年的50亿美元，相当于整个国家当年GDP的125%。在博茨瓦纳1981～1982年与1994年遭遇钻石出口冲击时，这些财政盈余与外汇储备有力地保证了公共支出的正常水平①。

同时，外汇储备在长期中还发挥着“矿业基金”的作用，类似于许多矿产出口国建立的稳定基金。博茨瓦纳将很大一部分外汇储备分离出来，并以产生高额收益为目的，进行远期投资。这些“流动”的外汇数额，通常保持在相当于6个月的进口支付水平上。

基于以上政策，博茨瓦纳有效规避了资源繁荣现象中常见的两大陷阱：一是过度依赖单一资源带来的收益，助长寻租行为的蔓延，并在该资源的国际市场价格下跌时严重影响本国经济；二是公共支出的无节制增长，从而导致通货膨胀、本国货币的破坏性升值。

第三节　矿业收益转化管理：可持续预算指数与国民财富账户

财政预算控制与外汇储备管理，保证资源租金收益能以合理的方式保留在政府手中，那么资源收益到底用于哪些方面更为合理？

从可持续发展的角度看，一个国家的国民收入与经济福利，依赖于其拥有的财富总量，包括生产性资产（produced assets)、自然资本和人力资本。一般认为只要国民财富在一定时期内不减少，则可以实现可持续发展。对于资源密集型国家而言，可持续发展理念要求矿业资源的损耗必须通过其他形态的资本进行弥补，即将矿业收益用于投资以实现自然资本向其他形态资本的转化，包括物质资本、人力资本等。对于一些国内市场规模小、劳动力供给有限的国家而言，制造业发展规模受限，政府对外的金融资产投资将可能成为一项重要的、富有成效的资本转化形态。财富的内涵因此进行了扩展，包含金融资产和非金融资产，Hamilton②称其为真实储蓄（genuine savings)。

然而，许多资源密集型的发展中国家，矿业收益更多地被用于消费而不是投资，以满足社会基本需求；也存在一些不同利益群体和个人的寻租行为，制约了资源收益的转化。如何建立一种资源收益的转化制度，提升将不可再生的矿产资源财富转化为其他形态财富的能力，对资源密集型国家而言至关重要。

博茨瓦纳在资源收益转化方面采取了可持续预算指数、国民财富账户等有关指

---

① M. Sarraf & M. Jiwanji. “Beating the Resource Curse: The Case of Botswana”, Environment Department Working Papers 24753, 2001.

② K. Hamilton. “Greening the National Accounts: Formal Models and Practical Measurement”, in Proops & S. Simon, *Greening the Accounts*, Cheltenham, UK: Edward Elgar Publishers, 2000.

标，对政府使用矿业租金情况进行评估。政府的矿产收益投资行为得到切实的监督，并在公共部门投资出现问题时及时着手调整，在一定程度上保证应有的投资效率，最终体现为实际财富的持续上升。

一、可持续预算指数

博茨瓦纳政府建立了“可持续预算指数”（Sustainable Budget Index，SBI），对资源收益的使用进行评估。简单而言，SBI 是非投资支出与经常性收益之比，或者说是消费性支出与非资源收益之比。如果 SBI 等于或小于 1，说明现任政府财政收支是可持续的，没有将矿业收益用于消费，而是用于公共投资；如果 SBI 大于 1，说明政府消费部分依赖于矿业收益，从财政角度而言是不可持续的。

在大多数年份中，博茨瓦纳政府几乎将所有的矿产收益都转化为公共资本：在加快农村基础建设、提供农村就业岗位以及确保“旱情缓解工程”（Drought Relief Programme）等方面投入了大量的资金；同时，也非常重视对教育、医疗卫生与其他公共服务的投资。公共部门投资包括资本与发展预算，在过去 25 年内分别占到财政预算与 GDP 的 38%和 13%；同时公共部门投资还包括经常性预算中的人力资本投资。政府确定经常性预算中的 30%用于人力资本投资，非投资支出占经常性预算的 70%，其结果是 SBI 基本小于 1[①]。20 世纪 90 年代以来，SBI 持续低于 1，只有 1994 年、2000 年与 2001 年达到或超过 1，政府财政支出整体可持续，资源租金向公共部门投资、教育、健康等人力资本的转化率非常高。

二、国民财富账户

如果说 SBI 是调控矿业收益是否用于公共部门投资，那么国民财富账户（National Account，NA）旨在对博茨瓦纳向其他形态财富转化的效果进行监控和评估，查看人均财富是否下降，或是矿产资源财富的减少能否由其他形式财富的增加得到补偿。

矿产资源财富货币核算结果清晰地表明，钻石构成了博茨瓦纳矿产资源财富的绝大部分：不变价格水平下，钻石所占份额至少在 95%以上。尽管矿产资源总财富从实物形态上无疑是在减少的，但以货币核算来看，仍然不断增长。制造业资产、矿业资产与政府的国外金融资产净额，构成了国民总财富。由于国内投资机会有限，因而至少有一部分矿产收益必须进行海外投资。这样，国外金融资产的作用对博茨瓦纳的财富积累显得尤为突出。博茨瓦纳资本组合价值在 1980～1997 年间，从近 150 亿普拉上升到 700 亿普拉以上。该国国民财富组成在这段时期内已经产生变化，其中尤以 20 世纪 80 年代中期为甚。在 1980～1997 年间，博茨瓦纳的矿产资源财富占国民总财富的份额，从 57%下降到 44%；而国外金融资产所占比重却从 2%上升到 19%，制造业资本则由 42%略微跌到 38%。

制造业资本分为私人部门资本和公共部门资本。两者存在明显区别：由于私人部

① G. M. Lange & M. Wright. “Sustainable Development in Mineral Economics: The Example of Botswana”, CEEPA Discussion Paper Series 3, 2002.

门生产者之间存在着竞争压力，因此必须确保其投资效率，以期投资收益接近资本价值；政府公共部门的多数投资行为不具有竞争压力，因而无法保证资本效率与投资收益。换句话说，如果公共部门有积累大量资本的趋势，则很难发挥这些资本的潜在价值。博茨瓦纳私人部门资本占制造业资本的比重大幅下跌，从29%降至22%；而公共资本却从13%增加到16%[1]。私人资本所占份额不断下降，说明政府的经济多样化目标只能在缓慢中实现。

从国民财富核算的人均角度来看，股本人均价值远比股本总价值显得重要。股本的增长速度至少须与人口的增长速度保持一致，否则无法维持人们的生活标准。然而，如果期望提高生活标准，股本就必须以更快的速度实现增长。博茨瓦纳的人均资产在不断增长，但其增长速度相对总财富而言仍相对较慢。尽管如此，按照1993/1994年不变价格，博茨瓦纳人均资本还是从1980年的16000普拉增加到1997年的46000普拉，增幅近达两倍。

三、真实财富积累

资源财富向其他资本形态的财富转化，带来真实储蓄的上升。1980～2000年间，博茨瓦纳的实际人均财富与实际人均GDP持续增长（见图12-3）。归功于可持续预算指数与国民财富账户的实施，博茨瓦纳促进了矿业收益向其他资本形式的转化，其结果是实际人均财富的增长快于实际人均GDP的增长。与之相比，邻国纳米比亚在20世纪80年代处于内战期间，实际人均财富与实际人均GDP均处于下降趋势；1990年独立之后，人均GDP开始上升，而人均财富依然处于下降趋势。因为纳米比亚缺乏国民财富账户的监控，对资源的损耗会侵蚀经济发展的基础。

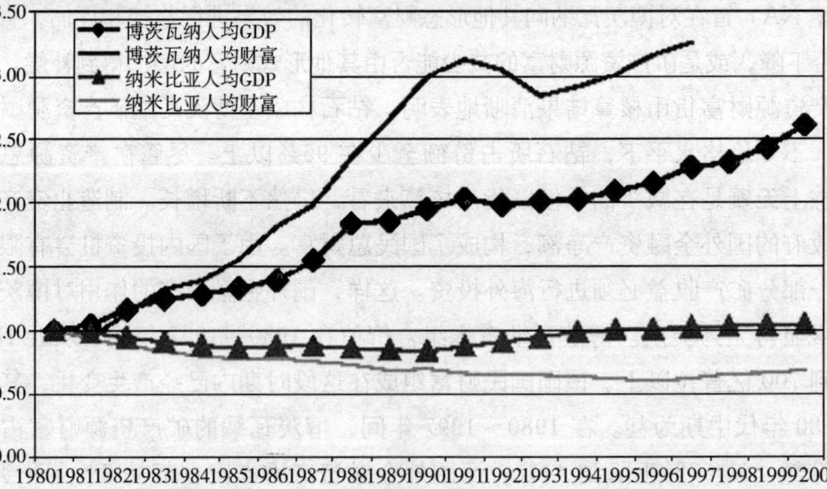

图12-3　1980～2000年间博茨瓦纳与纳米比亚实际人均财富、人均GDP变化指数（1980＝1.00）

资料来源：见Lange（2004）

---

[1] G. M. Lange & M. Wright. "Sustainable Development in Mineral Economics: The Example of Botswana", CEEPA Discussion Paper Series 3, 2002.

可见，矿业收益及其转化的相关制度是非常重要的。当然，这些制度能否有效实施，还取决于一个国家的制度执行力，取决于一个国家的产权制度、对政府行为的监控制度。

第四节　矿业收益保障：产权保护与国家公信体系

博茨瓦纳常常因为高质、完善的管理制度而获得高度的称赞。与其他非洲国家相比，博茨瓦纳领导人公信度多数较高，上层精英腐败案例较少发生。反腐败国际性非政府组织“透明国际”（Transparency International，TI）公布的“清廉指数”（Corruption Perception Index，CPI）也有力地证实了这一点：2010 年博茨瓦纳的 CPI 为 6.1，在 182 个参与评价的国家中排 32 名。不仅是非洲大陆内腐败情况最弱的国家，其政府清廉水平甚至高于意大利、希腊等一些欧洲国家。博茨瓦纳的产权制度与国家公信体系的建立，对矿业收益及其转化起到了保护和监督作用。

一、产权保护

健全的制度与良好的管理是博茨瓦纳取得显著经济增长的重要原因之一。Acemoglu 等[①]指出，博茨瓦纳优良的制度（尤其是在私有产权领域），主要归功于该国殖民前的政治制度、影响有限的英国殖民势力、独立之后强有力的领导能力，以及上层精英们强化制度刚性的动机。

（一）上层精英的产权结构优化动机

独立初期，博茨瓦纳大多数人口都以务农为主，其中肉牛是村民的主要财产。正是由于其他国民产业的长期缺位，该国早期的发展规划往往将重心放在农业部门。在这种情况下，建造基础设施并发展农村经济完全成为博茨瓦纳民主党（Botswana Democratic Party，BDP）上层精英的利益所在，如提升肉牛饲养水平等。他们还重视农业部门公共物品的供给，以及对基础设施、卫生与教育的投资，其中政府对农村实物资本与人力资本的投资回报率很高，进一步刺激了经济增长。种种政策制度有效地迎合了 BDP 广大选区民众的期望，并由于养殖业收益的提高而使上层精英变得富有[②]。

实际上，正如 Leith[③] 所认为的那样，“起初各方利益大多是相近的，主要集中在肉牛养殖业上，因而形成了一个相对完整的利益共同体”。这些政治与经济精英，通

---

① D. Acemoglu，S. Johnson & J. A. Robinson. “An African Success：Botswana”，in Dani Rodrik（eds.），*In Analytic Development Narratives*，Princeton：Princeton University Press，2003，pp. 80～119.

② D. Acemoglu，S. Johnson & J. A. Robinson. “An African Success：Botswana”，in Dani Rodrik（eds.），*In Analytic Development Narratives*，Princeton：Princeton University Press，2003，pp. 80～119.

③ J. C. Leith. *Why Botswana Prospered*，Montreal：McGill-Queen's University Press，2005.

常就是“在官僚机构、执政党与社会商业部门中间形成的利益集团”[①]。因此，这就促使 BDP 的上层精英们承认与保护私有产权，不断改进国家固有的低效产权结构[②]。他们利用政策制度引导经济的发展，这种利益导向的制度演进，在确定博茨瓦纳独立后的发展路径方面起着决定性的作用[③]。

（二）戴比尔斯与政府之间的矿业合资公司

钻石矿发现以前，博茨瓦纳已通过《矿山与矿物法》赋予政府地下矿物开采权。然而，发展采掘业需要大规模投资，政府需要游说国外投资者将大量资金投入到矿产开发中。Leith[④] 认为，进入矿业项目的国外投资者承受着巨大的风险：资金引入国的政策制度可能会经常变化，外资进入时达成了一系列颇为优惠的条款，资金一旦落地，政府就有动机违约并攫取大部分收益。

为解决上述问题，博茨瓦纳采取互惠互利的产权安排方式：政府与国际投资公司戴比尔斯共同建立矿业合资公司德比斯瓦纳（Debswana），双方各持 50％的股份。Dunning[⑤] 认为，博茨瓦纳之所以能够获得稳定的钻石收益，其原因之一是政府高超的谈判能力使其在与戴比尔斯的博弈中占据上风，在本国钻石产品获取的收益中享有较大份额（超过 50％）；另一个原因，则归于戴比尔斯对世界钻石市场的把控。这种半垄断化运营模式，借助其内部的营销卡特尔与中心销售处等部门的优势，可以有效地将钻石价格稳定在某一水平，进而能够以远高于生产成本的价位收购钻石。基于博茨瓦纳政府与南非矿业巨头戴比尔斯之间成功的合作模式，保证了国家大量而稳定的收入，并最终成为经济发展的重要驱动力。

博茨瓦纳政府与戴比尔斯在钻石矿开采经营的合作中可靠而负责任的态度与做法，为该国所有经济当事人树立了保护产权、重视诚信的榜样[⑥]。更为重要的是，在博茨瓦纳破坏现存优良制度的机会成本变得越来越高，使该国私有产权制度得到巩固[⑦]。“较优的产权制度、依法管辖与司法独立”成为博茨瓦纳治国有方的重要原因，为 20 世纪 70 年代以来持续的国外直接投资营造了良好的环境[⑧]。

---

① P. Du Toit. *State Building and Democracy in Southern Africa*：*Botswana*，*Zimbabwe*，*and South Africa*，Washington D. C.：United States Institute of Peace，1995.

② J. A. Robinson & Q. N. Parsons. “State Formation and Governance in Botswana”，*Journal of African Economies* 15（*AERC Supplement* 1），2006：100～140.

③ P. A. Martin. “A Closer Look at Botwana's Development：The Role of Institutions”，*Paterson Review*，2008，9：35～54.

④ J. C. Leith. *Why Botswana Prospered*，Montreal：McGill-Queen's University Press，2005.

⑤ T. Dunning. “Resource Dependence，Economic Performance，and Political Stability”，*Journal of Conflict Resolution*，2005，4.

⑥ J. C. Leith. *Why Botswana Prospered*，Montreal：McGill-Queen's University Press，2005.

⑦ D. Acemoglu，S. Johnson & J. A. Robinson. “An African Success：Botswana”，in Dani Rodrik（eds.），*In Analytic Development Narratives*，Princeton：Princeton University Press，2003，pp. 80～119.

⑧ G. S. Maipose. “Economic Development and the Role of the State in Botswana”，http：//www. dpmf. org/Publications/Bulletins/bulletin-apr-03/botswana-eco-devt-maipose. html，2003-12-31.

二、国家公信体系

“透明国际”提出国家公信体系（National Integrity System，NIS）。NIS 是一个囊括各种法律与制度的总称，其目标是保证公信与问责在公共、私人或社会组织当中的贯彻实施。从很大程度上来讲，一国最为彻底的反腐败改革也就是建立 NIS 并使其有效运行。多年以来的经验表明，NIS 已成为一个与形成反腐败体系的制度和实行等密切相关的概念，包括立法机关、执行委员会、司法部门、独立反腐败机构、媒体、私营部门等。到目前为止，TI 已在世界范围内出版了 54 项关于 NIS 的研究。其中，在 2001 年对博茨瓦纳的述评中，发现 NIS 的许多要素都有力地推动了国家治理效率的提升。

博茨瓦纳主要采取以下措施，加强矿业及其收益管理的透明度。首先是民主问责制，博茨瓦纳在国内不遗余力地推行民主制：国家制定了成文宪法，所有政府机构都必须遵守；选举制度形成惯例并已深入人心；政府须对民众实行问责制；执法部门的行为必须接受审查；民众可以在法庭上起诉政府。其次是独立的司法系统，不仅得到博茨瓦纳宪法的保障，而且在实际中也得到了全面的落实，当接手一项腐败公诉案件时，司法部门不会在被告的定罪与量刑上推脱责任。再次是创建于 1995 年、对公共部门进行监督的监察处，该机构的报告中曾多次揭露了公共服务部门的不公正行为，并为其提出整改建议。同时，还成立腐败与经济犯罪董事会，该机构独立于司法部长等政治家的领导之外，具有直接向总统汇报腐败事件的权利，其健全的反腐败程序在管理监督方面引导了矿产资源的有序合理开发。最后是媒体的自由监督。博茨瓦纳拥有九家报业集团，只有一家为国有公司，在言论方面享有高度自由。到目前为止，全国没有一例因为记者履行其职责而遭到人身伤害的案件发生。媒体敢于并能够在曝光与检举诸如腐败、官员渎职等不当行为上有所作为，从而有助于增强社会监督并降低上述行为带来的损失。

第五节　结论与启示

通过对矿业收益的管理，博茨瓦纳走出了一条发展中国家可持续发展之路，创造了经济增长的奇迹，成为撒哈拉以南非洲国家以及资源密集型国家/区域的发展典范。其经济增长的成功在于矿业收益管理，包括矿业繁荣和矿业收益转化管理，矿业繁荣主要采取政府预算控制与外汇储备积累，矿业收益转化管理主要采取可持续预算指数与国民财富账户进行监控。其矿业收益管理的成功，在于有一个较好的产权保护制度与政府公信体系，保护了投资主体的利益，保证了政策制定者与广大选民之间的目标一致性，对矿业收益的管理、使用做到公开、透明。中国资源型区域的矿业收益分配制度尚存在缺失现象，如矿产行业存在的额外租金收益，成为经济利益主体追逐的目标，易于导致寻租现象发生。如何合理分配与使用资源租金收益，使其成为经济增长的动力，资源丰富的博茨瓦纳，对矿业收益的管理经验值得借鉴。

一、以权利金为主的矿业税费体系改革

矿产资源不同于一般产品的生产，是稀缺且可耗竭的。针对矿产资源的要素特征，多数国家对资源开发征收权利金（资源租金），博茨瓦纳即是其中之一。中国矿产资源税费体系主要包括资源税、探矿权采矿权价款、探矿权采矿权使用费、资源补偿费等。其中资源税名义上是资源租金，实际上是针对不同种类、不同赋存条件矿产资源征收的级差地租。资源补偿费是对矿产资源前期勘探的补偿。探矿权、采矿权使用费是矿产资源勘探和开采对土地的占用而形成的矿地租金。探矿权、采矿权价款是对矿产资源所有权以及发现权的补偿，具有资源租金的性质。即使将上述各类税费加总，其征收比例也是偏低的，不足以弥补资源的所有权益。除此之外，中国对矿产资源开发征收增值税。一般产品生产，有大量中间产品投入，能够抵扣增值税，实际税率偏低。但对于矿产开发过程而言，由劳动力、资本、技术等投入形成的新增加价值相对占有较小比例，而从资源财富价值转化为产品价值部分所占比例较大。增值税忽略了这一部分，而是将这一部分作为新增加价值来征税，它是价值的转化，从自然存在价值到使用价值，并不是新增加价值。因而，实际税率偏高，而且增值税 3/4 上缴国家，资源密集型区域从中获取的比例小。

以税收为主的矿产资源税费体系，一方面国家作为所有权人，其所有权益不能得到应有的体现，难以保障当代居民之间、当代居民与后代居民之间的利益关系；另一方面，较高的增值税率，加重了资源密集型区域企业的负担、区域的高额税赋，不利于资源密集型区域的可持续发展。因此，建议构建以资源租金为主体的税费结构模式，改革并取消增值税。资源租金包括稀缺性租金和耗竭性租金。稀缺性租金是采矿权人或开采者获取矿业权，即矿产资源使用权、收益权等对资源所有权人做出的补偿，既包含了部分资源所有权的补偿，也包含了对矿产资源在勘探过程中所付出的劳动与资本投入形成的资源发现权的补偿。其实现方式主要是矿业权流转过程中进行的市场拍卖，是采矿权人获得矿业权的支付，也称为基本租金。耗竭性租金是对资源所有权的补偿，是其本身所具有的财富价值的体现。随着资源的开采，矿产资源所有权逐步灭失，资源作为大自然赋予的财富其本身所具有的价值流失，需要对其进行相应的补偿。耗竭性租金随矿产品市场价格变化而变化，也称为浮动租金，与稀缺性租金共同构成矿产资源的权利金。中国目前的税费体系中，尚缺乏对浮动租金的收取。

二、矿业收益向资源型区域回流

博茨瓦纳通过权利金和税收获取资源租金收益；政府再将矿业收益用于公共部门投入和国外金融资产投资。一方面完善本国的基础设施和社会设施，改善居民的生产生活环境；另一方面通过物质资本和金融资本的积累，保证了后代居民的利益。博茨瓦纳可取之处在于：对矿业收益的集中收取、对矿业使用的严格管制。通过 SBI，将矿业收益的使用限定在投资性支出和教育、健康等经常性支出。其他经常性支出只允许使用非矿业收益，保证了矿业收益从资源财富形式向基础设施、社会设施等物质性

资本、人力资本的转化。

从中国资源收益分配来看，虽然国家作为矿产资源所有者尚未完全行使要素所有者的权力，获取合理的资源租金，造成资源租金的大量流失；但是就现有的收益分配结构来看，资源密集型区域在其中所获取的收益更少，且由于生态环境补偿等制度的不到位，资源财富损耗与生态环境负效应现象非常严重，地方政府没有足够的财力来推进基础设施、社会设施建设以及生态环境的修复，导致资源密集型区域财富的净流失。且由于资源开发的特殊性，资源密集型区域存在对物质资本、人力资本的挤出效应，加剧了区域财富的衰减。

为此，可建立合理的区域之间的收益分配机制，增强资源密集型区域的可支配财力，将资源开发获取的收益，通过公共投入用于基础设施、社会设施建设、生态环境修复，增强当地真实财富的积累能力。

三、矿业收益转化为金融及生产性资产

资源收益转化的途径包括生产性资产、人力资本以及金融资产，国家/区域财富账户的建立是必要的。资源收益向其他资本形式的转化，一般多考虑向物质资本、人力资本的转化，除投资于教育、健康等外，强调产业的多元化。对博茨瓦纳而言，人口少，市场规模小，基于投资吸收能力与投资效率，博茨瓦纳资源收益更多向金融资本转化。自然资本减少的同时，物质资本、人力资本、金融资本数量持续增加，财富总量的增长甚至快于 GDP 的增长。

对于中国资源型区域而言，资源收益转化应更多地向生产性资产转化。中国人口数量多、市场潜力大。为避免产业单一，必须通过资源产业规制和市场潜力大、技术含量高的非资源产业的激励，推动产业多元化发展。在资源密集型国家/区域建立财富账户，密切关注资源财富的转化。要注重投资效率，注重区域要素与市场对产业的吸收能力，侧重投资低风险、高预期回报率的项目，投资高社会回报率的项目。

四、矿业收益分配与透明化监管制度

合理的矿业收益分配制度，是保证各经济主体利益的前提，是合理配置资源、提高资源利用效率的必备条件。但仅有良好的资源收益管理制度，尚不一定能真正管理好资源收益及其转化。制度的执行力与制度效力，是保障资源收益实现良好管理的必要条件。博茨瓦纳的产权保护、公众问责制、媒体的自由监督等，是实现资源有效开发、收益公开、透明管理的重要保障。中国矿产资源开发虽然建立了产权交易市场，但“招拍挂”过程中的“围标”“串标”现象及操作者与竞标者之间的“串谋”行为依然严重；资源密集型区域的腐败现象时有发生。一方面要推进资源收益分配制度的合理化，另一方面，增强矿产开发与收益管理的透明度，提高制度执行力与制度效力，也是制度创新的重要内容。

当然，博茨瓦纳仍然有其自身发展的难题，如基尼系数居高不下、制造业所占比重偏小、技术创新不足、政府机构庞大、艾滋病现象严重等需要进一步关注。但无论如何，博茨瓦纳矿业收益管理与经济增长奇迹，值得资源密集型国家/区域关注和借鉴。

案例三

迪拜与阿布扎比的产业多元化及其制度安排[①]

① 本部分研究成果已发表，见景普秋、朱俊杰：《资源丰裕区域产业多元化战略选择与经济绩效：迪拜与阿布扎比的比较研究》，《兰州财经大学学报》2015年第5期。

丰裕的自然资源为资源丰裕国家的工业化进程和经济发展注入了动力，但如何利用好自然资源，避免陷入资源优势陷阱，实现长期稳定的增长，实践证明，产业多元化能够增强整体产业的支撑能力，避免资源丰裕国家或地区对单一资源及资源部门的依赖，减少经济波动性，并且对宏观经济的稳定性及经济的可持续增长方面具有重大意义。阿布扎比和迪拜均为阿联酋境内的酋长国，两个酋长国国土面积分别占阿联酋的86.7%和5%[①]，阿布扎比目前石油探明储量占世界的8%，约980亿桶，占整个阿联酋的94.3%[②]，迪拜的石油储量则不足阿联酋的5%。石油的发现与出口为两个酋长国向现代化转型奠定了物质基础，两国分别于20世纪70年代和80年代开始经济多元化。迪拜的多元化成就举世公认，整个阿联酋超过一半的非石油贸易都集中在迪拜，与之形成鲜明对比，阿布扎比仍是一个资源依赖明显的国家。为什么两个自然环境、政治体制、宗教信仰各方面都极为相似的酋长国实施多元化的绩效不一致？影响多元化实施的背后因素是什么？本案例研究希望结合迪拜与阿布扎比两个酋长国经济转型的经验，从策略和制度两个方面来探讨资源丰裕国家多元化绩效差异的原因。

第一节　迪拜与阿布扎比的多元化策略

产业多元化，是将资源丰裕国家的单一产业主导发展模式转变为多产业主导，尤其是引入新的带动性强、成长性好的产业，以实现区域产业结构升级、产品附加值提高、区域内各产业之间关联性增强的目的，最终实现资源产业与非资源型产业的协调发展。迪拜选择服务业多元化战略，阿布扎比则选择了工业为主的多元化战略。

一、迪拜“1＋6”服务业多元化模式

总结迪拜转型的经验，可概述为“1＋6”模式，即空间上建设自由区（Free Zone），产业上扶持贸易，旅游，金融，房地产，高新技术产业，会展、航空六大产业。

（一）空间：自由贸易区

迪拜经济转型的特色在于其自由贸易区，迪拜经济多样化的成功发轫于自由区的建设和飞速发展。目前迪拜拥有包括杰布阿里自由区、机场自由区、迪拜国际金融中心、迪拜技术、电子商务和传媒自由区等一系列自由区。以杰布阿里自由区为例，制定了以下优惠政策：100%外商独资企业；100%进出口免税；100%资本和利润汇出；免征个人/公司所得税；零进出口关税；协助雇佣劳工，并提供赞助和住房等其他服务[③]。

---

① 参见 Statistical yearbook Abu Dhabi 2009，第16页。

② 王昕：《全球化背景下海湾阿拉伯国家现代化进程研究》，上海外国语大学博士论文，2008年。

③ 见 HLM Hamt 网站，“Dubai Free Zone”，http：//www.hlbhamt.com/freezone-company-setup-in-dubai.html?gclid＝CJb-_5Kgt7ICFclV4godTCkAmQ。

目前，它已成为世界最大、增长速度最快的自由区之一。自由区内已有来自阿联酋内外的投资者设立的各类企业近6400家，有超过150家的世界五百强企业来此落户[①]。迪拜将其变成了一个鼓励创新、透明管理、客户导向、充满创业活力的中东商务中心。杰布阿里自由区已成为世界工业大国向西亚、西南亚和非洲销售产品的转运站。2010年，迪拜杰布阿里自由区实现贸易总额600亿美元（约2200亿迪拉姆），占迪拜对外贸易总额的四分之一[②]。

（二）产业：相互关联的服务业

一是对外贸易业。迪拜早期就是中东地区的一个珍珠和纺织品贸易中心，“凡有利于商人的，皆有利于迪拜”。迪拜兴建了港口、机场等大量基础设施，实行资本流通自由、支付不受限制、汇兑不受管制的贸易自由政策。迪拜的贸易活动十分活跃，既包括转口贸易和进出口贸易，也包括传统的黄金贸易。迪拜非石油商品出口额超过其余六个酋长国的总和。迪拜出口的非石油产品主要分两大部分：一是传统产品，包括椰枣、皮革、冷冻食品和干鱼、废钢铁和其他金属等，主要销往海湾和印度次大陆国家；二是制造业产品出口，主要是铝制品，销往海湾和国际市场。迪拜是仅次于香港和新加坡的世界第三大转口贸易中心，它的进口产品中70%左右转口到中东、北非和东欧等167个国家。

二是旅游业和零售业。发展旅游业是迪拜转型的一个重要战略。迪拜吸引全球游客主要通过以下两个途径完成。（1）世界顶级的消费享受。为了吸引游客，迪拜在沙漠中造出热带风情的棕榈树和绿地；迪拜将冷气管铺设在沙滩下，降低地表温度；迪拜建立了顶级的时装设计师的精品店，建了40多家超级大卖场；迪拜摒弃一些伊斯兰教条，允许销售酒水，对外国女子的衣着没有特别要求。迪拜也是一个购物天堂，著名的迪拜购物节期间超过3000家店铺和40家大卖场会打折促销。周边国家的民众，甚至东欧、北非和南亚次大陆的游客也被吸引来迪拜购物。（2）独一无二的世界顶级项目。迪拜政府十分善于制造概念，建立了一系列具有地标意义的项目：著名的伊斯兰风格的黄金露天市场、世界上唯一的七星级酒店——帆船酒店、号称世界第八大奇迹——棕榈树岛项目、世界最高建筑——哈利法塔（Burj Khalifa Tower）、世界最大卖场——迪拜购物中心、世界最大的室内滑雪场、有冷气的沙滩等。上述措施使迪拜吸引了大量外国游客。2000年，迪拜旅游业收入占其国内生产总值的18%，首次超过其石油收入所占比重，且为石油收入的两倍[③]。2007年，迪拜接纳的观光客总量排世界第八位，这些游客在迪拜消费超过150亿美元，旅游业为迪拜提供了1/4的就业岗位[④]。

---

① 见Jafza网站，“Jafza at a Glance”，http://www.jafza.ae/en/about-us/jafza-facts-at-a-glance.html。

② 根据Dubai Statistics Center数据整理得出。

③ 蔡伟良、陈杰：《当代阿拉伯联合酋长国社会与文化》，上海外语教育出版社2007年版，第103页。

④ A. Haryopratomo, S. Kos, L. Samtani, S. Subramanian, & J. Verjee. “The Dubai Tourism Cluster from the Desert to the Dream”, The Institute for Strategy and Competitiveness, 2011.

三是金融服务业。金融服务业是迪拜重点发展的新产业集群，2001～2004 年，该行业产值在迪拜国民生产总值中的份额提高了 40%[①]。迪拜于 2002 年 5 月启动了国际金融中心项目。该项目创立以来，迪拜国际金融中心凭借其健全的金融体系、与国际接轨的监管方式、优越的基础设施条件，短时间内便吸引了美林、德意志银行、摩根士丹利、渣打、怡安集团（AON）等世界知名公司，迄今已有超过 400 家公司入驻，并运作了商品期货交易所、证券交易所等多个交易市场。2010 年金融业产值已经占到 GDP 的 11.3%[②]。根据 2011 年的“新华一道琼斯国际金融中心发展指数”评比，迪拜成长指数排名全球第七[③]，是中东地区最大的国际金融中心。

四是房地产业。迪拜发展房地产，不仅仅是开发各类酒店和度假村以吸引蜂拥而至的外国游客与外来投资者，更确切的是为那些政局不稳、经济欠发达的发展中国家的富裕阶层，提供一个安全投资与居住的新环境。迪拜的房地产增长速度惊人，到 2006 年为止，迪拜的前三大开发商已经向市场提供了超过 3 万套住房，大部分卖给了外籍人士。此后，现任酋长默罕默德承诺会追加超过 500 亿美元投资于房地产相关行业。除了各类民用住宅以及商业地产外，还兴建了一系列具有世界影响力的地标性建筑。最出名的有棕榈树岛、世界岛项目、世界第一高的哈利法塔以及七星级的帆船酒店。迪拜还有 40 多家超级大卖场，这一系列的房地产项目拉动了迪拜经济的高速增长。据称，最繁忙的时候，全世界有 1/5 的起重机在为迪拜工作，有超过 8000 亿美元的游资涌入迪拜[④]。然而不顾国内需求空间有限，专门面向国外投机者和游客的做法，使得迪拜的房地产业极易受到国际大环境的影响，为 2009 年爆发的迪拜危机埋下了伏笔。

五是高新技术产业。近年来，迪拜大力发展以信息技术为核心的“新经济”和“知识经济”产业。1999 年开始兴建的迪拜技术、电子商务和媒体自由区，包括：网络城、媒体城、知识村、迪拜国际学术城和迪拜外包区等。1999 年宣布建立迪拜网络城（DIC)，第一年就有包括微软、甲骨文、IBM、戴尔、西门子、佳能和索尼爱立信等 180 家公司来这里落户。迪拜网络城现在拥有超过 150 万平方米的主办公区，超过 850 家公司和 10000 名科技人员在此工作。迪拜网络城目前已经成为中东和北非地区最大的网络和通信技术中心。这一地区的业务主要包括：软件开发、电子商务、咨询、营销和后台服务。迪拜为在此落户的企业提供严格的立法保护知识产权[⑤]。迪拜媒体城是继网络城之后成立的另一个高新技术自由区。媒体城是面向广播、出版、制造、音乐、通信和多媒体部门以及个人新闻人员的自由区。迪拜知识村是中东地区

① 根据 Statistical Yearbook Emirate of Dubai 2007 数据整理得出。

② 参见 Statistical Yearbook Emirate of Dubai 2010，第 67 页。

③ 参见《新华一道琼斯 国际金融中心发展指数报告 2011》第 9 页。

④ 仝菲：《阿拉伯联合酋长国现代化进程研究》，西北大学博士学位论文，2010 年。

⑤ http：//www. articleworld. org/Dubai _ Internet _ City.

领先的教育产业投资区域，已有来自英国、澳大利亚和海湾地区数十家大学在此设立分校。互联网城内还设立了研发中心，成立了第一所互联网大学。

六是会展、航空等其他服务业。迪拜会展业格外发达，著名展会有航空展、电脑展、家具展，国际礼品展、海湾美容展、秋季服装展、五大行业展、中东铝金属和有色金属展、汽车展等。此外，迪拜每年还举办各种国际赛事，如高尔夫和网球巡回赛、赛马、汽车拉力赛、赛艇等。出入方便，办理迪拜签证的手续简单快捷。除了创建港口，拉希德酋长（1958～1990 年在位）还将航空旅游定为迪拜的最优先发展项目，迪拜与世界各地有 120 多条国际航运线路和 90 条航空线路，通达超过 130 多个国家。迪拜国际机场已跃居全球第四大国际客货运机场，航空业是推动迪拜成为全球贸易、商业、旅游中心的主要动力之一①。

二、阿布扎比工业园驱动多元化策略

迪拜的多元化是以贸易业和服务业为着力点，阿布扎比则是以工业化为多元化的重点。20 世纪 80 年代开始，为了摆脱单纯的原油出口，获取更高的附加价值，阿布扎比开始实施经济多元化。

（一）工业化

据统计，2004 年阿联酋共有工业企业 3036 家，其中阿布扎比 281 家，占了总数量的不足 10%，产值却超过 50%②。阿布扎比的工业化主要通过设立特定的工业区和大型企业集团推动。

阿布扎比目前有 3 个工业区，最主要的是阿布扎比工业城（ICAD）。工业城主要由商业中心、住宅区和工业园区几部分组成。工业园区是阿布扎比工业城的主体部分，该园区分成 7 个各有侧重点的区块：小型工厂区块，食品、纺织品区块，木材、工程建设区块，化学品、塑料品区块，建材区块，高科技区块，标准厂房区块③。工业城为吸引投资，出台了一系列优惠政策：不征收营业税和个人所得税；工业城内的工厂所用的机器、设备、原材料可以免税进口；一天之内发放和更新各种工业执照；能够发放 ISO9000 以及 ISO14000 证书；天然气价格优惠；完善的基础设施；工业城可为企业宣传产品；不限制资金汇兑④。

阿布扎比控股公司（GHC）是阿联酋最大的工业集团，也是政府实行经济多元化战略的重要途径和工具，董事会成员全部为王室成员。目前，阿布扎比控股公司形成了建筑材料、食品行业、能源服务、皮革制品等多种不同的行业体系。其下属的建筑集团有迪拜电缆厂（DUCAB）、阿联酋水泥厂（ECF）和 PVC-U 塑料管道制造厂

① 新浪网“牛津解读迪拜航空业成功之道：良性竞争是关键”，http：//mil. news. sina. com. cn/s/2011-06-13/1320651663. html，2011 年 6 月 13 日。

② 中国驻阿联酋大使馆经商参处：《阿联酋商务环境简介》，2009 年 10 月。

③ 商务部网站“阿布扎比工业城简介”，http：//ae. mofcom. gov. cn/aarticle/ddgk/zwcity/200407/20040700250420. html，2004 年 7 月 19 日。

④ 商务部网站“阿布扎比工业城简介”，http：//www. mofcom. gov. cn/aarticle/i/dxfw/gzzd/200706/20070604756955. html，2007 年 6 月 6 日。

(ANABEEB)；食品企业有艾福阿棕榈种植开发有限公司（Al Foah）、艾因矿泉水公司（Al Ain)；还有能源集团国家石油建设公司（NPCC）与艾哈纳哈皮革公司（Al Khanah Tannery)。

博禄公司（Borouge）是阿布扎比非石油行业的最大工业企业，主要生产聚乙烯和聚丙烯，由阿布扎比国家石油公司（ADNOC）与奥地利北欧化工（Borealis）共同出资设立。公司总部在阿联酋和新加坡，产品出口到中东、印度、东亚和非洲。2010 年，博禄二期工程建成，日常产能提高三倍，每年达 200 万吨，并且到 2015 年还将再增加 250 万吨的产量，计划建成世界最大的聚烯烃厂。此外，博禄还在亚洲投资物流中心，并计划在阿布扎比新建一个研发中心。

（二）非资源型产业的发展

2004 年，新一代的领导者开始掌握权力，积极支持多元化的默罕默德·纳哈扬（Muhammad Nahyan）成为王储，并获得了掌管阿布扎比国内事务的绝对权力。他新设立的旅游管理局和穆巴达拉发展公司（Mubadala）成为新经济的核心推动者。

尽管阿布扎比宣称要寻求长期的可持续的增长，房地产、旅游行业这类易受周边局势和外部环境影响的行业不会作为“新经济”的基石[①]。但其新一轮多元化的尝试明显受到了迪拜经验的影响。根据阿布扎比 2030 计划，阿布扎比将投巨资发展高科技重工业、新能源、高端地产、豪华文化旅游四大产业。其中高科技重工业以及新能源，主要是寻求与欧美发达国家合作，主要的技术和人才都依赖外籍人士，这几个耗费巨大的投资项目目前看来收效尚不明显。

20 世纪 90 年代末，阿布扎比开始推动本国房地产和旅游业的发展，但受制于保守的社会风气与领导人的不重视，发展缓慢，远远落后于迪拜。阿布扎比的房地产行业定位不同于迪拜——主要是服务于国外投资者和游客，以提高阿布扎比吸引外商直接投资的能力。尽管阿布扎比也有少量住宅卖给外籍人士，但其主要的目标市场是海湾合作委员会国家和其余阿拉伯世界的居民，并且将面向外籍人士的住宅与穆斯林的住宅分开，以维护“阿拉伯和穆斯林的纯洁性”[②]，并且阿布扎比只提供高端住宅，其房价远高于迪拜以及阿联酋境内的其他酋长国。

迪拜抓住了中东房地产行业的巨大潜力，开创了中东房地产最辉煌的时代。事实上阿布扎比并没有学到迪拜最成功的经验，即房地产业作为经济多元化，拓展经济基础的手段与吸引外资的方法。阿布扎比国土面积为迪拜的 17 倍以上，房地产的规模却仅比迪拜高 32.6%，并且房地产业在整个国民经济中的作用也无法与迪拜相比，如表 13-1 所示。

① C. Davidson. “Abu Dhabi’s New Economy: Oil, Investment and Domestic Development”, *Middle East Policy*, 2009, 16, 2: 59~79.

② R. M. Davidson. *Abu Dhabi: Oil and Beyond*, Columbia University Press, 2009: 65.

表 13-1　2006～2010 年迪拜、阿布扎比房地产业产值及占 GDP 比重

（单位：Million AED）

年份	迪拜		阿布扎比	
	产值	占 GDP 比重	产值	占 GDP 比重
2006	33944	15.2		
2007	35721	14.64	40088	7.4
2008	37813	14.66	43209	6.6
2009	51563	17.6	46037	9.4
2010	40286	13.7	53414	8.6

数据来源：根据 Dubai Statistics Center，Statistics Center—Abu Dhabi 相关数据整理得到。

阿布扎比直到 2004 年才设立旅游局以推动旅游市场的发展。除了和迪拜一样打造奢华路线，通过举办各类世界顶级赛事以及建设豪华酒店以招揽顾客外，其旅游业与迪拜还有一定差别。阿布扎比的艾因地区旅游资源丰富，有众多古迹和温泉绿洲等自然景观，主打文化旅游。此外阿布扎比花巨资与卢浮宫和古根海姆博物馆(Guggenheim) 合作，在阿布扎比建设分馆，还修建了新的谢赫·扎耶德国家博物馆、表演艺术中心、海事博物馆、19 亭文化公园等项目。

阿布扎比的旅游业目前已经取得了可喜进展，2008 年，行业总产值已占酋长国 GDP 总量的 3.6%，较上年增长 10%以上[①]。由于两国相邻，交通便利，一般而言，去迪拜的游客往往也会选择顺道去阿布扎比。然而与迪拜相比，无论在世界市场的知名度还是每年接待的游客量，旅游业创造的产值和就业的人数，阿布扎比还有巨大差距。

海湾国家的多元化往往缺乏组织性，因为政府主持的计划经常被认为反应太慢而难以有真正的影响。阿布扎比提出了雄心勃勃的“阿布扎比 2030 计划”，该计划非常先进，其长期目标突破了所有阿联酋的短中期计划的窠臼，尤其是超越了迪拜计划(该计划以 2015 年为止)。阿布扎比 2030 计划宣称要投资 4000 亿美元于基础设施建设，并且在 2012 年前应完成其中的 1750 亿美元。到 2015 年完成电车网络建设，2020 年地铁网络与区域间火车服务将会实现。与之相比，迪拜的多元化在刚开始的时候并没有明确的计划，导致如今交通拥塞，一大堆过境系统尚未完工，存在噪音污染以及电力短缺等一系列问题。

阿布扎比的经济多元化已经初显成效，2009 年油价下跌，迫使石油出口递减，导致阿布扎比石油 GDP 下降了 34%，然而尽管面临很多挑战，非石油部门却实现了 6%的增长[②]。

---

① 参见 Statistical Yearbook Emirate of Dubai 2010，第 57 页。

② 参见 Summary of the Economic Report of the Emirate of Abu Dhabi 2010，第 1 页。

第二节　迪拜与阿布扎比的制度安排

经济发展的实质是有效利用资源的制度变迁过程①，制度质量较差的资源丰裕国家，其增长也会受到影响。本研究通过制度差异尝试比较两个酋长国为什么在经济多元化的绩效上存在巨大差异。

一、正式制度

资源丰裕国家或地区，其制度安排，尤其是资源收益制度安排，往往决定了资源财富是否能转化为物质资本、人力资本、社会资本等其他资本形式的财富，进而带来不同的经济绩效。迪拜和阿布扎比产业多元化绩效如何，一定程度上依赖于其矿业收益分配、使用及其相关制度安排，在此，重点比较四个方面：石油收益分配制度、发展战略、财政收入和支出与自由贸易制度，从中探讨两国经济多元化绩效差异的缘由。

（一）石油收益分配制度

分配制度的缺失与缺位，容易引起经济主体对资源开发行业存在的额外租金收益的争夺，导致寻租、腐败和收入两极分化等，进而影响正式制度和非正式制度，导致制度效力下降，成为制约区域发展的障碍。考察两国资源收益分配，其相同之处是将部分石油收益间接分配给民众，提升福利与就业，换取民众对政权的支持；但从收益分配与使用的结果，即资源财富转化为物质资本、促进多元化取得成效来看，迪拜相对成功。

资源丰裕的国家大都设立各种形式的基金，将资源租金储存起来，使得资源收益与支出分离，抑制过度消费、平衡财政收支以及储蓄资源财富等。阿布扎比拥有世界最大规模的主权基金近一万亿美元②，巨额的石油财富放入主权基金用作海外投资，取得了高额收益；但从目前的资料看，尚未发现主权基金对拓宽阿布扎比的宏观经济基础和推动产业多元化做出贡献。与之相比，迪拜的石油收益主要用于基础设施建设、公共服务两个方面。从 20 世纪 70 年代开始，迪拜利用石油出口美元和外来资本，大力建设运河、机场、港口、高速公路等基础设施；同时注重提供高品质的公共服务，如豪华酒店、律师公证、投资咨询、保险证券、金融服务等。完善的基础设施和优质的公共服务大大增强了迪拜对外来资本的吸引力，例如，1979 年动工的迪拜世界贸易中心大楼，高 39 层，是当时中东最大的建筑，逐步演变为中东最大的展览中心。大手笔的基础设施投入和建设，改善了迪拜的生活投资环境，为日后迪拜成功转型为地区商业贸易、旅游和金融中心打下了坚实的基础。迪拜通过国内大规模的物

---

①卢现祥、朱巧玲：《新制度经济学》，北京大学出版社 2007 年版，第 37 页。

② Wikipedia. "Sovereign Wealth Fund", http: //en. wikipedia. org/wiki/Sovereign _ wealth _ fund.

质建设扩大国内经济的吸纳能力，引导私人投资，成效显著，其整体通胀水平和流动性水平均低于阿布扎比。

（二）发展战略

阿布扎比与迪拜在石油开采早期，受制于经济与技术实力，主要由外国公司完成，东道国征收税费；之后从单纯征收税金转向直接参与石油工业经营。不同之处在于，两个酋长国所拥有的石油资源不均匀。学界普遍认为，资源禀赋的差异对不同类型国家的工业化进程与经济增长会产生影响。本研究发现，资源赋存的差异会对资源丰裕国家的多元化产生较大影响。阿布扎比日产量 270 万桶，按目前的产量算，还能再开采 90 年；迪拜则面临资源枯竭的危机。阿布扎比没有迪拜的危机感和动力，两者由此走上了不同的道路，阿布扎比选择依赖巨额石油发展相关工业，迪拜则坚决地走上了服务业多元化道路。

阿布扎比工业化战略的核心，是以石油化工为支柱，通过提升石化工业下游部门的生产能力，增加高附加值产品出口，推动经济多样化。第一次石油繁荣过后，除了投资部分农业项目以及一些小规模的进口替代产业如建筑材料，阿布扎比主要的精力放在国有、重型以出口为导向的产业，如金属、化肥、塑料以及石化产业。这些高能耗型产业符合阿布扎比的比较优势，下游产业中最著名的是阿布扎比肥料公司（Fertil）、博禄（Borouge）以及酋长铝业（EMAL）。尽管迪拜设立的工厂数量为阿联酋之冠，然而多是中小企业，缺乏大型工业企业。迪拜最出名的大型工业企业是迪拜铝业，其产品主要出口至欧盟、中东及东亚地区。

迪拜的多元化并没有事先规划，但每一步却又能够将自身优点与世界市场的需求相结合。例如，迪拜早期重点在贸易业，立足于三个方面的优势：地理位置优越，地处欧亚非三大洲中心，一直是中东地区的贸易港和转运中心；商业传统浓厚，早在 1904 年就实行自由贸易政策；基础设施建设和明确的发展策略。当周边国家还沉迷于石油开发带来的巨大财富时，迪拜已经开始转型，大规模的基础设施建设如开掘新港口及相关配套设施、建设航运中心、设立自由区以及实施自由贸易，这四大政策缔造了迪拜区域贸易中心、航运中心的地位。贸易和航运中心为迪拜带来了过境游客和商务人士，迪拜因势利导，通过建造地标性建筑，举办世界顶级赛事和购物节，“落地签”等方便旅客的政策，创造性地塑造出高端奢侈旅游的世界品牌。而当阿布扎比试图在旅游业上有所发展的时候，已失先机。与迪拜屡获殊荣的阿联酋航空比，阿布扎比与阿曼、巴林卡塔尔合作的海湾航空无利可图，只得单方面退出[①]。迪拜是世界著名的航空转运中心，相邻的阿布扎比航运业无论是规模、带动的就业人数，还是对国民经济的贡献都落后于迪拜。

与迪拜的几个支柱产业比，阿布扎比的非石油产业有其天然弱点，即对石油价格

① C. Davidson. “Abu Dhabi’s New Economy: Oil, Investment and Domestic Development”, *Middle East Policy*, 2009, 16, 2: 11～23.

十分敏感，主要针对国内市场，具有很强的内向性，所以其需求与国内的流动性状况关系密切①。油价高企时，这些部门的发展得到充分的支持，油价低迷，流动性减弱使得非石油部门增长放缓。这就说明了阿布扎比经济比周边其他国家波动性更高的原因。

（三）财政收入和支出

阿布扎比的税收系统没有发挥实际作用，税收收入有限，2002～2010年税收占政府总收入均值不足4%②。政府很少顾及行政服务的高成本支出，还提供对燃料、水和电力的高额补贴。此外对本国居民的各种形式的高额转移支出耗费了阿布扎比大量的财政收入。与迪拜相比，阿布扎比政府雇员的比例更高。阿布扎比缺乏迪拜的经商传统，高额的转移支付供养着"食利者"，这些食利者缺乏创新精神和勇气，对教育不够重视，将其视为某种消费品，学生接受大量的宗教教育，人力资本形成质量偏低。阿布扎比的财政收入绝大部分都来自于石油收益，从表13-2可以看出，2010年仍有高达89.8%的财政收入源自于石油出口及相关的租金收益。石油价格暴跌则削减开支，增加税收。用于支持国内建设的发展性支出常年维持在10%左右，2007年只占全部财政收入的4.1%，尤其是在2004年之前，大量的资金投资于国外或者用于大型国有企业（石化产业），私人部门发展乏力，活力不足，抑制了竞争。与此相比，迪拜的发展性支出一直稳定在20%～30%之间，财政对新兴产业的支援不遗余力。

表13-2　2008年阿布扎比、迪拜财政收支对比　（单位：Million AED）

国家	阿布扎比				迪拜			
年份 \ 项目名称	石油收入	占总收入比例（%）	发展支出	占总支出比例（%）	石油收入	占总收入比例（%）	发展支出	占总支出比例（%）
2002	36054	81.1	9203	13.9	3735	41.0	2038	21.5
2003	51830	85.0	11816	17	3766	37.5	2896	26.9
2004	67978	87.5	11898	16	4213	35.2	1507	14.3
2005	104279	82.3	9792	12	5902	35.0	2716	21.9
2006	157125	85.5	7321	8	6259	31.6	2100	12.1
2007	168274	82.1	5041	4.1	6770	26.4	8917	33.1
2008	269586	89.8	13211	7	8495	26.0	14331	35.1
2009	121775	84.6	27635	10.6	4703	11.6	13499	14.1
2010	169128	89.8	23643	9.7	6466	15.4	11035	17.9

数据来源：迪拜的数据引自IMF Country Report No. 11/112 May 2011，Statistics Center—Abu Dhabi。

（四）自由贸易制度

在资源的流动作用和消费作用下，资源丰裕国家易于出现实际汇率升值及不同种

① C. Davidson. "Abu Dhabi's New Economy: Oil, Investment and Domestic Development", *Middle East Policy*, 2009, 16, 2: 11～23.

② 根据Statistics Center-Abu Dhabi数据整理得出。

类产品比价变化，造成要素成本上升，进一步加剧了制造业的实际成本上升，削弱了制造业的优势[①]。解决“反工业化”问题的关键是贸易自由化。丰裕的自然资源把生产要素从规模报酬递增的部门吸引到资源部门与消费部门。自由贸易打破固有路径，调整制造业与资源部门的利益分配，缓解货币升值压力，增加国内企业需求，各类优惠政策降低了企业运营成本，这又进一步造成了新的产业集聚和规模效应的产生，阻止了要素向资源部门集中，提升了国家制造业整体竞争力。迪拜能够因时因地制宜，利用自身优越地理条件，实施以下一系列的开放经济政策：取消外汇管制，货币可自由兑换；本币与美元挂钩，汇率长期稳定；对进出口贸易不设任何壁垒，实行5%的低关税。尤为关键的是通过设立一系列的自由区吸引外资，促进整体经济起飞。

二、非正式制度

由于只看到资源开发带来高额利润，当地政府与居民没有意识到更好的制度对经济增长可能带来的积极影响而形成资源依赖意识，衍化出的文化、社会习俗、个人观念等都显得保守、落后、缺乏活力，这种结果极大影响了正式制度的效力。政治与社会因素的差异也是迪拜经济发展不同于海湾其他国家的重要原因，迪拜的社会资本和贸易开放水平显示其优越性：开放的风气和对西方文化宽容的态度作为一种非正式制度有助于降低与外来文化和世界其他国家交往时的交易费用，有力地配合了国家的贸易自由化政策。

（一）社会风气与传统

尽管迪拜不允许自己的居民直接参与政治，但是与海湾其他君主国相比，它对西方文化的包容程度是最高的。它的购物节、奢侈的地标、西方式的娱乐活动在该地区是独一无二的[②]。迪拜的领导者在民众中树立了对外国人及其文化保持开放和包容的意识。不像其他阿拉伯国家的边界对西方人几乎关闭，就算是开放边界的国家也会强迫移民居住在特定区域内。此外迪拜对外来宗教持开明态度，这也是一个区别于周边国家的地方。迪拜主张建立一个包容多种文化、多种宗教的社会。外国人可以在此自由地实践自己的宗教信仰。很多不同派系的教会都在此设有教堂[③]。当周边其他国家企图创造类似吸引外国直接投资的激励时，他们仍然没有一个开放的文化心态支持新进入者，这可能是一个重大的挑战。具有开放性的文化推动着迪拜在吸引外商直接投资方面远远地把海湾合作委员会（GCC）的邻居们甩在了身后。在制定经济政策中，马克图姆家族并不具有最大的影响力。迪拜不同于海湾地区的其他君主国，它拥有强大的商业部门，并且政府被认为具有强烈的商业偏好。

---

① W. M. Corden & J. R. Neary. “Booming Sector and De-industrialization in a Small Economy”, The Economic Journal, 1982, 92, 368: 825～848.

② Scott Macleod. “The Global Life: Dubai's Oasis”, http://content.time.com/time/magazine/article/0, 9171, 993216, 00.html. January 26, 2004.

③ www.stfrancisjebelali.ae, December 2006.

与之相比，阿布扎比更像一个传统的伊斯兰国家，以维护宗教纯洁性为荣。在涉及地区和文化因素的问题上比其邻居谨慎得多，必须将外籍人士和旅游者带来的文化冲突对政治和社会的影响降至最小。实际上，拥有巨额石油收益并成功建立石油关联产业的阿布扎比，并没有准备向外部世界大规模地开放，因此也不需要像迪拜一样面临外部世界变动带来的巨大风险。

（二）统治者理念

20 世纪 90 年代后期，在迪拜、巴林、卡塔尔等周边国家的经济多元化浪潮的冲击下，改革者默罕默德·纳哈扬（Muhammad Nahyan）提出阿布扎比经济多元化的设想。然而，当时的酋长统治陷入困顿，缺乏足够集中的权力，并且经过长期统治以后，变得缺乏创新和承担风险决策的勇气，致使阿布扎比的多元化错过了最好的时机。而迪拜地产业的缔造者默罕默德·阿里·阿巴尔（Muhammad Ali Al-Abbar），迪拜首任经济发展部部长，依从新加坡学习来的经验，返回迪拜后鼓励王储默罕默德在迪拜创建房地产部门。然而当时的阿联酋法律规定，只有阿联酋本国居民可以在阿联酋境内拥有地产。于是马克图姆酋长（1990～2006 年在位）与阿巴尔（Al-Abbar）绕过联邦法律，宣布出租土地，以 1999 年为期，并且逾期后只要交象征性的 1 美元就可以续约。由此可见，当迪拜的房地产部门首创之时，行走在法律的灰色地带，面临一定的政治风险。

海湾国家多因政府缺乏透明度而导致国家财政以及王室的经济状况纠结在一起。迪拜希望改变这一状况，创建了一个为治理服务并且能够加强部委财务责任制的执行委员会。在法律和宗教的双重约束作用下，尽管权力高度集中，迪拜的透明度却在全球排名靠前。此外，为了维护在大型跨国公司中的可信度，自由区（free zone）的治理也进行了规范。例如，迪拜国际金融中心（DIFC）沿用英国的管理方式，甚至王室也不可以随便干预迪拜国际金融中心的日常运营①。

马克图姆家族历届领导人的管理风格受到各界的盛赞。Heard-Bey 称赞拉希德(1958～1990 年在位）的远见卓识②。与之相较，阿布扎比的前任领导人谢赫巴特则采取了保守的政策，因为他担心如果把石油收入分配给公民的话，传统的社会基础可能承受不了从天而降的财富，社会根基可能受到腐蚀和瓦解③。因此，他将石油收入搁置起来而没有用于加强基础设施建设。类似的还有卡塔尔的艾哈迈德·本·阿里(Ahmad bin Ali)，他把石油收入视为家族财产，过着奢华的生活，却不将石油收入用在国家建设和人民福祉上。

---

① M. Matly & L. Dillon. *Dubai Strategy: Past, Present, Future*, Belfer Center for Science and International Affairs, February 27, 2007, p. 7.

② F. Heard-Bey. *From Trucial States to United Arab Emirates*, Pearson Education Limited, 1996: 220～225.

③ R. Zahlan. *The Making of the Modern Gulf States—Kuwait, Bahrain, Qatar, the United Arab Emirates and Oman*, Ithaca Press, 1998: 136～139.

第三节　迪拜与阿布扎比经济发展绩效比较

正式制度和非正式制度作用下的、不同的产业多元化策略，带来迪拜和阿布扎比两个资源丰裕的酋长国差异较大的经济绩效。

一、宏观经济

由于阿布扎比国内经济缺乏活力且缺少足够的投资机会，石油经济带来的流动性过剩日益增长。尽管真实的数据非常难以得到，但是毫无疑问，阿联酋在2006～2010年期间经受了高水平的通胀。2008年阿联酋央行测算本国货币量达到历史巅峰(每季度近500亿美元)，通胀率为11.1%。实际上，阿布扎比的通胀率比阿联酋境内的其他地方还要高出一截。食物价格每季度平均增长率在15%～20%之间，外籍人口的增加与住房总量的缺乏也加重了此种趋势。尽管2006年后半期以来，租金价格已经上涨了7%，但是精装的两居室每季度的价格已经上涨不少于50000美元，而5年前只需要16000美元①。受2009年油价下降影响，阿布扎比的GDP下降24.1%。

20世纪90年代中期，迪拜的非石油产业已经占到GDP的82%，每季度有超过30亿美元流入迪拜。迪拜高额的FDI提升了阿联酋整体的指标，将其余海湾合作委员会的邻居远远甩在身后，如科威特每季度流入的外商直接投资不足5亿美元。而最大酋长国阿布扎比吸引外国直接投资的总额还落在沙迦和阿加曼（Ajman）之后，仅排在整个阿联酋的第四位。

表13-3　迪拜、阿布扎比经济增长比较　　（单位：Million AED）

国家／年份	迪拜		阿布扎比	
	GDP	GDP增长率（%）	GDP	GDP增长率（%）
2002	64415	7.5	195400	5
2003	76458	18.7	228200	17
2004	111000	45.2	291100	28
2005	140200	26.3	383430	31.7
2006	223344	59.3	492249	28.4
2007	264174	18.3	545367	10.8
2008	301596	14.2	705159	29.3
2009	293228	－16.7	535311	－24.1
2010	300833	2.6	620316	15.9

数据来源：Dubai Statistics Center Statistics Center—Abu Dhabi。

① Shereef Ellaboudy. *The Global Financial Crisis*：*Economic Impact on GCC Countries and Policy Implications*, International Research Journal of Finance and Economics. ISSN 1450-2887 Issue 41 (2010)：14～15.

如表 13-3 所示，迪拜与阿布扎比的经济增长都非常迅速，尤其是迪拜 2002～2010 年 9 年内经济总量增长了近 5 倍。首先，尽管同为高增长，事实上两国增长的基础并不相同。阿布扎比的增长过度依赖石油部门的出口，而迪拜 2004～2006 年的超速发展主要是房地产的拉动。其次，两国的波动性都较大，其中原因又不尽相同，阿布扎比的经济波动源于国际市场油价的波动，迪拜 2009 年的衰退是因为在 2008 年的国际金融危机影响下，大量房地产项目空置，造成迪拜主权信用危机引发。尽管都面临高波动性，受世界市场的影响较大，这是经济外向型小国难以避免的。但是从摆脱对资源部门的依赖而言，迪拜做的远好于阿布扎比，且类似于 2008 年的国际金融危机爆发的次数有限，而世界市场的油价变化却十分频繁，从这个角度讲，迪拜的经济稳定性要高于阿布扎比。

二、产业结构

经验表明，经济多样化程度与整体经济稳定存在明显的正向关系。海湾合作委员会成员国的平均增长波动性为 5.1%，然而阿布扎比因为高度依赖石油产业，增长波动指数高达 15.6%[①]，极易受到油价和地区局势以及外部环境变化的影响。表 13-4 是迪拜和阿布扎比在 2010 年的各部门产值占 GDP 的比率，可以清晰地看出，迪拜的多元化是非常成功的，按 2010 年的当期价格计算，迪拜的资源部门增加值占 GDP 比重排第八位，只占 GDP 的 1.9%，并且仍然呈持续下降的趋势。排名前五的产业分别是零售业、房地产、物流、制造业和建筑业。尽管阿布扎比近十年来，石油部门总产值下降约 10%，但 2010 年该部门占 GDP 的比重依旧近 50%，所有服务业增加值只占 GDP 的 23%。目前石油产业仍然占 GDP 的比重高达 49.7%。除了建筑业以外，其余产业对经济总量的贡献都比较小，缺乏主导产业，整体经济严重依赖石油产业。

图 13-1 显示 1975～2005 年，这 30 年间，阿布扎比各部门 GDP 占整体经济比率的变化情况。2005 年与 1975 年比，阿布扎比资源部门产出下降了近 15%，整个过程分为两个阶段：第一阶段，1975～1995 年间资源部门的产值虽有波动，但总体是下降的；第二阶段，1995 年以后的 10 年石油所占的比率又开始上升。实际上阿布扎比经济对石油部门的高依赖性，使其成为海湾合作委员会成员国中石油依赖性第二高的国家，仅弱于卡塔尔[②]。在挪威，尽管石油部门总产出占到 GDP 的 24%，是该国经济部门中最大的单一部门，但是石油部门在挪威经济中的支配性远远弱于阿布扎比。

① The Abu Dhabi Economic Vision 2030，Section One Abu Dhabi's Economic Policy Priorities，p. 26.
② The Abu Dhabi Economic Vision 2030，Section One Abu Dhabi's Economic Policy Priorities，p. 28.

表 13-4 迪拜、阿布扎比各产业部门增加值（2010 年）及占 GDP 比重

（单位：Million AED）

主要经济活动	迪拜		阿布扎比	
	增加值	占 GDP 比重（%）	增加值	占 GDP 比重（%）
农业	434	0.2	669	1.0
采掘业	5159	1.9	43728	49.7
制造业	38719	12.3	28472	5.5
水、电、天然气	4283	1.4	14366	2.3
建筑业	27494	11.2	4809	13.0
批发、零售业	89002	29.7	1696	4.8
住宿、餐饮业	10729	3.5	1522	1.1
运输、邮电	41542	13.3	12536	6.4
房地产业	40286	13.7	53414	8.6
社会服务及其他	5894	2.0	2592	2.3
金融业	33115	10.1	3725	5.3

数据来源：根据 Statistic yearbook-Emirate of Dubai 2011. statistical yearbook Abu Dhabi 2011 计算得出。

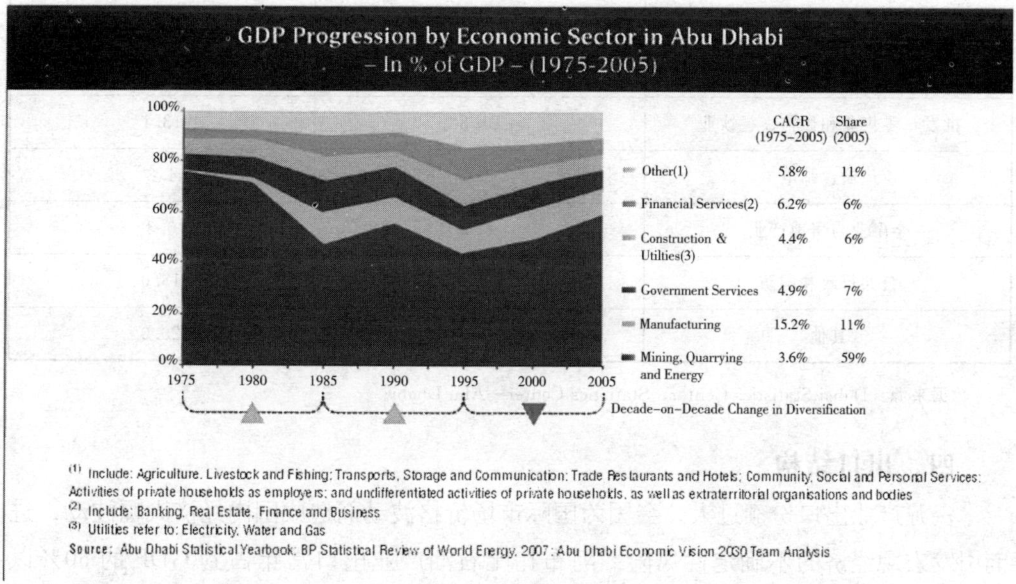

图 13-1 1975～2005 年阿布扎比各部门占 GDP 比率的变动情况

数据来源：引自 The Abu Dhabi Economic Version 2030。

比较迪拜与阿布扎比两国的多元化成就，2000～2008 年间，迪拜非石油部门增加值，在整个阿联酋非石油部门增加值中所占比重一直在上升，从 2000 年的不足 40％到 2010 年占据阿联酋一半以上的份额。另一方面，尽管阿布扎比的非石油部门也在发展，但其速度已与迪拜拉开距离，所占比值受到挤压，萎缩到不足30%①。

三、就业结构

迪拜与阿布扎比的就业分布状况见表13-5。资源产业受经济增长的波动性风险最大，迪拜这一部分的劳动力仅占总量的0.2%，阿布扎比劳动力比例为4.1%，使得阿布扎比面临的风险高于迪拜。两国建筑业比例均较高，其中，处于房地产开发高潮的迪拜，雇佣劳动力最多，占总就业人口的41%，该产业在随后的主权信用危机中饱受打击。除去建筑业，迪拜的就业主要集中在服务业部门，其就业比重高于阿布扎比。阿布扎比在政府部门就业的集中度高于迪拜。此外，迪拜的农业人口不足1%，却基本实现了粮食的自给自足；阿布扎比的农业人口高达11.4%，仍然需要大量进口国外食品，农业生产率远低于迪拜。2009年，阿联酋经济部报告称，迪拜2009年失业率仅为0.8%②，是阿联酋所有酋长国中失业率最低的。

表13-5 2008年迪拜、阿布扎比就业结构分布对比

主要经济活动	迪拜（100%）	阿布扎比（100%）
农业	0.6	11.4
采掘业	0.2	4.1
制造业	4.7	5.8
水、电、天然气	0.3	1.6
建筑业	41.1	19.9
批发、零售业和住宿、餐饮业	21.8	13.1
运输、邮电	8.6	4.8
金融业与房地产业	6.6	6.3
公共行政和国防	7.8	13.0
其他	8.3	20.0

数据来源：Dubai Statistics Center，Statistics Center—Abu Dhabi。

四、出口结构

资源产业出口份额过大，会因为国际市场价格波动而造成国内经济大幅波动，进而引发宏观经济的不确定性风险。阿布扎比石油产业出口常年占到GDP的50%以上，而非石油出口仅为1%左右。如表13-6，阿布扎比的石油及石油产品出口占到进出口贸易总额的71.8%，过度依赖石油产业；而迪拜仅为1.6%。迪拜非石油贸易占进出口总额的98.4%，而阿布扎比仅为28.2%。

---

① United Arab Emirates National Bureau of Statistics.

② 参见 Statistical yearbook emirate of Dubai 2009.

表 13-6　迪拜、阿布扎比进出口结构（2010 年）对比

	迪拜	阿布扎比
进出口贸易（100%）	100	100
总出口	11.6	77.6
石油及石油产品出口	1.6	71.8
非石油产品出口	10.0	5.8
转口贸易	24.6	2.8
总进口	62.2	22.4

数据来源：迪拜数据来自 IMF Country Report No. 11/112 May 2011；阿布扎比数据来自 Statistics Center—Abu Dhabi。

2003 年以来，阿布扎比共计 5000 亿美元的非石油产业贸易中，有 3500 亿美元是消费品进口，大多数是来自日本、美国、德国的汽车和各类电子产品；余下的 1400 亿美元，是由转口贸易构成，大多数目的地是伊朗和印度；所余下的那部分才是真正的出口，主要销往沙特和印度。其中，进口额超过出口总值的 50%。总体而言，阿布扎比缺乏强大的非石油制造业基础。

第四节　结论与启示

产业多元化是资源丰裕国家避免"资源诅咒"、增强产业支撑能力、保证经济长期稳定增长的重要路径。合理的多元化策略、制度、开放包容的环境是产业多元化的必要保障。作为资源丰裕的阿联酋的两个酋长国，迪拜与阿布扎比选择了适合自己的产业多元化道路，其中，前者资源储量少，经过几十年的开发已接近枯竭，加上本国人口少，缺乏相应的市场和劳动力，因此选择了可以发挥其区位优势的，以贸易、房地产、旅游、金融、高新技术、会展等为支撑的"1+6"服务业多元化战略；后者资源丰裕，经济实力雄厚，人口规模大，选择了围绕石油发展延伸产业的工业多元化战略。制度安排会影响产业多元化绩效，从正式制度来看，主要是矿业收益分配与使用制度，如何能够促使矿业收益向其他资本形态的财富进行转化；从非正式制度来看，领导者的远见卓识、开放包容的人文环境等社会资本，不仅影响正式制度的执行效果，也会直接作用于矿业收益的转化和资源型经济转型。从阿布扎比和迪拜的对比分析，可以发现，迪拜制度安排更有利于资源型经济转型。经济绩效分析结果，印证了制度安排的重要性，肯定了迪拜取得的产业多元化成效。其中的经验值得借鉴，而存在的一些问题，也需要反思，以推进中国资源型区域产业多元化进程。

一、符合资源型区域实际的产业多元化战略选择

打破产业单一结构，挣脱资源依赖束缚，促进产业多元化发展，是每一个资源型区域经济转型的必经之路，其中，到底选择什么样的多元化战略，是区域首先面临的

选择。从主导产业选择来看，有工业、农业、服务业等；从产业选择的路径来看，可以是延伸资源产业、挖掘区域新的产业优势、引进新产业等。从迪拜的产业多元化选择来看，人口少，工业基础弱；但地理位置优越、经商文化浓厚，因而在转型中避免了走工业为主的道路，而是选择了贸易、旅游、金融、航空、会展等相互关联的服务业，吸引大量投资者，吸引全世界的消费者，成功实现了产业多元化。中国资源型区域，除资源优势之外，还有其他一些优势资源需要挖掘和开发，如文化、旅游、区位、特色农产品等，甚至可能将劣势因素转变为优势资源，如煤炭资源丰富的山西省，在煤炭开发过程中产生大量的煤矸石、低热值煤、劣质煤，通过发电可以变废弃物为经济转型发展的资源。资源型区域产业多元化选择需要善于发现可资利用的非矿业资源。

二、矿业收益用于储蓄还是转化为资本

从国际经验来看，如果能保持真实财富不减少，那么资源丰裕国家/地区就可以避免"资源诅咒"。真实财富当中，可以将资源收益转化为金融资产进行储蓄，或者使用资源收益投资于基础设施和社会服务，改善投资环境，吸引更多投资者，创造更多的就业机会，积累更多的物质资本和人力资本财富。迪拜和阿布扎比的选择是不同的，前者将资源财富转化为大量的基础设施投资和社会服务的改善，优化了投资环境，吸引了大规模的外来投资，创造了良好的非资源产业发展机制和新的经济增长点，避免了对资源部门的过度依赖；后者是将资源财富储备起来，进行海外投资实现增值，而避免在国内使用，国内经济发展总体上差强人意。从经济绩效来看，迪拜实现了产业多元化，基本完成了资源型经济转型历程；而阿布扎比依然是一个高度依赖资源的国家。

两者的做法与国家/区域规模、资源开发阶段有关。阿布扎比首先是将资源收益集中起来，并且与国内经济分开，只允许投资海外，避免国内经济吸收能力不足情况下，石油收益可能对其他经济部门产生冲击，并造成挤出。问题是，处于开发初期或者资源收益规模大，有必要将其储存起来，避免其对国内经济的冲击；而随着国内经济的调整，有必要将资源收益用于基础设施的投资和社会服务的改善，以优化国内投资环境，增强国内经济吸收能力，并逐步增强非资源产业部门的发展，渐进地摆脱对资源部门的依赖。迪拜正是在资源逐渐枯竭的压力下，快速走上矿业收益向其他资本形式财富转化的道路。中国资源型区域，根据发展阶段不同，发展战略适当有所调整：资源开采初期，适当进行资源财富积累；一旦经济体系相对稳定，则应强化区域的经济吸收能力，改善投资环境，增强资本积累，且制度设计要有利于矿业收益向人力资本、物质资本和社会资本的转化。

三、开放包容的人文环境与开明进取的领导者

正式制度只有与相应的非正式制度配合，才能形成有效的制度效力。迪拜开放的风气和对外来文化包容的态度，降低了与西方交流的交易成本，吸引了大量外资和国外优秀人才，有助于融入全球化进程，享受全球化的成果。保守、封闭、排外的社会风气使本国居民懒惰闭塞，不但阻碍创新，影响吸收国外先进理念与技术，也不利于形成有效的人力资本。资源型区域转型发展，需要有包容的胸怀、开放的理念，吸引外来投资者和消费者，带动当地经济发展。

对比阿布扎比和迪拜，可以看到阿布扎比更具有支持转型的经济和政治实力，但其多元化进程远远落在迪拜之后，这与两国统治者的远见卓识有很大关系。迪拜统治者的危机感和进取心，促使迪拜在石油开发早期就走上了多元化之路，规避了“资源诅咒”。而保守谨慎的阿布扎比面对巨额的石油财富，缺乏足够的动力，多元化意识不强，至今仍然陷于对石油资源的高度依赖。资源型区域选择有远见、有魄力的领导者，也是影响转型发展的重要因素。

案例四

智利的矿业收益管理与经济多样化①

① 本部分研究成果已发表，见景普秋：《规避“资源诅咒”：智利的矿业收益管理与经济多样化》，《兰州商学院学报》2015年第4期。

资源丰裕型国家，因为对资源的过度依赖，容易遭受“资源诅咒”。智利是世界上最大的铜矿生产国，现已查明铜储量2亿吨，居世界第一位，其出口占世界铜矿出口的43%；2008年矿业出口占智利总出口的50.4%，铜矿收益占智利总收益的16.4%①。近30年来，虽然铜矿价格几经波折，但智利经济基本保持了持续、稳定增长，尤其是在1986～1998年间，智利经济增长率平均为7.3%。丰裕的铜矿开发给智利带来财富的同时，也促进了其经济多样化发展，铜矿出口占智利出口比重从1970年的3/4下降为2008年的1/2，而制造业出口比重从11.6%增长为35.3%。以真实储蓄进行测算，智利已实现了可持续发展②。智利采用了什么措施，使其不同于一般的资源型国家，经济持续稳定增长，劳动生产率水平持续提升，真实储蓄增加，成功地规避了“资源诅咒”？

第一节　谨慎的财政制度：持续性演进与“减震”型特征

大多数资源型国家都会遇到类似情况，即当国际上资源价格较高时，出口资源所得的收益就会相应增加，反之亦然。在这两种情况下，多数国家在矿产收益增加时，选择了增加支出，而在收益减少时，政府缩减支出就没有增加支出那样简单了。这样会带来两个后果：一是矿产资源出口增加、外汇收入增加，带来汇率升值；二是资源价格上升期，政府收入增加，支出也随之上升，而一旦价格下跌，政府收入难以支撑支出，往往通过增加外债维持，其结果造成外债高筑。智利以特定财政盈余为目标的财政政策避免了这一现象的产生，从不太明确的各届政府周期调整的预算盈余，到2001年以后明确的财政盈余目标，再到2006年的财政责任法，谨慎的财政制度、“减震”型基金，是经济持续稳定增长的前提。

一、矿产品价格冲击下的经济稳定增长

依赖资源开发的经济体系，在多变的矿产品价格冲击下，经济增长波动起伏。智利也不例外，伴随铜矿价格的变动其经济增长也曾出现较大幅度的变化，如在铜矿价格上升时，智利经济增长是非常快的：1979～1980年间，铜矿价格上升，智利经济年均增长率为8.1%；1988～1989年繁荣期，经济增长率为8.9%；1995年增长率为10.6%。铜矿价格下跌时，经济往往进入衰退期。然而，在最近的铜矿价格繁荣期，经济增长已经变得更为适度，如经济大萧条之前的2006～2007年，智利经济增长率为4.6%；2000～2002年铜矿价格下跌期间，智利依然保持了3.3%的经济增长，充分说明智利经济已经变得对经济波动具有一定的适应能力，能够对铜矿价格波动做出

① J. R. Fuentes. “Managing Natural Resources Revenue：The Case of Chile”，OxCarre Research Paper 40，2009.

② F. B. Eugenio & T. E. Calfucura. “Sustainable Development in a Natural Resource-rich Economy：The Case of Chile in 1985～2004”，*Environment*，*Development and Sustainability*，2010，12，5：647～667.

适度反应①。应该说，过去的20多年，智利经济已经变得对铜矿价格冲击具有较强适应和调节能力，尤其是2000年以来，铜矿价格波动带来的产出波动性在明显下降，实际汇率已经能够承担起缓冲的作用，即使短期波动性存在，但长期已经保持了稳定。

智利经济稳定增长，可以从两方面得到阐释，一方面是矿业部门的结构变化，另一方面，也是最主要的原因，归功于灵活的汇率、谨慎的财政政策以及灵活的通货膨胀目标体制。矿业部门的结构变化，也是经济增长避免铜矿价格冲击的重要因素。首先是矿业部门就业人员占总就业人员比重显著下降，直接就业从20世纪80年代早期的2.6%下降到1.5%。从间接就业来看，如以智利北部主要的铜矿区为例，大量经济活动直接或间接与矿业相关联，其总人口的份额也仅占到7%②。这说明，矿业活动的直接效应、间接效应是有限的，虽然其出口占有较大份额，但与之相关的就业人口所占比例并不是很高，与之对应，农业占GDP和就业人口比例是比较大的。其次，从矿业组织结构来看，矿业生产的2/3是外国公司，其余的是国有企业科迪尔克(Codelco)。大体上说，包含外国投资者的税收在内，大约铜矿收益中的一半来自外资企业，其余的是国有企业科迪尔克的利润和税收收益。更为关键的是，智利长期执行的谨慎的财政政策：财政支出以长期铜矿价格为基准，高铜矿价格的财政影响被财政规则所缓冲，形成“减震”型财政政策。

二、预算盈余的财政规则及其“减震”型特征

2000年开始发起的财政规则，可以解释智利经济对铜矿价格波动的弹性反应。财政规则建立了占GDP1%的结构盈余目标。按照收益和长期铜矿价格周期性变动来估计结构盈余，其中，收益和铜矿价格由两个独立的专家委员会分别估计，尤其是铜矿价格，一般会被请求预测未来10年的平均价格，根据估计价格计算铜矿结构性收益。2007年，这个规则暂时调整到0.5%，2008年进一步调整到0，2009年经济衰退期，下调到−1%。财政规则在宏观经济管理中是非常重要的，为财政政策提供了可预测路径。考虑到通货膨胀目标，货币政策也因此受益。采用这个规则可以预测两年期通货膨胀。

财政规则的作用在于消除价格波动带来财政收益的不确定，减少价格波动对政府收益、支出以及经济增长的“震动”，可以避免两个不良后果：一是铜矿价格升高时，矿业收益增加，按照预算盈余目标，额外的收入进入经济稳定基金，避免政府的过度支出以及汇率的上升；二是通过结构性预算盈余，在价格升高时积累了外汇储备和政府收益，在价格低迷或经济萧条时以保证政府的经常性支出，避免借债以及外债规模的上升。2006～2007年，铜价平均为每磅3.4美元，财政盈余平均占GDP为8.2%，

① J. De Gregorio & F. Labbé. “Copper, the Real Exchange Rate and Macroeconomic Fluctuations in Chile”, Central Bank of Chile Working Papers No. 640, 2011.

② J. De Gregorio & F. Labbé. “Copper, the Real Exchange Rate and Macroeconomic Fluctuations in Chile”, Central Bank of Chile Working Papers No. 640, 2011.

中央政府债务已经从 1990 年的 45%下降到 2007 年的 4%[1]，积累的主权财富基金 2008 年达到 GDP 的 19.5%，政府变成了一个净债权人。经济大萧条时期，如 2010 年，政府的净债权位置下降，它使用主权财富资金资助财政扩张。

三、财政政策的连续性与收益积累

智利的财政政策，针对铜矿价格波动性，以财政盈余为主要目标，自 20 世纪 80 年代以来，经历了财政纪律（fiscal discipline）、2001 开始执行的财政规则（fiscal rule）以及 2006 年的财政责任法（fiscal responsibility law），保证了政策的连续性，即从财政盈余的政策尝试到明确的政策目标，再到具有法律保障的财政责任法，以强化财政制度框架。谨慎而连续的财政政策，既保证了经济的持续稳定增长，也促进了矿业收益的持续积累。

从 20 世纪 80 年代中期到 20 世纪 90 年代后期的亚洲危机，智利每年有一个有效的财政盈余，除两次经济危机出现财政赤字外，结构盈余非常稳定。被节约的铜矿收益，进入铜矿收益补偿基金（Copper Revenue Compensation Fund，CRCF）进行储备，当铜价下跌时，可以被撤回。初始的规则和制度构建是非常弱的，每一届政府都非常谨慎。2001 年开始执行的财政规则虽然针对之前的政策有一些改变，但主要特征仍没有变。财政规则旨在促成两个目标：一是财政的可持续性，二是宏观经济稳定。2000 年 12 月，CRCF 和别的政府外国资产，已增加到了 6.37 亿美元（占 2000 年 GDP 的 0.3%）；之后政府在 2001～2003 年出现财政赤字，从 CRCF 和政府外汇储备中撤回资金，这一数额跌落到 3.04 亿美元，占 GDP 的 0.1%[2]。

2006 年智利通过了 20128 号财政责任法，其目的是构建一个制度框架以加强财政规章、政府储蓄的使用以及两个主权财富基金等之间的联系[3]。它的主要内容如下：界定和发布 4 年任期财政政策框架以及政府结构（周期调整）平衡；发布新的关于政府财政状况、财政持续性、涉及财政政策的宏观经济和财政问题，以及对周期调整平衡的估计；政府可能负债的年度估计；建立养老储备基金，为政府将来的养老负债提供资金支持；建立经济和社会稳定基金，起始于以前的来自于国外收益的铜矿收益补偿基金和其他外国资产。财政盈余收益分配给了经济和社会稳定基金（Fund for Economic and Social Stabilisation，ESSF）、养老储蓄基金（Pensions Reserve Fund，PRF）和意外失业项目（Contingency Unemployment Programme）。

---

① G. Havro & J. Santiso. "To Benefit from Plenty：Lessons from Chile and Norway"，OECD Development Centre，Policy Brief No. 37，2008.

② K. Schmidt-Hebbel. "Fiscal Institutions in Resource-rich Economies：Lessons from Chile and Norway"，Instituto De Economia，Documento de Trabajo No. 416，2012.

③ K. Schmidt-Hebbel. "Fiscal Institutions in Resource-rich Economies：Lessons from Chile and Norway"，Instituto De Economia，Documento de Trabajo No. 416，2012.

第二节　公平的矿业收益管理：共享性分配与透明化管理

谨慎而连续的财政政策，为智利积累了大量的主权财富基金，这部分收益的合理分配与透明化管理，保证了利益共享与财富的保值和增值。

一、平抑波动的主权财富基金

铜矿租金与税收是智利政府收入的主要来源之一。2000～2004 年，政府收益平均占 GDP 的 21%，2007～2008 年上升到 26%。单纯从智利的国有矿科迪尔克对政府收益的贡献来看，2000～2004 年期间年均 5%，2007～2008 年已经上升到 19%，同期，私有铜矿企业的贡献占总收益的 12%，铜矿总收益占政府收益的 1/3[①]。正因为矿业收益在政府财政收入中占有较大比例，如何平抑铜矿价格波动成为矿业收益管理和稳定政府财政收入的主要目标之一。

1973 年以前的收益管理，主要通过国有化以及对矿业部门的强化控制，其结果不仅提高了政府收益，而且可以保护非矿业、可贸易部门，避免“荷兰病”现象发生。但是，从另一方面来看，经济缺乏活力，整体变得萧条，通货膨胀持续出现，经济增长相对缓慢，经济危机频发[②]。1973 年之后，商品价格上升，智利面临的挑战是重构经济和管理持续波动的收益流。在皮纳特政府时期，通过军事管理来实现收益管理。1974 年形成的稳定计划，以紧缩财政政策为主，起初是破坏性的，经济收缩了 20%，收入不均等扩大，公共支出从 1973 年的 45%减小到 1978 年的 25%。其后年均增长率虽然上升为 8%，但通货膨胀率较高[③]。

1980 年，铜价下跌，经济增长停滞，导致大规模外债。货币基金组织开始介入，促使铜矿稳定与补偿基金的形成。铜矿价格 1985 年降到最低，债务最高峰时达到了 GDP 的 140%。到 1987 年，铜矿价格意外地从每吨 1300 美元上升到 2800 美元。1989 年，政府收到一个“横财”式的收益。铜矿稳定基金吸收了繁荣时期的大多数资源收益，平滑了对经济的影响。1988～1989 年，每年占 GDP3.8%的平均收益被注入基金，1990～1992 年平均为 1.2%。基金存储在 1997 年达到顶峰为 39 亿美元，但在铜矿价格下跌后有所下降。铜稳定基金的储蓄和支出是基于对铜价做出的长期预测，政府每年会根据这个长期的估计制定出一个基准价格。而每年基金存储多少将会取决于基准价格和国有铜公司实际价格的差额。标准如下：实际价格大于标准价格在

---

① J. De Gregorio & F. Labbé. “Copper, the Real Exchange Rate and Macroeconomic Fluctuations in Chile”, Central Bank of Chile Working Papers No. 640, 2011.

② UNDP. “Meeting the Challenge of the Resource Curse: International Experiences in Managing the Risks and Realising the Opportunities of Non-renewable Natural Resource Revenues”, *UNDP*, 2006.

③ UNDP. “Meeting the Challenge of the Resource Curse: International Experiences in Managing the Risks and Realising the Opportunities of Non-renewable Natural Resource Revenues”, *UNDP*, 2006.

0.04美元之内，不必向基金注入资金；大于0.04美元小于0.1美元，则按超出部分的一半进行缴纳；大于0.1美元，则在前缴纳的基础上，超出0.1美元的部分再按照100%进行缴纳；当实际价格小于标准价格时，政府从基金中出资进行补偿，补偿方法和以上规则相反[①]。稳定基金的建立，减弱了政府收益用于支出的震波，阻止了"横财"时期不稳定的公共支出的增长[②]。

二、共享性收益分配

主权财富基金，一方面是为了稳定经济增长，另一方面是让更多的民众享受到资源开采获取的福利。其中养老储蓄基金、经济与社会稳定基金，通过基金的保值增值，保证了当代与后代居民的公平；养老储蓄基金和意外失业保险，增进了当代居民的福利。

养老储蓄基金，启动资金是6.05亿美元。截至2008年8月，该项基金总额已增加到24亿美元（大约是GDP的1.5%）。法律规定，养老储蓄基金每年增加额有一个最高和最低限度，即每年最少增加GDP的0.2%，最多增加以前年份GDP的0.5%。该项基金的目的是将一部分财政盈余用作确保未来老年人的最低养老金上，实现真正意义上的福利共享。

经济和社会稳定基金取代了之前的铜稳定基金。它建立于2007年，启动资金为50亿美元，政府每年将GDP的1%缴入该基金。该项基金的目的是将政府的花费保持在一个稳定的状态，它在兼有原来铜稳定基金功能的基础上，更加注重宏观经济的稳定运行。它不仅弥补了政府财政收入的亏损，还避免了因财政收入盈余带来的过度支出。社会经济稳定基金吸收了除贡献给养老基金以外的所有财政盈余。截至2008年10月，该项基金的金额大约为180亿美元，约占GDP的11%。

意外失业项目是当失业率超过给定季度的10%时，政府将一部分财政盈余花费在工作机会的创造上。政策行动还允许在失业率高于10%的社区里执行，无论该省的失业率水平是怎样的，财政部和劳动部会随时报告政府在此项目上财政花费的信息。失业规划项目旨在提高财政的反周期能力，假如在某一个季节的失业率或者前5年的平均失业率超过10%，则允许政府在创造工作机会上进行投资。政府财政支持该规划项目的信息，将通过财政和劳工部对外公布[③]。

三、透明化收益管理

主权财富基金都由智利中央银行以财务代理人的身份进行操作管理，因为它在管理国际组合投资方面比较有优势。中央银行按照金融顾问委员会的建议进行投资，将

---

① 李志传：《智利的资源稳定型基金：经验、教训及对中国的启示》，《拉丁美洲研究》2010年第1期，第61～64页。

② UNDP. "Meeting the Challenge of the Resource Curse: International Experiences in Managing the Risks and Realising the Opportunities of Non-renewable Natural Resource Revenues", *UNDP*, 2006.

③ L. de Mello. "Managing Chile's Macroeconomy during and after the Copper Price Boom", OECD Economics Department Working Papers No. 605, 2008.

这两项基金投资到国外，这样可以减少汇率的变动幅度，既可以避免“荷兰病”，也可以避免国内金融市场的过度投资。在此过程中，中央银行替财政部扮演了一个投资的角色。智利中央银行独立于智利政府，这意味着它不用借钱给中央政府，并且智利对于这两项主权财富基金的管理是非常透明的，其主权财富基金的透明度为 10，居于世界各国前列。基金管理者每个月都会发布两个基金的投资组合、规模和回报，每个季度还会讨论关于财政的发展和基准建立的有关情况，并且出一份季报。智利政府在 2008 年年底提出了一项新的财政分配方案，内容是可以将两个主权财富基金投资在更广泛、更多样的证券组合中。

智利两个主权财富基金的投资回报率与国际固定收益证券紧密相连。与其他投资于可变收入的主权财富基金相比，智利的投资回报波动较小。智利将主权财富基金投资于低风险、短期融资工具中，其中将 30％的资金投资于货币市场中，70％投资于固定收益的金融工具中。2007 年以来智利的平均投资回报率为 5％，高于其他 8 个国家主权财富基金的平均回报率①。作为一个有助于政策执行的基础性因素，制度质量显得尤为重要。挪威和智利都有私营部门制度，例如产权、独立的司法机构、正直且具有执行力的行政部门和承担政府机关彼此之间的相互制衡的独立制度。它们有强有力的财政部，与矿业和石油部相关。智利政府机关享有良好声誉，属于清廉程度较高的国家。虽然如此，在强集权制下，仍然存在相对刚性和国内社会参与缺失等问题。总而言之，长期公共行政态度的传统，在强调逐渐积累经验和技能，形成相对有效且具有透明度的过程中，起着重要的作用②。

第三节　可持续的矿业发展：产权保护与环境规制

智利的矿业投资环境为世界所公认。它具有良好的产权制度、非歧视性原则、私人投资激励等，保证了矿业的效率提升与长期持续稳定发展。

一、矿业效率提升与持续发展

智利对铜业的依赖性是比较大的，伴随铜矿价格波动，智利的铜业发展相对来说是比较稳定和持续的，近期经济增长也很少因为价格波动而波动，其重要的原因之一，就是矿业效率的持续提升，尤其是在铜矿价格低迷时期。

智利铜矿生产在 20 世纪 70 年代初期到 80 年代后期是基本稳定的，铜矿产量 1986 年第一次翻番。从 90 年代开始，随着外国投资增加和生产的快速提升，如 10 个新的世界级矿山的启动和年均 11％的增长率，智利铜矿的生产水平从 1990 年的

① K. Schmidt-Hebbel. “Fiscal Institutions in Resource-rich Economies：Lessons from Chile and Norway”，Instituto De Economia，Documento de Trabajo No. 416，2012.

② G. Havro & J. Santiso. “To Benefit from Plenty：Lessons from Chile and Norway”，OECD Development Centre，Policy Brief No. 37，2008.

160 万吨提升到 2009 年的 540 万吨。矿业生产的快速增长中，矿业劳动生产率发挥了重要的作用，尤其是在经济衰退期间，通过创新和管理的改善来提高其生产率水平、降低生产成本以维持矿山的生存。

1992～1997 年间，矿业生产率的提升主要来自技术和管理的变化，尤其是智利国营铜公司，集中精力削减成本、提高生产力，以此保持企业竞争力。1997～2002 年间，矿业价格的下降使智利国营铜公司保持和加强了前一阶段实施的政策以保持竞争力。2004 年之后，劳动生产率有下降的趋势。这是由于矿产品价格暴涨对生产率有负面影响，即在高价时期，公司的目标是以最大化产能获取最大超额利润，牺牲了效率。

二、产权保护与混合经济组织

智利矿业以国有企业和跨国公司为主，其收益主要有两个来源：一个是从国有矿获得利润，另一方面是矿业活动特别税和一般税。国有矿在 1990～2003 年间，对财政总收益的贡献是 6.6%，2004～2006 年间的贡献是 17.4%。大的私人铜矿，在 1990～2003 年间贡献是 0.4%，2004～2007 年间贡献是 4.8%[①]。国有企业保证国家对矿产资源的所有权，是矿业收益的主要来源，权利金的提供者；跨国公司的引入，主要提供了资金与技术，即使在市场价格下滑时期，依然能够维持产业的稳定发展，不收取权利金，对政府的贡献主要为税收收入。政府对外资企业以及私有产权的保护激励了跨国公司的发展和矿业的可持续发展。

第二次世界大战后到 1973 年，智利民主政府时期，对生产干预达到顶峰。1971 年智利进行了一次大的制度改革，其中一项重要内容就是将铜矿收归国有，外国投资者收效甚微。1973 年，军事行动之后，新政府改组公共财政，将许多国有公司私有化，开始重视以市场机制配置资源，但依然保留了科迪尔克公司，使其成为世界主要的铜矿生产者，控制了世界上 10%的铜储量。1990 年，返回到民主政府时期，铜矿部门外商直接投资（FDI）的繁荣，增加了私人部门的参与。国有矿科迪尔克的重要性已经在下降，2007 年占到铜矿开采的 20%。这是由于智利矿业部门的 FDI，1974～1989 年累计的 FDI 大约为 50 亿美元，5 年时间，FDI 达到了 284 亿美元。[②]

在利用自然资源收益方面，私人部门的作用非常重要，政府主要是使用合理的合同来共享租金。私人部门特别是跨国公司，有助于提供这项活动的资本。缺乏资金是不能开发自然资源的主要原因，外国直接投资能够解除这个限制。1973 年之后，智利新政府决定吸引外国投资，通过建立新法规，如 1974 年通过 600 法令（DL 600），保护和促进 FDI。法令保证外国投资者有把利润转移到他们国家的权利，也建立了在外国投资者和国内投资者之间的非歧视原则，但对外国开放的可能性有限制。然而这些努力，并未取得相应效果。1983 年的矿业法对矿业特许权提供了额外的支持，但

① J. R. Fuentes. “Managing Natural Resources Revenue：The Case of Chile”，OxCarre Research Paper 40，2009.

② J. R. Fuentes. “Managing Natural Resources Revenue：The Case of Chile”，OxCarre Research Paper 40，2009.

直到20世纪90年代之后，矿业部门的FDI才繁荣起来。按照这项法令，国家是绝对的、独有的和不可分割的所有矿的所有者，但准许科迪尔克转让探矿权和开发权。新制度框架、财政体制和政治稳定，为发展私人投资提供了激励。

总的商业气候，尤其是政府与产业的关系是重要的。智利的矿业投资条款，无论是政治的还是地理的，都被认为是世界上最好的，正像被菲沙研究所（Fraser Institute）公布的矿业公司年度调查评价结果，自从1997年以来，调查排序智利再一次为最高。自由市场政策、产权保护、稳定投资的政治条件，使得智利具备有利的投资前景。智利不要求权利金支付，这也是其中的一个表现，政府收取的费用相比其他国家是最低的。智利20世纪七八十年代，开始快速的贸易政策自由化，通过国际市场和双边贸易促进出口[①]。

三、矿业规制与环境治理

智利的经济发展依赖于自然资源，由于矿业开采历史悠久，面临较为严重的环境污染和开采安全问题。智利的很多矿位于人烟稀少的干旱地区，那里的环境比较脆弱，环境问题更为严峻，如冶炼厂排放有害气体引起的空气污染、金矿生产的化学过程中带来的空气和水资源污染、酸水排放和矿址废弃问题。

1990年之前，智利明确的环境管理条例和法律很少，而且它们最初的目的并不是保护环境，而是调节与矿业、渔业和农业有关的经济活动。20世纪90年代开始，智利的公共政策中更多地关注了环境意识。其中重要的就是1993年通过的环境基础法（Environmental Basis Law），包括对污染、环境破坏和环境质量标准进行定义，提出排污与污染防治要求，对环境破坏的评估与提出赔偿的程序等。这部法律虽然没有很大成效，但它对于智利环境改善是一个很大的进步。1996年，科迪尔克实施了一项战略性计划，将环境责任作为其首要任务，开始实施基于国际认证水平ISO14001计划，即ISO14001环境管理体系认证。第一步计划是在公司的各个部门建立环境管理系统，400名工作在23个不同领域的专业人士起草环境方面的法律与制度，并且对环境方面的认证做出评价。科迪尔克在1994～2003年期间，累计为环境管理投资11亿美元，具体措施有：解决环境历史遗留问题；引进新技术以减少有害气体排放量和能源的消耗；为矿工提供足够的安全保护措施，改善雇工的工作环境，为危险环境提供远距离控制操作系统。截至2003年，科迪尔克所有运营达到了ISO14001认证要求，是世界上为数不多的能达到ISO14001认证标准的矿业公司[②]。2002年12月，经过矿业委员会和智利政府长达两年的讨论，清洁生产的框架协议最终形成。智利矿业委员会是于1988年建立的一个贸易组织，集合了17个经营大型矿业的公司。在清洁生产框架协议下，成立小组委员会来解决以下问题：酸水排放、矿

① G. Havro & J. Santiso. "To Benefit from Plenty: Lessons from Chile and Norway", OECD Development Centre, Policy Brief No. 37, 2008.

② J. Newbold. "Chile's Environmental Momentum: ISO 14001 and The Large-scale Mining Industry-case Studies from the State and Private Sector", *Journal of Cleaner Production*, 2006, 14, 3: 248～261.

井关闭、能源和水资源的高效利用、液体和固体污染残留等。

环境规制的成效是显著的。智利作为主要的铜生产国家，铜矿冶炼厂的二氧化硫排放问题比较严重。二氧化硫排放的减少是环境改善的一个重要指标。在环境基本法的净化要求下，加上智利新铜矿项目引进了现代清洁技术，智利铜矿二氧化硫的排放有所减少。1993～2000年，二氧化硫的排放量明显减少，与此同时，铜的产量却翻了一番。清洁技术同时被引入到旧的操作过程中。智利大气污染的改善，不仅体现在二氧化硫排放量的减少，同时，三氧化二砷与悬浮微粒的排放量在1999年到2001年也有明显的减少。

事故发生率减少，也是环境改善的一个重要间接指标。智利通过对雇工进行培训，加强他们对于潜在危害的意识，不仅提升了矿业公司的环境表现，而且减少了事故的发生率。1989年到1998年期间，每百万工作小时事故发生率从1989年的17起下降到1998年的5起。通过对智利不同部门事故发生频率的比较显示，矿业部门的事故发生率稳步下降，矿业部门的事故发生率小于服务业部门，表明矿业相对于服务业更安全。

第四节　多元化的非矿业出口：政策引导与创新支持

智利将产业多样化作为一项重要国策，通过产业政策、创新基金和贸易自由化等，引导和支持非矿业产业发展，推动了出口多样化。

一、溢出效应与出口多样化

出口多样化，导致技术的溢出效应，带动更多产品出口。某项产品的生产技术，可以通过已有出口产品的知识溢出效应而获取。知识外部性，包括来自逐步增强的竞争性带来的生产率的提高、更有效率的管理方式、更好的组织形成、劳动训练和技术、国际市场知识等。进入竞争性的国际市场要求了解国外购买者对产品的详细说明、质量以及送货条件等。国外购买者会指导本地出口者完成生产过程的每一个环节并提高管理效率。因为制造业出口倾向于提供更多的学习机会，水平出口多样化对出口具有积极的净效应。许多内生增长模型认为，来自于传统初级产品出口的垂直多样化将形成动态的制造业出口效应。水平和垂直多样化都将可能影响总出口[①]。

智利出口多样化的主要原因之一，是贸易自由化。1973年之后军政府时期进行单边贸易开放。1974年到1980年，出口年增长率为17.8%。其中，非传统出口快速增长，尤其是新鲜水果、圆木、锯木和半成品铜。1989年，除统一的15%的进口关

---

① D. Herzer. "Export Diversification, Externalities and Growth: Evidence for Chile", ECONSTOR, Research Committee Development Economics, No. 12, Proceedings of the German Development Economics Conference, 2006.

税，几乎所有的非关税壁垒均被废除。1990 年后自由贸易协议签署，关税减少到 11%。2000 年进一步降低到 6%[①②]。出口占智利 GDP 比重，从 1986 年的 23%上升到 2006 年的 37%，出口的作用越来越明显。从出口结构来看，1974 年开始，智利的垂直出口多元化的程度大幅增加。制造业出口从 1973 年的 7%上升为 2001 年的 47%。而铜出口率从 1973 年的 63%下降为 2001 年的 30%。但出口的主要是一些技术含量低的初级产品，如食品、原料、木材、纸浆和林业产品。智利的垂直出口多元化主要反映了某些行业的快速扩张。工业出口贸易额仍集中在几个大型出口行业，也有显著的水平多元化转向其他产品和更多行业。

表 14-1 显示了智利 1970 年、1990 年和 2008 年三个不同时期各部门占出口比重的变化情况。1970 年，智利矿业部门的出口占到了总出口的 85.5%，其中铜矿所占的比例为 75.5%；1990 年矿业部门出口占总出口的比重有所下降，为 55.3%，2008 年为 58.7%。铜矿出口在 1990 年占总出口的 45.6%，2008 年为 50.4%。三文鱼的发展直接推动了渔业在总出口中的提升，农业部门出口占总出口的比重在三个时期分别为 3%、11.4%和 6.0%。制造业部门出口占总出口的比重从 1970 年的 11.6%上升到 2008 年总出口的 1/3，并且这一比例最近几年一直保持平衡。可以明显看出，农业部门、制造业部门出口占总出口的比例上升很快，而矿业部门出口占总出口的比例在明显下降[③]。

表 14-1　智利各部门出口情况（占总出口中的比重）　（单位：%）

部门	1970 年	1990 年	2008 年
农业、木材和渔业	3	11.4	6.0
矿业产品	85.5	55.3	58.7
铜矿	75.5	45.6	50.4
其他	10	9.7	8.3
制造业产品	11.6	33.1	35.3
食品和饮料	2.8	14.7	13.0
木制品	0.8	4.3	3.3
纸和纸浆	3	4.9	5.1
化学产品	1	4.7	5.9
基本金属行业	2.1	1.1	2.3
机械、电力和运输设备	1.2	1.7	2.5
其他制造业产品	0.8	1.7	3.3
总出口（百万美元）	1，111.70	8，580.30	65，102.90

数据来源：根据智利中央银行数据计算所得。

① J. R. Fuentes. “Managing Natural Resources Revenue: The Case of Chile”, OxCarre Research Paper 40, 2009.

② A. Solimano. “Three Decades of Neoliberal Economics in Chile”, UNU World Institute for Development Economics Research Paper No. 2009/37, 2009.

③ J. R. Fuentes. “Managing Natural Resources Revenue: The Case of Chile”, OxCarre Research Paper 40, 2009.

二、政策引导下的三文鱼产业

为支持非矿业的资源产业发展，智利制定了相关的法规和政策，引导产业多元化发展。如 DW701（Decree Law 701），考虑到林业投资周期比较长，专门出台法规，为林业发展提供补贴，保证农场主的收益，激励林业部门发展[①]。另一个典型产业，是三文鱼的移植和发展。

20 世纪 80 年代，世界范围内 90％以上的三文鱼主要通过捕捞。面对不断扩大的市场需求，捕捞已远远不能满足消费者的需求。智利利用海岸线比较长的优势，20 世纪 80 年代中期，开始对三文鱼进行商业化养殖，并迅速成为世界三文鱼的主要生产和出口国。2003 年，智利三文鱼的出口大约为 28.5 万吨，成为仅次于挪威的世界第二大出口国；2007 年，智利三文鱼出口产值达到 22 亿美元，同挪威出口产量基本持平。三文鱼现在已经发展成为智利的出口主导产业，是智利第四大出口产业，出口额约占智利食品出口总额的 20％，创造直接和间接就业岗位 4.5 万个。智利三文鱼养殖和出口企业约有 30 家，出口的三文鱼产品有 100 多种。

智利三文鱼的发展经历了政府政策引导和外国企业进入，最终本地企业发展的过程。第一个阶段，政府从政策支持和环境培育两方面给智利三文鱼产业的发展提供了充足的发展条件。首先是政府政策支持。三文鱼养殖初期，政府从国外引进鱼苗，利用养殖水槽等工具，经过实验使引进的鱼苗适应了智利当地的环境。政府还成立了一些公共部门和科研机构传播三文鱼养殖技术，设计修建新的生产设备，如渔业研究所、隶属农业部的渔业和捕猎部、经济发展委员会和创新智利。通过后两者，公共部门建立起了第一个商业化的三文鱼养殖机制。

其次外国公司推动了智利三文鱼的发展。智利开放的对外政策促进了外国大型企业的入驻，并且促进了国外高新技术的应用。日本日鲁渔业株式会社（Nichiro）依靠自身在技术方面的优势，结合智利得天独厚的地理优势，以日本为市场，将智利作为它的生产基地，客观上加快了日本技术在智利的传播，促进了智利三文鱼的发展。

最后在利润驱动和政府引导下，智利本国中小企业加入到三文鱼生产行列。促进本地企业进入三文鱼产业的原因：一是在当地研究组织的帮助下，以前靠国外进口的鱼苗等材料和养殖水槽，现在由智利本国生产。研究组织包括智利经济发展委员会（CORFO）、华盛顿大学和智利大学等，它们在这一过程中促进了技术的革新。二是与其他三文鱼养殖国家相比，智利的工资较低。三是三文鱼配套产业发展迅速。高效的物流业只需要三天，就可以将渔网中的鱼变为日本餐桌上的鱼片，这也提升了智利三文鱼产业在世界上的竞争力。

三文鱼出口直接提升了渔业在总出口中的比重，推动了与其相关的鱼苗、鱼食、渔网、包装材料和养殖设备等加工业的发展。最初这些都是由智利政府从国外进口，经过智利政府、当地科研机构和外国大型公司的共同努力，现在均由智利当地生产，

① J. R. Fuentes. "Managing Natural Resources Revenue: The Case of Chile", OxCarre Research Paper 40, 2009.

促进了智利制造业的快速发展，而推动当地技术适应性发展的重要因素是国家对于创新体系的重视和完善。

三、农业创新基金支持

智利从传统农业到现代化农业的转变，起始于20世纪90年代。智利实施经济自由化，减少关税，自由贸易协议生效，为农产品出口提供了可能。而大规模的出口，对农业的要求也是比较高的，一是产量和规模；二是产品竞争力；三是产品质量。之前农业主要集中在基础研究领域。其后，政府采取措施支持农业研究、发展和创新，推进技术转移，提高农业生产率。智利农业快速转型成为区域发展的引擎。国家食品和森林产业的出口，如水果、酒、三文鱼、木材、白肉和别的产品等，每年达到130亿美元。从一个传统农业经济到出口经济并不是一帆风顺，其中农业创新基金起着重要的作用。

1994年，智利农业部创立了农业创新基金会，支持农业研究、发展和创新。起初农业创新基金会主要集中在技术转移，以提高农业竞争力，到2009年，它成为国家创新体系的一部分，其目标是提升农业部门的创新过程以及实践。基金会具体由农业部负责。年预算大约1800万美元，主要来自农业部（1100万美元），其他来自被矿业收益支持的国家竞争力创新基金（600万美元）。国家创新政策有三个支柱：国家科学和技术研究委员会支持科学和人力资本，创新智利支持企业创新，以及以提升产量为目的的跨行业公司创新机构。农业创新基金会主要服务于小规模、中等规模企业，创新智利主要针对大中型农业产业结构和企业[①]。智利的农业创新基金会有助于公共部门和私人部门的合作，促进技术、组织和商业创新。基金会协调公共部门、学术机构、私人企业以及其他团体的参与者，来理解和认识不同产业和农业活动对创新的需求。

第五节　结论与启示

普遍认为，制度质量有助于促进资源丰裕型经济的增长[②]。通过对智利的分析发现：首先是实施财政责任法，将波动收益收归铜矿稳定基金，一方面防止要素过度集中，另一方面，避免政府过多或无效投资，因为还缺乏相应的吸收能力，这样避免了汇率的波动和要素的流动。其次是矿业收益的共享性分配和透明化管理，既起到调节经济稳定增长的作用，又保证了当代居民、后代居民的公平和福利，增加了真实财富的积累。第三是矿业部门的可持续发展，私有化改革释放了生产力，尤其是外资准

① R. V. Alarcón. "Chile's Foundation for Agricultural Innovation", in World Bank, *Agricultural Innovation Systems: An Investment Sourcebook*, World Bank Publication, 2012.

② C. N. Brunnschweiler. "Cursing the Blessings? Natural Resource Abundance, Institutions, and Economic Growth", *World Development*, 2008, 36, 3: 399～419.

入，矿业中国有企业与跨国企业并存，保证了政府的收益和跨国企业对技术的引入，生产效率不断提升，生态环境规制保证了生态环境。最后是创新投入推动了产业的多元化发展，尤其是出口多样化、市场知识和技术的溢出效应、劳动技能等，保证了产业的市场竞争力，三文鱼产业的引入，是创新所起的作用；其他产业的多元化发展，得益于政府的产业政策，先是外资引入、政府扶持，最后多元化发展。智利的成功，对资源丰裕型国家或区域规避"资源诅咒"或实现经济转型，尤其是对中国资源型区域转型发展具有重要的借鉴价值。

一、经济稳定增长的前提：收益波动调控与透明化管理

智利在近几十年的发展中能够实现持续稳定增长，主要得益于智利政府对矿业收益的波动调控和透明化管理。矿业收益调控措施主要是谨慎的、减震型的财政制度和政策。矿产品价格升高时，按照预算盈余目标，额外的收入进入稳定基金；而在价格低迷时保证政府的经常性支出。连续的财政政策，使得政府有一个相对稳定的财政盈余与财富积累机制，既起到调节经济波动的作用，也为经济多元化发展、创新投入、居民社会保障等提供了资金支持，同时还避免了额外收益的存在导致寻租腐败、利益冲突。谨慎的财政政策避免了对于矿产资源收益的过度支出进而对国内经济产生不利的影响，两项主权财富基金实现了铜矿收益的社会共享，提高了社会保障水平，避免了收入差距的扩大，加强了社会稳定性。

中国矿业市场化改革中，对矿产品价格波动、矿业收益波动的调节机制尚未建立。对资源依赖性比较大的资源型区域，受矿产品价格波动影响是比较大的，其结果带来的额外收益不仅引起要素配置失衡，降低生产效率，也引起了各经济主体对额外收益的争夺，产生寻租、腐败以及收入两极分化现象。虽然资源型区域不具有一个国家的独立财政功能，但借鉴资源型国家的经验，在中国资源型区域建立稳定基金是有必要的。首先增强区域经济增长的持续性和稳定性，其次可以将额外收益储存起来，一方面用于矿产品价格下滑时矿业发展，另一方面用于基础设施改善和公共服务水平提升。当然，与稳定基金构建相配套的是透明、问责的制度，在稳定基金征收、管理与使用的各个环节，做到公开、公正，保证收益的有效性。

二、资源依赖向创新驱动转变的重要环节：生产效率提升

智利经济持续稳定增长的另外一个原因是矿业的持续稳定增长。智利矿业的生产率水平是比较高的。铜矿价格攀升，为获取利润最大化，铜矿产量增加，效率却可能是下降的。而在价格低迷时期，为了维持企业生存，铜矿企业主要采取提高劳动生产率以降低生产成本来度过危机。智利铜矿企业的生产率水平高，缘于其产业组织形式，主要由两大类企业构成：大型国有矿与大型跨国企业。大企业在技术、人才、市场等方面具有明显优势，市场形势逼迫之下，生产效率的提升增强了企业竞争力，也有助于企业的进一步创新和产业多元化，弱化了企业对资源的依赖。

由此引发一个问题：如何理解资源依赖？是对资源产业的依赖还是资源的依赖？从生产率角度理解，生产率的提升，带来单位产出增加；对产品贡献而言，资源所占

比例减小，或者资源消耗减少，资源依赖度下降。可见资源依赖有两层含义：经济体系对资源开发的依赖程度，即资源产业在经济体系中所占比重，包括增加值和劳动力，比重越大，依赖性越大；二是从要素对产品的贡献来看，贡献越大，依赖性越大，与创新相对应，创新提升，对资源的依赖性减小。即使从整个区域来看，资源产业所占比重大，但资源部门的效率提升，技术含量提升，资源产业稳定发展，受价格影响不大，主要通过降低生产成本来适应价格低迷，保证了资源产业的稳定发展。

资源型区域经济转型，是要从资源依赖到创新驱动，从更多地依赖资源到更多地依靠技术、人才、创新。如何能实现这一跨越？首先是生产效率的提升，要素的优化配置。资源部门因为额外利益的存在，要素向资源部门集中，从两方面降低了资源部门的生产效率：一是具有较高技能的创新型人才更容易向高收益的部门流动；二是因为部门之间工资的差异，实际进入资源部门的劳动力超过了其有效需求的劳动力。资源型经济转型首先是要素配置效率提升，直接提高劳动者的生产率水平，以及通过优化资源配置以提高劳动者生产率水平。生产效率的提升，有助于提高劳动者技能，触发其创新的意识；要素配置效率的提升，有助于创新型人才能力的发挥，逐步从效率提升向创新驱动转变。

三、资源型区域可持续发展：产业政策引导下的经济多样化

智利利用其狭长的海岸线以及适合渔业养殖的淡水湖泊，选择了三文鱼产业。三文鱼产业发展过程中，政府引入并采取扶持政策，外国企业和科研机构的积极协作，在形成良性循环后，政府再逐步撤出，最终取得了巨大的成功。智利成功的经验说明，不是只有发达国家或具有高科技的国家才能主导某些产业，发展中国家利用自身的优势，加上引进国外先进的技术和资本也可以主导某些产业。发展中国家可以利用自身的自然资源优势促进出口多元化，但是要注意，要想实现出口的可持续性，就要增加出口产品的附加值和技术含量。资源产业在资源型区域发展中占有较高比重，但是资源产业比重大，不见得是对资源的依赖。智利重视创新能力的建设。创新能力在新兴产业的发展过程中非常重要。通过创新能力，可以将外国引入的技术吸收消化，最终变为自己的优势。智利农业创新基金促进了生产者、金融机构、企业、大学之间的协作，促进了技术的传播，激发了创新的战略，最终提高了农业的整体竞争力。

智利政策的连续性、产权保护与资源收益的透明化管理等，在智利产业多元化路径上起着重要作用。资源型国家和地区通常容易面临产业单一的问题，要想摆脱这一难题，就要依据自身已有的优势，因地制宜地选择适合自身发展的产业。中国资源型区域的转型发展，尤其是在转型初期，离不开政府的支持，且主要是在创新、技术、人才方面的支持，在市场规范、开放政策、产业发展方面的引导等，要避免产业单一，推进多元化产业发展，加强产业政策扶持、创新基金支持，推进资源型区域的转型发展。

案例五

撒哈拉以南非洲地区石油收益管理及其绩效①

① 本部分研究成果已发表，见景普秋、张宇：《撒哈拉以南非洲地区石油收益管理及其绩效研究》，《兰州商学院学报》2012年第12期。

撒哈拉以南非洲地区的主要石油生产国，其丰裕的自然资源开发不仅未能提升当地经济发展水平和居民生活质量，反而使这些国家陷入腐败和专制的政府统治，经济发展缓慢、派系冲突与战争频发，是资源诅咒，还是制度缺失？本部分通过对撒哈拉以南非洲地区的主要石油生产国的石油收益分配、使用与管理的分析发现：资源收益分配主要集中于统治者及其家族，寻租腐败导致资源租金的耗散、军费开支与无效投资制约了资源收益的转化，其结果加剧了资源丰裕国政府的腐败与专政、派系冲突以及战争频发，资源部门对其他部门的挤出现象严重，对资源开发的依赖性进一步加强，当地居民生活状况进一步恶化。政府是否廉洁高效、制度是否完善合理，是决定资源是“诅咒”还是“祝福”的关键因素。

撒哈拉以南非洲地区，是指位于撒哈拉沙漠以南非洲大陆的国家，其中大多数是在20世纪60年代实现独立。由于历史上长期受殖民统治，许多国家独立后尚缺乏独立的、完备的政治、经济和军事体系。自然资源开发是这一区域许多国家的经济支柱，这一区域45个国家中有20个国家主要依赖资源出口，其中有7个国家是石油输出国，占该地区资源出口总额的比例超过了50%，其余13个资源丰裕国家约1/4以上的出口来自于采掘业。黄金、钻石等是该地区除石油之外的主要矿产品[①]，可再生资源的出口有苏丹的阿拉伯胶，科特迪瓦的可可和咖啡，加纳的可可和木材等。资源开发虽然构成经济发展的主体，但因为对资源收益分配与使用不当，滋生了腐败和专制，加剧了该地区的贫困，冲突和战争时有发生。与世界其他地区相比，撒哈拉以南地区医疗条件差、居民生活水平低、生育率和死亡率高，同时也是艾滋病的高发区，其人类发展指数值远远低于其他地区。

第一节　撒哈拉以南非洲地区石油开发现状

2009年，撒哈拉以南非洲地区探明的石油储量约为520亿桶，其中尼日利亚储量最大，约为364亿桶，占整个地区的70%，安哥拉占18%，中非货币经济组织的五个成员国石油储量约占11%，科特迪瓦占剩下的1%。从2009年的石油产量来看，尼日利亚占据了该地区石油生产总额的40%，安哥拉居第二位，随后依次为刚果共和国、赤道几内亚、加蓬，分别占到总额的5%～6%，喀麦隆、乍得和科特迪瓦，分别占总额的1%～2%。基于探明的石油储量和生产能力，粗略估算，尼日利亚拥有最长的石油开采期，约为50年左右；加蓬预计开采期为32年；其他成员国石油预计开采期约持续到2030～2035年，其中安哥拉、喀麦隆和刚果共和国，其资源最早

① IMF. “Regional Economic Outlook: Sub-Saharan Africa Sustaining Growth amid Global Uncertainty”, IMF Publication, 2012.

枯竭[①]。

从国家内部经济体系对资源部门的依赖程度来看，撒哈拉以南非洲地区的主要石油生产国，对石油部门的依赖程度远远高于世界其他石油生产国。如表 15-1 所示，这一地区主要石油生产国，包括安哥拉、喀麦隆、乍得、刚果共和国、科特迪瓦、赤道几内亚、加蓬、尼日利亚。其石油部门增加值占 GDP 的比重，大多高达一半以上。其中最高为赤道几内亚，高达 70%以上；刚果共和国位居其次，也在 60%以上。尼日利亚的石油产业增加值占 GDP 的比重虽然不是最高，但是因为其绝对生产量大，占经济体系的 1/3 左右，对资源的依赖程度也是相当高的。从石油出口占总出口的比重来看，普遍较高，除喀麦隆、科特迪瓦外，其他六个国家都在 80%以上，尤其是安哥拉和赤道几内亚，高达 90%以上。从石油收益占总收益的比重来看，这八个主要石油生产国，对石油部门的依赖性也是相当大的，除科特迪瓦和乍得略低外，其他国家这一比例都已远远超过一半以上。

表 15-1　撒哈拉以南非洲地区部分国家对石油部门的依赖度（2006～2008 年）（单位：%）

国家	石油产业增加值占 GDP 比重			石油出口占总出口比重			石油收益占总收益比重		
	2006	2007	2008	2006	2007	2008	2006	2007	2008
安哥拉	58.4	55.8	57.4	89.8	94.7	95.6	80.2	81.0	83.6
喀麦隆	10.2	9.6	11.2	37.2	30.4	33.3	35.6	33.8	38.2
乍得	46.7	45.2	45.7	83.5	83.3	84.0	72.3	73.6	78.9
刚果共和国	68.6	62.0	67.6	87.5	83.6	87.7	85.5	82.1	86.0
科特迪瓦	3.9	3.3	3.5	32.8	30.7	27.2	14.0	13.2	21.0
赤道几内亚	78.8	73.8	74.7	98.6	98.6	98.9	92.0	88.5	93.5
加蓬	51.5	49.9	51.6	83.8	80.4	77.3	64.0	58.6	65.7
尼日利亚	37.3	36.1	36.7	84.4	85.7	83.9	85.9	77.0	81.0

数据来源：撒哈拉以南非洲地区各国政府及 IMF 组织成员估计。

丰富的资源开发带来大量的租金收益，对收益采取不同的分配、使用与管理方式，将可能导致不同的经济绩效。

第二节　撒哈拉以南非洲地区石油分配、使用与管理

面对资源开发获取的巨额资源收益，撒哈拉以南非洲地区的主要石油生产国，采取委托人网络（clientelist network）、主权财富基金等分配方式，资源收益集中于统治阶层，因利益争夺导致寻租腐败现象严重；资源收益的使用，因为压制效应

① R. York & Zaijin Zhan. "Fiscal Vulnerability and Sustainability in Oil-producing Sub-Saharan African Countries", IMF Working Paper No. 09/174, 2009.

(repression effect)、形象工程等，主要集中于军费开支和无效率投资；对公共部门和生产性投资的忽视，加大了资源财富的流失和对资源开发更为严重的依赖。

一、委托人网络与统治阶层中的收益分配

作为大自然赋予人类的财富，资源开发获取的租金收益，多数考虑当代人与后代人的利益以及区域居民的共同利益。撒哈拉以南非洲地区的主要石油生产国，通过创造"委托人网络"收益分配机制，将资源开发获取的高额租金收益，集中在少部分统治阶层中。Basedau 和 Lacher① 指出，执政者会对石油收益进行有选择的分配。他们创造出"委托人网络"概念，只有通过执政者的关系网才能进入"委托人网络"，而只有重要的政治集团的领导者才可以通过"委托人网络"获取收益，这样就将石油收益限定在少部分人群中进行分配。

"委托人网络"实际是执政者进行独裁统治的工具。执政者将其家族成员安排到国家的各个部门，培养出一支强大的"委托人网络"，以此来加强对国家的控制。在撒哈拉以南非洲地区，普遍存在"委托人网络"，安哥拉、刚果、尼日利亚和赤道几内亚都曾经或者正在通过这种关系网来瓜分资源收益。"委托人网络"中的成员除了执政者的家族成员外，也可能会包括一些曾经反对过执政者的反对派成员。食利者将潜在的反对者吸收到"委托人网络"中，通过将石油收益分配给反对派的领导者，以实现与反对派的合作，从而减少其国内政局的潜在威胁。可见，通过拉拢反对派成员，执政者可以更加有力地控制资源收益的分配，加强对该国的专制统治。

二、主权财富基金中的寻租与腐败

撒哈拉以南非洲地区的主要石油生产国，对资源收益的管理采取石油财富基金形式。由于资源丰裕国家食利者阶层的普遍存在，为追求最大化的租金收益，有些国家很少有意愿建立石油财富基金，对资源收益进行管理。一些国家迫于国际、国内压力而设立了石油管理基金，如表 15-2 所示，但是有些石油基金形同虚设，不能发挥其本应发挥的作用。如 Goldman② 认为，赤道几内亚的社会发展基金不会发挥其作用。赤道几内亚的社会发展基金是 2005 年建立的，意图通过基金将资源收益用于推动医疗、卫生、教育和环境等相关部门发展。2006 年，赤道几内亚政府与美国政府援助机构签订了备忘录，允许美国政府援助机构监管社会发展基金，但到了 2010 年，美国援助机构终止与该国的合作，该国社会发展基金完全由赤道几内亚政府管理。

---

① M. Basedau & W. Lacher. "A Paradox of Plenty? Rent Distribution and Political Stability in Oil States", GIGA Working Papers No. 21, 2006.

② A. Goldman. "Poverty and Poor Governance in the Land of Plenty: Assessing an Oil Dividend in Equatorial Guinea", Oil-to-Cash Initiative Background Paper, 2011.

表 15-2　撒哈拉以南非洲地区部分国家的石油财富管理基金

项目＼国家	安哥拉	尼日利亚	乍得	赤道几内亚	加蓬
石油财富基金形式	准备金：弥补世界石油价格与预算价格差异	额外石油账户：以政府实体名义存在中央银行	2006 年，代际基金被废除	代际基金：社会发展基金	代际基金
政府管理	没有明确的运作制度	石油收益在联邦政府与石油生产州之间分配	由世界银行监管“离岸”第三方账户	存入地区中央银行	设立地区中央银行特别账户

资料来源：IMF 国家报告，中非经济和货币共同体，中非货币共同体和西非货币共同体第一级收敛性判别准则，国际货币基金组织成员预测及 2011 年 IMF 展望。

由于缺乏透明度、政府自行设立自行监督，石油财富基金未发挥其对石油收益的再分配功能，大量石油财富被无效利用，或被政府食利者所侵吞。Fearon[①] 指出，石油产品与其他大多数产品最为显著的差异表现在，与其自身生产成本相比，石油具有更高的价值；超出成本和正常利润的剩余及租金，石油明显要比农业产品等高许多。高额的租金收益，诱发了政府的寻租行为。撒哈拉以南非洲地区的石油、矿产资源丰富，政府通过主动创租轻而易举获取资源收益；而执政党为了巩固自己的执政地位和在任期内攫取巨额资源收益，也会选择主动创租，即政府中的行政机构和官员直接利用所代理的公共权力，人为地制造租金，主动谋求经济利益[②]。另一种属于政府被动创租，即政府受到特殊利益集团的左右，制定的政策和法规客观上给特殊利益集团带来租金，撒哈拉以南非洲的一些国家，存在控制资源开发的利益集团，为了维持资源开发的垄断权，利益集团会通过政府被动创租的形式来侵吞资源收益。

三、压制效应与军费开支

统治者对资源收益的控制和瓜分，引起其他派系或民众的不满。为了维持国家的政治稳定，主要石油生产国的政府，通过将资源收益用于军费投入，以镇压任何可能的反叛。军费开支是政府使用资源收益来保持政治稳定的一种压制性战略[③]。当然，政府将资源收益用于该国的军费开支，对于该国的政治稳定产生双方面影响：从保证国家独立、领土完整和国内安全的角度来说，政府的军费开支可以被当作是一种公共物品费用支出。一个安全稳定的国内环境，是一国经济持续健康增长的前提，有利于推动国内各部门产业的发展，同时也有利于吸引国外投资者在该国进行投资；从加强对自然资源的控制和打击本国反对势力的角度来说，政府的军费开支可以被当作是政府进行专制统治的工具。

① J. D. Fearn. “Primary Commodities Exports and Civil War”, *Journal of Conflict Resolution*, 2004: 10.

② 贺卫：《政府创租行为研究》，《上海交通大学学报》（哲学社会科学版）2002 年第 1 期，第 64～69 页。

③ A. Goldman. “Poverty and Poor Governance in the Land of Plenty: Assessing an Oil Dividend in Equatorial Guinea”, Oil-to-Cash Initiative Background Paper, 2011.

撒哈拉以南非洲地区整体发展滞后，出口产品以资源型产品为主。面对世界对石油等矿产品需求的不断上涨和矿产品价格的持续上涨，拥有石油等自然资源就意味着拥有大量的资源财富，因而，政府有动力通过军队对石油等资源进行控制。撒哈拉以南非洲地区，各国党政派别林立，执政党为了维持对该国的统治，必然会从各个方面打击国内反对派。在国内局势较为稳定的时期，政府军队是对国内反对派的一种军事恫吓；而在国内动乱时期，政府军队成为打击国内反对派的主要军事力量。因此，从政府培养军队是为了打击国内反对派的角度来说，政府的军费开支可以被认为是政府进行专制统治的主要手段。

四、形象工程与无效率投资

撒哈拉以南非洲地区，大多数国家的政府投资集中于非生产性部门，包括为举办某些国际活动而进行的投资、国内形象工程投资等，很少对国内教育、医疗、基础设施等关系国计民生的公共部门进行投资。Robinson 和 Torvik[①] 将形象工程定义为一种“具有负的社会剩余的项目”，用以描述政治上可能具有吸引力而经济上缺乏效益的投资。赤道几内亚用于基础设施的投资，占每年国家投资总额的 40%以上，但是这些投资主要集中于公共建筑和其他形象工程，无论对于国内的生产部门，还是医疗部门等，都不会产生积极的外溢效应。

位于马拉博郊区的一座全新的城市——马拉博二号，与旧的同名城市几乎没有任何相似之处：现代化的办公室和公寓建筑耸立在六车道的高速路两旁，一些建筑早已竣工，但是由于在建筑工程中忽视了电力和水管的安装，那里并无一人居住[②]。巨额的投入换来一座空无一人的“死城”，民众并未享受到该国资源收益所带来的好处，大量的资源收益被浪费，马拉博二号成为撒哈拉以南非洲地区的一座典型形象工程。

五、忽视公共部门与生产性投资

撒哈拉以南非洲地区，对于公共部门的投资有两种截然不同的态度：个别国家的政府，对该国医疗、教育等国内公共部门的投资采取积极的态度，如博茨瓦纳[③]；但大多数国家的政府，普遍采取消极的态度，这与国家的政治体制和当政者的决策密不可分。这些国家往往是高度集权和专制的国家，领导者认为对于教育和医疗卫生等公共部门的投资是可有可无的，他们的最大目的是为自己获取最大的利益；同时这些领导者认为对于教育和医疗卫生等公共部门的投资，会给自己带来更多的潜在威胁：人民受教育水平的提高有可能造就更多的反对派的成员，他们的受教育水平越高，对于政府的威胁越大。

撒哈拉以南非洲地区，对于其他产业部门的发展也存在两种不同的思路：一是政

---

① J. A. Robinson & R. Torvik. “White Elephants”, *Journal of Public Economics*, 2005: 2.

② G. Salomonsson & O. Sandberg. “Assessing and Remedying the Natural Resource Curse in Equatorial Guinea”, *Department of Economics at the University of Lund*, 2010.

③ G. M. Lange & M. Wright. “Sustainable Development in Mineral Economics: The Example Of Botswana”, CEEPA Discussion Paper Series 3, 2002.

府重视对资源产业的投资，忽视对其他产业部门的投资，如赤道几内亚主要依赖石油出口，而国内所需的机器设备和维修人员都需要求助于周边国家；二是政府加大对制造业和农业的投资，希望改善该国经济结构，来实现一国经济的持续稳定发展，例如，加纳政府同时推动该国黄金、可可、木材和石油的出口，避免该国经济对石油产业的过度依赖。

第三节　撒哈拉以南非洲地区资源收益管理绩效

资源收益分配集中于统治者等少部分群体，且由于寻租、军费开支、无效率投资等，既造成资源租金收益的耗散，也进一步加强了政府的腐败与专制，加剧了国内局势的动荡，且由于对资源开发的依赖性增强，造成其他产业的挤出，经济增长的波动性增强，国内通货膨胀加剧，人民生活质量下降。

一、政府的腐败与专制

根据2011年国际透明组织对于全球183个国家和地区的公共部门腐败程度的统计，撒哈拉以南非洲国家的公共部门的腐败程度十分严重，其中资源依赖型国家的腐败状况较之撒哈拉以南非洲其他非资源依赖型国家更为严重。如表15-3所示，撒哈拉以南非洲地区的主要石油输出国以及苏丹，其清廉指数排名位于世界末端，而加纳——非资源依赖国其清廉指数排名却与意大利并列。撒哈拉以南非洲地区一些国家，其政府腐败主要表现在：政府通过寻租方式瓜分巨额资源收益；利益集团通过贿赂政府官员和支持政党选举，迫使政府制定对利益集团有利的政策，资源收益被政府官员和利益集团攫取；政府制定投资计划的随意性，导致大量资源收益的耗散。

表15-3　2011年撒哈拉以南非洲国家腐败指数排名

排名	国家	分数
69	加纳	3.9
100	加蓬	3.0
134	喀麦隆	2.5
143	尼日利亚	2.4
154	刚果共和国	2.2
154	科特迪瓦	2.2
168	乍得	2.0
168	安哥拉	2.0
168	刚果民主共和国	2.0
172	赤道几内亚	1.9
177	苏丹	1.61

数据来源：Corruption Perceptions Index 2011。

政府独裁统治是撒哈拉以南非洲地区普遍存在的现象。由于撒哈拉以南非洲地区获取国家独立的过程的特殊性和曲折性，许多国家在独立后，其军政府并未退出历史舞台，相反，撒哈拉以南非洲地区容易发生军事政变，一种军事派系替代原有的军事派系对该国进行统治，从本质上说未改变国家军事独裁统治的特性，甚至有进一步加深对人民专制统治的趋势。

赤道几内亚于1968年独立，弗朗西斯科·恩圭马成为首任总统。在1973年的选举中，由于没有任何反对党的参与，恩圭马宣布自己为终身总统，对该国进行独裁统治。1979年8月，恩圭马的侄子奥比昂发动军事政变，成立最高军事委员会，恩圭马被逮捕并处决。1982年赤道几内亚取消军管，奥比昂任总统。在1989年的总统选举中，由于没有其他政党参与，这场选举成为奥比昂政党的一党选举，奥比昂连任总统。1996年由于其他政党被禁止参加选举，奥比昂继续连任。2002年的选举中，由于四名候选者被宣布有虚假信息，而被撤销选举资格。因此，在奥比昂担任赤道几内亚总统后，奥比昂并未改变恩圭马的统治方式，独裁统治并未被改变，反而更加加剧。

二、国内局势的不稳定和战争的易发性

撒哈拉以南非洲地区是世界较为动荡的地区之一，国内宗教、民族以及党派之间的冲突，地区内部国家之间的冲突在这一地区几乎时时刻刻发生着。布隆迪、尼日利亚、科特迪瓦、刚果民主共和国、乌干达、苏丹等撒哈拉以南非洲国家都曾经或正在经历过战争和冲突的困扰，国家经济发展进程被扰乱，人民流离失所。

撒哈拉以南非洲地区发生冲突和战争大致可以分为以下三种类型：一是民族和宗教矛盾所引发的冲突和战争，由于不同地区发展不平衡以及各国历史的原因，民族和宗教矛盾在撒哈拉以南非洲地区是普遍存在的一种现象，许多国家都曾经由于民族和宗教矛盾而爆发冲突和战争；二是外国势力的干预所引发的冲突和战争，与石油资源密切相关：为了确保外国石油供应的安全，美国等西方国家对撒哈拉以南石油输出国国内事务进行干预，确保与这些石油输出国的合作关系，例如，苏丹的石油资源大部分分布在苏丹南部地区，为了保障丰裕石油资源供应，美国支持南苏丹独立，对苏丹政府采取威逼利诱的手段，在南苏丹的独立进程中起到了重要的作用；三是资源收益分配不均所引发的冲突和战争，由于食利者阶级对石油收益的内部分配和政府的腐败、专制统治，少数人占有绝大多数的资源收益，人民逐步对该国政府失去信心，针对政府和执政民族的抗议和反对活动便开始层出不穷，导致该国持续的冲突和战争。

三、资源部门对其他产业部门的挤出

资源部门产品出口对于其他产业部门有显著的挤出效应，主要源于以下三个方面因素：一是由于资源部门可以获取比其他部门更高的收益，国内要素开始迅速集中于资源部门，导致其他产业部门要素投入的减少，非资源部门发展缓慢，甚至退出该国市场；二是随着资源出口为资源输出国带来的外汇持续增加，资源输出国本币面临升值压力，导致该国其他产业部门出口产品价格的上涨，国际竞争力下降；三是政府开

始推动资源部门的发展。

在苏丹、乍得、赤道几内亚等国的经济发展过程中，石油部门对于其他产业的挤出效应十分显著。以苏丹为例。在未输出石油之前，苏丹主要依赖传统产品出口，包括农业以及制造业和采掘业。出口的农产品有棉花、芝麻、阿拉伯胶、籽油、高粱和牲畜产品（活牲畜、肉、兽皮）。制造业和采矿业出口产品包括糖、糖蜜和黄金。农业在 20 世纪 60 年代到 80 年代间对 GDP 的贡献超过了 40%①。2000 年，苏丹发现石油后，其出口结构发生了剧烈变化，石油出口占苏丹总出口额的比重从 2000 年的 74.8%，发展为 2008 年的 95%。相反，苏丹传统产品出口不断萎缩。高粱、植物燃油和糖类产品最终退出了出口市场。其他产品的出口由于受到石油产品的冲击，出口份额也急剧下滑。

与苏丹等国对于石油产业的发展战略不同，加纳采取了更为合理的石油发展战略，即推动石油产业与其他产业的共同发展，避免形成单一依赖经济。未发现石油之前，加纳主要依赖农业来发展经济。黄金、可可和木材三大传统出口产品是加纳经济支柱。1983 年加纳政府实行经济结构调整计划后，加纳经济保持持续增长，在 1994 年摆脱了最不发达国家的称谓。2007 年，加纳发现石油，与苏丹等石油依赖国的发展策略不同，加纳将石油产业作为该国经济发展的助推力之一，但没有完全依赖石油部门发展经济。根据 2009 年美国统计数据分类显示，尽管非传统产业部门有着更为广阔的发展前景，但加纳仍然高度依赖三大传统产业部门，黄金、可可和木材三部门产品出口占总出口的比重超过了 3/4②。

对于资源开发的高度依赖会导致经济增长的波动。以尼日利亚为例，20 世纪 80 年代，尼日利亚利用石油作为担保，大肆举债并对国内一些项目进行财政支持；1986 年，石油价格大幅下跌，尼日利亚政府被迫紧急削减财政支出。由于石油收益的减少和贷款的到期支付，尼日利亚人民的生活水平瞬间变为他们过去生活水平的一半③。

四、人民生活水平与质量持续恶化

撒哈拉以南非洲地区民主进程缓慢，独裁统治和政府腐败以及该国民众对于政府机构监管的缺失，撒哈拉以南非洲地区的资源输出国，其资源收益被利益集团、政府官员、独裁者家族瓜分殆尽，政府低效或无效投资阻碍了资源收益的转化，人民基本享受不到资源财富的利益。撒哈拉以南非洲地区的自然环境相对恶劣，粮食生产难以保障当地居民的生活，饥饿与贫穷是困扰人民生活的主要问题之一。而政府对于医疗和教育等公共部门投资匮乏，加剧了该地区人民生活的困苦，大量民众由于恶劣的医疗条件而过早地离世；人民受教育权利无法得到保障，该地区人力资本素质普遍较

---

① M. M. Ahmed. "Global Financial Crisis", Discussion Series Paper 19, Overseas Development Institute, 2010.

② T. Moss & L. Young. "Saving Ghana from Its Oil: The Case for Direct Cash Distribution", Center for Global Development Working Paper 186, 2009.

③ P. Collier. *The Bottom Billion: Why the Poorest Countries are Failing and What Can Be Done about it*, Oxford University Press, 2007.

低。由于资源出口所带来的通货膨胀，降低了当地居民的实际购买力，居民的衣食住行更加难以得到保障。由于资源收益分配不均所带来的该国局势的动荡，使该国人民的人身安全受到严重威胁。

第四节　结论与启示

丰裕的自然资源开发给资源输出国带来巨额的租金收益。面对巨额的资源收益，政府和组织的廉洁与效率，决定了该国社会经济发展方向。当一国政府廉洁且制度安排合理，政府通过资源收益分配与转化，会加大相关产业部门以及公共部门的投资，改善居民的生产和生活环境，促进经济结构多元化，提高居民生活水平和质量。如果该国存在宗教和民族矛盾，政府对资源收益的合理分配与有效监管，有利于缩小地区发展差异，缓解和消除这些矛盾，为该国经济发展提供一个安全的环境。

一、政府清廉、收益管理透明与资源利用效率

如果该国面临的是腐败和专制政府，资源收益通过委托人网络以及寻租腐败集中于少部分统治者及其家族手中，资源收益的使用以资源部门为主，对公共部门的投资和其他产业部门进行选择性投资，而这些投资绝大多数为无效率投资；为了应对潜在的反对势力，政府也会将一部分资源收益用于军费开支，确保政府对于该国的专制统治。其结果，该国经济更加依赖于资源出口，经济发展易受外部因素影响，引发国内通货膨胀，加剧国内贫富两极分化。如果在资源开发前，该国不存在民族和宗教矛盾，那么政府的不合理的资源分配方式会引发民族和宗教矛盾，使该国陷入冲突和战争的泥潭。如果在资源开发前该国存在民族和宗教矛盾，那么不合理的资源分配方式会进一步加剧该国的民族和宗教矛盾，使该国的安全局势恶化，甚至发生冲突和战争。

可见，丰裕的自然资源开发对于一国经济的发展来说是相对中性的，主要取决于该国政府的管理和运作效率、收益分配与使用机制以及社会监督管理机制。要使自然资源对于一国政治和经济发展起到积极的推动作用，需要从合理的体制机制入手，保障资源收益的合理分配与使用，建立合理的资源收益分配制度，公开资源收益的数额、分配与使用，增强政府财政支出透明度，强化政府内部监督机构和民众对于资源收益和政府财政支出的监督力度。对于一些政府办公建筑和城市地标建筑，政府应设立听证会制度，允许民众参与对政府特定项目的决策。要加大对于政府官员财产的监督约束，避免资源收益被政府官员通过外国银行转移到国外，要实现这一目标，必须在法律和制度层面建立起一整套监督约束的措施，而在撒哈拉以南非洲地区的一些特定国家，这一过程往往会是艰难而又曲折的。

二、资源使用与居民生活水平及质量提升

撒哈拉以南非洲地区的一些国家，容易爆发战争冲突的原因之一，是当地居民未

享受到资源财富的利益。执政者对于资源收益的分配不均，加剧了国内贫富两极分化，人民生活在贫穷和饥饿的双重煎熬之中。要改变撒哈拉以南非洲国家战争冲突的高发性，必须推动产业多元化，扩大当地居民的就业机会，提高居民收入水平；加强资源收益的再分配，将大自然赋予人类的财富惠及民众。

撒哈拉以南非洲地区的主要石油生产国，在发现石油后，经济发展越来越依靠石油产业部门，忽视国内其他产业部门的发展，致使该国形成单一的产业结构，增加了经济增长的风险性。撒哈拉以南非洲地区的资源丰裕国家以石油、矿石采掘业为主，国内制造业、农业、服务业发展滞后。为了保证国家经济长期稳定发展，政府应加大对于国内幼稚产业的保护力度，同时加大对于国内农业、制造业和服务业的投资，通过政府投资来引导国内民间投资和国外投资对于这些产业的投资，推动该国经济多元化发展。政府要加大对于教育、卫生等公共部门的投资，既能提高本国人民的受教育水平和身体素质，又是一种相对公平的收益分配方式。政府应建立合理有效的基金管理制度和社会保障制度，保障人民的最低生活需求。政府要加大基础设施投资，改善当地投资环境和生产生活环境。

参考文献

1. 陈太明：《经济增速放缓与经济波动对居民福利影响的阶段差异分析》，《统计研究》2013年第1期。

2. 单豪杰：《中国资本存量K的再估计：1952～2006年》，《数量经济技术经济研究》2008年第10期。

3. 范红忠：《有效需求规模假说、研发投入与国家自主创新能力》，《经济研究》2007年第3期。

4. 冯宗宪、姜昕、王青：《可耗竭资源价值理论与陕北能源价值补偿的实证研究》，《资源科学》2010年第11期。

5. 郭国峰、温军伟、孙保营：《技术创新能力的影响因素分析——基于中部六省面板数据的实证研究》，《数量经济技术经济研究》2007年第9期。

6. 韩亚芬、孙根年、李琦：《资源经济贡献与发展诅咒的互逆关系研究——中国31个省区能源开发利用与经济增长关系的实证分析》，《资源科学》2007年第6期。

7. 何立胜、杨志强：《内部性·外部性·政府规制》，《经济评论》2006年第1期。

8. 胡援成、肖德勇：《经济发展门槛与自然资源诅咒——基于我国省际层面的面板数据实证研究》，《管理世界》2007年第4期。

9. 金碚：《资源与环境约束下的中国工业发展》，《中国工业经济》2005年第4期。

10. 景普秋、范昊：《挪威规避资源诅咒的经验及其启示》，《经济学动态》2011年第1期。

11. 景普秋、范昊：《矿业收益管理与经济增长奇迹：博茨瓦纳经验及启示》，《中国地质大学学报》（社会科学版）2013年第2期。

12. 景普秋、张宇：《撒哈拉以南非洲地区石油收益管理及其绩效研究》，《兰州商学院学报》2012年第12期。

13. 景普秋、朱俊杰：《资源丰裕区域产业多元化战略选择与经济绩效：迪拜与阿布扎比的比较研究》，《兰州财经大学学报》2015年第5期。

14. 景普秋：《规避"资源诅咒"：智利的矿业收益管理与经济多样化》，《兰州商学院学报》2015年第4期。

15. 景普秋：《基于矿产开发特殊性的收益分配机制研究》，《中国工业经济》2010年第8期。

16. 景普秋：《资源收益分配机制及其对我国的启示——以矿业开发为例》，《经济学动态》2015年第1期。

17. 景普秋等：《基于可耗竭资源开发的区域经济发展模式研究》，经济科学出版社2011年版。

18. 李国平、刘治国：《我国能矿资源价格改革的构想》，《西北大学学报》（哲学社会科学版）2006年第4期。

19. 李国平、杨洋：《中国煤炭和石油天然气开发中的使用者成本测算与价值补偿研究》，《中国地质大学学报》（社会科学版）2009年第5期。

20. 李金滟、宋德勇：《专业化、多样化与城市集聚经济——基于中国地级单位面板数据的实证研究》，《管理世界》2008 年第 2 期。

21. 林伯强等：《资源税改革：以煤炭为例的资源经济学分析》，《中国社会科学》2012 年第 2 期。

22. 牛仁亮、张复明：《资源型经济现象及其主要症结》，《管理世界》2006 年第 12 期。

23. 邵帅、齐中英：《西部地区的能源开发与经济增长——基于资源诅咒假说的实证分析》，《经济研究》2008 年第 4 期。

24. 邵帅、齐中英：《自然资源富足对资源型地区创新行为的挤出效应》，《哈尔滨工程大学学报》(社会科学版) 2009 年第 12 期。

25. 邵帅、杨莉莉：《自然资源丰裕、资源产业依赖与中国区域经济增长》，《管理世界》2010 年第 9 期。

26. 宋冬林、汤吉军：《沉淀成本与资源型城市转型分析》，《中国工业经济》2004 年第 6 期。

27. 孙永平、赵锐：《“资源诅咒”悖论国外实证研究的最新进展及其争论》，《经济评论》2010 年第 3 期。

28. 陶爱萍、刘志迎：《国外政府规制理论研究综述》，《经济纵横》2003 年第 6 期。

29. 王如松：《资源、环境与产业转型的复合生态管理》，《系统工程理论与实践》2003 年第 2 期。

30. 魏巍贤、高中元、彭翔宇：《能源冲击与中国经济波动——基于动态随机一般均衡模型的分析》，《金融研究》2012 年第 1 期。

31. 徐康宁、韩剑：《中国区域经济的资源诅咒效应：地区差距的另一种解释》，《经济学家》2005 年第 6 期。

32. 徐康宁、王剑：《自然资源丰裕程度与经济发展水平关系的研究》，《经济研究》2006 年第 1 期。

33. 徐世晓等：《自然生态系统公益及其价值》，《生态科学》2001 年第 4 期。

34. 闫安、达庆利：《企业生态位及其能动性选择研究》，《东南大学学报》(哲学社会科学版) 2005 年第 1 期。

35. 张复明、景普秋等：《矿产开发的资源生态环境补偿机制研究》，经济科学出版社 2010 年版。

36. 张复明、景普秋：《资源型经济的形成：自强机制与个案研究》，《中国社会科学》2008 年第 5 期。

37. 张复明：《矿业收益的偏差性现象及其管理制度研究》，《中国工业经济》2013 年第 7 期。

38. 张复明：《矿业寻租的租金源及其治理研究》，《经济学动态》2010 年第 8 期。

39. 张复明：《资产专用性需要未雨绸缪》，《中国社会科学报》2009 年 12 月 24 日。

40. 张复明：《资源型经济：理论阐释、内在机制与应用研究》，中国社会科学出版社 2007 年版。

41. 张复明：《资源型区域面临的发展难题及其破解思路》，《中国软科学》2011 年第 6 期。

42. 张军、吴桂英、张吉鹏：《中国省际物质资本存量估算：1952～2000 年》，《经济研究》2004 年第 10 期。

43. 张云、李国平：《论矿产资源使用者成本的补偿机制》，《中国地质大学学报》(社会科学版) 2005 年第 3 期。

44. 赵康杰、景普秋：《矿产品价格冲击下的资源型区域经济增长波动研究——基于山西与全国的比较》，《中国地质大学学报》（社会科学版）2014年第5期。

45. 赵康杰、景普秋：《资源依赖、有效需求不足与企业科技创新挤出——基于全国省域层面的实证》，《科研管理》2014年第12期。

46. 赵康杰、景普秋：《资源依赖、资本形式不足与长期经济增长停滞——"资源诅咒"命题再检验》，《宏观经济研究》2014年第3期。

47. 赵楠：《世代交叠模型及其应用》，《经济学动态》2004年第4期。

48. 赵志君：《收入分配与社会福利函数》，《数量经济技术经济研究》2011年第9期。

49. 朱学义等：《矿产资源权益理论与应用研究》，社会科学文献出版社2008年版。

50. A. A. El Anshasy & M. Katsaiti. "Natural Resources and Fiscal Performance: Does Good Governance Matter?", *Journal of Macroeconomics*, 2013, 37, C: 285～298.

51. A. Berry. "Growth, Employment and Distribution Impacts of Minerals Dependency: Four Case Studies", *South African Journal of Economics*, 2008, 76, S2: S148～S172.

52. A. Boschini, J. Pettersson & J. Roine. "The Resource Curse and Its Potential Reversal", *World Development*, 2013, 43, C: 19～41.

53. A. C. Fisher & J. V. Krutilla. "Resource Conservation, Environmental Conservation and the Rate of Discount", *The Quarterly Journal of Economics*, 1975, 89, 3: 358～370.

54. A. C. Pigou. *The Economics of Welfare*, London: Macmillan, 1920.

55. A. Cabrales & E. Hauk. "The Quality of Political Institutions and the Curse of Natural Resources", *The Economic Journal*, 2011, 121, 551: 58～88.

56. Å. Cappelen & L. Mjøset. "Can Norway Be a Role Model for Natural Resource Abundant Countries?", UNU World Institute for Development Economics Research Paper No. 23, 2009.

57. A. Clem. "Commodity Price Volatility: Trends during 1975-1984", *Monthly Labor Review*, 1985, 108: 17～21.

58. A. Crain. *Resource Curse: The Cases of Botswana and Zambia*, UMI Dissertation Publishing, 2012.

59. A. D. Boschini, J. Pettersson & J. Roine. "Resource Curse or Not: A Question of Appropriability", *Scandinavian Journal of Economics*, 2007, 109, 3: 593～617.

60. A. D. Elbra. "The Forgotten Resource Curse: South Africa's Poor Experience with Mineral Extraction", *Resources Policy*, 2013, 38, 4: 549～557.

61. A. Deaton. "Commodity Prices and Growth in Africa", *The Journal of Economic Perspectives*, 1999, 13, 3: 23～40.

62. A. Dixit, P. Hammond & M. Hoel. "On Hartwick's Rule for Regular Maximin Paths of Capital Accumulation and Resource Depletion", *The Review of Economic Studies*, 1980, 47, 3: 551～556.

63. A. Ghoshray & B. Johnson. "Trends in World Energy Prices", *Energy Economics*, 2010, 32: 1147～1156.

64. A. Goto & K. Suzuki. "R&D Capital, Rate of Return on R&D Investment and Spillover of R&D in Japanese Manufacturing Industries", *Review of Economics and Statistics*, 1989, 71, 4:

555～564.

65. A. Iimi. "Escaping from the Resource Curse: Evidence from Botswana and the Rest of the World", IMF Staff Paper, 2007, 54, 4: 663～699.

66. A. James. "U. S. State Fiscal Policy and Natural Resources", OxCarre Research Paper 126, 2014.

67. A. Kendall-Taylor. "Instability and Oil: How Political Time Horizons Affect Oil Revenue Management", *Studies in Comparative International Development*, 2011, 46, 3: 321～348.

68. A. M. Truelove. "Oil, Diamonds, and Sunlight: Fostering Human Rights through Transparency in Revenues from Natural Resources", *Georgetown Journal of International Law*, 2003, 35: 207.

69. A. N. Rambaldi, G. Hall & R. Brown. "Re-testing the Resource Curse Hypothesis Using Panel Data and an Improved Measure of Resource Intensity", School of Economics, University of Queensland, Brisbane 4072, 2006.

70. A. O. Hirschman. "A Generalized Linkage Approach to Development with Special Reference to Staples", *Economic Development and Cultural Change*, 1977, 25: 67～98.

71. A. O. Krueger. "The Political Economy of the Rent-seeking Society", *The American Economic Review*, 1974, 3: 291～303.

72. A. Plourde. "On Properties of Royalty and Tax Regimes in Alberta's Oil Sands", *Energy Policy*, 2010, 38, 8: 4652～4662.

73. A. Sen. "Real National Income", *Review of Economic Studies*. 1976, 43, 1: 19～39.

74. A. Stonehill. "Foreign Ownership in Norwegian Enterprises", *Social and Economic Studies*, 1965, 14.

75. A. Williams. "Shining a Light on the Resource Curse: An Empirical Analysis of the Relationship Between Natural Resources, Transparency, and Economic Growth", *World Development*, 2011, 39, 4: 490～505.

76. A. C. Harberger. "Monopoly and Resource Allocation", *The American Economic Review*, 1954, 2: 77～87.

77. B. Algieri. "The Dutch Disease: Evidence from Russia", *Economic Change Restructure*, 2011, 44, 3: 243～277.

78. B. Gerard. "A Natural Resource Curse: Does It Exist Within the United States?", CMC Senior Theses Paper 158, 2011.

79. B. Goderis & S. W. Malone. "Natural Resource Booms and Inequality: Theory and Evidence", *Scandinavian Journal of Economics*, 2011, 113, 2: 388～417.

80. B. K. Sovacool. "The Political Economy of Oil and Gas in Southeast Asia: Heading towards the Natural Resource Curse?", *The Pacific Review*, 2010, 23, 2: 225～259.

81. B. Smith. "Oil Wealth and Regime Survival in the Developing World, 1960～1999", *American Journal of Political Science*, 2004, 48, 2: 232～246.

82. B. Yang. "Resource Curse: The Role of Institutions Versus Policies", *Applied Economics Letters*, 2010, 17: 61～66.

83. C. Beverelli, S. Dell'Erba & N. Rocha. "Dutch Disease Revisited. Oil Discoveries and Movements of the Real Exchange Rate When Manufacturing is Resource-intensive", *International Economics and Economic Policy*, 2011, 8: 139～153.

84. C. C. Corrigan. "Breaking the Resource Curse: Transparency in the Natural Resource Sector and the Extractive Industries Transparency Initiative", *Resources Policy*, 2014, 40: 17～30.

85. C. Davidson. "Abu Dhabi's New Economy: Oil, Investment and Domestic Development", *Middle East Policy*, 2009, 16, 2: 59～79.

86. C. N. Brunnschweiler & E. H. Bulte. "The Resource Curse Revisited and Revised: A Tale of Paradoxes and Red Herrings", *Journal of Environmental Economics and Management*, 2008, 55, 3: 248～264.

87. C. N. Brunnschweiler. "Cursing the Blessings? Natural Resource Abundance, Institutions, and Economic Growth", *World Development*, 2008, 36, 3: 399～419.

88. C. Norman. "Rule of Law and the Resource Curse: Abundance Versus Intensity", *Environmental and Resource Economics*, 2009, 43, 2: 183～207.

89. D. Freeman. "The 'Resource Curse' and Regional US Development", *Applied Economics Letters*, 2009, 16, 5: 527～530.

90. D. Pearce & G. Atkinson. "Measuring Sustainable Development", in D. W. Bromley (eds.), *The Handbook of Environmental Economics*, London: Blackwell Publishers, 1995.

91. D. Pearce, E. Barbier & A. Markandya. *Sustainable Development: Ecology and Economic Progress. Sustainable Development: Economics and Environment In the Third World*, London: Earihscan Publications Ltd., 1990.

92. D. S. Coe & E. Helpman. "International R&D Spillovers", *European Economic Review*, 1995, 39, 5: 859～887.

93. D. Senghaas. *The European Experience: A Historical Critique of Development Theory*, Leamington Spa: Berg Publishing, 1985.

94. D. W. Pearce & J. Rose. *The Economics of Natural Resource Depletion*, London: Macmillan, 1975.

95. E. B. Barbier. "The Role of Natural Resources in Economic Development", *Australian Economic Papers*, 2003, 42, 2: 253～272.

96. E. Connolly & D. Orsmond. "The Level and Distribution of Recent Mining Sector Revenue", *Bulletin*, *Reserve Bank of Australia*, 2009, 1: 7～12.

97. E. Crivelli & S. Gupta. "Resource Blessing, Revenue Curse? Domestic Revenue Effort in Resource-rich Countries", *European Journal of Political Economy*, 2014, 35: 88～101.

98. E. Matsen & R. Torvik. "Optimal Dutch Disease", *Journal of Development Economics*, 2005, 78, 2: 494～515.

99. E. Neumayer. "Does the 'Resource Curse' Hold for Growth in Genuine Income as Well?", *World Development*, 2004, 32, 10: 1627～1640.

100. E. Papyrakis & R. Gerlagh. "Resource Abundance and Economic Growth in the United States", *European Economic Review*, 2007, 51, 4: 1011～1039.

101. E. Papyrakis & R. Gerlagh. "The Resource Curse Hypothesis and Its Transmission Channels", *Journal of Comparative Economics*, 2004, 32, 1: 181～193.

102. E. R. Larsen. "Escaping the Resource Curse and the Dutch Disease? When and Why Norway Caught Up with and Forged Ahead of Its Neighbors", *American Journal of Economics and Sociology*, 2006, 65, 3: 605～640.

103. E. Weinthal & P. J. Luong. "Combating the Resource Curse: An Alternative Solution to Managing Mineral Wealth", *Perspectives on Politics*, 2006, 4, 1: 35～53.

104. E. Weinthal & P. J. Luong. "Energy Wealth and Tax Reform in Russia and Kazakhstan", *Resources Policy*, 2001, 27, 4: 215～223.

105. E. Connolly & D. Orsmond. "The Level and Distribution of Recent Mining Sector Revenue", *Bulletin*, *Reserve Bank of Australia*, 2009, 1: 7～12.

106. EI Serafy. "The Proper Calculation of Income from Depletable Natural Resource", in Y. J. Ahmad, S. EI Serafy & E. Lutz (eds.), *Environmental Accounting for Sustainable Development*, A UNEP2 World Bank Symposium. Washington D. C.: The World Bank, 1989.

107. E. P. Odum. "The Strategy of Ecosystem Development", *Science*, 1969, 164: 262～270.

108. F. Al-Kasim, T. Søreide & A. Williams. "Corruption and Reduced Oil Production: An Additional Resource Curse Factor?", *Energy Policy*, 2013, 54, C: 137～147.

109. F. B. Eugenio & T. E. Calfucura. "Sustainable Development in a Natural Resource-rich Economy: The Case of Chile in 1985～2004", *Environment*, *Development and Sustainability*, 2010, 12, 5: 647～667.

110. F. Bornhorst, S. Gupta & J. Thornton. "Natural Resource Endowments and the Domestic Revenue Effort", *European Journal of Political Economy*, 2009, 25: 439～446.

111. F. Ezeala-Harrison. "Structural Re-adjustment in Nigeria: Diagnosis of Severe Dutch Disease Syndrome", *American Journal of Economics and Sociology*, 1993, 52, 2: 193～208.

112. F. S. McChesney. "Rent Extraction and Rent Creation in the Economic Theory of Regulation", *The Journal of Legal Studies*, 1987: 101～118.

113. F. Schneider. "Resource Curse and Power Balance: Evidence from Oil-rich Countries", *World Development*, 2012, 40, 7: 1308～1316.

114. F. van der Ploeg & S. Poelhekke. "The Pungent Smell of 'Red Herrings': Subsoil Assets, Rents, Volatility and the Resource Curse", *Journal of Environmental Economics and Management*, 2010, 60, 1: 44～55.

115. F. van der Ploeg. "Fiscal Policy and Dutch Disease", *International Economics and Economic Policy*, 2011, 8, 2: 121～138.

116. F. van der Ploeg. "Natural Resources: Curse or Blessing?", *Journal of Economic Literature*, 2011, 49, 2: 366～420.

117. G. Atkinson & K. Hamilton. "Savings, Growth and the Resource Curse Hypothesis", *World Development*, 2003, 31, 11: 1793～1807.

118. G. Havro & J. Santiso. "To Benefit from Plenty: Lessons from Chile and Norway", OECD Development Centre, Policy Brief No. 37, 2008.

119. G. Lowenstein & R. Thaler. "Intertemporal Choice", *Journal of Economic Perspectives*, 1989, 3: 181～193.

120. G. M. Lange & M. Wright. "Sustainable Development in Mineral Economics: The Example of Botswana", CEEPA Discussion Paper Series 3, 2002.

121. G. M. Lange. "Wealth, Natural Capital, and Sustainable Development: Contrasting Examples from Botswana and Namibia", *Environmental & Resource Economics*, 2004, 29, 3: 257～283.

122. G. Tullock. "The Welfare Costs of Tariffs, Monopolies, and Theft", *Economic Inquiry*, 1967, 3: 224～232.

123. G. Wright & J. Czelusta. "Mineral Resources and Economic Development", Conference on Sector Reform in Latin America. Stanford Center for International Development, 2003.

124. S. Goldsmith. "The Alaska Permanent Fund Dividend: An Experiment in Wealth Distribution", The 9th Basic Income European Network Congress, September 12th-14th, 2002.

125. H. Costa & E. Santos. "Institutional Analysis and the 'Resource Curse' in Developing Countries", *Energy Policy*, 2013, 63: 788～795.

126. H. Hotelling. "The Economics of Exhaustible Resources", *Journal of Political Economy*, 1931, 39, 2: 137～175.

127. H. Mehlum, K. Moene & R. Torvik. "Institutions and the Resource Curse", *The Economic Journal*, 2006, 116, 508: 1～20.

128. I. Amundsen. "Political Corruption: An Introduction to the Issues", CMI Working Paper, 1999.

129. I. Kolstad & A. Wiig. "It's the Rents, Stupid! The Political Economy of the Resource Curse", *Energy Policy*, 2009, 37, 12: 5317～5325.

130. I. Kolstad & T. Søreide. "Corruption in Natural Resource Management: Implications for Policy Makers", *Resources Policy*, 2009, 34, 4: 214～226.

131. J. A. Robinson, R. Torvik & T. Verdier. "Political Foundations of the Resource Curse", *Journal of Development Economics*, 2006, 79: 447～468.

132. J. A. T. Ojo. "Financial Sector Maladaptation, Resource Curse and Nigeria's Development Dilemma", *Public Lecture Series*, 2007, 9: 2～79.

133. J. C. Stijns. "Natural Resource Abundance and Economic Growth Revisited", *Resources Policy*, 2005, 30, 2: 107～130.

134. J. D. Hamilton. "Oil and the Macroeconomy Since World War II", *Journal of Political Economy*, 1983, 91, 2: 228～248.

135. J. D. Sachs & A. M. Warner. "Natural Resource Abundance and Economic Growth", NBER Working Paper NO. 5398, 1995.

136. J. D. Sachs & A. M. Warner. "Natural Resources and Economic Development: The Curse of Natural Resources", *European Economic Review*, 2001, 45: 827～838.

137. J. D. Sachs & A. M. Warner. "Sources of Slow Growth in African Economies", *Journal of African Economies*, 1997, 6, 3: 335～376.

138. J. D. Sachs & A. M. Warner. "The Big Push, Natural Resource Booms and Growth",

Journal of Development Economics, 1999, 59, 1: 43～76.

139. J. De Gregorio & F. Labbé. "Copper, the Real Exchange Rate and Macroeconomic Fluctuations in Chile", Central Bank of Chile Working Papers No. 640, 2011.

140. J. E. Stiglitz. "Growth with Exhaustible Natural Resources: The Competitive Economy", *The Review of Economic Studies*, 1974, 41: 139～152.

141. J. Fox. "The Uncertain Relationship between Transparency and Accountability", *Development in Practice*, 2007, 17, 4～5: 663～671.

142. J. Goodman & D. Worth. "The Minerals Boom and Australia's Resource Curse", *Journal of Australian Political Economy*, 2008, 61, 6: 201～219.

143. J. H. Hoag & M. Wheeler. "Oil Price Shocks and Employment: The Case of Ohio Coal Mining", *Energy Economics*, 1996, 18, 3: 211～220.

144. J. Hammond. "The Resource Curse and Oil Revenues in Angola and Venezuela", *Science & Society*, 2011, 75, 3: 348～378.

145. J. Hartwick. "Intergenerational Equity and the Investing of Rents from Exhaustible Resources", *American Economic Review*, 1977, 67, 5: 972～991.

146. J. J. Andersen & S. Aslaksen. "Constitutions and the Resource Curse", *Journal of Development Economics*, 2008, 87: 227～246.

147. J. M. Baland & P. Francois. "Rent-seeking and Resource Booms", *Journal of Development Economics*, 2000, 61, 2: 527～542.

148. J. M. Otto et al. *The Taxation of Mineral Enterprises*, London: Graham & Trotman/M. Nijhoff, 1995.

149. J. M. Otto et al. *Mining Royalties: A Global Study of Their Impact on Investors, Government, and Civil Society*, Washington D. C.: World Bank Publications, 2006.

150. J. P. Neary & D. D. Purvis. "Sectoral Shocks in a Dependent Economy: Long-run Adjustment and Short-run Accommodation", *The Scandinavian Journal of Economics*, 1982, 84, 2: 229～253.

151. J. P. Stijns. "Mineral Wealth and Human Capital Accumulation: A Nonparametric Approach", *Applied Economics*, 2009, 41, 22～24: 2925～2941.

152. J. P. Stijns. "Natural Resource Abundance and Human Capital Accumulation", *World Development*, 2006, 34, 6: 1060～1083.

153. J. R. Fuentes. "Managing Natural Resources Revenue: The Case of Chile", OxCarre Research Paper 40, 2009.

154. J. Siegle. "Governance Strategies to Remedy the Natural Resource Curse", *International Social Science Journal*, 2005, 57, S1: 45～55.

155. J. Blignaut & R. Hassan. "Assessment of the Performance and Sustainability of Mining Sub-soil Assets for Economic Development in South Africa", *Ecological Economics*, 2002, 40: 89～101.

156. J. M. Buchanan et al. *Toward a Theory of the Rent-seeking Society*, Texas A & M University Press, 1980.

157. K. Bjorvatn & K. Selvik. "Destructive Competition: Factionalism and Rent-seeking in

Iran", *World Development*, 2008, 36, 11: 2314～2324.

158. K. Hamilton. "Green Adjustments to GDP", *Resources Policy*, 1994 , 3: 155～168.

159. K. Hamilton. "Greening the National Accounts: Formal Models and Practical Measurement", in J. Proops and S. Simon, *Greening the Accounts*, Cheltenham UK: Edward Elgar Publishers, 2000.

160. K. Hamilton. "Pollution and Pollution Abatement in the National Accounts", *Review of Income and Wealth*, 1996, 1: 13～33.

161. K. Hamilton. "Sustainability, The Hartwick Rule and Optimal Growth", *Environmental and Resource Economics*, 1995, 5: 393～411.

162. K. Jefferis. "Botswana's Experience with Monetary and Exchange Rate Policy—lessons for Angola", SAGCH papers 3, 2008.

163. K. Matsuyama. " Agricultural Productivity, Comparative Advantage and Economic Growth", *Journal of Economic Theory*, 1992, 58, 2: 317～334.

164. K. R. Alkhater. "The Rentier Predatory State Hypothesis: An Empirical Explanation of the Resource Curse", *Journal of Economic Development*, 2012, 37, 4: 29～60.

165. K. Schmidt-Hebbel. "Fiscal Institutions in Resource-rich Economies: Lessons from Chile and Norway", Instituto De Economia, Documento de Trabajo No. 416, 2012.

166. K. W. Ramsay. "Revisiting the Resource Curse: Natural Disasters, the Price of Oil, and Democracy", *International Organization*, 2011, 65, 3: 507～529.

167. L. Blanco & R. Grier. "Natural Resource Dependence and the Accumulation of Physical and Human Capital in Latin America", *Resources Policy*, 2012, 37: 281～295.

168. L. de Mello. "Managing Chile's Macroeconomy during and after the Copper Price Boom", OECD Economics Department Working Papers No. 605, 2008.

169. L. Lindholt. "On Natural Resource Rent and the Wealth of a Nation: A Study Based on National Accounts in Norway 1930-1995 ", Statistics Norway Research Department, Discussion Papers No. 281, 2000.

170. M. Adelman. "User Cost in Oil Production", *Resources and Energy*, 1991, 13: 217～240.

171. M. Al-Sabah. *Resource Curse Reduction Through Innovation—A Blessing for All—The Case of Kuwait*, Cambridge : Cambridge Scholars Publishing, 2013.

172. M. Basedau & W. Lacher. "A Paradox of Plenty? Rent Distribution and Political Stability in Oil States", GIGA Working Papers No. 21, 2006.

173. M. Busse & S. Gröning. "The Resource Curse Revisited: Governance and Natural Resources", *Public Choice*, 2013, 154, 1: 1～20.

174. M. Clarke & S. M. N. Islam. "Measuring Social Welfare: Application of Social Choice Theory", *Journal of Socio-Economics*, 2003, 32, 1: 1～15.

175. M. Cropper, S. Aydede & P. Portney. "Preferences for Life-saving Programs: How the Public Discounts Time and Age", *Journal of Risk and Uncertainty*, 1994, 8: 243～265.

176. M. Humphreys, J. Sachs & J. Stiglitz (eds.) . *Escaping the Resource Curse*, Columbia University Press and Revenue Watch Institute, 2007.

177. M. Humphreys. “Natural Resources, Conflict and Conflict Resolution: Uncovering the Mechanism”, *Journal of Conflict Resolution*, 2005, 49, 4: 508～537.

178. M. L. Ross. “The Political Economy of the Resource Curse”, *World Politics*, 1999, 51, 2: 297～322.

179. M. Mehrara. “Reconsidering the Resource Curse in Oil-exporting Countries”, *Energy Policy*, 2009, 37, 3: 1165～1169.

180. M. R. Farzanegan, M. Sarraf & M. Jiwanji. “Beating the Resource Curse: The Case of Botswana”, Environment Department Working Papers 24753, 2001.

181. M. Weitzman. “Just keep discounting, but…”, in P. R. Portney & J. P. Weyant (eds.), *Discounting and Intergenerational Equity*, *Resources for the Future*, Washington D. C., 1999: 23～29.

182. M. Matly & L. Dillon. *Dubai Strategy: Past, Present, Future*, Belfer Center for Science and International Affairs, February 27, 2007, p. 7.

183. N. Shanson. “Oil, Corruption and the Resource Curse”, *International Affairs*, 2007, 83, 6: 1123～1140.

184. Manzano & R. Rigobon. “Resource Curse or Debt Overhang?”, NBER Working Papers No. 8390, 2001.

185. O. Olsson. “Conflict Diamonds”, *Journal of Development Economics*, 2007, 82, 2: 267～286.

186. P. A. Martin. “A Closer Look at Botwana's Development: The Role of Institutions”, *Paterson Review*, 2008, 9: 35～54.

187. P. Collier & A. Hoeffler. “Greed and Grievance in Civil War”, *Oxford Economic Papers*, 2004, 56, 4: 563～595.

188. P. Collier & A. Hoeffler. “Resource Rents, Governance, and Conflict”, *Journal of Conflict Resolution*, 2005, 49, 4: 625～633.

189. P. Collier & B. Goderis. “Commodity Prices, Growth, and the Natural Resource Curse: Reconciling a Conundrum”, CSAE Working Paper WPS/2007-15, 2007.

190. P. Krugman. “The Narrow Moving Band, the Dutch Disease, and the Competitive Consequences of Mrs. Thatcher: Notes on Trade in the Presence of Dynamic Scale Economies”, *Journal of Development Economics*, 1987, 27, 1～2: 41～56.

191. P. R. Lane & A. Tornell. “The Voracity Effect”, *American Economic Review*, 1999, 89, 1: 22～46.

192. P. Segal. “How to Spend It: Resource Wealth and the Distribution of Resource Rents”, *Energy Policy*, 2012, 51, C: 340～348.

193. PH. Templet. “Energy, Diversity and Development in Economic Systems: An Empirical Analysis”, *Ecological Economics*, 1999, 30: 223～233.

194. R. Arezkia & F. van der Ploeg. “Trade Policies, Institutions and the Natural Resource Curse”, *Applied Economics Letters*, 2010, 17: 1443～1451.

195. R. F. Micksell. “Explaining the Resource Curse, with Special Reference to Mineral-exporting Countries”, *Resources Policy*, 1997, 23: 191～199.

196. R. Fraser & R. Kingwe. "Can Expected Tax Revenue Be Increased by An Investment-preserving Switch from ad Valorem Royalties to a Resource Rent Tax?", *Resources Policy*, 1997, 23, 3: 103～108.

197. R. H. Coase. "The Problem of Social Cost", *Journal of Law and Economics*, 1960, 3: 1～44.

198. R. H. Snape. "Effects of Mineral Development on the Economy", *Australian Journal of Agricultural Economics*, 1977, 21, 3: 147～156.

199. R. Hodler. "The Curse of Natural Resources in Fractionalized Countries", *European Economic Review*, 2006, 50, 6: 1367～1386.

200. R. K. Turner & G. C. Daily. "The Ecosystem Services Framework and Natural Capital Conservation", *Environmental and Resource Economics*, 2008, 39, 1: 25～35.

201. R. Lama & J. P. Medina. "Is Exchange Rate Stabilization an Appropriate Cure for the Dutch Disease?", *International Journal of Central Banking*, 2012, 8, 1: 143～189.

202. R. M. Auty & R. F. Mikesell. *Sustainable Development in Mineral Economies*, Oxford: Oxford University Press, 1998.

203. R. M. Auty. *Resource Abundance and Economic Development*, Oxford: Oxford University Press, 2001.

204. R. M. Auty. *Resource-based Industrialization: Sowing the Oil in Eight Developing Countries*, New York: Oxford University Press, 1990.

205. R. M. Auty. *Sustaining Development in Mineral Economies: The Resource Curse Thesis*, London: Routledge, 1993.

206. R. M. Auty. "Natural Resources, Capital Accumulation and the Resource Curse", *Ecological Economics*, 2007, 61, 4: 627～634.

207. R. M. Auty. "The Political Economy of Resource-driven Growth", *European Economic Review*, 2001, 45, 4: 839～846.

208. R. M. Solow. "On the Intergenerational Allocation of Natural Resources", *The Scandinavian Journal of Economics*, 1986, 88, 1: 141～149.

209. R. M. Solow. "The Economics of Resources or the Resources of Economics", *The American Economic Review*, 1974, 64, 2: 1～14.

210. R. Maconachie & T. Binns. "Beyond the Resource Curse? Diamond Mining, Development and Post-conflict Reconstruction in Sierra Leone", *Resources Policy*, 2007, 32, 3: 104～115.

211. R. Torvik. "Learning by Doing and the Dutch Disease", *European Economic Review*, 2001, 45: 285～306.

212. R. V. Alarcón. "Chile's Foundation for Agricultural Innovation", in World Bank, *Agricultural Innovation Systems: An Investment Sourcebook*, World Bank Publication, 2012.

213. R. York & Zaijin Zhan. "Fiscal Vulnerability and Sustainability in Oil-producing Sub-Saharan African Countries", IMF Working Paper No. 09/174, 2009.

214. S. A. Wilson. "Diamond Exploitation in Sierra Leone 1930 to 2010: A Resource Curse?", *Geo Journal*, 2013, 78, 6: 997～1012.

215. S. Bhattacharyya & P. Colliery. "Public Capital in Resource-rich Economies: Is There a Curse?", *Oxford Economic Papers*, 2014, 66, 3: 1～24.

216. S. Dietz & E. Neumayer. "Corruption, the Resource Curse and Genuine Saving", *Environment and Development Economics*, 2007, 12, 1: 33～53.

217. S. Goldsmith. "The Alaska Permanent Fund Dividend: An Experiment in Wealth Distribution", The 9th International Congress Geneva, September 12th-14th, 2002.

218. S. Islam, M. Munasinghe & Matthew Clarke. "Making Long-term Economic Growth More Sustainable: Evaluating the Costs and Benefits", *Ecological Economics*, 2003, 47, 2: 149～166.

219. S. M. Murshed & L. A. Serino. "The Pattern of Specialization and Economic Growth: The Resource Curse Hypothesis Revisited", *Structural Change and Economic Dynamics*, 2011, 22, 2: 151～161.

220. S. S. Andersen. *The Struggle over North Sea Oil and Gas: Government Strategies in Denmark, Britain and Norway*, Oslo: Scandinavian University Press, 1993.

221. S. Tsani. "Natural Resources, Governance and Institutional Quality: The Role of Resource Funds", *Resources Policy*, 2013, 38, 2: 181～195.

222. S. van Wijnbergen. "The 'Dutch Disease': A Disease After All?", *The Economic Journal*, 1984, 94, 373: 41～55.

223. T. Dunning. "Resource Dependence, Economic Performance, and Political Stability", *Journal of Conflict Resolution*, 2005, 4.

224. T. Gylfason & G. Zoega. *Inequality and Economic Growth: Do Natural Resources Matter?* Munich: CESifo, 2002.

225. T. Gylfason & G. Zoega. "Natural Resources and Economic Growth: The Role of Investment", *World Economy*, 2006, 29, 8, 1091～1115.

226. T. Gylfason, T. T. Herbertsson & G. Zoega. "A Mixed Blessing: Natural Resources and Economic Growth", *Macroeconomic Dynamics*, 1999, 3: 204～225.

227. T. Gylfason. "Development and Growth in Mineral-rich Countries", Center for Economic Policy Research. Discussion Paper No. 7031, 2008.

228. T. Gylfason. "Natural Resources, Education, and Economic Development", *European Economic Review*, 2001, 45, 4～6: 847～859.

229. T. Gylfason. "Nature, Power, and Growth", *Scottish Journal of Political Economy*, 2001, 48, 5: 558～588.

230. UNDP. "Meeting the Challenge of the Resource Curse: International Experiences in Managing the Risks and Realising the Opportunities of Non-renewable Natural Resource Revenues", *UNDP*, 2006.

231. V. Polterovich, V. Popov & A. Tonis. "Mechanisms of Resource Curse, Economic Policy and Growth", MPRA Paper No. 20570, 2008.

232. V. Subbotin. "Tax Reform in the Oil Sector of Russia: A Positive Assessment", MPRA Paper 10870, 2004.

233. W. A. Wadho. "Education, Rent-seeking and Curse of Natural Resources", *Economics &*

Politics, 2014, 26, 1: 128～156.

234. W. F. Maloney. *Missed Opportunities: Innovation and Resource-based Growth in Latin America*, Office of the Chief Economist, Latin America and the Caribbean Region, World Bank, 2002.

235. W. M. Corden & J. R. Neary. "Booming Sector and De-industrialization in a Small Economy", *The Economic Journal*, 1982, 92, 368: 825～848.

236. W. M. Corden. "Booming Sector and Dutch Disease Economics: Survey and Consolidation", *Oxford Economic Papers*, 1984, 36, 3: 359～380.

237. W. Van. "The 'Dutch Disease': A Disease After All?", *The Economic Journal*, 1984, 94, 373: 41～55.

238. W. M. Corden & J. R. Neary. "Booming Sector and De-industrialization in a Small Economy", *The Economic Journal*, 1982, 92, 368: 825～848.

239. W. M. Corden. "Booming Sector and Dutch Disease Economics: Survey and Consolidation", *Oxford Economic Papers*, 1984, 36, 3: 359～380.

240. X. Sala-i-Martin & A. Subramanian. "Addressing the Natural Resource Curse: An Illustration from Nigeria", IMF Working Paper 3/139, 2003.

241. Y. H. Farzin. "The Effect of the Discount Rate on Depletion of Exhaustible Resources", *The Journal of Political Economy*, 1984, 92, 5: 841～851.

后 记

对资源型经济/区域问题的关注和兴趣，可追溯到20世纪80年代初本科学习期间对经济地理课程的学习和工矿区域、城市文献的阅读。而对这一课题的学术研究，则始于20世纪90年代中期的一个研究项目。初期重点关注资源型经济现象、后果及成因，以及中西部、山西省资源型经济转型模式和策略。之后，在新世纪初叶读博期间，尝试从理论层面分析资源型经济的形成机理。基于主流经济学分析框架，结合可持续发展理论，对资源型经济的形成、规避与转型进行了理论探讨。研究中发现，无论资源型经济处于落入优势陷阱的过程中，还是挣脱优势束缚的征途中，都有一个无处不在、挥之不去的幽灵在游荡。这个幽灵就是资源开发带来的"横财"——矿业收益。它滋生了与矿产开发相关的一系列问题，干扰了资源型经济体的正常运行，彻底地改变了其产业结构、演进轨迹和发展生态。随后，在主持国家发改委"十二五"规划前期重大招标项目"矿产开发中的资源生态环境补偿机制研究"工作中，又进一步增进了对矿业收益这一特殊视角的认知和思考。

基于此，我申报了国家社会科学基金重点项目"资源型区域破解经济发展与环境约束难题对策研究：基于矿业收益视角"，2010年6月获批立项（批准号：10AJL009）。立题之时，关注的焦点是资源丰裕国家/区域难以摆脱的"资源诅咒"命运问题。拟定沿着矿业收益的研究视角，着眼于资源型经济体面临的诸多发展难题，比如经济增长波动与滞缓、产业结构单一与逆向演进、创新"挤出"与要素结构初级化、资源损耗与生态环境破坏、寻租腐败与社会问题凸显等，阐释资源型经济现象的症结所在。并从矿产资源的可耗竭性、矿产开发的负外部性与高风险性，以及资源管理的市场失灵问题等入手，探讨资源型经济的形成原因，尤其是矿业收益分配与使用方面的成因和机制。同时，拟通过对有效规避"资源诅咒"或成功实现转型发展的那些资源丰裕国家/区域的案例分析，研究他们在矿产开发收益分配与使用方面的政策措施和制度安排，并进行理论阐释。在此基础上，基于矿业特殊性，改变假设条件，建立适用于矿业市场的经济理论分析框架，探讨矿业收益分配、使用与管理机制，研究政府规制下的企业行为，提出避免或破解资源型经济发展难题的对策思路。可以说，这也是课题研究的初衷。

课题启动之初，文献梳理、案例分析、专题研究一一如期展开，但总体进展并不顺利。究竟如何破题：资源型经济的根本难题到底是什么？资源型经济体面临的经济、环境、社会等诸多问题是什么关系？更要紧的是，整个课题的研究主线是什么？这些重大问题始终困扰着课题组。尽管找到了矿业收益这个很独特、有价值的研究视角，但矿业收益是如何作用的，如何染指和引致那些发展难题的？课题研讨一直未能理出头绪，大家意见纷纷，莫衷一是，思路研究几乎陷入僵局。

无奈和焦虑之下，只好先行搁置整体框架，采取重点突破的策略。一是对难题进行梳理，着重分析各类难题的表现、成因、后果及其关联性，完成了“资源型区域面临的发展难题及其破解思路”等阶段性成果；二是在文献研究的基础上，重点对典型的资源丰裕国家/区域如何遭遇“资源诅咒”、个别国家如何规避“资源诅咒”等进行比较研究，形成《矿业收益的偏差性现象及其管理制度研究》《挪威规避资源诅咒的经验及其启示》《自然资源与矿业收益管理——博茨瓦纳奇迹及其对中国的启示》等文章；三是探讨寻租及产权问题，陆续发表了《矿业寻租的租金源及其治理研究》《我国矿产资源产权的制度变迁与发展》《我国矿产资源产权残缺与租值耗散问题研究》等论文；四是专题研究矿业收益问题，形成《基于矿产开发特殊性的收益分配机制研究》等研究成果。

时光流逝，白驹过隙。转眼间两年过去了，形成了一小批研究成果，也大都在学术刊物上发表，有几篇文章受到了同行的关注，按常规，整合起来结项应当不成问题，可是，在每月一次的课题讨论会上，大家还是觉得应当找到一条明晰的主线，直击资源型经济的本质和要害。在经历了一次又一次的讨论、争辩、质疑、困顿之后，终于在 2012 年春夏之交的一个周末，思路豁然开朗，确定了“矿业收益——要素配置——社会福利”这条研究主线。简要地说就是：矿业收益的偏差带来资源部门内部、资源部门与制造业部门之间、经济部门与环境系统、生产性部门与非生产性部门之间要素配置的偏差，引致要素结构与产业结构的逆向演进、经济与生态环境的不协调，造成要素过多地向非生产性部门集中，结果导致社会福利的损失。据此，搭建了新的整体研究框架，并对各专题、各部分进行了重新整理和改造充实，并集中力量完成了课题最终研究成果。2013 年 8 月，提交国家社科规划办。9 月获批结项，免予鉴定（结项号：20131425)。

结题之后，研究工作并未止步。课题组成员一边整理发表论文，一边进行了进一步的修改完善。修改工作从三个方面展开：一是收集研读了一批新的文献资料，重新梳理了“资源诅咒”研究述评；二是紧扣矿业收益——要素配置——社会福利这条主线，深化了经济增长、产业结构、科技创新、生态环境等专题研究；三是完善了“资源诅咒”的矿业收益假说，揭示了资源型经济的社会福利损失问题。为此，课题组又花费了大约两年的时间，终于完成了书稿的修改工作。

几分耕耘，几分收获。从申报开题，到结题交账，再到后续深化，课题从“十一五”末到“十二五”末，五年多的汗水与付出，换回了一个说得过去的成果清单。发表论文 36 篇，其中 CSSCI 来源期刊 14 篇，CSSCI 扩展版来源期刊 6 篇，答辩博士论文 1 篇，初步完成博士论文 1 篇。有 1 篇论文被《新华文摘》全文转载，多篇论文被国家学术性文摘转载，有 1 篇论文被引 50＋，有 1 篇论文在国际会议上做会议发言，有一些观点和建议被决策部门采纳，对山西国家资源型经济转型综合配套改革试验区的获批和推进发挥了重要的决策咨询作用。

回望课题研究的心路历程，禁不住感慨万分。新世纪的初十年，是全球矿产资源开发的黄金时期，飚升的矿产品价格和丰厚的矿业收益，刺激了资源丰裕国家/区域的快速增长，同时矿业“横财”也带来了一系列矛盾和问题。如今市场供求格局发生了重大逆转，能源革命、新能源技术的突破已成大势。遗憾的是，资源型经济体未能摆脱历史的宿命，又一次跌入“同一条河流”之中。市场形势的变化，并不意味着历史的终结，恰恰印证了资源型经济体的脆弱性和转型发展的迫切性，也再次说明了资源型经济研究的理论价值和现实意义。

看着书桌上 50 万字的厚厚书稿，不禁想起调研、讨论、写作的日日夜夜。成果谈不上多么厚重，但却是课题组协同作战劳动果实和所有收获。感谢景普秋、赵康杰、曹海霞、杜彦其及范昊、朱俊杰、张娜、张宇等各位同仁的付出与贡献，特别是课题结项后，大家一如既往的坚守和执着。感谢课题组成员的家人对课题研究工作的理解与支持。感谢国家社科规划办给予的立项和经费支持，感谢山西省社科规划办的管理服务，感谢课题组成员供职的山西省政府发展研究中心、山西财经大学、山西省社科院的支持帮助。同时，也一并感谢在数据采集、实地调研、文献收集、研讨会议等各项活动中有关各方的支持与帮助，感谢各位学界同仁和朋友在不同场合、以不同方式与我们的共同讨论、帮助、指点。感谢商务印书馆在书稿编辑、校对、出版方面付出的辛勤劳动。

这本书是国家社会科学基金重点项目的最终成果，是课题组同仁集体合作的共同结晶，各章节具体执笔如下：导论，张复明；第一章，景普秋、赵康杰；第二章，张复明、景普秋；第三章，景普秋、张复明；第四章，赵康杰、景普秋；第五章，景普秋；第六章，赵康杰、景普秋；第七章，杜彦其；第八章，曹海霞、张复明；第九章，曹海霞；第十章，景普秋，赵康杰；案例一，景普秋、范昊；案例二，景普秋，范昊；案例三，景普秋、朱俊杰；案例四，景普秋、张娜；案例五，景普秋、张宇。本书总体框架设计及统稿人为张复明。

如果说本书对资源型经济、“资源诅咒”这一主题有所贡献的话，主要在于选择了矿业收益这一研究视角，将处于不同发展阶段的资源型经济体所面临的经济增长、产业结构、生态环境、社会等诸多问题，循着矿业收益——要素配置——社会福利这一逻辑主线串联在一起，形成一个较为规范的分析框架，并对矿业收益分配与使用、要素配置失衡、社会福利损失等进行了较为深入的分析。无疑，课题研究仍有不少缺憾，还有许多有待探讨的问题，期待着这个领域新的研究成果的问世。

张复明

2015 年冬至于太原